PREMIER ET SECOND CYCLES UNIVERSITAIRES

GRAND AMPHI LITTÉRATURE

LE THÉÂTRE

DOMINIQUE BERTRAND
JEAN-LOUIS HAQUETTE
LAURENCE HÉLIX
MARIE-CLAUDE HUBERT
SOPHIE MARCHAL
PIERRE MARÉCHAUX
JEAN-CLAUDE TERNAUX

Bréal éditions 1, rue de Rome - 93561 - Rosny Cedex

CRÉDITS PHOTOGRAPHIQUES

Page 90 : © Lauros-Giraudon, musée Condé, Chantilly. Page 95 : © Rijksmuseum-Stichting, Amsterdam. Page 142 : © Roger-Viollet, musée de la Comédie-Française, Paris. Page 143 : © Lauros-Giraudon, musée Carnavalet, Paris. Page 144 : © Roger-Viollet, Bibliothèque Nationale, Paris. Page 424 : © Martine Franck/Magnum Photos. Page 428 : © Lipnitzki-Viollet. Page 430 : © Lipnitzki-Viollet.

Dépôt légal : août 1996.
ISBN 2 85394 884 6

LISTE DES AUTEURS

Dominique BERTRAND	Maître de conférences à l'université de Provence
Jean-Louis HAQUETTE	Maître de conférences à l'université de Reims
Laurence HÉLIX	Assistante à l'université de Reims
Maris-Claude HUBERT	Maître de conférences à l'université de Provence
Sophie MARCHAL	Chargée de cours à l'université de Paris IV
Pierre MARÉCHAUX	Membre de l'Institut universitaire de France Maître de conférences au CERS de Tours
Jean-Claude TERNAUX	Maître de conférences à l'université de Reims

AVANT-PROPOS

Jamais les études de Lettres n'ont attiré autant d'étudiants. La réussite de ceux qui ont choisi cette discipline repose sur deux éléments : les **connaissances**, qui s'apprennent, et les **méthodes**, qui se comprennent. L'un ne va pas sans l'autre : il est vain d'opposer savoirs et savoir-faire. C'est cette combinaison qui sert de guide à la présente collection.

Les auteurs ont donc voulu mettre à la disposition des étudiants à la fois l'essentiel des connaissances à acquérir et un instrument de travail leur permettant de se familiariser avec les deux exercices principaux demandés à l'université, de l'entrée en premier cycle aux concours de recrutement : le commentaire composé et la dissertation. Le point des connaissances n'est pas destiné à remplacer la lecture attentive d'ouvrages plus développés auxquels, d'ailleurs, il est fait référence. Mais ce livre fournit un cadre et un aide-mémoire, tout en se situant à la pointe de la recherche actuelle, grâce à la collaboration d'une équipe d'éminents spécialistes qui sont aussi des enseignants expérimentés et passionnés par leur métier. De plus, c'est un outil commode pour la révision des examens et des partiels grâce à ses chronologies, ses définitions et ses encadrés.

Le bon usage de cette nouvelle collection réside aussi dans l'articulation des connaissances avec les exercices proposés aux lecteurs, dont on attend qu'ils prennent une part active à la démarche. Chaque chapitre comporte un commentaire composé et une dissertation développés. Les auteurs ne se sont pas contentés de proposer un « corrigé » qui pourrait servir de modèle ; au contraire, ils ont insisté sur les méthodes, les interrogations et les démarches préalables à la mise en œuvre du « devoir ». L'étudiant pourra s'essayer à faire le même exercice pour confronter sa démarche à celle du livre. Puis, il pourra s'exercer sur les documents et les sujets de dissertation proposés. Pour guider la démarche, ceux-ci sont dotés non pas d'une esquisse de corrigé, mais de la trame du cheminement permettant de construire un devoir.

Cette histoire du théâtre occidental de l'Antiquité à nos jours, nous l'avons voulue différente des histoires du théâtre déjà publiées, car notre optique a été proprement dramaturgique. Cela signifie, d'une part, que, par-delà les témoignages sociologiques ou idéologiques que les œuvres dramatiques peuvent fournir, nous avons surtout tenté de montrer comment le théâtre fonctionnait, selon les époques, quels effets il visait, quels procédés il affectionnait, quels liens il souhaitait créer entre la scène et la salle, tantôt pour représenter fidèlement le monde extérieur, tantôt, au contraire, pour le styliser, voire le déformer. Cela signifie, d'autre part, que la réalité du théâtre ne se laissant pas appréhender à travers les seuls textes, nous nous sommes montrés attentifs aux conditions matérielles de la représentation, qui éclairent bien souvent d'un jour nouveau la dimension esthétique d'une création. En somme, nous avons tenté de rendre toute sa dimension à un phénomène qui outrepasse largement la littérature.

LES AUTEURS

SOMMAIRE

CHAPITRE 3 LE THÉÂTRE AU XVIe SIÈCLE DE 1494 À 1604

par Jean-Claude Ternaux

CHAPITRE 4 L'ÂGE BAROQUE EN EUROPE : UN CREUSET THÉÂTRAL *par Dominique Bertrand*

CHAPITRE 5 LA FRANCE CLASSIQUE (1630-1715) *par Dominique Bertrand*

CHAPITRE 8 L'ÉCLATEMENT DES FORMES THÉÂTRALES AU XXe SIÈCLE *par Marie-Claude Hubert*

1

LE THÉÂTRE ANTIQUE

L'Antiquité grecque a, tout à la fois, inventé le théâtre et pensé la théorie du genre. Les formes dramatiques, savantes ou poulaires, qu'elle a créées ont non seulement ému les citoyens unis en une sorte de communion autour des valeurs de la cité, mais aussi fécondé l'ensemble du théâtre occidental durant des siècles.

Bien que nous n'en possédions qu'une partie, ces œuvres sont apparues très tôt comme des modèles de perfection esthétique qu'on a pu imiter et discuter, avant d'en contester, voire d'en transgresser, les principes. Mais, d'une manière ou d'une autre, elles n'ont cessé de constituer une référence obligée de la création théâtrale.

BIBLIOGRAPHIE GÉNÉRALE DU CHAPITRE

BARDON, H., *La Littérature latine inconnue*, Paris, 1956, t. I et II.

BARTHES, R., *Histoire des spectacles*, « Le théâtre grec », Paris, 1965, Gallimard, pp. 513-536.

CARRIERE, J.-Cl., *Le Carnaval et la Politique. Une introduction à la comédie grecque suivie d'un choix de fragments*, Paris, 1979, Belles Lettres.

DEMONT, P., LEBEAU, A., *Introduction au théâtre grec antique*, Paris, 1996, Livre de Poche, Coll. références.

DUMUR, G., *Histoire des spectacles*, Paris, 1965, Gallimard, Encyclopédie de la Pléiade, pp. 513-550.

DUPONT, Fl., *L'Acteur-roi, le théâtre à Rome*, Paris, 1985, Belles Lettres.

EASTERLING, P.E., GOULD, J., HANDLEY, E.W., KNOX, B.M.W., SUTTON, D.F., WINNINGTON-INGRAM, R.P., *Greek Drama*. The Cambridge History of Classical Literature, I, 2, Cambridge University Press, 1989.

GRIMAL P., *Essai sur l'art poétique d'Horace*, Paris, 1968.

HEGEL, G.W.F., *Esthétique*, t. III, 2e partie, Paris, 1946.

NAVARRE, O, *Le Théâtre grec*, Paris, 1960.

VERNANT, J.- P. et VIDAL-NAQUET, P., *Mythe et Tragédie en Grèce Ancienne*, tome I, Paris, 1972, tome II, Paris, 1986.

TABLEAU CHRONOLOGIQUE

Événements politiques	Théâtre grec	Théâtre latin
447 : construction de l'Acropole		
	445 (?) : Sophocle, *Ajax*	
	442 : Sophocle, *Antigone*	
	438 : Euripide, *Alceste*	
431 : guerre du Péloponnèse	431 : Euripide, *Médée*	
429 : mort de Périclès		
	428 : Euripide, *Hippolyte*	
	425 : Aristophane, les *Acharniens*	
	424 : Euripide, *Hécube* Aristophane, les *Cavaliers*	
	423 : Aristophane, les *Nuées*	
	420 (?) : Sophocle, *Œdipe roi*	
415 : expédition de Sicile	415 : Euripide, les *Troyennes*	
	414 : Euripide, *Héraclès furieux* Aristophane, les *Oiseaux*	
	412 : Euripide, *Hélène*	
411 : renversement provisoire de la démocratie	411 : Aristophane, *Lysistrata*	
	409 : Sophocle, *Philoctète*	
	408 : Euripide, *Oreste*	
405 : bataille d'Aegos-Potamos	405 : Euripide, les *Bacchantes* Aristophane, les *Grenouilles*	
404 : fin de la guerre du Péloponnèse : ruine d'Athènes		
399 : mort de Socrate	401 : Sophocle, *Œdipe à Colone*	
323 : mort d'Alexandre le Grand		
	317 : Ménandre, le *Dyscolos*	
		280 : naissance de Livius Andronicus
		275 : naissance de Naevius
272 : prise de Tarente par les Romains		272 : Livius Andronicus vient à Rome
		220 : naissance de Pacuvius
218 : début de la 2e Guerre Punique		
		212 : première comédie de Plaute
		206 : mort de Livius Andronicus
		186 : dernière pièce de Plaute. naissance de Térence
168 : victoire de Pydna		
		166 : représentation de l'*Andrienne* de Térence
		165 : Térence, *Hécyre*
		161 : Térence, *Phormion*
160 : jeux funèbres de Paul Émile		160 : Térence, les *Adelphes*
		129 : mort de Pacuvius
88 : consultat de Sylla		
		86 : mort d'Accius
		80 : début du mime
58-51 : guerre des Gaules		
		55 : inauguration du théâtre de Pompée
		13 : Ovide, *Médée*
		10 : Horace, *Art poétique*
Apr. J.-C.		
51 : Sénèque ministre		
		60-64 : rédaction des *Tragédies* de Sénèque
		65 : mort de Sénèque
69 : mort de Néron		

A

LA GRÈCE ET SON THÉÂTRE : INSTITUTIONS, PROTOCOLES, TECHNÉ ET RÉPERTOIRE

1 NAISSANCE ET VIE DU THÉÂTRE GREC

Les quatres sources du théâtre grec

Le monde grec connut à l'origine plusieurs types de spectacles théâtraux : les représentations chorales publiques, les thrènes (chants funèbres) en l'honneur des morts, les danses costumées et masquées, les déclamations des épopées. Puisque les première écritures de l'époque minoenne et mycénienne ne concernent que les documents administratifs, c'est à travers les vestiges archéologiques que l'on peut déceler les premières traces d'activité dramatique.

Chœur : ensemble de chanteurs ; par la suite, le chœur est composé de personnages représentant la communauté. Il chante, danse et parle. Un interprète soliste, le coryphée, dialogue avec les protagonistes. Quant au chœur, son énonciation s'adresse à elle-même, c'est-à-dire en fait aux spectateurs.

À l'origine, le mot *theatron* ne désigne pas un théâtre ; il sert à nommer tout lieu « d'où l'on peut voir » et répond aussi bien aux exigences des cérémonies religieuses qu'aux impératifs des assemblées politiques. Vers la première moitié du deuxième millénaire, on décèle la présence de cours ceintes de gradins exigus. Sur ces « aires » de représentations, qui ornent les palais crétois de Phaestos ou de Cnossos, évoluent des ***chœurs*** de femmes. Leur chorégraphie, suppose-t-on, obéit à une action. Le drame grec naît de ces rites offerts au public et représentés en un lieu contigu au palais royal, lieu de concentration du pouvoir. Homère, huit cents ans plus tard, a laissé, dans *L'Iliade* (XVIII, 590 et suiv.), une description de spectacles analogues ; ce témoignage prouve néanmoins que ces pratiques minoennes ont perduré jusqu'au VIIIe siècle avant notre ère. De telles représentations, où les acrobaties « préludaient au chant » (Homère), eurent lieu sur des aires de danse (*choroi*) qui constituaient une partie de la place publique (*agora*). Par ailleurs, si l'on en croit Thucydide (III, 104), des concours de chœurs accompagnèrent des compétitions gymniques. Il est même probable qu'aux premiers jeux Olympiques, en 776, on ait inséré des chorégies en divers dialectes.

Hexamètres dactyliques : vers de six pieds (composés de dactyles : une syllabe longue + deux brèves et de spondées : deux longues).

Autre ancêtre de la tragédie : la récitation de poèmes épiques. Dès le VIIIe siècle, âge où les épopées commencent à être fixées par l'écriture, les aèdes mettent à la mode ce genre guerrier, qui remonte aux confins de l'histoire et du mythe et qui a pour garantes les Muses, filles de Zeus et de Mémoire. Les aèdes ne sont pas des inventeurs ; ils récitent, en psalmodiant, les longs récits en ***hexamètres dactyliques*** légués par la tradition. Plus tard, les « rhapsodes » reprennent le flambeau ; et même lorsque la Grèce perd son hégémonie et se dissout en monarchies hellénistiques après la mort d'Alexandre le Grand, les grandes métropoles grecques reçoivent et rémunèrent ces diseurs de vers. Il faut dire que, très tôt, leurs prestations, comme celles des chœurs, entrent dans le cadre des fêtes civiques et sont soumises à des concours. Les rhapsodes ne négligent pas le jeu dramatique dans la mesure où, comme le dit Aristote, l'épopée est ouverte à l'usage du style direct. D'autre part, un extrait de l'*Ion* de Platon nous montre un rhapsode évoquant devant Socrate son art élocutoire en des termes d'acteur :

> Quand je débite quelque passage pathétique, mes yeux s'emplissent de larmes ; si c'est un endroit effrayant ou étrange, mes cheveux se hérissent d'effroi... (Quant aux spectateurs) je les vois chaque fois du haut de mon estrade, qui pleurent, jettent des œillades menaçantes et restent, comme moi, saisis à mes paroles (535 c-e).

Le théâtre grec est donc enraciné dans l'épopée homérique.

L'archéologie fournit un nouvel élément. Certains sarcophages minoens et mycéniens témoignent de la coexistence de scènes de deuils (interventions de pleureuses professionnelles) et de manifestations dramatiques, assorties de parties instrumentales, de passages chantés par des chœurs (thrènes) et de la présence de coryphées. Ces scènes rappellent évidemment les funérailles de Patrocle au chant XXIV de *L'Iliade* (vers 719 et suiv.). Cette intrication du rite funéraire et du spectacle choral ou « épique » se retrouve dans les *gymnopédies*, ces fêtes d'enfants nus qui célébraient, à Sparte, les guerriers morts au combat (Cf. Hérodote, *Enquête*, VI, 67).

Enfin, il est une autre source probable du genre tragique : les rites au cours desquels, de Milet à Corinthe, on se déguisait pour danser. Des centaines de vases provenant de ces villes et datant de 600 avant notre ère représentent des danseurs « rembourrés » (avec fesses et ventres bombés, protubérances phalliques et masques) associés à des chœurs de femmes. On a retrouvé des matrices en terre cuite pour la fabrication de masques de « Gorgô », faces monstrueuses et hybrides. On peut imaginer des groupes de citoyens déguisés et grimés comme ces *deikélistai* dont parle le grammairien hellénistique Sosibios, et qui évoluent dans la transe, sur un canevas plus ou moins mythologique.

De Lasos d'Hermione à Thespis : sous l'invocation de Dionysos

Un lien congénital entre le théâtre et le rite s'impose à l'origine. Un des éléments significatifs de ce syncrétisme est le ***masque*** (*prosopon*), lequel est un moyen de transgresser l'humanité et de parvenir à la possession divine. Un dieu joue un rôle important dans ce délire : Dionysos, fils de Sémélé et de Zeus, divinité perturbatrice qui a fait irruption dans l'Olympe traditionnel après avoir vécu de longues errances et qui symbolise la venue de l'étrangeté, de l'altérité au sein du monde civique. Dionysos est par excellence un dieu-masque suivi d'un thiase (ou cortège) de Satyres ithyphalliques et de ***Ménades***, ces femmes possédées qui rythment leurs danses d'un bâton couronné de lierre, le thyrse. Sous sa houlette, une étroite parenté se dessine entre le jeu des rites bacchiques et le jeu théâtral.

Le masque est lié au sacré dans les sociétés primitives ; il représente à l'intérieur d'un rite le moment où l'homme, qui s'en revêt, se retrouve en contact avec des forces extérieures à lui et qu'il « incarne » ou reçoit. Le masque marque la disparition de l'homme individuel derrière une figure.

Ménades : pour les désigner, nous utiliserons également le terme « Bacchantes ».

Le chant et la danse qui relèvent de ces divers spectacles exigent de la part des choreutes, ces suivants de la divinité, une éducation, une compétence qui les asservit au culte de la *mousikè*. Cette propédeutique élitiste est assurée, dès le VIIe siècle, par des écoles spécialisées, comme celles que fonde Terpandre de Lesbos à Sparte vers 675. Mais un événement tant culturel que politique enracine la naissance de la tragédie dans le culte de Dionysos : la métamorphose des Dionysies rurales en Dionysies urbaines sous l'impulsion du tyran Pisistrate, dans les vingt premières années du Ve siècle. Ces fêtes accueillent un festival de dithyrambes, chants chorals mi-religieux, mi-littéraires en l'honneur de Dionysos. Les inventeurs de cette poésie officielle seraient pour les uns Lasos d'Hermione, le maître de Pindare, et, pour les autres, Arion de Lesbos, venu à Corinthe sous le règne de Périandre. Cette indécision des origines (tantôt doriennes, tantôt ioniennes) du dithyrambe est une manière d'agrandir son public potentiel. D'autre part, lorsque la tragédie finit par absorber le genre dithyrambique, elle tire profit de ce vœu d'unification politique et langagière : elle en est le gage, dans la mesure où, d'emblée, elle se présente comme un montage panhellénique, un patchwork poétique qui ira en se complexifiant. La tragédie est donc un genre polymorphe qui absorbe toutes les formes du *carmen* grec de la chanson à boire à l'ode encomiastique (c'est-à-dire faisant l'éloge d'un athlète ou d'un héros), du péan à la pantomime. Ainsi, chaque spectateur trouve en elle des réminiscences de sa cité, de son dialecte. L'ancienne tragédie, ce genre rassembleur, est soutenue par le pouvoir local. Ce serait Thespis le Thébain qui aurait organisé vers 550 les premiers spectacles tragiques ambulants, en inventant le premier acteur, en transportant son matériel sur un chariot et en recrutant des chœurs dans chaque ville. Cette initiative aurait très vite reçu la consécration civique et aurait été prise en charge par une compétition. La suite est connue : le théâtre s'installe sur un terrain consacré à Dionysos qui reste pour toujours le patron du genre. Et de grands poètes (il vaudrait mieux dire des entrepreneurs de théâtre), presque contemporains les uns des autres, donnent à la représentation dramatique sa structure adulte. Dès 486, l'ancienne tragédie se divise en trois formes : la tragédie proprement dite, la comédie et le drame satyrique. Le théâtre va exercer sur la culture athénienne plus particulièrement un véritable impérialisme et Platon dénoncera cette « théâtrocratie » qui est une annexion de la culture athénienne au genre tragique, pour la plus grande gloire d'Athènes, il est vrai, et non sans quelques entorses au dionysisme traditionnel.

Aristote nous a laissé un témoignage sur la naissance de la tragédie. Il note qu'à la fin du IVe siècle les Doriens en ont revendiqué la paternité. Cette allusion à Arion (*Poétique*, 1448 a29-35) n'exclut pas pour lui la coexistence de deux autres sources. D'un côté, affirme-t-il, « la tragédie remonte à ceux qui conduisaient le dithyrambe » et elle procède, comme la comédie, « de l'improvisation » (1449 a11). Par ailleurs, il écrit : « La tragédie s'ennoblit tardivement après avoir commencé par des histoires brèves et un mode d'expression comique, car elle a évolué à partir du genre satyrique » (1449 a20). Ces deux assertions font problème car le dithyrambe ne saurait s'assimiler au genre satyrique sauf si celui-ci désigne les représentations de « danseurs rembourrés » mentionnés antérieurement. D'autre part, les chœurs tragiques étaient à l'origine très proches du dithyrambe par le rythme (une alternance de longues et de brèves) ainsi que par leur sujet héroïque. L'appellation de « tragique » puise son origine dans le vocable grec *tragoidos,* qui qualifie le chant d'un personnage déguisé en bouc. La présence de cet animal s'explique diversement. Le bouc est souvent associé à Dionysos. Les Satyres, bien qu'arborant une queue de cheval, ont sa lubricité et sa barbe. D'autre part, il est parfois la récompense d'un concours de chant comme le rappelle Horace dans un vers de l'*Art poétique* : « Celui qui disputa avec un poème tragique un bouc de peu de prix, bientôt montra nus sur la scène les agrestes satyres... » (220-221).

Les institutions

Le théâtre grec était à la fois civil et religieux. Mais les deux éléments n'avaient pas la même valeur. La religion (ou culte) est certes encore présente dans les institutions qui règlent le théâtre grec adulte, mais c'est la cité qui lui donne son sens : ses caractères acquis font son être, plus que ses caractères innés.

Ainsi, le culte dionysiaque est présent dans les coordonnées du spectacle (temps et espace), moins dans sa substance. Les représentations théâtrales avaient lieu trois fois l'an à l'occasion des fêtes données en l'honneur de Dionysos : les Grandes Dionysies, les Lénéennes, les Dionysies champêtres. Les Grandes Dionysies étaient une fête athénienne qui avait lieu à l'entrée du printemps, à la fin de mars. Elles duraient six jours et comportaient trois concours (dithyrambe, tragédie et comédie). C'est au cours de ces fêtes que se déroulèrent les « premières » des pièces d'Eschyle, Sophocle et Euripide. Les Lénéennes prenaient place en janvier. Purement athéniennes, moins panhelléniques que les Grandes Dionysies, elles ne comportaient pas de concours de dithyrambes. Enfin, les Dionysies champêtres étaient organisées à la fin de décembre dans les dèmes (bourgs) de l'Attique. Les dèmes pauvres se contentaient d'un cortège ; les plus riches mettaient sur pied des concours tragiques (ou comiques). Dans l'ensemble on n'y donnait que des reprises de pièces, sauf au Pirée, où, au dire de Socrate, on représenta la « première » d'une tragédie d'Euripide.

Pour toutes ces fêtes, le lieu théâtral était consacré à Dionysos : le public y portait une couronne religieuse, les acteurs étaient sacrés et tout crime y devenait sacrilège. Au théâtre, deux lieux rendaient compte du culte dionysiaque : la *thymélé*, autel ou fosse à sacrifice dominées par la statue du dieu installée en grande pompe au sein de l'*orchestra* (aire circulaire ou rectangulaire réservée aux choreutes et aux acteurs) ; et la *cauea*, c'est-à-dire l'ensemble des gradins dont certaines places étaient réservées au clergé, à de hauts dignitaires ou à certains invités (le droit à ces places avait nom *proédrie*). On le voit, ces institutions théâtrales étaient marginales : car lorsque la représentation avait commencé, plus aucun élément cultuel n'intervenait dans son déroulement. Certes, les genres issus du dionysisme conservaient quelques traces du rite qui n'étaient en fait que des réminiscences transgressées : la danse cyclique du dithyrambe mimait les rondes collectives des possédés en proie à la *mania* d'inspiration dionysiaque ; le drame satyrique reproduisait, en des danses composées de bonds désordonnés, la *mania* individuelle, assimilable à la grande attaque convulsive de Charcot ; la comédie, du moins dans sa partie initiale, prolongeait les *cômoi,* sortes de scénarios de masques ambulants animés par des jeunes gens déguisés qui ouvraient les cérémonies cultuelles. Le lien direct entre le dionysisme et les genres théâtraux de la Grèce est d'ordre physique : c'est la possession ou l'hystérie (dont on connaît le rapport de nature avec les comportements de l'acteur) qui s'incarne et se libère dans la danse. La notion de ***catharsis**** dont nous parlerons par ailleurs trouve ici une réponse probante : la tragédie a la charge utilitaire de « purger » toutes les passions de l'homme, en suscitant en lui crainte et pitié. D'autre part, il arrive qu'elle le délivre de cette crainte et de cette pitié. La *catharsis* serait précisément ce moyen qui permettrait de « déraciner » (mot de Corneille) les passions, ou encore de les épurer, de les sublimer, en leur ôtant tout excès déraisonnable. Mais il ne faut pas oublier que l'enjeu de la définition est médical : la *catharsis* désigne vraisemblablement le dénouement de la crise hystérique, alors qu'en termes mystiques elle consiste à se déprendre des accès de la possession divine. Sans réduire l'expérience grecque à un phénomène médical bien connu des modernes, on peut voir dans cette hystérie du théâtre grec une « expérience totale » où se mêlent des états intermédiaires et contradictoires, une conduite concertée de dépossession ou de « dépaysement ».

Catharsis : mot grec signifiant « épuration, purification », mais aussi, dans une acception médicale, épuration, dont Aristote fait la théorie dans sa *Poétique* (VI) : « La tragédie est une imitation (*mimésis*) d'une action [...] qui par le moyen de la pitié et de la crainte produit l'épuration (catharsis) de telles émotions (*pathemata*). Il s'agit donc : a) de produire l'imitation d'événements provoquant des émotions (crainte et pitié); b) d'obtenir par ce spectacle une libération de ces émotions. Le poète tragique fabrique donc un modèle "émotionnel" qui a un double effet : exciter l'émotion et la "purifier" ».

Le lien entre la société et son spectacle est donc très étroit. Mais même si l'État grec fut démocratique au moment où l'art théâtral atteignit son apopée, il ne faut pas en déduire que cet art fut populaire. La démocratie athénienne était aristocratique : il n'y avait que quarante mille citoyens sur les quatre cent mille habitants de l'Attique. Ces citoyens pouvaient s'intéresser aux liturgies dans la mesure où d'autres hommes travaillaient pour eux. Ainsi un constant sentiment de responsabilité civique les habitait. On ne parlera donc pas de théâtre populaire à propos du théâtre grec. On parlera de théâtre civique, de théâtre de la cité responsable.

Chorégies,* théoricon *et concours. Le théâtre grec a un caractère fortement civil. C'est la cité qui lui donne son essence. Trois institutions forment la base de cette reconnaissance citadine et étatique, municipale et nationale, restreinte et universelle : la chorégie, le *théoricon* et le concours.

Le théâtre grec est un théâtre offert légalement aux pauvres par des riches. La chorégie est une liturgie, c'est-à-dire une obligation officiellement imposée aux citoyens riches par l'État. Le chorège doit instruire un chœur (quinze chanteurs et un flûtiste) et lui assurer masques et costumes. Il pourvoit d'un salaire le coryphée, seul professionnel avec les acteurs. Pour chaque pièce, il faut trois acteurs qui assurent tous les rôles. Le plus important – le protagoniste – est payé par la cité. L'auteur fait fonction de metteur en scène (*didascalos*) pour les répétitions. La chorégie est une liturgie sans doute onéreuse, mais elle assure au citoyen une notoriété. Lorsque l'État s'est appauvri (c'est le cas à la fin de la guerre du Péloponnèse), il est admis qu'on associe deux citoyens dans une seule chorégie : c'est la *synchorégie.*

En principe, l'entrée au théâtre est gratuite pour tous les citoyens. Mais il en résulte une très grande affluence. On établit d'abord un droit d'entrée de deux oboles par jour de spectacle (le tiers d'un salaire journalier d'ouvrier non qualifié). Ce droit peu démocratique, puisqu'il lèse les pauvres, est très vite aboli et remplacé par une subvention de l'État aux citoyens pauvres. Cette subvention de deux oboles par tête (diobélie) est décidée vers 410 par Cléophon et l'institution s'appelle désormais *théoricon.*

Chorégie et théoricon contribuent à l'existence matérielle du spectacle. Une troisième institution assure le contrôle de la démocratie sur sa valeur : le concours. On connaît l'importance de l'*agôn*, de la compétition dans la vie publique. La compétition permet de médiatiser les conflits sans les censurer : la question de la précellence est ici rapportée à l'art. Le meilleur auteur n'est pas là pour l'emporter sur son confrère, mais pour maîtriser l'art, cette représentation complète de valeurs religieuses et historiques, morales et esthétiques. La mécanique des concours dramatiques est complexe : l'archonte éponyme choisit les trois poètes tragiques autorisés à concourir. Le jugement qui suit la fête est confié à un jury civil désigné par le sort. Il y a des prix pour le chorège, le poète et, plus tard, pour le protagoniste (trépied ou couronne). Le concours est clos par un procès-verbal officiel gravé sur le marbre.

2 Les techniques théâtrales

Qu'est-ce qu'un théâtre ? Protocoles de la fête ; architecture et dramaturgie

Il n'est pas d'institutions sans usages puisqu'un spectacle ne prend son sens que dans le moment où il s'articule avec la vie matérielle de ses usagers. Le théâtre grec est essentiellement festif. La fête qui le suscite est annuelle et dure plusieurs jours. Or la solennité et l'ampleur d'une telle cérémonie ont deux conséquences : une suspension et une saturation du temps. On sait que les Grecs ne connaissaient pas le repos hebdomadaire, notion juive. Ils ne chômaient que pendant les fêtes religieuses. Les Dionysies étaient donc un moment d'arrêt du temps laborieux qui devenait pour l'occasion un temps saturé.

À l'époque de la tyrannie, on représentait les pièces de théâtre sur l'agora d'Athènes. C'est au début du Ve siècle qu'on aménagea l'aire de danse située en contrebas du temple de Dionysos sur la pente sud de l'Acropole. On creusa les gradins du *théatron* dans la colline. Celui-ci était divisé par des escaliers en sections verticales : le *diazoma* et les *kerkides.* Seuls les sièges d'honneur étaient en pierre, tandis que des bancs de bois disposés en gradins montaient le long de la roche et prolongeaient l'hémicycle. Le théâtre de Dionysos était formé de plusieurs espaces contigus :

– l'*orchestra*, parfaitement circulaire (27 mètres de diamètre), était en terre battue (les premiers théâtres de pierre datent du milieu du IVe siècle). Y évoluaient les choreutes et les acteurs. Le musicien acompagnant les chants du chœur sur l'*aulos* ou hautbois double se tenait près de l'autel de Dionysos ;

– au fond, on distinguait la *skéné*, barraque en bois dont l'intérieur servait de coulisse et le mur frontal de support aux décors ;

– deux rampes inclinées permettaient d'accéder à l'*orchestra* comme au *théatron* (le public, les acteurs et les choreutes n'étaient pas séparés au moment de leur arrivée au théâtre ; ce qui fait dire à Roland Barthes qu'il n'y a « pas de rupture physique entre le spectacle et ses spectateurs » dans le théâtre grec, *op. cit.* p. 526). Ces rampes avaient nom : *parodoi* ou *eisodoi*.

Déroulement des Dionysies. Un jour ou deux avant le début des festivités, les poètes présentaient officiellement leurs œuvres au cours d'une cérémonie appellée *proagôn,* qui avait lieu dans l'Odéon que Périclès avait fait bâtir près du théâtre de Dionysos. S'agissait-il d'une simple énonciation du titre ou bien d'un développement synthétique du canevas de l'œuvre ? Nous l'ignorons. Le 10 Élaphébolion (fin mars), un grand cortège mené par l'archonte-roi accompagnait la statue en bois de Dionysos d'Éleuthère et l'installait solennellement au théâtre. Une vaste hécatombe de taureaux alimentait la procession. Le 11 et le 12 se déroulait le concours de dithyrambe, hommes et enfants. Ce chant choral dans lequel Archiloque de Paros (77, édit. Diehl-Bergk) affirmait, au, VIIIe siècle, avoir joué le rôle de meneur (*exarchôn*) accompagnait le rite dionysiaque de l'omophagie : on consommait les chairs d'une victime vivante et l'on buvait son sang tiède. Les *Bacchantes* d'Euripide et le dépeçage de Penthée par les Ménades furieuses (*sparagmos*) rappellent cette coutume. Dans la nuit du 12 au 13, se déroulait un grand *cômos* avec phallophorie (procession accompagnant un *phallos* porté). Un concours de comédie occupait la journée du 13 tandis que les deux jours qui suivaient étaient consacrés à la tragédie. Selon Anne Lebeau et Paul Demont (Cf. *op. cit.* dans la bibliographie, p. 42), « les représentations elles-mêmes occupaient quatre jours : trois jours pour le concours tragique – chaque poète présentait une tétralogie, c'est-à-dire trois tragédies et un drame satyrique, et une journée entière était consacrée à chacun... – et le dernier jour pour les cinq comédies ». Le drame satyrique (ou silénique) fut une innovation d'un certain Phlionte, qui l'aurait introduit à Athènes à l'époque des débuts d'Eschyle. Malheureusement, nous connaissons fort mal ce genre totalement perdu en dehors de quelques courts fragments, des *Limiers* de Sophocle et du *Cyclope* d'Euripide. Le chœur, composé de satyres salaces dotés de phallus en cuir rouge et multipliant les exercices orchestiques, semble y avoir joué un rôle important.
Avant la représentation, d'autres solennités se faisaient jour : l'entrée des personnages honorés de la proédrie (le prêtre de Dionysos, l'archonte, les bouleutes ou membres du conseil...), l'exposition dans l'*orchestra* du tribut d'or versé par les villes alliées, le défilé des « pupilles de la nation », une lustration faite du sang d'un jeune porc, et la sonnerie de trompette annonçant le début du spectacle.
Ces festivals étaient donc de véritables « sessions » (ils duraient six jours de l'aube à midi, puis de l'après-midi jusqu'au coucher du soleil), pendant lesquels la cité vivait théâtralement, depuis le masque que l'on revêtait pour assister au cortège inaugural jusqu'à la *mimésis* du spectacle lui-même.

Les interprètes jouèrent au début dans l'*orchestra*, puis, vers la fin du IVe siècle, on plaça devant la *skéné* un *proskénion* où l'action reflua. La scène moderne est constituée par l'addition de la *skéné* au *proskénion*. Même si on a parfois insisté sur la dimension peu « organique » de la *skéné* au sein du théâtre grec, il ne faut oublier son rôle symbolique : outre le fait qu'elle permet aux acteurs de changer de costume ou de masque, elle incarne souvent l'invisible et le « hors-scène » ; elle est l'étendue de la non-tragédie, contenant le triple espace de la mort, de la fuite ou de l'événément. Ainsi, lorsque dans les *Perses* d'Eschyle paraît le messager venu raconter à la reine Atossa le désastre de Salamine, il sort de la *skéné*, c'est-à-dire revient symboliquement du lieu de la défaite, du pays des ennemis. Eschyle exploite dans son théâtre toutes les possibilités de la *skéné* : dans *Agamemnon*, le lieu désigne à la fois le palais d'où l'on guette le signal de la victoire, son intérieur « sentant le sang et le meurtre répandu » (v. 1311) et les Enfers dont Cassandre salue les portes (v. 1291). La *skéné* donne forme à toutes les puissances qui ne peuvent paraître sur la scène du théâtre ; elle tient l'acte dans une sorte de quarantaine d'où l'on extrait l'essence tragique des événements pour n'apporter aux acteurs de l'*orchestra* que des fragments de l'extérieur, purifiés sous le nom de « nouvelles », anoblis sous celui de « récits » : bataille de Salamine (les *Perses*), rajeunissement miraculeux d'Iolaos (les *Héraclides* d'Euripide), évocation de la dernière nuit de Troie (*Hécube* d'Euripide), mort d'Étéocle (*Sept contre Thèbes* d'Eschyle), suicide de Jocaste (*Œdipe-roi* de Sophocle), etc. Car, face à cet ordre du seul langage qui est celui de la tragédie, l'acte est moins pur que la parole.

La scène dans le théâtre moderne dit toute la frontalité de l'action. Dans le théâtre antique, rien de tel. L'espace scénique y prend du volume : d'abord, ce théâtre est un théâtre liminaire puisqu'il se déroule au seuil (*limen*) des tombes et des palais. Ensuite, il s'incarne en un espace conique, évasé vers le haut, jusqu'à l'infini, du ciel : cette ouverture amplifie la nouvelle (c'est-à-dire le destin) sans étouffer l'intrigue. La circularité du théâtre grec contribue à sa dimension « existentielle ». Le plein air avec sa foule bariolée (les spectateurs étaient en habits de fête), la pourpre et l'or des costumes de scène, l'éclat du soleil, le ciel de l'Attique, a un je-ne-sais-quoi de fragile. Ne pouvant être une habitude, une réitération absolue, il est irréversible, irremplaçable. Il restitue au cadre la singularité de l'événement. Quant au public, sa masse même le transforme (le théâtre de Dionysos à Athènes compte quatorze mille places) : il est réparti par catégories de citoyens : éphèbes, étrangers, femmes, membres du Sénat... On sait combien l'intégration d'un individu à un groupe structure son affectivité et modifie ses réactions. Il y a donc une « installation » du public dans le théâtre. À quoi il faut ajouter le dernier des protocoles de possession : la nourriture. On mangeait, on buvait pendant le spectacle tragique et les chorèges généreux faisaient circuler vin et gâteaux.

Techniques, acteurs, chœurs, décors et machines

Le théâtre grec est le théâtre d'une synthèse entre la poésie, la musique et la danse. Cette union s'appelle *choreia*. Elle prône l'égalité absolue de ces divers langages. Elle rappelle qu'ils sont tous égaux au regard de la *paideïa* (éducation) dans la mesure où ce que l'on nomme musique désigne autant les lettres que le chant. La *choreia* traduit le triomphe du corps, sa liberté. Comme l'a montré Hegel, c'est par elle que l'Athénien tente de transformer son corps en organe spirituel.

La parole, au théâtre, était distribuée entre trois modes de débit :
– la *catalogué*, expression dramatique, parlée, monologue ou dialogue, composée en trimètres iambiques $\frac{\cup}{\cup\cup}\overset{1}{-}\cup\overset{2}{-}/\cup//\overset{3}{-}\cup\overset{4}{-}//\frac{\cup}{\cup\cup}\overset{5}{-}\cup\overset{6}{-}$. L'iambe était considéré comme le mètre le plus naturel et, comme disait Aristote, le plus « dans le ton de la conversation » ;
– le *mélos*, expression lyrique, chantée, écrite en mètres variés. Il s'agit par exemple du récitatif qui accompagne la marche du chœur et dont l'aspect rythmé justifie l'emploi de l'anapeste ($\cup\cup-$) ;
– la *paracatalogué*, expression intermédiaire, composée en tétramètres, plus emphatique que la *catalogué*, mais nullement mélodique.

La musique était monodique (jouée à l'unisson ou à l'octave) sur l'*aulos*. Le rythme était absolument calqué sur le mètre poétique. Chaque mesure correspondait à un pied, chaque note à une syllabe. Bientôt, les vocalises, que certains auteurs comme Euripide insèrent dans leur texte, exigèrent une telle virtuosité qu'on eut recours à des musiciens professionnels. L'expressivité de la musique grecque était codifiée par toute une grammaire de modes musicaux de sorte que l'effet était souvent de l'ordre de la convention. Il en est de même pour les figures (*schémata*) et les pas (*phorai*) de la danse qui pouvaient à l'occasion s'accommoder de pantomimes de mains et de doigts (chironomie). Celle des *Sept contre Thèbes* d'Eschyle était célèbre : sa codification était telle que les spectateurs pouvaient « lire » la danse comme un texte.

Les acteurs. Les personnages (notion moderne, puisque Racine appelait encore les siens des « acteurs ») sont sortis d'une masse indifférenciée, le chœur. La fonction du chef de chœur prépara à l'institution de l'acteur. Thespis ou Phrynichos franchirent ce seuil et inventèrent le premier acteur, transformant le récit en imitation. L'illusion théâtrale était née. Aristote nous rappelle qu'Eschyle (Cf. *Poétique*, 1449 a16) porta de un à deux le nombre des acteurs et que Sophocle eut l'idée d'en ajouter un troisième. Ainsi le protagoniste, le *deutéragoniste* et le *tritagoniste* purent interpréter chacun trois ou quatre rôles. La comédie était moins rigoureusement tenue de se conformer à trois acteurs. Chez Aristophane, par exemple, les scènes à quatre rôles parlants n'étaient pas rares (cf. *Les Oiseaux*, 1565 et suiv.). Par ailleurs, comme les acteurs, tant tragiques que comiques, étaient tous des hommes, les auteurs de comédies tirèrent des effets insolites du déguisement, et parfois même du surdéguisement. Par exemple, dans l'*Assemblée des femmes* d'Aristophane, lorsque les femmes contrefaisaient un rôle masculin, l'acteur grimé en femme et surdéguisé en homme devait faire sentir par l'artifice de son jeu la distance issue de ce surtravestissement. Tous les exécutants, chœur et acteurs, étaient masqués. Les masques étaient faits de chiffons stuqués, coloriés, prolongés par une perruque ou une barbe postiche. Le front avait souvent une hauteur démesurée. C'est l'*onkos*. L'expression du masque a une histoire : au temps d'Eschyle (vers 472, date des *Perses*), le masque était une surface neutre, à peine ombrée de rides frontales, tandis qu'à l'époque hellénistique (vers 320) ses traits devinrent démesurément convulsés. Il y eut naturellement une nomenclature des masques ; mais il semble que leur expression ait profondément muté en quelques siècles. D'abord, le masque dépaysa en censurant la mobilité du visage et en altérant la voix, rendue caverneuse et comme venue d'un autre monde. Tout en satisfaisant aux impératifs de la dramaturgie (cacher les sexes, dissimuler les âges), il fut le lieu de rencontre de l'humanité et de l'inhumanité, la condition *sine qua non* de l'illusion tragique, qui avait pour mission de donner à lire la communication des dieux et des hommes. Bientôt, dans le théâtre hellénistique, il incarna tout le contraire. Il ne cacha plus, il afficha. Il servit une métaphysique des essences psychologiques.
Sur le déguisement de l'acteur, les vases nous donnent de nombreuses indications : les costumes tragiques étaient des robes à manche longue et tombant jusqu'aux pieds, richement décorées et brodées. Mais ces riches attributs n'étaient pas des généralités : tout un code vestimentaire régissait chlamydes, manteaux et tuniques : les haillons de la pauvreté, la pourpre des rois, le noir du deuil, etc. L'irréalité du costume comique (par rapport à celui de la tragédie) était moindre : c'était une tunique courte, évasée, permettant de laisser apparaître le *phallos* de cuir exhibé par les acteurs masculins. Le cothurne n'était pas encore cette chaussure surélevée sur laquelle était perché l'acteur, et qui est devenue symbolique. C'était une bottine souple, à tige assez haute. Lorsque l'acteur fut perché à l'époque hellénistique sur de hauts cothurnes, sa corpulence s'accrut : on le dota d'un faux ventre, d'une poitrine factice. L'*onkos* s'en trouva exagéré.

Les chœurs étaient composés de quinze membres pour la tragédie et de vingt-quatre pour la comédie. Puis leur importance a diminué. Au début, le chœur dialoguait avec l'acteur par la voix du coryphée. Il l'entourait, le soutenait, l'interrogeait, il participait sans agir, il glosait l'action. Cette intervention du chœur se restreignit. Bientôt, il se contenta de fournir au drame des intermèdes autonomes sans lien organique avec lui. Au départ, les choreutes n'étaient pas des professionnels. Tout citoyen pouvait accéder au chœur (Cf. Démosthène, *Contre Midias*, 56). C'est à partir du IVe siècle qu'on fit appel à des chanteurs de métier. Les costumes des choreutes étaient simples et le plus souvent en rapport avec les rôles ou les catégories d'âge qu'ils incarnaient : conseillers du Grand Roi en robe orientale dans les *Perses*, jeunes femmes portant la nébride (peau de faon) et le thyrse de Dionysos dans les *Bacchantes* d'Euripide, oiseaux de divers plumages (pie, tourterelle, alouette, fauvette, colombe, etc.) dans les *Oiseaux* d'Aristophane. Si, dans ce dernier exemple, chaque volatile est doté d'une individualité (ramage et plumage), en général le chœur est l'expression de la collectivité indivise.

La diction très maîtrisée devait permettre que tous les choreutes fussent parfaitement intelligibles. Mais il arrivait fréquemment, dans un souci de clarté, que le chœur fût divisé en deux parties, un adjoint, le parastate, faisant office de second coryphée ou encore que des solistes du chœur se missent à entonner une phrase à tour de rôle : ainsi du réveil des Érinyes dans la partie liminaire des *Euménides* d'Eschyle. Sur la diction des acteurs (et non plus des choreutes), nous avons quelques anecdotes : un de ces *hypokritai,* Hégélochos, est célèbre pour le cuir qu'il lâcha en 409, alors qu'il interprétait le rôle-titre dans la tragédie d'*Oreste* d'Euripide. Il accentua d'une façon fautive la fin du vers 272 ; le public entendit le héros, qui recouvrait la raison, s'écrier « sauvé des flots, je vois de nouveau la belette » ; il voulait dire « je vois de nouveau le calme de la mer », mais la confusion aisée entre *galèna* (le beau temps) et *galèn* (la belette) fut rédhibitoire. Et pour ce lapsus, Hégélochos passa à la postérité (Cf. Aristophane, *Grenouilles*, v. 304).

Les voix, les couleurs des costumes et masques, les pas de danse et les mètres musicaux étaient codifiés. De la même manière, le décor n'échappait pas à la symbolique. Ce fut Eschyle vieillissant et surtout Sophocle qui introduisirent le décor peint sur une toile mobile qui pendait le long de la *skéné.* Cette peinture était la tâche des scénographes (Cf. Aristote, *Poétique*, 1449 a18). À cette partie centrale, on ajouta deux éléments latéraux (fin ve siècle) : les périactes ou prismes tournants s'emboîtant dans le décor central selon les besoins dramatiques. Les lieux représentés y obéissaient à une typologie : forêts pour le drame satyrique, décor urbain pour la comédie, temple, palais, tombeau, mer pour la tragédie. Parfois, la figuration était des plus sommaires : comment superposer par exemple dans les *Euménides* le temple d'Apollon à Delphes et l'Acropole d'Athènes (les deux lieux de l'action) ? Un même décor très sobre était dessiné pour des drames différents. Le poète sollicitait non point les artifices d'une toile mouvante, mais en appelait à l'imaginaire du public.

Des exigences réalistes encouragèrent toutefois la construction et l'institution de machines. À l'époque hellénistique, il y en eut de fort complexes : l'*eccyclème* était une plate-forme roulante qui amenait les cadavres hors des portes du palais, à la vue des spectateurs. Dans l'*Héraclès furieux* d'Euripide, Héraclès, frappé d'*atè* (folie furieuse) par Héra, tue sa femme et ses enfants avant de succomber à un lourd sommeil. Le messager en fait le récit au public. Mais, bientôt, la porte centrale de la *skéné* s'ouvre ; l'*eccyclème* sort et expose au regard de tous le héros endormi entouré de quatre cadavres : le chœur chante :

> Hélas, hélas, voyez ! à deux battants
> S'ouvre la porte de la haute demeure.
> Hélas, hélas, voyez ces pauvres enfants étendus
> Devant leur malheureux père,
> Qui dort d'un terrible sommeil
> Après avoir tué ses fils (1029-34).

Il arrive que la comédie parodie l'usage de l'eccyclème. Ainsi, dans les *Acharniens* d'Aristophane, Juste-cité (Dicéopolis), le protagoniste, a besoin de susciter la compassion d'un chœur bien décidé à le lapider. Il va trouver le grand spécialiste du pathétique qu'est Euripide pour lui emprunter les haillons tragiques d'un de ses personnages. Le poète écrit une tragédie. Il n'a pas le temps de sortir. Qu'à cela ne tienne : « Prends donc l'*eccyclème !* » lui dit Juste-cité. La plateforme paraît donc devant la *skéné* ; elle expose, pour la plus grande joie du public, le spectacle du poète tragique installé les pieds à l'air dans son cabinet de travail, entouré des défroques des héros de ses drames.

Une autre machine faisait fureur : la *méchané*, sorte de grue dont on peignait le câble porteur en gris pour le rendre invisible des spectateurs et qui faisait voler dans les airs les dieux et les héros. Euripide en fit un usage immodéré : bon nombre de ses pièces se terminaient par l'intervention d'un dieu *apo méchanès* (= *ex machina*). Dans la *Paix* d'Aristophane, Lavendange (Trygée), las des guerres incessantes entre les hommes, décide d'aller réclamer la paix aux dieux. Il chevauche un bousier qu'il nourrit de ses propres déjections. L'insecte géant prend son essor et vient se poser au faîte de l'Olympe, c'est-à-dire sur le toit de la *skéné*. Ce recours à la *méchané* lui fait dire : « J'ai peur, machiniste, fais donc attention ! » (v. 173-174). Cette assimilation du toit de la *skéné* à un « en-haut » qui s'opposerait au caractère terrestre de l'*orchestra* est courante. Ce lieu aérien est le « parloir des dieux » (*théologéion*) ; parfois une distégie (ou second étage) permettait aux acteurs, dans Aristophane par exemple, de communiquer avec les toits. Enfin, des trappes ou des escaliers souterrains servaient à l'apparition des dieux infernaux et des morts. La machinerie permet difficilement, au Ve siècle du moins, une mise en scène prétendument réaliste. Son efficacité tient à certaines conventions et à leur acceptation tacite par le public. Malgré sa diversité et sa rudimentarité, la machinerie grecque a pour fonction de faire voir l'intérieur c'est-à-dire les enfers, le tréfonds du Palais, le cœur de l'Olympe. Elle force toujours un secret.

La question du réalisme dans le théâtre grec mérite qu'on y pense un peu. Dès Eschyle, le théâtre grec tend vers le réalisme bien qu'il porte en lui la volonté d'une certaine distanciation : impersonnalité des masques, convention des costumes, symbolisme des décors, rareté des acteurs, masse du chœur. Mais quoi qu'il en soit, le réalisme théâtral réside plutôt dans le degré de crédibilité de ses spectateurs. Très vite, un réalisme dialectique apparaît : il s'agit de doubler le symbolisme intense du langage par une réalité immédiate ou, du moins, d'établir entre eux un va-et-vient commode. On raconte que les premiers spectateurs de l'*Orestie* d'Eschyle s'enfuirent, terrifiés, à l'apparition des Érynies. Le théâtre impose pour ainsi dire une « surréalité », l'auteur doublant le monde de ses signes. Mais, bientôt, avec la complexité accrue de la machinerie et l'atrophie du chœur (jointes à une crédulité affaiblie), un nouveau réalisme supplante le précédent : le signe théâtral n'est plus là pour doubler le monde ; il renvoie à une intériorité. Ce qui a cours sur scène n'est que la copie décrochée du réel. Tel est l'esthétique d'Euripide, et l'on comprend que ce soit avec lui, plus qu'avec Eschyle, que Racine ait voulu renouer le dialogue.

***Mimésis* et structure dramatique dans la tragédie et la comédie grecques : la *Poétique* d'Aristote**

Le livre canonique de l'Antiquité nous proposant une définition et une analyse de la « bonne » tragédie et plus succinctement de la comédie n'est autre que la *Poétique* d'Aristote. Ce livre est naturellement postérieur aux grandes dates de la geste tragique : le premier concours (534) et la représentation des *Perses* (472). Il recueille toute une tradition dans un souci d'encyclopédisme. La *Poétique* n'est pas seulement un témoignage, elle se veut une *techné*, un art proposant des règles pour écrire une tragédie. Sans développer de manière excessive, il faut donner un aperçu de ce livre et tenter de dégager les structures de la tragédie telles que son auteur les expose.

Nous avons évoqué dans la partie consacrée aux différents modes de débit l'alternance entre le chant et la parole. Il est commode pour décrire cette alternance de développer le schéma de la tragédie grecque proposé dans la *Poétique* d'Aristote (1452 b14) et qui énumère les parties parlées, puis les parties lyriques :

– prologue
– *parodos* (entrée du chœur sur l'*orchestra*)
– 1er épisode
– 1er *stasimon* (chant du chœur sur place)
– 2e épisode
– 2e *stasimon*
– 3e épisode
– 3e *stasimon*
– *exodos* (sortie du chœur)

Poétique d'Aristote : la suite de son analyse se situera dans la partie consacrée à Sophocle ; ce poète est, selon le théoricien, le paradigme exclusif de la tragédie grecque.

Comme le note Michel Magnien dans son commentaire de la ***Poétique d'Aristote*** (Cf. *op. cit.*, p. 168, note 4), « on comptait habituellement trois épisode, ce qui avec le prologue et l'exode – tous également assumés par les acteurs – fait cinq parties dialoguées (les cinq actes des tragédies françaises classiques), séparées non par un baisser de rideau, mais par quatre intermèdes chantés par le chœur). » Naturellement, le nombre des *stasima* pouvait varier : on en compte quatre dans le théâtre d'Euripide. Parfois (cf. les *Suppliantes* d'Eschyle), le chœur dialogue avec le protagoniste et la répartition épisodes – *stasima* est plus flottante. La tragédie (comme la comédie) comporte souvent un *agôn*, cette lutte dialectique entre deux personnages soutenant une thèse opposée (dans la comédie, c'est l'acteur qui représente les idées du poète qui triomphe). Cet *agôn* se caractérise par l'emploi d'une stichomythie, c'est-à-dire d'un échange suivi entre les deux antagonistes, prononçant chacun un seul vers et se répondant de façon serrée.

Mimésis : *un théâtre fondé sur une imitation idéalisée.* L'imitation est le principe de la création (1448 b20) et la propension à imiter est une des causes de l'apparition de la poésie. Ainsi, un poème n'est pas une invention morte ; si l'on respecte le précepte mimétique, il est à considérer comme un être vivant (1459 a20) doté d'une unité et de parties harmonieusement reliées. La tragédie connaît donc une croissance semblable à celle des êtres animés : elle est née, s'est développée et a trouvé son équilibre le jour où elle est entrée en possession de sa nature intrinsèque (1449 a10). Mais la *mimésis* n'est pas une pâle copie de la réalité ; elle est une transposition figurée de cette réalité ou – dans le cadre dramatique – d'un cycle historique (histoire d'Œdipe, geste d'Ulysse). On le voit, les objets ou les êtres dignes d'imitation sont exclusivement en action et le plus souvent des actions elles-mêmes (1450 a16). Il n'y a *mimésis* que lorsqu'il y a un « faire » et il ne saurait y avoir d'imitation dans la nature car le principe de son mouvement est interne.

Cette philosophie tisse un dialogue avec celle de Platon. Dans la *République*, l'imitation était présentée comme « l'image d'une image », comme le reflet dégradé du monde sensible. La poésie était mensongère en ce qu'elle créait une situation d'énonciation illusoire qui venait doubler le réel et prétendait se donner pour vraie. Aristote ne fait pas litière de cette critique dépréciative ; il inverse les valeurs. La *mimésis* n'est plus, selon lui, une dégradation du réel, mais une idéalisation qui l'oppose par exemple à l'histoire, ce miroir fade d'une réalité intangible (1451 b5), ou éclatée (1459 a22). Elle rassemble en elle tous les possibles de l'acte, soumis à la vraisemblance et à la nécessité et atteint la généralité. Ainsi, comme le dira plus tard Boccace (mais par la voie de la *Métaphysique* et non de la *Poétique*), la poésie est une philosophie (et elle est plus philosophique que l'histoire). Elle n'émeut pas la partie passionnelle de l'âme ; elle lui offre des formes épurées et exemplaires des passions humaines : la crainte et la pitié. Ainsi, l'imitation rappelle que nul discours n'abolit notre appartenance à un monde. Toute *mimésis* est dans l'horizon d'un être au monde qu'elle rend manifeste dans la mesure où elle l'élève au *muthos*. La vérité de l'imaginaire, la puissance de détection ontologique de la poésie, voilà ce que signifie la *mimésis* d'Aristote. C'est par elle que les écarts de la métaphore (autre notion très importante – Cf. Paul Ricœur, *La Métaphore vive*, Paris, 1975, Le Seuil) appartiennent à la grande entreprise de dire ce qui est. Mais la *mimésis* ne signifie pas seulement que tout discours est du monde. Elle ne préserve pas seulement la fonction référentielle du discours poétique. En tant qu'imitation de la nature, elle lie cette fonction référentielle à la révélation du réel comme acte. Présenter les hommes « comme agissant » et toutes choses « comme en acte », telle pourrait bien être la fonction *ontologique* du discours métaphorique. En lui toute potentialité dormante d'existence apparaît *comme* éclose, toute capacité d'action *comme* effective.

Quelles que soient les variations historiques, la structure tragique a une constante, c'est-à-dire un sens : l'alternance réglée du parlé et du chanté, du récit et du commentaire. Car, comme nous l'avons souligné, l'action tragique n'a pas véritablement lieu sur scène, elle est réfractée à travers des modes intermédiaires d'exposition qui la distancient en la racontant (récits de Messager ou scène de contestation verbale qui renvoient l'action à sa surface conflictuelle). La parole exprime l'action, mais elle lui fait écran : le « ce qui se passe » se réduit en quelque sorte au « ce qui s'est passé ». Cette action récitée, le commentaire choral la suspend sur un mode lyrique. Mais si le chœur commente l'action narrée, si son herméneutique est en quelque sorte interrogative, le chœur substitue une délibération (que va-t-il se passer ?) à un récit passé. La tragédie grecque est un spectacle triple : il donne à voir un présent (on assiste à la transformation du passé en avenir), une liberté (que faire ?) et un sens (la réponse des dieux et des hommes). Cette alternance organique de la chose interrogée (action, scène, parole dramatique) et de l'homme qui questionne (chœur, commentaire, parole lyrique). Cette structure suspendue traduit la distance qui sépare le monde des questions auxquelles on le soumet. Interroger la Fable, c'est interroger ce qui fut en son temps une réponse pleine. Toutefois la tragédie évoluera : d'Eschyle à Euripide, une sécularisation du théâtre se fera jour. Et l'interrogation sur le conflit des destins le cédera à la mise en fiction du conflit des caractères.

Cette métamorphose du genre tragique concerne également la comédie. Mais avant d'en arriver là, étudions succinctement la structure de la comédie ancienne. Nous nous référerons au modèle d'Aristophane et nos exemples seront empruntés à cet auteur. La plus ancienne comédie que nous possédions est les *Acharniens* d'Aristophane. Si nous suivons le schéma de cette pièce, nous trouvons les parties suivantes :

- prologue
- *parodos*
- scène de bataille
- scène de débat
- parabase
- alternance d'épisodes et de chants du chœur
- *exodos*

Le prologue de comédie est sensiblement plus long que celui de tragédie. Il peut comprendre des scènes très différentes de ton qui contiennent l'exposition et l'action. Le vrai sujet de la comédie, c'est toujours une invention burlesque, imprévue, qui se révèle dès le début de la pièce (le bousier de la *Paix* ; la « fiole de paix » de Dicéopolis dans les *Acharniens*).

La *parodos* montre un chœur différent de celui de la tragédie dont la discrétion ordinaire est remplacée par une intempérance et un instinct batailleur. Le chœur des *Nuées* est voué tout entier à la perdition de Tourneboule (*Strepsiade*) ; le chœur des *Grenouilles* à l'assourdissement des héros. L'apparition du chœur dépend de son rôle dans la pièce : charge belliqueuse du chœur des *Cavaliers*, procession titubante des *héliastes* (juges) des *Guêpes*, etc. Souvent, les choreutes se divisent, dialoguent avec les acteurs, tandis que le coryphée récite des vers qu'accompagne la flûte. L'*exodos* est toujours un morceau de bravoure : celui des *Acharniens* se termine par un *cômos* qui résume la pièce dans une saisissante antithèse.

La parabase est placée au milieu de la comédie. Les acteurs rentrent dans la *skéné*, les choreutes se dépouillent de leurs manteaux et se tournent vers les spectateurs (Cf. les *Cavaliers*, 508). La parabase comprend six parties :

– le *kommation*, morceau de transition, adieu aux acteurs et invitation à écouter la parabase ;
– la *parabasis* (ou les *anapestes*, car ce morceau est écrit en tétramètres anapestiques), passage dans lequel l'auteur, par la bouche du coryphée, adresse ses plaintes, ses demandes au public et tente de susciter son approbation. La parabase se termine par le *macron* ou *pnigos* (suffocation), pièce de bravoure que l'acteur doit réciter sans reprendre haleine ;
– l'*ode,* invocation aux dieux ou chanson satirique, parfois pastiche de tragédie ;
– l'*épyrrhème,* plainte du poète au public ;
– l'*antôdé ;*
– l'*antépyrrhème*, qui reprend les thèmes de l'ode et de l'épirrhème.

Nous avons brièvement sous-entendu l'idée d'une sécularisation progressive de l'art tragique, marqué essentiellement par l'atrophie du chœur. Cette évolution est apparue simultanément dans la comédie. Abandonnant la mise en question de la société (même si cette contestation était régressive), la comédie politique (celle d'Aristophane) est devenue comédie d'intrigue, de caractère (avec Philémon et Ménandre) : tragédie et comédie ont eu alors pour objet la « vérité humaine ». Pour le théâtre, le temps des questions était révolu.

3 Les auteurs tragiques (Eschyle, Sophocle, Euripide) et comiques (Aristophane et Ménandre) ; les auteurs mineurs

Eschyle (526 - 456)

Comme l'écrit Jacqueline de Romilly dans *La Tragédie grecque*, « Eschyle est l'homme des guerres médiques ». Il est témoin des menaces et des triomphes que connaît sa patrie. Il est de ceux qui ont lutté pour sa victoire. En 490, il se bat à Marathon. En 480, il combat à Salamine alors qu'on évacue Athènes incendiée. L'œuvre théâtrale d'Eschyle est le dépositaire de cette expérience tragique, ce qui ne veut pas dire qu'il ait attendu ces épreuves pour écrire des pièces. Des œuvres qui nous restent, il faut citer : les *Perses* (472) ; les *Sept contre Thèbes* (467) ; les *Suppliantes* (463) ; l'*Orestie* (458) composée d'*Agamemnon*, les *Choéphores*, les *Euménides* ; *Prométhée enchaîné* (date inconnue et attribution à Eschyle discutée).

Le théâtre d'Eschyle n'est pas un théâtre « dilatoire » . Il n'y a pas chez lui cette « dynamique statique » que l'on rencontre chez Euripide ou Sophocle. Alors que ces auteurs s'affairent à maintenir l'énigme tragique dans le vide initial de sa réponse et disposent dans le flux du discours des retards (leurres, équivoques, réponses partielles, réponses suspendues, blocages et dévoiements), Eschyle se débarrasse de toute cette attente et l'expédie pour ainsi dire dès le premier épisode. Il y a donc un primat de l'action qui doit se dérouler sans heurt ni retardement, qui doit monter, éclater et parfois se prolonger en de longs commentaires endeuillés. Un seul événement remplit une pièce et certaines scènes ne comportent aucun caractère dramatique : ainsi de la longue évocation des boucliers des sept chefs dans les *Sept contre Thèbes*. Par ailleurs, il arrive que cette insolubilité du mouvement dramatique s'étende à une pièce entière. Le *Prométhée enchaîné* qui nous présente un Titan cloué sur son rocher et condamné pendant toute la pièce à l'expression de son impuissance fonde la notion d'un théâtre d'attente.

D'ordinaire, l'attente est, dans le roman comme dans le théâtre, une des conditions fondatrices de la vérité : la vérité est ce qui est au bout de l'attente. Elle implique un retour à l'ordre, car l'attente est un désordre. Dans le théâtre d'Eschyle, il n'y a ni dénouement ni reconnaissance : dans le prologue de *Prométhée*, le héros éponyme est cloué par Héphaïstos au sommet du Caucase et se répand en imprécations contre le maître des dieux qui ordonne son châtiment :

> Eh bien ! écoutez mon serment ; un jour viendra où de moi, pour outragé que je sois dans ces brutales entraves, de moi il aura besoin, le monarque des Bienheureux, s'il veut apprendre quel destin hasardeux doit le dépouiller de son sceptre et de ses honneurs ; alors, je le jure, ni les sortilèges d'une éloquence aux mots de miel n'auront pouvoir de me charmer, ni l'effroi des plus dures menaces ne me fera révéler ce secret, à moins qu'il n'ait d'abord desserré ces liens farouches et consenti à payer le prix dû à pareil outrage (167-177, trad. Paul Mazon).

Dans l'*exodos*, Prométhée lance à Zeus un nouveau défi et le « monarque des Bienheureux » lui répond par un grondement de tonnerre :

> Il n'est outrage ni ruse par quoi Zeus puisse me décider à déclarer ce qu'il désire, avant qu'il n'ait d'abord desserré ces infâmes liens... (989-990).

Eschyle bat en brèche la notion même de récit herméneutique et de théâtre énigmatique. L'intérêt de sa dramaturgie réside dans le déroulement et non dans le dévoilement. Avec lui c'est la conception kérigmatique du sens dramatique, au théâtre, qui s'effondre : nul appel, nul désir, nulle résolution fondés sur l'acte.

Excepté pour la tragédie des *Perses*, Eschyle trouve, grâce à l'éloignement temporel des faits, le lieu d'une vision d'ensemble sur l'histoire des hommes. De là, il regarde les dieux agir. Car, dans ce théâtre, les divinités, arbitres souverains, représentent les forces violentes qui déchirent le monde et les hommes. Cette surpuissance des dieux explique que les tragédies d'Eschyle sont toutes fondées sur l'idée de crainte. Si Prométhée n'est pas un martyr, et si le sens de son combat est en faveur de l'orgueil et de la violence, les autres protagonistes eschyléens

Les Perses (argument et analyse) : les Fidèles, conseillers du Grand Roi, évoquent l'expédition de Xerxès contre la Grèce. Ils pressentent un triste événement pour le pays. Atossa, la mère de Xerxès, expose au chœur son pressentiment de la défaite. Survient un messager qui conte le désastre de Salamine et la fuite des survivants. Le chœur condamne la démesure de Xerxès, puis évoque l'ombre du roi défunt, Darius. Ce dernier paraît au-dessus du tombeau et dénonce l'*hybris* (démesure) de son fils. Il prédit la défaite perse à Platée. Le chœur fait son éloge, rappelle ses exploits et ses conquêtes tandis que Xerxès en un long *kommos* mène le deuil.
Dans cette pièce, l'idée de justice divine prévaut et il n'y a aucune allusion au grand vainqueur de Salamine, Thémistocle. Si la tragédie exalte l'idéal panhellénique et la victoire d'Athènes, elle entend surtout montrer comment les dieux châtient la démesure de Xerxès, coupable d'avoir voulu jeter « un joug sur la nuque de la mer » (*zugon amphibalôn auchèni pontou*, v. 71-72). On peut difficilement parler d'action dans cette pièce. En fait, la portée du drame réside dans la découverte progressive par les Perses de la part divine de leur défaite. Après l'annonce de cette défaite et le retour de Xerxès, l'action et le dénouement sont consommés. Pourtant, d'un point de vue herméneutique, la justification du drame apparaît incomplète, insaturée, sujet errant à la recherche de son prédicat final. Rien ne se montre pendant cette errance, sinon quelques signes, quelques indices : dès le début de la pièce, les vieillards ont peur car ils savent que l'orgueil, honni par les dieux, est le mobile de Xerxès. De même, il savent que, pour le punir, les divinités lui ont envoyé l'égarement, l'*atè* : « Caressante et douce, Atè égare les hommes en ses panneaux et nul mortel ne peut ensuite s'en évader d'un saut et fuir » (v. 98). Mais cette affirmation fonctionne plutôt comme une information suspendue qui exige confirmation tout au long de la pièce. C'est ce à quoi s'emploie Eschyle. L'énigme quasiment résolue dès le premier *stasimon* doit voir son sens renforcé, affermi par des répétitions successives : « un dieu dès lors nous a détruit notre armée » (v. 345), « un dieu sans doute avait touché son esprit » (v. 724), « Zeus est le vengeur désigné des pensées trop superbes » (v. 827), « l'Arès d'Ionie nous a tout ravi, l'Arès marin a décidé du destin en fauchant la plaine lugubre et la rive douloureuse » (v. 950-953). C'est cette plénitude retrouvée qui dénoue le drame.

n'échappent ni à la culpabilité ni au châtiment. Mais ce châtiment n'est pas nécessairement le fait d'un individu coupable. Dans les *Sept contre Thèbes*, les fils d'Œdipe, Étéocle et Polynice, sont d'emblée frappés par un *fatum* hérité de leur grand-père, Laïos, à qui les dieux avaient interdit de concevoir une descendance. Le sujet de cette *Thébaïde* n'est autre que la haine des sept chefs argiens opposés chacun au meilleur chef thébain. L'expression de cette complémentarité ou de cette symétrie dans le conflit culmine à travers la rivalité des deux frères, fils d'Œdipe. Même si Étéocle est pieux, ferme, décidé à sauvé la ville, une fois dans la bataille, il retrouve la haine qui les divisait. Frères jumeaux, élevés ensemble dans le même lieu, ils ne se sont jamais quittés ; un arrêt de leur père les a condamnés à occuper la même fonction, et cette fonction est une place : occuper le même trône, c'est à la lettre occuper le même espace, c'est se nier soi-même et, en conséquence, rompre la loi de la gémellité. Ce que souhaitent les frères ennemis, ce n'est nullement la bataille, l'anéantissement stratégique, abstrait, de l'ennemi, c'est le corps à corps individuel. Tout, dans la pièce, concourt à ce corps à corps et la présentation des sept chefs n'est qu'un prélude à ce duel en champ clos. Que ce soit le trône ou l'arène, Étéocle et Polynice ne peuvent jamais échapper au même espace qui les enferme, car un protocole unique a réglé leur naissance et leur mort. Et l'effort que fait Étéocle pour se circonscrire dans les murailles de Thèbes, effort qui est une quête de l'identité, ne trouve son accomplissement que dans l'anéantissement réciproque : « - Tu as succombé sous un frère. - Et c'est un frère que tu as tué. - Double chagrin à rappeler. - Double chagrin à regarder... » (970 et suiv.). Nous voilà au cœur de la métaphysique eschyléenne : l'homme paye de sa faute le caprice des divinités ; en accomplissant un crime qu'il n'a pas voulu, il redresse de manière propitiatoire l'absurdité scandaleuse de dieux qui punissent ce qu'ils ont eux-mêmes ordonné (« Le Ciel lui-même précipite les choses » v. 689), il confond la faute et la punition, il fait de l'acte humain à la fois un crime et un tourment. Ainsi s'ébauche dans les *Sept contre Thèbes* une allégorie blasphématoire fondée sur une théologie inversée : l'homme prend sur lui la faute des dieux, son sang rachète leur malveillance. Les Dieux ont injustement mis la haine entre Étéocle et Polynice ; en acceptant de vivre cette haine, les deux frères justifient les dieux.

Entre les dieux, puissants et coupables, et l'homme, faible et innocent, s'établit un compromis : le Mal. Le seul à rejeter dans ce système dramatique, c'est le Chœur, ce partisan de la légalité. Du complexe parasitaire qui unit les dieux et les hommes, il entend s'échapper. Pour lui, le monde existe, et c'est là son salut. Et ce monde, loin de l'action, trouve sa justification dans un état de passivité : l'effroi pénétrant (v. 121), la crainte du fracas des armes (v. 203), la reconnaissance devant les rares concessions des dieux (v. 233), voici quelques « postures » révélatrices de la monotone placidité du chœur. Pour lui, la haine des jumeaux est un mouvement qui tourne infiniment sur lui-même : à cet égard, le long chant de deuil où le chœur se partage en deux *hémichoria* illustre cette circularité du chant : « Ta lance a tué. - Une lance t'a tué. - Tu as créé des douleurs. - Tu as subi des douleurs. - Larmes, coulez. - Eclatez, sanglots... » (v. 961 et suiv.). Les vœux, les passions du chœur savent s'arrêter sur une fin qui lui est extérieure : la sauvegarde de la cité. Face au sang familial répandu et au temps de la vendetta, le chœur dessine le statut du citoyen implorant mais responsable.

L'*Orestie* est un bel exemple de trilogie liée : chaque tragédie est un panneau de ce vaste triptyque : résumons brièvement l'œuvre. *Agamemnon,* de retour de Troie, ramène avec lui sa captive, la prophétesse Cassandre. Pendant son absence, Clytemnestre, son épouse, a eu des relations amoureuses avec Égisthe, fils de

Thyeste. Après l'avoir leurré de belles paroles, elle l'assassine ainsi que Cassandre. Grâce à ce meurtre, le sang des enfants de Thyeste, tués par Atrée, père d'Agamemnon, en un abominable festin (il fit servir à son frère Thyeste ses propres enfants découpés en morceaux), est vengé par Égisthe. Le temps a passé. Électre, fille d'Agamemnon, accompagnée des porteuses de libations, les *Choéphores*, vient prier près du tombeau de son père et rencontre son frère, le jeune Oreste, autrefois exilé par sa mère en Phocide. Les enfants du roi défunt méditent une vengeance. Oreste, à qui Apollon a ordonné de venger son père, parvient par la ruse à immoler Égisthe et Clytemnestre. Au début des *Euménides*, nous le retrouvons près de l'*omphalos* (= nombril) sacré de Delphes, sous la protection apollinienne. Mais les Érinyes l'en chassent jusqu'à Athènes. Là, Athéna réunit une assemblée de vieillards sur la Colline d'Arès (cette réunion est l'ancêtre de l'Aréopage) et un procès s'engage entre les Érynies et Apollon. Le vote d'Athéna décide de la victoire des dieux nouveaux, protecteurs des lois, qui substituent à la loi du talion le jugement de la cité, et les antiques déesses, devenues les Bienveillantes (*Euménides*), protégeront désormais l'Attique.

Le lyrisme : Eschyle, avec Pindare, fut un des rares auteurs grecs à animer de vibrations la mémoire poétique. La nouveauté de son langage pneumatique – il obéit à un « souffle » épique – réside surtout dans le dialogue parfois contestataire qu'il tisse avec Homère. Il vaut qu'on y pense un peu : il y a chez Homère et encore davantage chez Euripide une économie du langage. Les mots y sont abstraits au profit des rapports. Peu de mots sont denses en eux-mêmes et, au lieu d'être les signes des choses, ils en marquent les liaisons. Ainsi, depuis Homère, la tragédie grecque neutralise le mot, elle l'absente par le recours à une tradition qui absorbe sa fraîcheur et fuit l'accident sonore ou sémantique. Les *concetti*, les maximes d'Euripide traduisent un art de l'expression, et non un art de l'invention, et ils expriment rarement, par une sorte de hauteur inattendue, la profondeur et la singularité d'une expérience. Ils sont aménagés en surface. On s'enchante de leur formulation, non de leur puissance. Or, dans la langue d'Eschyle, c'est tout le contraire qui a lieu : le mot s'élève hors d'un enchantement vide comme une fureur et un mystère. Il vient combler le dévoilement d'une vérité. Il brille d'une liberté infinie et s'apprête à rayonner vers mille rapports possibles.

Le sens qu'Eschyle a voulu donner à cette fin mérite qu'on s'y arrête. Oreste a pour lui les dieux : Apollon lui a inspiré le matricide dans la mesure où il estimait que le devoir de châtier les criminels incombait au fils de la victime ; Athéna elle-même a reconnu la légitimité de l'acte. Toutefois, l'assemblée des juges a voté contre Oreste, décision majoritaire qui traduit la protestation instinctive de la conscience humaine vis-à-vis du matricide. En résumé, les dieux ont proclamé que, dans un état social, la sainteté du foyer devait être défendue par son gardien naturel, tandis que les hommes ont montré que la cité nouvellement constituée pouvait dissocier la piété et le respect des lois civiques ou familiales. Une autre explication s'impose : la fin du procès est la défaite des Érinyes, auxquelles le peuple a donné raison.

La tragédie est en fait le procès de la Divinité, ou plutôt le procès d'un homme qui prend sur lui cette faute : Apollon est responsable de l'acte d'Oreste, mais la responsabilité feinte du héros tragique décharge la divinité. On peut dire autrement qu'Oreste se fait coupable pour sauver Apollon. La théologie eschyléenne est donc une rédemption inversée : c'est l'homme qui rachète les péchés des dieux. Pourtant, les *Euménides* vont plus loin. Elles font intervenir le poids du jugement collectif dans l'examen de la faute et l'assemblée des sages assure un revirement extraordinaire à la pièce en renvoyant dos à dos le dieu et sa créature. Un ordre tertiaire se fonde. Il s'agit d'annexer au duo homme-dieu une instance troisième : le peuple, incarnation du Droit naturel, manière de substituer à la vendetta une loi fondamentale qui l'explique, la déjoue et l'achève. Cette prééminence du « jury » populaire et de sa législation infrangible est une bonne

Quelques noms de tragiques grecs dont l'œuvre est plus que fragmentaire : Thespis, Phrynichos, Choïrilos, Pratinas, Xénoclès, Pythnagélos...

transition au théâtre de Sophocle. Désormais, l'homme sera responsable devant ses congénères. Le théâtre du « héros dans la cité » est né.

Sophocle

Sophocle est né à Colone, près d'Athènes, vers 495 et mort en 406. Fils de Sophillos, il était d'une famille riche et reçut une éducation soignée. Après la bataille de Salamine, il conduisit le chœur des enfants qui chantaient le péan. En 468, âgé de 27 ans, il présenta sa première trilogie contre Eschyle et fut couronné par Cimon, de retour de l'expédition de Scyros. Jusqu'en 441, il resta le maître à Athènes. Ensuite, Euripide fut au goût du jour. En 440, son *Antigone* eut un tel succès que les Athéniens l'élirent stratège, et il suivit Périclès dans la guerre contre Samos. Mis en cause par son fils Iophon, qui redoutait d'être lésé dans une affaire d'héritage et qui prétendait qu'il n'avait plus toute sa tête, Sophocle lut devant les gens de sa phratrie le début d'*Œdipe à Colone,* qu'il venait d'écrire. Les phratores le renvoyèrent chez lui et réprimandèrent Iophon pour son ingratitude. Sophocle mourut peu après. Les Anciens lui attribuèrent 130 tragédies. Sept nous sont parvenues et un drame satyrique récemment découvert : *Ajax* (445 ?) ; *Les Trachiniennes* (444) ; *Antigone* (440) ; *Œdipe roi* (420 ?) ; *Électre* (413) ; *Philoctète* (409) ; *Œdipe à Colone* (401) ; *Les Limiers*, drame satyrique incomplet.

L'originalité du théâtre de Sophocle par rapport à celui d'Eschyle est incontestablement l'abandon de la trilogie liée. Or, les intentions dramatiques de celui-là sont incontestablement liées à ce choix. La trilogie liée sert à recevoir l'ample drame d'une race à travers la succession des générations. Or, chez Sophocle, ce qui compte, c'est le drame individuel. On comprend qu'il n'ait guère besoin d'un vaste cadre temporel pour le représenter. Cette tragédie de l'homme solitaire est une nouveauté par rapport au théâtre d'Eschyle. Dans la *Trilogie* (et surtout dans les *Choéphores*) d'Eschyle, Oreste est contraint par une force extérieure à tuer Clytemnestre, meurtrière d'Agamemnon. Le sang tient une place éminente dans la métaphysique eschyléenne. À travers le geste d'Oreste, c'est Agamemnon qui parle et qui se venge. Le sang (en tant que lignage) est un être trans-temporel qui possède, retient, englue. C'est une loi, c'est-à-dire un lien. Tout le théâtre d'Eschyle est absorbé dans cet engagement. À sa différence, l'œuvre de Sophocle est toujours une lutte, jamais une acceptation. La mort ou la déchéance sont le prix qu'il faut payer à la satisfaction de ses propres exigences morales au détriment de la loi du sang. Œdipe ne peut imputer son malheur à son hérédité. Il ne peut invoquer la malédiction frappant Laïos. On comprend à peine pourquoi la clairvoyance d'Œdipe ne triomphe pas de la méprise qui fait de lui un parricide. C'est que les pensées des dieux sont encore plus torses que chez Eschyle. Il ne s'agit pas de mettre en doute leur volonté, mais de définir, dans cette errance de l'action, comment assumer la liberté humaine.

Dans *Antigone*, par exemple, la rupture est consommée entre l'héroïne décidée, au mépris des ordres de Créon, à donner une sépulture à son frère Polynice et sa propre sœur Ismène, qui prône l'obéissance aux lois. Intérêts du sang et de l'amour contre intérêt général d'une obscure politique, voilà ce que Sophocle a voulu montrer dans son prologue tragique. Cette double allégorie se retrouve à la fin de la pièce lorsqu'Antigone est condamnée pour avoir enfreint les ordres : le chœur, composé de sages conseillers, reconnaît l'audace de l'héroïne, blâme la dureté du tyran, mais s'en tient inéluctablement au respect de l'ordre donné (Cf. v. 853 et suiv.). Face aux choreutes, c'est-à-dire à l'humanité moyenne, Sophocle met en scène un surhomme, que les séductions du monde s'emploient à fléchir. Tel est le rôle de Chrysothémis dans *Électre*, tel est celui de Tecmesse dans *Ajax* ou de Jocaste dans *Œdipe*, des comparses faisant obstacle à la volonté du héros. Néanmoins, ce dernier reste inébranlable et de nombreuses tragédies se terminent sur cet abandon du monde et sur cette circonscription qui est une longue mort : *Œdipe, Philoctète, Ajax, Antigone, Électre...*

Ajax *(argument)* : tandis qu'Ulysse dans le camp des Grecs examine des traces, Athéna apparaît pour lui révéler qu'Ajax, frappé de folie, a massacré du bétail en croyant faire périr les chefs de l'armée grecque. Il avait à cœur de venger un affront insupportable : s'être vu refuser les armes d'Achille. La déesse fait apparaître le héros délirant sans qu'il soit vu d'Ulysse. Alors que les marins de Salamine s'inquiètent des rumeurs concernant la folie d'Ajax (*parodos*), Tecmesse, captive et compagne du héros, évoque sa folie. Revenu à la raison, Ajax paraît, exhorte son fils à l'honneur et annonce son intention d'aller se purifier. Après un ultime monologue, il se suicide sur la plage. Teucros son demi-frère veut lui accorder une sépulture décente ; Agamemnon s'y oppose. Ulysse, au nom de l'humanité, le fléchit. L'*exodos* s'achève sur un cortège funèbre.

Dans *Œdipe roi*, une violence extraordinaire, issue de la tension et confinant au sacré, anime toute la tragédie. Le roi Œdipe est une victime désignée par son statut même. En général, le roi est le plus éloigné possible du coupable. Or, les extrêmes se touchent et s'épousent. Le roi, héros, c'est-à-dire demi-dieu, devient un paria, un bouc émissaire. Et le scandale de ce rabaissement tient dans l'innocence du roi : une innocence coupable. La pièce va crescendo : au départ, Œdipe, face au peuple, s'engage à châtier le meurtrier de Laïos qui est cause de la peste ravageant Thèbes. Puis, au fur et à mesure que la machine infernale tisse ses rets, les crimes sont révélés dans une progression dramatique foudroyante. La vérité se retourne contre l'enquêteur avec un humour féroce : l'accusateur de Tirésias est accusé, le clairvoyant devient aveugle, celui qui dit que « Laïos est comme mon père » est réellement son fils. Pourtant, comme l'a fait R. Girard, on peut aller plus loin et supposer qu'Œdipe est innocent et qu'il s'exclut de lui-même en se dénonçant, en se mutilant et en partant pour l'exil. En effet, le pâtre qui a vu mourir Laïos est précisément celui qui a sauvé le bébé ; le berger corinthien qui a recueilli Pied-enflé est aussi le messager venu de Corinthe. Voilà deux coïncidences curieuses et l'on se demande si ces esclaves, sous la menace, n'improvisent pas. Entre sauver le roi et se sauver, ils ont choisi. S'ils mentent, dans l'urgence, les grandes lignes de la partition leur sont néanmoins connues. L'essentiel est que ces comparses sachent qu'Œdipe s'est accusé lui-même et que tout est perdu d'avance. Jocaste anticipe même, puisqu'elle se pend avant d'apprendre qu'on la lapidera. Mais cette accusation du roi par la société est-elle fondée ? En fait, la grammaire nous montre qu'il ne faut pas traduire aux passages clés : « que tout le monde s'écarte du meurtrier » (exclusion collective) mais « que le meurtrier s'écarte de tout le monde (auto-exclusion). Comment interpréter alors cette dénonciation contrainte ? Œdipe accuse-t-il par là son héritage, son destin ? Réponse possible qui augure de l'extrême difficulté d'une œuvre ne cessant de résister à l'exégèse. (Nous donnons une réponse circonstanciée à ces questions dans le corrigé de la dissertation sur les tragédies de Sénèque.)

Les tragédies de Sophocle donnent de l'homme une image oxymorique : sa condition le condame à l'ignorance mais sa volonté assure sa grandeur. Le héros marche sur la sente aveugle de la tragédie mais il lui reste assez de courage pour l'assumer pleinement. La recherche « psychologique » qui caractérise le théâtre de Sophocle trouve son prolongement chez Euripide.

Euripide

Nous avons d'Euripide et de sa vie une image incomplète ; mal aimé du public dont il dut heurter les goûts, Euripide fut la cible des poètes tragiques. Né en 484 dans l'île de Salamine, il reçut une éducation soignée. Il aurait fréquenté Socrate et Protagoras. Euripide s'abstint de la vie publique. En 408, il quitta Athènes pour se rendre à Pella sur l'invitation d'Archélaos de Macédoine. Il y mourut en 406. Sa carrière débuta en 455. Il composa près de 92 drames, dont 18 furent conservés. Ce chiffre exclut *Rhésos*, souvent attribué à Euripide mais comprend un drame satyrique, le *Cyclope*. Citons : *Alceste* (438), *Médée* (431), les *Héraclides* (430), *Hippolyte* (428), *Andromaque* (?), *Hécube* (424), les *Suppliantes* (423), les *Troyennes* (415), *Héraclès furieux* (414), *Iphigénie en Tauride* (412), *Ion* (412), *Hélène* (412), les *Phéniciennes* (409), *Oreste* (408), les *Bacchantes* (405), *Iphigénie à Aulis* (?), le *Cyclope* (405).

Sophocle et Aristote : lorsque Aristote réfléchit sur la tragédie modèle, il se réfère constamment à Sophocle. Si Euripide est très habile à générer une fin pathétique, une catastrophe pleine d'émotions tragiques, Sophocle est, selon Aristote, le plus apte à « gérer » l'intervention du chœur au sein de la tragédie. Lui seul est capable de prouver que le chœur « doit être considéré comme un des acteurs » (1456 a25). Dans la *Poétique*, Aristote cherche à définir « la plus belle tragédie » (1452 b31). L'*Œdipe roi* de Sophocle lui sert en de nombreux points de modèle.

Première exigence, le poète établit l'« idée générale de sa pièce » (1455 b2). Il doit construire un argument, une structure dramatique qui lui permette de dégager une situation et des rapports humains de portée universelle. Deuxième exigence, le recours aux épisodes, ces histoires secondaires (négligées par Eschyle) qui donnent au récit de l'ampleur, doit être modéré car il faut envisager le drame en termes d'individualité. Troisième exigence, la cohérence interne de l'œuvre : « la tragédie doit former un tout » (1450 b24). Cette unité ne dépend pas du choix d'un personnage unique, mais plutôt d'une action unique (1451 a28), qui, s'opposant à la pluralité des actions du monde sensible, les *praxeis*, est le fruit de la *mimésis** : un ensemble sélectionné de *pragmata* (actes accomplis) forme la *praxis*, l'action unifiée (1451 a32) ; il est agencé par le poète en vue de former une histoire (*mythos*, 1450 a4).

C'est autour de cette histoire que la tragédie s'organise ; elle est l'« âme de la tragédie » (1450 a38) au point que le poète est un « poète d'histoires » (1451 b28). Elle prime les caractères, conçus en fonction de l'action (1450 a21). Tragédie sans caractère, mais peut-on imaginer une tragédie sans action ? (1450 a23). D'où l'importance accordée à deux notions : la péripétie et la reconnaissance (1450 a34). La péripétie désigne le moment clé où l'action se retourne et court au dénouement. Elle est liée à la reconnaissance (celle de l'identité d'Œdipe, par exemple – Cf. 1452b 25 et suiv.). Aristote montre un goût invétéré pour l'ignorance d'un fait ou de l'identité d'un personnage et pour ce passage crucial de l'ignorance à la reconnaissance (1452 a24-28 ou 1454 a5-8).

Rares sont les tragédies d'Euripide dont la simple intrigue ou le cheminement des passions fait l'unité. Il compose généralement une pièce en suivant son inspiration. Les techniques dramatiques d'Euripide méritent d'être recensées :

– amoindrissement dans l'action du rôle du chœur ; celui-ci décharge la tension dramatique tandis que s'accomplit dans l'ombre une scène violente (les *Bacchantes*, *Hippolyte*) ;

– recherche d'un spectacle frappant : dans les *Troyennes*, une succession de tableaux se fait jour montrant les captifs, une princesse délirante, le corps d'Astyanax jeté du haut des tours, l'incendie de la citadelle ; dans *Hélène*, place est faite à l'exotisme et l'assomption du fantôme de l'héroïne en plein ciel ;

– action nouée autour d'un caractère central (*Médée*, *Iphigénie à Aulis*). Dans *Médée*, nous rappelle Aristote, l'action est « simple, cohérente et une, sans péripétie ni reconnaissance » (1452 a15) ;

– addition de deux pièces, de deux « histoires » au sein d'une même tragédie (*Oreste*, *Hécube*, *Andromaque*) ;

– goût pour les coups de théâtre, les revirements : Héraclès de retour des enfers, Thésée de retour d'Athènes, Ménélas échappant d'un naufrage pour tirer son épouse des mains d'un roi barbare, etc.

D'autre part, le théâtre euripidéen pose des problèmes moraux et se veut théâtre d'idées, abondant en questions, en sentences et en réflexions éthiques. Dans les *Suppliantes*, un *agôn* met aux prises les défenseurs de la monarchie et de la démocratie. Il arrive fréquemment que de telles « disputes » rompent la tension dramatique.

L'écriture du mythe chez Euripide : à la différence d'Eschyle, Euripide nous a laissé un théâtre dominé par les caprices des dieux mais où le passé, et son déterminisme (malédiction des Atrides ou des Labdacides), n'est plus qu'un contrepoint relégué dans le prologue ou dans les chœurs. À l'exemple de Sophocle, le héros mythique devient un exemple ou un contre-exemple de la condition humaine. La tragédie montre le héros en action, et parfois même le héros pris en faute : elle surprend Hercule au moment où il tue ses enfants (*Héraclès furieux*) et le rappel des exploits du héros ne sert qu'à mieux faire ressortir par contraste son abaissement. Mais parce qu'elle s'adresse à un public différent (les citoyens de l'Athènes démocratique), la tragédie devient « un mythe regardé avec les yeux du citoyen » (Nestle). Elle montre une bonne Athènes incarnée par Démophon ou Thésée qui n'hésitent pas à voler au secours des victimes de l'injustice (les *Héraclides, Les Suppliantes*). Elle présente sous un jour négatif les adversaires d'Athènes : dans *Andromaque*, le roi de Sparte se livrant à un odieux chantage. Ainsi la tragédie euripidiéenne problématise souvent l'action héroïque et la mesure à l'aune des valeurs civiques. Les rapports de l'individu et du groupe sont au cœur des *Phéniciennes* ; ceux du héros et de la famille constituent la trame d'*Iphigénie à Aulis*. Les images de Thébaïde évoluent comme celles de la guerre de Troie : chez Eschyle, Étéocle est un patriote demandant aux dieux d'épargner sa cité ; chez Euripide, c'est un ambitieux sans scrupule, risquant sa ville pour se maintenir sur le trône. Chez Eschyle, l'*Iliou persis* a une justification : la violation par Pâris des lois de l'hospitalité et l'enlèvement d'Hélène. Chez Euripide, qui a vécu la guerre du Péloponnèse, la guerre de Troie est absurde : on l'a livrée pour une chimère puisque Hélène fut transportée par Héra en Égypte. D'autre part, bien des tragédies mettent l'accent sur les massacres aveugles dont elle fut la cause : *Hécube*, les *Troyennes*, *Iphigénie à Aulis*.
Euripide a rabaissé le mythe ; il lui a donné une dimension plus quotidienne. Songeons à Télèphe, ce « roi en haillons » dont Aristophane fait la satire. Euripide creuse d'ailleurs le fossé qui sépare le mythe (évocation de Ganymède ou du jugement de Pâris dans les *Troyennes* et dans *Andromaque*) d'un univers plus « profane » de dialogues. Il le remet parfois totalement en cause : dans *Hélène* (v. 17-18) ou dans *Héraclès furieux* (v. 1346), il dénonce l'ouï-dire des fables et l'invention fallacieuse des poètes. C'est ainsi que près de neuf tragédies accordent une grande place au mythe étiologique : elles s'achèvent sur l'institution d'un culte, donc sur un « pont » jeté entre le passé du mythe et le présent de l'auditoire (Cf. *Iphigénie en Tauride*, v. 1450 et suiv.). Cet éloignement temporel exile la tragédie loin de la Fable : l'étiologie comble la distance qui se creuse en le mythe et l'actualité.

Centré sur l'homme, le théâtre d'Euripide propose de lui une image neuve. Chez Sophocle, les héros sont pourvus d'une certaine volonté, d'une lucidité et d'une énergie ; leur pureté et leur idéalisme les poussent au sacrifice : tel est le cas encore, chez Euripide, d'Iphigénie, de Macarie (les *Phéniciennes*), de Polyxène (*Hécube*). Mais en général, dans son théâtre, beaucoup sont sans grandeur, faibles, velléitaires, médiocres, méchants. Ainsi de Jason dans *Médée*, d'Agamemnon dans *Iphigénie*, de Phérès dans *Alceste* ou de Tyndare dans *Oreste*. La vertu est donc une valeur morale étrangère à la pratique : « nous savons reconnaître le bien sans toutefois l'appliquer », dit Phèdre (*Hippolyte*, v. 381-382). En général, les personnages d'Euripide provoque moins l'admiration qu'ils ne suscitent la pitié. Le pathétique est donc l'émotion qui prédomine car il résulte de la faiblesse humaine. Euripide nous donne ainsi à voir une série de tableaux : captives vouées à la servitude, femmes dépossédées de leurs enfants, vieillards que leur bras trahit à l'instant décisif, enfants pleins de terreur. Cette déchéance du « groupe » est à l'image de celle du héros. Une nouvelle figure se dessine chez lui à la faveur de ces entorses à l'exemplarité : le confident. Le théâtre d'Euripide est plein de ces nourrices ou de ces pédagogues qui ont pour fonction d'éclairer de l'intérieur (par un faux monologue) l'échec du héros. Le confident est toujours lié au héros par un lien « féodal » : le serviteur d'Oreste dans *Électre*, l'esclave de Creüse dans *Ion*, le serviteur de Néoptolème dans *Andromaque*, la nourrice d'Hermione dans cette même pièce, la nourrice de Phèdre dans *Hippolyte*, celle de Médée, la servante d'Alceste dans *Alceste*, le pédagogue des *Phéniciennes*, etc. Cette dévotion est un moyen d'assumer le conflit sur un plan domestique en opposant au dogmatisme du héros l'empirisme du confident. Pour le confident, le réel existe ; il peut sortir de la scène et entrer dans le réel quand il le désire : son ubiquité est la conséquence de son insignifiance. Pour lui, l'univers cesse d'être antinomique. Tandis que le héros vit dans un monde dont il saisit mal les alternances, le confident perçoit dans ce même monde les contenus, les causalités, les accidents virtuels. En un mot, il parle le possible, tandis que le héros postule toujours l'impossible. L'échec constitue le héros de façon transcendante ; aux yeux du confident, c'est seulement l'adversité qui le touche et de manière contingente. D'où le caractère dialectique des solutions qu'il propose (sans succès) et qui consiste toujours à médiatiser l'alternative : « le seul nom du juste milieu porte en soi son éloge », clame la nourrice de *Médée* (v. 127). Cette médiatisation a sa topique : la fuite, l'attente, la résignation, la lucidité, la volonté de vivre. La « raison » du confident est véritablement anti-tragique.

Cette exploration des possibilités de la tragédie semble en avoir atteint les limites. Cette intrusion du « profane », de la raison « bourgeoise » dans la transcendance tragique est sans doute une raison de son succès mais aussi de sa propre mise en question. En effet, les personnages qui parlaient en citoyens parleront bientôt en « rhéteurs » (Aristote, 1456 a30). Cette fécondation de la poétique par la rhétorique annonce un nouvel âge. Euripide sera le vivier d'*exempla* dans lequel puiseront les auteurs de la comédie grecque.

Aristophane

Nous ne possédons que le quart de sa production. Aristophane est né entre 450 et 445. Il commença très vite sa carrière sous un nom d'emprunt jusqu'aux *Cavaliers* en 427. Il nous reste de son œuvre les comédies suivantes : les *Acharniens* (425), les *Cavaliers* (424), les *Nuées* (423), les *Guêpes* (422), la *Paix* (421), les *Oiseaux* (414), *Lysistrata* (411), les *Thesmophories* (411), les *Grenouilles* (405), l'*Assemblée des femmes* (392), *Ploutos* (388).

Le théâtre d'Aristophane se place d'emblée sous le signe du Carnaval. Cette fête du renouveau n'a certes, historiquement s'entend, aucun rapport avec le dionysisme qui régit la comédie ancienne, mais son évocation permet de faire comprendre le sens profond de cette réalité travestie par le genre comique au moyen de la raillerie (*chleuasmos*), de la bouffonnerie (*bômolochia*) ou de la caricature. À la lettre, le Carnaval inaugure la fin du jeûne, la création temporaire d'un univers de mangeaille et de liberté sexuelle, le rejet de l'utilitarisme quotidien. À l'instar du Carnaval, qui est renversement, la comédie ancienne attique regénère la cité, métamorphose la guerre en paix, l'indigence en opulence et son rire renverse les situations acquises. Ainsi Zeus est fréquemment détrôné, Dionysos voit son pouvoir mis à bas et Socrate assiste, impuissant, à l'incendie de son « pensoir » (les *Nuées*). Cette révolution dont les tenants principaux sont des antihéros instaure à la place du pouvoir ancien un âge d'or marqué par l'apparition spontanée de victuailles, le rajeunissement et les gambades de vieux héros (Dicéopolis, Trygée, Pisétaire, Philocléon...). La comparaison avec le Carnaval suggère donc assez vite l'idée que la comédie aristophanesque, issue de fêtes agraires de fertilité, possède, en tant que « genre littéraire ritualisé », une fonction sociale de compensation symbolique et de mise en question à caractère ludique.

Le théâtre d'Aristophane, bien qu'il soit politisé, n'est pas exclusivement politique. Il crée une Athènes imaginaire tout en se référant à l'Athènes réelle. D'autre part, cette politisation est ambiguë car la comédie d'Aristophane est tournée à la fois vers un passé idéalisé qui doit être restauré et vers un présent qui va être régénéré, où l'âge d'or doit renaître d'une manière fictive comme dans la *Paix* ; ce temps de liesse abolit l'instrumentalité prédatrice qui est la marque de l'âge de fer et chante des voluptés simples :

> Rapportons, il est temps, dans les champs de nos pères
> Tout cet amas d'outils ensanglantant la terre.

Puis entrons dans la danse et sacrifions aux dieux !
Nous chasserons l'Enflure et nous leur ferons vœu
D'un butin généreux pour nos amis hellènes.
Monceau d'orge et de vin, de figues à croquer
Voilà mon vœu pour nous. Puissions-nous recouvrer
Tous nos biens disparus dans les pleurs et la peine.
Que le ventre des femmes s'ouvre à tous nos désirs.
Quant à l'éclat du fer, il le faut abolir.
Accours ici, épouse, et offre-moi tes fesses.
Que ce glouton qui bâille soit pour moi plein de liesse (1323-1331).

Si la comédie se tourne contre les vieilles autorités en place, elle n'est pas prête à accueillir les excessives nouveautés des démagogues. Un paysan comme Trygée, le héros de la *Paix*, se méfie des réformes politiques nouvelles ; la démiurgie qu'il instaure à la fin de la pièce n'est autre qu'une utopie comique. Conformisme et esprit critique se partagent donc à égalité le royaume des valeurs qui sous-tendent l'ancienne comédie.

Lysistrata *et la politique* : Lysistrata (Démobilisette) a convoqué les femmes de la Grèce. Les guerres incessantes que les hommes se mènent entre eux sont désormais intolérables. Il n'y a qu'un remède qui mettra un terme à ce fléau masculin : faire la grève de l'amour. Certaines seront vite en manque (il existe tout de même des palliatifs de cuir), mais la majorité ratifie ce stratagème au terme d'un serment burlesque et nos récalcitrantes s'emparent de l'Acropole. Une troupe de vieux Athéniens apporte du bois pour enfumer les révoltées. Mais ils sont copieusement arrosés et les femmes font une sortie victorieuse. Apparaît Cinésias (Chaudlapin) en érection. Lysistrata le fait languir et le laisse en plan. Les hommes finissent par céder. Lysistrata fait apparaître une superbe fille nue, Diallagè (Réconciliation). Et la comédie s'achève dans la liesse. L'idée d'avoir utilisé le rôle féminin de façon subversive est ici très ambiguë. Car, depuis Hésiode, la femme est à la fois mort et vie, ventre où s'engloutit la puissance virile et ventre qui donne la vie. Par ailleurs, la femme, dans la tradition satirique, est sans cesse créditée d'une image négative : chez Aristophane même, elle biberonne, chaparde les provisions du cellier, est portée sur l'amour (« goulue d'en haut et d'en bas », *Les Nuées*). Il y a là toute une série de motifs bouffons qui sont prêts à se transformer en sujets de comédie de mœurs. Pourtant, à partir de 411, Aristophane va utiliser un érotisme un peu plus raffiné et mettre quelque délicatesse dans le traitement de ces constructions « gynécocratiques » que sont *L'Assemblée des femmes, Les Thesmophories* et *Lysistrata*. Les femmes désormais à la tête de l'État grec sont à l'origine d'une anti-société comiquement heureuse. Il faut rappeler que la société grecque établit une séparation tranchée entre monde masculin et sphère féminine. Face à la dysharmonie obligatoire entre les guerriers et les politiques, l'alliance des femmes de tous terroirs (qu'elles soient athéniennes, spartiates ou thébaines) forme la seule « Internationale » pensable. C'est donc aux femmes que le soin de négocier la paix est dévolu. D'ailleurs, cette allégorie est toujours, dans les *Acharniens* ou dans les *Oiseaux*, figurée sur le théâtre par une fille nue. La gestion que proposent les femmes au pouvoir est, pour Athènes, semblable à une énorme maisonnée : loin des malversations des politiques mâles, il faut restaurer le statut de la cité en y préparant de la bonne cuisine, en y faisant une orgie ménagère et en fabriquant de la bonne laine. Cette application à la politique des qualités de l'économique relève encore de l'utopie et de ses vœux naturalistes. Quant au communisme de l'*Assemblée des femmes*, il se limite à la transformation en demeure commune de l'État grec et à la métamorphose de la gestion politique en organisation domestique. Quant à l'égalitarisme prôné par les démagogues, la comédie l'intègre : que les éphèbes épousent des vieillardes ! La loi du genre aristophanesque pousse ainsi à l'extrême du ridicule la logique démocratique.

La critique de la politique sert de point de départ ; mais elle vise également, outre les chefs d'une démocratie abusive, les autorités de la cité : les dieux, les savants et les poètes. Dans les *Grenouilles*, Dionysos l'efféminé, déguisé en Héraclès, se rend aux enfers où il doit décerner le prix au meilleur auteur tragique : concourent devant lui Euripide et Eschyle ! il pèse sur une balance « comme au marché aux fromages » les vers de chacun ; dans les *Nuées*, Socrate apparaît dans un couffin, entre ciel et terre, pour mieux penser ; dans la *Paix*, Hermès, dieu gourmand, garde l'Olympe, déserté par ses occupants, au milieu d'une batterie de cuisine ; dans les *Oiseaux*, Cinésias, le fondateur du dithyrambe, se voit refouler par les cerbères de Coucouville-Les-Nuées où il croyait pouvoir emménager ; dans les *Thesmophories*, Euripide persuade son confrère Agathon, un inverti notoire, de se déguiser en femme et d'infiltrer la fête féminine des Thesmophories pour savoir ce qu'on y complote contre lui, etc.

La contestation est donc le maître mot de ce théâtre. Contestation de quoi ? des injustices (celles d'Hyperbolos – l'Enflure – dans la *Paix* et les *Acharniens*), des privilèges (stigmatisés dans *Ploutos*), des abus de l'autorité juridique populaire (les *Guêpes*) ? Avant tout : du langage qui les permet et les cautionne. Langage d'absolu que l'on pourrait qualifier par la fixité du sens et des formules, la transparence des intentions, l'apparent accord au monde, l'identification du « signifiant » au « signifié », l'idée que le nom et l'essence sont liés par une relation interne et nécessaire, que le nom ne dénote pas seulement, mais *est* l'essence de son objet et que la chose réelle y réside en puissance. C'est peu dire, chez Aristophane, qu'un tel langage fait problème. Très vite, le comique grec prend conscience que ce langage se dérobe à l'évidence que lui gardait la tradition, qu'en lui se creuse un écart, un espace où le sens va se multiplier, s'occulter, se perdre, qu'à cette rupture interne des mots correspond leur rupture externe avec les choses. Là-dessus, Aristophane se montre lucide ; contre toute annexion du langage à la transcendance culturelle et politique, il découvre spontanément l'arme maîtresse : la *contingence.*

La langue d'Aristophane apparaît d'emblée fragmentée, composite, et comme en perpétuelle intégration. Par son décentrement, son absence de direction, de norme, l'espace linguistique s'offre sur le mode de l'expansion volumétrique, globale, instantanée. Bien qu'une esthétique en ordonne le jeu, le dispose en figures rythmiques récurrentes, Aristophane l'impose dans sa béance, comme ouverture de l'avenir, c'est-à-dire essentiellement de l'incertitude. À ce niveau, le discours n'est vécu que dans le débordement de ses structures, et c'est pourquoi le code lui-même demeure insuffisant à le contenir, à le cerner : ce rassemblement de tournures archaïques, d'éléments disparates, d'inventions déroutantes vise à communiquer moins un message qu'un vertige devant un monde à la fois infini et discontinu. Les créations sont innombrables : la nourriture fécale et nauséabonde du bousier de *la Paix* est « merdoyance » (*antlia,* v. 17), les coursiers eschyléens de Memnos ont des « caparaçons tintinnabulants » (*kôdônophalaropôlous*, les *Grenouilles,* v. 963) et ses guerriers sont des « hirsutomatamores à trompettes », ou des « ricanoployeurs de sapins » (*salpingolongchupênadai, sarkasmopituokamptai*, les *Grenouilles*, v. 966), le chien Brigand est gratifié de l'épithète « bouftoutouseul » (*monophagistaton*, v. 923) par le chien Cabot dans les *Guêpes,* etc. Ces figures de mots opèrent évidemment une destruction que les lecteurs d'Aristophane connaissent bien. Toutes les écritures y passent : Euripide et ses redondances (« alcyons qui, près des flots intarissables de la mer, gazouillez en trempant dans les gouttes humides la surface de vos ailes mouillées de rosée », les *Grenouilles*, 1309-1312) ; les accents « pachydermicofracassants » d'Eschyle (« Comment le couple au double trône des rois achéens, de la jeunesse d'Hellade, tophattothrat tophlattothrat, envoie la Sphynge, chienne présidente des mauvais jours, tophlattothrat, avec la lance d'un bras vengeur l'impétueux oiseau tophlattothrat tophlattothrat ayant ménagé une rencontre effrontée avec les chiennes qui vont et viennent dans les airs », *ibid.,* 1285-1292) ; le lyrisme bucolique (« Heureux le peuple ailé ! Les prés en fleurs sont nos domaines, les frondaisons sont nos retraites, au temps où l'insecte des dieux, la cigale ivre de soleil, dans la fournaise de midi, veille et fait vibrer sa chanson », les *Oiseaux*, 1088 et suiv.) ; les chansons paillardes (« ah ! serre-moi sur ton sein, je veux forcer ton calice par une douce escarmouche ! », l'*Assemblée des femmes*, 960-975), l'art des comptines (Cf. la danse des crabillons à la fin des *Guêpes* :

> Tortille-toi, trotte en rond !
> Tape-toi sur le bedon !
> Darde en plein ciel ton talon !
> transformez-vous en totons (1529 et suiv.).

Le pindarisme (« Nous dont rien ne peut tarir / les ruisselantes fontaines, / montons, surgissons, Nuées ! / Notre humeur est vagabonde : / quittant le grondement sourd / de l'Océan notre père, / élevons-nous à l'assaut / des cimes que les forêts / couronnent de leur crinière, / pour dominer du regard / l'horizon lointain... » – les *Nuées*, 275 et suiv.) ; la délibération tragique (les *Thesmophories*, 385-422) ; le plaidoyer (*ibid*, 786-800), etc. L'expression parodique est toujours légère ; elle désarticule en passant ; ce n'est pas tout à fait une imitation, mais plutôt une malformation, équilibre dangereux entre la vraisemblance et l'aberration. Quant aux figures de diction, elles sont innombrables, soit qu'il s'agisse de transcrire les stridences de la huppe (« Epopopoï popoï, popopopoï popoï/ io io ito ito » – les *Oiseaux*, 230-231) ou les coassements des batraciens (« Brékékékex coax coax » – les *Grenouilles*, 267), ou bien qu'il faille rendre, dans un mimétisme amusé, le pittoresque des dialectes : ainsi de l'archer scythe (dont le baragouin était proverbial) qu'Euripide déguisé en duègne tente de circonvenir en lui amenant une donzelle court-vêtue :

> Euripide : Allons, bibiche, n'oublie pas de faire tout ce que je t'ai dit. Commence par traverser et reviens en trottinant. (*Au flûtiste*.) Et toi, musique ! vas-y, souffle ! dans le genre odalisque !
> Archer : Qué c'est c'barouf ? Y en a carnaval pour m'empêcher dormi ?
> Euripide : C'est cette gamine qui s'excuse, archer ; elle va donner un numéro de danse chez des gens.
> Archer : Bon, danse-elle, exerce-elle ; moi pas défend' ! Qué légère ! kif kif puce dans l'peau d'bique !
> Euripide : (*à la danseuse*) Allez, petite, ôte ta pelure, par en haut, oui, c'est ça ! assieds-toi sur les genoux du Scythe ; tends-moi tes pieds que je les déchausse.
> Archer : Voui donc, voui donc, assis, assis, voui donc, voui donc, li fifill « Hé bé ! Qué dodu ton téton, kif kif navet rond !..., les *Thesmophories*, 1171 et suiv.

Parcimonieusement distribuée, la transcription phonétique a toujours un caractère d'agression et ne surgit qu'assurée d'un certain effet « baroque » (I artaman axarxan apiaona satra... Zauras pad'or, enculéd'ionieng – les *Acharniens*, 100 et suiv.). Ce qui est raillé et mis en cause ici, ce n'est pas l'irrationnel du code graphique, l'arbitraire d'une langue déformée par un accent étranger. Il s'agit de faire surgir un mot nouveau, indiscret, et surtout barbare : c'est ici la grécité du langage qui est mise en doute, le doux parler de l'Attique se disloquant en une série de vocables apatrides, de sorte que la grande Littérature grecque, la détonation une fois passée, pourrait bien n'être plus qu'une collection de débris vaguement scythes, mégariens ou perses (et si elle ne l'est pas, ce n'est que par pure bonté aristophanesque).

La critique s'est parfois complue à voir dans les créations aristophaniennes un jeu sans conséquence. Mais si l'essentiel n'est pas la survie de « frémifrissonner » (*tétrémainein* – les *Nuées*, v. 373), de « baisicotages » (*kataglôtismata* – *ibid.* 51), ou de « Dionysos, dieu nysiaque » (*Dionuson Nyséion* – les *Grenouilles*, 215-216), il réside dans la démarche provocatrice. Chez Aristophane, en effet, il est notoire que le signifiant a pour fonction d'irréaliser le signifié et d'interdire

ainsi toute réduction du langage à l'instrumentalisme. Loin de clarifier ses messages, l'écriture aristophanesque ne reconnaît qu'une loi : priorité de l'assonance sur la syntaxe ou la logique. Verbes, substantifs, adjectifs, comme saisis d'une tendance à s'agglutiner selon leurs sons, leurs rythmes, leurs tracés instaurent cette antisémantique d'où sortent les paronymes bouffons :
– **les calembours** : « cycloborborigmer » (*kukloboreô* - les *Acharniens*, 381 d'après le Cyclobore, un torrent de l'Attique), « fanfarautruche » (*kompolakuthos* – les *Acharniens*, 589, d'après *kompolakein*, faire le fanfaron), « bouse-chevaux » (*hippocantharoi* – la *Paix*, 181), « avoir l'écolite » (*mathètian* – les *Nuées*, 183)... ;
– **les noms fabuleux** : « Val-d'Oubli » (*Léthé-plaine* – les *Grenouilles*, 186 et suiv.), « Vessie-en-Lanternois » (*Tonte-d'âne* – les *Grenouilles, ibid.*), « Pissenlits par-la-racine » (les *Cerbériens – ibid.*), « Trou-Denfert » (*Cap Ténare – ibid.*), « Coucouville-Les-Nuées » (*Néphélococcygie* – les *Oiseaux, passim*)... ;
– **les mots-valises** dont Rabelais et Joyce se souviendront : « intarigrainsdesable » (*psammakosiogargara* de *psammos*, sable et *gargairô*, grouiller – les *Acharniens*, 3), « surpassarcher » (*péritoxeuô,* de *péri,* supérieurement, et *toxeuô*, tirer à l'arc – *ibid.*, 712), « bourdaulètements » (*bombaulioi*, de *bombulios,* insecte bourdonnant, et *aulos*, flûte – *ibid.* 866) ;
– **ces « macaronades »**, enfin, d'une rare présence phonétique : *Lepadotemachoselachogaleocranioleipsanodrimupotrimmatosilfioturomelitocatakéchumenokichlékossufofattoperisteralektruonoptokefaliokingclopeleiolagôosiraiobafètragalopterugôn* que Debidour traduit ainsi « bigornocabillortaolangousteabricotbouillabesturgeonpoulopococovinescar-godivoloventruffagogobabaorumsteckpom'letflambéchamelchipolatapiocanaralorangigogrivécrevissalmidperdrixpâtéd'alouet'ceteratir'la rigottir'larigoguette » (l'*Assemblée des femmes*, 1169 et suiv.) dont l'affleurement dans le discours paraît en révéler le substrat géologique. À quoi tendent cette amplification forcenée, ces prodiges, ces distorsions, ces métissages de la langue ? Paradoxalement à l'objectiver. À lui conférer la puissance d'un bouleversement sismique, qui oblige l'idiome séculaire à reconnaître sa faiblesse. L'œuvre d'Aristophane ne laisse pas d'évoquer ce bricolage dans lequel Lévi-Strauss situe l'activité primitive : récupération de matériaux hétéroclites, reconversion de leur emploi, annexions et plagiats, rafistolage de constructions, inversions, symétries, permutations d'éléments, obsession des nomenclatures... (Cf. *La Pensée sauvage*, Paris, 1962, Plon, chap.1).

Autre caractéristique de l'écriture aristophanesque, ce goût des listes interminables qui finit toujours par exclure le langage de toute entreprise réaliste : ainsi du portrait en vingt et une « canailleries » de Strepsiade, ce paysan naïf des *Nuées,* qui entreprend d'aller suivre des leçons de rhétorique auprès de Socrate : « j'ai la réputation d'être hardi, grande-gueule, chenapan, forban, impudent, arracheur de dents, robinet à ergotages, routier de procédure, gibier de greffe, vieux renard, combinard, crécelle, ficelle, limace, flambard, patibulard, salopard, roublard, casse-pieds, lèche... » (445-451). Ainsi de la liste des bons produits de Béotie cités par le Thébain dans les *Acharniens* (874 et suiv.). Cette progression vers l'irréalisme s'avère d'autant plus perfide qu'elle ne s'indique pas comme telle dans le texte. Avec une science de la contradiction, le poète grec mélange le tangible et l'imaginaire et fait alterner promptement possible et impossible – crécelle (invraisemblable), roublard (vraisemblable), ficelle (invraisemblable), chenapan (vraisemblable) – de sorte que le négatif se trouve ici nanti d'un pouvoir à la fois prospectif et rétrospectif de dévaluer les éléments auxquels il s'associe. Pour ruiner l'ensemble, il n'est pas besoin de le conduire graduellement à l'évanescence : il suffit d'introduire à ses points d'articulations quelques termes dont l'absurdité fasse douter de la solidité des autres.

Les inventaires, les répétitions semblent illustrer la notion commune de « mécanique plaqué sur du vivant », où Bergson enferme le comique. En se déstructurant, en disloquant toute armature sémantique, le langage découvre sa propension carnavalesque. Dans les *Grenouilles*, par exemple, Eschyle dialoguant avec Euripide entreprend de ruiner les prologues de son confrère en y insérant systématiquement le mot « fiole ». Chaque début de pièce précautionneusement choisi par Euripide se trouve parodiquement gratifié de l'expression « perdit une fiole » (Cf. v.1205 et suiv.). Ce mécanisme engendre inévitablement une rencontre saugrenue du type : « Zeus... perdit une fiole », « Cadmos... perdit une fiole », etc. Cette fonction proliférante de la « pointe » installe dans le discours une anarchie qui en affecte la forme et qui propose un nouveau mode de lecture, cette fois, vertical. Rabelais s'est souvenu de ce procédé dans maints passages de son œuvre : citons par exemple les déclinaisons d'adjectifs acollés à « fol » (fol fatal, fol de nature, fol céleste, fol jovial, fol mercurial...) au chapitre 38 du *Tiers Livre*. Cette énonciation verticale différencie un espace transcendental où l'absence de liaisons rend au langage une liberté exubérante, un pouvoir de s'enfanter lui-même, comme s'enfantent le délire ou l'imagination.

Les Grenouilles *(argument)* : elles furent représentées aux Lénéennes de l'année 405, sous le nom de Philonidès, et obtinrent le premier rang au concours. À la différence des comédies précédentes, Aristophane y exprime des vœux d'apaisement : sans réclamer le pouvoir pour le parti qu'il soutient, il souhaite l'égalité (v. 688) et la fin de la terreur. Il ne faut pas oublier que nous sommes quelques mois après la condamnation des généraux vainqueurs aux Arginuses et quelques mois avant la défaite prévisible d'Aegos-Potamos (Athènes contre Lacédémone). À cette époque, Athènes était divisée, délaissée. Plus personne n'allait aux Mystères d'Éleusis. Un seul homme méritait de reprendre les affaires en main, c'était Alcibiade, mais le héros était en exil. En 406, on apprit la mort d'Euripide, lui aussi parti loin à la cour d'Archélaos. Comme Eschyle, il mourait éloigné de sa patrie et allait rejoindre aux enfers celui auquel on l'avait opposé. Que se diraient-ils ? Eschyle ne reprocherait-il pas à Euripide d'avoir formé cette race légère et vaine qui, à cette heure même, perdait Athènes ? Le sujet plut à Aristophane. Dans cette ville en deuil de l'art tragique, il mit face à face les deux poètes qui avaient charmé deux générations d'hommes. À cette cité privée de fêtes, il offrit le spectacle d'un chœur d'initiés, revêtu du costume dans lequel jadis les Athéniens partaient pour Éleusis en chantant Déméter. Enfin, devant l'imminence d'une invasion, il évoqua l'image d'une Athènes sauvée de la mort par les leçons d'Eschyle et célébrant à nouveau les pompes d'autrefois. La pièce se divise en deux parties : dans la première, toute de gaieté, le poète semble avoir voulu s'assurer l'attention du spectateur dans la seconde ; Dionysos, qui préside aux concours dramatiques d'Athènes, choqué de l'insuffisance des drames qu'on lui présente, veut descendre aux enfers pour en ramener un des poètes qui le ravissaient autrefois. Il part avec son esclave Xanthias qui porte les paquets. Il prend auprès d'Héraclès quelques renseignements sur le chemin à suivre, traverse l'Achéron au milieu d'un concert assourdissant de grenouilles et arrive aux enfers. Mais là, la peau de lion qu'il a empruntée à Héraclès le désigne à la colère de tous ceux qui ont eu à se plaindre du passage du héros. On le roue de coups. Enfin, il se fait reconnaître non sans peine, et on le conduit chez Pluton. La parabase sépare les deux parties de la comédie. Dionysos, une fois au milieu des ombres, ne sait s'il doit ramener sur terre Eschyle ou Euripide. Il fait plaider à chacun sa cause. Les deux poètes sont d'abord comparés et jugés pour leurs idées morales ; puis on examine leurs prologues, leur lyrisme, enfin leur valeur politique. Dionysos donne la victoire à Eschyle, qui remonte sur la terre, et le chœur lui souhaite une dernière fois, avec mélancolie, de triompher de Cléophon qui a apporté à Athènes les mœurs sauvages de Thrace.

En déplaçant l'attention vers le son, le rythme, les éléments non signifiants, Aristophane les défère à d'autres contraintes : catégorisation par assonances, succession rapide, syncopée, crescendo, etc. Il faut accepter ces phénomènes langagiers et comme élan vital, exubérance, démesure, et comme automatisme, calcul, composition. Tout le « comique » d'Aristophane (s'il en est) tiendrait, à ce compte, dans une tension entre ordre et désordre, puisque ici, l'analyse n'en finirait jamais de découvrir derrière la liberté un déterminisme et derrière le déterminisme une liberté. Impossible, ainsi, d'isoler la négation de l'affirmation : l'une provoque et suppose l'autre. Ce mouvement oscillatoire entre l'expansion et la condensation démontrant la contingence de la parole en en portant à l'extrême l'autonomie et en en perturbant le fonctionnement comporte une contrepartie tout aussi louche qui tend, elle, à favoriser la confusion du mot et de l'objet : l'onomatopée.

Entre les bruits qui nous entourent et les phrases que nous prononçons, il y a sans doute toute la distance du hasard au système. Mais il advient que les uns les autres s'entremêlent et s'identifient dans une zone indécise où le hasard s'humanise et le système se défait. À peine en prenons-nous conscience que ces bruits s'arrachent de leur inanité. Imiter le coassement des grenouilles ou le tonnerre pétaradant Zeus (« pappax, pappax, parapappax, paraparappax » – les *Nuées*, 388), c'est déjà supplanter leur sonorité (réelle ou imaginaire), les annexer à un code anthropomorphique où ils suggéreront la majesté, la beauté, la colère... Mais, du même coup, c'est ouvrir une brèche dans le langage, par où la nature l'envahisse. Chez Aristophane, comme chez Rabelais ou Céline, l'onomatopée assure cette menaçante conjonction. Le poète grec l'a bien compris, qui imagine, dans l'enfer des *Grenouilles*, la présence de grenouilles-cygnes : elles ont l'apparence de grenouilles mais elles chantent comme des cygnes mourants, ce qui est naturel puisque ces batraciens infernaux sont sans doute des ombres de batraciens...

En conclusion, l'écriture aristophanesque est engendrée par d'autres écritures ; elle y trouve même son élément moteur essentiel, au point que la trame lui reste subordonnée. Il y a oscillation entre ce qui appartient à la parole et ce qui provient des livres, c'est-à-dire entre un langage immédiat et celui qui surgit par la médiation des autres textes grecs. Pour nourrir le texte, Aristophane l'articule de manière que son émergence soit étayée par un contact intermittent avec des textes déjà écrits. La narration n'est jamais prépondérante et sa progression ne cesse d'être interrompue par l'insertion de langages divers qui représentent par rapport à la trame comique un rappel du passé en même temps qu'un appel de l'avenir. L'irruption de la strate « langagière » est de plus en plus évidente ; elle alterne d'abord avec la trame comique avant de l'assimiler, l'écriture se réduisant alors à l'interrogation des langages qu'elle suscite.

Ménandre et la Comédie nouvelle

La **Comédie ancienne** atteint son paroxysme avec Aristophane. Mais elle fut prolongée (sans dire supplantée) par deux âges nouveaux : la **Comédie moyenne** (400-322) et la **Comédie nouvelle** (322-260). Les deux principaux poètes de la Comédie moyenne sont Antiphane (405-330), auteur d'environ 300 pièces, et Alexis de Thourioi (372-270), qui écrivit 252 comédies. D'autres noms nous viennent : Théopompos, Strattis, Nichocharès, lesquels se rattachent plutôt au genre aristophanesque. On peut citer encore Anaxandridès (382-349), Mnésimachos, Euboulos, Épicratès, Éphippos ou Timoclès.

La Comédie nouvelle est marquée, elle, par une triade canonique : Ménandre, Philémon (*fortasse impar, certe aemulus,* comme dit Apulée) et Diphilos. Ménandre, né en 341-342, a écrit très jeune sa première comédie, la *Colère*, à 20 ans en 321. Il est mort vers 50 ans. Disciple de Théophraste, corréligionnaire d'Épicure, il écrivit une centaine de pièces dont la *Samienne*, le *Dyscolos*, l'*Arbitrage* ou le *Bouclier*. Un poème de Fronton cite quelques autres titres : « Tu crois, comédien, que la fleur de ton âge est un *Trésor* et tu ne sais pas qu'elle est plus rapide qu'une *Ombre*. Le temps fera de toi *Un Homme détesté* ou *Un rustique*. Et alors tu chercheras *La Tondue* » (Straton de Sardes, *La Muse adolescente*, Paris, 1995, Le Promeneur, trad. Pierre Maréchaux, pp. 108 et 146).

Le genre comique selon Antiphane. Un texte cité par Athénée (VI, 222 a-223 a) nous renseigne sur la conception comique d'un tenant de la Comédie moyenne : Antiphane : « La tragédie est à tous égards un genre privilégié, puisque ses sujets sont connus des spectateurs avant même qu'un personnage n'ouvre la bouche. Il suffit au poète de les rappeler. Si je nomme Œdipe, on sait tout le reste, père Laïos, mère Jocaste, ses filles, ses fils, ses aventures, ses actes. Si l'on prononce le nom d'Alcméon, on a dit aussitôt tous ses enfants, le meurtre de sa mère dans un accès de démence, l'arrivée d'Adraste en fureur, son départ, son retour. Puis, lorsque les poètes sont à court de mots et que leur imagination dramatique s'est tarie, ils font lever la machine aussi facilement qu'ils lèveraient le petit doigt, et les spectateurs sont contents. Nous (autres comiques), nous n'avons pas ces avantages, il nous faut tout inventer, personnages, événements, paroles, circonstances passées, situation présente, dénouement, entrée en matière. Si un Rupin (Chrèmès) ou un Dupingre (Phidon) fait litière de l'un de ces points, il se fait huer tandis qu'un Pélée ou un Teucros peut le faire. » Ici, c'est la Comédie, figure allégorique, qui vient défendre, en un manifeste littéraire, le genre qu'elle représente. Quelques traits de la Comédie nouvelle sont ébauchés : nécessité du réalisme, personnages du commun (Chrémès, Phidon) et scénarios naturels. Sur Adraste, seul survivant de l'expédition des Sept contre Thèbes, Cf. Eschyle. Par ailleurs, la critique du *deus ex machina** fait songer à un passage du *Cratyle* de Platon (425 d).

L'arbitrage (argument) : Charisios et Pamphilé, fille de Smicrinès, sont mariés depuis cinq mois et déjà complètement désunis. Quelques mois avant son mariage, la jeune fille avait subi, à l'insu de son mari, les violences d'un inconnu à la fête des Tauropolies. L'époux, parti en voyage, rentre et apprend par son esclave Onésimos que sa femme est enceinte, mais non de ses œuvres. Se croyant trahi, il la tient à l'écart et s'étourdit dans une liaison avec une joueuse de luth. Or, il se trouve que l'inconnu qui avait fait violence à Pamphilé est précisément Charisios. L'enfant est donc de lui et toute l'intrigue consiste à faire durer une situation qui s'achève sur une réconciliation. Cette réconciliation se fera par une reconnaissance et nous retrouvons là un artifice dont les Tragiques (et notamment Euripide) ont largement usé.

Le théâtre de Ménandre est véritablement l'ancêtre de la tradition romanesque latine et c'est dans son sillage que s'inscrivent les œuvres de Plaute et de Térence. Par rapport à celui d'Aristophane, il méconnaît la chorégraphie et le lyrisme en vogue jusque-là, de sorte que ce système de « syzygies » (alternances de chant et de vers parlés) le cède à un mélange de dialogues et de monologues en trimètres iambiques. L'allégeance à la Comédie ancienne reste parfois très visible : la fin du *Dyscolos* avec ses mariages et ses danses rappelle nettement Aristophane. Pourtant, le grotesque devient discret, exempt d'obscénité et d'attaques politiques. De surcroît, des rôles se créent et feront fortune : le *servus currens*, l'esclave rusé (ancêtre de Scapin) et le soldat fanfaron. Mais l'inspiration comique trouve quelquefois dans la tragédie ses « recettes » : l'usage des maximes ou des plaintes lyriques vient de là sans qu'on puisse parler de parodie. Il est plutôt question d'imitation. À cet égard, Quintilien (*Institution oratoire*, X, 1, 69) a bien montré l'énorme influence d'Euripide sur Ménandre. Tous les procédés de son théâtre y figurent : la présence d'un dieu caché et manipulateur, les péripéties des *scènes de reconnaissance*, les passages moralisateurs, etc. Ménandre n'entend pas faire du réalisme théâtral. Les personnages sont des « types » et leur psychologie est attendue. Les masques et les costumes qu'ils portent nous la révèlent et il est à croire qu'une typologie très fine permettait de reconnaître le barbon du proxénète, la vierge pudique de la fille peu farouche, le cuisinier fanfaron du parasite, etc. Néanmoins, si le code vestimentaire pétrifie, Ménandre individualise à volonté les rôles. À cet égard, un texte de Philémon, cité par Apulée, nous donne la liste de tous ces rôles, suivis d'une épithète de nature. Par ailleurs, il faut dire que les grandes questions politiques et que les rêves d'utopie qui constituent le fer de lance du théâtre aristophanesque ont disparu. La société de Ménandre se réduit à des relations d'autorité entre un père et ses fils, entre un maître et son esclave, entre un mari et sa femme. Ces liens sont toujours mis à mal par des événements imprévus (viols, naissances, abandons d'enfants, enlèvements, reconnaissances, quiproquo sur la mort d'un tiers, etc.) et

Quelques noms de la Comédie nouvelle : Philémon (365-265) de Syracuse, vainqueur à Athènes en 327 et auteur de 97 comédies ; Diphilos de Sinope (360-début du IIIe siècle), auteur de 100 pièces ; Philippidès d'Athènes, Posidippos de Macédoine, Apollodore de Carystos (eubéen, auteur de 47 comédies) ; Damoxénos et Batôn.

il faut avouer que c'est l'amour qui est le maître d'œuvre de ce théâtre, comme l'a écrit Ovide (les *Tristes*, II, 369). Et si le théâtre de Ménandre semble être par moments une pure célébration des joies d'Éros, il en est quelquefois le tombeau. Eros a à peu près les propriétés magiques d'une substance chimique puisque cette substance est à la fois vitale et unitaire. Tantôt infinitésimale, tantôt violemment perceptible, elle s'instille jusqu'au cœur des autres passions (jalousie, ambition, amour-propre), qui ne sont plus guère que son propre visage contrefait. Elle transmute tout, les vertus en passions, amis aussi, les passions en vertus, l'égoïsme en bonté. Devenu Protée, Éros est un dieu actif, tourmenteur. Par son action incessante, à la fois multiforme et monotone, il installe dans le monde une obsession, un chant de basse dont la profusion des conduites diverses n'est que le contrepoint. Ce désordre répété des postures de l'amour bafoué ou de l'amour déçu constitue un ordre, le seul qui soit concédé.

La courtisane joue véritablement un rôle nouveau dans la *Néa*. Elle incarne un principe de plaisir et affirme son droit de berner le principe de réalité, de sorte que ce type de théâtre est une revanche sur la réalité. Tel est le sens du triomphe de l'amour qui ne se fait pas toujours au détriment de la raison et de l'argent. En fait, le schéma de base de la *Néa* est celui du conte folklorique : le héros qui veut épouser une belle doit vaincre la surveillance d'un dragon malveillant. Ici, le dragon n'est autre que le père qui protège avidement son bien. Le rire que suscite un tel schème est investi d'une fonction de délivrance par laquelle le spectateur surmonte ses angoisses. Toutefois, le héros n'est jamais à la lettre un jeune premier ; celui-ci, fade et malhabile, délègue l'action à un homme de main, manière d'adoucir le conflit père-fils par un médiateur de condition servile. Il arrive néanmoins qu'un rôle transgresse sa typologie traditionnelle et, lui-même allégorique d'une vertu, vienne à en incarner une autre.

Le Dyscolos : au cours d'une partie de chasse dans le dème de Phylé, où son père exploite un riche domaine, un jeune citoyen (Sostrate) aperçoit une jolie paysanne faisant ses dévotions aux nymphes. C'est le coup de foudre. Il décide de l'épouser, accomplissant ainsi les vœux du dieu Pan, désireux de récompenser par un beau mariage sa jeune et pieuse voisine. Tout irait bien si elle n'était la fille d'un homme bourru qui, par haine de l'humanité, fait le vide autour de lui. Travaillant dur et ne soufflant que pour vitupérer le genre humain, Cnémon ne tolère à ses côtés d'autre présence que celles de sa fille et d'une vieille servante ; sa femme elle-même, une veuve épousée en secondes noces, n'a pas trouvé grâce à ses yeux : elle a dû chercher refuge à la ferme voisine, tenue par Gorgias, son fils d'un premier lit. Comment le jeune dandy réussira-t-il à se faire agréer du vieux paysan ? L'obstacle à ce dénouement est le caractère timide du jeune homme. Les auxiliaires auxquels il confie le soin d'intervenir en sa faveur – un esclave et un parasite – ne lui sont d'aucun secours. Après un tête-à-tête infructueux avec le misanthrope, il se déguise en paysan et va piocher dans un champ voisin de celui du Dyscolos. La Fortune a pris le masque de Pan. Un sacrifice réunit dans le sanctuaire de ce dieu tous les membres de la famille de Sostrate à l'instigation de sa mère, alarmée par un mauvais rêve. Au moment où l'exaspération de Cnémon est à son comble par les allées et venues qui en résultent, le Dyscolos tombe dans son puits. Sauvé par Gorgias, il lui donne tout son bien, à charge pour le jeune homme d'établir sa demi-sœur. C'est finalement de Gorgias, avec lequel il s'est lié d'amitié, que Sostrate obtient la main de sa belle. Le repas de sacrifice peut alors céder la place aux réjouissances préludant à un double mariage. Car, loin de récuser le choix de son fils, Callipide, cédant à ses instances, donne à Gorgias la main de sa propre fille. Et Cnémon lui-même se résigne à participer à la fête – défaite symbolique – vaincu par les tracasseries de Gétas et du cuisinier Sicon.

Cette réflexion théâtrale sur la question des vertus n'est pas neuve dans la mesure où les philosophes du IVe siècle (Platon et Aristote) ont codifié les « caractères humains ». Dans l'*Éthique à Eudème*, Aristote montre que la vertu est un moyen terme : l'amabilité est ainsi le juste milieu entre la flatterie et l'agressivité bourrue. Le théâtre de Ménandre est plus qu'une illustration de ces recherches. C'est une étude en actes sur la contiguïté des passions, ce qui justifie l'intérêt de la comédie humaniste pour son œuvre.

B

LE THÉÂTRE À ROME

1 Mentalités, techniques scéniques et statut de l'acteur à Rome

Une civilisation du spectacle

Les Romains, nous le savons, étaient spectateurs dans l'âme. Le sens de la scène habitait intensément la pratique politique et l'apparat qui entourait le pouvoir justifiait une réaction du public. Ainsi l'éloquence elle-même ne put guère échapper à la mise en scène, à l'*actio*, par laquelle l'orateur-histrion utilisait toutes les ressources de son corps (gestes, modulations de la voix, etc.) pour satisfaire aux exigences d'un public amateur de clausules et de péroraisons. Le désir d'émouvoir était à Rome le maître mot de l'art oratoire et il eût paru inconcevable qu'un avocat ne fît qu'argumenter : un minimum de jeu scénique s'imposait. Si Platon considérait l'*actio* comme une duperie, si Aristote voyait en elle une *mimésis**, Cicéron, ce codificateur patenté de l'*ars dicendi,* montra qu'elle était comme une lumière braquée sur le réel : l'orateur est un acteur non parce qu'il imite des passions non ressenties, mais parce qu'il joue celles qu'il ressent. Et ce que nous apprend cette éloquence spectaculaire, c'est que le spectacle, à Rome, n'est pas en rapport de ressemblance, de paradigme avec une réalité dont il serait l'image : le spectaculaire est du réel intensifié.

Les formes avant-courrières du théâtre romain

À Rome, le théâtre n'est pas la seule forme de spectacle : les exhibitions d'athlètes, les combats d'animaux, les jeux de gladiateurs, sont autant de manifestations collectives qui viennent concurrencer les *ludi scaenici*, les jeux scéniques. Littéralement parlant, les *ludi* ont un lieu étranger pour les accueillir : la *scaena*, déformation étrusque de la *skéné* grecque. À ce titre, il y a exotisme proclamé comme tel dans la mesure où le théâtre latin, à ses débuts, n'est qu'une importation de Comédie nouvelle des Grecs. Il ne faut pas oublier que c'est Livius Andronicus qui, le premier, fait connaître à Rome une *Néa* en langue latine et donne au public l'image d'une société grecque qui lui est contemporaine (Ménandre naît vers 342-341 et Livius vers 280).

Les Romains apprécient ce théâtre dans la mesure où il ponctue les jours de fête, car son organisation ne peut se faire qu'en période d'*otium*, de vacance politique ou militaire. Les *Ludi* s'ouvrent sur une procession fastueuse, carnavalesque, libertaire, qui mène tous ses serviteurs immédiats au temple de Jupiter capitolin. Musique, danse, défilés de chars, précèdent et suivent le triomphateur qui préside les jeux. Le peuple suit dans une liesse extraordinaire. Une *licentia* temporaire s'instaure qui, en toute impunité, autorise le public à entonner des couplets satiriques. **Dès sa naissance, le théâtre est le lieu de la contestation**, des huées, qui mettent à mal le prince, les puissants et les magistrats.

Au sein du *ludus* dont le cortège donne lieu à des *allusions* (de *alludere*) politiques, c'est le *ludio,* le danseur rituel et l'acteur, qui a le premier rôle. Au départ, il évolue sur une scène en bois, démontable, sorte de non-lieu qui oppose son irréalité (sa fugacité) à l'ancrage certain du cirque. C'est seulement au premier siècle avant notre ère qu'on construit des théâtres en pierre, rivaux des amphithéâtres. Vitruve nous rappelle toutes les difficultés pour réaliser ce type de construction. À la différence du cirque, l'acoustique du lieu doit satisfaire 10 000 personnes et plus. Dans des bâtiments si vastes, un problème préoccupe l'architecte-moraliste : les spectateurs influencés les uns les autres ne réagissent qu'aux « émotions vocales » et ne profèrent plus aucun jugement intellectuel. C'est « le corps dilaté de plaisir », dit Vitruve, que le spectateur reçoit passivement, sans distanciation, les effets de sens et les séductions de l'*actio.* Il y a là un dilemme. D'abord ouvert à tous, car improvisé et bâti en un tournemain sur une place, le théâtre se clôt sur lui-même et s'isole de la réalité extérieure : la musique des flûtes couvre le bruit de la rue et le velum rouge tendu au-dessus de l'auditoire garantit des ondées.

Cet enracinement du théâtre ne s'est pas fait sans difficultés : on hésita longtemps avant d'accepter qu'il envahît le sol de l'*Urbs.* Et, pendant la royauté, une lutte sourde mit aux prises les organisateurs de jeux et les tenants de la tradition romaine (censeurs et sénateurs). Un texte de Tacite (*Annales*, XIV, 20) nous rappelle les trois étapes qui jalonnent cette lutte en faveur des *ludi* :
– des premiers jeux scéniques à la fin du IIIe siècle, on édifie, au sein du forum ou du cirque, une *scaena* devant laquelle se produisent les acteurs. Les spectateurs restent debout. On installe les premiers sièges en 200 lors des jeux Plébéiens ;
– du IIIe siècle à 55 av. J.-C., date de l'inauguration du théâtre de Pompée, les théâtres sont toujours temporaires et leur luxe éphémère doit disparaître. Il arrive que le spectacle soit grandiose et accueille des dizaines de milliers de personnes. La consommation du superflu est l'essence de la fête collective des jeux : sorte de fin en soi, elle a sa symbolique propre, qui n'est pas celle de la construction monumentale. L'avare de l'Antiquité est un misanthrope refusant les liens sociaux. La dépense est donc une forme de dilection collective ;
– enfin, après Pompée, le théâtre s'implante. Se créent bientôt ceux de Balbus et de Marcellus, sous Auguste, quoique l'on continue à construire des édifices temporaires. Si l'espace romain a résisté à l'installation des théâtres, l'accroissement des fêtes les a multipliés au point qu'à l'époque de Marc Aurèle il y a 135 jours de jeux annuels. Le peuple romain devint donc bientôt un peuple de spectateurs, conscient peut-être que la cohésion sociale présente à travers les *ludi* était nécessaire à l'État, mais, paradoxalement, que la morale civique n'avait rien à faire sur la scène du théâtre.

Organisation des *ludi scaenici*, mise en scène et techniques

L'organisateur des jeux en est aussi, financièrement s'entend, le gestionnaire. Le poète qui fournit les pièces est intéressé dans les bénéfices du spectacle, de même que les acteurs qui obtiennent des gratifications en argent.

Du point de vue des décors, l'ornementation et l'animation du *frons scaenae* répondent à deux objectifs : le déploiement du luxe et la fabrication des illusions. L'un et l'autre contribuent aux plaisirs constitutifs de l'*otium* urbain. Ainsi, peu de scènes du théâtre latin sont champêtres et dépouillées car l'esprit des jeux est tout au luxe et à la dissipation des biens. Pour fabriquer l'illusion, les Romains reprennent les techniques des ingénieurs grecs : toiles peintes en trompe l'œil donnant l'illusion du relief, machines permettant le changement à vue, etc. Des grues et des trappes font descendre des dieux, monter des fantômes.

Le jeu de l'acteur est divisé en deux disciplines : la chironomie ou jeu des mains, l'orchestique ou jeu du corps. Lucien, dans son traité *De la danse,* insiste sur le raffinement de l'expression des doigts : plus de quatorze positions digitales recèlent des sens différents. Quant à l'orchestique, elle réglemente également la forme des drapés et la déambulation. Selon l'enroulement ou le déroulement du corps, des significations se créent (servilité, humiliation, crainte ou ruse). Même sémiologie pour le visage : le sourcil en accent circonflexe indique la malveillance ; une tête qui bouge en gardant le corps immobile, le *furor* (folie). Chaque rôle est codifié : Julius Pollux nous a laisé un *Onomasticon* recensant les masques de théâtre et leur symbolique : on en compte 44 (27 pour les hommes et 17 pour les femmes). Citons :
– **les hommes libres âgés** : le *leno,* proxénète chauve et ricanant ; l'homme à barbe pointue, parangon de fourberie et d'intrigue ; les deux *hermônioi*, vieillards grincheux et bourrus ; les deux pères, présentant une double face, tantôt sereine, tantôt coléreuse (l'acteur qui jouait l'une ou l'autre se tournait de profil) ;
– **les fils de famille et les parasites** (hommes libres également) : le « propre à tout », cheveux bruns et hâlé ; le « sage », aux yeux baissés ; l'efféminé, au teint blanc et aux cheveux blonds ; le débauché, frisé ; le soldat fanfaron, avec une perruque immense ; les parasites : le flatteur, le Sicilien, le pique-assiette ;
– **les esclaves** : le *pappos* (grand-père), sexagénaire ; l'esclave du soldat (grande perruque, lui aussi) ; le crêpu ; le demi-chauve ; la soubrette aux cheveux lisses, au service de la *lupa* ; la soubrette « mignonne », au service de la famille romaine ;
– **les femmes libres** : la grosse vieille, indulgente ; la « vieille pute » (*lupa anus*) ; la ménagère édentée, ne conservant que deux molaires ; la maquerelle (à l'œil louche) ; la fausse vierge ; la courtisane (avec variantes : riche, débutante, de bonne famille, etc.).

À Rome, les comédiens commencèrent à porter des masques à l'époque de Térence, mais il suffit de lire l'ensemble du théâtre comique latin pour se convaincre qu'il ne s'y trouve aucun personnage qui n'ait son correspondant dans le catalogue de J. Pollux.

2 Les fondateurs du Théâtre latin

Livius Andronicus (180-207)

L'histoire du théâtre romain représente une « extraordinaire concrétion » (J.-P. Néraudau) des apports originaux ou extérieurs sur le « noyau » d'une discipline importée. Cette histoire commence en 364 lorsque les Romains, désireux d'apaiser les dieux à la suite d'une épidémie, invitèrent des danseurs étrusques à participer à un spectacle propitiatoire. La jeunesse romaine imita les gestes des danseurs en mêlant à ces chorégraphies improvisées des saillies et des quolibets en vers. Par la suite, l'alliance entre le texte et la partie dansée prit le nom de *satura*, à la lettre pot-pourri. C'est de ce syncrétisme prometteur entre un élément étrusque et un comportement romain que le théâtre latin naquit. Cette satire originelle prit fin brusquement lorsque Livius Andronicus lui substitua une pièce avec argument. Tragédie ou comédie ? Qui peut le dire ? La pièce fut, et de façon certaine, représentée dans le cadre de Jeux aménagés *more graeco* un an après la fin de la première guerre punique, en 240. Tite-Live dénonça l'audace d'un tel bouleversement dans la mesure où une œuvre fixée venait remplacer un ouvrage d'improvisation, voué à l'éphémère. Ne bafouait-on pas, par l'ancrage de cette *res literaria*, le principe qui voulait qu'une pièce fût donnée une seule fois ? C'est dire l'importance du geste de Livius Andronicus dans l'histoire du théâtre latin.

Exodium, mime et atellane. L'introduction de textes écrits dans l'histoire du spectacle théâtral ne mit pas un frein aux qualités d'improvisation des jeunes gens libres. On continua donc de s'échanger des vers fescennins ; le vers fescennin proviendrait de la ville de Fescennia ; selon d'autres sources, il a pour vertu d'écarter le maléfice (*fascina*), en parodiant les histrions étrusques et en greffant ces saillies comiques à la suite de la représentation tragique. Tel était *l'exodium* qui avait une fonction de médiation entre les jeux scéniques et la cérémonie des jeux. Ce genre pouvait bien revêtir la forme de l'atellane, sorte de *commedia dell'arte* importée d'Atella, une ville de Campanie, et qui mettait aux prises des personnages le plus souvent grotesques : le sot Maccus, le glouton Bucco, le libidineux Pappus, le bossu Dossenus, l'ogresse Lamia, etc. L'atellane était plus qu'un numéro de clowns ; c'était une farce impromptue donnée par des acteurs masqués : l'opposition entre Maccus, Bucco ou Lamia, était en fait une allégorie comique d'un monde tiraillé par la balourdise effrénée, la dévoration hyperbolique ou la fête du ventre-roi. Peu de titres nous sont parvenus : *Bucco gladiateur, Pappus perd les élections, Maccus soldat...* Comme le suggèrent ces titres, il s'agissait de décliner les mêmes rôles sur toutes les situations d'un quotidien burlesque. Bientôt, cependant, la mythologie contamina l'atellane et une distanciation s'opéra. Mais ces pratiques ne doivent pas faire oublier la prédominance du mime : il s'agissait d'un spectacle sicilien d'origine où l'on dansait en musique sur un scénario. On sait peu de chose de ce genre théâtral : d'abord, il serait erroné de penser que le mime ancien est proche du nôtre. En fait, le mime est une forme de théâtre réaliste, qui se voulait surtout copie décrochée du réel et non imitation, caricature et non simple décalque. Toutefois, même si Cicéron parle de mimes mettant en scène des banquets philosophiques où conversent Ménandre, Socrate et Épicure, le mime a un caractère scandaleux, parce qu'obscène. On sait en effet qu'aux jeux de Flore (cf. *Fastes*, V, 347 et suiv.) les courtisanes montaient sur la scène et se dénudaient en public. Il arrivait que des couples fissent l'amour en public pour les besoins du scénario ou encore qu'on y donnât la mort en substituant un condamné à un acteur. Le mime, qui ramassa l'héritage de l'*exodium* et de l'atellane, fut encore très prisé à l'époque de Marc Aurèle. C'est au plus fort de l'Empire qu'il connut le comble de la licence : il en était l'incarnation, le symbole ultime de la liberté du peuple romain.

Iambe : mètre composé d'une brève et d'une longue.

Trochée : mètre formé d'une longue et d'une brève.

Livius Andronicus fut le créateur de la *fabula palliata*, c'est-à-dire d'une tragédie ou comédie jouée en costume grec (*pallium*). À cet égard, il respecta la métrique de ses devanciers et, transfusant des rythmes grecs (sénaires iambique, *i.e.* des vers de six ***iambes*** et septénaires trochaïques, *i.e.* formés de sept ***trochées***), il introduisit, à l'imitation du théâtre grec, une alliance du parlé (*diuuerbium*) et du chanté (*canticum*). Voici quelques traits de son esthétique, tant pour la tragédie que la comédie :
– choix de modèles grecs pouvant concerner l'histoire de Rome (*Le Cheval de Troie*, *Achille* imité d'Aristarque, *Danaé*, *Inô*) ou s'en affranchissant (*Hermione*, *Égisthe*, *Térée*) ;
– transfert de l'ornementation alexandrine sur l'atticisme des auteurs grecs qu'il imite ;
– conscience sonore de la langue et jeu sur les effets allitérants ou assonantiques ; rugosité verbale ;

Livius Andronicus eut l'idée d'introduire dans le théâtre romain des sujets grecs. Mais il fit en sorte d'en choisir qui ne fussent pas isolés du contexte historique. Ainsi, beaucoup de ses tragédies se rattachaient au « cycle troyen », qui était en quelque manière à demi romain. Quant au reproche de plagiat, il est hors de propos. La littérature antique considère toute œuvre, une fois livrée au public, comme sa propriété. Les idées et les mots passent d'un *auctor* à un autre dans une franche liberté. Le génie en cette affaire consiste à adapter ses sources. Une pièce réussie n'est pas une pièce nouvelle ; c'est une pièce qui respecte l'*occasion* : il faut, quand on écrit, s'en tenir en tous lieux aux circonstances : Livius Andronicus souscrivit à cette règle lorsqu'il offrit aux Romains sa tragédie d'*Inô* : l'assimilation populaire avec la déesse Leucothée justifiait ce passage d'un mythe à un autre.

Naevius, Ennius, Pacuvius et Accius

Ce syncrétisme de fables grecques et romaines encouragea la production de tragédies à sujets uniquement romains : les *fabulae togatae,* auxquelles s'adjoinrent assez vite les *fabulae praetextae,* qui relèvent d'un théâtre d'apparat. Après Livius Andronicus, il y eut une floraison de tragédies romaines. Si ce dernier en composa une dizaine, dont cinq consacrées au cycle troyen, Naevius en écrivit six. Son œuvre allait dans le sillage de Livius. Il faut dire que cinq ans seulement séparaient (nous sommes en 235) les premières œuvres du fondateur de l'épopée latine de celles de Naevius. Ce soldat campanien imita d'abord son devancier (Cf. *Le Cheval de Troie* ou *Danaé*, qui furent ses premières tragédies) avant de recourir à des techniques qui lui étaient spécifiques :
– sa *contaminatio,* que des critiques latins interprétaient comme une « dénaturation », consistait à intriquer le canevas de plusieurs pièces grecques, ce qu'il n'hésitait pas à faire dans son *Lycurgue*, inspiré des *Bacchantes* d'Euripide ;
– la rencontre des *res gestae* et de l'*ars tragica* se faisait jour dans *Romulus* et surtout *Clastidium*, évoquant la victoire de Marcus Claudius Marcellus, vainqueur, en 222, d'une armée gauloise ;
– la conciliation des fastes et des triomphes qui conduisaient à Rome les généraux vainqueurs avec des fresques théâtrales destinées à les glorifier eux et la noblesse qui les soutenaient. Tel était le sens de la prétexte : un acte d'allégeance aux *patres.*

À la suite de Naevius, Ennius (239-169) emprunta le sujet de la plupart de ses tragédies à Euripide : *Iphigénie, Médée, Hécube.* À première vue, son style ne diffère pas tant de celui de ses prédécesseurs. D'où vient, alors, qu'on ait vu en lui un nouvel Homère ? Cette passation de pouvoir n'eut-elle qu'un caractère vaguement « mythologique » ? En fait, il appert qu'Ennius dut avoir deux public : le peuple et les lettrés qui lui préféraient Pacuvius et Accius. Si Plaute et Ennius l'ont parodié, si Cicéron le cite à l'envi dans ses discours, c'est qu'il appartenait à un fonds commun de la culture romaine. En fait, l'engouement des « ennianistes » tient à ceci : Ennius a su transférer dans la tragédie une des catégories de l'éloquence traditionnelle : le *mouere*. Cet art de faire naître l'émotion au sein de l'auditoire dépendait chez lui essentiellement de la libération des sons. Ennius avait compris, comme Aristophane du reste, que la musique verbale engendrait une arrière-fable. Citons ce vers de *Médée* : *medea animo aegro amore saeuo saucia* (Médée, l'âme malade, d'un sauvage amour blessée « (522R2) : la » proximité phonique « (Fl. Dupont), l'élision continue des mot *animo-aegro-amore* traduisent l'image d'un poison qui s'instille lentement tandis que la récurrence des sifflantes *saeuo saucia* en traduit la violence. C'est bien une maladie de l'âme dont Médée est la victime. Ennius s'emploie à l'exprimer ici par la surcharge et l'harmonie mimétique. On comprend alors l'usage personnel qu'Ennius a pu faire de son modèle : il lui a donné une ampleur rhétorique qu'il n'avait pas ; il a greffé une rhétorique de la grandeur sur une esthétique du naturel.

Enfin vinrent Pacuvius et Accius : Pacuvius (200-130), neveu d'Ennius, quitta Brindisi à la demande de son oncle pour venir à Rome. Il y fut introduit dans le cercle des Scipions. Fort de cet accueil, il rendit à ses protecteurs l'hommage d'une prétexte, intitulée *Paulus*, que l'on représenta aux funérailles de Paul Émile, en 160. Pacuvius écrivit douze tragédies (*Antiope*, *Teucer*, *Atalante*, *Chrysès*, *Penthée*, *Oreste esclave*, etc.) qui, si on les mesure à l'aune de leurs titres, sont toutes inspirées d'Euripide et de Sophocle. Pacuvius, qui avait le goût de l'effet, n'hésitait pas à surcharger le canevas euripidéen de péripéties supplémentaires : *Iliona*, imité d'*Hécube*, s'ouvrait sur une apparition fantomatique. D'autres pièces mettaient en valeur la virtuosité des acteurs. D'une certaine façon, ce fut surtout la dramaturgie qui s'enrichit, et non point l'écriture tragique, toujours rocailleuse, antithétique, excessivement dense.

Accius (170-86) fut un contemporain de Cicéron, qui aimait sa compagnie. Auteur de plus de 45 tragédies, ses contemporains le considérèrent comme le plus grand de tous les poètes tragiques. La première qualité qu'on lui ait prêtée est l'*animus* (Cf. Cicéron, *Pro Sestio*, 56, 120), au point qu'on s'étonna qu'avec un tel talent il n'eût jamais fait profession d'avocat. L'écriture d'Accius est tout à fait topique. À travers les tragédies d'*Astyanax*, des *Bacchantes*, de *Médée*, de *Brutus* ou de *Diomède,* on reconnut un certain nombre de traits communs à la « méthode » d'Accius :
– un sens de la dialectique soutenu par des mots aux sonorités voisines (paronomases, figures étymologiques) ;
– un goût de la récurrence sonore : *« Te sancte uenerans precibus, inuicte, inuoco »* (Ô dieu saint à qui j'adresse mes prières, invaincu – *Aeneadae*) ;
– une exploitation habile du *furor,* ce sentiment d'inhumanité qui aliène l'individu et le fait se surpasser en démesure : ainsi d'*Atrée,* dont Cicéron cite quelques vers dans le *De oratore* (III, 217-219).

Il est aisé de s'apercevoir que la tragédie romaine, de Livius Andronicus à Accius, suit une évolution analogue à celle de la comédie. Elle devient de plus en plus savante ; elle s'hellénise en même tant qu'elle tente de se romaniser. C'est par l'usage des *cantica* (remplaçant les chœurs grecs) qu'elle impose cette « nationalisation » de la fable grecque. Mais ce trait n'est pas assez fort pour endiguer le succès du mime : la tragédie s'éteint sous la République ; elle est désormais le fruit d'un *otium literatum*, d'un loisir lettré auquel s'est adonné par exemple un certain C. Titius dont Cicéron disait qu'il n'avait guère le sens du tragique. Il faut attendre Horace, et avec lui cette frange temporelle pendant laquelle la République sombre dans l'Empire, pour rêver encore au vieux projet d'Ennius : construire un discours poétique monumental qui serait la Mémoire de Rome. Dans l'*Art poétique*, Horace tente d'établir un *consensus* entre l'épopée et la tragédie. En un mot, il souhaite pour le théâtre latin des chefs-d'œuvre qui seraient, comme *L'Énéide,* une réévaluation de la tradition romaine, par la médiation des modèles grecs. Ainsi, la poésie, qui a sombré dans le frivole et qui est une des pratiques de l'*otium*, a peut-être plus à gagner à recouvrer sa rusticité d'antan. Si l'imitation a pour fonction d'assurer une filiation toujours nécessaire lorsqu'on crée, il ne faut pas oublier de la soumettre à une exigence d'unité : une tragédie doit être un tout organique. Or, l'erreur des tragédies du passé a résidé dans leur structure composite. Accius ou Pacuvius recherchaient les effets et multipliaient les « scènes à faire » (monologues lyriques, passages pathétiques, *dei ex machina*, etc.). Leur réalisme était purement référentiel, nullement fabuleux. Or, pour que la tragédie soit fondatrice, il faut qu'elle inclue un discours sur le monde. Mais pour éviter que l'œuvre ne fasse l'objet d'une véritable scission allégorique, Horace insiste sur le rôle prépondérant du chœur. Le chœur, c'est la voix des *boni*, des hommes de bien. Au lieu de gloser l'action en étranger, il doit résoudre les conflits de la pièce. Le poète tragique devient un législateur ; il ne dévide plus des *topoi** car il sait que la société vit l'évolution d'une histoire rapide et que la poésie est sans cesse là pour s'ajuster à elle et pour la fonder. Telle est en fait la voie ouverte par Virgile, et qu'Horace veut étendre à la poésie dramatique. Malgré la pureté d'un tel vœu, le siècle d'Auguste ne réagit pas à ce discret mot d'ordre. Le théâtre est tout à la pantomime et il se délite dans des formes abstraites, telles les *recitationes*, les lectures publiques. La tragédie connaît bientôt l'exil de l'auditorium.

Plaute et Térence

Plaute est né vers 254 en Ombrie, dans une région exempte de l'influence grecque. Le nom complet de Plaute, Titus Maccius Plautus, résume assez bien sa vie. Maccus est un des personnages de l'atellane et Plautus (= « pieds plats ») sert à qualifier un acteur qui joue sans cothurnes tragiques ou socques comiques. Plaute fut donc un acteur d'*exodia* avant de rédiger ses premières comédies. Il ne cessa plus d'en écrire, jusqu'à sa mort, en 184. Près de 130 pièces lui furent attribuées mais l'érudit Varron lui en « accorda » une quarantaine. Citons : *Amphitryon* (dont le sujet fut imité notamment par Molière et Giraudoux) ; *Aulularia* (la *Comédie de la marmite*, ancêtre de *L'Avare*) ; les *Ménechmes* (deux frères jumeaux qui se retrouvent, pièce imitée dans les *Méprises* de Shakespeare) ; le *Miles gloriosus* (le *Soldat fanfaron,* dont le héros est l'archétype du personnage de Matamore – Cf. Corneille, l'*Illusion comique*) ; les *Captiui* (les *Prisonniers*) ; *Cistellaria* (la *Pièce au coffret*) ; *Rudens* (le *Cordage*, sorte de drame bourgeois où triomphe la vertu) ; *Asinaria* (la *Comédie des ânes*) ; *Casina* ; *Truculentus* ; *Pseudolus* (le *Trompeur*) ; *Curculio* (*Charançon*) ; *Poenulus* (le *Carthaginois* ; une des meilleures avec un passage en langue punique qui fait le délice des philologues) ; *Persa* (le *Perse*) ; *Bacchides* ; *Mostellaria* (le *Fantôme*), etc.

Térence l'Africain (159-185) fut esclave, à Rome, de Terentius Lucanus qui lui donna une éducation soignée et finit par l'affranchir. Il s'appela alors Publius Terentius Afer. Son intelligence lui valut de fréquenter le cercle des Scipions. Avant sa vingt-cinquième année, il écrivit six comédies. Il partit alors en voyage et ne revint jamais. Ce météore de la comédie romaine laissa au public l'*Andrienne*, l'*Eunuque*, l'*Hécyre*, le *Bourreau de soi-même*, *Phormion*, les *Adelphes*.

Un argument rend tangible la spécificité de Plaute et de Térence par rapport à leurs modèles grecs : tout en puisant dans le même répertoire, ils sont parvenus à des résultats absolument contraires. L'Antiquité s'est plu, d'ailleurs, à les opposer : Plaute était la force, Térence la délicatesse ; Plaute, l'archaïsme rustique, Térence, la modernité urbaine, etc. Ce duel imaginaire trahit les tendances du public. On reprocha à Térence de ne point être un nouveau Plaute. Mais, après sa mort, le goût évolua et l'on aima profondément son œuvre, alors que son devancier tomba dans l'oubli. Et lorsque César dit de Térence qu'il était un *dimidiatus Menander* (un demi-Ménandre), c'était pour souligner sa faculté d'édulcorer son modèle. On se rend compte que les quelques traits dramatiques esquissés à propos de la Comédie nouvelle sont valables chez Plaute comme chez Térence. Si l'intrigue est à peu près la même, le traitement diffère.

Prenons, par exemple, un passage de l'*Amphitryon* de Plaute : on connaît bien la scène où Mercure secondant Jupiter se déguise en Sosie, l'esclave d'Amphitryon, pour mieux seconder le roi des dieux désireux de séduire la belle Alcmène.

Mercure a pour fonction d'éloigner les importuns du nid d'amour. Son programme « actantiel » consiste à accompagner son père pour authentifier son imposture et à chasser Sosie pour le faire douter de sa raison. Doutant de sa raison, Sosie ne pourra expliquer à son maître que des étrangers ont investi sa maison, puisque l'homme qui l'en a chassé, c'est lui-même. Par là, les conséquences de la double imposture ne sont pas les mêmes pour les deux personnages : Sosie éprouve dès l'abord les effets de l'imposture dans le fait d'être repousser du logis et d'être battu par « lui-même » – résultat du programme actantiel de Mercure –, avant de se voir repousser de chez lui par celui qu'il prend pour son propre valet ; en troisième lieu seulement, il sera laissé pour compte par son double : deux processus d'illusion inverse pour le maître et pour le valet. Alors qu'une réflexion sur la dépersonnalisation, sur l'illusion ou sur la déréalisation eût été présente chez Ménandre (et chez Térence), Plaute ne va pas si loin : peu de maximes morales dans son texte. L'enjeu de l'illusion, c'est d'être ravalé au statut de procédé burlesque et non au rang de thème humaniste.

3 Les Tragédies de Sénèque

Mythologie et philosophie

Les tragédies de Sénèque : la *Folie d'Hercule*, *Médée*, *Phèdre*, *Hercule sur l'Œta*, *Œdipe*, les *Phéniciennes*, les *Troyennes*, *Thyeste*, *Agamemnon*.

La question laissée sans réponse par Horace sur l'intérêt de savoir s'il est possible de faire une tragédie qui puisse égaler l'épopée fut en partie résolue par Sénèque. Cet Espagnol de Cordoue, né au début de notre ère, ne fut pas seulement un philosophe stoïcien, un banquier célèbre, le précepteur d'un prince, il écrivit des ***tragédies***. Et si son œuvre philosophique reflète un certain engagement, cela est vrai également de son théâtre. Sénèque semble avoir commencé très jeune à s'adonner à l'*ars tragica*. On pense que l'étude qu'il y consacra lui donna une manière de préparation psychologique. Mais, irrésistiblement, il alla plus lui. À travers le mimodrame, il présentait une critique implacable du pouvoir. Celle-ci s'incarnait d'abord en des portraits-charges : Agamemnon dans les *Troyennes*, Thésée dans *Phèdre*, Hercule dans la *Folie d'Hercule* pouvaient être pris comme les doubles scéniques de Tibère, de Claude ou de Caligula. Les figures de Phèdre et de Médée doivent sans doute aux filles de Germanicus, et notamment à Agrippine. Mais cet arrière-plan historique ou pseudo-historique du théâtre de Sénèque ne doit pas nous faire oublier qu'il n'y a pas d'images sans idées. Ulysse arrachant Astyanax à Andromaque est une allégorie de la lucidité et de la raison d'État ; le conflit des fils d'Œdipe dans les *Phéniciennes,* une fable montrant que le désir de régner pervertit la loyauté dynastique et change la piété familiale en esprit parricide.

Allégorique, ce théâtre l'est à plus d'un titre. Il ne faut oublier que les stoïciens manient tout un système herméneutique destiné à lire les grands mythes qu'ils soumettent aux critères de l'étymologie (reconnaître dans un nom propre les étapes ou les caractéristiques de la vie d'une divinité ou d'un héros) ou du *sensus ethicus* (voir à travers une légende une morale en actes). Le théâtre de Sénèque n'est donc pas un théâtre du pessimisme politique. Cette polyphonie sémantique, le fait qu'on puisse lire selon plusieurs axes telle ou telle tragédie, prouve une chose : chez Sénèque, se rencontrent philosophie et mythologie à travers la figure du héros tragique. Certes, la notion n'était pas neuve et prévalait déjà chez Homère. Mais cette image aristocratique et violente de l'homme se trouve ici nuancée par une réflexion sapientiale. À travers Œdipe ou Hercule tels que les peint Sénèque, l'héroïsme de violence se confond avec l'héroïsme d'acceptation, la force de courage se transmue en force d'âme. Faut-il aller jusqu'à Nietzsche qui admirait Œdipe parce qu'il se situe au-delà du bien et du mal ? Œdipe, meurtrier de son père et amant de sa mère par ignorance, témoigne de ce mystère que certaines tragédies (*Hercule sur l'Œta*, par exemple) tentent d'illustrer : le sage, du fait de son *humanitas*, est soumis à la violence. En un mot, il n'échappe pas à la tragédie. Mais il peut jouer le rôle de bouc émissaire en se substituant au peuple et en se sacrifiant pour lui.

Métamorphose du héros sénéquien

Comme l'a montré Florence Dupont dans son livre sur *Les Monstres de Sénèque* (Paris 1995, Belin), **la tragédie romaine est le cadre d'une mutation de l'homme en monstre.** Ce scénario gît déjà au cœur du théâtre des primitivistes latins (Livius Andronicus ou Pacuvius) mais il constitue la nervure centrale des tragédies de Sénèque. En fait, trois étapes divisent l'espace anthropologique du héros : *dolor*, *furor* et *nefas*.

Dolor. Le *dolor* sert de catalyseur à l'action tragique. Cette douleur primitive a généralement pour cause une blessure, une atteinte, une perte dont l'autre s'est rendu coupable. Elle ruine en quelque sorte l'intégrité du héros qui ne cesse de revendiquer son bon droit. De nombreuses pièces fonctionnent ainsi suivant le paradigme qui met aux prises le héros et son bourreau : Atrée et Thyeste, Médée et Jason, Phèdre et Thésée, Hercule et Jupiter, Clytemnestre et Agamemnon, Hécube et les Grecs. Cette *injuria* dont le héros a été la victime l'assombrit et le tient à l'écart de la vie ; elle suscite sa fureur ; elle le fait sombrer dans l'*aegritudo* (le chagrin) ou dans la mélancolie. Mais ces notions morales englobent à vrai dire une gamme variée de sentiments qui vont de la jalousie à la pitié en passant par l'angoisse ou la colère. Pour un Romain, cette incarnation du refus de vivre est dangereuse : aux yeux des philosophes, le chagrin qui ronge l'individu est une puissance néfaste ; l'homme qui en est victime sombre dans l'amaigrissement, la prostration, le manque d'hygiène, la mutité. Il refuse le commerce des autres. Qu'on songe à certains passages des *Consolations*, où Sénèque présente à ses nobles dédicataires la belle image qu'elles doivent sans cesse donner au public. Le *dolor* tragique n'est pas guérissable. Aucune vengeance, aucune consolation ne peuvent y mettre fin. En même temps qu'il est livré à ce mal irréparable, le héros perd sa dignité sociale ; il devient erratique ; il quitte le cercle de l'*urbs*, lieu de la socialité, pour rejoindre le monde extérieur, lieu de la barbarie. Un seul discours peut prendre en charge le récit du malheureux : le discours de la renommée, de la *fama*.

Furor. Le *furor* est plus qu'un chagrin, c'est une folie. Cette folie ne ressemble pas à la *mania* grecque, à l'*até* que les dieux envoient à Ajax pour l'aveugler ; c'est un aveuglement mental, une perte de discernement. Ne pouvant plus distinguer très clairement les vérités, le héros tragique manipule ses passions, conspire agréablement avec ses chimères, et brave l'opinion par la solitude de son moi : sans crainte de la *fama* populaire, Atrée brave la foule : « un peuple est soumis par la force, obligé de supporter tout ce que fait son despote ». Irresponsable, le *furieux* l'est aux yeux de la loi. Thyeste, Thésée, Œdipe ou Hercule appellent vainement la justice des hommes, puis celle des dieux. Aucun châtiment n'est assez grand pour qu'il puissent expier leurs crimes : « Les dieux restent insensibles à mes prières » (*Phèdre*, 1939), clame Thésée, condamné à une culpabilité éternelle.

Nefas. Le crime tragique, inexpiable, souillure objet de la réprobation universelle est soit l'aboutissement du *furor* (*Médée*, *Phèdre*, *Thyeste*), soit sa cause (*Œdipe*). Le refus de juger le *nefas* est une manière de mettre son auteur au ban de la société des hommes. Le *nefas* est un crime contre l'ordre sacré du monde. C'est une perversion de cet ordre, un travestissement scandaleux du rituel. Ainsi du repas de Thyeste qui respecte en tous points les règles du sacrifice aux dieux et qui se solde par un acte de cannibalisme.

Ces aspects ne doivent pas faire oublier la langue qui les sous-tend. Une rhétorique issue de la déclamation s'y concentre à tout instant sur le « dire » d'une expérience intérieure et sur la traduction du sacré. Le tragique est à chaque fois transgression de l'ordre stylistique, de la grâce, des convenances et de la mesure. La grandeur, l'*upsos* (sublime) restent présents, mais à travers une méditation violente sur le mal. De là un langage dans lequel s'enracinera le « théâtre de la cruauté » des baroques à Artaud.

Conclusion

D'Eschyle à Sénèque, se dessine une constance extraordinaire à peine ponctuée par le rire graveleux d'Aristophane. Le mythe qui sous-tend la tragédie et incidemment féconde le genre comique n'a cessé de craindre le pire ou, au contraire, d'être exalté à un haut degré de symbolisme. Mais D'Eschyle à Euripide, la Fable a sombré dans le rationalisme. Les préoccupations morales ou civiques l'ont remplacée. À la rigueur, elle est devenue étiologique. Et Ménandre le nécrophage l'a récupérée, annexée, et réduite à l'argument athéologique d'une de ses comédies moralisantes. La Fable est-elle bien morte ? Non, Rome l'a fait renaître de ses cendres. Désormais, une deuxième vie s'est ouverte à elle. De Naevius à Sénèque, d'Ennius à Accius, est apparue une esthétique de l'âpreté, de la tension violente, du « forcènement » à la fois tragique et ricanant, nouveaux éclairages pour la parole mythique. La pensée s'y est fondée sur un imaginaire de l'abrupt et du déchirement, de la menace et de la mort, représentés sous les espèces les plus physiques. Cet imaginaire a créé un *pathos* doloriste et aux frontières de la névrose. Les héros d'Eschyle et de Sophocle sont devenus les « monstres » de Sénèque. Et le théâtre, en un demi-millénaire, s'est transformé en représentation de l'innommable, en probation de la différence, en épiphanie de la crainte.

DOCUMENT COMMENTÉ

La mort de Penthée

(1084) Puis l'éther fit silence, et le vallon boisé fit taire son feuillage, et l'on n'entendit plus un cri d'animal. Elles (les Bacchantes), qui n'avaient point discerné nettement l'appel, se redressèrent portant leurs yeux partout. Et le Dieu répéta l'ordre : ayant reconnu le clair commandement de Bacchos, alors, les filles de Cadmos, d'un essor non moins vif que celui des palombes, bondissent et l'effort agile de la course les emporte (1091) : Agavé, la mère de Penthée, et ses sœurs avec elle, et toutes les Bacchantes... Elles passent, d'un saut, le torrent du vallon, et les ravins, dans la fureur insufflée par le dieu. Les voici qui soudain aperçoivent mon maître trônant au sommet du sapin, elles montent sur un roc, d'où, comme d'une tour, elles lui portent de grands coups de pierres, dardant sur lui, pour javelots, des branches d'arbres. D'autres lancent leurs thyrses vers Penthée (1100), ô cible infortunée, mais sans pouvoir l'atteindre. Sur la hauteur inaccessible à leurs efforts, le malheureux restait immobile, ne sachant quel parti prendre. Enfin, de concert, comme ferait la foudre, elles fendent des branches de chêne et s'attaquent avec ces leviers aux racines de l'arbre. Voyant vains leurs efforts, Agavé s'écrie : « Allons, faites la ronde, Ménades, entourez ce tronc pour capturer le fauve de là-haut et qu'on l'empêche de révéler les arcanes de nos danses. » Cent bras se portent au sapin et l'arrachent du sol (1100). Penthée qui siégeait sur le faîte vertigineux tombe vertigineusement sur le sol, sans retenir ses cris plaintifs, car il mesurait son imminent péril. Sa mère, la première, en sacrificatrice, prélude au meurtre et fond sur lui : mais arrachant sa mitre, pour que la malheureuse Agavé pût le reconnaître et ne pas le tuer, Penthée lui caressait la joue et lui disait : « Mère, c'est moi, je suis ton fils, Penthée, que tu as mis au monde au foyer d'Echion. Mère, aie pitié de moi. Oui j'ai péché ; n'immole pas cependant ton enfant ! (1120) » Mais elle, l'écume à la bouche et les yeux révulsés, n'est plus maîtresse de sa raison et possédée de Bacchos, Agavé ne l'écoute point. Elle lui saisit à deux mains le bras gauche, pèse du pied sur le flanc de l'infortuné, et arrache le membre à la jointure de l'épaule. Sa force n'y aurait pu suffire, mais un dieu à ses mains accordait tout pouvoir. De l'autre côté, Inô en fait autant et déchire ses chairs (1130). Autonoé avec toutes les autres s'acharne sur lui. Ce n'étaient que clameurs ! Il a gémi jusqu'à son dernier souffle, elles jetaient leur cri triomphal. L'une emporte un bras, l'autre un pied avec le soulier même. Les côtes lacérées sont dénudées. Toutes, les mains en sang, se lancent de l'une à l'autre les débris de Penthée. Les lambeaux de son corps gisent parmi les durs rochers et dans l'épais taillis de la forêt : comment l'y retrouver ? Quant à la tête de l'infortuné, sa mère l'a prise entre ses mains et plantée sur son thyrse...

Euripide - extrait des *Bacchantes*, traduction personnelle (v.1084 - 1140).

REMARQUES PRÉLIMINAIRES : LES OBJECTIFS

Évidents dès le premier abord :

- *maîtrise des grands concepts de la* Poétique *d'Aristote ;*
- *connaissance des questions liées à l'histoire de la tragédie grecque attique.*

Apparents dans un second temps :

- *étude de la figure de Dionysos et du dionysisme ;*
- *analyse du ménadisme (bienfaits et méfaits) ;*
- *travail serré sur la symbolique du texte.*

1 - PRÉSENTATION DU DOCUMENT

Il s'agit des *Bacchantes* d'Euripide, pièce posthume représentée par le fils du poète en 405 et qui remporta le premier prix.

Analyse de la pièce

L'œuvre pose un problème tant historique que poétique : l'importation en Grèce d'un dieu venu d'ailleurs et de pratiques sauvages méconnues de l'Attique. Dionysos, sous l'aspect d'un étranger lydien, entend instituer ses rites à Thèbes. Après qu'il eut châtié les sœurs de sa mère, qui niaient sa divinité, en les frappant de délire, les infortunées Thébaines ont abandonné leur foyer pour se rassembler sur le Cithéron. Deux vieillards décident d'aller les rejoindre : Tirésias le devin et Cadmos, grand-père de Dionysos et roi de Thèbes. Cadmos n'est nullement convaincu de la divinité de son petit-fils, mais il estime qu'en accordant le culte demandé il sert l'honneur et l'intérêt de sa famille. Comme Tirésias, il croit que le meilleur est de suivre les usages. Cette allégeance symbolise en fait celle des cités antiques envers toutes les manifestations du divin et leur ouverture à tous les cultes. Celui de Dionysos avait de quoi mettre en défiance, car, étranger à la religion de la famille, il restait en marge des États. Cette considération n'effraye pas Tirésias qui, maniant l'allégorie en virtuose, explique qu'honorer Dionysos, c'est honorer Déméter. Bien sûr, le dieu répugne à ce travestissement et veut être célébré pour lui-même.

Face à cette sénilité prudente se dresse Penthée, fils d'Agavé et cousin de Dionysos. Ce rationaliste honnête et intransigeant refuse catégoriquement que les orgies du dieu bacchique viennent souiller une ville dont son grand-père Cadmos lui a dévolu le gouvernement. La sévérité envers les femmes est un indice de haute moralité. Où va un pouvoir qui leur permet de s'ébattre librement, de boire du vin, de manger de la chair crue ? Ainsi fait-il saisir toutes les Bacchantes thébaines que ses gardes peuvent appréhender. Ainsi fait-il enchaîner leur incitateur, ce prêtre lydien à la robe traînante et aux longues boucles de cheveux. Sans résistance, Dionysos tend les poignets en souriant. Tant de facilité inquiète ses gardiens. Mais les Bacchantes ont quitté leur cachot et des miracles se sont produits. Bientôt, le rationalisme de Penthée connaît quelque faille : tout en réprimant la conduite des Bacchantes, il rêve d'en être le spectateur. Dionysos lui propose de le conduire dans la montagne où s'ébattent les Ménades. Sous prétexte d'ajuster les vêtements de Penthée, déguisé en Bacchante, le dieu lui insuffle, en le touchant, son pouvoir magique. Le jeune homme court au Cithéron, où sa mère Agavé, aveuglée par le dieu, le déchire de ses mains, croyant tuer un jeune lion. Elle revient avec ses compagnes au palais de Cadmos en exhibant son trophée. Cadmos qui a découvert le cadavre mutilé de son petit-fils ramène peu à peu sa fille à la réalité : le chemin qui avait conduit Penthée à l'aveuglement est refait en sens inverse. Il ne reste à la mère qu'à pleurer son fils mort. Les manuscrits ont malheureusement perdu des plaintes dont on admirait tant le pathétique qu'un auteur chrétien, saint Grégoire de Nazianze, les plaça dans la bouche de la Vierge, après le supplice de Jésus. Au milieu de cette désolation, le dieu victorieux apparaît : il exile ses victimes et envoie le vieux roi vers de nouvelles conquêtes. Il a brisé ceux qui niaient sa divinité ou ceux qui, par prudence, ne l'acceptaient qu'à moitié.

Euripide face au dionysisme

Parce que le poète tragique représente un Dionysos triomphant, on a voulu faire de la pièce un manifeste en faveur du dieu. C'est le sentiment de Nietzsche : après avoir longtemps lutté contre les méfaits du dionysisme, Euripide serait venu à en glorifier les effets, « par une sorte de suicide ». « Cette tragédie est une protestation contre sa propre tendance » (*Naissance de la tragédie*, 23). Qu'Euripide ait écrit là une pièce hagiographique, c'est possible ; mais affirmer qu'il y a dans cette œuvre un revirement de son attitude est peu convaincant. La fin, il est vrai, est sans grandeur car le triomphe du dieu est une sorte de justification de sa propre divinité ayant pour but de rassurer son destinataire immédiat.

En outre, il est dans la tradition grecque que la nature entière révère la majesté de Dionysos. Un dithyrambe de Pindare nous le rappelle. Une magie se fait jour, analogue à celle qui frappait d'exaltation les arbres et les bêtes charmés par la lyre d'Orphée, dont parle Ovide. Ainsi, les Ménades trouvent-elles, par l'effet de cette magie, un statut ambigu : on finit par oublier qu'elles ne sont pas de vraies converties mais, par ailleurs, on est conscient que ces rebelles égarées sont les instruments involontaires de la vengeance dionysiaque. Cette dualité est au cœur de l'herméneutique d'Euripide : le spectateur croit à la responsabilité des Bacchantes, comme le Grec primaire croit à sa mythologie, c'est-à-dire en mêlant dans l'acte même de croire plusieurs régimes de vérité. Ainsi la figure bacchique est-elle créditée d'une double valeur qui en dessine toute la duplicité : selon les situations, les Bacchantes se partagent culpabilité ou innocence. Quoique formant chœur, elles ne sont pas dégagées du conflit. De même que les Mères dans les *Suppliantes*, elles sont ici partie au procès, de sorte qu'Euripide s'est privé d'exprimer en marge de l'action, du fait de cet engagement excessif du chœur, le sentiment moyen de celui qui en commente la démesure.

2 - L'ANALYSE

Les éléments clés du texte à percevoir :

- sa construction diégétique : c'est un messager qui parle (le garde) ; son récit obéit à une progression (de l'espionnage du haut de l'arbre (1084-94) au châtiment de l'impie (1094 -1147) ;
- sa portée dramaturgique : c'est la péripétie, moment clé où l'action se retourne et court au dénouement. Ici, Penthée était le juge de Dionysos et de son culte ; le dieu lui insuffle une aveuglante folie ; Penthée, devenu spectateur du culte, est à son tour victime de Dionysos ; c'est l'autonymie, sorte de renversement du sens et d'ironique surimpression en boucle ;
- son esthétique de l'âpreté, de la tension violente, du forcènement à la fois tragique et ricanant qui trouve son paroxysme dans l'indifférence d'Agavé aux souffrances de son fils.

3 - L'EXPLICATION

Le texte est un récit de construction progressive ; son mouvement est le suivant :

- l'ordre meurtrier de Dionysos ;
- le déracinement du sapin ;
- le face-à-face entre Penthée et Agavé ;
- le *sparagmos* (écartèlement) du coupable. La tête de Penthée, trophée des Bacchantes.

a/ L'ordre du dieu (1084 -1094)

■ Animisme naturel aux Bacchantes : quand Dionysos sème le délire, la montagne et les bêtes sont prises de folie, à l'instar des Ménades. Un effet dramatique est produit par le contraste entre le cri (passage précédant le texte cité) de Dionysos enjoignant les Bacchantes de venir châtier le profanateur de leurs rites et le silence qui pétrifie la scène.

■ Le silence décrit ressemble, pour un spectateur, à celui qui précède les sacrifices, ou encore à celui qui prélude à l'orage. Intérêt de la progression du silence du haut de l'éther jusqu'au sol. Euripide a réussi la gageure de nous montrer le silence en lui accordant une dynamique.

■ *Enargeia* (figure de l'effet de présence, de l'évidence) des Bacchantes s'immobilisant, prêtant l'oreille et tournant la tête de droite et de gauche pour découvrir l'auteur de l'appel, inattendu dans cette solitude. Le présent de narration intensifie la valeur « ontologique » du trait décrit.

■ Cette configuration de l'espace, circonscrit (ciel, vallon) et délimité par des lieux infranchissables (torrent, ravins), rend la fuite de Penthée impossible. Seules les Bacchantes peuvent bondir d'un précipice à l'autre, c'est-à-dire qu'elles peuvent quitter en un instant l'espace tragique. En un mot, cette clôture géographique de la scène est destinée à rendre patente la confrontation de Penthée avec les Ménades. Si les possédées de Bacchos sortent aisément du texte, comme par magie, la victime Penthée est condamnée à en occuper le centre. Il n'y a donc pas d'extérieur pour Penthée. Car l'extérieur serait le lieu de la non-tragédie. Le cadre naturel du Cithéron est donc le substitut passif et prémonitoire de la mort.

■ Le récit du messager est toujours un tableau peint : il est pensé par Euripide non comme un récit vivant, mais comme une scène onirique, qui se ramène à un conflit de substances ou d'entités : dans le passage précédent, le calme de la nature était transpercé par les éclairs dionysiaques. Ici, le silence général est bouleversé par le mouvement, par l'essor des Ménades. Un échange intéressant se fait jour. Le silence devient mouvement. Le rapport d'analogie qui permet ce passage, c'est l'apesanteur qui permet aux possédées de franchir les ravins ; c'est aussi la comparaison *in presentia* avec des palombes (le pigeon ramier est dans la poésie grecque un *topos* de la rapidité silencieuse). Le spectateur assiste donc en imagination à la métamorphose d'un état statique en situation dynamique.

b/ Le déracinement du sapin ou Penthée découvert (1095 -1113)

■ La découverte de Penthée marque, dans l'ensemble du récit du garde, le début du troisième épisode : un même champ de bataille réunit les adversaires. Un rocher se dresse face au sapin comme une « contre-tour », une tour de siège qu'on a portée devant la muraille d'une ville attaquée (Cf. Eschyle, les *Euménides*, 688 et Hérodote, VIII, 52). Les traits des Bacchantes portent indistinctement les marques du profane (pierres et branches) et celles du sacré (thyrses). Euripide a voulu créer là un effet d'accumulation. Il serait excessif de voir dans cette scène une « lithobolie » (lancement de pierres) rituelle. Par ailleurs, les thyrses ici projetés n'ont aucun effet sur Penthée en dépit de leur valeur sacrée. Pourquoi ? S'ils ont perdu le pouvoir miraculeux qui les conduisait droit à la cible lors de l'attaque contre les villages du Cithéron (761-764), c'est pour donner lieu à une animation progressive (cf. dans d'autres tragédies les scènes de lapidation d'*Andromaque*, 1132, ou d'*Iphigénie en Tauride*, 328-329). Cette animation est ternaire : constatant l'inefficacité des projectiles, les Bacchantes tentent de déraciner l'arbre avec des leviers ; pour se les procurer, elles « foudroyent » un chêne, mais leur entreprise est sans succès ; enfin, elles recourent à un troisième moyen : l'arrachage à la force des bras, souvenir d'un vieux rite minoeen.

■ Euripide montre trois états successifs de Penthée : le contempteur des mystères bacchiques « trône au sommet du sapin », « sur la hauteur inaccessible, il reste immobile », enfin « du faîte vertigineux où il siège, il tombe vertigineusement sur le sol ». Par ailleurs, l'angoisse muette du protagoniste se transforme en cris audibles. Le poète tragique a donc travaillé sur un double mouvement : l'assise stable de Penthée est mise à bas ; le sentiment de sécurité, précaire au début, cède le pas à la crainte expressive (« en poussant force cris plaintifs »). Par ce double effet dynamique, Euripide a voulu traduire toute la déréalisation du jeune roi, sa perte d'identité. Penthée, placé sur le faîte, puis renversé, vit peu à peu le passage de l'être au néant. Pendant un court instant (environ 15 vers), Euripide fait durer sa négation qui est un effet du vouloir dionysiaque. Le dieu qui avait le pouvoir de hisser Penthée au faîte des mystères est du même coup l'instigateur de sa chute. Toute la pression tragique consiste à forcer Penthée à se demander : qui suis-je ? et à lui donner la vie d'un pur reflet de sa situation antérieure : Penthée, nouveau roi des mystères dont il est le témoin, trône sur l'arbre, et non point dans son palais. Il est donc l'image frustrante de son ancien statut et cette sujétion spéculaire prend vie essentiellement par la présence obsédante d'un quadruple regard. Penthée regarde les rites bacchiques (premier regard) ; mais son voyeurisme profanateur est surpris par les Ménades (deuxième regard) ; celles-ci sont à leur tour observées par le garde (troisième regard), lui-même objet des regards du chœur (quatrième regard). Cette focalisation circonscrit et maintient Penthée dans son désordre psychologique. Si la géographie l'empêche de fuir, cette convergence de la vision le fige dans une posture d'échec et le transforme en victime offerte.

c/ La confrontation du fils et de la mère (1114-1121)

■ En qualité de chef du thiase, c'est-à-dire du cortège de Dionysos, Agavé a le devoir de frapper la première. Elle se rue donc sur la victime à dessein d'entamer la scène de *sparagmos* (Cf. *parodos*, vers 137). C'est l'ironique confrontation brutale de la mère et du fils. Pour se faire reconnaître d'elle, le jeune homme imberbe, déguisé en bacchante, enlèvre sa mitra, sorte d'écharpe luxueuse en forme de turban que les femmes avaient coutume de porter. Ce rejet d'un accessoire dionysiaque est plus qu'un désir de reconnaissance. La rupture de l'envoûtement est désormais consommée : ainsi Penthée, voyant l'imminence de la mort, confesse-t-il son erreur et reconnaît-il implicitement la divinité de Bacchos. Il y a donc là une conversion, *in articulo mortis*. L'*hamartia* (mot grec utilisé par Euripide pour désigner la faute) est à la lettre l'erreur commise par un individu dans l'appréciation de ses devoirs. Le rôle de la tragédie étant de représenter sur la scène les conséquences fatales des erreurs humaines dans un but édificateur, il y a là de la part du poète tragique une volonté de justifier le *sparagmos*. Ici, l'aveu de Penthée remplace le commentaire du chœur impartial, absent pour les raisons que nous avons expliquées.

■ Le revirement est le ressort fondamental de la tragédie, habitée en quelque sorte par l'obsession d'un univers à deux dimensions : les dieux précipitent ou élèvent, voilà son lot. L'intérêt du revirement de Penthée dans cette scène réside dans son épaisseur épique. Euripide en mesure le cheminement et en dispense tout au long du texte les attentes, les effets dilatoires. Ici, l'adresse de Penthée à sa mère est le point culminant du revirement : l'aveu des fautes attend un pardon qui met autant de temps à venir que le premier acte de mutilation. Nous sommes dans un état suspendu et Euripide laisse encore croire à la grâce du dieu Bacchant.

■ Symboliquement, l'aveu de Penthée va plus loin encore que cette lecture en termes de péripéties. En effet, les Bacchantes étaient à l'origine aussi incrédules que Penthée. Pour les châtier, Dionysos les condamna à faire partie de son thyase. Aveuglées, elles finirent par devenir les instruments de sa vengeance. Or, mis en balance, Penthée est moins meurtrier que les Bacchantes. Il est certes coupable d'avoir méprisé les rites dionysiaques ; mais les Ménades, elles, n'ont pas hésité à faire périr une des leurs (une fausse Bacchante devenue furieuse, *ther*, nom désignant la bête). Ainsi, comment justifier l'aveu de Penthée, forcé de reconnaître la surpuissance du dieu, au moment même où ses bourreaux aveuglés n'ont sur ce même dieu ou sur eux-mêmes aucun jugement critique ? C'est que l'aveuglement s'opère en sens contraire. Penthée est frappé de folie jusqu'à ce qu'il tombe de son arbre ; les Bacchantes, elles, sont victimes de la fureur divine jusqu'à l'extrême fin de la pièce. Leur folie n'a donc pas la même intensité et pas la même nature : c'est au moment où s'arrête sa folie que Penthée se convertit alors que c'est par pure folie que les femmes deviennent Bacchantes. Ce déphasage des conséquences du *furor* justifie l'antagonisme entre Penthée et les Ménades et est la condition même de sa mort.

■ Par ailleurs, puisqu'un rapport de force (et de folie) soumet Penthée aux possédées, puisqu'une relation d'autorité furieuse met aux prises un innocent et des coupables, Penthée, par son aveu, prend symboliquement sur lui la faute des Bacchantes. La conversion devient le point de ralliement de toutes les culpabilités. Et ce rapport compassionnel se retourne en rapport punitif. L'aveu du fils est donc l'oblation allégorique des erreurs de la mère. Cette mécanique de la culpabilité alimente tout le conflit euripidéen.

d) Le *sparagmos* (1122 -1140)

■ Incarnation de la faute, la « bête » Penthée mérite le châtiment de tous les fauves que les Bacchantes trouvent dans les parages du Cithéron et mettent en pièces. Le *sparagmos* du récit du garde est en fait le second de la pièce avec un degré supplémentaire dans l'horreur : la victime n'est plus animale et elle est déchirée par sa propre mère. Ce supplice de l'écartèlement mérite plusieurs remarques :

- d'abord, Agavé est représentée par les signes de l'épilepsie (Cf. Galien et surtout Hippocrate, *L'Épilepsie*, 7) ;
- le choix des mots et leur disposition dans le texte grec accentuent l'idée d'arrachement et de dispersion : des allitérations, des rejets, des anacoluthes, sont là pour mimer le sens ;
- l'acte de ficher une tête sur un pieu est considéré par les Grecs comme éminemment barbare (Cf. Hérodote, *Histoires*, VII, 238). Il y a donc une lecture seconde à faire : les Bacchantes sont à situer du côté de la barbarie et leur crime, tout en châtiant un contempteur de Bacchos, porte en lui le poids de la faute. Euripide renvoie dos à dos les coupables.

■ Ce récit mélange l'exaltation et la répulsion ; en effet, la vengeance des Bacchantes est également leur châtiment, puisque leur action sanglante se veut une conjonction du sacré et de l'horrible, de l'allégeance à Bacchos et de la souillure. Ce conflit d'attitudes émotives est du reste au cœur de la religion dionysiaque.

■ Le morcellement du corps de Penthée (comme celui du corps d'Hippolyte) assure une déperdition absolue de son image. Pour un Grec, la suprême barbarie consiste à défigurer à jamais cette dernière image d'un être qui, une fois parti dans l'au-delà, doit rester néanmoins un « beau mort », susceptible de servir de modèle à la statue de son monument funéraire. C'est ainsi qu'un supplicié peut être réhabilité dans la mémoire d'une humanité qu'il a offensée. Or, le cadavre sans vénusté de Penthée lui interdit de rejoindre la société des hommes.

5 - L'INTÉRÊT DU TEXTE

Ce texte d'Euripide pose plusieurs questions :

■ Il instaure une réflexion sur la cruauté sacrificielle et sur la responsabilité des Bacchantes. Le meurtre de Penthée apparaît comme un sacrifice à l'allure de crime abominable. C'est cette ambiguïté qui est la condition du tragique.

■ Son abomination réside dans la déportation sur l'homme d'un *diasparagmos* ordinairement consacré à une victime animale. Car on sait, du point de vue de la beauté formelle, tout ce qu'a d'indécent cette dispersion humaine ; par ailleurs, ce dépècement forcené et cet éparpillement cosmique du corps interdisent à celui qui en est l'objet d'espérer une sépulture décente. C'est donc une seconde mort, eschatologique celle-là, qui est infligée à Penthée par Dionysos.

■ Il est là pour donner à voir en imagination. Il multiplie donc toute une rhétorique de la spécularité (*evidentia*, *enargeia*, *emphasis*...) ; il faudrait faire le constat et dresser la liste des expédients verbaux dont Euripide a usé pour apprivoiser et assumer ce qui est toujours un délire, à savoir l'inadéquation fondamentale du langage et du réel.

Documents proposés

Principes d'éducation

Je l'ai élevé dès sa petite enfance ; je l'ai regardé et aimé comme mon propre fils ; il fait ma joie ; il est ma seule tendresse. Et je fais tout pour qu'il me rende la pareille : je donne, je ferme les yeux, je ne crois pas qu'il soit nécessaire d'agir en tout au nom de mon droit ; enfin, ce que les autres font en cachette de leur père, ce qui est inhérent à la jeunesse, j'ai habitué mon fils à ne point me les cacher ; car qui aura pris l'habitude de mentir ou de tromper son père, qui en aura l'audace, ne l'osera que plus envers les autres. C'est par l'honneur et les nobles sentiments qu'il est bien préférable de retenir les enfants, plutôt que par la peur, voilà ce que je crois. Mon frère n'est pas de mon avis. Ces principes ne lui plaisent guère. Il vient souvent chez moi crier : « Qu'est-ce qui te prend, Micion ? Pourquoi gâtes-tu notre jeune homme ? Pourquoi fait-il l'amour ? Pourquoi boit-il ? Pourquoi fournis-tu à ses dépenses et l'habilles-tu trop bien ? C'est dépasser les bornes de l'inconscience ! » Mais lui dépasse celles de la dureté, sans justice ni précaution, et il se trompe lourdement, il me semble, en croyant plus stable et durable un pouvoir fondé sur la force que celui qui concilie l'amitié.

Térence, *Les Adelphes* (traduction personnelle, vers 48 et suiv.).

Présenter le document

Ce passage appartient à la première scène des *Adelphes*. Il s'agit d'un monologue dans lequel Micion expose la situation. Il est encore tôt et son fils adoptif n'est pas rentré. Il explique alors comment lui, un bourgeois de la ville, nanti et célibataire, a adopté l'un des deux fils de son frère, un campagnard.

Comprendre le document et ses centres d'intérêt

- débat sur l'éducation opposant les partisans du libéralisme (aux théories imprégnées par la pensée hellénique) à ceux d'une éducation sévère conforme à la coutume romaine ;
- Micion abandonne son droit, c'est-à-dire sa puissance paternelle, fondement de la société romaine. Quelles valeurs oppose-t-il désormais à la notion de *ius* ?
- recherchez dans d'autres textes l'illustration d'une pédagogie fondée sur l'*aequum* et non sur le *ius*. À cet égard, vous pouvez consulter Cicéron, Horace, Sénèque ou Quintilien ;
- en quoi Térence pose-t-il les jalons historiques d'une « crise de la sensibilité » ?
- comparer ce passage avec le monologue de Chrémès dans le *Bourreau de soi-même*, vers 200 et suiv. ;
- si l'on se réfère à la typologie des rôles et des masques dans le théâtre latin, en quoi peut-on dire que Micion est, ici, à contre-emploi ?
- montrez, en cherchant des exemples dans d'autres pièces de Térence, en quoi Micion n'est pas véritablement le « porte-parole » du dramaturge. Sa politique de dialogue est-elle douteuse ou probante ? Lisez la pièce et ramenez le dénouement aux principes exposés dans ce texte.

Extrait de *Thyeste* de Sénèque

ATRÉE – Tout ce qui subsiste de tes enfants, tu l'as, et tu as aussi ce qui ne subsiste pas...

THYESTE – Gisent-ils livrés en pâture aux oiseaux de proie, ou sont-ils réservés pour les bêtes féroces ? Nourrissent-ils les fauves ?

ATRÉE – C'est toi-même qui as dévoré tes propres fils en un banquet monstrueux...

THYESTE– [...] N'y a-t-il donc aucune limite au crime ?

ATRÉE – Oui, quand on le commet, mais pas lorsqu'un se contente de rendre crime pour crime. Même ce forfait est encore trop peu pour moi. J'aurais dû faire couler sur ta bouche le sang de leurs blessures encore tièdes : tu l'aurais bu tandis qu'ils vivaient encore ! je me suis payé de mots dans ma hâte excessive. Oui j'ai plongé le glaive dans leur ventre, je les ai immolés devant les autels, j'ai apaisé par ce meurtre votif mes dieux domestiques, et, amputant les membres de ces corps inanimés, je les ai coupés en fines lamelles que j'ai plongés dans un chaudron pour les y bouillir ou je les ai longuement fait griller à petit feu. J'ai morcelé leurs membres et j'ai épluché leurs nerfs palpitants ; j'ai vu leurs fibres tressauter encore en grésillant sur la broche qui les empalait de sa tige mince ; j'ai, de ma main, attisé le feu. Mais tout cela eut un artisan plus habile, leur propre père. Sa douleur s'est dépensée en vain : il a bien déchiré d'une mâchoire sacrilège ses fils, mais à son insu et à leur insu.

Sénèque, *Thyeste*, 1030-1068, in *Tragédies*, tome II, Paris, 1967, Belles Lettres, traduction Herrmann revue et corrigée, pp.127-128.

Comprendre le texte et ses centres d'intérêt

- thème central de l'extrait : découverte par Thyeste de l'horrible festin que son frère Atrée lui a servi par vengeance ;
- passage qui reprend, en le résumant, le récit du messager (vers 627et suiv.). La thématique récurrente de l'extrait est celle du sacrifice. Le sacrifice humain du Thyeste est le plus beau des sacrifices tragiques, où la perversion consiste à utiliser des victimes humaines (les fils de Thyeste) à la place de jeunes bovins. Cf. l'explication de la mort de Penthée, qui est un sacrifice anarchique, à la différence de celui-là conforme, en tous points, aux règles sacrificielles ;
- rituel parfaitement suivi par Atrée observant à la lettre les gestes du sacrificateur. Il faut rappeler que le festin de Thyeste est destiné à sceller la réconciliation des deux frères. Au cours du banquet, un double rite de partage a lieu : l'échange des insignes de la royauté et la consommation réciproque de viandes sacrificielles. Atrée accomplit d'abord la *praefatio*, sacrifice votif remerciant les dieux ; ensuite vient *l'immolatio* par laquelle les victimes sont égorgées sans être assommées, comme on le faisait du petit bétail. Puis, la fressure consultée (*litatio*) donne lieu à une cuisine raffinée : on grille les viscères sur des brochettes, c'est la part des dieux ; le reste des viandes est mis à bouillir dans des chaudrons, c'est la part des hommes.

Construire le plan

- en travaillant sur le livre de M. Détienne et J.-P. Vernant, *La Cuisine du sacrifice en pays grec* (Paris, 1972, Gallimard, Coll. Bibliothèque des histoires), récapitulez dans les détails l'organisation sacrificielle et analysez sa symbolique dans le texte de Sénèque ;
- en étudiant le récit du messager, étudiez l'art de la *tapeinosis* (réduction) dans ce texte. Montrez par quels moyens rhétoriques le récit est orienté différemment ;
- étudiez les thèmes suivants : le rituel perverti, la parole du furieux (Atrée), la chair obscène.

DISSERTATION EXPLIQUÉE

Commentez cette citation à la lumière des Tragédies de Sénèque. « Écrire une tragédie, c'est donc manipuler des histoires, des personnages, des situations, des passions, des accents déjà connus de tous. Le poète n'innove pas et personne n'attend de lui qu'il innove. En revanche, le public veut une performance nouvelle... où il prendra encore plus de risques » (Fl. Dupont, *Les Monstres de Sénèque*, p. 51).

ÉLABORATION DU DEVOIR

Le sujet proposé doit être lu de façon très attentive afin d'en faire sourdre toutes les interrogations qu'il contient implicitement. Avant de construire une problématique, il faut définir très précisément les termes du sujet. Ensuite, on rassemblera de façon synthétique les trois ou quatre problèmes qu'il pose : on cristallisera alors en lignes de force toutes les interrogations formulées ; celles-ci constitueront les pôles articulés d'un raisonnement dynamique.

A - DÉFINIR LE SUJET

Ses termes et les questions qu'ils supposent

■ Le sujet nous oriente d'abord vers la tragédie latine, et surtout vers son représentant le plus accompli : Sénèque. Le *corpus* est donc défini. On choisira des exemples dans son œuvre théâtrale en tentant de faire preuve d'une certaine variété (ne pas choisir deux pièces et s'y tenir, mais ouvrir au développement la gamme des tragédies).

■ La citation est vague (en apparence). Elle montre qu'au départ Sénèque œuvre dans une *terra cognita* : ses pièces tirent leur sujet dans le vivier des mythes grecs. Les histoires, les rôles, les actions, les passions sont autant d'instances tragiques déjà connues du public. Le rôle du dramaturge est de faire du neuf en variant ces instances. Autrement dit, Sénèque n'a pas à inventer un canevas, il a à illustrer sous de nouveaux éclairages les mythes primitifs. Pourtant, ceci n'est pas si simple car certaines pièces comme l'*Œdipe* sont totalement éloignées de l'original grec. Il y a toute une recomposition, une reconstruction du scénario originel. La dissertation porte donc sur une question d'*elocutio* : comment redire avec de nouvelle figures, de nouveaux tropes, une scène que tout le monde connaît et que tous attendent ? Comment créer une rhétorique apte à transgresser l'ennui ? Peut-être par une recherche d'effets (nous le verrons), c'est-à-dire par un souci de grossissement ou par un détournement du sens.

■ Par ailleurs, le devoir pose un autre problème ; celui de la *dispositio*. Au départ, Sénèque a lu Sophocle ou Euripide. Mais il a senti qu'il serait vain de les calquer dans leur structure, dans leur agogique. Il a donc reconstruit leurs tragédies.

■ Autre développement : cette manipulation d'histoires connues ne jette-elle pas le discrédit sur la mythologie ? Quel est le rapport du public à ses dieux ? La question mérite d'être soulevée. Le théâtre de Sénèque y répond-il ?

B - CONSTRUIRE LE PLAN

Mettre noir sur blanc les idées essentielles

■ *La traduction* : la citation de Fl. Dupont pose entre autres la question de la traduction. Quelles sont, dans ce rapport au modèle, la part du maître et la part de l'imitateur ? Innover, est-ce détruire, est-ce modifier, est-ce conserver des fragments de l'original pour qu'il soit encore perceptible ? Comment rendre le chœur grec, dans la mesure où aucune structure romaine ne peut vraiment l'accueillir ?

■ *Œdipe roi* et *Œdipe* : un bon exemple est celui d'Œdipe. Si Œdipe est un bouc émissaire (Cf. cours), s'il est victime de l'ostracisme, comment les Romains ont-ils pu admettre ces données anthropologiques au théâtre ? Selon Aristote, le mythe d'Œdipe est celui de l'homme foudroyé, du meilleur devenant le pire. Cette interprétation pouvait-elle être conservée, si l'on sait que la tragédie, à Rome, n'est pas un instrument d'édification ?

■ *L'invention du monstre* : Sénèque a véritablement créé le scénario d'une métamorphose à travers l'essentiel de ses tragédies. L'homme passe du *dolor* au *furor* avant d'accomplir un *scelus nefas*, un crime contre nature. L'intérêt de cette mutation est d'ordre dynamique. Retrouve-t-on cette dynamique chez les modèles ? Chez Sophocle, le héros n'évolue pas d'un pouce. Antigone est la même du début jusqu'à la fin. Médée devient furieuse. Cette agogique détermine donc toute la dramaturgie. Il faudra faire des comparaisons.

■ *Le spectacle* : le scénario n'est rien sans le spectacle. L'enjeu de la tragédie romaine consiste à montrer l'invisible, à transformer les mots de la fable en réalité scénique. Tel est le sens du « risque » dont parle Fl. Dupont. Y a-t-il dans le texte sénéquien des éléments qui vont être utiles à l'*actio* ? Y a-t-il une rhétorique des passions visible sur la scène ?

■ *La perversion du rituel* : le *nefas* de chaque tragédie est fabriqué à partir d'un ou de plusieurs rituels pervertis. Exemples : le sacrifice d'Atrée dans *Thyeste*, celui d'Hercule dans *Hercule furieux* ; le deuil dans *Les Troyennes* et dans *Hercule sur l'Oeta* ; la magie de *Médée*.

Repérer les articulations possibles du plan

■ Commencer par les problèmes de traduction et d'adaptation. Montrer leurs limites à travers l'exemple d'Œdipe. Travailler sur la rhétorique des figures et sur leur exemple de transposition légère.

■ Ensuite, montrer comment Sénèque en est venu à des innovations concernant la *dispositio* et surtout l'*inventio* : la métamorphose du héros en monstre est de cet ordre. Cette mutation trouve dans le spectacle et dans la notion d'*actio* un point extrême.

■ Enfin, montrer qu'il n'y a pas de rhétorique sans anthropologie, c'est-à-dire montrer que ces perturbations, de la rhétorique traditionnelle symbolisent une perversion du rituel. Trois exemples : le sacrifice, le deuil et la magie.

Le plan, comme on le voit, suit une ligne précise et va pour ainsi dire de l'apparence à la profondeur, de l'intégument à la vérité, de la forme à la pensée. Il s'agit de montrer jusqu'où va l'invention et quel est son sens.

RÉDACTION DU DEVOIR

INTRODUCTION

■ Rappeler les grandes lignes de la citation : fonds commun du mythe et recréation ou réécriture par les poètes, ici par Sénèque. Opposition entre la Grèce et Rome. Ce qui, d'un point de vue anthropologique, détermine déjà des différences notoires. Poser le problème : qu'est-ce qu'inventer dans une société qui déteste l'innovation ? Comment détourner un mythe ? La solution consiste à créer des niveaux de lecture (du littéralisme au sens allégorique). Le plan et la démarche suivront ce cheminement (du simple au complexe).

■ Esquisser la nervure du devoir et poser les questions inhérentes à chacune des parties : l'*elocutio* résout-elle la question de l'originalité ? *La dispositio*, qui opère un bricolage du mythe, est-elle possible ? Toucher à la forme, c'est toucher au sens : quelle est l'*inventio* secrète des Tragédies de Sénèque ?

1 - RÉÉCRIRE LE MYTHE

a/ Arachné et Protée : traduire, tisser, tramer

La traduction des objets culturels grecs hante l'histoire de la civilisation romaine.

■ La traduction est différente selon les buts qu'elle s'assigne. Elle est souvent une modification d'un original qu'elle continue de revendiquer.

■ Cicéron traduisant un passage tragique n'hésite pas à le modifier si philosophiquement il n'en tire rien. Idée importante : tout ce qui est « gratuit » est plus susceptible d'être bouleversé. On naturalise donc le style grec à des fins de commodité.

■ Même méthode chez Sénèque : il conserve les signes de la grécité (noms de villes, héros, sujets). Mais une fois respectés ces signes de ralliement mythologique, plus rien ne compte. Il n'est pas tenu de suivre le sens. L'image du tissage et de la trame (cf. Ovide, Catulle) utilisée par les poètes lorsqu'ils rapportent des légendes grecques est emblématique de ce « faire ». Ils conservent une ligne de force, mais pas les détails.

■ Lorsqu'ils s'en tiennent aux détails, ils modifient des particularismes de l'*elocutio* : un mot pour un autre : Junon pour Héra, Vénus pour Aphrodite, La Bretagne pour la Scythie, etc.

■ Question : comment passer d'un théâtre à l'autre ? Comment transposer à Rome le théâtre politique des Grecs ? Lorsque la cité s'interroge sur elle-même, que faire ? En d'autres termes, comment traduire le sérieux politique en termes de ludique ou de non-sens ?

b/ Un exemple de transfert : *Œdipe,* ou comment passer de l'*elocutio* à la *dispositio* ?

■ Œdipe est un mythe culturellement intraduisible car il explore une réalité absente à Rome : l'ostracisme (l'expulsion d'un citoyen hors de la cité). L'argument appartient à la fable. Mais la lecture qu'en donne Sophocle est plus fine : dans la cité, on avait coutume d'expulser un bouc émissaire pour éviter toute peste avant l'époque du printemps. Dans la pièce de Sophocle, Œdipe est à la fois un bon roi et précisément la souillure (*miasma*) qui est à l'origine de la peste de Thèbes. Ostraciser le meilleur, c'est se prémunir contre le fléau.

■ Que pouvaient faire les Romains d'un tel mythe ? Sénèque nous donne l'exemple d'une appropriation possible. L'*Œdipe* est une succession de tableaux qui culmine à la dernière scène. On commence par une scène de douleur où Œdipe, tremblant, sait avant tout le monde qu'il est le meurtrier de son père et l'amant de sa mère. Jocaste surgit, ignorante du drame, pour lui montrer que sa conduite est indigne d'un roi et d'un homme. À la fin de la pièce, ce même Œdipe apparaît sur scène, les yeux ensanglantés, cherchant à tâtons la sortie de la ville. Entre ces scènes phares, Œdipe apprend à maîtriser sa crainte et à accepter son crime. Sa peur se transforme en assurance ; il ne doute plus, il s'affirme. Il répugne à être, comme le héros de Sophocle, un héros tragique. Trois tableaux rythment son enquête : la consultation de la Pythie, l'haruspicine, l'évocation des morts. Par ailleurs, il est reconnu par un serviteur de Laïos et par un berger. Ces cinq confrontations avec lui-même lui renvoient une image qu'il refuse. Mais, au terme de la pièce, il sculpte cette image dans la chair de son propre visage : il se crève les yeux. Cette métamorphose d'Œdipe pose deux problèmes :

- elle montre que la transposition au niveau de l'*elocutio* est faible ; il faut repétrir le discours grec en cernant de plus vastes unités. Ici, Sénèque bouleverse complètement la disposition sophocléenne ;
- d'autre part, dans la tragédie romaine, Œdipe devient un monstre. C'est cette mutation possible de l'homme qu'il faut maintenant interroger.

c/ Y a-t-il une fixité du mythe ?

■ Il y a à Rome toute une nomenclature mythologique, c'est-à-dire des guides sur l'interprétation des fables. Hygin est le plus renommé en cette matière. Ovide, dans le domaine poétique, a également le *corpus* mythographique. La question est de savoir s'ils ont pu altérer la substance du mythe. La réponse n'est pas aisée : dans les écoles romaines, il n'était pas rare que les élèves pratiquassent l'éthopée et la suasoire : la colère d'Atrée, les plaintes de Médée, la cause de Pyrrhus réclamant la mort de Polyxène, tels étaient les sujets sur lesquels ils brodaient à l'envi. Mais la différence entre le portique et la scène réside dans la finalité élocutoire du premier et dans le dessein « spectaculaire » de la seconde. Si Sénèque a altéré le sens de certains mythes, c'est en prenant des risques stylistiques pour mieux faire passer le message de ces prétendus mythes. Car, à Rome, le « voir », issu de cette rhétorique de l'excès, est supérieur au « dire ».

2 - TRANSFORMER LE MYTHE

a/ Le scénario d'une métamorphose : le passage de l'homme à la bête

■ La tragédie sénéquienne propose la mutation d'un homme en monstre. Cette mutation passe du *dolor* au *furor* et s'accomplit dans un crime tragique (*nefas*). C'est sur l'évocation de ce crime qui ne trouve aucune vengeance et aucun châtiment à sa mesure que Sénèque achève sa tragédie de *Thyeste* (1110 -1111). Première conséquence, le théâtre de Sénèque n'est pas l'illustration d'un sens éthique vers lequel convergerait l'ensemble de la pièce (la fin de *Médée* est une profession de foi athéïste ; Cf. v. 1026 -1027).

■ Le *nefas* outrepasse l'éthique : il suppose des conséquences monstrueuses au sein de la nature. Il porte atteinte par contamination à l'ordre naturel : Atrée fait tourner le soleil à l'envers, Œdipe par sa présence déclenche une épidémie.

■ Il est également perversion du rituel ; il intègre la violence à un acte de civilisation (ex. : dans les *Troyennes*, Polyxène, promise en mariage à Achille défunt, doit être sacrifiée sur sa tombe).

■ Pour en arriver là, le héros tragique passe par deux états : la douleur et la folie. Nous avons assez longuement détaillé la douleur dans le cours. La folie est plus intéressante car elle est à l'origine du *nefas*. Ce *nefas* ou crime contre l'humanité, crime irréparable, n'est pas envisagé sous la même forme chez Euripide ou chez Sophocle. Dans *Ajax*, le héros est victime d'une folie meurtrière qui est envoyée passagèrement par les dieux. Chez Sénèque, cette folie se construit ; elle est l'objet d'une *dispositio*. Dramaturgiquement parlant, elle est mise en scène comme une puissance rectrice du drame : ainsi de la Furie qui apparaît dans *Thyeste*. Cette Furie est là pour installer (son personnage l'exige) le ressort tragique, le *furor*. Sa longue malédiction est une vue en perspective des destins qui attendent les Atrides (v. 13-51) et ses imprécations un *fatum* furieux qui va s'emparer du devenir de la tragédie : « La folie est là, ta folie donne à chacun dans la maison sa part d'héritage...» (89 et suiv.).

■ Sénèque n'innove pas en ce sens que le mythe d'Atrée reste le même, mais il dispose les éléments tragiques d'une façon nouvelle : dans *Thyeste*, il présente, au tout début de l'œuvre, un dialogue infernal entre Tantale et une Furie. Un déterminisme criminel prend déjà en charge le destin des héros. Ce déterminisme est en fait le renversement du *fatum* divin qui décide, dans la tragédie grecque, du sort des mortels. Ici, c'est un condamné éternel qui est l'ordonnateur du délire futur dans le tourbillon duquel la tragédie sera prise. En conclusion, la métamorphose en monstre est une redistribution des traits sous-jacents du mythe : les parties sont recomposées, redistribuées. Il y a des éléments de *furor* ou de *dolor* chez Euripide, mais ils suivent la plupart du temps un ordre chronologique. Dans la tragédie latine, l'avancée dramatique est anéantie par des prolepses (prologues d'*Œdipe* et de *Thyeste*) qui sont comme des « conclusions liminaires » du mythe grec.

b/ Du canevas mythique au spectacle scénique

■ L'enjeu de la tragédie n'est pas seulement de travailler sur la construction monstrueuse mais plutôt de donner forme à l'ineffable, de donner une présence à l'invisible. Le spectacle est une des conditions de cette rédemption. Mais ce spectacle n'est pas une entité invisible. Il est déjà dans le texte. Ce qui est dit sur la scène des mots a son équivalent sur la scène du théâtre.

■ D'abord, pour « manipuler » le mythe, il est possible tout simplement de le « grossir ». Le maniérisme de Sénèque s'accomplit dans cet art de l'auxèse qui est aussi un art de l'*enargeia* : il s'agit de donner à voir le *furiosus* et de montrer toute une gestuelle de la passion. Ainsi du portrait de Médée par sa nourrice au début de la pièce (381 et suiv.) : « La voici titubante comme une possédée... ses larmes ruissellent ; elle rit ; elle passe d'un extrême à l'autre. » Cette prise en charge par le langage du spectacle donné sur la scène fait ici office de commentaire. Mais la parole, si elle est en concurrence avec le présent scénique, est surtout en rivalité avec la peinture. Les mots font voir ce que le spectateur ne peut pas voir. Le spectacle décompose alors le *furor* en deux scènes juxtaposées : l'une décrite, l'autre réalisée. Cet effet de présence dans le langage est puissant ; il trouve dans l'*actio* un complément indispensable.

c/ L'*actio* tragique

■ L'*actio* rhétorique codifie l'expressivité de l'orateur qui est un moyen absolu de persuasion. Il y a donc dans le texte de Sénèque des didascalies* implicites qui guident les choix de l'acteur. Car si le langage décrit et donne à imaginer (telle est la fonction du récit), le spectateur est d'autant plus sensible à la vision réelle. Ainsi de l'aveuglement d'Œdipe qui couronne toutes les scènes de mots qui précèdent ce dénouement et qui est la « scène à faire » de la pièce.

■ L'opposition entre le décrit et le montré montre toute la différence qu'il y a entre le « laisser entendre » et le pouvoir pathétique des images. Lorsque la nourrice dit de Médée : « la voici », elle ravive chez le spectacteur qui ne la voit, encore rentrer en scène une mémoire visuelle qui est en même temps mémoire affective. Cette hypotypose* privilégie le faire par rapport au dire. Et lorsque Médée paraît enfin, la nourrice qui a « préparé » l'auditoire à la vision de cette « folle » s'assure une totale maîtrise de celui-ci en mobilisant une manière de preuve pathétique. Elle concrétise son discours : elle ne parle pas seulement de monstre, elle en fait venir un.

■ L'*actio* (qui est aussi art du jeu tragique) s'enrichit d'un commentaire : le jusqu'au-boutisme de Sénèque signifié par Fl. Dupont est une façon d'authentifier le mythe par la force mobilisatrice des images concrètes. Sénèque n'innove pas, si innover c'est réinventer le mythe, il l'éclaire sous une facette ici délibérément prismatique.

3 - LES MÉTAMORPHOSES DE L'*INVENTIO*

a/ Réinventer la logique du mythe

■ Sénèque se sert de la fable comme d'un support. Il ne la modifie pas dans ses grandes lignes : il joue de façon constante sur les détournements du sens littéral et du sens allégorique.

Lorsqu'il conserve le signifié mythique, il lui fait correspondre un signifiant qui le déréalise à force d'hypertrophie (toutes les scènes de violence et d'excès).

Lorsqu'il conserve la forme mythique, il lui fait correspondre un signifiant nouveau, substituant au sens grec un sens romain.

■ Ce travestissement de l'ordre des idées, de l'invention est très remarquable lorsque le mythe, bien que transhistorique, est raccroché à une réalité historique et ponctuellement arrêté dans le temps.

b/ La perversion du rituel

■ Le *nefas* de chaque tragédie est fabriqué à partir d'un ou de plusieurs rituels pervertis appartenant à la religion romaine.

■ Premier exemple : le sacrifice. Le sacrifice est un banquet où s'institue un partage entre les hommes et les dieux. Dans la tragédie, Atrée, Hercule, Égisthe, Œdipe et Pyrrhus sont des sacrificateurs pervers.

■ Deuxième exemple : le deuil, dans les *Troyennes* qui, au lieu d'être une pratique ponctuelle, est répétitif.

■ Troisième exemple : la magie dans *Médée*.

CONCLUSION

Reprendre les éléments de l'introduction.

- montrer le passage de l'*elocutio* à l'*inventio* ;
- conclure sur la reconstruction mythique opérée par Sénèque ;
- ne pas oublier de rappeler le débat philosophique dont le théâtre de Sénèque est le cadre : présence obsessionnelle de la douleur et partage entre la grandeur d'âme (thèse d'Alain Michel) et la volonté éperdue de se construire une physionomie monstrueuse (thèse de Fl. Dupont).

À noter : dans ce corrigé, nous devons certaines idées au livre de Fl. Dupont. Qu'elle en soit remerciée.

DISSERTATIONS PROPOSÉES

L'espace dans le théâtre de Sophocle

Réfléchir aux termes et intentions du sujet

- réflexion sur les lieux de la présence ou de l'absence tragiques ;
- étude des catégories de l'espace : la distance, le mouvement, leurs corrélations avec le temps, avec la psychologie.

Recenser les aspects à étudier

- la symbolique des lieux : le palais royal de Thèbes (*Œdipe roi*), le camp des Grecs (*Ajax*), l'île de Lemnos (*Philoctète*) ;
- les conflits des lieux : Thèbes/Colone (*Œdipe à Colone*), Thèbes/Corinthe (*Œdipe roi*) ;
- l'influence du lieu sur le débat tragique : l'*ecphrasis* et la question du lieu « producteur » dans le texte ;
- bouger ? Qu'est-ce que l'errance ? Ex. : l'errance d'Œdipe ;
- la stase : l'emmurement d'Antigone est-ce la fin de la tragédie ? Dans ce cas, la tragédie serait condamnée à l'action, au mouvement, aux échanges de l'espace.

Définir les articulations du plan

- le lieu clos et l'enfermement dans la tragédie : d'une part, le lieu vide de sens tragique : l'éloge de Colone (*Œdipe à Colone*, 668 et suiv.) ; d'autre part, l'influence du lieu sur l'action : le lieu saint (*Œdipe à Colone*, 720 et suiv.) et le *locus desperatus* (*Philoctète*) ; et, enfin, le palais et son liminaire : respect et terreur (*Antigone*), supplications et doléances (*Œdipe roi*). Contiguïté et échange entre le palais et son liminaire : les jeux de la vérité selon le lieu (*Électre*) ;
- la dramaturgie de l'espace : les espaces extérieurs : mort, fuite et action (*Électre*) ; les oppositions spatiales : Thèbes et Colone, le camp/la plage (*Ajax*) ; l'espace et temps : le mouvement et l'attente (*Œdipe roi*) ;
- espace tragique / Tragédie de l'espace : symbolique de la stase et du mouvement (*Antigone*/ les *Trachiniennes*) ; le rapport entre le mouvement et l'action tragique ; la dramatisation de l'espace : le *tenebroso* (Cf. Barthes, *Sur Racine*). L'espace dynamique.

Fable et dramaturgie dans l'œuvre d'Aristophane

Réfléchir aux termes et intentions du sujet

Fiction :

- la notion recouvre d'abord l'idée de « fable » (*mythos*). Si l'on veut être rigoureux, il est souhaitable d'interroger par exemple la *Poétique* d'Aristote et ses multiples définitions : « la fable est imitation de l'action » (1450a 4), « j'appelle fable l'agencement des actes accomplis » (1450a 5), « Le principe, l'âme de la tragédie est donc la fable » (1450a 38) ;
- elle suppose également un recours à l'étymologie : *fingere* veut dire « inventer » et parfois « mentir ». Il s'agit donc de prendre la notion au carrefour de sa polysémie : l'imitation des actions ayant une finalité précise, l'invention et les libertés prises par rapport à la « logique du réel » (G. Deleuze).

Dramaturgie : terme très général qui désigne l'art de la composition théâtral. Il sous-entend :

- des règles relevant de la structure interne de la comédie (personnages, exposition, obstacles et péripéties, unités* d'action, unité de temps, dénouement) ;
- des techniques et protocoles liés à la structure externe de la comédie (mise en scène, équilibre des parties, forme et liaison des scènes, styles en usage, parodies) ;
- un souci d'adaptation de la pièce au public (vraisemblances*, bienséances*).

Dans l'œuvre d'Aristophane :

- jusqu'ici, les éléments du théâtre d'Aristophane qui ont été les mieux étudiés concernent le rapport entre la comédie et la réalité du temps. Les exégètes ont estimé que le « comique » était censé être le condiment destiné à faire passer le contenu sérieux de l'œuvre ;
- si la satire politique, la parodie littéraire, les attaques contre les démagogues, les proclamations pacifistes méritent d'être interrogées, il ne faut pas oublier la technique dramaturgique. La réalité présentée sur scène n'est pas la réalité grecque du IVe siècle. Affranchie des conventions courantes, elle relève plutôt du grotesque carnavalesque.

Recenser les aspects à étudier

L'exploitation des contraintes :

- espace théâtral et décors figurés : la porte, lieu de clôture ou lieu de passage ? les *Cavaliers* (749,783), les *Oiseaux* (1311). L'enfer et la terre (les *Grenouilles*, 137 puis 163) ;
- acteurs et utilités : exemple des *Guêpes* et de la distribution tripartite des rôles ;
- machinerie : l'eccyclème - les *Acharniens*, 408-479 ; *Thesmophories*, 95-267 ; les *Grenouilles*, 180-270 ; la *Paix*, 458-728.

L'invention d'une nouvelle réalité :

- syllogisme de départ : les *Acharniens*, les *Cavaliers*, les *Nuées* ;
- irruption du grotesque dans la réalité : les *Acharniens*, 738-835 ; les *Nuées*, 156 et suiv. ;
- cohérence et instabilité de la fiction scénique ;
- cohérence des lieux : *Ploutos*, les *Cavaliers*, les *Guêpes* ;
- cohérence de la durée de l'action : les *Thesmophories* ;
- instabilité de la fiction : le début de la *Paix*.

2

LE MOYEN ÂGE : FRANCE ET ANGLETERRE

Avant de parler du « théâtre au Moyen Âge », il convient de préciser quelque peu ces différentes notions, dont le sens médiéval est loin de correspondre à notre réalité.

Il faut tout d'abord redéfinir les limites chronologiques de la période ; en effet, le Moyen Âge dramatique est loin de se confondre avec son homologue historique. Jusqu'au XVIIe siècle, les spectacles font appel aux voleries* et aux trappes chères aux médiévaux et, en province du moins, les figures diaboliques conservent leur popularité bien après 1550. En outre, malgré la floraison d'édifices réservés au théâtre, de multiples pièces continuent d'être jouées sur les places et dans les rues, refusant ainsi de rompre le lien entre art dramatique et espace urbain qui caractérise le Moyen Âge. C'est pourquoi il semble préférable de parler ici de « théâtre médiéval », en accordant à ce terme une valeur plus qualitative que chronologique.

La notion de « théâtre » n'est pas plus facile à définir, à une époque où les œuvres n'existent presque jamais en dehors de leur diffusion orale. La poésie est chantée jusqu'à Guillaume de Machaut, les romans sont lus à haute voix et, comme l'écrit Richard de Fournival dans son *Bestiaire d'amour* : « Toute écriture est faite pour énoncer une parole ». Autrement dit, la littérature médiévale, parce qu'elle relève de l'oralité, nécessite une « mise en spectacle » par des jongleurs jouant avec leur voix mais aussi avec leur corps.

Enfin, l'expression même de « théâtre médiéval » ne peut rendre compte de la diversité de celui-ci et recouvrir les multiples aspects d'un art dont les sources, les sujets et les modes de représentation sont extrêmement variés. L'ampleur de la période et de l'aire géographique explique en partie cette diversité, puisque nous parlons de cinq siècles et de deux pays différents ; dans ces conditions, le théâtre ne peut être réductible à une définition simple. Pourtant, il eût été impossible d'envisager pour ce chapitre une démarche de type chronologique, impropre à rendre compte d'un théâtre expérimentant *à un même moment* plusieurs formes de mises en scène (théâtre en rond, scène frontale, *pageant*...). De même, il fallait écarter tout plan géographique, puisque, dans le domaine religieux notamment, le théâtre ne diffère pas sensiblement d'un pays à l'autre : il est avant tout une institution chrétienne, ayant un peu partout en Europe la même origine et le même type de développement. C'est pourquoi une approche thématique distinguant théâtre religieux et théâtre comique apparaît préférable.

Le théâtre médiéval échappe en grande partie à nos critères et à ceux de l'Antiquité gréco-latine. Il ignore notamment les principes dramatiques qui, plus tard, donneront lieu aux fameuses règles* classiques. C'est pourquoi les humanistes le condamneront lorsque, redécouvrant le théâtre des Anciens, ils choisiront d'ignorer les mystères, miracles et autres farces, jugés sans doute trop vulgaires.

Ces drames répondent pourtant avec originalité aux questions fondamentales de l'art dramatique : comment figurer l'espace ? Comment susciter le rire ? Comment mettre en scène le sacré ? Quels rapports instaurer entre l'acteur et son public ? C'est pourquoi ils constituent un passionnant sujet de réflexion et d'étude que nous essaierons, autant que faire se peut, de restituer dans toute sa spécificité et sa diversité.

BIBLIOGRAPHIE GÉNÉRALE DU CHAPITRE

AUBAILLY Jean-Claude, *Le Théâtre médiéval profane et comique*, Paris, 1975, Larousse.
BOWEN Barbara, *Les Caractéristiques essentielles de la farce française et leur survivance dans les années 1550-1620*, University of Illinois press, 1964, Urbana.
CHAMBERS E. K., *The Medieval Stage* (2 vol.), Oxford, 1903.
COHEN Gustave, *Le Théâtre en France au Moyen Âge* (2 Vol.), Paris, 1928 et 1931, Rieder.
COHEN Gustave, *Études d'histoire du théâtre en France au Moyen Âge et à la Renaissance*, Paris, 1956, Gallimard.
COHEN Gustave, *Histoire de la mise en scène dans le théâtre religieux français du Moyen Âge*, Paris, 1926, Champion.
COHEN Gustave, *Anthologie du drame liturgique en France, au Moyen Âge* (textes originaux accompagnés de traductions), Paris, 1955.
JODOGNE Omer, « Recherches sur les débuts du théâtre religieux en France », *Cahiers de civilisation médiévale*, Université de Poitiers, 1965, pp. 1-24, et 179-189.
JUSSERAND J. J., *Le Théâtre en Angleterre jusqu'aux prédécesseurs immédiats de Shakespeare*, Paris, 1881.
KÖNIGSON Élie, *L'Espace théâtral médiéval*, Paris, 1975, éditions du CNRS.
LEWICKA Halina, *Études sur l'ancienne farce française*, Paris, 1974, Klincksieck.
LEWICKA Halina, *Bibliographie du théâtre profane français des* XVe *et* XVIe *siècles*, Paris, Wroclaw, 1980 ; et JAROSZEWSKA, T., *Supplément*, 1987.
MANLY J. M., *Specimens of Pre-Shakespearian Drama* (2 vol.), Boston, 1900-1903.
MATHIEU Michel, « Distanciation et émotion dans le théâtre liturgique du Moyen Âge », *Revue d'histoire du théâtre*, 1969, pp. 95-117.
PAUPHILET Albert, *Jeux et Sapiences du Moyen Âge*, Paris, La Pléiade 1970.
PAYEN Jean-Charles, « Théâtre médiéval et culture urbaine », *Revue d'histoire du théâtre*, 1983, pp. 233-250.
PICOT É., *Recueil général des sotties* (3 vol.), Paris, 1902-1912.
POLLARD A. W., *English Miracle Plays, Moralities and Interludes*, Oxford, 1927.
REY-FLAUD Henri, *Le Cercle magique. Essai sur le théâtre en rond à la fin du Moyen Âge*, Paris, 1973, Gallimard.
REY-FLAUD Henri, *Pour une dramaturgie du Moyen Âge*, Paris, 1975, PUF.
REY-FLAUD Bernadette, *La Farce ou la machine à rire, Genève*, 1984, Droz.
THOMPSON E. N. S., *The English Moral Plays*, New Haven (Conn.), 1910.
TISSIER André, *La Farce en France de 1450 à 1550* (2 tomes), SEDES, Paris, 1976.
YOUNG K., *The Drama of the Medieval Church* (2 vol.), Oxford University Press, 1951.
WARD A. W., *History of English dramatic Literature to the Death of Queen Anne* (3 vol.), 1899.

TABLEAU CHRONOLOGIQUE

Repères chronologiques	Œuvres religieuses	Œuvres profanes ou comiques
Xe et XIe siècles : premiers drames liturgiques	965-975 : *Regularis Concordia* de Saint Ethelwold narrant la *Visite au Sépulcre*	
XIe et XIIe siècles : le drame sort devant l'église et diversifie ses thèmes	Milieu du XIe siècle : le *Sponsus,* 1er texte bilingue occitan-latin Entre 1125 et 1150 : drames latins d'Hilarius Vers 1150-1160 : *le Jeu d'Adam,* 1er texte en langue française	
XIIIe siècle : développement des miracles et apogée de la vie théâtrale arrageoise en Angleterre, règne de Henri III (1216-1272) : apparition des premiers drames et développement des grandes représentations cycliques	Vers 1200 : *le Jeu de Saint Nicolas,* 1er miracle conservé Début du XIIIe siècle : *Courtois d'Arras,* apologue dramatisé Vers 1260 : *Le Miracle de Théophile* de Rutebeuf, 1er « miracle par personnages » (Rappel : fin du XIIe [ou début du XIIIe siècle] : *Passion des Jongleurs,* texte semi-dramatique, source des premières passions dramatiques de langue française)	1249 : *Dit des Cordeliers* de Rutebeuf. Monologue dramatique Vers 1275 : *Le Jeu du garçon et de l'aveugle,* plus ancienne farce conservée 1276-1277 : *Le Jeu de la feuillée,* d'Adam de la Halle Entre 1270 et 1288 : *Le Jeu de Robin et Marion,* d'Adam de la Halle, pastourelle dramatique
XIVe siècle : apogée des miracles et apparition des premiers mystères, parallèlement, multiplication des confréries religieuses en Angleterre, rédaction des cycles	Début du XIVe siècle : *Passion du Palatinus,* 1re passion conservée	
Milieu du XIVe siècle : apparition probable de la moralité en Angleterre	1340 : *Passion* du manuscrit de Sainte Geneviève 1339-1382 : *Miracles de Notre Dame par personnages,* joués au Puy des Orfèvres à Paris	
Fin du XIVe siècle : naissance des confréries joyeuses (Conards de Rouen, Enfants-sans-souci de Paris…)	1398 : *Mystère du jour du Jugement*	1392 : *Farce de Maistre Trubert*
XVe siècle : apogée des mystères	Vers 1430 : *Mystère de la Passion d'Arras,* d'Eustache Mercadé, 1er grand mystère de la Passion 1439 : représentation à Rennes de la moralité de *Bien avisé, Mal avisé* Vers 1450 : *Mystère de la Passion d'Arnoul Gréban*	
2e moitié du XVe siècle : développement des farces, sotties et moralités	1457 : *Mystère du Vieil Testament* vers 1470 : *Mystère des actes des*	Vers 1460-1465 : *Farce de Maistre Pierre Pathelin* 1467 : *Moralité de la paix de Péronne,* de Georges Chastellain Vers 1468 : *Monologue du Franc Archer de Bagnolet*

Repères chronologiques	Œuvres religieuses	Œuvres profanes ou comiques
	apôtres	1476 : représentation de la moralité de *L'Homme juste et l'homme mondain*
	1480 : *Mystère de la Passion d'Arras* 1486 : *Mystère de la Passion de Jean Michel* 1494 : représentation de *L'Homme pécheur,* moralité à sujet religieux	1486 : représentation de la *Moralité* d'Henri Baude à Paris
	Fin du XVe siècle : *Moralité de Tout-Homme*	Fin du XVe siècle : farce du *Cuvier*
1re moitié du XVIe siècle : représentations « marathons » de mystères et vitalité persistante des genres comiques	1509 : représentation à Romans du *Mystère des trois Doms*	1507 : *Sottie à huit personnages,* d'André de la Vigne
	1536 : représentation à Bourges, durant quarante jours, du *Mystère des actes des Apôtres* 1547 : représentation à Valenciennes du *Mystère de la Passion* en vingt-cinq journées 1548 : condamnation des mystères par le parlement de Paris	1512 : représentation du *Jeu du prince des Sots,* de Pierre Gringore, sottie

A

ORIGINALITÉ ET DIVERSITÉ DU THÉÂTRE MÉDIÉVAL

1 L'ESPACE THÉÂTRAL

La notion d'espace fonde à double titre le théâtre médiéval. À une époque, en effet, où il n'existe pas de lieu consacré à l'art dramatique, c'est la cité tout entière qui devient en puissance « espace théâtral », avec toutes les conséquences matérielles et idéologiques que cela entraîne. D'autre part, contrairement aux scènes de théâtre modernes où le déroulement du temps, linéaire, implique que les lieux de l'action se succèdent de façon chronologique, le Moyen Âge opte pour la simultanéité et choisit de faire apparaître sous les yeux du public tous les lieux à la fois.

Ainsi, *autour* de la scène, le théâtre médiéval utilise des lieux préexistants et déjà investis d'une fonction auxquels il lui faut s'adapter ; c'est pourquoi l'on ne peut réellement parler à cette époque d'espace théâtral, avec toute l'exclusivité que ce terme implique. *Sur* la scène en revanche, l'auteur peut distendre ou comprimer l'espace-temps, au risque de perdre en réalisme ce qu'il gagne, sinon en merveilleux, du moins en commodité. Source de contraintes ou objet malléable, l'espace est donc bien au cœur des préoccupations médiévales, et sa compréhension est indispensable à celle de ce théâtre quelquefois si déconcertant pour le spectateur moderne.

Le théâtre dans l'espace urbain

Le théâtre médiéval peut se jouer dans une rue, sur une place, voire dans un cimetière ou une carrière désaffectée. En plein air, ou, plus rarement, abrités dans la salle d'un collège ou d'un château, les acteurs installent l'« ***échafaud*** », disposent sur la scène les quelques éléments du décor (une table et deux chaises peuvent faire l'affaire), et le spectacle commence. Ce théâtre, inscrit dans l'espace urbain, reste donc avant tout ouvert sur la ville, allant même en Angleterre jusqu'à venir à la rencontre du public par le biais des « *pageants* ».

Échafaud : par ce terme, on désignait au Moyen Âge le tréteau constitué de planches de bois posées sur des tonneaux, qui tenait lieu de scène pour la représentation des farces et des sotties. Dans le fond, un rideau marquait la limite de l'aire de jeu et permettait les entrées et sorties des acteurs. La scène était surélevée par rapport au public afin de faciliter la vision, mais aussi pour éviter l'intrusion des spectateurs.

Les pageants anglais : l'origine du terme *pageant* n'est pas clairement établie. Il désignait au Moyen Âge, en Angleterre, l'estrade où se déroulait le jeu, voire, par métonymie, le jeu lui-même. Parfois, ces estrades étaient fixes, et le public devait alors se déplacer de l'une à l'autre pour assister au spectacle ; d'autres fois, au contraire, ces *pageants*, montés sur roues, circulaient dans la ville et s'arrêtaient devant chaque groupe de spectateurs. Il se pouvait d'ailleurs que plusieurs fussent nécessaires à un même jeu : l'un figurait le paradis, un autre l'enfer, etc. En général, les corporations avaient leur propre *pageant*, dans lequel une pièce placée sous la scène tenait lieu de coulisses, afin d'y cacher les acteurs au repos et les accessoires.

Les textes et les documents iconographiques révèlent pourtant l'existence de quelques édifices théâtraux au Moyen Âge. Nous reviendrons, lors de l'analyse de documents, sur l'un des plus originaux : un théâtre en rond représenté vers 1455 sur une miniature de Jean Fouquet. Au centre se déroule une scène de martyre, et, tout autour, acteurs et spectateurs se massent pêle-mêle dans les gradins et les *mansions*, qui sont les lieux nécessaires au développement de l'action. Mais il arrive aussi que le public soit placé face à une scène frontale, comme à Mons et à Valenciennes, ou bien s'installe sur les deux grands côtés d'un rectangle formé par l'aire de jeu. Cela dit, ces constructions, même sommaires, sont souvent réservées à des œuvres majeures, comme les moralités ou les mystères, et ne doivent pas faire oublier l'absence de réflexion théorique sur l'espace dramatique au Moyen Âge.

L'espace-temps au théâtre

Jeu de saint Nicolas : pièce écrite par Jean Bodel au XIIIe siècle ; nous n'en possédons qu'un manuscrit de 1533 vers. Entre comédie profane et drame spirituel, il regroupe une vingtaine de personnages pittoresques et individualisés. (Édité par Albert Henry, 3e éd. remaniée, Bruxelles, 1981.)

Le Moyen Âge ne s'est jamais préoccupé de la question des unités* de temps, d'action ou de lieu. Au contraire, les auteurs aiment à transporter leurs personnages dans des lieux extrêmement variés et éloignés les uns des autres. Dans le ***Jeu de saint Nicolas,*** ces derniers passent du palais du roi au camp des chrétiens puis à celui des païens, avant de se réjouir à la taverne et de se désoler dans la prison. De même, les miracles et mystères de la fin du Moyen Âge font circuler les acteurs de l'enfer au paradis*, compliquant ainsi l'ampleur « horizontale » de l'espace par une dimension verticale.

L'unité de temps est peut-être plus malmenée encore, puisque non seulement l'action, mais aussi la pièce, peuvent se dérouler sur plusieurs journées. Nous ne parlons pas ici des farces* ni des sotties*, mais de ces véritables monuments dramatiques que sont les mystères : leur représentation dure jusqu'à plusieurs semaines et retrace toute l'histoire de l'humanité.

Le principe de simultanéité

Confrontés aux notions de temps et d'espace, les auteurs médiévaux répondent par le principe de simultanéité. Original et surprenant pour le public moderne, il implique deux choses : d'une part, le spectateur voit tout à la fois l'intérieur et l'extérieur d'un édifice ; d'autre part, les mansions sont juxtaposées et visibles en même temps pour le spectateur. Dans ce type de représentation, ce ne sont donc pas les décors qui changent et se succèdent, mais les acteurs qui se déplacent d'une mansion à l'autre ou demeurent dans l'espace neutre de la « scène ». Aujourd'hui, ce sont ces déplacements qui fondent le découpage des pièces en plusieurs scènes, ce qui n'était pas le cas dans les manuscrits de l'époque.

Les mansions médiévales. « La scène selon M. Paris, c'est-à-dire l'espace où se jouait le drame, comprenait deux parties distinctes : les *mansions* et la scène proprement dite, autrement dit l'espace vague et libre qui s'étendait entre les mansions [...]. Les mansions (demeures ou simplement maisons), ce sont les édifices où l'action se transportait durant le drame : ainsi, la maison de la Vierge à Nazareth, le Temple de Jérusalem, le palais de Ponce Pilate formaient autant de mansions dans le *Mystère de la Passion.* Toutes les fois que l'action ne se passait pas dans une mansion déterminée, elle occupait la scène proprement dite. [...] La scène et les mansions étaient de plain-pied, et au même niveau. »

Petit de Julleville, *Les Mystères,* Paris, 1880, Hachette.

La simultanéité apparaît clairement dans les didascalies* du *Jeu d'Adam,* qui révèlent la présence concomitante de la terre, du paradis et de l'enfer sur la scène. Sur terre même, Rome, Jérusalem et Nazareth se côtoient fréquemment, tandis que des écriteaux (ou « brevets ») placés au-dessus des diverses mansions évitent les confusions au public, se montrant d'autant plus utiles qu'une même mansion pouvait figurer plusieurs lieux différents.

Ce principe, loin d'être spécifique au théâtre, réapparaît dans presque tous les arts figuratifs de l'époque. Que l'on songe au vitrail, qui, jusqu'à la Renaissance, développe sur une même baie plusieurs scènes successives, ou bien à la peinture : *le Martyre de saint Denis*, exposé au Louvre, figure sur la même toile plusieurs épisodes successifs de la vie du saint. L'omniprésence de ce procédé dans l'art est sans doute la marque d'une conception différente du temps et de l'espace au Moyen Âge : ni l'un ni l'autre ne sont alors des données « objectives » et immuables. Comme dans les contes merveilleux, l'auteur peut jouer avec eux, les distendre ou les comprimer ; mais un tel jeu a ses règles, dont le fonctionnement implique la participation du spectateur.

2 Théâtre et conventions

La mise en scène médiévale répond, tout comme la nôtre, au désir de créer l'illusion. Seulement, là où les modernes tentent de calquer la réalité, afin que l'espace représenté soit le plus semblable possible à l'espace réel, les médiévaux s'appuient sur tout un jeu de conventions auditives et visuelles connues du spectateur, chargé de créer lui-même l'illusion théâtrale.

Parousie : (du grec « parousia », présence, arrivée.) Ce terme désigne, dans le *Nouveau Testament,* le retour du Christ glorieux à la fin des temps, qui précède le jour du Jugement dernier. (cf. Marc, 8, 38 ; 1re ép. aux Thessaloniciens, 4, 16 ; 1re ép. aux Corinthiens, 15, 23.)

Le spectateur créateur de l'illusion

Dans les textes dramatiques du Moyen Âge, les personnages indiquent presque toujours où ils sont et où ils se rendent, et nomment systématiquement leur interlocuteur. Implicitement, ces informations insistantes font apparaître trois choses : d'abord, le public, souvent illettré, ne peut pas toujours déchiffrer les écriteaux ; ensuite, les acteurs jouent plusieurs rôles et se doivent de préciser quelque peu leur fluctuante identité ; enfin, le décor est souvent modeste et fort schématique. Dans ces conditions, la parole sert à pallier les manques de la mise en scène.

Cependant, même si les auteurs « truffent » le texte de renseignements, ils ne peuvent négliger la complicité du public : la présence de tous les lieux sur scène est en effet contraire aux lois les plus élémentaires de la *mimésis**, de même que la progression chronologique, qui permet de passer en quelques heures de l'aube des temps à la ***Parousie***. C'est donc au spectateur de « créer » à chaque instant l'espace et le temps du drame et de faire un « effort » pour croire en ce qui est devant lui. Il lui faut pour cela déchiffrer les « codes » du théâtre médiéval et reconnaître le lieu, la notion ou la fonction symbolisés par les divers accessoires et objets.

Le Jeu de la feuillée : pièce écrite par Adam de la Halle et sans doute représentée à la Saint-Jean de l'année 1276. Adam y dresse un tableau de la vie arrageoise et mêle à la satire des types traditionnels celle des habitants de la ville dans une atmosphère de type carnavalesque (le terme « fuellie », en Picard, évoque entre autres la folie). Édité et traduit par J. Dufournet, Paris, 1989.

La continuité entre la salle et la scène

Au Moyen Âge, la continuité qui existe, au sens spatial du terme, entre le théâtre et la cité, semble se manifester également dans les rapports entre la scène et le public. Cette impression se fonde notamment, dans le ***Jeu de la feuillée***, sur le célèbre passage où les spectateurs doivent prononcer une réplique. Hane le mercier, à la scène 3, exhorte ainsi la foule : « Beuglons tous comme des veaux... », tandis que le public lui répond « Meuh ! ». Une telle participation des spectateurs

Les conventions théâtrales. Le théâtre médiéval est fondé sur des conventions visuelles : un arbre (c'est-à-dire une branche avec quelques feuilles) figure le paradis, une table et une chaise représentent une maison, un siège est un trône, c'est-à-dire un palais, etc. Celles-ci réduisent le coût d'une représentation et permettent aux acteurs de jouer quel que soit le lieu, mais elles contribuent aussi à créer un dialogue entre le « metteur en scène » et le spectateur. Bien sûr, un tel principe n'est pas propre au théâtre ; tous les arts fondés sur la représentation en jouent : des lignes parallèles représentent *conventionnellement* l'eau, des lignes concentriques, sinueuses et dentelées, symbolisent le ciel, une tour percée d'une porte indique la présence d'une ville... Peinture, vitrail, miniature ou théâtre contribuent ainsi à la constitution d'un même langage, universel et codé, connu tout à la fois des artistes et du public.

est en soi étonnante ; de plus, son *inscription dans le texte* révèle une *continuité* entre la scène et le public qui est aussi *complicité*.

Plus concrètement, l'originalité du rapport scène – salle transparaît dans l'usage du rideau : au Moyen Âge, il n'est qu'une modeste courtine chargée de soustraire aux yeux du spectateur quelque élément du décor. Dans le théâtre humaniste, en revanche, il deviendra un vaste rideau de scène et marquera l'établissement d'une *frontière* entre le monde réel et celui de l'illusion ; peu à peu, les codes du théâtre médiéval vont donc se perdre et laisser place à un décor toujours plus réaliste. La branche agrémentée de quelques feuilles ne symbolisera plus l'arbre, et moins encore la forêt ou le paradis : les objets devront désormais *faire illusion* par eux-mêmes sans que l'auteur puisse compter sur la bonne volonté du spectateur, chargé auparavant de remplir cette fonction.

3 Théâtre médiéval et « effets spéciaux »

Le théâtre médiéval utilise des décors souvent modestes et repose en grande partie sur un jeu de conventions entre la scène et le public. Pourtant, il arrive aussi, dans le théâtre religieux surtout, que l'illusion soit créée par des « effets spéciaux » très prisés du spectateur, et dont l'utilisation sera de plus en plus fréquente vers la fin du Moyen Âge.

Les mystères sont bien entendu les premiers concernés par de tels effets. Matériellement parlant, il faut que le paradis soit représenté en hauteur, ainsi que les tours et le pinacle du Temple par exemple ; de même, le sujet traité impose sur la scène des anges, des diables et des monstres. Pourtant, plus fondamentalement peut-être, n'oublions pas que ces œuvres sont vouées à instruire le peuple ; l'impressionner davantage, c'est donc laisser le moins de champ possible à l'esprit critique et à la distanciation : sans doute faut-il oublier qu'un homme joue le rôle du diable pour que celui-ci reste effrayant.

L'« Extraict des fainctes »

Elie Königson, dans son ouvrage sur l'*Espace théâtral médiéval,* reproduit en partie « L'Extrait des fainctes qu'il conviendra faire pour *le Mystère des actes des Apôtres* ». Dans ce document tout à fait passionnant sont regroupées les indications scéniques pour la représentation de ce mystère à Bourges en 1536 ; elles témoignent de la richesse des effets spéciaux :

> Fault un siège *en lair* près paradis pour Justice divine... (IV-14), Fault une haucte tour faicte en forme de capitole sur laquelle montera Symon Magus *pour voller*... (IX-23), Doit *descendre* du ciel ung vaisseau plein de toutes espèces de bestes... (III-12).

Comme on le voit, l'action des mystères se déroule presque autant sur terre que dans les cieux, et justifie l'emploi de ***voleries*** afin de permettre les mouvements aériens au-dessus de la scène.

Voleries : les voleries désignent les mouvements aériens, très fréquents dans les mystères. Verticaux (pour permettre à un personnage de monter au paradis ou d'en descendre par exemple) ou bien horizontaux (afin qu'un personnage puisse « voler » d'un point à l'autre de la scène), ils ne sont pas systématiques, mais se multiplient à la fin du Moyen Âge.

Dans ce même « Extraict des fainctes », on relève l'usage de nombreux « dessous de scène », c'est-à-dire de galeries creusées dans le sol et de trappes :

> Fault que de lad. trappe sorte ung aultre dragon (VI-16), Doivent venir sept diables *de dessoubz terre* en forme de chiens et doivent venir de sept divers lieux (VI-18), Fault deux tigres horribles *sortant de dessoubz terre* (VI-18).

Uniquement présents lorsque les scènes sont surélevées, ils se rencontrent surtout, eux aussi, lors des représentations de mystères. Ils permettent aux acteurs de disparaître et de réapparaître éventuellement en un autre lieu ; mais ils offrent aussi la possibilité de faire surgir à chaque instant des monstres ou des diables, traditionnellement associés aux entrailles terrestres. Ils font donc partie intégrante de l'espace de jeu, dont ils assurent, comme les dessus de scène, la cohérence verticale et horizontale.

L'envers du décor

Pensons enfin au *Livre de conduite du régisseur… pour le* ***Mystère de la Passion joué à Mons*** *en 1501*, dans lequel, grâce à Gustave Cohen, nous découvrons l'envers d'un décor de théâtre : les vagues sont en fait des peaux que l'on agite, le bruit du tonnerre est provoqué par des pierres placées dans des cuves actionnées par des manettes, les visages des acteurs brillent sous leur peinture au minium, et le sang jaillit des « corps feints », mannequins qui remplacent au dernier moment les futurs martyrs.

Mystère de la Passion de Mons : mystère en quatre journées dont nous ne possédons que des fragments. Son intérêt réside plutôt dans la riche documentation conservée sur la représentation du 5 au 11 juillet 1501 à Mons, qui nous permet de mieux comprendre la mise en scène médiévale. (G. Cohen, *Le Livre de conduite du Régisseur et le compte des dépenses pour le Mystère de la Passion joué à Mons en 1501*, Strasbourg, Fac. des Lettres, 1925.)

Dans ces conditions, on comprend mieux les commentaires de certains chroniqueurs ; selon eux, le public n'était pas toujours capable de distinguer la réalité de la fiction, si bien que l'on prenait parfois la précaution de clore le champ de l'action (afin d'éviter une émeute ou toute réaction imprévue) ou de glisser quelques diables dans la pièce pour commenter l'œuvre et en rappeler le caractère fictif aux spectateurs. Quoi qu'il en soit, ces derniers en « redemandaient » et se réjouissaient de ces « fainctes » aussi impressionnantes que divertissantes. C'est certainement pour cela, malgré leur condamnation, que les voleries*, diableries* et autres machineries survécurent bien au-delà du XVIe siècle, imposées sans doute par le peuple (et notamment par celui des villes de province) aux élites culturelles et intellectuelles fort méprisantes à l'égard de ces attirails profanes.

B

LE THÉÂTRE RELIGIEUX AU MOYEN ÂGE

1 Le paradoxe des origines

Un premier paradoxe marque l'acte de naissance du théâtre médiéval : alors que les Pères de l'Église condamnaient le théâtre antique, c'est au sein de celle-ci que se développe le « drame liturgique », précédant ainsi de plus d'un siècle son petit frère profane. Cette expression, d'ailleurs fort peu médiévale, rend compte néanmoins des sources liturgiques des premiers drames, quelques siècles seulement avant que le parlement de Paris, en 1548, n'interdise la représentation des mystères.

Condamné par le clergé avant de naître dans le sanctuaire, puis condamné de nouveau par les catholiques et les protestants, le théâtre médiéval entretint tout au long du Moyen Âge des rapports ambigus et conflictuels avec l'Église. Instrument de propagande et d'édification du peuple avant d'apparaître comme un dangereux

La condamnation des mystères. «Tant que les dicts jeux ont duré, le commun peuple dès 8 à 9 heurs du matin [...] délaissait sa messe paroissiale, sermon et verpres, pour aller ès dicts jeux garder sa place, et y estre jusqu'à cinq heures du soir. [...] Tant les entrepreneurs que les joueurs sont gens ignares, artisans mécaniques, ne sachant ni A ni B, qui oncques ne furent instruicts ni exercez en théâtres et lieux publics à faire tels actes, et davantage n'ont langue diserte [...] ni aulcune intelligence de ce qu'ils dient ; tellement que le plus souvent [...] font d'un interrogant un admirant, ou autre geste, prolation ou accent contraires à ce qu'ils dient, dont souvent advient dérision ou clameur publicque dedans le théâtre même, tellement qu'au lieu de tourner à édification leur jeu tourne à scandale et dérision.» (Extrait du réquisitoire du procureur général du parlement de Paris contre le projet de représentation du *Mystère du Vieil Testament* par les Confrères de la Passion en 1541. Cité par Sainte-Beuve en 1828, dans son *Tableau historique et critique de la poésie et du théâtre français au XVIe siècle.*)

corrupteur des âmes, il ne mit pas longtemps à sortir de l'espace clos de l'église et à délaisser le latin pour s'affranchir du carcan ecclésiastique. Pour comprendre l'art dramatique de cette période, il faut par conséquent remonter à ses sources, afin d'observer comment, au cours des siècles, il s'ouvre sur la ville et ses habitants, prêt désormais pour l'élaboration d'une véritable dramaturgie fondée sur une mise en scène de plus en plus soignée.

La naissance du théâtre dans l'église

On a longtemps cru que le théâtre médiéval était né des ***tropes*** ; en fait, cela n'est que partiellement vrai ; il semble en effet nécessaire de remonter beaucoup plus loin dans le temps, jusqu'au sermon de Noël «du Pseudo Augustin» (IIIe siècle) qui contenait une psalmodie chantée sur un ton spécial et entra dans la liturgie dès la fin du VIIIe siècle. Cette psalmodie, dite *Prophétie de la sibylle Érythrée,* fut bien vite améliorée, embellie, mais aussi «représentée», donnant ainsi lieu au drame des douze prophètes.

Tropes : (du grec *tropos,* forme, tournure de phrase, devenu *tropus* en latin) Terme aux sens multiples qui désigne ici de courts poèmes chantés, utilisés dans la liturgie comme commentaires du texte biblique. Certains, comportant de brefs dialogues, prirent de l'ampleur et donnèrent finalement naissance, semble-t-il, au drame liturgique.

Cela dit, il faut effectivement attendre le Xe siècle pour observer une véritable dramatisation du culte. Le trope de la messe du matin de Pâques *Quem quaeritis in Sepulcro* connaît alors des développements dramatiques en France, puis en Angleterre et en Allemagne : des religieux jouent le rôle des anges et de Marie-Madeleine, et, peu à peu, de nouveaux épisodes et personnages voient le jour, jusqu'à donner lieu dans certains cas à un *Ludus Paschalis,* tel celui relaté dans la ***Regularis Concordia*** de saint Ethelwold.

Regularis Concordia (Anglicae Nationis Monachorum Sanctimonaliumque) : ce texte écrit vers 965-975 par le bénédictin anglais saint Ethelwold, évêque de Winchester, nous offre la première description précise et analytique du drame liturgique de Pâques, imité de l'usage du *«Quem quaeritis in Sepulcro»,* à Fleury-sur-Loire et à Gand.

À l'occasion des fêtes pascales, on jouait aussi le drame des pèlerins d'Emmaüs (le *Peregrinus*) et celui de la descente aux Enfers. Un peu plus tard semble-t-il, la liturgie de Noël devint à son tour l'occasion de développements dramatiques, avec l'*Officium Pastorum,* dans lequel interviennent les bergers, l'*Ordo Prophetarum,* représentant la procession des prophètes, etc. Le procès du Christ, sa montée au calvaire et sa mort sur la Croix lors de l'office pascal, l'annonce aux bergers, la naissance à Béthléem et les présents des Mages lors de celui de Noël, constituaient autant de «morceaux de choix» au fort potentiel dramatique. Joués tout d'abord en latin et par des religieux dans l'enceinte de l'église, ils échappaient au regard des fidèles, qui ne furent pas tout de suite autorisés à y assister ; mais le clergé comprit bien vite la valeur didactique de tels drames. Les lieux de l'action furent donc précisés ainsi que la chronologie des événements, avant que le latin ne cède la place à la langue vulgaire, moyen de propagation du savoir nettement plus efficace.

Les premières représentations : de l'église à la place publique et du latin au français

L'église prêta tout d'abord son architecture aux drames qui s'y déroulaient : elle figurait parfois le Temple de Jérusalem, mais certaines parties de l'édifice, prises séparément, jouaient aussi un rôle spécifique. Les unes, comme le chœur, étaient connotées positivement ; d'autres étaient tour à tour positives ou négatives, telle la partie ouest tournée vers le couchant, qui représentait l'enfer ou le lieu de la Résurrection ; enfin, certains éléments du décor pouvaient prendre une valeur dramatique : l'autel notamment symbolisait le sépulcre.

Pourtant, peut-être en raison de l'ampleur croissante de la mise en scène, le drame se joua bientôt *devant* l'église. Le décor fut donc modifié, même si l'on reprit quelques éléments de la « mise en scène » antérieure comme le *platea*, plateau surélevé que l'on plaçait au milieu de la nef.

Une telle rupture eut bien sûr de multiples conséquences matérielles, linguistiques et sociales : complexité croissante des moyens techniques, changement d'acteurs (les clercs, hommes cultivés et universitaires, remplacent les moines et les prêtres), et changement de langue (des passages en langue d'oc apparaissent au XIe siècle dans le ***Sponsus***). Enfin, en sortant de l'église et en s'ouvrant à la cité, son peuple et son langage, le drame devint plus qu'une simple réactualisation de la Passion, de la Nativité ou de la procession des Mages : il se transforma aussi, peu à peu, en moyen d'expression privilégié des classes urbaines.

Le Sponsus, ou Drame de l'époux : drame liturgique anonyme inspiré de la parabole des vierges sages et des vierges folles (Évangile de saint Matthieu, XXV, 1-13). Son unique manuscrit conserve une notation musicale, mais son intérêt vient surtout de son bilinguisme (47 vers en latin, et 40 en occitan), qui fait de lui le premier drame conservé comportant des passages en langue vernaculaire. (Éd. en fac-similé, B. Gillingham, Ottawa, 1987).

Le Jeu d'Adam, ou les ambiguïtés du premier grand drame religieux de langue française

Le *Jeu d'Adam,* conservé dans un manuscrit du XIIIe siècle sous le titre *Ordo reprensacionis Adae,* est le plus ancien drame religieux en français que nous possédions. D'auteur inconnu, mais sans doute rédigé par un clerc anglo-normand au XIIe siècle, il fut peut-être le premier à se dérouler *devant* l'église, même si cette hypothèse est désormais fortement remise en question.

Joué apparemment en Angleterre, il prouve combien l'Europe forme au Moyen Âge un tout homogène pour le théâtre religieux. Celui-ci est en effet une institution chrétienne, et le mouvement de vulgarisation théologique qui pousse le clergé à s'ouvrir au public de la cité dépasse très largement les frontières françaises. Il n'est donc pas étonnant de retrouver en milieu anglo-normand notre premier drame en langue vulgaire, puisque le théâtre, des deux côtés de la Manche, naît des tropes et sort peu à peu de la liturgie.

Le *Jeu* remonte dans la première partie jusqu'au péché originel, à la manière des futurs mystères du XVe siècle. La deuxième partie, plus courte, évoque le meurtre d'Abel par Caïn, avant que la troisième et dernière, mutilée, ne cède la place à une procession de prophètes annonçant la venue du Messie. Profondément cohérent, le *Jeu d'Adam* met donc en scène la chute d'Adam et Ève, qui appelle la rédemption, puis la mort d'Abel, qui préfigure celle du Christ dans l'esprit des médiévaux, et finit sur les prophéties annonçant sa venue.

Outre cette vision eschatologique de l'histoire de l'humanité, la pièce vaut par la manière, encore timide, dont l'auteur essaie d'insuffler à ses personnages une certaine épaisseur psychologique : Ève, coquette, se laisse flatter par les compliments du Malin, alors que le « malheureux » Adam, trop influençable, ne sait pas lui résister. Ainsi, tout en restant proche du dogme, fidèle au latin (pour les didascalies* notamment), et respectueux des textes sacrés (certaines expressions sont tirées de la *Genèse,* et les parties chantées par le chœur sont des textes liturgiques en latin), l'auteur a su prendre quelque indépendance et marquer son souci de la mise en scène par de nombreuses rubriques (toujours en latin !) où sont fournies des indications sur le décor, le jeu, etc.

2 Le miracle

Le miracle en tant que genre théâtral se développe essentiellement à la fin du XIIIe et au XIVe siècle. Il se définit formellement par sa brièveté, une mise en scène assez simple (on relève par exemple peu de didascalies*) et l'usage de l'octosyllabe. Il s'agit chaque fois d'un petit drame faisant appel à l'intervention d'un saint. L'un des plus célèbres est le *Jeu de saint Nicolas,* œuvre ambiguë dont nous reparlerons au chapitre suivant. Dans la plupart des cas cependant, le saint concerné est en fait une sainte : la Vierge Marie, qui témoigne de l'atmosphère pieuse et « mariolâtre » régnant en France au XIIIe siècle.

Les confréries médiévales : au Moyen Âge, ce sont des fraternités se plaçant sous la protection d'un saint, chargé d'intervenir en leur faveur le jour du Jugement dernier. Apparues au XIIIe siècle, elles se multiplient au XIVe siècle et se réunissent une fois par an, lors de la fête de leur « patron ». Ce « siège, » ou « Puy », est l'occasion pour elles d'un concours de poésies ou d'une représentation théâtrale. Les pièces jouées sont le plus souvent des miracles en l'honneur du saint patron. Saint Nicolas fut par exemple le héros d'un jeu célèbre, représenté, précise le prologue, la veille de sa fête. Il arrive aussi que ces organisations se spécialisent dans le théâtre ; c'est le cas des Confrères de la Passion de Paris, qui obtiennent de Charles VI en 1402 le privilège de jouer les mystères dans la capitale et ses environs.

Piété mariale et préoccupations profanes

Les miracles sont moins spectaculaires que les mystères et développent une piété essentiellement mariale, ainsi qu'en témoignent la plupart des titres : « De un prévost que Notre Dame délivra », « De un enfant que Notre Dame ressuscita », « De une femme que Notre Dame garda d'être arse [brûlée] »... Les dialogues y sont entrecoupés de longues et nombreuses prières à la Vierge (au détriment bien sûr de l'action), et la structure dramatique manque souvent de variété : certaines scènes semblent inévitables (accouchements, emprisonnement, exécutions...), et Marie, toujours compatissante et miséricordieuse, intervient immanquablement pour sauver un pauvre pécheur n'ayant pas faibli dans sa foi.

Les auteurs de miracles ont pourtant le mérite d'exprimer les craintes et les aspirations d'un public souvent humble et populaire : « De un marchand et un larron », « De la nonne qui laissa son abbaïe »... mettent en scène de simples gens qui ne brillent ni par leur rang ni par leur vertu ; ces « anti-héros » renvoient donc au public l'image de sa propre faiblesse dans un rapport que l'on pourrait qualifier de cathartique*, et posent le problème de l'identification du spectateur au protagoniste*.

Les « Miracles de Notre Dame par personnages » : ces 40 miracles sont regroupés dans le manuscrit Cangé. Ils furent représentés entre 1339 et 1382 au Puy des Orfèvres, à Paris, lors des réunions annuelles de la confrérie du même nom.

Gautier de Coinci (1177-1236) : prieur de Vic-sur-Aisne, il est l'auteur d'un recueil de *Miracles de Notre-Dame* où il exprime avec talent et sensibilité une vision de Marie comme médiatrice de l'homme, chargée d'intercéder pour lui auprès de son fils le jour du Jugement dernier. Ces textes narratifs sont en outre précédés de chansons à la Vierge.

Le *Miracle de Théophile,* vision et miroir de la nature humaine

Le *Miracle de Théophile* fut composé vers 1260, et constitue le premier ***miracle par personnages*** que nous ayons conservé du XIIIe siècle. Rutebeuf s'y inspire d'un miracle narratif de ***Gautier de Coinci*** illustrant les malheurs du pauvre clerc Théophile, coupable d'avoir vendu son âme au diable afin de récupérer une charge ecclésiastique dont son évêque l'a injustement privé. Touché bientôt par le repentir, il implore la Sainte Vierge, qui, bien entendu, intervient, trompe Satan, et lui rend le pacte.

L'histoire, simple et linéaire, reflète assez bien le style de ces miracles ; en 663 vers, Rutebeuf dresse le portrait d'un homme pécheur, faible et faillible, que le repentir élève au rang de saint malgré son passé plutôt chargé. Théophile, aux yeux du public, devient ainsi le symbole même de la nature humaine. Il en possède le penchant pour la gloire et l'orgueil, mais peut aussi se transformer en figure exemplaire. Pour les spectateurs venus assister nombreux aux déboires de Théophile, la pièce prend donc des allures d'***exemplum***. Face au spectacle, ils ne sont pas seulement les observateurs passifs et complaisants du malheur des autres ; ils font au contraire retour sur eux-mêmes et prennent conscience de leurs propres faiblesses.

Ces œuvres restent cependant bien souvent amusantes : les épisodes scabreux ne manquent pas (une religieuse enceinte par exemple), et l'auteur n'hésite pas à se moquer des clercs gourmands ou débauchés. Le diable même, qui est objet de crainte lorsqu'il menace le salut de Théophile, peut devenir une source de rires et de plaisir quand il se fait flouer par la Sainte Vierge ; car le Moyen Âge reste avant tout l'époque du refus des clivages et de la confusion des genres comique et religieux.

L'exemplum au Moyen Âge : c'est à l'origine un texte en latin inséré dans leurs sermons par les prédicateurs. Il s'agit le plus souvent d'une anecdote édifiante, destinée à étayer un discours de type moralisateur et à retenir l'attention du public tout en l'instruisant. En français, le côté anecdotique l'emporte sur le côté moralisateur, mais sans l'éliminer complètement.

Du miracle au mystère : de la crainte au rire ?

Il est fort difficile aujourd'hui d'apprécier l'effet produit par les œuvres religieuses sur les spectateurs. Entre le XIIIe et le XVIe siècle, les mentalités évoluèrent et les gens devinrent moins impressionnables ; d'autre part, les réactions du public parisien et du public provincial divergeaient sans doute considérablement : on constate en particulier la disparition quasi totale des ***diableries*** à Paris après le XVIe siècle, alors qu'elles perdurèrent en province au XVIIe et même au XVIIIe siècle.

Les diableries désignent au Moyen Âge les mystères faisant intervenir des diables, et, plus précisément, les intermèdes à vocation comique qui y sont intercalés et durant lesquels les démons se déchainent.

L'exemple du diable peut, encore une fois, aider à mieux comprendre cette évolution. À l'origine, le démon a pour fonction d'édifier des âmes. Figure la plus effrayante de ce théâtre, il habite l'enfer, mansion toujours très soignée et dont l'entrée consiste en une « gueule » rouge, béante, et crachant peut-être des flammes sur la scène. Présent dès le *Sponsus,* où il remplit sa mission de base : emporter en enfer l'âme du défunt, il réapparaît dans le *Jeu d'Adam,* puis dans presque toutes les pièces à vocation religieuse. Cependant, au fur et à mesure de l'extension des diableries, l'effroi semble diminuer pour laisser place au rire et à la joie.

Dès le *Miracle de Théophile,* on est surpris par les paroles de la Vierge, qui, en menaçant de « fouler la pance » du Malin, confère à ce dernier une dimension assez dérisoire ; le geste n'est pas encore joint à la parole, mais on imagine sans peine les effets de scène tirés des confrontations ultérieures entre les anges et les démons, les premiers rossant les seconds sous les yeux des spectateurs hilares ! De même, chaque mystère exploite la présence du diable (mais aussi d'un ressuscité parfois), pour placer dans la bouche de celui-ci une description des Enfers et des supplices des damnés, véritable morceau d'éloquence où la verve l'emporte sur le désir de faire peur.

Peu à peu, le démon devient donc une source d'effets comiques : victime des ruses des anges ou de la Vierge, battu et humilié sur la scène, il n'inspire plus la crainte ; son langage cru et grossier suscite les rires, et sa présence est surtout prétexte à l'usage des machineries chères au public. Ses dénominations mêmes (Cachodémon, Hur, Béhémot, Belbérith...) contribuent au burlesque, sous la plume d'auteurs qui s'en donnent à cœur joie : le diable édifiant des débuts du théâtre religieux s'est ainsi transformé, en moins de deux siècles, en un véritable bouffon qui, ironie du sort, sera l'une des principales causes de l'interdiction des mystères par le parlement de Paris.

3 Le mystère

Au XIVe, et plus encore au XVe siècle, les mystères se multiplient et prennent en quelque sorte le relais des miracles, qui poursuivent alors un lent déclin. Généralement centrés sur la Passion du Christ, ils n'hésitent pas à remonter au péché originel, dans une perspective eschatologique déjà présente au sein du *Jeu d'Adam*. Ils retracent ainsi l'histoire de l'humanité de la Genèse à la Rédemption, au cours de représentations s'étalant sur plusieurs jours, voire plusieurs mois. Le *Mystère du Vieux Testament,* joué à Paris vers 1500, compte par exemple près de 50 000 vers et celui de Jean Michel, 30 000, les plus « courts » tournant autour de 2000 vers. Quant aux personnages, ils sont pléthore : 190 pour le seul *Mystère de la Passion de Semur* ! Précisons toutefois qu'un même acteur peut jouer plusieurs rôles.

Passion d'Arnoul Gréban : c'est la plus célèbre des *Passions* médiévales. Écrite vers 1450, elle se déroule sur quatre jours et retrace l'histoire de la Rédemption, depuis le procès en paradis de justice et miséricorde jusqu'au baiser de paix échangé après la résurrection de Jésus. (Éd. O. Jodogne, 2 vol., Bruxelles, 1965 et 1983.)

Ces œuvres sont monumentales en raison de leur longueur, de la durée de leur représentation (quatre journées pour le ***Mystère de la Passion d'Arnoul Gréban,*** et vingt-cinq pour celui de Valenciennes, en 1547), mais aussi de l'importance de la mise en scène : le *Mystère de la Passion joué à Mons* en 1501 nécessita par exemple 70 mansions. On imagine sans peine l'impact de tels spectacles et leur place dans la vie publique : ils font désormais partie intégrante de la cité, et se rendent indispensables lors de toute fête nationale (mariage princier, venue d'un personnage important) ou religieuse (fête du calendrier liturgique, fête patronale…).

Les conflits entre spectacle et religion

À la source des mystères, il y a tout à la fois l'histoire biblique et les impératifs du genre théâtral; pour relater le long parcours menant de la chute originelle à la Rédemption, les auteurs font en effet appel à leur culture religieuse, mais aussi à une mise en scène spectaculaire tirant parti de tous les « effets spéciaux » imaginables : il s'agit pour eux d'édifier le spectateur tout en captivant son attention par des moyens bien profanes.

Au cours de ces longues journées de représentation, la seule relation de l'histoire canonique ne suffit plus ; on joue donc des farces lors des intermèdes, mais on enrichit également le canevas du mystère par des épisodes empruntés aux textes apocryphes et des anecdotes peu orthodoxes mais amusantes. L'histoire ne varie guère – et pour cause ! – et le texte est souvent emprunté à d'autres auteurs célèbres (Gréban, Jean Michel…) ; en Angleterre comme en France, ce sont donc les conditions de jeu, c'est-à-dire la langue, le décor et les machineries qui fondent l'originalité de l'œuvre et suscitent l'intérêt. La légende, de plus en plus, fait de l'ombre au religieux, ce qui n'est pas du goût de la hiérarchie ecclésiastique ; impuissante, elle assiste bientôt à la concurrence du spectacle et de la religion, dans un conflit dont le premier sort très vite vainqueur.

Et pourtant, les auteurs sont conscients de ces contradictions. Dans les prologues, de fréquentes mises en garde invitent les spectateurs à surmonter l'étape de la « vision » pour atteindre celle de la « compréhension » : il faut en effet percevoir le sens religieux présent derrière les faits sans se laisser aveugler par la richesse des costumes et la perfection des effets de scène. Mais l'efficacité de telles mises en garde reste douteuse…

Le problème de la représentation du sacré : l'exemple de la figure divine

La représentation du sacré est l'autre grande difficulté à laquelle se heurtent les médiévaux. En effet, même si l'Incarnation les « autorise » en quelque sorte à représenter le divin, et bien que le théâtre ne fasse que suivre l'exemple de l'iconographie, un pas supplémentaire est alors franchi. « Dieu est invisible ; Moïse le dit dans la Bible », affirme l'un des bourreaux du Christ dans la *Passion de Semur* ; peut-on malgré tout le mettre en scène ?

Dès le début du *Jeu d'Adam,* on perçoit l'embarras de l'auteur, qui fait apparaître Dieu sur scène mais se contente de le nommer « Figura », comme s'il lui semblait impossible de « dire Dieu ». De plus, « Figura » évoque dès les premiers vers la création de l'homme, « formé à [son] semblant » : l'auteur essaie-t-il ainsi de justifier le fait qu'un homme joue le rôle du Père ?

Quoi qu'il en soit, les solutions adoptées pour représenter Dieu sont différentes suivant les époques : jusqu'au XIVe siècle, Il est assimilé à son Fils, et certainement figuré sous les traits d'un jeune homme ; mais à la fin du Moyen Âge, sans doute par référence au *Livre de Daniel* qui Le présente comme « l'Ancien des jours », Il adopte le profil d'un vieillard. Qu'en est-il donc au théâtre ? Il est difficile de le savoir ; mais dans cette évolution même transparaissent les doutes et les interrogations des médiévaux, à la fois désireux de représenter des sujets sacrés et conscients de frôler l'hérésie à chaque instant. Par respect du silence de l'Évangile à ce sujet, ils prennent d'ailleurs soin de ne pas mettre en scène la Résurrection. Cependant, après le XVe siècle, il ne reste plus grand chose de leurs scrupules, et le spectacle prime définitivement sur la religion.

Primauté de la dimension esthétique… et déclin des mystères

À la fin du Moyen Âge, l'image théâtrale prend une importance croissante, et le désir de création esthétique prime sur le respect du dogme. A l'inverse même, le théâtre religieux remet en question l'un des principes fondateurs de celui-ci : il faut croire sans voir. Les dramaturges choisissent en effet de privilégier la dimension *visuelle et esthétique,* en acceptant au passage que le public néglige le sens second de l'œuvre.

La représentation théâtrale, en prenant son indépendance et en devenant « fin en soi », bouleverse les données habituelles. C'est ainsi que la Vierge éperdue remplace dans l'imagerie chrétienne celle dont la peine était intériorisée (pensons en particulier à la tradition du ***Stabat Mater***). Sans doute pour mieux correspondre aux lois du genre théâtral, sa douleur s'exprime de manière à être visible pour le public, et la Vierge, immobile, s'écroule désormais sous le poids du chagrin.

Stabat Mater : *Stabat Mater Dolorosa, juxta crucem, dum pendebat Filius*, sont les premiers vers du poème écrit au XIIIe siècle par Jacopone da Todi sur la douleur de la Vierge. Fidèle à la tradition chrétienne, il souligne le chagrin, mais aussi le courage de Marie, droite et digne malgré sa douleur.

Ce soin apporté à la mise en scène et aux « effets spéciaux » entrait pour une grande part dans la popularité du mystère, qui perdura d'ailleurs en Angleterre bien au-delà du XVIe siècle ; mais le mystère français, en faisant la part belle aux diableries* et aux épisodes profanes, en développant les rôles de soudards, d'hôteliers, et autres métiers « comiques », en mêlant de plus en plus intimement le sérieux et le grotesque et en prenant ses aises à l'égard du dogme, entraîna sa propre condamnation.

Les protestants dénoncèrent ce théâtre prétendument religieux mais farci de références apocryphes, et les catholiques, notamment le curé ligueur ***Boucher***, lui imputèrent les malheurs de la France en cette fin de siècle ; quant aux élites nobles et savantes, l'imprimerie leur permit de redécouvrir les pièces des Anciens, et elles dédaignèrent bientôt les mystères. Ce théâtre savant, truffé de citations et de références religieuses et profanes, apparut paradoxalement comme un théâtre populaire et devint un objet de mépris pour les classes supérieures de la société : les auteurs apprirent ainsi, à leurs dépens, que l'on ne brouille pas impunément les frontières du profane et du sacré.

Boucher (Jean) : (v. 1548 - v. 1645) recteur de l'académie de Paris et curé de Saint Benoît, il fut l'un des instigateurs de la Ligue et de l'assassinat de Henri III. Il fut aussi l'un des principaux détracteurs du théâtre des mystères, coupable à ses yeux de mêler à des sujets religieux des épisodes comiques et profanes.

La Pastourelle au Moyen Âge: elle relève de la poésie lyrique et relate la rencontre entre le poète et une bergère, dans une atmosphère le plus souvent printanière et érotique. L'aspect brutal de son désir contredit le discours du poète, et permet de détourner les règles de la «*fine amor*». Cette chanson de rencontre amoureuse associe dialogues et parties narratives, d'où sa possible «théâtralisation».

Le «fabliau» au Moyen Âge: la visée première du fabliau est de faire rire, malgré la présence fréquente d'un épilogue vaguement moralisateur. Il fait appel pour cela à des motifs populaires (adultères, duperies), traités sur un mode souvent obscène et scatologique. Le public visé est pourtant celui de l'aristocratie, comme le montrent les railleries à l'égard des vilains. Ces fabliaux, transmis oralement ou par écrit, sont un creuset de motifs et de thèmes pour les jongleurs et les auteurs de théâtre comique.

Les «monologues dramatiques»: très appréciés au Moyen Âge, ils contribuèrent à la création de certains types comiques tels que le valet vantard (Cf. *Watelet de tous mestiers*). Dans le plus célèbre d'entre eux, le *Franc Archier de Baignollet,* écrit vers 1480, l'auteur critique la milice des francs-archers du roi Charles VII en traitant le protagoniste à la manière du *Miles Gloriosus* des Latins.

Les «sermons joyeux» sont une variante du monologue comique, et connaissent leur plus grande popularité entre 1450 et 1520. Il s'agit le plus souvent de textes hagiographiques en l'honneur de saints fictifs : sainte Andouille, saint Hareng ou encore saint Ognon.

C

LE THÉÂTRE COMIQUE AU MOYEN ÂGE

1 Du théâtre profane au théâtre comique

Contrairement à son homologue religieux dont les origines liturgiques sont clairement établies, le théâtre profane émerge d'un brouillard d'incertitudes. La principale difficulté tient sans doute au petit nombre de textes conservés antérieurs au XIIIe siècle, maigre échantillonnage obligeant bien souvent le chercheur à se perdre en conjectures: le théâtre profane est-il «l'enfant illégitime» du théâtre religieux dont il aurait développé les épisodes plus anecdotiques ? Est-il plutôt le descendant des comédies latines ? Est-il au contraire la mise en scène d'œuvres littéraires telles que les ***fabliaux*** ou les ***pastourelles***** ? Il est difficile de trancher en l'état actuel de nos connaissances.

C'est pourquoi, plutôt que de rechercher des sources toujours fuyantes, il semble plus judicieux d'en rester au XIIIe siècle, afin de comprendre pourquoi et dans quelles conditions ce théâtre émerge, deux cents ans après son «grand frère» religieux et plusieurs décennies seulement après le développement du roman et de la poésie.

L'omniprésence du théâtre au Moyen Âge

Si le théâtre apparut tardivement, c'est peut-être, paradoxalement, parce qu'il était omniprésent. Tandis que les jongleurs exploitaient les textes littéraires en faisant appel à leurs talents de chanteur et de mime, ils assumaient en quelque sorte une fonction «dramatique*», masquant et palliant tout à la fois l'absence d'un véritable genre théâtral non religieux. Chansons de geste, ***fabliaux*** étaient pour eux autant de spectacles potentiels dont les répliques et discours pouvaient donner lieu à une théâtralisation; à tel point que certaines œuvres, tels les «***monologues dramatiques***» et les «***sermons joyeux***», demeurent aujourd'hui ambiguës et bien difficiles à classer.

Il ne viendrait à l'esprit de personne aujourd'hui de ranger la *Chanson de Roland* parmi les genres théâtraux; pourtant, on y trouve une abondance de dialogues dont la récitation – passage obligé de cette littérature – amenait le jongleur à jouer avec sa voix et à en modifier la puissance, le timbre et le débit pour s'adapter au personnage dont il énonçait le discours ou la réplique. Bien plus, les jongleurs, quand ils déclamaient le texte, s'exprimaient par leurs regards, leurs postures, et leur «semblance», pour reprendre ici un terme médiéval. Le roman, riche en dialogues, bénéficiait tout naturellement de ce «traitement», et les textes poétiques n'étaient pas en reste, puisqu'il existait notamment des chansons de rencontre amoureuse dans lesquelles intervenaient plusieurs locuteurs. Quant à la «chantefable» d'*Aucassin et Nicolette,* elle fait alterner les parties lyriques et les parties dialoguées et fut peut-être jouée.

Un mouvement de dramatisation semble donc au XIIIe siècle affecter toute la littérature; Jean Bodel notamment, auteur du *Jeu de saint Nicolas*, rédige quelque temps plus tard ses *Congés*, poésie originale et touchante dans laquelle, atteint de la lèpre, il dit adieu à ses amis arrageois. Or, Michel Zink a pu relever dans ces vers une forte théâtralisation du « moi » : Bodel se met en scène avec réalisme et, par un usage récurrent de l'antiphrase, implique une distance entre lui-même et le « je » du poème. Il se découvre donc tout en adoptant le masque de l'antiphrase, dans un va-et-vient entre duplicité et subjectivité que ne renierait pas un acteur.

La « théâtralisation » du « je » poétique est peut-être une étape vers l'émergence d'un théâtre profane ; de même, la « mise en spectacle » du texte écrit fait appel à un talent de mime proche de celui de l'acteur. Mais mimer n'est pas jouer, et le fait même qu'un seul jongleur endosse plusieurs voix prouve, s'il en était besoin, qu'une forte distance demeure entre lui et son personnage. Interprètes de talent, les jongleurs sont peut-être le chaînon manquant qui mène des mimes latins au théâtre ; ils ne peuvent occulter cependant la faible influence des Anciens sur celui-ci, ainsi que sa profonde nouveauté.

Théâtre profane ou théâtre comique ?

Le Moyen Âge connaissait mal Plaute et Térence, et prenait généralement ce dernier pour un philosophe. C'est sans doute pourquoi nous ne possédons qu'une quinzaine de comédies imitées de ces deux auteurs. Datant du XIIe siècle et encore très dépendantes de leurs modèles antiques, elles n'ont que peu d'intérêt dramatique, hormis peut-être une certaine recherche dans la peinture des femmes et des relations entre maître et valet. Sans influence sur le théâtre médiéval, elles ne furent certainement pas jouées, et montrent surtout que le XIIIe siècle ignorait les notions dramatiques des Grecs et des Latins, notamment l'opposition entre tragédies et comédies.

Pour les médiévaux, il n'existe au départ que des œuvres sacrées ou profanes, où se pratique d'ailleurs allègrement le mélange des tons. Mêler le « sublime » et le « grotesque » n'est alors ni étonnant ni blasphématoire. Le clergé, bien entendu, n'est pas toujours de cet avis, mais les laïcs ne jugent pas contradictoire l'inclusion de disputes ou de scènes de taverne dans des œuvres traitant de sujets religieux.

Cela est particulièrement frappant dans les « jeux » du XIIIe siècle. Contrairement aux farces* et sotties* du XVe siècle, qui relèvent sans conteste du genre comique et multiplient les scènes bouffonnes, ils sont complexes et difficiles à classer. Le *Jeu de saint Nicolas* est sans doute l'un des plus « retors » : écrit par Jean Bodel dans les premières années du XIIIe siècle, il suit de peu le *Jeu d'Adam*, dont nous avons déjà relevé les ambiguïtés. Comme ce dernier, il traite un sujet religieux, mais prend soin de réduire la part de merveilleux au minimum. Il lui préfère le réalisme et la vraisemblance, à tel point que l'apparition de saint Nicolas au voleur Pincedé, moment central de la légende, y ressemble plus à une vision provoquée par un excès de boisson qu'à un miracle !

La taverne : la taverne est un endroit fort apprécié des auteurs arrageois. Lieu par excellence de l'excès et de la débauche, elle est aussi celui de l'exhibition et du « jeu », aux sens classique et théâtral du terme. Elle y apparaît souvent comme un *microcosme de la cité*. Présente dans le *Jeu de saint Nicolas*, dans *Courtois d'Arras* et dans le *Jeu de la feuillée*, elle permet à l'auteur des « effets de réel » mais se veut aussi reflet déformé et assombri de l'homme. Ce reflet est-il exact pourtant ? Et y a-t-il une identification possible entre les bourgeois d'Arras qui assistent au spectacle et les truands du *Jeu de saint Nicolas* ? Le citadin peut-il se reconnaître en Courtois d'Arras, paysan un peu simplet ? Comme toujours, le rapport scène-salle est complexe et, en l'absence de renseignements précis sur la composition du public, il convient de juger avec prudence d'une quelconque valeur édifiante de ces pièces.

L'indispensable « bonne ville » d'Arras

Arras est une étape incontournable du parcours théâtral et constitue au XIIIe siècle le plus grand centre de création d'Europe. Le *Jeu de saint Nicolas* y voit le jour dans la première moitié du siècle, suivi bientôt par le *Jeu de Robin et Marion* et le *Jeu de la feuillée*. Or, cette floraison subite fait apparaître la nécessité d'une vie urbaine prospère pour que naisse un théâtre profane de qualité. Là où n'existaient peut-être que quelques pièces amusantes et sans recherche dramatique véritable, trois chefs-d'œuvre voient le jour, sous l'impulsion sans doute d'un public de banquiers et de commerçants appartenant à la bourgeoisie arrageoise.

Courtois d'Arras : écrit dans le premier quart du XIIIe siècle en dialecte picard, le *Jeu de Courtois d'Arras* offre, comme le *Jeu de saint Nicolas,* une vision pittoresque de la vie arrageoise. On a longtemps pensé qu'il s'agissait là d'un drame à plusieurs personnages ; on le considère plutôt désormais comme un simple monologue dramatique récité par un jongleur.

Les pièces nées dans ce contexte ont en commun des origines littéraires : ***Courtois d'Arras*** est un apologue dramatisé fondé sur la parabole de l'enfant prodigue ; le ***Jeu de Robin et Marion*** ressemble à une *pastourelle* théâtralisée ; le *Jeu du garçon et de l'aveugle,* dont nous ne possédons qu'un fragment de 265 vers, présente les caractères d'un fabliau ; bref, les auteurs ont manifestement puisé leurs sujets dans un fonds littéraire connu de l'élite urbaine, adaptant également le ton de leurs pièces aux goûts plus raffinés de celle-ci.

Jeu de Robin et Marion : pastourelle dramatisée d'Adam de la Halle ; légèrement postérieure au *Jeu de la feuillée*, elle est aussi un peu plus courte (780 vers) et inclut des divertissements musicaux chantés et dansés.

L'espace urbain exerce sur le théâtre une influence profonde ; or, voici qu'apparaît de nouveau le rôle capital de la prospérité des villes, peut-être seule capable de permettre aux jongleurs l'accession à un statut plus « protégé » et, en un mot, à une « profession ». Pour qu'il y ait émergence du théâtre, il faut la présence d'une classe moyenne aisée et désireuse de se faire entendre à travers lui ; c'est sans doute pourquoi tous deux connaissent une même croissance, subissant la même traversée du désert lors de la guerre de Cent Ans et reprenant vigueur au XVe siècle, lorsque la civilisation urbaine se développe de nouveau.

2 Sotties, moralités et farces

Le XIVe siècle profite aux miracles et consacre l'apparition des mystères*, mais le moins qu'on puisse dire est qu'il ne réussit pas au théâtre profane. Victime de la guerre de Cent Ans, il semble s'endormir pour un siècle, avant que le « prince charmant », sous les traits fort prosaïques de la renaissance urbaine, ne vienne le tirer de sa torpeur. Quant aux jongleurs, ils subissent de plein fouet le déclin de leurs nobles protecteurs, et se regroupent en une corporation régulière au début du siècle.

Basoche : terme par lequel on désignait le personnel subalterne des tribunaux (huissiers, greffiers, avocats débutants, etc.). Ces « basochiens » organisaient à l'occasion de leurs fêtes des représentations théâtrales en public dont ils étaient à la fois les auteurs et les acteurs. Ils cultivaient tous les genres dramatiques profanes : sermon joyeux, moralité, sottie et farce.

Ce sommeil est cependant trompeur, puisque des spectacles populaires et parodiques tels que la « fête des fous » se multiplient alors dans les villes, favorisant bientôt la création de troupes d'écoliers dans les collèges et de troupes de « ***basochiens*** » dans les milieux juridiques. Dans la plupart des grandes villes de province, autour des collèges et des parlements, naît donc une certaine forme d'expression dramatique, qui, sous l'impulsion de la croissance urbaine, permet au milieu du XVe siècle l'apparition d'un théâtre profane populaire et de vastes spectacles regroupant, par ordre d'entrée en scène : la sottie, la moralité, puis la farce.

Les confréries carnavalesques. « Leurs références dominantes sont la jeunesse et la folie, leurs noms souvent les conjuguent : Enfants-sans-souci de Paris, compagnie de la Mère folle de Dijon, Gaillardous de Chalon-sur-Saône, abbaye des Conards de Rouen, abbaye de Malgouvern de Mâcon... [...] Du seul fait qu'elles n'existent que pour la fête et que celle-ci se confond avec leurs faits et gestes, ces confréries carnavalesques ont un double effet. D'abord elles ne cessent d'affiner l'expression du carnaval, [...] de le déployer en forme d'allégories écrites, peintes, jouées. Ensuite, et dans un sens quelque peu inverse, elles captent les nouveautés, elles privilégient les surprises [...]. À travers le spectacle répété de ses jeunes sots [...] la cité rayonne, assoit sa réputation sur les brillantes folies de son carnaval. » Daniel FABRE, *Carnaval ou la fête à l'envers,* Gallimard, 1992, p. 60.

De la fête des fous à la Sottie

En 1210, le pape Innocent III condamne comme «jeux insensés» les fêtes se déroulant dans l'église et durant lesquelles les membres de la hiérarchie cléricale renoncent à leurs attributs. Danses et sermons bouffons qui ont lieu à l'intérieur du sanctuaire, afin sans doute de servir d'exutoire aux diacres trop turbulents, doivent désormais en sortir. Cette «fête des fous» inspirée de la *libertas decembrica* des païens s'appuyait pourtant sur un verset du *Magnificat*: *«Deposuit potentes de sede, et exaltavit humiles»,* où s'exprime la «folie» du Christ. Mais cette caution évangélique ne suffit pas, et, au XIIIe siècle, les jeux de l'église quittent le sanctuaire et envahissent la cité.

Les différents métiers sont les premiers à maintenir dans les rues la tradition du carnaval et des ***saturnales***, avant que les sociétés joyeuses, dont le chef est souvent appelé « abbé » ou « prince des Sots », ne président à ces réjouissances. Spectaculaires, elles sont peut-être à l'origine de notre théâtre comique, et notamment de la sottie. Comme la fête des fous, celle-ci inverse les rôles et donne la parole à ceux qui en sont d'habitude privés ; on retrouve aussi chez l'une et l'autre une ambiance quelque peu délirante : gestes désordonnés, incohérences de l'action et jeux verbaux ; tout cela concourt à « mettre le spectateur en condition », puisque la sottie est aussi l'œuvre liminaire des longs spectacles profanes.

Saturnales : ce terme désigne des fêtes en l'honneur de Saturne célébrées dans l'Antiquité romaine, et durant lesquelles maîtres et esclaves se retrouvaient sur un pied d'égalité.

Cela dit, la sottie est peut-être avant tout le moyen d'expression favori des collégiens et des basochiens. Dotés d'institutions bouffonnes à l'image de celles du royaume, les milieux scolaires s'approprient le genre et lui insufflent leur esprit et leurs structures. La première d'entre elles, intitulée *Moralité faite en* ***foulois*** *pour le chastiement du monde,* a notamment pour cadre un cours magistral, et les pièces adoptent souvent, de manière parodique, la forme d'une séance de tribunal. Derrière le rire, la scatologie, la fatrasie ou les obscénités, la satire n'est donc jamais loin, et confère à ce théâtre une portée plus profonde qu'il n'y paraît de prime abord.

« Foulois » (ou « lourdois » : langage de la fête et de la sottie, fondé sur des jeux de mots et des inventions verbales; il évoque pour nous le genre de la « fatrasie », qui est au Moyen Âge un mode de langage proche du non-sens, fondé sur l'incohérence des rapprochements verbaux.

Propos légers et pensée profonde: condamnation et disparition de la sottie

La sottie n'a pas l'apanage du sot, mais elle l'utilise différemment; car elle fait de lui le censeur lucide de la société, qui remet en cause les politiques (conseillers du roi, favorites, régentes…) et la hiérarchie ecclésiale. C'est du moins la visée du *Jeu du prince des sots,* écrit par le Normand Pierre Gringore au début du XVIe siècle: fort critique à l'égard du pape Jules II représenté en Mère-Sotte, l'auteur y prend fait et cause pour le roi Louis XII.

> ***Le personnage du Fou.*** « Le sot est chauve, comme le *Mimus calvus* du théâtre populaire latin; sa calvitie est cachée par un bonnet dit «chaperon à fol», «chaperon à oreilles d'âne», qui rappelle le bonnet que portaient les clercs à la fête de l'Âne et évoque pour nous la coiffure conique des clowns. Le costume du sot est fait d'un pourpoint court avec des cahutes collantes et il s'agrémente de grelots ; par-dessus le costume, une longue robe. Les sots s'habillent en jaune et en vert, le jaune symbolisant la gaieté à cause du parfum du safran tenu pour hilarant, et le vert se référant soit au renouveau du Printemps (les Sotties se jouent particulièrement lors des fêtes de Carnaval), soit à la couleur des habits liturgiques de Pentecôte, où souffle l'esprit.» (André Tissier, *La Farce en France de 1450 à 1550,* SEDES, Paris, 1976, p. 16.)

En faisant du fou le représentant des idées qu'il défend, les auteurs restent fidèles à l'esprit évangélique qui, au Moyen Âge, voit dans le sot une incarnation de la sagesse et du bon sens politique. Mais il profite aussi de l'impunité conférée au personnage par sa folie et son déguisement. Le théâtre se transforme ainsi en un moyen de propagande qui n'est pas toujours du goût des dirigeants. Malgré l'exemple de Louis XII, et bien que le roi soit en général épargné, François Ier fait donc interdire les sotties jusque dans les collèges, tandis que le Parlement multiplie les arrêts contre la basoche.

La moralité

Moralité de Bien avisé, Mal avisé : cette moralité religieuse regroupe 59 personnages et 8000 octosyllabes. Écrite dans la première moitié du XVe siècle, elle oppose le parcours de Bien advisé, engagé sur le « chemin de Salvation » et qui finit entre les bras de Bonne Fin, à celui de Mal advisé, qui se perd sur le chemin des vices puis échoue en enfer. (Éd. W. Helmich, *Moralités françaises*. Réimpr. fac-similé de 22 pièces allégoriques imprimées aux XVe et XVIe siècles, Genève, 1980, t. 1).

La moralité apparaît semble-t-il au XIVe siècle, bien que le terme lui-même voie le jour en 1427. Fort populaire en France et en Angleterre, elle substitue aux personnages traditionnels des allégories et des abstractions : la Mort, l'Amitié, la Parenté, les Bonnes Œuvres et la Confession tiennent ainsi les rôles principaux dans la *Moralité de Tout-Homme*. Par leur biais, la pièce sert un projet politique ou religieux avec plus ou moins d'ambition : courte, elle se contente d'une intrigue modeste et de quelques centaines de vers ; longue, elle aspire en revanche à une *vision globale de l'univers* et se rapproche du Mystère. Moins spectaculaire que celui-ci, mais plus variée dans ses thèmes, elle présente en effet le même caractère monumental : 22 000 vers pour la *Moralité de l'homme pécheur*, et 8000 pour celle de ***Bien avisé, Mal avisé.***

Lors des longs spectacles comiques du Moyen Âge, la moralité fait souvent suite à la sottie, fort peu respectueuse des politiques et du clergé. Un tel rapprochement semble donc étonnant, d'autant plus que la sottie traite son sujet de manière souriante et loufoque, tandis que la moralité, plus grave, adopte le style austère et fort rhétorique des disputes d'école. Pourtant, au-delà de ces divergences, toutes deux présentent des personnages allégoriques et sont critiques à l'égard des pouvoirs en place ; c'est pourquoi elles ont en commun une mise en scène figurative : décor, costumes et accessoires y sont porteurs de sens, au détriment parfois du spectacle ; en Angleterre notamment, les Moralités troquent les *pageants* itinérants pour un échafaud unique, immobile, et beaucoup moins spectaculaire.

La moralité, souvent rébarbative à nos yeux, joue pourtant un grand rôle dans l'histoire du théâtre. En accordant moins de place au spectacle, à la richesse des costumes et aux « effets spéciaux », elle vise en effet l'intelligence du spectateur plus que ses yeux et oblige l'auteur à s'intéresser davantage à la psychologie humaine : parler d'amitié, de beauté ou de compassion, c'est déjà analyser les qualités et défauts de chaque homme. En quelque sorte, pour reprendre ici la formule d'Émile Legouis, « la moralité, même religieuse, prépare le drame à s'émanciper de la religion. » (*Histoire de la littérature anglaise,* tome 1, Hachette, 1965, p. 183.)

La farce

Étudier la farce revient souvent dans un premier temps à l'opposer à la sottie. Genres « phares » du théâtre comique au XVe siècle, elles se distinguent en effet par deux traitements opposés de la réalité : la sottie use de symboles et choisit une mise en scène figurative tandis que la farce vise à la vraisemblance et au mimétisme. Plus proche du réel, elle met en scène des personnages ayant tous un

L'origine du mot « farce » : l'étymon « officiel » du mot farce est le bas-latin *farsa* qui signifie « jargon ». Pensons en particulier à la célèbre scène 5 de la *Farce de Maistre Pierre Pathelin*, lorsque celui-ci s'amuse à parler en limousin, puis en picard, en flamand, en normand, etc. Pourtant, ce procédé reste une exception, et la farce n'exploite que très peu les faux dialectes ; elle leur préfère le latin de cuisine, les jeux de contraste entre styles bas et précieux, et aime à jouer avec les mots, en prenant par exemple une expression populaire au pied de la lettre : on imagine aisément le parti qu'un auteur pouvait tirer de « prendre des vessies pour des lanternes » ! C'est pourquoi les rapprochements de B. Rey-Flaud entre le mot « farce » et les étymons « fars » (rembourrage) et « fart » (maquillage) semblent si pertinents. Tous deux en effet montrent combien la farce appartient à l'univers de la tricherie et des faux-semblants, et s'amuse bien souvent à renverser les valeurs : l'épouse domine son mari, les religieux sont débauchés...

métier, un nom et une famille, et offre ainsi un tableau relativement fidèle du quotidien médiéval. Moins satirique que la sottie, la farce aime d'ailleurs à susciter le rire en *caricaturant le réel*: les coups, les disputes et les tromperies de toutes sortes sont chez elle autant de ressorts comiques « faciles » et répétés, mais dont l'effet est assuré.

La farce est souvent l'ultime volet de la trilogie commencée par la sottie et la moralité; c'est peut-être pour cela qu'elle n'a pas les visées politiques et religieuses de ses deux consœurs: son but est plutôt de faire rire le spectateur afin de le renvoyer chez lui satisfait. Ne soyons donc pas étonnés si la morale ne dépasse pas le bon sens populaire d'un dicton, ou si les jeux de scène priment sur l'intrigue. L'auteur, obligé de « faire court » (la longueur d'une farce oscille entre 300 et 500 vers), évite en effet les retournements de situation et fait démarrer l'action sans préambule; c'est la vivacité qui tient alors lieu de complexité, avant qu'une absence de dénouement ne vienne clore le tout.

La farce ne se préoccupe guère de mettre en œuvre une construction dramatique complexe, et réduit au minimum le nombre des personnages (entre 2 et 5) et celui des mansions (3 ou 4 en général). Pourtant, il existe des œuvres telles que la *Farce de Maistre Pierre Pathelin,* longue de 1600 vers, ou celle du *Poulier à six personnages,* qui n'ont plus grand chose à voir avec les simples parades fondées sur un ou deux jeux de scène et de mots. De plus, on note au sein de ces pièces un certain respect de la symétrie, à la fois sur scène, où deux mansions se font généralement face, et dans le texte, fréquemment encadré par deux chansons.

En fait, Barbara Bowen a clairement montré que la farce était un véritable genre, avec ses propres conventions: « Conventions du thème qu'on sait d'avance, des caractères qu'on reconnaît, du déroulement prévu de l'action. Tout cela (lui) donne son homogénéité en tant que genre, et son caractère éternel. » (B. Bowen, *op. cit.*, p. 82) Sans aller jusqu'à parler d'une esthétique, la farce mérite donc assurément plus qu'une définition « négative » par opposition aux autres genres comiques ; sa qualité réside dans la saveur d'un dialogue travaillé et stylisé pour « passer la rampe » (enchaînements, effets d'attente, répétitions...). Moins dangereuse aux yeux des dirigeants que la sottie, elle sut mieux résister au temps et aux arrêts du Parlement; mais on peut voir aussi dans cette continuité la preuve d'un succès mérité, fondé sur le refus des stéréotypes et un goût prononcé pour le réel et le quotidien.

En guise de conclusion: de la farce à la comédie... Au XIIIe siècle, le terme *comœdia* désigne les pièces en vers latins inspirées de Plaute et Térence, ayant peu influencé les dramaturges médiévaux et sans grand intérêt dramatique. Au XIVe siècle en revanche, le mot « comédie » apparaît pour la première fois dans la langue française, afin de désigner des pièces dont le dénouement est heureux. La confusion grandit dans certains manuscrits de la fin du Moyen Âge, où l'on appelle « comédies » de véritables farces telles que celle de *Maistre Pathelin,* tandis que l'*Amphitryon* de Plaute reçoit l'appellation de *farsa*! Pourtant, à partir du siècle suivant, les humanistes rejettent toute comparaison entre la farce et la comédie. Dans son *Art poétique,* Thomas Sébillet affirme ainsi que « la farce retient peu ou rien de la comédie latine » (livre II, chapitre 8) ; quant à Du Bellay, il considère que la farce a « usurpé l'ancienne dignité » de la comédie latine. Malgré certaines confusions persistantes dans les termes (Cf. en 1549, Robert Estienne traduit dans son *Dictionnaire* le mot farce par *comœdia ou mimus*), les élites s'acharnent donc à distinguer clairement les deux genres, afin que la farce, tant sur les scènes de théâtre que dans le lexique, cède la place à la comédie française.

Document commenté

Le martyre de sainte Apolline

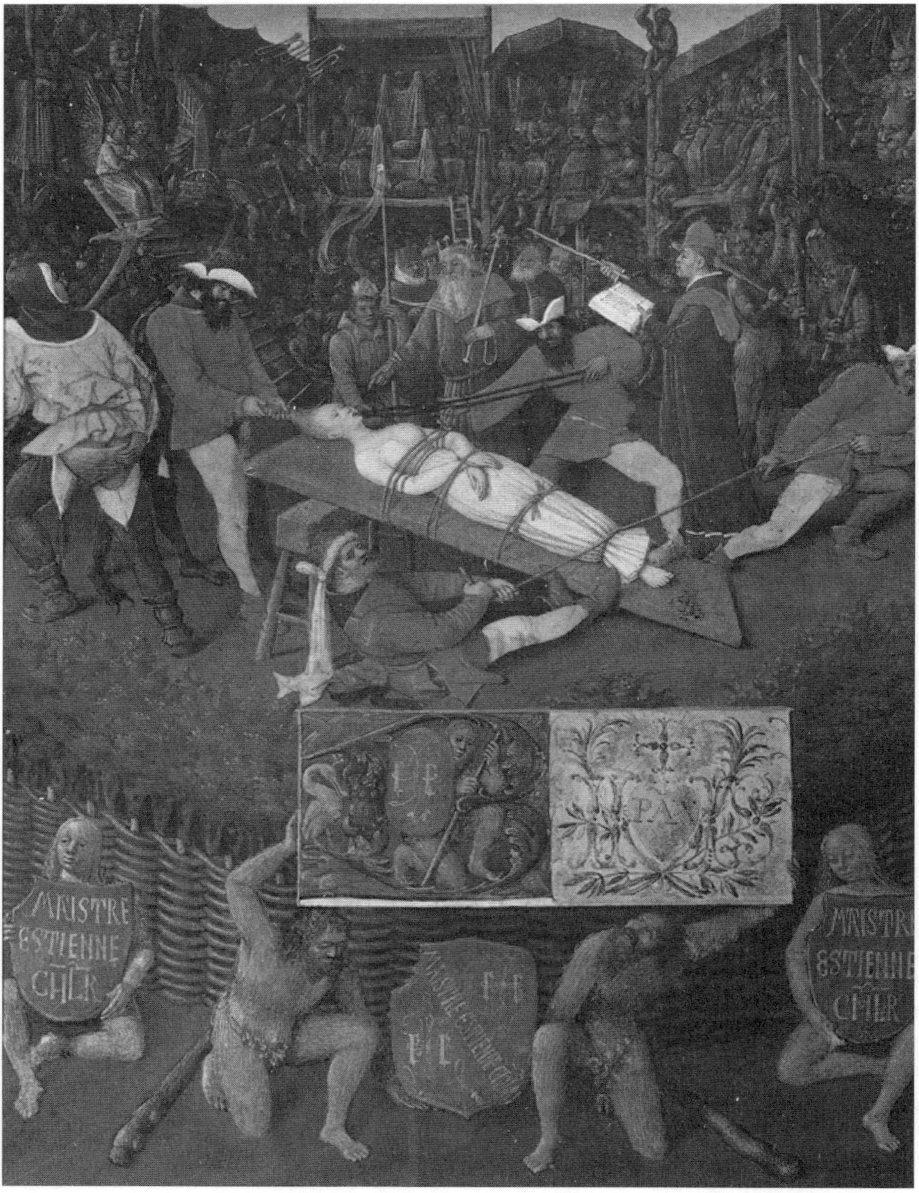

Miniature du livre d'heures d'Étienne Chevallier, peinte par Jean Fouquet vers 1460.

REMARQUES PRÉLIMINAIRES : LES OBJECTIFS

Évidents dès le premier abord :

- *une représentation théâtrale religieuse au Moyen Âge ;*
- *une mise en scène dans un théâtre circulaire.*

Apparents dans un second temps :

- *la présence du fou au sein d'une scène de martyre ;*
- *la disposition anarchique des spectateurs ;*
- *un sens de la perspective qui pose problème.*

1 - PRÉSENTATION DU DOCUMENT

Le document présenté se trouve dans le livre d'heures d'Étienne Chevallier, exposé au musée Condé à Chantilly. Il est également reproduit dans quelques ouvrages sur le théâtre médiéval : *Études d'histoire du théâtre,* de Gustave Cohen, Paris, Gallimard, 1956 ; *L'Espace théâtral médiéval,* d'Élie Königson, éd. du CNRS, 1975.

La nature de la source

Le livre d'heures d'Étienne Chevallier est, du point de vue artistique, l'œuvre la plus importante de Jean Fouquet. Il fut exécuté peu après son retour d'Italie, vers 1453. On y ressent fortement, tout au long des 47 enluminures qui le composent, l'influence de la première Renaissance italienne et la volonté de l'auteur d'en adapter les formes au nord des Alpes. Notre document fait partie d'un sous-ensemble de miniatures consacrées aux martyres (on y trouve également ceux de saint Pierre, saint André, sainte Catherine…). Cela dit, le *Martyre de sainte Apolline* est le seul qui soit présenté à l'intérieur d'un théâtre, d'où son intérêt pour nous.

L'auteur

Jean Fouquet, miniaturiste et peintre français, naquit à Tours vers 1425. Artistiquement parlant cependant, sa « naissance » date plutôt des années 1440, lorsqu'il se rendit en Italie, s'arrêtant sans doute à Rome, Naples, puis Florence. Nous ne connaissons pas grand-chose de son œuvre antérieure, si ce n'est le portrait de Charles VII au Louvre, grandeur nature. En revanche, nous conservons de nombreux témoignages postérieurs, dans lesquels Fouquet opère la synthèse entre la culture française gothique et l'empirisme nordique d'une part, et la perspective italienne d'autre part. C'est pourquoi son traitement de l'espace est très original, juxtaposant au sein de notre livre d'heures des intérieurs flamands et de vastes paysages ouverts et lumineux.

La position de l'auteur et la qualité de l'œuvre

À la lumière de ce que nous venons de dire, il sera bien entendu indispensable de nous interroger sur la qualité et la valeur « historique » d'une telle reproduction. En particulier, il faudra examiner jusqu'à quel point les règles de la perspective sont ici respectées, dans la mesure où Jean Fouquet, initié à celles-ci, demeurait un homme du Nord proche des enlumineurs flamands.

Le caractère exceptionnel de cette miniature, la seule où l'auteur choisit une scène de théâtre comme cadre du martyre, peut laisser penser que Fouquet était présent lors de la représentation ; néanmoins, n'oublions pas *l'originalité* de l'artiste, qui, comme on l'a vu, offre de l'espace une vision qui lui est propre : son but n'est pas tant d'être fidèle à la réalité que de nous donner son regard personnel sur le spectacle, quitte à substituer peut-être à la mise en scène dramatique une mise en scène picturale !

En résumé, sachons garder notre esprit critique et analyser le document pour ce qu'il représente, mais aussi pour la manière dont il le représente. Méfions-nous des conclusions hâtives, et n'hésitons pas à aller rechercher par ailleurs des documents, iconographiques ou non, qui puissent corroborer l'hypothèse d'une mise en scène circulaire.

2 - ANALYSE

Les éléments clefs du document à dégager:

- une scène où la grandeur du martyre côtoie la bouffonnerie des personnages;
- des mansions et des costumes reproduits fidèlement;
- un théâtre dans lequel public et acteurs semblent sur un même plan;
- un édifice apparemment convexe, mais un sens de la perspective encore « médiéval ».

3 - MISE EN PLACE DU DOCUMENT

La mise en scène et la figuration de l'espace scénique

En ce qui concerne ces deux aspects, on pourra s'appuyer sur le livre d'Élie Königson, qui s'intéresse aux différents modes de mise en scène au Moyen Âge, mais aussi au théâtre en tant qu'édifice, avec ses mansions, ses décors et son public. Plus ancien, mais toujours intéressant, l'article de Gustave Cohen sur « L'évolution de la mise en scène dans le théâtre français » (qui figure dans ses *Études d'histoire du théâtre, op. cit.*, pp. 43 à 59), présente lui aussi divers types de mises en scène médiévales, et permet une étude d'ordre comparatif.

Ces deux ouvrages ont le mérite d'adopter un point de vue essentiellement dramaturgique, laissant de côté les textes pour se concentrer sur leur mise en spectacle. En outre, ils montrent bien que la diversité des modes de représentation n'est pas de nature chronologique, nous incitant donc à rejeter toute tentative d'explication dont la perspective serait diachronique.

La crédibilité de l'image

Nous insistons particulièrement sur ce point, car il met en lumière la nécessité de « critiquer » le document, de crainte de lui faire dire tout et n'importe quoi. L'iconographie médiévale n'obéit pas aux lois de la photographie, et nous oblige à restituer l'image à commenter dans son contexte artistique.

Pour ce faire, on pourra se référer au livre de Jan Bialostocki, sur *L'Art du XVe siècle,* alliant à l'intérêt des analyses le plaisir de magnifiques reproductions en couleur (La Pochothèque, 1993).

4 - EXPLICATION

L'espace est une notion théâtrale essentielle au Moyen Âge, qu'il s'agisse de l'aire de jeu ou de l'espace urbain. Pour expliquer le document, nous avons donc choisi une approche qui tienne compte de cet aspect, et décidé de suivre un mouvement centrifuge:

- étude de la scène (c'est-à-dire à la fois de l'espace scénique et de l'action qui s'y déroule);
- étude de l'espace qui entoure la scène (gradins, mansions, public...) ;
- étude enfin de l'édifice théâtral, et notamment de sa circularité.

a/ La scène médiévale

1 ~ Description

Au milieu du champ, Apolline est liée sur une planche, tandis que les bourreaux accomplissent leur office: l'un d'eux lui arrache la langue avec des tenailles, un autre lui tire les cheveux, et les deux derniers lui ligotent les jambes. Devant elle se trouvent l'empereur Decius, un héraut et, à l'arrière-plan, un juge, un vieil homme, et des soldats porteurs de hallebardes.

2 ~ Spectacle et cruauté

Cette scène de martyre attire notre attention sur *la cruauté des spectacles médiévaux*, qui font la part belle aux scènes de supplice. Pensons aux mystères de la Passion où les bourreaux du Christ occupent le devant de la scène, mais aussi aux «corps feints», mannequins que l'on substituait à l'acteur au dernier moment par un jeu de trappes, et dont s'échappait le sang. Soucieux de réalisme, les médiévaux n'hésitaient d'ailleurs pas à engager de véritables bourreaux (Cf. l'article de Raymond Lebègue sur «Un bourreau à la Passion d'Arles», *Études sur le théâtre français*, tome 1, éd. Nizet, Paris, 1977).

La récurrence de la cruauté alliée à un tel souci de vraisemblance indique une certaine fascination du Moyen Âge pour la douleur. Friands d'exécutions capitales, les spectateurs se complaisent à observer les supplices des martyrs. Cependant, au-delà de cette interprétation «sadique», il faut sans doute comprendre ces tortures comme autant d'éléments reliant le théâtre à la notion de *sacrifice liturgique,* ce qui nous ramène aux origines religieuses du drame et à son caractère édifiant: si le public éprouve un certain plaisir devant la douleur, c'est peut-être pour mieux s'en repentir et faire ensuite retour sur lui-même.

3 ~ Le mélange des genres

Les réactions complexes du public médiéval face à la souffrance sont à l'image des ambiguïtés de ce théâtre: de même que violence et douleur ne sont pas univoques et font naître la peur ou le rire, les œuvres de l'époque optent pour le mélange du sublime et du grotesque.

Ce choix apparaît ici clairement, puisque le personnage du fou, sur la gauche, témoigne son mépris à la sainte en baissant sa culotte; ce geste étonnant au sein d'une scène de martyre permet à l'auteur de juxtaposer le rire et la crainte, et montre combien les actes les plus admirables peuvent être traités sur un mode dérisoire. Faire preuve de réalisme, c'est en effet restituer le supplice de la façon la plus fidèle qui soit, tout en rendant compte de la réalité dans toutes ses dimensions: tragique et comique, sublime et dérisoire; si la sainte souffre sous les yeux d'un bouffon, c'est aussi parce que le monde n'est pas réductible à une définition simple.

b/ Autour de la scène

1 ~ Les mansions médiévales

Ce document corrobore l'hypothèse, bien établie à présent, de la juxtaposition des mansions dans le théâtre médiéval. De gauche à droite, on observe: 1 - le paradis (surélevé): Dieu est entouré d'anges et deux autres sont à ses pieds. Ils sont placés en haut d'un escalier par lequel ils pourront descendre sur Terre. 2 - le palais de l'empereur Decius: on remarque en effet un trône vide, avec deux personnages assis de chaque côté. Là encore, une échelle permet de relier ce lieu à la scène. 3 - l'enfer: la gueule d'enfer, béante et gardée par un diable, est au niveau du sol; au premier étage se trouvent d'autres diables de couleur dorée.

■ Notons: la symétrie entre le paradis et l'enfer, les liens matériels assurant la cohérence de l'espace scénique (mansions et scène proprement dite), et l'espace séparant l'enfer des autres mansions (lieu tabou mis symboliquement à l'écart?).

2 ~ Désordre et mouvement

L'espace qui entoure la scène présente une disposition anarchique: le public se masse un peu partout sans qu'il soit toujours possible de le distinguer des acteurs, et les loges des spectateurs alternent avec les lieux de l'action. Entre le palais et l'enfer par exemple, deux loges se font suite, abritant chacune des spectatrices (on remarque notamment deux femmes coiffées du hennin dans la première et de simples bourgeoises à coiffure plate dans la suivante). Au premier niveau, excepté sous l'enfer, d'autres spectateurs sont entassés.

■ Notons : la volonté du peintre de traduire l'impression de *masse* et de *mouvement* ; les spectateurs se mêlent à l'action et aux acteurs, et la scène tout entière suggère une intense activité.

3 ~ Un théâtre en musique

À gauche, coincés entre le paradis et le palais, prennent place les musiciens. On distingue un orgue, mais aussi des joueurs de trompettes et de buccins. Il s'agit là du « silete », qui complète le spectacle visuel par un accompagnement sonore.

■ Notons : le meneur de jeu, placé au milieu du champ, qui dirige l'orchestre de sa baguette et tient à la main son livret de musique. De nouveau, grande cohérence entre la scène et les mansions.

c/ Un théâtre circulaire ?

1 ~ Les problèmes de perspective et les contre-exemples

Les historiens de l'art soutiennent la théorie selon laquelle « Fouquet ne renonce pas [...] à souligner sa propre indépendance, en employant une perspective curviligne particulière qui semble projeter les images contre des surfaces légèrement convexes » (*Encyclopédie de l'art,* la Pochothèque, 1991). Une telle assertion est bien entendu déroutante pour l'historien du théâtre, qui peut y voir un argument à l'encontre de la croyance en un théâtre en rond au Moyen Âge : la circularité de l'édifice ne serait pas un reflet de la réalité, mais une façon propre à Fouquet de mettre en scène ses miniatures.

En outre, nous possédons d'autres reproductions de l'époque (notamment une miniature de H. Caillot), dans lesquelles le décor consiste en une juxtaposition des différentes mansions face au public, « étalées » devant un mur de fond de scène. Que faut-il en penser ?

2 ~ Vers une confirmation de l'hypothèse d'un théâtre circulaire ?

En fait, il semble que plusieurs types de mises en scène coexistent au Moyen Âge. On sait, en effet, que des représentations théâtrales avaient lieu dans d'anciens amphithéâtres romains, comme à Bourges par exemple, c'est-à-dire dans des lieux circulaires. De plus, l'existence de théâtres en rond est parfaitement attestée en Angleterre, où les archives, les textes et les documents iconographiques mentionnent ou figurent fréquemment des édifices, sinon circulaires, du moins polygonaux. L'exemple le plus fameux est celui de la *Moralité du château de Persévérance,* jouée vers 1425, dont le manuscrit est conservé à la Folger Shakespeare Library de Washington D.C. : on peut y admirer un plan de la mise en scène ne laissant aucun doute quant à la circularité du lieu.

En ce qui concerne les problèmes de perspective, nous renvoyons pour leur élucidation à l'ouvrage d'Élie Königson : celui-ci a montré, schémas à l'appui, que le théâtre peint par Fouquet n'était pas seulement convexe mais formait sans doute un cercle complet, bien que le miniaturiste ait été obligé d'en supprimer un segment afin de rendre la scène visible pour le lecteur.

Il semble donc que l'on puisse confirmer ici l'hypothèse d'un théâtre circulaire, tout en veillant à ne pas la généraliser : le Moyen Âge est avant tout un moment de variété et de diversité dramatique, tant par les sujets traités que par leur mise en spectacle.

5 - INTÉRÊT DU DOCUMENT

- présenter une scène de martyre où les aspects sublimes et grotesques se mêlent ;
- restituer l'ambiance mouvante et désordonnée d'une représentation médiévale ;
- reproduire un schéma de mise en scène où les mansions se côtoient ;
- nous inciter à envisager les différents modes de représentations d'un spectacle de l'époque (théâtre en rond, scène frontale...) tout en nous faisant réfléchir sur la validité d'un tel document iconographique au Moyen Âge.

Documents proposés

Une représentation de farce dans les Flandres

Peinture de Pieter Balten.

Comprendre le document et ses centres d'intérêt

- un des rares documents sur une représentation de farce au Moyen Âge : alors que nous sommes aujourd'hui bien renseignés sur la mise en scène des mystères et des miracles, nous ne possédons que fort peu d'indications sur celle des pièces comiques, d'où l'intérêt de ce tableau pour l'historien du théâtre. Signalons en outre le document iconographique reproduit dans *Théâtre en France au Moyen Âge* de Gustave Cohen (tome II, p. 59), où l'on voit une scène de bateleur vendeur de drogues ;
- une peinture détaillée du tréteau et des accessoires de la mise en scène : quelques planches surélevées par rapport aux spectateurs forment la scène de théâtre, sur laquelle sont disposées une table et une chaise ; elle est fermée dans le fond par un rideau derrière lequel se trouve le souffleur (ou « entremetier »). La pièce où se trouve l'« entremetier » semble également abriter d'autres accessoires et tenir lieu coulisses pour les acteurs au repos ;
- une scène de farce typique : le peintre a reproduit fidèlement une scène de farce, en présence de ses trois (et sans doute uniques) personnages : le mari cocu, l'épouse infidèle et le moine paillard et glouton attablé devant un bon repas.

Présenter le document

- l'auteur : Pieter Balten (vers 1525-1598), un peintre flamand peu connu du XVIe siècle ;
- le théâtre : décrire en quelques mots l'échafaud et la scène ;

– la scène : commenter brièvement le retour inattendu (sauf pour le public !) du mari trompé dissimulé dans la hotte d'un porteur d'eau, qui découvre sa femme entre les bras d'un moine;
– la fête : montrer comment le peintre a cherché à restituer une ambiance populaire, en situant l'échafaud au milieu d'une foule en mouvement et d'un grand désordre.

Mettre en place le document

– contexte dramatique : présenter et définir la farce (dans la forme : brièveté, simplicité et réalisme; et dans le fond : thèmes et personnages de la vie quotidienne, femmes infidèles, maris jaloux, moines débauchés, etc.);
– contexte historique et géographique : le milieu du XVIe siècle dans les Flandres. Entre Moyen Âge finissant et Renaissance qui se fait attendre (particulièrement dans les campagnes et le nord de l'Europe), montrer le décalage croissant entre le monde des villes et de la cour, d'une part, et celui des paysans, d'autre part : alors que les milieux intellectuels et les élites culturelles redécouvrent le théâtre des Anciens et réclament de nouvelles règles dramatiques, le peuple reste attaché à la farce et au mystère;
– contexte « politique » : une popularité toujours vérifiée des thèmes farcesques, peu dangereux pour le pouvoir et le clergé, alors que les sotties, condamnées par les instances politiques, se font de plus en plus rares ;
– contexte « immédiat » : une kermesse paysanne en plein air : insister sur l'originalité mais aussi la liberté de ce théâtre, joué en l'absence de toute contrainte matérielle et de tout édifice spécifique.

Construire le plan

Puisque nous sommes placé ici devant un document iconographique, il semble intéressant et logique de choisir un plan adapté au mouvement centrifuge du regard sur la toile : partant de la description et de l'analyse de la scène de théâtre, nous pouvons donc élargir ensuite notre champ de vision à l'édifice lui-même, avant d'apprécier dans sa globalité la scène représentée.

Autrement dit, voici quel pourrait être le mouvement de notre étude :

– étude de la farce : un petit nombre de personnages vus dans un contexte quotidien et familier, la simplicité d'une intrigue « classique » (le mari, l'épouse et l'amant) et un « comique de situation » apprécié et attendu par le public (le retour à l'improviste de l'époux surprenant sa femme sur les genoux du moine);
– analyse des conditions de jeu au « Moyen Âge » : simplicité de l'échafaud et modestie des moyens mis en œuvre;
– un théâtre « ouvert » sur le monde et sur le réel : un échafaud disposé en plein air, le contexte d'une fête populaire et une scène empruntée à la vie quotidienne : trois éléments-clés d'un théâtre réduisant au maximum la distance entre le monde de la fiction et celui de la réalité.

Le drame liturgique de pâques

Pour célébrer en cette fête le mise au tombeau de notre Sauveur et fortifier la foi du vulgaire ignorant et des néophytes, en imitant le louable usage de certains religieux, nous avons décidé de le suivre... Dans une partie de l'autel où il y aura un creux, soit disposée une imitation du Sépulcre et qu'un voile soit tendu tout autour... Que s'avancent deux diacres portant la croix et qu'ils l'enveloppent dans un linceul, puis l'emportent en chantant des antiennes... jusqu'à ce qu'ils parviennent au lieu du sépulcre et y déposent la croix comme si c'était le corps de Notre Seigneur qu'ils ensevelissaient... Que, dans ce même endroit, soit gardée la Sainte Croix jusqu'à la nuit de la Résurrection...

Au jour saint de Pâques, avant matines, les sacristains enlèveront la croix pour la placer dans un lieu approprié. Tandis que se récite la troisième leçon, quatre moines s'habillent, dont l'un, revêtu d'une aube, entre, comme occupé d'autre chose et gagne secrètement le Sépulcre, où, tenant en main une palme, il s'assied silencieux. Au troisième répons, surviennent les trois autres, enveloppés de dalmatiques, portant l'encensoir, s'approchant pas à pas du Sépulcre, à la façon de ceux qui cherchent quelque chose, car tout ceci se fait pour représenter l'ange assis au tombeau et les femmes venant oindre le corps de Jésus. Lorsque donc celui qui est assis aura vu approcher ceux qui semblent perdus et cherchent, qu'il entonne à voix sourde et douce le *Quem quaeritis* ; celui-ci chanté jusqu'à la fin, les trois répondent à l'unisson « Jésus de Nazareth », et il leur est répliqué : « Il n'est pas ici ; il est ressuscité comme il l'avait prédit. Allez et annoncez qu'il est ressuscité d'entre les morts. » Obéissant alors à cet ordre, que les trois moines se retournent vers le chœur, disant : « Alléluia, le Seigneur est ressuscité ! »

Cela dit, celui qui est assis leur récite cette fois, comme pour les rappeler, l'antienne : « Venez et voyez le lieu », et, ce disant, il se dresse, lève le voile, leur montre le lieu privé de la croix et où ne restent que les linges dans lesquels celle-ci avait été enveloppée. Ayant vu cela, ils déposent dans le même sépulcre les encensoirs qu'ils ont apportés, prennent le linceul, l'étendent vers le clergé, comme pour montrer que le Seigneur est ressuscité, puisqu'il n'y est pas enveloppé, et ils chantent l'antienne : « Le Seigneur est ressuscité du Sépulcre », plaçant ensuite le linceul sur l'autel. L'antienne terminée, l'abbé, se réjouissant du triomphe de notre Roi qui, ayant vaincu la mort, ressuscita, entonne l'hymne : *Te Deum laudamus*, et, dès qu'il a commencé, toutes les cloches sonnent à la fois.

Saint Ethelwold, *Regularis Concordia*, vers 965-970.

(Texte original dans E. K. Chambers, *The Medieval Stage*, Oxford, Clarendon Press, 1903, traduit par Gustave Cohen, dans *Études d'histoire du théâtre*, Paris, Gallimard, 1956.)

Comprendre le document et ses centres d'intérêt

- la première description complète du cérémonial de l'office des Matines de Pâques (l'auteur décrit ici en particulier la visite des trois saintes femmes au tombeau le matin de la Résurrection) ;
- une théâtralité encore timide mais indiscutable : l'acte de naissance de l'art dramatique ?
- une preuve de l'origine pascale du drame liturgique.

Présenter le document

- l'auteur : saint Ethelwold (908-vers 1006), bénédictin anglais et évêque de Winchester. Avec Dunstan et Oswald, il contribua à la réforme de la règle bénédictine en Angleterre ;
- le texte : *La Regularis Concordia (Anglicae Nationis Monachorum Sanctimonaliumque)* : règle rédigée pour les religieux anglais dans la seconde moitié du xᵉ siècle. Il s'agit en fait de l'imitation d'un usage du *Quem quaeritis in Sepulchro* de l'abbaye de Fleury (à Saint-Benoît-sur-Loire) ;
- le thème : la Visitation ; c'est là un très vieux thème iconographique de l'art chrétien, que l'on trouve illustré dès le vᵉ siècle sur le feuillet d'ivoire du musée de Munich ; son ancienneté et sa popularité prouvent l'importance de la Résurrection pour le dogme chrétien ;
- la source : British Museum ; Ms Cotten Tiberius A, III, du xᵉ siècle.

Mettre en place le document

– contexte historique : entre 965 et 975; le théâtre émerge alors de la liturgie et les premiers drames de l'Église apparaissent en Angleterre et en France. Plus généralement, le Xe siècle est aussi l'une des époques les plus sombres du monachisme anglais : le système féodal se développe (ce qui pousse les fils de famille sans vocation à s'engager en religion) et l'Église se sécularise, entraînant ainsi dans le clergé un déclin intellectuel et moral ;

– contexte géographique : l'Angleterre et, plus fondamentalement, un pays de rite romain où l'usage des tropes peut donner lieu à une théâtralisation (par opposition notamment à certaines régions du centre et de l'ouest de l'Espagne, de rite mozarabe, où la non-utilisation des tropes explique – en partie du moins – l'absence quasi totale d'art dramatique avant la *Célestine*) ;

– contexte « immédiat » : à l'aube, durant l'office des matines de Pâques et en présence des fidèles.

Construire le plan à partir des contraintes suivantes (qui ne constituent pas le plan en soi)

– l'utilisation dramatique de l'espace ecclésial ;

– le respect des contraintes *esthétiques et matérielles* (date, acteurs, costumes, accessoires, gestes, etc.) ;

– un « spectacle » joué, chanté et récité ;

– la volonté d'instruire le peuple : un drame liturgique et didactique à la fois.

DISSERTATION EXPLIQUÉE

E. Legouis et L. Cazamian écrivent dans leur *Histoire de la littérature anglaise* : « Tandis que les mystères sont essentiellement un spectacle et s'adressent avant tout aux yeux du public, la moralité exige une attention plus grande aux paroles prononcées. Le texte y a plus d'importance que le décor. » (*Histoire de la littérature anglaise*, tome 1, Hachette, 1965) En vous appuyant sur des exemples précis, vous analyserez et discuterez ce jugement.

ÉLABORATION DU DEVOIR

A - DÉFINIR LE SUJET

Ses termes

LES MYSTÈRES

Sans s'appesantir trop longtemps sur la définition du genre, on peut en rappeler l'émergence à la fin du XIVe siècle, et souligner le caractère impressionnant de ces œuvres étalées sur quelques jours (voire quelques semaines !) et regroupant jusqu'à plusieurs dizaines de milliers de vers. Il convient aussi d'évoquer brièvement les principaux sujets exploités : histoire du Salut des origines à la Rédemption ou simple relation de la Passion du Christ, entremêlées d'épisodes apocryphes et anecdotiques.

LES MORALITÉS

Il faut ici prendre plus de temps, afin de montrer en quoi la moralité, genre moins connu et apprécié aujourd'hui que le mystère, revêt au Moyen Âge deux aspects très différents :

- *les moralités courtes* : modestes, elles ne dépassent guère les 500 vers, et ne mettent en scène que quatre ou cinq acteurs. L'action se limite le plus souvent à un simple incident, et le comique, voisin de celui de la sottie, est d'ordre satirique ;
- *les moralités longues* : plus ambitieuses, elles sont proches des mystères par le nombre des personnages (39 par exemple pour la *Condamnation de Banquet*) et par leur longueur (8 000 vers pour la moralité *de Bien avisé, Mal avisé,* et 22 000 pour l'*Homme pécheur*). Leur intrigue est donc plus complexe, et le but visé est souvent moralisateur et critique à l'égard des institutions.

Longues ou courtes, les moralités ont cependant en commun le goût des *allégories* et des *abstractions,* et le même désir d'*édifier* le spectateur par l'illustration de préceptes moraux.

Cadres chronologique et géographique

■ Mystères et moralités fleurissent à la fin du Moyen Âge, au XIVe et, surtout, au XVe siècle ; à cette époque, les jeux dans l'église sont déjà fort loin, et le théâtre a donc pu prendre son indépendance à l'égard des institutions religieuses.

■ Géographiquement, il ne convient pas d'insister sur le fait qu'il s'agit ici de théâtre anglais. Le développement du théâtre religieux ne diffère pas sensiblement d'un pays à l'autre de l'Europe et la moralité connaît une évolution similaire en France et en Angleterre. On peut donc sans crainte s'appuyer sur des exemples empruntés à la dramaturgie française.

Les erreurs à éviter

Les auteurs de la citation tentent de cerner le mystère et la moralité en les opposant. Une telle méthode les oblige bien sûr à généraliser quelque peu leur discours, afin de mieux se faire comprendre. Nous devrons en revanche être plus nuancés, et, malgré notre accord « global », affiner l'approche dramaturgique de ces deux genres théâtraux.

B - CONSTRUIRE LE PLAN

Définir une problématique

■ Explicite : selon les auteurs de la citation, les priorités du mystère et de la moralité divergent : alors que le premier donne la primauté au regard et au spectacle, la seconde vise l'intelligence du public et privilégie le texte. Notre travail consistera donc tout d'abord à discuter cette affirmation et à la nuancer, en étudiant notamment le rapport établi par ces œuvres entre le texte et les conditions de jeu (décor, costumes, etc.).

■ Implicite : les mystères mettent en scène l'histoire chrétienne et la Passion du Christ. Il peut donc sembler contradictoire que des spectacles exploitant des thèmes religieux « s'adressent avant tout aux yeux du public ». Inversement, on peut s'étonner que la moralité, qui relève du genre profane, « exige une attention plus grande aux paroles prononcées ». Au-delà du travail de comparaison, il sera donc nécessaire de réfléchir à ce double paradoxe, en observant les liens unissant théâtre, morale et religion à la fin du Moyen Âge.

Articulations possibles du plan

■ Moralités et mystères coexistent au XVe siècle, tant en France qu'en Angleterre. Il n'est donc pas envisageable de choisir un plan de type chronologique ou géographique, même s'il existe par ailleurs quelques nuances temporelles à prendre en compte.

■ Prenons garde également à ne pas séparer dans deux parties distinctes la moralité et le mystère : artificiel, un tel plan juxtaposerait en effet les deux études sans parvenir à effectuer un vrai travail comparatif.

■ Suivons en revanche le mouvement logique que nous inspire la citation :

- analyse et discussion des termes : étude comparée *formelle et fonctionnelle* de la mise en scène des moralités et des mystères ;
- problème de l'adéquation entre le sens de cette mise en scène et celui du texte : recherche d'éventuelles ruptures ou contradictions, et interrogation sur la fonction de ce dernier : quelle place reste-t-il à la parole et à son contenu dans un art fondé sur l'image ?
- cas particulier d'un registre religieux ou moralisant : importances relatives de la morale et de la religion dans l'œuvre représentée.

RÉDACTION DU DEVOIR

Introduction

- définir en quelques mots le mystère et la moralité ;
- les replacer dans leurs contextes historique et géographique ;
- revenir à la citation pour en montrer le caractère tranché et discutable ;
- annoncer le plan.

1 - LE MYSTÈRE ET LA MORALITÉ : DEUX APPROCHES DRAMATURGIQUES OPPOSÉES

a/ Des moyens techniques disproportionnés

1 ~ Le mystère : un théâtre de la simulation

■ Commençons par nuancer la citation en soulignant :

- le soin formel apporté au texte des mystères : en Angleterre notamment, les stances sont compliquées et associent des vers aux mesures variées ;
- la place importante tenue par la musique dans ce type de spectacles : l'oreille n'y est donc pas négligée.

■ Cela dit, il est vrai que le mystère médiéval est un gros consommateur d'effets spéciaux. Il constitue chaque fois un événement exceptionnel, mobilisant un très large public et de lourds moyens techniques (Cf. le *Livre de conduite du régisseur pour le Mystère de la Passion joué à Mons,* publié par G. Cohen, et l'*Extraict des fainctes*..., reproduit en partie par Élie Königson). Des praticables relient le paradis surélevé à la scène, des trappes font apparaître les monstres sortis des entrailles terrestres, des voleries permettent aux personnages de monter au paradis ou d'en descendre, etc. Un spectacle de ce type use donc de multiples « dessus et dessous de scène » complexes et fascinants.

2 ~ Moralité ou moralités ?

■ Il faudrait ici, comme nous l'avons fait plus haut, insister sur la distinction entre les moralités courtes et longues. Les premières, qui comportent quelques centaines de vers et quatre ou cinq personnages, restent proches formellement de la sottie. Leurs proportions sont modestes et les moyens techniques mis en œuvre quasiment nuls. En revanche, les moralités longues (la *Condamnation de Banquet,* la moralité de *Bien avisé, Mal avisé,* etc.) abondent en figurants et bénéficient d'une mise en scène beaucoup plus élaborée. Elles sont par conséquent *comparables aux mystères par leur ampleur.*

■ Tout cela est bien entendu conforme à la logique du théâtre, qui est un art visuel où le regard ne peut être négligé. Mais le Moyen Âge constitue un cas particulier, dans la mesure où les œuvres sont le plus souvent jouées avant d'être transcrites. Plus qu'à aucune autre époque, l'auteur doit donc se concentrer sur le spectacle, puisque le texte ne peut exister en dehors de son actualisation sur la scène.

b/ Deux types de mises en scène pour deux fonctions distinctes

1 ~ Mystère et plaisir visuel

■ Le mystère souffre du manque de surprises réservées par l'action, mais aussi des multiples reprises textuelles faites aux auteurs antérieurs (Jean Michel et Arnoul Gréban en particulier). C'est pourquoi la fonction principale de la mise en scène est de *pallier ces deux handicaps,* en s'efforçant de retenir l'attention des spectateurs par les moyens qui lui sont propres : elle tente pour cela de les *impressionner* en recourant aux effets spéciaux mentionnés à l'instant, mais souhaite aussi leur *plaire* grâce à une mise en scène essentiellement *esthétique*.

■ Les documents iconographiques de l'époque révèlent d'ailleurs le soin particulier apporté à la réalisation des mansions de mystères. Le paradis et l'enfer sont en général les mieux traités, et la volonté de *séduire* le regard par la richesse des décors et la beauté des costumes est manifeste. La scène est conçue comme un tableau en plusieurs dimensions où les coloris jouent un rôle important : dans le *Martyre de sainte Apolline* peint par Jean Fouquet, les diables sont dorés, et la « chape d'Hellequin », qui désigne au Moyen Âge la gueule d'enfer ou la draperie qui l'enveloppe, est toujours de couleur rouge.

2 ~ La moralité : le choix d'une mise en scène figurative

■ Contrairement au mystère, la moralité adopte un décor simplifié et stylisé, qui, en Angleterre, annonce déjà le théâtre élisabéthain. Comme la sottie, elle choisit une mise en scène *figurative* et présente au public des décors, des accessoires et des costumes qui soient *porteurs de sens* : Fortune est toujours accompagnée de sa roue et de son bandeau (signe de son aveuglement), Avarice porte une bourse qui symbolise son vice, et le chevalier, traditionnellement associé à l'Orgueil, prête à celui-ci son accoutrement.

■ Revenant maintenant à notre citation de départ, nous pouvons reconnaître le côté plus spectaculaire des mystères et de leurs « effets spéciaux », tout en soulignant l'égale importance de l'aspect scénique et des décors dans la moralité. Ces derniers y sont en effet moins « esthétiques », mais plus signifiants ; à tel point que l'on peut se demander si le caractère plus sommaire de la mise en scène ne va pas précisément de pair avec le souci de privilégier le sens, quitte à réduire pour cela le champ de l'*illusion.*

c/ Illusion ou distanciation?

1 ~ Les mystères créateurs d'illusion

■ Le recours aux effets spéciaux dans les mystères s'explique essentiellement par la volonté de créer de l'*illusion* ; nous possédons d'ailleurs aujourd'hui les témoignages de nombreux chroniqueurs de l'époque, étonnés par les frayeurs et les émotions d'un public persuadé de la réalité de ces effets. Il est bien sûr très difficile de se replacer dans ce contexte historique et social particulier pour savoir ce qu'il en était réellement, mais le *souci de la vraisemblance* hantait manifestement les dramaturges médiévaux, ainsi qu'en témoigne l'usage des « corps feints », ces faux cadavres d'où jaillissait le sang.

■ De tels spectacles n'allaient pas sans risques, et certains documents mentionnent les traumatismes qu'ils pouvaient engendrer chez les enfants. C'est sans doute la raison pour laquelle quelques auteurs comme Gréban immisçaient dans la pièce des diables bouffons commentant l'action pour le public. Ces diableries introduisaient en effet une distance et rappelaient aux spectateurs que tout cela n'était que fiction.

2 ~ Moralités et mise à distance

■ Dans les moralités, les « fols » prennent la place des diables et, soit en parlant aux spectateurs, soit en s'adressant directement aux acteurs, permettent eux aussi de maintenir en permanence une *distance* entre la scène et la salle ; car les remarques intempestives des sots battent en brèche l'illusion théâtrale et permettent à chacun de percevoir l'aspect *factice* de la pièce.

■ Pourtant, ces diables et ces fous ne jouent le même rôle qu'en apparence et, suivant les cas, la distance n'a pas la même fonction. Loin de chercher à « faire vrai », l'auteur de la moralité veut en effet « créer du sens » et use de la distanciation pour mieux atteindre son but. En détournant le spectateur de l'action et en l'empêchant de se laisser prendre au jeu de l'intrigue, il n'essaie donc pas, comme l'auteur du mystère, de le préserver d'une réaction trop brutale, mais le pousse à se concentrer davantage sur le message qu'il tente de lui délivrer.

Conclusion partielle

Chemin faisant, nous avons noté la supériorité technique du mystère, plus impressionnant et créateur d'illusion que la moralité. En revanche, nous avons vu que celle-ci confiait à la mise en scène (décors, costumes et accessoires) le soin de véhiculer un sens et maintenait une distance entre la salle et les acteurs afin de mettre celui-ci en valeur.

2 - DU TEXTE À LA MISE EN SCÈNE : ENTRE ADÉQUATION ET CONTRADICTION

Introduction partielle

La transition est simple : parti des notions de décor et de spectacle, nous sommes parvenu à la question du sens ; toute mise en scène est en effet porteuse d'une signification, et nous voudrions à présent examiner dans quelle mesure il y a harmonie entre celle-ci et celle du texte joué par les acteurs.

a/ La moralité : un exemple d'adéquation parfaite entre le texte et sa mise en scène

1 ~ Un théâtre de personnifications

■ La moralité met en scène des abstractions et confie les rôles à des notions telles que la Gourmandise, la Bonne Compagnie et la Friandise (*Condamnation de Banquet*), la Désespération de Pardon, la Honte de dire ses péchés et le Franc Arbitre (l'*Homme pécheur*), ou encore le Théologien, la Force et la Beauté (*Moralité de Tout Homme*). Par cette énumération, nous voulons souligner le caractère stéréotypé et figé des personnages ; comment la Beauté pourrait-elle être laide ? Comment le Théologien pourrait-il devenir ignare en matière de religion ? Et peut-on imaginer Bonne Compagnie ennuyeuse à mourir ? Toute *personnification* est en effet synonyme d'*adéquation* entre le texte et celui qui le récite. Il n'y a pas de place ici pour la distorsion, et la mise en scène, tout comme l'acteur, doit se soumettre au sens délivré par le texte.

2 ~ Une adéquation qui manque parfois de surprise

■ Cette soumission nous permet de comprendre facilement pourquoi la moralité n'est guère riche en surprises. Les tirades des acteurs se suivent logiquement, et les rapports entre les personnages sont eux aussi *déterminés* par la notion ou la qualité incarnée par chacun d'eux. Hormis quelques réussites, ces œuvres ne répondent donc plus aujourd'hui à notre désir d'étonnement puisque les réactions et les situations s'y inscrivent *nécessairement* dans un schéma établi par avance.

b/ Le mystère : vers une rupture de l'image et du texte

1 ~ Une mise en scène autonome ?

■ Nous tenons à mettre en lumière à présent un phénomène propre aux mystères médiévaux et tout à fait révélateur selon nous : avant toute représentation, un défilé dans les rues de la ville, appelé la « monstre », permettait, comme son nom l'indique, de montrer aux futurs spectateurs les décors (on sait qu'ils n'étaient pas toujours fixes) et les costumes. Car leur richesse transformait ces objets en véritables *œuvres d'art,* intéressantes et précieuses *pour elles-mêmes.*

■ L'intérêt de telles parades est de révéler comment, alors que le théâtre a déjà conquis son indépendance à l'égard de l'Église, de nouvelles manifestations d'autonomie se font jour, concernant cette fois les éléments de la mise en scène : non seulement ils n'ont plus besoin de la caution biblique pour exister, mais ils parviennent à rester spectaculaires en l'absence de toute référence à l'œuvre théâtrale proprement dite. Il y a donc bien primauté du spectacle par rapport au texte, mais celle-ci va plus loin encore que ne le soupçonnaient les auteurs de la citation, puisque, dans ce cas précis, l'image semble avoir totalement éliminé la parole.

2 ~ L'articulation entre scène et sens : de la rupture au renversement

■ À l'origine, le théâtre religieux met en scène des œuvres vouées à l'édification du peuple. Né dans l'église et joué en latin, il adopte le français pour être compris de tous et instruire le plus grand nombre. Soucieux de respecter les textes sacrés, les auteurs de miracles et de mystères sont d'ailleurs conscients de l'inévitable *distorsion* entre le sujet traité et le caractère essentiellement visuel du drame, et le mentionnent dans leurs prologues (Cf. le prologue général à la *Passion* de Gréban, où celui-ci évoque « la manière du produire/(qui) ne se puet demonstrer ou deduire/par effect sinon seulement/grossement et figuraument »). Très vite néanmoins, cette humilité décline et laisse place à la surenchère d'effets spéciaux que nous évoquions à l'instant : peu à peu, la mise en scène n'est plus un reflet respectueux du texte, mais constitue un « masque » derrière lequel disparaît le sens second de l'œuvre.

■ L'exemple du diable est particulièrement révélateur : dans les miracles, qui apparaissent au XIIIe siècle et prospèrent au XIVe, il est un objet de crainte qui suscite la peur et le repentir chez les spectateurs coupables de péché (c'est-à-dire chez tous !). Pourtant, en quelques décennies, on assiste à un renversement progressif des valeurs : les mystères, qui recourent de plus en plus souvent aux diableries, démystifient en quelque sorte le Malin et font de lui un personnage *ridicule.* La rupture entre le texte et la scène se double donc d'une véritable *inversion des signes* : en passant de la Bible au miracle puis au mystère, le diable édifiant et effrayant des débuts s'est transformé en un bouffon grotesque !

Conclusion partielle

Au terme de cette seconde partie, nous entrevoyons une nouvelle donne, qui oppose diamétralement la moralité et le mystère : alors que la première respecte une parfaite harmonie entre le texte et le spectacle, le mystère bouleverse ces rapports et, par le biais justement de la mise en scène, modifie le sens du texte originel. La question n'est plus alors de savoir si « le texte a plus d'importance que le décor » ou l'inverse, mais s'il existe encore un lien entre les deux.

3 - THÉÂTRE, MORALE ET RELIGION

Introduction partielle

Encore une fois, le mouvement suivi est logique : après avoir montré les relations ambiguës entre la mise en spectacle et le texte, il nous faut examiner ce qui reste du contenu moral et religieux de celui-ci lorsqu'il est interprété sur une scène de théâtre.

a/ Théâtre et religion

1 ~ La religion prétexte : le cas des mystères

■ La religion est avant tout une *inspiratrice* pour les créateurs de mystères. Comprenons d'ailleurs la religion au sens très large, puisqu'à côté des écrits bibliques, les auteurs s'en vont parfois chercher leurs intrigues du côté des textes apocryphes, voire dans les récits légendaires et anecdotiques nés au cours du Moyen Âge. L'Écriture constitue donc pour eux une *source de textes* sur lesquels ils se fondent pour élaborer l'œuvre théâtrale.

■ Cependant, sans vouloir jouer abusivement sur les mots, il semble plus juste de parler ici de *prétexte.* La Bible fournit en effet des personnages et un décor, mais le sens religieux demeure en retrait.

2 - La religion pré-texte : le cas des Moralités

■ Contrairement au mystère, la moralité ne s'intéresse pas à l'*histoire religieuse,* c'est-à-dire à la Passion du Christ et aux multiples anecdotes qui vont avec. La Bible ne la concerne donc pas en tant que source d'intrigues, mais, tout au contraire, constitue pour elle un texte délivrant une morale et un message chrétiens qu'il s'agit ensuite de transmettre aux spectateurs.

■ De plus, la moralité n'a pas toujours la religion pour thème central. Elle s'intéresse parfois à des sujets d'actualité, à la politique ou à la justice, et comme nous l'avons déjà souligné, fait preuve d'une variété thématique que ne possède pas le mystère. C'est pourquoi la religion n'est pour elle qu'un éventuel *pré-texte.* Elle ne la fonde pas, et ne détermine donc ni sa structure ni sa signification globale.

b/ Théâtre et morale

1 ~ Le message de la moralité

■ Comme son nom l'indique, la moralité cherche à transmettre un message et une morale, quel que soit le domaine concerné : dans le *Concile de Bâle* et la *Paix de Péronne,* Georges Chastellain soutient ses maîtres, les ducs de Bourgogne, la *Moralité* d'Henri Baude condamne ceux qui entravent le cours de la justice, la moralité de *Bien avisé, Mal avisé* insiste sur la nécessité d'opter pour la vertu et non pour le péché, etc.

■ Chacune de ces œuvres tient lieu de *médiatrice* entre l'auteur et son public. Par leurs thèmes et leurs personnages, mais aussi par leurs décors et leurs costumes, elles servent une idéologie placée « en aval » du texte. Il ne s'agit donc pas seulement pour elles d'*illustrer* une morale, mais de l'*atteindre* par toute une série de détails scéniques cohérents et mis au service de ce projet.

2 ~ Le mystère amoral

■ Paradoxalement, les mystères ne visent pas un but édifiant. Ces monuments à la gloire du Christ ne délivrent pas de message et sont même bientôt accusés de corruption par le clergé et les protestants : en introduisant des scènes profanes au cœur de pièces religieuses et en mêlant le comique au sublime, ils risquent en effet de pervertir le second par le premier.

■ Mais le « danger » vient surtout de l'illusion créée par le spectacle : en réduisant au maximum la distance entre la scène et le public, les mystères entraînent une possible confusion entre le temps de l'action et celui de la représentation. Parce que les personnages sont vêtus de costumes contemporains et que les métiers sont ceux de la cité où l'œuvre est jouée, les spectateurs ont parfois le sentiment d'être véritablement i*mpliqués dans le drame* ; devant eux ce n'est plus l'histoire de Jésus, de Marie ou de Joseph qui se déroule, mais leur propre histoire et celle de l'humanité tout entière. C'est pourquoi, contrairement aux moralités et aux miracles, les mystères ne permettent pas aux spectateurs de se repentir et de faire retour sur eux-mêmes. Quand l'illusion prime sur la distance, il n'y a plus de place en effet pour un *projet* et une *morale,* et toute *réflexion,* aux sens habituel et littéral du terme, devient impossible.

Conclusion générale

Revenir sur la citation à commenter : parti de la comparaison entre deux types de mises en scène médiévales, nous avons effectivement noté des différences et remarqué le côté plus spectaculaire des mystères. Mais nous espérons avoir suffisamment montré l'*égale importance de la mise en scène et des décors dans la moralité,* dans la mesure où ils sont porteurs d'un sens.

Ces différences révèlent plus fondamentalement la poursuite de deux buts distincts : tandis que la moralité sert avec cohérence un projet moral, politique ou religieux et lui *subordonne le choix du décor,* le mystère acquiert son indépendance à l'égard de la religion et masque le sens second du texte.

C'est pourquoi la distinction essentielle entre les deux genres réside selon nous dans la notion de projet : la moralité aide le spectateur à percevoir un sens qui dépasse l'œuvre et la justifie ; le mystère au contraire s'approprie en les détournant les thèmes qu'il met en scène et ne cherche pas de justification « extérieure ». Autrement dit, la moralité apparaît comme un *médium,* alors que le mystère serait plutôt une *fin en soi.*

Dissertations proposées

Dans son ouvrage sur le *Théâtre médiéval profane et comique* (Paris, Larousse, 1975), Jean-Claude Aubailly compare en ces termes la farce et la sottie : « Si la farce est un simple divertissement qui s'adresse aux sens et vise surtout au comique immédiat, franc et bonhomme, la sottie, elle, est un théâtre de combat destiné à l'esprit, qui cherche à provoquer, par un rire grinçant, une prise de conscience conduisant à l'engagement politique. » En vous appuyant sur des exemples précis, vous analyserez et commenterez cette citation.

Réfléchir aux termes et intentions du sujet

- une réponse aux nombreux critiques littéraires (Petit de Julleville, E. Droz, H. G. Harvey…) niant la possibilité de distinguer la sottie de la farce;
- deux rires différents pour deux visées divergentes : rire « franc et bonhomme » de la farce, immédiat et sans arrière-pensée, qui vise seulement à mettre le public de bonne humeur; rire « grinçant » et satirique de la sottie, qui souhaite provoquer une prise de conscience politique chez les spectateurs.

Recenser les aspects à étudier

- en amont : étude du contexte social et intellectuel de la sottie et de la farce ;
- le texte : étude du langage et observation des thèmes abordés ;
- le spectacle : comparaison des procédés comiques et analyse de la mise en scène (rapport au réel, choix des costumes et des accessoires, etc.) ;
- en aval : interrogation sur les destinées diverses de la sottie et de la farce ; pourquoi la condamnation de l'une quand l'autre perdure jusqu'au XVIIIe siècle ?

Définir les articulations du plan

- évacuer dès l'introduction les problèmes critiques et polémiques soulevés par la question ;
- s'attarder sur les problèmes de définition soulevés par les genres médiévaux : termes flous, titres ambigus, flottements dans les manuscrits, etc. ;
- étudier et opposer, par une étude précise du texte et de la mise en scène, le comique de la farce et celui de la sottie ;
- analyser le sens et la valeur du rire chez l'une et l'autre ;
- conclure sur leurs destins contradictoires : disparition des sotties et popularité grandissante des farces.

D'après l'historien du théâtre J.-P. Bordier, « Acteurs et spectateurs contemplent moins le mystère qu'ils ne le revivent » (*Précis de littérature française du Moyen Âge*, Paris, PUF, 1977). En vous appuyant sur des exemples précis, vous analyserez et commenterez cette citation.

Réfléchir aux termes et intentions du sujet

Beaucoup de termes ambigus à élucider :

- acteurs et spectateurs : une mise en valeur des liens entre la scène et la salle ;
- *contempler* l'histoire chrétienne : regard passif du public… ou regard religieux des fidèles ?
- *revivre le mystère :* quatre sens possibles. Pour les acteurs : *réactualiser* le drame religieux ; pour les spectateurs : *confondre* le présent du drame et le passé de l'action « re-présentée » ; pour les

uns et les autres : s'identifier aux personnages bibliques ; pour la cité : considérer la Passion théâtralisée comme un *sacrifice liturgique*.

Recenser les aspects à étudier

– des conditions de jeu particulières : costumes contemporains et continuité spatiale entre les acteurs et le public ;
– le mystère, genre sacré et profane à la fois : thèmes religieux, mais scènes comiques et goût pour les anecdotes apocryphes ;
– la place du théâtre dans la ville : une présence indispensable lors de chaque fête nationale ou religieuse, d'où une forte implication dans la vie de la cité ;
– la position du spectateur : entre fascination et identification.

Définir les articulations du plan

Trois aspects pour trois parties :

– scénique : réalisme et illusion dans le théâtre des mystères (problème du manque de distance, absence de toute « réflexion » pour le public, etc.) ;
– dramatique : vers une confusion entre le temps de l'action et celui de la représentation (anachronismes, – Cf. Nabuchodonosor et son artillerie ! –, intrusion des métiers urbains au sein du drame, etc.) ;
– social : vers l'établissement d'un lien privilégié entre le théâtre et la cité (fonction sociale du drame, théâtre comme « miroir » de la cité, développement de la notion de « cercle magique » [Cf. Henri Rey-Flaud, *op. cit.*], etc.).

3

LE THÉÂTRE AU XVIe SIÈCLE DE 1494 À 1604

Faute de ne pas prendre garde à deux éléments fondamentaux, on risque de se faire une idée fausse du théâtre au XVIe siècle. D'une part, il serait aussi vain d'y rechercher les concepts qui sont les nôtres que ceux qui se mettent en place au siècle suivant. Si la tentation n'existe guère pour la production qui se rattache aux genres médiévaux, en revanche, on y a longtemps succombé pour la seconde moitié du siècle. On cherchait, en particulier dans la tragédie, ce qui pouvait annoncer le XVIIe siècle. Non, le théâtre de la Renaissance ne saurait être un préclassicisme, l'esquisse grossière d'une forme qui attendrait sa réalisation. Il est autre. À qui veut saisir des influences il convient de regarder moins en aval qu'en amont. Dès le Moyen Âge il existe des échanges avec l'Italie, qui fait figure de laboratoire. Des genres théâtraux y prennent naissance (*dramma liturgico, egloga pastorale, melodramma, pastorale drammatica*) et cette bouillonnante activité s'accompagne d'un travail théorique important. Autre influence, capitale en ce siècle d'humanisme, celle des modèles antiques (Sénèque, que déjà le Moyen Âge connaissait pour la tragédie, Térence et Plaute pour la comédie) diffusés grâce à l'imprimerie. Enfin, on ne saurait passer sous silence le théâtre scolaire en langue latine, venu d'Italie lui aussi, premier vecteur de l'art théâtral des Anciens. D'autre part, les conditions de représentation sont, elles aussi, fort différentes de celles que nous connaissons et de celles du siècle suivant. Si les anciens genres, comme les mystères, attirent encore les foules, le *nouveau théâtre* s'adresse à un public restreint, celui des lettrés. Autant dans ses principes que dans sa pratique, le théâtre du XVIe siècle est donc à saisir en tant que tel.

Il serait faux également de penser que les genres nouveaux apparaissent brutalement au milieu du siècle et qu'ils détrônent ainsi les genres médiévaux. Le déclin de ces derniers (mystères) est lent, le succès de certains d'entre eux (moralités, satires) ne se dément pas et l'audience qu'ils rencontrent reste bien supérieure à celle du *nouveau théâtre*. De plus, des convergences existent entre les genres traditionnels et le théâtre humaniste si bien que les changements ne paraissent pas toujours radicaux aux yeux des contemporains. Ainsi, les moralités semblent parfois si proches de la tragédie qu'à la fin du siècle elles prennent cette appellation. Quant aux farces, elles traversent le siècle sans changer de nom et en affinant la psychologie des personnages. Le XVIe siècle est donc davantage un siècle de continuité que de rupture radicale.

Enfin, le théâtre du XVIe siècle n'est pas un : mieux vaudrait parler de théâtres. Ainsi, la tragédie humaniste comprend des tragédies à l'antique, des tragédies bibliques et des tragédies modernes (en nombre plus limité). Habituellement, on ne cite que quelques œuvres dont l'importance est capitale, mais d'autres, simplement mentionnées, méritent une analyse. Quant au grand nombre de pièces passées sous silence, il convient tout de même de les évoquer, car si elles n'innovent pas, elles donnent une idée de la richesse d'un siècle qui fut aussi celui du théâtre. Il n'y a pas de « marasme théâtral de la deuxième moitié du XVIe siècle » (J. Scherer), mais une recherche enthousiaste dans des directions variées. Comme pour l'Italie, qui a anticipé le mouvement, on pourrait donc plutôt parler de « laboratoire dramatique ».

BIBLIOGRAPHIE GÉNÉRALE DU CHAPITRE

BEC, CH., MAMCZARZ, I., et alii, *Le Théâtre italien et l'Europe, XVe-XVIIe siècle*, Paris, 1983, PUF.
CHARPENTIER, F., *Pour une lecture de la tragédie humaniste, Jodelle, Garnier, Montchrestien*, Publications de l'Université de Saint-Étienne, 1979.
DUMUR, G., *Histoire des spectacles*, Paris, Gallimard, 1965, Encyclopédie de la Pléiade.
GERHARDT, M. I., *Essai d'analyse littéraire de la pastorale dans les littératures italienne, espagnole et française*, Utrecht, 1975.
JACQUOT, J., *Le Lieu théâtral à la Renaissance*, Paris, 1964, éd. CNRS.
JACQUOT, J., *et alii*, *Les Tragédies de Sénèque et le théâtre de la Renaissance*, Paris, 1964, Éd. CNRS.
JOMARON, J., (direction), *Le Théâtre en France*, t. I. Paris, 1988, Armand Colin.
LAZARD, M., *Le Théâtre en France au XVIe siècle*, Paris, 1980, PUF, Coll. *Littératures modernes.*
La Comédie humaniste au XVIe siècle et ses personnages, Paris, 1978, PUF.
LEBÈGUE, R., *La Tragédie française de la Renaissance*, Bruxelles, 1944, Paris, 1954, Sedes.
La Tragédie religieuse en France. Les débuts (1514-1573), Genève, 1929, Droz.
STONE, D., *French humanist tragedy*, Manchester University Press, 1974.

Tableau chronologique

Événements politiques	Théâtre en France	Théâtre à l'étranger
1494 : Charles VIII entreprend les guerres d'Italie	1494 : *Sainte Ursule en la nef,* divertissement, Lyon	1499 : (E) Rojas, *La Célestine* 1515 : (I) Trissino, *Sophonisbe,* (trag.)
1540 : François Ier accueille Charles Quint à Paris	1540 : Buchanan, *Baptistes* (en latin), *Jephtes* (en latin)	1545 : (I) Cinthio, *Eglé,* (past.)
	1550 : Bèze, *Abraham sacrifiant,* (trag.) Genève	
	1552 : Jodelle, *Eugène,* (com.)	
1553 : Charles Quint lève le siège de Metz	1553 : Jodelle, *Cléopâtre captive,* (trag.) Muret, *Julius Caesar,* (trag.) La Péruse, *Médée,* (trag.)	
1559 : traité de Cateau-Cambrésis mariage de Claude de France	1559 : Grévin, *La Trésorière,* (com.)	
1561 : échec du colloque de Poissy	1561 : Grévin, *Les Esbahis,* (com.), *La Trésorière,* (com.) *César,* (trag.) G. Bounin, *La Soltane,* (trag.) La Taille, *Les Corrivaux,* (com.)	
1562-1598 : guerres de religion 1562 : massacre de Wassy 1563 : édit d'Amboise. Paix entre catholiques et protestants	1563 : La Taille, *Saül* (achèvement) (trag.) L. Des Masures, *David combattant,* (trag.) *David triomphant,* (trag.) *David fugitif,* (trag.) R. Belleau, *La Reconnue,* (com.)	
1568 : victoire protestante à Cognat-sur-Yonne	1568 : R. Garnier, *Porcie,* (trag.) J. de La Taille, *De l'Art de la tragedie, Saül le furieux,* (trag.)	
1572 : Saint-Barthélemy, 4e guerre de religion		
1573 : le duc d'Anjou est élu roi de Pologne	1573 : J. de La Taille, *La Famine ou les Gabeonites,* (trag.) *Les Corrivaus,* (com.)	1573 : (I) Le Tasse, *Aminta,* (past.)
1574-1589 : Henri III		
	1578 : R. Garnier, *Hippolyte,* (trag.)	
	1579 : R. Garnier, *Cornélie,* (trag.) R. Garnier, *Marc-Antoine,* (trag.) R. Garnier, *La Troade,* (trag.) Larivey, *Comédies*	
1580 : 7e guerre de religion	1580 : Garnier, *Antigone,* (trag.) *Bradamante,* (trag.-com.)	1580 : (I) Guarini, *Il Pastor Fido,* (past.) 1582 : (I) Bruno, *Le Chandelier* (com.)
	1583 : Garnier, *Les Juives,* (trag.) P. Mathieu, *Esther,* (trag.)	
1584 : mort du duc d'Anjou Ligue de Joinville	1584 : Turnèbe, *Les Contents,* (com.) F. d'Amboise, *Les Napolitaines,* (com.) P. Mathieu, *Vashti,* (trag.) *Aman,* (trag.) *La Guisiade,* (trag.) Montchrestien, *La Carthaginoise,* ou *La Liberté,* (trag.)	
1589 : Henri III est assassiné par le moine ligueur J. Clément		
1596 : Henri IV reprend La Fère	1596 : Montchrestien, *Sophonisbe,* (trag.)	
1601 : Henri IV signe l'édit de Nantes	1601 : Montchrestien, *Les Lacènes,* (trag.) *David,* (trag.) *Aman,* (trag.) *L'Écossaise,* (trag.) *La Bergerie,* (past.)	
	1604 : Montchrestien, *Hector,* (trag.)	

A

LE THÉÂTRE SÉRIEUX

1 Persistance des « épiceries » médiévales

Le renouveau théâtral n'intervient que dans la seconde moitié du XVIe siècle. Pour la plupart, les genres médiévaux résisteront d'ailleurs à ce changement ; dans la première partie du siècle, ils sont en pleine efflorescence et certains d'entre eux connaîtront le succès, en province, jusqu'au début du XVIIe siècle.

Épiceries : le mot est utilisé par Du Bellay dans *Défense et Illustration de la langue française* (1549).

Les mystères

Au XVIe siècle, les mystères sont bien vivants quoique sur le déclin. En effet, les représentations connaissent un grand succès. Ainsi, à Paris, la Confrérie de la Passion donne les *Actes des apôtres* du 8 mai au 25 septembre 1541 (en 35 journées) et le *Vieil Testament* du 9 mai au 22 octobre 1542. À Valenciennes, en 1547, le *Mystère de la Passion* dure vingt-cinq jours, comporte 169 rôles tenus par 63 acteurs. On évalue à plusieurs milliers (autour de 5 000) le nombre de spectateurs et c'est une ville presque dans son entier qui vit au rythme des représentations. Mais, désormais, seul le peuple goûte ce type de spectacles. Le divorce des publics que nous allons retrouver tout au long du siècle est particulièrement net ici. Nous en avons un indice dans l'édition. À partir de 1540, en effet, les mystères sont publiés dans des petits formats et ne sont plus l'objet des soins attentifs dont ils bénéficiaient auparavant. Manifestement les lettrés ne s'y intéressent plus. À la génération de Gringoire et de Jean Bouchet, qui participaient à ces spectacles, succède celle de Marot et des poètes humanistes qui s'en détournent ou les critiquent. À cet égard, le témoignage de Rabelais est intéressant dans la mesure où il permet de comprendre pourquoi l'Église elle-même finit par condamner ces représentations :

> [...] à la Passion qu'on jouoit à Sainct-Maixent, entrant un jour dedans le ***parquet,*** je veidz par la vertus et occulte propriété d'icelle soubdainement tous, tant joueurs que spectateurs, entrer en tentation si terrificque qu'il ne y eut ange, homme, diable ne diablesse qui ne voulust biscoter. Le ***portecole*** abandonna sa copie ; celluy qui jouoit sainct Michel descendit par la ***volerie ;*** les diables sortirent d'enfer et y emportoient toutes ces paovres femmelettes ; mesme Lucifer se deschayna. Somme, voyant le désarroy, je déparquay du lieu à l'exemple de Caton le Censorin, lequel, voyant par sa præsence les festes Floralies en désordre, désista estre spectateur.
>
> (*Tiers Livre*, chap. XXVIII).

Le parquet : le parc où se trouvaient les spectateurs des mystères.

Le portecole : le régisseur qui, sur scène, avait en main la copie portant le livret du mystère.

La volerie : la machinerie grâce à laquelle les anges montaient au ciel.

Si frère Jean, qui s'exprime ici, s'en va, c'est à cause du caractère licencieux du mystère. À cette critique de la liberté du spectacle également partagée par l'Église, les évangéliques et les réformés, s'en ajoute une autre. Les protestants voient d'un mauvais œil Dieu sur scène et refusent l'apologie des saints. L'interdiction faite le 17 novembre 1548 aux Confrères de la Passion de représenter des mystères est la conséquence logique de toutes ces réticences. Symboliquement, la même année, cette Confrérie acquiert l'hôtel de Bourgogne qui devait jouer un rôle important dans l'histoire du théâtre à Paris. Mais entre 1548 et 1629, date à laquelle les Comédiens du roi s'y installent, le théâtre sérieux sera à la recherche de lui-même. Pour originaux et novateurs que soient les essais des dramaturges de la seconde moitié du siècle, ils resteront isolés et à destination d'une élite. Cette élite cultivée avait parfois orienté les mystères dans une autre direction. Ainsi, en 1536, à Bourges, des tirades philosophiques et des références à l'histoire antique avaient été ajoutées à la représentation du *Mystère des actes des apôtres*.

Les miracles connaissent la même dégradation que les mystères. Le réalisme y devient de plus en plus important, au détriment de l'édification qui était leur visée première. De cette abondante production, il nous reste douze œuvres de Jean Louvet, associé à la confrérie de Notre-Dame-de-Liesse, à Paris. Reflet du temps, les miracles contiennent des attaques contre les réformés. À la différence des mystères, ils disparaîtront complètement dans la seconde moitié du siècle.

Les moralités

La survivance des moralités est attestée jusqu'à la fin du XVIe siècle. En effet, elles ne rencontrent ni l'hostilité du Parlement ni celle de l'Église. Au carrefour des autres genres sérieux (et comiques), elles partagent des traits communs avec eux. Leur diversité se laisse voir dans les titres : *Nouvelle Moralité* d'*une pauvre fille villageoise, laquelle aima mieux avoir la tête coupée par son père que d'être violée par son seigneur* (1536) (moralité historique); *Moralité ou Histoire romaine d'une femme qui avait voulu trahir la cité de Rome* (1548) ; *L'Enfant prodigue*; *La Moralité très excellente à l'honneur de la glorieuse Assomption* de J. Parmentier (éditée en 1532); *La Moralité nouvelle de Pyramus et Tisbé,* d'après Ovide (écrite vers 1535). Témoins de cet épanouissement du genre, celles qu'écrit la sœur du roi, Marguerite de Navarre, dont la diffusion, toutefois, ne dépassera pas la cour : *La Nativité de Jésus-Christ, L'Adoration des trois rois à Jésus-Christ, La Comédie du désert, La Comédie des innocents.* Nulle surprise d'y constater l'importance de la morale et du mysticisme. Cette vogue de la moralité peut s'expliquer aussi par les points de contact qu'elle offre avec la tragédie antique. Son style est soutenu, elle a pour sujet la passion, les personnages, qui sont quelquefois de haut rang, se mettent en péril de mort, enfin ce type d'œuvre est court. Ainsi, *Une Pauvre Fille villageoise...* ne comporte que quatre personnages et sa longueur n'excède pas 600 vers. Dans ces œuvres, la brièveté, les lamentations, l'importance des questions posées semblent provenir de la tragédie antique. D'ailleurs, dans son *Art poétique* (1548), Thomas Sébillet souligne cette analogie : « La moralité française représente en quelque sorte la tragédie grecque et latine, singulièrement en ce qu'elle traite faits graves et principaux. Et si le Français s'était rangé à ce que la fin de la moralité fût toujours triste et douloureuse, la moralité serait tragédie. » (II, 8). Cette lacune, un groupe de jeunes gens s'appliquera à la combler. La tragédie humaniste, préparée par les régents de collèges, allait naître.

Les entrées royales : elles sont, dans les villes, l'occasion de manifestations théâtrales. Par exemple, lorsque Marie Tudor, reine de France, entre à Paris en novembre 1514, porte Saint-Denis, sur un échafaud, des acteurs déclament dans un bateau qui représente la ville de Paris. Le théâtre fait partie intégrante de la cité.

2 La renaissance de la tragédie (1550-1568)

Au Moyen Âge, la tragédie telle que nous l'entendons n'existe donc pas. Si le mot se rencontre, il ne renvoie pas au genre théâtral, mais à un sujet : *antiqua gesta atque facinora sceleratorum regum* (« actions passées et crimes des rois scélérats ») et à un style, *luctuosus* (« pathétique ») et *grauis* (« grave »). Des épopées comme la *Thébaïde* de Stace et la *Pharsale* de Lucain sont considérées comme des *tragœdiae*, alors qu'on ignore les pièces latines et grecques. Avec l'imprimerie, ce théâtre va sortir de l'ombre, et, en tout premier lieu, celui de Sénèque. À la faveur de nombreuses éditions, dès le début du siècle, on commente ses tragédies et on réfléchit sur le genre. De plus, Sénèque le philosophe intéresse autant les hommes de la Renaissance que Sénèque le tragique. En effet, il parle de la Providence et invite donc à réfléchir sur l'homme et sa destinée. D'ailleurs, les titres des recueils de citations tirées de son œuvre indiquent nettement que l'on voit en lui une bouche d'or : *Mots dorés de Sénèque* de Claude de Seyssel (1527), *Les Livres dorés de Sénèque* de Gabriel Chappuys (1585).

Les traductions

La sensibilisation au théâtre de l'Antiquité passe aussi par la traduction. On sait qu'à partir des années 1520, encouragés par le pouvoir, les éditeurs multiplient les versions françaises d'auteurs grecs et latins. Ce sont d'abord de simples *translations* du grec. Euripide est *tourné* en français – pour reprendre les termes en usage au XVIe siècle – par Th. Sébillet (*Iphigénie à Aulis,* 1549), G. Bochetel (*Hécube,* 1544) et J. Amyot (*Iphigénie,* texte perdu). Eschyle est traduit en latin par J. Sanravius en 1555. Quant à Sophocle, Lazare de Baïf en donne une version française dès 1537, poussant l'exactitude jusqu'à traduire vers par vers et à en conserver un nombre presque identique. De cette traduction pure et simple, on passera à l'adaptation, en particulier pour le théâtre de Sénèque. De plus en plus, des libertés seront prises avec le modèle.

Le théâtre néo-latin

Mais c'est par le biais des tragédies néo-latines composées par des professeurs que le théâtre antique commence à renaître vraiment en France. Dans les collèges, en effet, la pratique théâtrale est habituelle. Lorsque les Jésuites s'installent en France (1553), ce théâtre connaît un dynamique regain. En composant des pièces dans la langue de Sénèque, on fait progresser les élèves en latin et on leur donne un enseignement moral. L'influence de l'Antiquité se traduit par le respect des règles de la tragédie antique ou par le sujet retenu. Quelques grands noms se sont illustrés dans ce théâtre scolaire.

Georges Buchanan (1506-1582), humaniste écossais, dispense son enseignement au collège de Bordeaux, et fait jouer, autour de 1540, quatre pièces. Il s'agit d'une part des traductions latines de la *Médée* et de *l'Alceste* d'Euripide, et, d'autre part, de deux créations qui fondent la tragédie régulière en France. *Baptistes siue calumnia* : la mort de Jean-Baptiste est peut-être un écho à celle de Thomas More. *Jephtes siue uotum* : en sept épisodes, Buchanan expose comment le héros éponyme est obligé de sacrifier sa fille à la suite d'un vœu imprudent. Unités de lieu et de temps sont respectées. En ne se contentant pas de traduire, mais en se livrant aussi à un travail de création, Buchanan ouvre la voie à la tragédie nouvelle.

Marc-Antoine Muret (1526-1585) : Son *Julius Caesar* (publié en 1553) fait figure de modèle, et ce sujet profane, le premier, sera promis à un grand avenir, mais surtout, sa nouveauté réside dans sa division en cinq actes. Ces représentations en milieu scolaire constituent le terreau sur lequel poussera la tragédie humaniste.

La théorie : l'élaboration de la formule tragique

Au milieu du siècle, la tragédie est l'objet d'une réflexion théorique. S'il est diffusé à partir de 1561 grâce aux *Poetices libri septem* (posthumes) de Scaliger et au *Brief Discours pour l'intelligence de ce théâtre* de Jacques Grévin, Aristote n'exerce cependant qu'une faible influence en France. Il faut attendre l'*Aristotele volgarizzato* de Castelvetro (1571) pour qu'Aristote soit vraiment connu. En revanche, *L'Épître aux Pisons* d'Horace (*Art poétique*), deux commentaires scolaires de ce traité, l'*Ars grammatica* de Diomède, le *De tragœdia et comœdia* de Donat (IVe siècle) et l'*Art poétique* de Peletier du Mans énoncent un certain nombre de principes dramatiques qui vont conditionner l'esthétique des jeunes auteurs. Une tragédie doit comporter cinq actes, se dérouler sur scène entre trois personnages au plus, commencer *in medias res**, comporter un chœur, remplacer les actions horribles par des récits (*multa tolles ex oculis* : « bien des événements ne seront pas mis sous les yeux ») et prêter aux personnages un langage noble approprié à leur situation. En outre, le sujet doit être éloigné dans l'espace comme dans le temps, et il incombe au dramaturge de choisir des héros de haut rang. Enfin, le but de la tragédie est l'enseignement, comme l'indique nettement Ronsard dans la préface de *La Franciade* : « [les tragédies] sont du tout didascaliques et enseignantes et il faut qu'en peu de paroles elles enseignent beaucoup, comme miroirs de la vie humaine. » Jean de la Taille, dans son *Art de la tragédie*, traité placé en tête de *Saül* (1572), insiste sur deux « secrets de l'art » tragique. D'abord, l'émotion : « La vraye intention d'une tragedie est d'esmouvoir et de poindre merveilleusement les affections d'un chascun. » Ensuite, la proximité du dénouement : « Ne commencer à deduire sa Tragedie par le commencement de l'histoire ou du subjet, ains [mais] vers le milieu ou la fin. » Ces principes vont progressivement être mis en pratique à partir du milieu du siècle et le vœu que formule Du Bellay dans la *Défense* (II, 4) se trouve réalisé : « Quant aux comédies et tragédies, si les rois et les républiques les voulaient restituer en leur ancienne dignité qu'ont usurpée les farces et moralités, je serais bien d'opinion que tu [toi, le poète futur] t'y employasses. »

Les représentations. On a longtemps considéré, à tort, que les tragédies de la Renaissance n'étaient pas destinées à être jouées. S'il est vrai que les conditions de représentation diffèrent beaucoup de celles du siècle suivant, il n'en demeure pas moins que ces pièces sont écrites pour un public. Ce dernier est restreint, composé pour la plupart de lettrés, et les lieux où le spectacle se déroule sont parfois un château (par exemple, celui de Gaillon, en Normandie), souvent un collège (de Boncourt, d'Harcourt, de Beauvais, d'Angers). La scène est disposée dans la cour et les spectateurs sont placés aux fenêtres. En effet, installés à l'hôtel de Bourgogne, les Confrères de la Passion, hostiles aux genres nouveaux, gardent le monopole des représentations. Quant aux acteurs, ils ne sont pas professionnels, le témoignage de Pasquier racontant la représentation de la *Cléopâtre* de Jodelle le montre bien. Ce sont des écrivains qui jouent « les principaux roulets » : le poète Rémi Belleau devait tenir le rôle de Cléopâtre, La Péruse celui d'Octavian. Il est possible que Jodelle lui-même ait joué l'ombre d'Antoine. Ce n'est pas un « théâtre dans un fauteuil », mais un théâtre d'amateurs qui se joue sur des estrades de fortune.

Les premiers essais

Théodore de Bèze (1519-1605) fait figure de précurseur. Il est en effet le premier à écrire une tragédie en français, *Abraham sacrifiant* (1550), et fonde ainsi la tragédie biblique qui connaîtra un grand essor jusque vers 1585 et qui sera relayée par la tragédie chrétienne. Bèze est un nouveau converti plein de zèle qui assigne à son œuvre une portée morale, comme l'indique l'épilogue de sa pièce: « Tels sont, pour vrai, les miroirs où l'on voit/Le beau, le laid, le bossu et le droit. » C'est que, jusqu'en 1570, les réformés ne verront pas le théâtre d'un mauvais œil. Commandée pour instruire et édifier les étudiants, la pièce s'inscrit donc dans le sillage du théâtre scolaire. L'avis aux lecteurs se caractérise par un certain flou théorique : « L'argument que je traite… tient de la tragédie et de la comédie. » À la comédie il emprunte le prologue et non le ton général de la pièce, à la tragédie antique les chœurs chantés, appelés cantiques. Ces cantiques de bergers sont composés en hexasyllabes pour les deux premiers, en heptasyllabes pour le dernier. Ailleurs, la variété est assurée par une alternance de décasyllabes et d'octosyllabes. Au Moyen Âge se rattachent les décors simultanés et la présence de « Satan en habit de moine ». Pas de division en actes, mais trois parties et deux pauses. Dans la première, Dieu ordonne le sacrifice; dans la deuxième, Abraham se met en route pour sacrifier son fils; dans la troisième, le sacrifice est interrompu. Un épilogue exhorte le public à suivre toujours les ordres de Dieu. Il répond au prologue qui attirait l'attention sur l'illusion théâtrale: « Tu penses être au lieu où tu n'es pas/Plus n'est ici Lausanne, elle est bien loin. » L'histoire mise devant les yeux a une portée actuelle, il ne s'agit pas de se laisser dépayser, mais de renforcer sa foi. C'est ce dessein qui explique également l'utilisation d'une langue au vocabulaire simple et le refus des images.

Étienne Jodelle (1532-1573). Mais la première tragédie où sont mis en œuvre les principes de l'esthétique nouvelle est la *Cléopâtre captive* de Jodelle, membre de la remuante Pléiade. C'est un événement: à une époque où la représentation est unique parce qu'elle est une réjouissance parmi d'autres, elle est donnée deux fois. D'abord à l'hôtel de Reims, en février 1553, devant Henri II et sa cour pour célébrer la victoire de Metz ; ensuite au collège de Boncourt où « toutes les fenestres estoient tapissées d'une infinité de personnages d'honneur, et la Cour si pleine d'escoliers, que les portes du College en regorgeoient » (E. Pasquier, *Recherches de la France*, VII, 6). En prenant chez Plutarque l'histoire d'Antoine et de Cléopâtre, Jodelle choisit d'évoquer une spectaculaire chute dans le malheur. Une leçon de morale est donnée, à grand renfort de sentences et de développements édifiants. La définition proposée par Lazare de Baïf est en tout point respectée : « Une moralité composée des grandes calamitez, meurtres et adversitez survenues aux nobles et excellentz personnaiges »(*Electra,* Paris, 1537). Le prologue est un très long monologue de l'ombre d'Antoine qui appelle son amante; au premier acte la mort de Cléopâtre est annoncée; l'acte II voit Octavian méditer sur la mort d'Antoine; la reine fait semblant de renoncer à la mort (acte III); elle se lamente devant le tombeau à l'acte suivant et sa mort est rapidement racontée par Procule au dernier. Autant dire que Jodelle respecte le schéma décrit par Donat: prologue, protase* (exposition du sujet et début de l'action, acte II), épitase (incidents essentiels et nœud, III et IV), catastrophe (dénouement, V). Mais aucun effet d'attente n'est produit, l'action est réduite au minimum et la pièce est une immense lamentation dont la beauté réside dans l'expression poétique. Tous les mètres y sont employés, toutes les rimes utilisées, dans le dialogue comme dans les chœurs. Enfin, les unités* de temps et de lieu sont respectées. Après la tragédie biblique, c'est la tragédie à l'antique qui fait son apparition. Destinée à un public limité, elle prend son sujet dans l'Antiquité et consiste essentiellement en une longue déploration qui suscite la terreur* ou la pitié*. Ce type de tragédie valorise la polyphonie des chœurs et des personnages, la variété des mètres plus que les personnages eux-mêmes.

La Péruse (1529-1554). C'est sur un canevas identique que sont écrites *Didon se sacrifiant* (s.d.) du même Jodelle et la *Médée* de son ami La Péruse (1553), imitée d'Euripide et de Sénèque. Cependant, dans cette dernière pièce, le suspens est mieux exploité, le dénouement n'étant pas annoncé dès le prologue. De la vengeance naît la tension dramatique. D'autre part, chaque acte est désormais occupé par plusieurs scènes. Enfin, si La Péruse suit souvent Sénèque de près, son plan diffère de celui de la pièce latine. Citons encore *Achille* (1563) et *Lucrèce* (1566) de N. Filleul, *Daïre et Alexandre* (publication en 1562) de J. de La Taille. On imite également les Italiens ; ainsi Mellin de Saint-Gelais traduit, en 1556, la *Sophonisbe* de Trissino (1515).

Innovations

Rompant avec la répétition pure et simple des modèles antiques et modernes, trois œuvres de la première génération innovent en matière de dramaturgie. Au statisme des pièces précédentes s'oppose le dynamisme, embryonnaire mais réel, de ces tragédies. Là réside le point de rencontre de ces œuvres aux sujets si différents : le premier est moderne, le deuxième pris à l'antiquité et le dernier vient de la Bible.

Bounin, Grévin et Jean de La Taille. Avec *La Soltane* de G. Bounin (1561), c'est la tragédie orientale qui fait son apparition. Rose, désireuse d'assurer l'avenir de ses fils, veut la mort de leur rival, Moustapha. Elle l'obtient en le calomniant auprès de son père. Mais l'exotisme oriental ressemble à un placage, il se limite au nom des personnages et aux lieux où ils évoluent, Alape et Amasie. Derrière le sérail se laisse voir le même monde que dans les autres pièces. Ainsi, dès sa première tirade, la sultane évoque les enfers de la mythologie grecque dont la menace plane sur toute la pièce : « Plutôt désastrement m'ennavire Charon/En sa nef pour surgir en l'havre d'Achéron » [Que pour mon malheur, Charon me prenne plutôt dans sa barque afin d'arriver au port d'Achéron], (v. 13-14). Ou encore, à la fin du premier acte, le chœur critique, en recourant au mythe païen de leur création, les entreprises menées par des femmes : « Mais toi, Pyrrha, que tu méfis/Quand jadis la femme tu fis » (v. 439-440). Mahomet n'est cité que deux fois, à la fin (v. 1608 et 1614), comme si l'auteur se rendait compte, un peu tard, qu'il avait accordé une trop grande importance aux dieux païens. C'est aussi une tragédie moderne, les faits relatés datant de 1553. Surtout, à la différence de la plupart des tragédies du temps, aucun prologue, aucun argument ne renseigne le spectateur sur l'action. La présence de la confidente Sirène permet une exposition plus « naturelle » que dans les pièces précédentes. De plus, cette femme et le Sophi (l'autre confident) essaient de faire changer d'opinion leurs maîtres, Rose et Moustapha. Dans cette histoire que l'on ne connaît pas comme les sujets empruntés à l'Antiquité, le dénouement n'est pas donné d'avance. L'action se noue au premier acte lorsque Rustan accepte d'aider la sultane en faisant parvenir au Grand Sultan un message qui « donn'ra à entendre/Que Moustapha hautain » (v. 393-394) trahit. De cette importance accordée à l'action témoignent les propos des personnages eux-mêmes : à l'optimisme de Rose aux yeux de qui l'affaire est faite, Rustan répond : « Rose, de son dessein nul ne doit prendre joie/À heureux port surgir que premier ne le voie » (v. 610-611). Le nœud est à l'acte III où le Sultan croit « cette femme fuitive [fugitive] ». Mais la mort de Moustapha n'est pourtant pas certaine, le Sophi l'exhortant à fuir (acte IV). Autre originalité, l'exécution sur scène, par les Muets, de la victime innocente. Car *La Soltane* montre le triomphe des méchants.

Le *César* de Grévin, représenté en 1561 au collège de Beauvais à Paris, offre un point commun avec la pièce précédente. S'il ne commence pas par un échange entre un protagoniste* et un confident, il ne dévoile pas non plus les événements grâce à un personnage protatique*. Ce sont les appréhensions de « César, non plus César, mais esclave de crainte » (v. 7) qui sont exposées dans un long monologue, puis celles de son épouse Calpurnie. Mais il faut convenir que nul ne doute de la mort du « Père de la patrie ». C'est la construction de la pièce qui est originale. Aux trois premiers actes, qui mettent en scène César, son ami Marc Antoine, les conjurés et l'épouse inquiète, correspondent symétriquement les deux derniers qui, dans un ordre inverse, nous montrent la mort de César (grâce au messager), la douleur de Calpurnie, les meurtriers de César et enfin la détermination de Marc Antoine à venger le « magnanime empereur ». Ce cinquième acte, consacré au célèbre éloge funèbre, comme pour faire plaisir aux lettrés, ruine l'unité d'action. D'autre part, Grévin innove avec l'individualisation des soldats du chœur qui commente la situation.

Mais c'est dans une tragédie biblique, *Saül le furieux* (écrite vers 1563, publiée en 1572) que la progression dramatique est la plus nette. Jean de La Taille y applique les principes qu'il expose dans son traité *De l'Art de la tragédie* édité en même temps. Au début de la pièce le spectateur est plongé *in medias res** : « Ne commencer à deduire sa tragedie par le commencement de l'histoire ou du subject, ains vers le milieu, ou la fin… à la mode des meilleurs poètes vieux » (III). De fait, les premières paroles du roi traduisent sa folie : « Las, mon Dieu, qu'est-ce cy ? que voy-je, mes soldarts ?/Quell'eclipse obscurcit le ciel de toutes parts ? » (I, v. 1-2). Devant cette situation, ses trois fils, qu'il veut tuer, décident d'affronter seuls le « fier roy Achis » qui menace le pays. Aucune certitude donc quant à l'issue de la guerre, même si « le chœur des presbtres levites » encourage les « princes valeureux ». D'autant plus qu'entre deux moments de fureur, Saül, qui se sent abandonné de Dieu, hésite à prendre les armes (acte II). Révélatrice de cette indécision de l'action est la consultation d'une « Phitonisse » qui fait venir l'esprit de Samuël : « A fin qu'en ce soudain et important affaire/Il [lui] baille conseil sur ce [qu'il] doi[t] faire » (III, v. 618). La prédiction de la défaite constitue le nœud de la pièce. Sa force réside dans la lucidité dont le personnage tragique fait preuve : « Mais pour me faire choir d'un sault [chute] plus miserable,/D'entree tu me fis [tu as fait de moi] ton mignon favorable » (III, v. 799-800), dit-il à Dieu. On ne saurait mieux définir le sujet de toute tragédie. Cette chute annoncée, il la précipite en se jetant au combat, plutôt que de fuir, dès qu'un gendarme lui a raconté la mort de ses fils (IV). L'acte V relate la mort de Saül et de Jonathas que, magnanime, David déplore. C'est donc une leçon exemplaire qui est donnée, dans la mesure où Saül a commis une faute (autrefois il n'a pas mis à mort le roi Agag, alors que Dieu le lui avait ordonné), mais cet enseignement est dispensé en privilégiant l'action. Il n'est que de comparer la pièce à son modèle, l'*Hercule furieux* de Sénèque pour s'en convaincre. Chez ce dernier, en effet, la fureur est le sommet de la tragédie, chez de La Taille, elle est donnée d'entrée de jeu et pèse sur l'évolution de l'intrigue. Que peut faire un roi fou ? Qu'en sera-t-il lorsqu'il aura recouvré la raison ? Avec *Saül le furieux* la primauté est donnée à l'action.

Autres tragédies contemporaines

Signalons encore au nombre de ces œuvres de la première génération deux tragédies qui, comme *La Soltane,* prennent leur sujet dans l'actualité.

D'abord la *Philanire* de Cl. Roillet (1563) inspirée d'un fait divers. Malgré le songe initial que fait la malheureuse épouse d'Hippolyte, rien ne laisse présager le sinistre dénouement : Philanire

> … impétra du [demanda au] Prévot du lieu que son mari, lors prisonnier… lui seroit rendu, moyennant une nuit qu'elle lui prêterait. Ce fait, son mari le jour suivant lui est rendu, mais jà exécuté de mort.
> (*Argument*).

Le prévôt, Sévère, est à son tour décapité. Si la tragédie doit peu à l'Antiquité (essentiellement le nom d'Hippolyte et des références aux dieux et héros païens), elle conserve malgré tout un chœur qui commente l'action.

La seconde est la *Tragédie du sac de Cabrières* (1566-1568 ?). Des contemporains sont sur scène (le président du parlement de Provence, le capitaine général de l'armée) et l'Antiquité n'a guère droit de cité, sinon à la faveur de quelques réminiscences, par exemple d'une comparaison (« … O combien je voudrois/ Que ce cheval ne fît de Cabrière une Troie ! » dit Le Maire, représentant en chef des Vaudois, v. 585-586). Aucun personnage protatique*, peu de monologues, l'action, une fois de plus joue un rôle certain, en particulier dans les récit expressifs des assauts menés contre Cabrières.

Cette dernière pièce montre que, dans le sillage de Théodore de Bèze, la tragédie est utilisée à des fins de propagande. Les protestants y voient en effet un moyen d'exposer leurs idées à un moment où, à Paris, les mystères sont interdits. D'*Abraham sacrifiant* on retient la simplicité. De fait, elle caractérise les *Tragédies saintes* (*David combattant, David triomphant, David fugitif,* 1563) de Louis Des Masures. Comme dans *Abraham sacrifiant* encore, Satan intervient. Il ne s'agit pourtant pas d'un mystère, chacune des pièces constituant une vraie tragédie où sont respectées les unités* de lieu et de temps. En une journée, David passe du bonheur au malheur.

Autre pièce protestante, *Aman* (1566) d'André de Rivaudeau, qui revendique l'imitation de Sénèque, bien sûr, mais aussi d'Aristote :

> … nul homme, à mon avis, a fidelement versé [dans la poésie] que Seneque seul, qui encore ne se est du tout formalizé [adapté] ni à l'art ni à la façon des anciens. Vray est que ceux qui auront bien leu le petit traité d'Aristote n'auront pas grand besoin de tout ce que j'ay escript en mon livre.
> (*Avant-parler*).

De fait, Rivaudeau fait commencer l'action *in medias res**, utilise le récit, divise sa tragédie en cinq actes séparés par un chœur. Mais le grand nombre de monologues et les longs discours lui confèrent un certain statisme.

3 La tragédie « fin de siècle » (1568-1604)

À la Pléiade succède une génération également influencée par l'héritage antique, mais dont la caractéristique essentielle est la tendance à la démesure et à l'irrégularité.

Robert Garnier

Le grand nom qui domine l'ensemble de la production tragique est celui de Robert Garnier (1544-1590). Ses sept tragédies sont souvent jouées et leur publication rencontre un véritable succès : quatre éditions collectives entre 1580 et 1585. De 1592 à 1620, on en dénombre une trentaine dans diverses villes de

France. Témoins de cette admiration unanime, les pièces liminaires. Ainsi dans le sonnet de Ronsard qui accompagne la première édition de *Porcie* (1568), cette apostrophe énonce le mérite principal du poète dramatique : « Par toy GARNIER la Scene des François/Se change en or qui n'estoit que de bois » (v. 9-10). Si le jugement est rude pour la génération précédente, il est révélateur du changement opéré par Garnier, car, pour retentissant qu'ait été le succès de Jodelle, il ne touchait qu'un public limité.

La première caractéristique de ce théâtre est l'empreinte des guerres civiles, en particulier dans les pièces romaines, l'Antiquité offrant un premier crayon de l'histoire contemporaine. S'il est catholique, cet humaniste fervent est aussi influencé par une vision du monde païenne, celle du stoïcisme. L'histoire est un éternel retour, si bien qu'aux guerres civiles de la République romaine finissante correspondent les guerres de Religion. Dans les dédicaces, l'auteur lui-même insiste sur ce rapprochement : *Porcie* est « propre et convenable pour y voir dépeinte la calamité de ce temps ». À propos de *Cornélie,* il parle des « cris et [d]es horreurs de [s]es Tragedies, poeme... trop propre aux malheurs [du] siecle ». Lorsqu'il offre *Marc Antoine* (1578) à monseigneur de Pibrac, il lui pose cette question :

> À qui mieux qu'à vous se doivent addresser les représentations Tragiques des guerres civiles de Rome ? qui avez en telle horreur nos dissentions domestiques, et les malheureux troubles de ce Royaume, aujourd'hui despouillé de son ancienne splendeur ?

D'ailleurs, les dates de publication de ces trois pièces correspondent aux deuxième, quatrième et sixième guerres de Religion.

On peut affirmer que, par rapport aux trois tragédies de la génération précédente que nous avons signalées comme novatrices *(La Soltane, César, Saül le furieux)*, la dramaturgie de Garnier est régressive. Elle renvoie en effet à la formule de Jodelle. D'entrée de jeu, les « piteuses ruines de grands seigneurs » (J. de La Taille) sont annoncées par des personnages protatiques* : l'effrayante Mégère dans *Porcie*, Cicéron qui livre ses réflexions et Marc Antoine qui bat sa coulpe dans *Cornélie et Marc Antoine*. Peu de place est réservée à l'action, c'est la leçon qui est privilégiée. Pour la rendre efficace, des tableaux, séparés par les chants du chœur, se succèdent dans lesquels les personnages commentent leur funeste destin. Il s'agit d'une « démonstration dramatique fondée sur une vue panoramique de toutes les conséquences extrêmes d'un événement accompli » (M.-M. Mouflard). Cette éloquence fait la part belle aux sentences morales, et le lyrisme, destiné à émouvoir, renforce la portée de la leçon.

Les vers sentencieux de la tragédie : Horace et Aristote pensent que l'œuvre d'art doit contenir un enseignement. La chute de personnages de haut rang, sujet de la tragédie, constitue une leçon. Les auteurs de la Renaissance la soulignent en insérant dans les tirades des personnages ou dans le chant des chœurs des formules sentencieuses que signalent les guillemets. Ainsi, dans le *César* de Grévin, acte III, scène 3, les lamentations de Calpurnie accèdent à la généralité grâce à ces vers :

Hé, pauvrette ! je suis
Femme du grand César et vivre je ne puis
Libre de passions, libre de toute crainte
Qui me détient ainsi qu'une géhenne contrainte.
« Heureux et plus heureux l'homme qui est content
« D'un petit bien acquis et qui n'en veut qu'autant
« Que son train le requiert. Las ! il vit à sa table
« Toujours accompagné d'un repos désirable. »
(III, 3, v. 641-648).

Garnier structure ses tragédies en trois parties. D'abord une exposition du sujet qui vise à susciter l'émotion, puis des scènes de débats et enfin une catastrophe* qui, à nouveau, joue sur le pathétique. Ainsi, dans *Porcie,* le monologue de Mégère, dont une des fonctions est de créer une atmosphère de terreur, est suivi d'un chœur qui moralise sur le destin des hommes (acte I). Puis, le personnage éponyme déplore l'événement qui est à l'origine de la tragédie, l'assassinat de César, dont la fâcheuse conséquence est de livrer Rome à trois tyrans. Avec la mort de Pompée et le suicide de Caton, les événements antérieurs sont rappelés (II). Ces deux premiers actes font donc connaître une situation, mais n'offrent aucune péripétie d'exposition. À l'acte III, où priment les discussions politiques, le philosophe Arée parle de la dégradation dont sont victimes les hommes depuis l'Âge d'or, puis les vainqueurs de Philippes font leur apparition. Contrairement à Octave qui entend tuer tous ses ennemis, Antoine décide de ne pas s'acharner sur les Pompéiens en fuite. Les deux derniers actes sont des actes de mort. Avec l'acte IV reviennent les lamentations, lorsque le messager raconte à Porcie le suicide de Brutus dont le corps est apporté sur scène. Au Ve, dans un dialogue avec le chœur, la nourrice raconte le suicide de l'héroïne, puis elle se donne la mort. L'émotion est à son comble.

La source principale est Sénèque : *Thyestes, Octavia, Troades, Hercules furens* sont abondamment mises à contribution. Nul doute que c'est à lui qu'il doit d'abord sa vigoureuse rhétorique, son pathétique et son lyrisme, la longueur de son exposition suivie d'une crise brève. Il lui doit aussi son style sentencieux. Quand ce ne sont pas de brèves sentences, ce sont des dialogues stichomythiques* qui introduisent les réflexions morales.

L'épopée : elle raconte en vers les exploits guerriers qui rassemblent tout un peuple. Elle comporte des épisodes obligés : tempête, descente aux Enfers, récits de combats, description d'objets d'art. Dans la hiérarchie des genres, aussi bien chez les Anciens qu'à la Renaissance, elle occupe le premier rang.

Lucain (39-65) : poète latin auteur de *La Guerre civile* ou *Pharsale*, qui chante sur un mode déploratif la lutte entre César et Pompée.

Enargeia : (ou « évidence ») ce terme s'applique à la description et désigne un effet d'illusion qui donne à voir ce que dit le poète. Pour Quintilien (*Institution oratoire*, VI, 2, 32), l'*enargeia* agit sur les émotions. Plusieurs procédés y concourent : l'allitération, l'accumulation, l'anaphore, l'hypotypose (description vive et animée).

Mais Garnier a lu également l'***épopée*** de **Lucain**, la *Pharsale* ou *Guerre civile.* L'imitation s'explique par la parenté des sujets et par celle du genre épique et du genre tragique. Pour Aristote « l'épopée va de pair avec la tragédie en tant qu'elle est une imitation, à l'aide du mètre [du vers], d'hommes de haute valeur morale [...]. Quant aux éléments constitutifs, certains sont les mêmes » (*Poétique,* 1449 b). Avec pour thème principal la ruine, Lucain touche au tragique. La terreur* et la pitié* en sont les ressorts. Au héros positif de l'épopée traditionnelle est substitué le héros problématique d'une épopée de vaincus, Pompée, puis Caton. A la *Pharsale* s'applique parfaitement la définition de la tragédie formulée par Donat dans son commentaire sur Térence : « Des personnages importants, de grandes craintes, des morts funestes » (I, 21). L'épopée de Lucain raconte la chute de Pompée, incarnation de la République. De plus, les plaintes qu'exhale à de nombreuses reprises le poète sont proches du chant de deuil que fait entendre le chœur dans la tragédie. Aussi Garnier fait-il du poète latin la troisième source de ses pièces romaines après Sénèque et les tragiques grecs. Cette influence décline cependant : *Cornélie* compte 43 emprunts, *Porcie* 10 et *Marc Antoine* 5. Outre l'image du monde renversé et le thème de la grandeur qui s'écroule sur elle-même, ce que retient essentiellement Garnier de l'épopée latine, c'est la manière du poète qu'un mot résume, l'***enargeia***. Grâce surtout à l'hypotypose (description suggestive) et à l'accumulation, le texte devient une « vive peinture » dont la fonction première est d'émouvoir. Si le principe horatien *multa tolles ex oculis* est respecté, les récits donnent à voir par l'esprit des scènes où domine l'horreur. Ces images fortes qui parlent à l'imagination sont les composantes d'un théâtre mental. « Le sang chaud et fumeux » (*Cornélie*, V, 1819) ne coule pas « en bouillonnant » sur scène, mais sa présence n'en est pas moins forte. Ces récits épiques, où abondent les comparaisons, racontent des combats, des meurtres, des suicides ou des songes en passant du général au particulier. Ainsi le champ de bataille est d'abord localisé, puis décrit à grands traits. L'impression de carnage est donnée par une accumulation de détails réalistes, selon l'« esthétique du premier plan » propre à l'épopée. Enfin, l'attention se concentre sur la mort d'un personnage qui, s'il est un chef, prononce d'ultimes paroles.

À ces récits épiques s'opposent les chœurs qui permettent de changer de lieu ou de temps, conformément à l'opinion de Scaliger (*Poetices libri septem,* III, 97). Écrits le plus souvent dans des sixains d'octosyllabes, les chants choraux explicitent la leçon de la pièce. Dans ces poèmes, Garnier, en héritier de la Pléiade, utilise volontiers des mots composés (« les chevaux sonne-pieds ») et des adjectifs forgés sur le latin (« la rive *areneuse* » [de sable]).

Cornélie (1574), qui évoque la mort de Pompée (le titre complet est *Cornélie, épouse de Pompée*) et *Marc Antoine* (1578), qui évoque celle du personnage éponyme et de Cléopâtre, sont construites sur le même patron.

Mais la production tragique de Garnier n'est pas uniforme. *Hippolyte* (1573) délaisse Rome et les problèmes de la cité pour la Grèce et l'amour. Si, une fois encore, Sénèque (et non pas Euripide, contre toute attente) est sollicité, la pièce diffère des pièces romaines. Comme dans *Porcie,* elle commence avec l'apparition d'un personnage protatique*, l'ombre d'Égée, dont le monologue a pour fonction de remplir le spectateur de terreur par la description de « l'horrible sejour » (v. 9) infernal et d'annoncer le malheur de Thésée qu'il apostrophe *in absentia* : « Tu y verras l'inceste, et le meurtre et tousjours/Ton désastre croistra, comme croistront tes jours./Tu occiras, meurtrier, ta propre geniture » (I, v. 97-99). L'originalité réside dans le fait que la prédiction se trouve redoublée par le monologue d'Hippolyte. À la différence des pièces romaines encore, l'opposant apparaît dès le deuxième acte dans la personne de Phèdre. Le troisième acte est celui d'Hippolyte et de l'aveu. Nouveauté supplémentaire, l'action se précipite dès le début de l'acte IV avec le retour de Thésée et le mensonge de Phèdre. Quant au Ve acte, c'est celui du récit fait par le messager de la mort d'Hippolyte (« Ô la triste adventure ! ô le malheureux sort ! »), de la confession de Phèdre (« je suis seule coupable, et suis la malheureuse »), et des lamentations de Thésée (« Ô ciel ! ô terre mere ! ô profonde caverne »). D'autres innovations caractérisent cette pièce. Le chœur ne participe en aucune façon à l'action et Phèdre, contrairement à Porcie, à Cornélie et à Cléopâtre, bien loin de lutter avec le destin, s'abandonne à lui. D'où cette différence avec les autres tragédies : le personnage central est à la fois victime et coupable.

Les autres tragédies à sujet grec, *La Troade ou la Destruction de Troie* (1579), *Antigone ou la Piété* (1580), ne ressemblent guère aux précédentes. D'une part, les sources ne se limitent pas à Sénèque ; l'auteur recourt au procédé de la contamination* (Euripide, Sophocle). D'autre part, les événements funestes s'enchaînent sur un rythme rapide pour faire naître l'émotion plus tôt. Au cours des cinq actes de *La Troade* se succèdent les scènes d'adieux et les morts des enfants d'Hécube, l'héroïne de la pièce. Comme dans *Hippolyte,* le premier acte n'est plus statique, car il n'est pas celui d'un seul personnage protatique*. Avec *La Troade,* Garnier entend faire naître le pathétique par de nouveaux moyens. Les monologues, les discussions philosophiques disparaissent, « les choses se passent sur la scène » (M. Gras). Dans *Antigone* nous retrouvons une cascade de morts qui découlent l'une de l'autre et le pathétique est porté à son comble lors de la mort, sur scène, de Jocaste. Le quatrième acte est remarquable par sa longueur et par la réunion des personnages principaux qui s'opposent, assurant la vivacité du dialogue.

Avec *Les Juives* (1583), Garnier signe sa seule tragédie biblique. Pour autant, il ne renonce pas à imiter Sénèque. S'il s'agit d'une lamentation sur le sort du peuple juif et de la famille royale, l'intérêt pour la suite de l'action est entretenu. Comme dans ses tragédies romaines, le premier acte, très court (180 vers), laisse la parole à un personnage protatique*, ici le prophète Jérémie qui prie Dieu de prendre pitié du peuple d'Israël. Le deuxième acte (706 vers) complète l'exposition en mettant sur scène le roi vainqueur Nabuchodonosor dont les projets rencontrent l'opposition du lieutenant général Nabuzardan. Ce premier affrontement est lourd d'événements terribles pour le roi juif Sédécie : « Mais devant que le jour ait sa course finie,/Je jure qu'il verra sa lascheté punie », déclare Nabuchodonosor (II, v. 211-212). Contrairement aux autres pièces, l'accent est mis non pas sur les événements passés dont la tragédie se fait l'écho déploratif, mais sur ceux qui vont suivre. L'action ne commence pas encore, les lamentations d'Amital, mère de Sédécie, et du chœur la retardent. Émue, la reine d'Assyrie, intervient à l'acte III (390 vers) auprès de son époux, de même qu'Amital. À l'acte IV (550 vers), Sédécie éclate en imprécations contre son vainqueur (« Sus donc, cruel tyran, assouvis ton courage », v. 1479), et, dans la dernière scène, l'action se précipite car le prévôt réclame les enfants royaux. Tout naturellement, le Ve acte dénoue la pièce par le récit de la mort des grands, du pontife Sarrée, des enfants et par le supplice de Sédécie (« et [les bourreaux] luy cernent d'un fer la prunelle des yeux. » v. 2002). Dans la dernière scène, la leçon est tirée : Sédécie se repent, se soumet à Dieu et le prophète annonce aux Hébreux que leurs souffrances cesseront.

Avec cette pièce, Garnier illustre au mieux les deux tendances de la tragédie renaissante, la déploration, assurée par le chœur des captives juives, en partie intégré à l'action, et le récit. Il s'y montre à la fois novateur et conservateur. D'une part, en effet, il donne à l'action une importance qu'elle n'avait guère dans ses propres tragédies romaines et dans celles qui avaient été composées au temps de la Pléiade. D'autre part, la lamentation y conserve une très grande place.

Montchrestien

D'Antoine de Montchrestien on peut dire qu'il est le dernier auteur de tragédies humanistes. En 1596, âgé de vingt ans, il fait jouer et publie *Sophonisbe,* qu'il modifie dans l'édition de 1601 où elle devient *La Carthaginoise.* C'est un semblable travail de correction que connaît *L'Écossaise* (nouveau titre : *La Reine d'Écosse*) dans ce même recueil, où ces deux pièces voisinent avec *Les Lacènes, David* et *Aman.* Admirateur de Malherbe, Montchrestien corrige son style en l'orientant vers une clarté accrue. Il est établi qu'entre 1593 et 1599 il a montré au poète sa première tragédie et qu'il a tenu compte de ses recommandations.

La dramaturgie de Montchrestien est fidèle aux principes d'Aristote (exposition, nœud*, péripétie*, catastrophe) et ne s'écarte pas de celle de Garnier. À l'action est préféré l'examen des conséquences d'un événement. Le changement réside plutôt dans le choix des sujets. Avec *L'Écossaise* (*La Reine d'Écosse*), il traite l'histoire contemporaine : il s'agit de Marie Stuart. Autre différence importante, le refus de l'expressionnisme à la Sénèque. L'univers qu'il met en scène est moins violent que celui de son prédécesseur.

La Reine d'Écosse constitue un bon exemple de sa manière. Les cinq actes, inégaux, se divisent en deux ensembles. Deux actes et demi montrent au spectateur la délibération d'Élisabeth (« Enfin, iusques à quand mon ame desolée/D'effroyables sursauts doit-elle estre esbranlée ? »), le reste de la pièce présente les conséquences de la condamnation qui tiennent en un mot, le sublime. En effet, Marie Stuart, en héroïne stoïcienne, domine ses passions et accepte la mort avec détachement (« Son Oraison finie elle esclarcit sa face,/Par l'air doux et serain d'une riante grace », V, récit du chœur). On retrouve cette même « tension vers l'héroïsme » (M.-M. Lazard) chez Sophonisbe, chez les Lacènes (les Lacédémoniennes, c'est-à-dire les Spartiates), et chez le personnage éponyme d'*Hector* (1604). Enfin, les maximes présentes dans les différentes tragédies les orientent du côté de la tragédie politique.

La tragédie politique

Si les protestants ont utilisé la Bible pour porter leurs idées à la scène, si l'histoire romaine a été considérée comme un premier patron des guerres civiles de France, il est une production théâtrale, beaucoup moins importante, qui refuse le détour de la fiction. Il s'agit là d'un changement important, dans la mesure où les poètes dramatiques grecs et latins, d'une part, les poètes tragiques français de la première génération, d'autre part, ne parlent pas de l'actualité. À partir du fonds commun de légendes connues de tous chez les Grecs, de l'élite cultivée en France, les problèmes de la cité n'étaient évoqués qu'indirectement. Avec la tragédie politique des années 1570-1580, le réel intervient, modifié il est vrai par une orientation partisane chez P. Matthieu. Chez cet auteur (*Le Guisiade,* 1589), l'événement est encore tout proche, chez S. Beylard (*Le Guysien,* 1592) et chez F. de Chantelouve (*La Tragédie de Coligny,* 1575), il remonte à un petit nombre d'années. Ouverte par G. Bounin, Cl. Roillet et, surtout, par l'auteur anonyme de *La Tragédie du sac de Cabrières,* la tragédie moderne rappelle de façon vigoureuse et originale que le théâtre est au cœur de la cité et qu'il débat aussi des questions qui la concernent. Mais si la mythologie, l'histoire biblique et romaine, les intrigues amoureuses sont abandonnées, la formule dramatique, elle, n'innove guère.

En écrivant *La Guisiade* (1589), le juriste polygraphe Pierre Matthieu compose un pamphlet dramatique. Du côté des ***ligueurs***, il entend justifier la révolte des ultra-catholiques en stigmatisant Henri III. L'histoire y est habilement utilisée, ses temps forts correspondant à l'agencement d'une tragédie dont l'action se caractérise par la simplicité. C'est la narration de la volte-face du roi. Une question est posée : comment Henri III a-t-il pu pardonner au duc de Guise à l'acte II et le tuer à l'acte V ? La réponse tient en deux mots qui désignent les responsables de ce revirement : les « machiavélistes, hérétiques » qualifiés de « diables incarnez », comme Épernon. L'action ne commence qu'au deuxième acte, le premier étant occupé par le monologue du duc de Guise (« Un cueur haut et Chrestien jamais ne s'abandonne »). Au troisième se place le nœud, la crise au suivant et le dénouement au cinquième. Les unités* de temps et de lieu ne sont pas respectées. Avec *Abraham sacrifiant,* pourtant si différent, *La Guisiade* partage un point commun, la présence du N.-N. [le Non-Nommé], c'est-à-dire du diable. Autre survivance du théâtre médiéval, les Ordres personnifiés (la Noblesse et le Clergé) qui interviennent à l'acte III. Mais leur discours est en prise directe avec l'actualité. Lorsque le Clergé parle, il expose « les remonstrances que fit monsieur l'archevesque de Bourges », le monologue de la Noblesse reprend la harangue prononcée « aux Estats » par le comte de Brissac.

La Ligue : union formée par les catholiques pour combattre les protestants, sous les règnes de Henri III et Henri IV.

B

LA TRAGI-COMÉDIE ET LA PASTORALE

1 La tragi-comédie

Apparition et définition

La faveur de la tragi-comédie s'explique en partie parce que, sous Henri III, la cour se détourne de la tragédie. Le signal de cette désaffection et de l'intérêt porté à ce genre est donné par Catherine de Médicis :

> (...) [elle] aymoit fort à voir jouer des commedies et tragedies ; mais despuis *Sofonisba,* composée par Monsieur de Sainct Gelays et très-bien représentée par Mesdames ses filles et autres Dames et Damoiselles de sa Court, qu'elle fist jouer à Bloys aux nopces de Monsieur de Cypierre et du Marquis d'Albeuf, elle eust opinion qu'elle avoit porté le malheur aux affaires du Royaume, ainsin qu'il succeda ; elle n'en fist plus jouer, mais ouy bien des commedies, des tragi-commedies (Brantôme, *Recueil des Dames, Poésies et Tombeaux,* éd. La Pléiade, p.36).

Superstition bien sûr, mais l'anecdote est révélatrice du changement des mentalités.

La présence de personnages de haut rang rattache le genre à la tragédie, celle des humbles qui s'expriment dans un langage familier, à la comédie. En plus de cette association de conditions différentes, la tragi-comédie se caractérise par un sujet romanesque qui accorde une grande place à l'amour, qui finit par triompher. C'est d'ailleurs la fin heureuse qui, pour des théoriciens comme Scaliger, autorise à parler de tragi-comédie et non plus de tragédie. Sur d'autres points la ressemblance est grande. Elle comporte cinq actes et, surtout, l'action est très avancée quand la pièce commence. Enfin, les péripéties abondent. Vauquelin de La Fresnaye la définit ainsi dans son *Art poétique* (1604) :

> On fait la comédie aussi double, de sorte
> Qu'aveque le tragic le comic se rapporte.
> Quand il y a du meurtre, et qu'on voit toutefois
> Qu'à la fin sont contents les plus grands et les rois,
> Quand du grave et du bas le parler on mendie,
> On abuse [use] du nom *de trage-comédie.*

Mais, en ses débuts, le genre n'est pas clairement défini et, parmi les dix-sept pièces qualifiées de *trage-comedies,* beaucoup tendent vers d'autres genres. Ainsi, *La Tragique Comédie de l'homme justifié par foy* (1544) d'Henri de Barran s'apparente à la moralité, *Les Trois Enfans dans la fournaise* (1561) d'Antoine de la Croix au mystère. Bien que ce genre soit protéiforme, le romanesque l'emporte peu à peu.

Lucelle, tragi-comédie en prose françoise (1564) de Louis Le Jars mélange tout : lieux et temps, tons et thèmes, lyrisme et parodie, galanterie et grivoiserie.

La pièce, qui repose sur les rebondissements, est proche de la comédie. La bourgeoise Lucelle doit épouser un baron mais se marie en secret avec un homme de basse extraction. Son père les oblige à s'empoisonner. En fait, le jeune marié est noble et le poison n'est qu'un soporifique.

Le chef-d'œuvre

La réussite la plus accomplie est la *Bradamante* de Garnier (1580), écrite pour le public de cour. Tirée d'une œuvre où les aventures sont innombrables, le *Roland furieux* de l'Arioste, la pièce ressemble à une tragédie pour le traitement de l'action. Suivant Sénèque, Garnier fait commencer sa pièce par le monologue de Charlemagne où sont exposées les raisons des combats entre Chrétiens et Sarrazins. À la fin du premier acte le sujet est enfin annoncé : Charlemagne veut marier Roger et Bradamante, dont le père, Aymon, préfère Léon. L'acte II expose le différend qui oppose Bradamante encouragée par son frère Renaud, et ses parents. Charles décide que la main de Bradamante sera donnée à celui qui la vaincra au combat. Roger remporte cette victoire sous l'armure de Léon, son ami. Ce dernier lui abandonne Bradamante. Le début de l'action est donc proche du dénouement, la pièce comprend de longs récits récapitulatifs (IV, 1, récit du combat entre Bradamante et Roger) et des monologues lyriques. Surtout, la fin heureuse assure le triomphe de l'amour. Jamais il n'aura eu une telle importance. Les registres sont mêlés, on assiste à de vraies scènes de comédie, par exemple, lorsque Aymon, en bourgeois, choisit le plus beau parti pour sa fille. Ou encore, lorsque ce vieillard vitupère contre les jeunes gens. Pour sa part, Renaud, dans l'unique scène où il paraît, semble tout droit sorti de la chanson de geste, comme les farouches Bradamante et Roger. Sur eux repose le romanesque, rien n'entame l'amour qui les unit. De plus, leur courage n'est jamais pris en défaut et le travestissement est source de surprise. *Bradamante* s'éloigne encore des modèles antiques par l'absence de chœurs.

Comme dans ses autres pièces, Garnier assigne à *Bradamante* un but moral. Le sujet, en effet, oppose l'amour et l'honneur. D'autre part, Aymon et sa femme Beatrix déplorent la dégradation des mœurs et le règne de l'or (« Mais c'est un siecle d'or, comme le monde vit. » v. 192). Les sentences morales abondent (« Le païs est par tout où l'on se trouve bien. », v. 588).

2 La pastorale

Origines

À l'Antiquité il revient d'avoir inventé le genre de la pastorale. Théocrite et Virgile ont donné l'image d'une nature digne de l'âge d'or. Ce modèle d'une Arcadie heureuse ne passe pas directement en France mais par la médiation italienne. Au monde de la ville et de la cour s'oppose celui de la campagne, dépourvu de réalisme, où tout n'est qu'harmonie et beauté. Parmi les œuvres les plus marquantes figure l'*Arcadia* (1504) de « l'excellent poète entre les modernes », Jacopo Sannazaro. En poète de la Renaissance, Sannazar se livre à un travail de « marquetterie littéraire » qui utilise Théocrite, Virgile, Horace, Ovide, Pline, Claudien, Longus et Boccace. Du reste, nous y trouvons les *topoi* du genre pastoral tel que l'a fondé Théocrite : le concours poétique, la magie, le refus de l'artifice propre à la ville. Dans ce monde irréel, l'hiver n'existe pas et peu de contraintes semblent peser sur les bergers. Les nombreuses descriptions d'une nature accueillante, l'indétermination spatiale et temporelle, la rencontre de personnages mythologiques, littéraires et historiques, les mises en abyme confèrent à cette œuvre la dimension d'un songe. Elle connaît un immense succès dans tous les pays, et elle est traduite en français par Jean Martin (1544). C'est ce monde que l'on trouve dans l'*Aminta* (1573) du Tasse et dans *Il Pastor Fido* (1580) de Guarini. Recueillant cet héritage, la pastorale dramatique emprunte au roman, à la poésie, à la musique, tout en imitant les Anciens et les Modernes.

Dans ce monde idyllique, le seul problème qui se pose au héros est celui de l'amour. C'était déjà celui des bergers Ergasto, Montano, Uranio, Logisto et Elpino chez Sannazar. Ils y poussaient des « souspirs/Escriptz en vers de toute angoysse pleins » (*Eglogue*, IV). Loin de trouver un refuge où s'apaisait sa passion amoureuse, le narrateur Sincero y entendait l'écho amplifié de ses propres « plaintz et pleurs ». L'amour est un « cruel tourment » et la femme, une « dame sans mercy ».

Le théâtre espagnol : il naît de façon éclatante en 1499 avec *La Célestine* de Rojas, ou *Comédie de Calixte et Mélibée* qui accorde une très grande importance à l'amour, dans le droit fil de la comédie antique. Une différence toutefois, les serviteurs n'ont plus le monopole de la ruse. Seule cette œuvre exerce une véritable influence en France (Cf. Turnèbe). Il n'en va pas de même pour l'abondante et inégale production du XVIe siècle. Avec les *pasos* (intermèdes) de Lope de Rueda (1500-1565), le théâtre touche le peuple. Juan de Encina imite Virgile et surtout les humanistes italiens dans ses *Eglogas*.

L'Arcadie sur scène

S'il faut attendre la fin du XVIe siècle en France pour voir apparaître des pastorales dramatiques (les années 1580), en Italie le mouvement est amorcé un siècle plus tôt avec l'*Orfeo* de Politien (1471), le *Cefalo* de Niccolo da Corregio (1487), puis l'*Eglé* de G. Cinthio (1545). Deux chefs-d'œuvre exercent une profonde influence sur la formation de la pastorale française, l'*Aminta* du Tasse (1573) et *Il Pastor Fido* de Guarini.

Comme chez Sannazar, Le Tasse et Guarini, ce n'est pas la vie aux champs qui intéresse les auteurs, mais bien plutôt la peinture de l'amour malheureux. Dans *La Chaste Bergère* (1575) de La Roque, l'héroïne fait preuve d'insensibilité, comme les bergères de la *Comédie des ombres* de Nicolas Filleul, où, finalement, elles se laissent attendrir. Toutes sortes de personnages appartiennent au personnel de la pastorale : bergers et bergères, bien sûr, chevaliers et princes, mais aussi bourgeois et soldats fanfarons, et encore magiciennes, nymphes et satyres. À ce personnel obligé s'ajoutent des épisodes non moins attendus comme les enchantements, les fêtes, les oracles et les songes.

L'intérêt de ces pièces réside également dans la mise en scène. Elles sont en effet l'occasion d'un « spectacle total ». Non seulement la musique et la danse y ont leur place, mais encore les effets de lumières, la richesse des costumes, la machinerie, les feux d'artifice, parfois, plongent les spectateurs dans la féerie. Au château de Nantes, l'*Arimène* (1597) de Nicolas de Montreux est montée par Cosme Ruggieri avec une très grande ingéniosité. Sous la scène une vis fait tourner un décor de toiles peintes, si bien que de rapides changements sont possibles. De fait, pour les spectateurs, le dépaysement est assuré. Quand ils ne voient pas Jupiter trôner au milieu des nuages ou les Géants « écheller » les cieux, ils suivent Orphée sous terre, aux enfers. D'ailleurs, le changement est partout, dans les lieux et aussi dans les registres. La farce côtoie le lyrisme dans ce drame champêtre et, entre les actes, les intermèdes illustrent la mythologie grecque.

Mais les pastorales ne se confinent pas toujours dans l'irréalité d'un monde coupé de la réalité contemporaine. Contre toute attente, quelques-unes évoquent l'actualité. Pour J. de Fonteny il s'agit moins d'imiter l'Aminta du Tasse que de célébrer les victoires d'Henri IV avec *Galathée divinement délivrée*. De même, avec la *Pastorelle sur la victoire obtenue contre les Alemands, Reytres, Lansquenets, Souysses et Français rebelles à Dieu et au Roy treschrestien en l'an 1587*, Loys Papon entend chanter les hauts faits du duc de Guise, au sommet de sa gloire, à Auneau, l'année précédente. L'âge d'or est regretté et les misères de la guerre déplorées.

C

LE THÉÂTRE COMIQUE

1 Le comique médiéval

Comme pour le théâtre sérieux, le renouveau théâtral n'intervient que dans la seconde moitié du siècle et les genres médiévaux résistent à ce changement.

Les formes hybrides

Le mystère, que nous avons déjà vu dans le cadre du théâtre sérieux, comporte des passages comiques. Dans le mystère de la Passion, les plaisanteries s'intègrent au mythe religieux. Les épisodes tragiques qui relatent la mise en croix sont interrompus par des scènes bouffonnes, par exemple quand on voit les forgerons qui fabriquent les clous pour la croix. On comprend le mépris que manifestent les lettrés, les réformés et le Parlement à son égard. En 1542, les termes utilisés par le parlement de Paris sont révélateurs : « Tellement qu'au lieu de tourner à édification, leur jeu tourne à scandale et dérision. »

La moralité a un sujet grave, mais les éléments comiques y sont de plus en plus nombreux. L'allégorie est détournée vers la trivialité. Dans *La Condamnation de Banquet de Nicolas* de La Chesnaye (1508) défilent sur scène Banquet, Dîner, Souper, Sobriété. Avec *Le Pape malade* (1561), Conrad Badius tombe même dans la scatologie. Sur les conseils de Prestrise et Moinerie, le Pape accepte les clystères recommandés par Satan.

La sottie, dont le nombre de vers n'excède pas 200, présente une troupe de sots que conduit un meneur de jeu (le prince des Sots ou la Mère sotte). Comme dans la moralité, les allégories sont présentes sur scène : Chose publique, Monde, Marchandise, Malice, Folie. Sa portée est en général satirique. Le schéma le plus fréquent est le suivant : les sots enlèvent ses vêtements à un personnage en apparence respectable et l'on s'aperçoit alors qu'il porte sous son premier costume celui des sots (vert et jaune). Les dialogues s'apparentent à la fatrasie : coq-àl'âne, accumulations, absurde le caractérisent souvent. L'action y est inexistante. Au début du siècle apparaît la sottie-revue qui s'appuie sur l'actualité, comme dans *La Reformeresse* ou *Les Povres deables* (1520). Si la plupart des sotties sont anonymes, quelques noms d'auteurs nous sont néanmoins parvenus : Pierre Gringore, André de la Vigne, Jean de l'Espine, Marot.

La farce est brève, comme les moralités, ne dépassant pas les 500 vers. En général, elle est représentée sur un « eschaffault », coupé en deux par une tenture qui fait office de coulisse. Les acteurs sont des hommes et le public populaire reste debout, le prix des places n'excédant pas quelques deniers.

Le genre demeure fidèle à ce qu'il était au Moyen Âge. Il arrive cependant qu'à une intrigue bien menée s'ajoutent de vrais caractères. Avec *La Cornette* (autour de 1550), Jehan d'Abundance offre une farce qui tend vers la comédie. La jeune épouse volage d'un barbon parvient à maintenir fermés les yeux de son mari en dépit des dénonciations de deux neveux malveillants. Plus que de la satire, il y a de la caricature dans la farce. Types et situations renvoient à la réalité, mais déformée. C'est au rire pour le rire qu'elle vise, alors que la comédie, elle, selon l'adage bien connu, « corrige les mœurs par le rire ». Bien au contraire, l'amoralisme est souvent la leçon qui s'en dégage. Il faut jouir de tout, aliments, femmes, et prendre les autres de vitesse. Le langage joue sur les équivoques et repose souvent sur le jeu verbal qui laisse une place de choix à l'obscénité : Rabelais, en particulier dans *Le Tiers Livre,* reprend cette manière farcesque de privilégier le corps. Le carnaval n'est pas étranger au monde de la farce et *le monde à l'envers* qu'elle offre aux spectateurs en procède directement : il arrive que la femme batte son mari, que le paysan l'emporte sur son seigneur. Genre populaire par excellence donc, la farce connaîtra le succès jusqu'au XVIIᵉ siècle, précisément pour les traits que rejettent les doctes : « badineries, nigauderies, et toutes sotties esmouvantes à ris et plaisir » (Thomas Sébillet, *Art poétique*, II, 8). Du Bellay regrette en vain que la farce ait ravi « l'ancienne dignité » de la comédie.

2 La comédie humaniste

Retour au latin

Comme celle de la tragédie, la renaissance de la comédie au XVIᵉ siècle passe d'abord par les collèges. Térence et, dans une moindre mesure en France, Plaute, sont les modèles de cette comédie latine. Mais le sujet en est souvent religieux. Entre autres, on peut retenir, en 1533, l'*Advocatus* représentée au Collège parisien du Mans, le *Marabeus* de Claude Jamin, les *Dialogi aliquot* de Ravisius Textor, représentés entre 1500 et 1520 au collège de Navarre.

Térence est abondamment édité : de 1470 à 1600 on a dénombré 176 éditions de ses comédies, traduites par A. Vérard dès 1503. On le commente dans les collèges et l'on voit circuler des recueils composés de *sentences* tirées de son œuvre.

Les théoriciens

La comédie étant considérée comme un genre mineur, les théoriciens s'y sont moins intéressés qu'à la tragédie. Les commentateurs de Térence, comme Donat (IVᵉ siècle, *De Tragœdia et comedia, Commentum Terentii*), sont lus et contribuent à la formation de l'esthétique de la comédie. Après Guy de Jouvenneaux à la fin du siècle précédent, Josse Bade s'inspire lui aussi de Donat pour analyser les cinq pièces de Térence dans ses *Praenotamenta* (1502). L'auteur latin devient ainsi le modèle à imiter. Pour ce qui est de la théorie proprement dite, on se tourne vers Horace. Charles Estienne dans sa préface à l'*Andria* de Térence analyse ainsi l'évolution de la comédie antique depuis ses origines grecques jusqu'à la « nouvelle comédie » latine :

> Toutes ces fables mises hors d'usaige, vint en bruict et estimation la comedie qu'ilz ont appelée nouvelle pour ceste cause ; car elle ne laissoit pas auparavant de se jouer, mesmement ne touchoit qu'en general toutes persones par manieres d'esbat [pour divertir], et ne parloit que d'amours, et n'introduysoit que personaiges de basse condition. En icelle y avoit motz pour rire, sentences joyeuses, argument bien disposé et conduyt, reformations de mœurs corrumpues et lascives. Parquoy l'eloquent Ciceron, voulant definir la comedie, dit que c'est ung poeme ou une fable remonstrant la maniere et imitation de vivre, mirouer de bonnes mœurs, ymaige de verité. En ceste comedie nouvelle se trouvoit quant à l'argument tout le contraire de la tragedie ; c'est assçavoir fascherie au commencement et joye à la fin.

L'accent est donc mis sur le but moral. Avec les expressions « mirouer de bonnes mœurs » et « ymaige de verité », c'est la *mimesis** qui se trouve ainsi rappelée. En effet, dans sa *Poétique* (1448 a, 1449 b), Aristote insiste sur l'imitation de la vie. Il s'agit de reproduire les mœurs (*ethos*) et de mettre en scène des petites gens de qualité morale inférieure, dont les défauts font rire.

Dans ses *Poetices libri septem* (1561), Scaliger reprend à son compte cette définition : la comédie est un poème dramatique, écrit dans un style commun, ayant une action dont le dénouement est heureux. Trois points la distinguent de la tragédie : « la condition des personnages, la nature des destinées et des occupations, le dénouement » (11b). Le sujet est en général l'amour contrarié par un père (ou son substitut), aidé par un esclave et couronné de succès à la fin de la pièce (mariage). Les unités* de temps et d'action doivent être respectées. Enfin, la comédie doit comporter cinq actes.

Chez les auteurs, les textes liminaires, les prologues définissent les principes de la comédie humaniste. Le but avoué est de lui donner ses lettres de noblesse. Contre la farce grossière on cherche à renouveler le genre en adaptant les modèles antiques aux réalités du temps et en procédant à des créations originales. Nous verrons que la révolution annoncée s'apparente plutôt à une réforme.

L'influence italienne

La part de l'Italie dans la formation de la comédie en France est importante. La *commedia erudita* ou *commedia sostenuta,* comédie littéraire pourvue de règles, est particulièrement vivante, puisqu'on compte environ 150 comédies durant le *Cinquecento*. Elle est représentée par des auteurs comme Montovano (*Formicone,* 1503), l'Arioste (*La Cassaria,* 1508 ; *I Suppositi,* 1509 ; *Il Negromante,* 1520), Machiavel (*La Mandragora, La Clizia,* 1525), G. Bruno (*Le Chandelier,* 1582). Les auteurs français se souviendront de ces pièces, diffusées dès l'époque de François Ier. Certaines sont représentées à la cour, comme l'*Alessandro* de Piccolomini à Fontainebleau (1555) devant Henri II, ou la première comédie d'intrigue et de caractères, la *Calandria* de Bibbiena devant Catherine de Médicis et son royal époux à Lyon. Mais ce ne sont pas les grands (Machiavel, Giordano Bruno) qui sont traduits et imités, à l'exception de l'Arioste. *I Suppositi* est traduite deux fois, d'abord en vers par J. Bourgeois, *Comédie très élégante en laquelle sont contenues les amours récréatives d'Erostrate, fils de Philone, de Catania en Sicile et de la belle Poymneste, fille de Damon, bourgeois d'Avignon,* (1545), et en prose par J.-P. de Mesmes (1552).

Héritière de la comédie nouvelle, la *commedia erudita* ou *commedia sostenuta* permet aux auteurs français de retrouver l'Antiquité. L'Italie fait ainsi office de médiatrice. Cette comédie italienne adapte également à la scène des nouvelles. Tout naturellement *Le Décaméron* de Boccace est la source où l'on vient puiser. Le recueil comporte en effet des histoires qui reposent sur la tromperie et le dialogue y occupe une place importante. D'ailleurs il en ira de même en France avec les fabliaux qui donneront à la comédie un certain nombre de thèmes. Subissant l'influence italienne, le genre s'oriente vers la comédie d'intrigue. Aux péripéties de la comédie antique s'ajoutent les *beffe* (bons tours) et les sujets romanesques. La curiosité du spectateur est sans cesse en éveil. La comédie humaniste est donc une comédie d'intrigue, une comédie de mœurs également, nous le verrons avec les différents auteurs.

Les essais de la Pléiade

Comme pour la tragédie, ce sont de jeunes auteurs qui écrivent, et qui d'ailleurs pratiquent les deux genres. Le collège de Boncourt fait figure de pépinière de talents : Jodelle, Grévin, La Taille, Belleau ont en commun d'avoir eu pour maîtres Buchanan ou Muret. Deux traits caractérisent la première comédie humaniste. D'abord, les personnages sont empruntés à la typologie antique. Ensuite, la portée morale se laisse voir dans l'indignation que suscite la peinture de la société.

Les comédies farcesques

Jodelle. La date de fondation de la comédie régulière française est septembre 1552. En effet, Jodelle y porte à la scène sa première comédie, *L'Eugène*. Dans le prologue, comme les autres membres de la Pléiade, il montre son dédain pour les auteurs de farces et de moralités, tout en rejetant l'héritage grec et italien :

> L'invention n'est point d'un vieil Menandre,
> Rien d'estranger on ne vous fait entendre,
> Le style est nostre, et chacun personage
> Se dit aussi estre de ce langage,
> Sans que, brouillant avecques nos farceurs
> Le sainct ruisseau de nos plus sainctes sœurs,
> On moralise un conseil, un escrit.

Mais ces déclarations d'intention se révèlent mensongères. Si l'influence italienne est nulle, en revanche la farce n'est pas loin, la pièce est d'ailleurs écrite en octosyllabes, vers caractéristique de ce genre. De quoi s'agit-il ? Du cocuage et de l'hypocrisie du clergé : l'abbé Eugène a marié Alix, sa maîtresse, à Guillaume, un lourdaud complaisant. Le nom d'Alix, comme dans les farces, est tout un programme, il désigne une femme légère, Guillaume est le type du niais. Mais, à la différence de la farce, le nombre de personnages est important (9), le texte est long, divisé en actes et en scènes et les personnages sont quelque peu individualisés. Surtout, l'action est conforme au schéma de la comédie à l'antique, telle que l'a formulée Donat, telle que la résume Jacques Peletier du Mans dans son *Art poétique* (1555) :

> La Comedie a trois parties principales, sans le Prologue. La premiere est la proposition du fait, au premier Acte : laquele est appelee des Grecs Protasie. Et en elle s'explique une partie de tout l'Argumant, pour tenir le Peuple en atante de connoistre le surplus. La seconde est l'avancement ou progrés, que les Grecs disent Epitasie. C'est quand les aferes tombent en dificulté, et entre peur et esperance. La tierce est la Catastrophe, soudeine conversion des choses au mieus.

Le prologue de *L'Eugène,* comme nous l'avons vu, est polémique et, à la manière de ceux de Térence, il permet de donner la liste des personnages. Au premier acte correspond la *protase** où Eugène et son chapelain exposent la situation : l'abbé a des doutes sur la fidélité d'Alix. De fait, le monologue du chapelain nous apprend qu'Alix trompe Eugène, qu'elle a été la maîtresse de Florimond, lui-même ancien amoureux d'Hélène, la sœur de l'abbé. *L'épitase** correspond aux actes II, III et IV, où l'on assiste au retour de Florimond qui aime toujours Alix. La *catastrophe** intervient à l'extrême fin de la pièce, lorsque Eugène réussit à mettre Hélène dans les bras de Florimond pour conserver Alix.

Grévin. *La Maubertine* ou *La Trésorière* (1561), est la seconde comédie humaniste du théâtre français, écrite six ans après *L'Eugène.* Commandée « pour servir aux noces de Madame Claude » (janvier 1559), elle n'est représentée que le 5 février, sur la montagne Sainte-Geneviève, au collège de Beauvais, les étudiants tiennent les différents rôles. Elle partage des traits communs avec *L'Eugène* : elle est écrite en octosyllabes et Constante, l'héroïne, comme Alix, trompe un brave mari et a deux amoureux. Si elle rappelle la farce, elle aussi, elle fait également penser à Plaute, Constante pouvant avoir comme modèle la courtisane Phronésium du *Truculentus.* Térence et Aristophane sont eux aussi mis à contribution, comme Grévin l'indique dans son *Brief Discours,* après avoir précisé, comme Charles Estienne, que la comédie doit refléter la vie :

> La Comédie est le mirouer de la vie journalière. Cette seule cause m'a ému davantage à mettre celles-ci en avant, en la composition desquelles j'ai plutôt ensuivi la naiveté de notre vulgaire et les communes manières de parler, que pris peine d'ensuivre les Anciens, encore que je ne m'en sois du tout retiré, comme pourront apercevoir ceux qui seront un peu versés en l'Aristophane, Plaute et Térence.

L'imitation de l'Antiquité

Jean-Antoine de Baïf. À mi-chemin entre traduction et adaptation, *Le Brave* de J.-A de Baïf, est « mis en jeu » le 28 janvier 1567, à l'hôtel du duc de Guise. L'effort principal de Baïf consiste à transposer les noms et les situations du *Miles gloriosus* (*Le Soldat fanfaron*) de Plaute. Ainsi, Taillebras (Pyrgopolinice) vient de faire la guerre en Écosse. La réussite essentielle réside dans la création verbale où les métaphores le disputent aux trouvailles savoureuses.

Rémy Belleau. Avec *La Reconnue* (publiée en 1577, rédigée probablement en 1563), nous retrouvons de nombreux emprunts à l'*Aulularia* (*La Marmite*) de Plaute. Mais la transposition, une fois encore, situe l'action au XVIe siècle. Antoinette, la jeune fille que le Capitaine a confiée au vieil avocat parisien, qui en tombe amoureux, est devenue sa prisonnière après le sac de Poitiers : « Vray est que bien fort volontiers/A la surprise de Poitiers/Je me rendis sa prisonniere », I, 3, v. 275-276). En même temps la farce n'est pas totalement oubliée. La pièce comporte une satire des hommes de loi parisiens (maistre Jehan renvoie au comique médiéval). Belleau s'inspire aussi, comme le feront les auteurs de la seconde génération, de la *commedia erudita* : il a sans doute lu *I Rivali* de Giovanni Maria Cecchi et la *Clizia* de Machiavel où, déjà, l'action de la comédie antique se trouvait transposée à Florence. Comme dans la pièce précédente, le langage est particulièrement travaillé. Ainsi les images empruntées au métier de tisserand reviennent à de nombreuses reprises, comme en I, 4 : « [La Voisine] Et si le galland contrefait/L'amoureux, hà, qu'elle est rusée/Pour dévider une fuzée,/Et tirer dedans et dehors/Le filet d'un fuzeau retors ! »

L'imitation de l'Italie

Jean de La Taille. *Les Corrivaus* (publication en 1573) sont à la fois la première comédie originale en prose et la première à suivre de très près un modèle italien, un conte de Boccace, la cinquième journée du *Décaméron*. Girolamo Parabosco, dans son *Viluppo* et Jacopo Nardi, dans *I Due Felici Rival,* l'avaient déjà imité, comme on peut le voir d'après la trame commune aux trois pièces : deux jeunes gens tentent d'enlever une jeune fille et l'un des deux finit par découvrir qu'il est le frère de la belle. Il ne reste plus alors qu'un prétendant possible. La servante assiste le prétendant légitime, alors que le domestique aide le frère. Quand on compare la comédie de Jean de La Taille à celles de Parabosco et de Nardi, on est frappé par la simplicité, l'unité de l'intrigue des *Corrivaus* et par la préparation du dénouement. La découverte de la parenté de Fleurdelys et de Filadelfe est préparée dès le début de la pièce, lorsque le serviteur Claude souligne leur ressemblance. L'unité* de lieu est respectée, l'action ayant lieu dans la rue devant les maisons de Jacqueline, la « Vieille Dame », et de Fremin, « Picard ». D'autre part, l'action se déroule en moins de vingt-quatre heures. Elle suit la répartition antique, protase* (I, et II, jusque la scène 1 : préparation des rendez-vous), épitase (II, à partir de 3 et III : départ de Frémin, échec de la tentative) et catastrophe* (V : reconnaissance des deux frères Filadelfe et Fleurdelys, mariages et pardons), mais ajoute, suivant Scaliger, après l'épitase, une catastase (IV, 1-4). Il faut entendre par là la confirmation des événements déjà arrivés et l'accélération vers le dénouement. L'action rebondit : le vieillard Benard arrive à Paris, Jacqueline apprend ce qui est arrivé à sa fille, Restitue (« Ha vray dieu, que ma fille m'a bien trompee !... où trouveray-je ce meschant paillard, qui a deshonnoré ma fille ? »), et reproche à Benard la conduite de son fils. Dernière originalité de cette comédie, l'absence de passages moralisateurs et de formules sentencieuses, mais la leçon se tire aisément de l'action.

La comédie de la fin du siècle

Avec l'assombrissement de la fin du siècle dû à la continuation des guerres civiles, la comédie s'oriente vers le divertissement pur. Il s'agit de faire oublier les misères des temps difficiles. Tel est le but de ces comédies qui n'ont pour public que des lettrés. Il y a moins d'indignation devant le spectacle de la société qu'un scepticisme amusé. D'autres traits les caractérisent. On cherche à acclimater les types traditionnels à la société française dont on exprime les préoccupations. Pour enrichir ces types, les auteurs français procèdent comme les Italiens, ils empruntent à la tradition nationale et au genre romanesque. L'autre nouveauté est l'attention portée à la langue. À l'octosyllabe, qui soulignait le lien entre la comédie et la farce, est préférée la prose. François d'Amboise prétend employer « un françois aussi pur et correct qu'il s'en soit veu » (*Ancien théâtre françois,* t. VII, p. 239), Larivey veut rendre la langue du « commun peuple ». Enfin, le mouvement dramatique et les dialogues sont mieux maîtrisés.

Pierre de Larivey, « champenois, chanoine, traducteur et astrologue », est avant tout pour nous « auteur de comédies », neuf en tout. Elles sont d'abord éditées en 1579 à Paris, *Six Premières Comédies facétieuses : Le Laquais, la Vefve, Les Esprits, Le Morfondu, Les Jaloux et Les Escolliers* ; c'est la première fois que tant de comédies voient le jour en une seule fois. On a pu y voir la volonté de frapper un grand coup pour se montrer l'égal des Italiens. Puis, *Trois Comedies des six dernieres,* sont publiées à Troyes en 1611 : *La Constance, Le Fidèle, Les Tromperies* (les trois autres n'ont jamais été éditées). Ces dernières œuvres diffèrent quelque peu des précédentes. Elles sont aux marges du genre : *La Constance* est proche de la comédie larmoyante, *Le Fidèle* de la tragi-comédie, *Les Tromperies* de la farce.

Larivey emprunte à l'Italie et à des auteurs de second ordre. Il sait traduire avec précision ses modèles et les adapter à la réalité française. Son originalité réside en effet dans sa langue. Comme Belleau, comme Baïf, il transpose les noms de personnes et les noms de lieux : par exemple, Paris remplace Florence. Il donne des équivalents aux proverbes italiens : dans *Les Esprits* Elizabet déclare « Vous tirerez plustost de l'huile d'un mur que luy faire dire : cognoissez vous pas Frontin ? » (I,1), là où le texte italien imité disait : « Tu lo faresti prima dire a questa porta » [Tu le ferais plutôt dire à cette porte]. D'autre part, Larivey aime forger des mots : *verbicules* [petits mots], *sa pedantesque révérence* (*Le Laquais,* I, 4), et, pour déclencher le rire, il mêle mots latins et mots français :

> Lucian : Doncques, *Maurici*, je te dy que je te voy en un très mauvais chemin, si tu ne t'amendes.
> Maurice : Ne m'avez-vous mille fois lu aux *Bucoliques* que *omnia vincit amor* ?
> *(Le Laquais, II, 3)*

Mais surtout, sa prose, par ailleurs savoureuse, se caractérise par la rapidité et la clarté. Ce qui produit cette impression, c'est en particulier l'abondance de stichomythies*. On a pu compter 1006 répliques dans *Le Laquais* et 910 dans *Les Esprits,* alors que dans *La Reconnue* de R. Belleau il n'y en a que 630. De plus, le dialogue se caractérise par une forte personnalisation : la multiplication des indices grammaticaux que sont les pronoms personnels ou possessifs de la première personne montrent que « les personnages adhèrent aux paroles qu'ils prononcent » (R. Garapon).

Représentatif de sa génération, Larivey enrichit les types traditionnels. Dans chacune de ses comédies, il introduit un personnage nouveau : dans *Le Laquais,* c'est le pédant, dans *Le Morfondu,* le valet meneur de jeu, dans *La Veuve,* l'entremetteuse bigote.

La comédie *Les Esprits* est la meilleure qu'il ait écrite. Molière s'en souviendra dans *L'Avare.* Adaptant librement *L'Aridosia,* comédie de caractère et d'intrigue écrite par Lorenzino de Médicis (1536), il en garde la structure, mais naturalise complètement ce modèle. La pièce italienne est une contamination de trois comédies romaines, l'*Aulularia* et la *Mostellaria* de Plaute, les *Adelphes* de Térence. Le problème posé par Térence et repris par Larivey est celui de l'éducation. Faut-il être compréhensif envers son fils ou autoritaire ? À l'*Aulularia,* il emprunte le thème de l'avarice dont il dote Aridosio, à la *Mostellaria,* le stratagème de la maison hantée. De façon plus générale, la comédie italienne reprenait les types de la comédie romaine : jeunes gens de bonne famille, amoureuses inaccessibles, vieillards grincheux, esclaves malicieux. Elle héritait également de sa composition : un prologue, cinq actes. Mais, déjà, elle transposait dans la société italienne les réalités romaines. Avec une remarquable mauvaise foi, Larivey, dans le prologue de sa pièce, passe sous silence cet emprunt capital pour ne se référer qu'aux Anciens. Il dit avoir « faict ceste comedie à l'imitation et de Plaute et de Terence ensemble ». Aussi francise-t-il tous les noms : Elizabet, Josse, Gerard, (noms bourgeois), Severin (le père autoritaire), Hilaire (le père libéral), Frontin, Urbain et Fortuné (noms qui définissent le caractère). Les guerres de Milan deviennent les guerres de Religion : l'amoureuse d'Urbain est la fille d'un protestant qui s'est retiré à La Rochelle.

Enfin, le style de Larivey est remarquable. Le langage de Frontin regorge de locutions proverbiales. Pasquette, en bonne servante issue de la farce (décidément toujours présente, même dans les comédies de la seconde génération), s'exprime de façon crue.

Pétrarquisme : il s'agit là de l'utilisation systématique et abusive de la manière du poète italien Pétrarque (XIVe siècle) : comparaisons délicates concernant la femme aimée, importance donnée à ses yeux, souffrances endurées par l'amoureux. Ces motifs deviennent de véritables lieux communs, abondamment repris au XVIe siècle.

François d'Amboise, ami de Larivey, publie en 1584 *Les Néapolitaines, Comedie Francoise facetieuse, Sur le suject d'une histoire d'un Parisien, un Espagnol, et un Italien.* L'auteur n'y vise pas d'autre but que le divertissement, en utilisant tous les procédés de la comédie italienne. À cet égard, le thème du plaisir est révélateur. Nous voyons une galerie d'amants de diverses sortes, le Parisien (sensuel), l'Espagnol (imbu de lui-même), l'Italien (plein de fougue). Tout ce monde en quête de plaisir recherche les faveurs d'Angélique, fausse veuve. C'est sur l'amour que repose le comique. Comme chez Larivey, la pièce vaut également par sa langue, naturelle et claire. Le langage amoureux est lui aussi source de comique, avec la caricature du ***pétrarquisme***

Odet de Turnèbe. On s'accorde à voir dans *Les Contens* (rédaction probable en 1581) la meilleure comédie en prose du XVIe siècle. Comme les autres auteurs, Turnèbe emprunte à l'Italie, surtout à deux pièces de Parabosco, *La Notte et Il Marinaio,* également à l'*Alessandro* et au *Dialogo de la bella creanza de le donne* de Piccolomini, à la *Donna Costante* de Rafaello Borghini et d'autres encore. Notons qu'il trouve aussi ses matériaux chez les auteurs français : *Les Corrivaux* de Jean de la Taille, *Les Jaloux, Le Morfondu, Les Escolliers* de Larivey, *La Lucelle* de Louis Le Jars. On y a vu enfin l'influence de *La Célestine* de Fernando de Rojas (1499).

Pour la critique, *Les Contens* constituent la première comédie d'intrigue vraiment achevée. Quel en est l'enjeu ? Geneviève, que courtisent Basile (aimé de la jeune fille), Eustache (le favori de la mère) et Rodomont le fanfaron. L'opposant au mariage de Geneviève et de Basile est sa mère, Louise. Au premier acte le jeune homme, déguisé en son rival Eustache, décide de se rendre chez Geneviève et de la séduire pour contraindre la mère à lui accorder sa main. Au deuxième acte, Eustache renonce. Rodomont est arrêté pour dettes à l'acte suivant (celui du nœud) où Louise, par le trou de la serrure, voit Basile-Eustache en compagnie de sa fille. Elle les enferme, mais Perrette, la chambrière de Geneviève, les fait sortir. Alix, la femme du marchand Thomas (dont Rodomont est le débiteur) prend alors la place de Basile. Le quatrième acte et le début du cinquième sont occupés par d'ultimes péripéties : en colère, Louise refuse le mariage de Geneviève avec Eustache, puis elle découvre Alix. Elle envisage alors une union avec Rodomont, mais, après le renoncement de celui-ci et les révélations de Girard (le père d'Eustache), elle donne son consentement à Basile et à Geneviève. Il y a là une intrigue véritable, compliquée, habilement menée, mais nous verrons dans la ***dissertation*** que, du point de vue de la construction, la pièce n'est pas exempte d'un certain nombre de défauts.

Dissertation : Cf. dissertation expliquée.

Nous verrons également avec le sujet de réflexion proposé, que *Les Contens* sont aussi une comédie de mœurs et de caractères. Un dernier point mérite d'être abordé, le comique, dont la gamme est très étendue. Avec l'espionnage permanent, les apartés, le comique visuel est important, renforcé par les déguisements, source d'imbroglios. Enfin, le comique de mots est très fréquent, il peut naître des répétitions :

> Rodomont : Tu dis vray, mais pour quelque respect que je ne te veux dire, j'ayme mieux les attendre icy au repasser que d'aller les voir en l'eglise.
> Nivelet : Il ne dit pas tout. C'est qu'il craint de rencontrer quelcun de ses creanciers qui, au sortir de l'eglise, le face mettre en cage.
> Rodomont : Qu'est-ce que tu dis ?
> Nivelet : Je dis que ce n'est faute de courage qui vous fait faire cela.
> (I, 3).

Il provient également de l'utilisation massive d'expressions familières, de proverbes et de jurons :

> Louyse : [...] Mais quoy qu'il en soit, ce n'est pas pour luy que le four chaufe. Car j'ay bien resolu, avant qu'il soit demain nuict, de t'accorder avec Eustache, fils unique du Seigneur Girard, lequel m'en presse fort [...] si faut-il que vous en passiez par là, et que Basile s'en torche hardiment la bouche.
> (I, 2).

Citons encore, hors contexte, quelques-unes de ces savoureuses expressions : « je ne suis pas encore monté sur l'ours » (I, 7), qui a un sens grivois ; « cela s'appelle en bon françois tourner la truye au foin » (II, 1), c'est-à-dire tergiverser ; « je vous laisse à penser s'ils parloient denfiler des perles ou d'encherir le pain » (II, 1) ; « j'avois, comme l'on dit, une oreille aux champs, et l'autre à la ville » (*ibid.*).

3 La *commedia dell'arte*

Caractères

Dans l'expression *commedia dell'arte* le mot *arte* renvoie au métier, il ne s'agit pas d'art. Il convient donc de traduire l'expression par *comédie* (ou *théâtre*) *des professionnels.* Théâtre et non exclusivement *comédie,* parce que figurent à leur répertoire des pastorales et parfois même des tragédies. Son apparition en Italie, à Padoue en 1545, constitue l'acte de naissance des troupes théâtrales modernes. Les troupes de la *commedia dell'arte* sont d'abord des entreprises commerciales. Cette comédie se caractérise par l'impromptu et les masques, et aussi par la gestuelle (mimiques, acrobaties, danses).

L'impromptu permet de changer le programme à chaque représentation. Contrairement à ce qu'on pense parfois, la *commedia dell'arte* n'est pas un théâtre d'improvisation totale. Les acteurs apprennent un véritable *scenario* qui décrit *scène* par *scène* la progression de l'action, d'où le nom de *commedia a soggeto* (comédie à canevas) qui lui est aussi donné. L'improvisation (*commedia all'improviso*) n'est donc que le second temps du travail des comédiens. De plus, des passages types sont appris par cœur et replacés au bon moment, comme le monologue de l'amoureux. L'improvisation permet de procéder à des variations ou d'inventer de véritables dialogues. Les traits d'esprit (*concetti*) et les *lazzi* (jeux de scène bouffons) peuvent être ainsi la création de l'acteur. On comprend que la *commedia dell'arte* ait été perçue comme le contraire de la littéraire *commedia erudita,* même si les comédiens de l'art mettaient aussi cette dernière à leur répertoire.

Les masques sont l'attribut des personnages secondaires et non du couple d'amoureux, Isabelle et Léandre (*parti gravi,* « rôles sérieux ») qui est au centre de l'intrigue. Ils sont complétés par des accessoires, par exemple l'épée du brave. Pantalon, le vieillard amoureux, cocu, salace et avare, est le jouet des valets. Mais ces nombreux masques (Arlequin, Polichinelle, Brighella, Fritellino, Trivellino...) peuvent changer de caractère selon les pièces. Ainsi, Polichinelle peut être un vieillard dans une pièce et un serviteur dans une autre. Mais certains demeurent éternellement figés dans leur stupidité, comme le Capitan dont le nom est toujours terrible pour mieux faire ressortir l'écart entre ce qu'il prétend être et sa lâcheté réelle. Les *zanni,* le type le plus ancien, sont les valets, malins (Brighella) ou niais (Arlequin). Autant que les masques, ce sont les dialectes qui caractérisent ces personnages. Les *zanni* parlent comme à Bergame, le docteur comme à Bologne, Pantalon comme à Venise.

Les Italiens en France

Dès le milieu du XVIe siècle, des comédiens italiens se trouvent à Paris : la troupe de G.-A. Romano comprend des acteurs d'outre-monts. Mais c'est à partir de 1571, sous le règne de Charles IX, qu'ils arrivent en France avec la troupe de Ganassa, protégée par le duc de Nevers. Elle se produit pendant les mariages princiers. En 1572, la troupe de Soldino et Maria est à Paris. Henri III fait venir à Blois les acteurs qu'il avait appréciés à Venise, les fameux *Gelosi* (1568-1604) (« Les Jaloux »), conduits par Flaminio Scala, dit Flavio. Ils remportent un triomphe le dimanche 19 mai 1577 dans la salle du Petit-Bourbon. La présence parmi eux d'Isabelle Andreini est l'indice d'un changement. Désormais, les rôles féminins sont tenus par des femmes. En 1584, une autre troupe, les *Confidenti* (1572-1633), s'installe en France. Elle a été conviée par le duc de Joyeuse de retour d'Italie. De cette troupe, la postérité gardera le souvenir de Fabritio di Fornaris, dont la spécialité est le rôle du Capitan.

Ces troupes sont vues d'un mauvais œil par les Confrères de la Passion (les détenteurs du monopole des spectacles), à qui elles paient un écu par soirée, et par le Parlement. Aussi le 26 juin 1577, le Parlement de Paris interdit-il les spectacles des *Gelosi* sous prétexte d'immoralité : « Remonstrant que toutes ces comoedies n'enseignoient que paillardise et adultère, et ne servoient que d'escole de desbauche à la jeunesse de tout sexe » (Pierre de L'Estoile, *Mémoires-Journaux,* éd. Brunet, I, p. 192). Non seulement les pièces représentées exhibent avec complaisance la tromperie, mais encore leurs mimiques sont obscènes et les femmes montrent leur corps. Et tout cela pour quatre sols ! Les *Gelosi* reviendront cependant sous Henri IV.

DOCUMENT COMMENTÉ

Un monologue protatique

MÉGÈRE

Des Enfers ténébreux les gouffres homicides,
N'ont encore soulé leurs cruautés avides :
Encore mi-déserts les champs Ténariens
Demandent à Pluton de nouveaux citoyens.
Toi qui armas le gendre encontre le beau-père,
Toi l'horreur des humains, exécrable Mégère,
Qui portes dans le sein la rage et les fureurs :
Toi, toi, qui peux combler tout ce monde d'horreurs,
Embrase de rechef la guerriere poitrine,
Et le sang généreux de cette gent latine.
Fais ramper dans leur cœur tes coulevreaux retors,
Fais flamber tes tisons allumés de discors,
Et que féconde en maux la première querelle,
Pour les mieux moissonner dure perpétuelle.
Le laboureur Thessale, enterrés en ses champs
Découvre tous les jours mille glaives trenchants,
Et mille morions, que ces braves cohortes
Laissèrent, combattant à leurs charognes mortes.
Mais ce n'est pas assez, il faut que de rechef
Cette même fureur j'élance sur leur chef :
Je veux voir opposer les Aigles opposées,
Entre les légions contrairement croisées :
Je veux voir foudroyer cette race de Mars,
Et pour s'entre-tuer brandir de mêmes dards,
S'armer de même fer, et de même courage,
De squadrons en squadrons s'animer au carnage :
S'entre-ouvrir l'estomac d'un poignard outrageux
Et sur la rouge plaine éteindre, courageux,
Son voisin ennemy, que la Discorde pale
Long temps devant ses jours, dedans l'Orque devale.
Vous les Dires d'Enfer, vous mes deux autres sœurs,
Qui portez comme moi les flambeaux punisseurs,
Tisiphone, Alecton, que la nuit ténébreuse
Engendra d'Achéron sur sa rive bourbeuse,
Délaissez maintenant, cruelles délaissez,
A punir les chétifs qu'ores vous punissez :
Et couvertes le chef de couleuvres sifflantes,
Couvertes de cordeaux et de torches flambantes,
Dressez vos pas vers moi, puis toutes d'un accord,
Plus aigre que devant rallumons le discord,
La rage, la fureur, la guerre et la tuerie,
Au giron belliqueur de la grande Hespérie :
Venez fatales sœurs, et vous lavez les mains
Dans le sang indompté de ces braves Romains.

R. Garnier, *Porcie*, I, 1. (orthographe modernisée).

1 - PRÉSENTATION DU DOCUMENT

Dans *Porcie* (1568), Robert Garnier entend dénoncer les guerres civiles par le truchement du personnage éponyme. La douleur éprouvée par Porcie qui redoute la mort de son époux Brutus, puis la déplore, a valeur d'exemple. Garnier résume ainsi le sujet de sa tragédie dans l'*Argument* : « Porcie […] fut femme de Marc Brute […], lequel estant chef avecque Cassie, de la conspiration dressee et executee contre Jules Cesar […] fut incontinent apres ce meurtre commis, poursuyvi. […] Anthoine et Octave […] se camperent […] pres de la ville de Philippes, où finalement s'estans livrez deux tres sanglantes batailles, y eut à la premiere, egalité de perte et de profict des deux costez, fors pour le regard de [pour ce qui concerne] Cassie, lequel entré en desespoir, se tua. A la seconde, Brute […] se tua semblablement luy mesmes […]. Les cendres d'iceluy [furent] […] presentees à sa femme Porcie : laquelle impatiente de douleur […] print des charbons ardans en sa bouche, dont elle s'estoufa. »

Le passage étudié se situe au tout début de la pièce. À l'imitation de Sénèque, dans la protase ou exposition, Garnier met en scène un personnage chargé de donner la tonalité de l'œuvre. D'entrée de jeu, c'est l'horreur qui s'installe. Les événements qui suivront sont contenus en germes dans les exhortations furieuses de la principale Furie, Mégère.

■ Quelques mots disparus du vocabulaire demandent des précisions :

– *morions* = casques ;

– *squadron* = escadron.

Les autres termes ainsi que les allusions mythologiques et historiques seront expliqués au cours du commentaire.

2 - ANALYSE

On peut voir deux grands mouvements dans ce texte. D'abord (v. 1-30), une « auto-exhortation » de Mégère pour rallumer la discorde chez les Romains, cette première partie se subdivise en quatre sous-parties : v. 1-10, la réponse de Mégère aux demandes des Enfers ; v. 11-14, son désir de combats sans fin ; v. 15-18, les vestiges des guerres passées ; v. 19-30, le tableau de celles qu'elle appelle de ses vœux. Puis (v. 31-44), Mégère demande le secours de ses sœurs pour réaliser ce noir dessein.

3 - EXPLICATION

■ Pour expliquer ce texte, on montrera qu'il repose sur une parole spectaculaire. Il s'agit de *faire voir* non par les yeux, mais par l'imagination. Par la bouche de Mégère, Garnier veut donner une représentation vivante des guerres civiles pour en faire ressortir l'horreur. Cet effet s'appelle en rhétorique l'*enargeia** (ou *euidentia*). C'est grâce à elle que l'illusion s'installe. Ce qui est dit devient *vive peinture,* les éléments descriptifs concourant à donner une forte impression de réalité.

■ On mettra en évidence les figures de rhétorique qui produisent cet effet : allitérations, anaphores, répétitions, accumulation et utilisation d'adjectifs expressifs. L'ensemble de ces figures peut être regroupé sous le terme d'hypotypose. Dans cette optique, on commentera plus précisément l'emploi du verbe *voir.* On relèvera les verbes à l'impératif qui marquent cette volonté absolue des forces du mal dont l'empire s'établit sur terre.

■ On repérera, tout au long du texte, le réseau des images du feu, particulièrement abondantes, et de la mort.

■ On montrera que, comme dans l'épopée, il y a place pour une « esthétique du premier plan » dans l'épisode du « laboureur Thessale » (c'est-à-dire de la région de la Grèce, terrain de la bataille de Pharsale, 48 av. J.-C.) où sont mis devant les yeux les vestiges que les armées fratricides ont laissés lors de la précédente guerre civile.

■ On dégagera ensuite le sens de cette éloquence visionnaire, qui, en aucun cas, ne saurait se réduire à un simple ornement. Elle vise à montrer que l'enfer (« l'Orque ») est sur scène, donc parmi les hommes. Pour ce faire, Garnier utilise un autre élément de l'arsenal rhétorique, une *imago agens* (image animée) sortie tout droit des « champs Ténariens » (le cap Ténare est une entrée des Enfers). En humaniste, Garnier redonne vie au monde antique, ici aux personnages mythologiques : Pluton, les « Dires d'Enfer », les « fatales sœurs », déesses de la vengeance Tisiphone, Alecto et Mégère. Cette dernière est une *image active,* une allégorie des guerres civiles. Comme ses sœurs, elle représente aussi le *furor* (la folie furieuse) dont sont atteints les personnages tragiques : on relèvera le champ lexical de la folie (« fureur », « raige »). Ici un peuple entier (« ceste gent Latine », « ces braves Romains ») est « ensauvagé ».

■ On rappellera que, conformément à une vision antique (stoïcienne), l'histoire est considérée comme un éternel retour. À cet égard, on étudiera le jeu des adverbes de temps (*encore, de rechef*), celui des temps verbaux (passé simple, présent, futur), l'emploi des adjectifs (*nouveaux*) et des verbes marquant la répétition. Cette conception cyclique, tout naturellement, conduit le spectateur à considérer les guerres de religion comme le retour des guerres civiles qui ont eu lieu en Italie

(« la grande Hesperie »). La lutte du « gendre encontre le beau pere », c'est-à-dire de Pompée et de César, va se répéter quelques années et quelques siècles plus tard.

■ On se posera enfin la question de savoir si le théâtre de Garnier est purement déclamatoire, comme on l'a souvent dit ou s'il supporte aisément une représentation. Si le texte n'est accompagné d'aucune didascalie*, on peut trouver dans les paroles de Mégère quelques indications utiles. D'abord son attirail est précisément décrit : « couleuvres sifflantes » sur la tête, « flambeaux punisseurs » et « cordeaux » (fouets) à la main. Ce sera l'occasion d'un commentaire concernant l'histoire de la mise en scène. En 1556, au château de Blois, lors de la représentation de la *Sophonisba* de Trissino, traduite par Saint-Gelais, la cour avait déjà vu Mégère et sa chevelure serpentine. Ensuite, certains gestes découlent naturellement des paroles de la créature infernale. Lorsque, dans les trois premiers vers, elle évoque « les gouffres homicides » et « les champs Ténariens », Mégère peut tendre la main vers le bas pour indiquer la région d'où elle vient et qui se prépare à recevoir les Romains tués au combat. De même, il est possible qu'elle se tourne vers ce lieu que suffit à suggérer le mouvement vers le bas pour appeler ses « deux autres sœurs ».

4 - INTÉRÊT DU DOCUMENT

Ce passage du monologue protatique remplit parfaitement sa fonction, il fait présager les événements horribles qui ne manqueront pas de se produire dans les actes suivants. L'effet recherché est l'émotion. En cela cette première scène d'exposition ne ressemble aucunement à celles du siècle suivant : les éléments de l'intrigue ne sont pas donnés. Pour ébranler le spectateur, ce sont surtout les puissants effets d'un théâtre imaginaire qui sont mis à contribution grâce à l'arsenal rhétorique de l'*enargeia*. De ce point de vue, *Porcie* est proche d'une épopée au titre dramatique rédigée à la même époque, *Les Tragiques* d'Agrippa d'Aubigné. Toutefois, si le théâtre de Garnier s'adresse à l'esprit, on s'aperçoit grâce à un extrait comme celui-ci, qu'il n'est pas exempt d'indications de mise en scène.

DOCUMENTS PROPOSÉS

Une farce au XVIe siècle

Gravure, musée de la Comédie-Française.

Présenter le document

Tableaux et gravures sont particulièrement utiles pour imaginer les conditions matérielles du théâtre au XVIe siècle.

Comprendre le document

« La farce des Grecs descendue », dit la légende. À l'époque de l'humanisme, la farce cherche à se donner des lettres de noblesse en prétendant descendre de la Grèce antique. En a-t-elle besoin ? Elle demeure très populaire et cet hommage rendu à la tradition n'est qu'un pied-de-nez. Dédaignée par *les nouveaux dramaturges*, elle se venge en s'invitant au banquet auquel elle n'est pas conviée.

Analyser le document

– de quel type de sujet traditionnel s'agit-il ici ?
– étudiez les attitudes respectives de la femme et de son mari. Qu'en concluez-vous ?
– à quoi voit-on que cette scène n'appartient pas seulement à la vie privée ?
– commentez le seul élément de décor.

Les comédiens italiens

Tableau anonyme de l'école française de la fin du XVIe siècle, musée Carnavalet, Paris.

Présenter le document

À la différence du recueil dit de Fossard qui présente des scènes et les personnages de la *commedia dell'arte* en reproduisant quelques répliques, ce tableau, sorte d'instantané, offre l'avantage de nous montrer une scène « en action » de façon vivante.

Comprendre le document

Il s'agit probablement de la troupe des *Gelosi* (« *Les Jaloux* ») qui s'installe en juin 1577 à l'hôtel de Bourbon. Dans ce cas, la jeune femme au centre est Isabelle Andreini, comédienne et poétesse qui jouit d'une immense popularité. Elle tient le rôle de la jeune première, Isabelle. C'est une nouveauté que de voir un rôle féminin tenu par une femme. On reconnaît également la servante. Le personnage qui se remarque le plus est le *signor Pantalon* accompagné d'un *zanni* (serviteur, déformation du prénom Giovanni) qu'on reconnaît à son habit rouge et à son équipement.

Analyser le document

– à quels détails voit-on que Pantalon est le Jaloux par excellence et qu'il est ridicule ?
– quel rôle traditionnel tient le jeune homme dissimulé dans son manteau ?
– étudiez l'attitude d'Isabelle. Que révèle-t-elle ?

« Le Ballet comique de la Royne »

Balthazar de Beaujoyeulx, représentation théâtrale devant le roi et la reine, 1582.

Présenter le document

Cette gravure de 1582, d'après un dessin de Jacques Patin, illustre un événement important du règne de Henri III, la représentation du *Ballet comique de la Royne*, l'année précédente (15 octobre) dans la salle de Bourbon au Louvre.

Pour fêter le mariage d'Anne d'Arques, futur duc de Joyeuse avec la sœur de la reine, Mademoiselle de Vaudémont, Balthazar de Beaujoyeulx a composé un ballet de cour, le premier, qui se caractérise par la richesse des costumes, la complexité de la machinerie (on imite Vicence et Florence) et le nombre important de participants (120). Comme souvent, princes et courtisans prennent part au spectacle en tant qu'acteurs, chanteurs ou musiciens.

Comprendre le document

Le sujet de ce ballet est le combat du Bien représenté par le roi de France, et du Mal, incarné par Circé dont le château finit par être investi. C'est son domaine que l'on aperçoit au fond, encadré par des arcs de feuilles. Au premier plan, des animaux montrent son redoutable pouvoir : les compagnons d'Ulysse ont été métamorphosés. À gauche est figurée la voûte céleste où se trouvent les musiciens de la chapelle royale. À droite, c'est la forêt de Pan. Grâce à la défaite des forces maléfiques, le monde retrouve l'harmonie et la paix. Nous sommes dans l'univers de la pastorale*. Ici, le graveur a choisi de représenter le préambule.

Analyser le document

– étudiez la disposition du public ;
– en quoi le décor est-il celui d'une pastorale ?
– comment la mythologie intervient-elle dans le spectacle ?
– quels éléments indiquent qu'il s'agit d'un préambule ?

DISSERTATION EXPLIQUÉE

Vous commenterez ce jugement d'Eugène Lintilhac sur *Les Contens* d'Odet de Turnèbe : « Dans la comédie à l'italienne d'Odet de Turnèbe, c'est la farce seule au fond qui anime les fantoches d'outre-monts ». (*Histoire générale du théâtre* en France, t. II, Flammarion, Paris, 1904-1910, p. 416).

ÉLABORATION DU DEVOIR

A - DÉFINIR LE SUJET

Ses termes

■ Il convient d'abord de rappeler qu'Eugène Lintilhac, critique qui fait autorité au début du siècle, partage les préjugés contre l'Italie en vogue à son époque et qui, pour certains, remontent au XVIe siècle. Cette tradition veut que la France soit corrompue par l'Italie. À titre d'exemple, dans les années où Lintilhac écrit, un érudit comme M. Amato affirme que les Français doivent leur théâtre aux Italiens (*La Comédie italienne dans le théâtre de Pierre de Larivey*, Girgenti, 1905, p. 25). D'où l'affirmation péremptoire selon laquelle *Les Contens* sont une « comédie à l'italienne ». D'où l'utilisation du terme péjoratif de « fantoches ». En fait, les personnages de la comédie italienne jouent un rôle bien précis (le soldat fanfaron, l'entremetteuse, la jeune amoureuse, le père…) et incarnent des sentiments.

■ « Animer » semble relever de cette hostilité à l'égard de la comédie italienne, car un examen honnête oblige à reconnaître qu'elle se caractérise par un *tempo** rapide qu'assurent les péripéties*, les *burle* (facéties), et un dialogue particulièrement vif.

Nous sommes donc en présence d'un jugement sous-tendu par un préjugé. Pour autant, il peut contenir une part de vérité.

■ Pour juger de sa validité, si l'on ne peut confronter directement l'œuvre de Turnèbe aux comédies italiennes, on consultera avec profit l'étude de R. Lebègue, *Le Théâtre comique en France de Pathelin à Mélite* (Paris, Hatier, coll. *Connaissance des Lettres*, 1972). En particulier, on lira le petit chapitre (p. 77 à 87) consacré à *L'Influence de la* commedia erudita. On pourra se reporter aussi à l'ouvrage de Jean Balsamo, *Les Rencontres des Muses, italianisme et anti-italianisme dans les lettres françaises de la fin du XVIe siècle* (Genève, Slatkine, 1992) dont les pages 263 à 282 font le point sur le théâtre italien et le théâtre italianisant. Enfin, l'édition des *Contens* par N. B. Spector (S.T.F.M., 1964) indique les « sources et ressemblances » avec les comédies italiennes, mais aussi françaises.

B - CONSTRUIRE LE PLAN

Lintilhac s'attache surtout aux personnages, mais il serait maladroit de se limiter à eux, et de voir seulement s'ils ont une certaine épaisseur ou s'ils sortent directement du monde de la farce. Les personnages ne sont pas des personnes dotées d'une véritable « psychologie ». En réalité, ils sont intégrés dans un système où ils prennent sens les uns par rapport aux autres. Autrement dit, il faudra d'abord voir la place qu'ils occupent dans l'intrigue, comment ils la font progresser. Il n'empêche cependant qu'une part d'illusion est indispensable et que la manière dont ils parlent permet de voir en eux un *caractère.* On réservera une dernière partie à une confrontation entre la comédie de Turnèbe et la farce.

RÉDACTION DU DEVOIR

INTRODUCTION

■ Présenter rapidement E. Lintilhac et rappeler la tradition de l'anti-italianisme.

■ Commenter les termes « fantoches » (ils n'auraient aucune personnalité) et « animer ».

■ Dégager le problème que pose ce jugement. À travers des remarques qui semblent relever de l'histoire littéraire, c'est en fait la question de la valeur des *Contens* qui est posée.

■ Indiquer le plan adopté :
- pour apprécier la pertinence de ce jugement, il convient d'en vérifier les présupposés. S'agit-il d'une « comédie à l'italienne » ?
- si tel est le cas, cette caractéristique est-elle anti-théâtrale ?
- les personnages sont-ils des fantoches ?
- si la farce est présente, est-elle un atout ou un obstacle à la conduite de l'action ?

1 - UNE IMITATION MALADROITE DE LA COMÉDIE D'INTRIGUE ITALIENNE

Nul doute que cette comédie est l'héritière de la *commedia erudita.*

a/ Examen des sources

■ Un rapide examen des sources, comme celui de N. B. Spector, fait apparaître avec netteté les emprunts de Turnèbe : le titre vient de Parabosco, *I Contenti ;* au même Parabosco Turnèbe emprunte des répliques pour nourrir le dialogue entre Basile et Geneviève (V, 3), il utilise *La Notte et Il Marinaio ;* l'*Alessandro* de Piccolomini est mis à contribution, ainsi que *La Emilia* de Luigi Groto.

■ On peut dire que même lorsqu'il reprend des auteurs français, comme Larivey (*Les Escolliers*) ou Grévin (*Les Esbahis*), Odet de Turnèbe reste sous l'influence de l'Italie, dans la mesure où ces auteurs empruntent à la *commedia erudita.*

b/ La doctrine de l'*imitatio*

■ Il faut rappeler que, à l'exemple de l'Antiquité, il est tout à fait légitime, à la Renaissance, de puiser l'inspiration aux meilleures sources. Pas de plagiat donc, mais une émulation. On rend hommage à l'auteur imité tout en essayant de rivaliser avec lui.

■ La question est donc de savoir si l'imitation est réussie, si les emprunts sont harmonieusement fondus dans l'œuvre d'accueil.

■ D'où la nécessité d'examiner la dette de Turnèbe envers la *commedia* du point de vue de l'intrigue.

c/ Une comédie d'intrigue à l'italienne ?

■ À l'Italie, Turnèbe est redevable du principe de la pièce en cinq actes et du respect des unités. En général, la farce se limite à quelques centaines d'octosyllabes.

■ Mais, trop souvent, la pièce fait l'effet d'un « étrange monstre ». On a l'impression que les emprunts aux différentes comédies ont été assemblés tant bien que mal et que la cohérence fait défaut.

■ L'action ne connaît pas de développement logique :

- ainsi on ne comprend pas pourquoi Basile veut se déguiser en Eustache puisque son plan (I, 4) consiste à déshonorer Geneviève pour obliger sa mère à accepter le mariage. Turnèbe emploie le procédé du déguisement alors qu'il ne s'impose pas. De même, Rodomont revêt un « habit incarnat » qui ne lui sert à rien ;
- on ne saisit pas non plus pourquoi Basile, enfermé avec Geneviève par la mère de cette dernière (III, 7) veut sortir de la maison (III, 9) et substitue à sa personne celle d'Alix (IV, 6) dont la présence est invraisemblable. Il lui suffit de rester pour mettre Louise devant le fait accompli.

■ En somme, Turnèbe se montre esclave de la comédie italienne. Sa pièce est entachée de contamination* : il procède comme Térence qui avait fondu en une seule comédie deux ou trois œuvres de Ménandre.

2 - UNE COMÉDIE DE MŒURS ET DE CARACTÈRES RÉUSSIE

a/ Scènes de la vie parisienne

Bien loin d'être un simple décalque des comédies italiennes et des farces médiévales, *Les Contens* offrent une évocation pittoresque de la vie à Paris et de la bourgeoisie :

- en particulier, les pratiques religieuses ont une grande importance, elles rythment la pièce : en II, 2 Louyse raconte le sermon ennuyeux auquel elle a assisté et le froid qui régnait dans l'église ;
- en V, 1, différentes églises de la capitale sont mentionnées (Saint-Jean, Saint-Gervays, Saint-Paul, Saint-Antoine…) ; le manège des entremetteurs autour des lieux saints est également évoqué ;
- les rapports entre les voisins qui s'espionnent, la peur des ragots sont à la fois les éléments du tableau parisien, et à la fois un des éléments qui peuvent expliquer l'évolution d'une intrigue parfois incohérente, comme on l'a vu ci-dessus : la réputation de Geneviève doit être sauvée.

b/ Quelques caractères

Toutefois, certains personnages ne se réduisent pas à un type, ils bénéficient d'une certaine individualisation :

- un « réalisme psychologique » est parfois à mettre au crédit de l'auteur. Ainsi, au début (I, 1), le dialogue entre la mère et la fille sonne vrai. L'illusion peut fonctionner ;
- Geneviève, d'ailleurs, présente plusieurs facettes. Elle se montre respectueuse envers sa mère, mais aussi espiègle (I, 1) : « A la verité, j'avois un grand plaisir escoutant les gentils propos du masque qui me mena danser. Mais je ne vous asseure pas que c'estoit Eustache. »

c/ Une création réussie, le personnage de Françoise

Un exemple vient contredire de façon éclatante les affirmations d'E. Lintilhac : le personnage de Françoise,

- en aucun cas il ne vient de la farce, mais de la comédie italienne et peut-être espagnole (*La Célestine* de Rojas). Il n'a rien d'un fantoche, mais s'affranchit du type de l'entremetteuse par sa complexité : contrairement aux entremetteuses traditionnelles, elle est aussi sympathique qu'inquiétante ;
- surtout, elle fait progresser l'action par ses interventions auprès de Geneviève et d'Eustache, et par le jeu des sentiments. Ainsi, elle détourne le galant de Geneviève en mentant. Par elle, comédie d'intrigue et comédie de caractères sont liées.

3 - DU FANTOCHE ITALIEN AU FANTOCHE FARCESQUE

a/ Des personnages simples venus de l'Antiquité

Il faut cependant bien convenir que certains personnages restent figés dans un type :

- l'exemple le plus révélateur est celui de Rodomont. Avatar du Lamachos d'Aristophane (*Les Acharniens*), il se confond avec le *Miles gloriosus* (le soldat fanfaron) de Plaute, le *Centurio* de *La Célestine*, le Rodomont de l'Arioste (*Orlando furioso*). Ses hyperboles de va-t-en-guerre sont des clichés attendus. Mais l'expression « fantoche d'outre-monts » ne convient pas, dans la mesure où la *commedia* n'a fait qu'emprunter à l'Antiquité. Si Turnèbe imite des auteurs italiens, eux-mêmes imitent Plaute et (surtout) Térence ;
- de même, Girard, le père « doux et facile » (IV, 5) et son fils Eustache semblent tout droit sortis des *Adelphes* de Térence ;
- Saucisson est le parasite glouton de la comédie latine (II, 5), mâtiné de *leno* (le pourvoyeur de filles).

b/ Des situations de farce

À lire certains passages, on a l'impression d'assister à une farce. C'est le cas en particulier de l'épisode d'Alix, d'un comique aussi simple qu'efficace. La situation propre au cocuage est exploitée avec *brio*. Thomas ne reconnaît pas sa femme déguisée, officiellement partie en pélerinage à Notre-Dame-de-Liesse (IV, 1) : « […] quant au troisiesme qui est habillé d'incarnat et qui se couvre la face, je ne sçay qu'il est […]. Il me semble qu'il a la façon d'une femme plustost que d'un homme. Je croy que c'est quelque bonne piece deguisée qui va planter des cornes au plus haut des biens de quelque pauvre mary. O Dieu, que l'homme est malheureux qui espouse de telles chiennes et bagasces ! Quant à moy, je remercie Dieu […] ». Le procédé est grossier, invraisemblable, mais le seul but est de faire rire.

c/ Le langage de la farce

- Les expressions populaires, les proverbes.
- La grivoiserie : cet ingrédient naturel de la farce est fort bien représenté dans *Les Contens*.
- Curieusement, ce n'est pas l'entremetteuse qui utilise mots et expressions bas.
- Antoine est grivois pour deux : en III, 6, c'est à une rêverie érotique qu'est convié le spectateur. Le valet s'imagine à la place de son maître : « je croy que tu ne te ferois point prier de danser le branle du un dedans et deux dehors ». Il récidive en III, 9 et s'adresse à Perrette avec une franche grossièreté.

Conclusion

Le jugement d'E. Lintilhac se trouve confirmé sur quelques points, mais il doit être fortement nuancé. Si la comédie des *Contens* se recommande par une action répartie sur cinq actes riche en rebondissements et en quiproquos qui en font une comédie d'intrigue, si elle s'apparente à la comédie de mœurs, si certains personnages ont une réelle épaisseur, il n'en demeure pas moins que les invraisemblances et la présence de quelques types traditionnels, des « fantoches », empêchent de parler de réussite totale. Mais les éléments de réussite, précisément, sont développés à partir de la *commedia erudita,* elle-même héritière de la comédie latine. Turnèbe a su en exploiter les potentialités. D'une part, il est réducteur et faux de la confondre avec la *commedia dell'arte,* qui, elle, présente exclusivement des « fantoches », d'autre part, le travail original de Turnèbe ne saurait être nié. Quant à la farce, si elle colore en quelques endroits la pièce, si elle assure un rire efficace (et grossier), il n'est pas sûr qu'elle « anime » les personnages et l'intrigue. Bien au contraire, elle alourdit une pièce assez élaborée par ailleurs.

Dissertations proposées

Discutez ce jugement : « Le seul mérite qu'on n'ait jamais dénié aux dramaturges du XVIe siècle est d'avoir préparé le théâtre classique en contribuant à l'élaboration d'une technique, à la mise en place des structures et des thèmes que reprendront leur successeurs. » (Madeleine Lazard, *Le Théâtre en France au XVIe siècle*, Paris, 1980, PUF, p. 242.)

Réfléchir aux termes et aux intentions du sujet

- M. Lazard fait allusion à la tendance qui considère le théâtre humaniste comme un préclassicisme. Il ne serait rien d'autre qu'une ébauche maladroite du théâtre du siècle suivant ;
- une telle perspective doit être abandonnée. S'il est vrai qu'au XVIIe siècle les auteurs imiteront ces dramaturges, ces derniers ne pouvaient en aucun cas se considérer comme les maillons d'une chaîne.

Recenser les aspects à étudier

- réfléchir à tous les genres, à la tragédie, à la tragi-comédie, à la comédie ;
- prendre en compte les réalités du temps et pas seulement le texte (conditions de représentation, absence de mécénat).

Définir les articulations possibles du plan

- l'imitation des successeurs : exemple, Corneille et Turnèbe (Matamore-Rodomont) ;
- la comparaison fait ressortir la différence fondamentale du théâtre humaniste : une action beaucoup moins importante, des personnages plus simples ;
- en somme un théâtre plus « intellectuel », qui donne moins d'importance à l'œil qu'à l'imagination et au texte. On rappellera que le décor est réduit à sa plus simple expression.

Jean Rousset écrit dans *Forme et signification* (Paris, 1964, Corti, p. III) : « L'art ne recourt au réel que pour l'abolir et lui substituer une nouvelle réalité. » Vous expliquerez et discuterez cette remarque en l'appliquant à la tragédie humaniste.

Réfléchir aux termes et aux intentions du sujet

- le réalisme est un concept qui renvoie surtout au XIXe siècle. Il désigne une école dont le programme est de s'opposer aux envolées lyriques du romantisme ;
- mais le réalisme n'attend pas cette époque pour exister. Ainsi l'épopée comporte bon nombre de passages qui s'y apparentent (par exemple, les descriptions de combats). Théoriquement donc, il n'est pas impossible que la tragédie renaissante comporte des aspects réalistes.

Recenser les aspects à étudier

- le théâtre, selon Aristote, est un art de la *mimésis**, c'est-à-dire de l'imitation de la réalité ;
- il faudra insister sur la dialectique entre le réel censé apparaître et l'irréel ou plutôt la stylisation du réel.

Définir les articulations possibles du plan

- la tradition qui, depuis l'Antiquité, écarte la tragédie du réel : il n'y a pas de référent réaliste ; par exemple, le spectateur de *Médée* (de La Péruse) est transporté en Colchide à une époque indéterminée. L'absence de décors renforce cette impression d'irréalité ;
- présence du surnaturel : par exemple, de Satan dans *Abraham* sacrifiant (Théodore de Bèze), évocation de la magie dans *Médée* ;
- mais, en général, l'unité de temps est respectée. De plus, les personnages secondaires introduisent le réel. La situation historique est la matière première de bon nombre de tragédies, comme *César* (Grévin) ou *Cléopâtre captive* (Jodelle). Ce référent historique, d'ailleurs, rejoint parfois les préoccupations du XVIe siècle. Ainsi, Jodelle renvoie explicitement à Henri II ;
- il s'agit donc de pièces complexes, où l'irréel n'est qu'apparence dans la mesure où elles sont en prise sur leur temps. La poésie dramatique est la voie royale qui permet d'interroger le réel. L'illusion renvoie à la réalité.

4

L'ÂGE BAROQUE EN EUROPE : UN CREUSET THÉÂTRAL

Paradoxe esthétique et critique, le concept d'âge baroque relève d'une approche rétrospective, que d'aucuns ont pu juger illusoire. Le transfert à la littérature d'une catégorie esthétique utilisée pour d'autres arts permet néanmoins de cerner la spécificité des années 1560-1660, époque de transition qui n'est nullement réductible à une simple décadence de la Renaissance ou à une stricte préparation au classicisme.

Rappelons que baroque (du portugais *barroco*) appartient à l'origine au vocabulaire spécialisé de la joaillerie, désignant des perles de forme impure. Irrégularité et éclat caractérisent la notion de baroque qui s'est chargée de connotations ambiguës, où le bizarre côtoie l'anarchique.

Pour sortir des querelles terminologiques et mieux comprendre la fascination qu'exerce le baroque sur notre sensibilité moderne en quête de miroirs, sans doute faut-il replacer cette catégorie esthétique dans un cadre mental plus large : celui d'une philosophie de la contradiction non résolue liée à une crise de la conscience européenne. Au-delà des tensions religieuses et politiques, il faut prendre la mesure d'une crise plus profonde de l'intelligibilité du cosmos dont on découvre avec stupéfaction et angoisse les nouvelles dimensions. Les grandes découvertes ont conduit à la remise en cause du géocentrisme et à l'intuition de la notion d'infini. Opacité et instabilité hantent la perception d'une réalité devenue fluide et mouvante, soumise aux caprices et à la contingence. Dans le domaine social, l'émergence d'une bourgeoisie marchande perturbe aussi les données d'un ordre traditionnel réputé intangible.

Si le théâtre a séduit une époque fascinée plus largement par l'image et le sensible, c'est qu'il répondait à une attente sociale profonde dépassant la fonction de divertissement : les dramaturgies de cette époque ont tiré leur force et leur dynamique vitale en proposant, loin de toute théorie, la réflexion passionnante — miroir et philosophie mêlés — des nouvelles données d'un monde ondoyant et divers. Une fécondité théâtrale, servie par les innovations techniques et les encouragements politiques, caractérise dans toute l'Europe « l'âge baroque », avec un décalage en ce qui concerne la France, où le théâtre ne prendra son véritable essor qu'ultérieurement.

Ces productions dramatiques exubérantes des XVIe et XVIIe en Europe doivent être envisagées dans leurs spécificités nationales, afin de mieux saisir leurs points de contact. Pour ce qui est des traits communs du baroque théâtral européen, ce qui domine est la passion pour une pratique de la scène conçue comme un lieu essentiel d'expérience et de connaissance : que, de manière corollaire, le monde soit pensé comme théâtre libère un potentiel de représentation dramaturgique proprement illimité.

BIBLIOGRAPHIE GÉNÉRALE DU CHAPITRE

CHÉDOZEAU Bernard, *Le Baroque*, Coll. Nathan-Université, Nathan. 1989.
DUBOIS Claude Gilbert, *Le Baroque, profondeurs de l'apparence*, Paris, Larousse, Coll. « Thèmes et textes », Paris, 1973.
MOREL Jacques, « Le Baroque et le classique. Le théâtre français », dans *Histoire des spectacles*, Encyclopédie de la Pléiade, 1965.
REGNAULT François, *La Doctrine inouïe, Dix leçons sur le théâtre classique français*, Paris, 1996, Hatier.
ROUSSET Jean, *La Littérature de l'âge baroque en France, Circé et le paon*, Paris, 1954 (réédition 1983), Corti.
L'Intérieur et l'Extérieur. Essais sur la poésie et le théâtre au XVIIe siècle, Paris, 1968, Corti.
SCHERER Jacques, *La Dramaturgie classique en France*, Paris, 1950, Nizet.
SOUILLER Didier, *La Littérature baroque en Europe*, Paris, 1988, PUF.

TABLEAU CHRONOLOGIQUE

Événements politiques	Vie Théâtrale
1559 : traité de Cateau-Cambrésis 1558 : début du règne de Élisabeth Tudor	
	1564 : naissance de Shakespeare, de Marlowe et de Ben Jonson
1571 : bataille de Lépante	
	1585 : inauguration du Théâtre olympique de Vicence
1587 : exécution de Marie Stuart	1587 : Marlowe, *Tamerlan le Grand*
1588 : destruction de l'Invincible Armada	1588 : Marlowe, *La Tragique histoire du docteur Faust*
	1593 : mort de Marlowe
1594 : fin des guerres de Religion en France entrée de Henri IV à Paris	1594 : Shakespeare, *Roméo et Juliette*, *Les Gentilshommes de Vérone*, *Peines d'amour perdues*
	1595 : Shakespeare, *Le Songe d'une nuit d'été* Guarini, *Il Pastor fido*
1598 : mort de Philippe II d'Espagne	1598 : Ben Jonson, *Every Man in his humour*
	1599 : Ben Jonson, *Every Man out of his humour* installation de la troupe de Shakespeare au théâtre du Globe
	1601 : Shakespeare, *Hamlet*
1603 : début du règne de Jacques Ier	1603 : Shakespeare, *Othello*
	1605 : Shakespeare, *Le Roi Lear*
	1606 : Shakespeare, *Macbeth*; Ben Jonson, *Volpone*
1609 : début de l'expulsion des Morisques en Espagne	1609 : Lope de Vega, *l'Art de faire les comédies*
1610 : assassinat de Henri IV	1610 : Ben Jonson, *L'Alchimiste*
	1611 : Shakespeare, *La Tempête*
	1613 : incendie du théâtre du Globe
	1616 : mort de Shakespeare
1618 : début de la guerre de Trente Ans	1618 : Racan, *Les Bergeries*
1624 : Richelieu devient ministre	
1625 : début du règne de Charles Ier d'Angleterre	1625 : Calderón de la Barca, *La Vie est un songe* Tirso de Molina, *L'Abuseur de Séville*
	1631 : Mairet, L*a Silvanire*
	1632 : fondation du théâtre du Marais
	1633 : Calderón de la Barca, *Le Grand Théâtre du monde*
	1637 : Calderón de la Barca, *Le Magicien prodigieux* mort de Ben Jonson
	1645 : Rotrou, *Le Véritable Saint Genest*
1649 : exécution de Charles Ier Cromwell prend le pouvoir	1649 : ordonnance de fermeture des théâtres par Cromwell

A

LES THÉÂTRES BAROQUES EN EUROPE

1 L'Angleterre et l'apogée du théâtre élisabéthain

L'apogée du théâtre en Angleterre s'est située dans les années 1558-1642, sous les règnes d'Elisabeth, de Jacques Ier et de Charles Ier. La prise de pouvoir de Cromwell s'assortit d'une ordonnance immédiate de fermeture des théâtres, en 1642, qui mit fin à un âge d'or de la scène anglaise.

Une pratique du théâtre : le primat de la scène à tréteaux

Si l'époque élisabéthaine a vu coexister des théâtres publics, « théâtres à tréteaux », et des théâtres privés installés à l'intérieur des palais princiers ou royaux, ces derniers ont été relégués à l'arrière-plan de l'innovation par le succès des premiers.

Ce qu'on appelle théâtre élisabéthain est né dans les cours d'auberge pour satisfaire l'attente d'un public désireux de divertissement. Sa réussite tient avant tout à l'invention d'une scène spécifique exploitant de façon ingénieuse un dispositif propice. Dans une cour, à ciel ouvert, entourée de galeries à étages, les comédiens adossaient leurs tréteaux à l'un des côtés cependant que les spectateurs se répartissaient tout autour de ce plateau scénique : les moins fortunés debout, les autres assis dans les galeries couvertes, tandis qu'on réservait quelques sièges de part et d'autre pour des auditeurs de marque.

Ce dispositif à tréteaux connut une fortune considérable. Les premiers théâtres publics construits à Londres (les plus célèbres demeurant le Théâtre et le Globe) suivirent ce modèle, perpétuant en définitive une conception médiévale du théâtre en rond. Ces théâtres conservèrent longtemps une structure légère – en bois – héritée des tréteaux, le premier théâtre en dur n'étant bâti qu'en 1623, hors les murs.

La création et l'inventivité de la dramaturgie élisabéthaine doit beaucoup à cette restructuration décisive du lieu théâtral. Toutefois, il faut être prudent dans les tentatives de reconstitution historique, en raison de la rareté des documents iconographiques, de même qu'il convient de nuancer le déterminisme de l'infrastructure scénique. (Pour cette reconstitution des formes et des enjeux de la scène élisabéthaine, voir M.-C. Hubert, *Histoire de la scène occidentale de l'Antiquité à nos jours*, Paris, A. Colin, 1992, p. 53)

Souple et évolutive, la scène élisabéthaine a instauré un potentiel dynamique spécifique lié à des aires de jeu multiples. La partie de la scène en retrait, que l'on peut désigner comme « scène d'intérieur » (*inner stage*) facilitait la représentation d'actions secrètes (tel que le meurtre de Desdémone dans *Othello*) autant qu'une esthétique de l'illusion. Dominant cette partie en retrait de la scène, le premier étage de la galerie, « scène haute » (*upper stage*) servait à la simulation des lieux surplombants (balcon de Juliette, remparts d'Elseneur dans *Hamlet*), cependant que le dernier étage était dévolu aux musiciens. Le théâtre élisabéthain rendait ainsi possible la vision simultanée de divers lieux.

Grâce à son ampleur et à la présence de coulisses, cette scène favorisa un jeu mobile inconnu auparavant. On sait que la présence constante des acteurs sur la scène médiévale réduisait considérablement les possibilités de déplacements et donc d'action, même si, par ailleurs, les mystères du Moyen Âge récusaient les limitations spatio-temporelles. Shakespeare reprend à cet égard l'héritage des mystères déroulant notamment sur scène un espace pluridimensionnel (ciel, terre, enfer), mais il tire aussi un habile parti des ressources dynamiques de la nouvelle scène élisabéthaine, n'hésitant pas à représenter une pluralité d'actions, mais aussi des mouvements de foule et des déplacements : bals, banquets ou chevauchées en forêt ou dans la lande.

Constitué à travers un contact très direct avec les spectateurs, le théâtre élisabéthain a conservé de ses origines une prédilection très forte pour l'adresse au public et les apartés. L'originalité, au regard des habitudes françaises, tient à une utilisation de ces procédés dans la tragédie autant que dans la comédie. Dans *Othello*, Iago s'adresse à plusieurs reprises aux spectateurs pour analyser les affres de la jalousie d'Othello et mettre au point sa stratégie de vengeance.

Le théâtre élisabéthain recourt fréquemment au commentaire, inscrit en priorité dans le prologue inaugural, mais susceptible d'être repris à des moments stratégiques de la pièce. *Roméo et Juliette* comprend ainsi un premier prologue qui renseigne le spectateur sur la situation dramatique : les rancunes des deux familles de Vérone. Un second prologue (que l'on situe au début de l'acte II) interrompt l'action au moment où Roméo a rencontré Juliette qui lui fait oublier « l'ancien Désir ». Les adresses au public s'expriment également dans les clausules, épilogues ou postfaces où l'auteur commente les événements qui ont eu lieu. Ces déclamations lyriques sont confiées à un chœur. Cette fonction conventionnelle, héritée du théâtre antique, peut, dans le théâtre élisabéthain, être dévolue à un personnage anonyme, mais aussi à une allégorie (la Renommée dans *Henry V*, le Temps dans le *Conte d'hiver*). Il arrive que le chœur se confonde avec un personnage mêlé à l'action : dans *La Tempête*, c'est le protagoniste meneur de jeu qui déclame le prologue et l'épilogue.

La parole du bouffon — le clown anglais — renforce la connivence avec les spectateurs et instaure une forme de distanciation* à l'égard du pathétique*. Certains fous célèbres (Tarton et Wilson) étaient réputés pour leur aptitude à l'improvisation avec le public.

Un répertoire varié

Les auteurs principaux de cette scène élisabéthaine furent Marlowe, Shakespeare, Ben Jonson, Cyril Tourneur. Le théâtre élisabéthain intègre des modèles classiques (Plaute et Térence) et contemporains, venus d'Italie (*commedia dell'arte**) et de France. Si la tragédie occupe une position importante, elle laisse place à d'autres genres et surtout à une pratique du mélange.

On a pu distinguer la comédie romanesque, reposant sur une intrigue amoureuse dénouée par un mariage (très pratiquée par Shakespeare), la comédie d'intrigue (*Volpone* de Ben Jonson) et la comédie des humeurs consacrée par le même auteur dans *Every Man in his humour*. La comédie citadine témoigne de l'ancrage urbain du nouveau théâtre : elle est illustrée par *The Shœmaker's holiday* de

Dekker ou *A Chaste Maid in Cheapside* de Middleton. La tragi-comédie ne s'est développée qu'au début du XVIIe siècle. Elle se fonde sur une intrigue tragique qui se dénoue heureusement, à l'exemple du *Conte d'hiver* et de *La Tempête* de Shakespeare.

On a surtout retenu de l'époque élisabéthaine l'émergence d'un théâtre tragique original, digne de rivaliser avec les modèles antique et classique, et qui servit de référence parallèle et durable avant l'apparition de problématiques plus modernes de la tragédie (avec Ibsen, Tchekhov et Strindberg).

L'acmé de la tragédie : mythe et histoire

Sénèque : alors que le théâtre grec était encore peu connu, l'influence de Sénèque s'exerça sur les théoriciens comme sur les écrivains de tragédies classiques (dans les universités) et sur les dramaturges du théâtre populaire. C'est en 1581 que Thomas Newton avait rassemblé les œuvres traduites de Sénèque en un volume, sous le titre *Seneca his Tenne Tragedies*.

La tragédie élisabéthaine est très fortement marquée par l'influence de ***Sénèque,*** dont les pièces ont été traduites en anglais dans la seconde moitié du XVIe siècle : on y voit la déesse Fortune actionner sa roue et jeter à bas les princes qui se trouvaient au sommet. On peut expliquer cette rencontre intellectuelle par les analogies entre deux périodes historiques troublées. Le modèle sénéquien, repérable aussi dans le parti pris de la déclamation et de la mise en scène d'horreurs spectaculaires, exclut toutefois la reprise des conventions de la scène classique et se greffe sur des sujets modernes, tirés des annales de l'Angleterre. *Gorboduc or Ferrex and Porrex*, première tragédie anglaise (1561), composée par deux juristes, Thomas Sackville et Thomas Norton, narre l'histoire de Gorboduc, roi des Bretons, coupable d'avoir, de son vivant, divisé son royaume entre ses deux fils. Cette pièce, qui a inspiré *Le Roi Lear*, met l'accent sur un consensus didactique orchestré par les chœurs et les commentaires des sages, mais aussi par les pantomimes au début des actes. Patriotisme, grandeur, nocivité des querelles dynastiques et de la guerre civile, précarité de la couronne lorsque la succession n'est pas assurée, sont les grands thèmes politiques qu'illustre une dramaturgie qui se veut le miroir d'une époque plutôt sombre.

Kyd (1558-1594) était l'ami intime de Marlowe. Ayant reçu une éducation humaniste, il traduisit la *Cornélie* de Robert Garnier avant de créer une série de tragédies marquées par l'horreur, la vengeance, la folie et l'hallucination : on peut considérer son *Fratricide puni* (1589) comme un prototype du *Hamlet* de Shakespeare.

Les drames de ***Thomas Kyd*** illustrent ce répertoire politique du théâtre élisabéthain. *La Tragédie espagnole* (*Spanish Tragedy*, 1589) est une histoire de vengeance exemplaire inspirée du *Thyeste* de Sénèque qui réunit des ingrédients spectaculaires (présence d'un fantôme, thème de la feinte folie) et annonce *Hamlet* par son insertion d'une pièce à l'intérieur de la pièce. L'inspiration sénéquienne est aussi très marquée dans *Le Mécontent* (*The Malcontent*) de ***Marston,*** ainsi que dans de nombreuses pièces de Shakespeare (*Titus Andronicus, Macbeth*...).

John Marston (1575-1634) commença par publier des poèmes satiriques dont la verdeur et l'âpreté heurtèrent de front la censure ; ses œuvres furent condamnées au feu ; il reporta dans *Le Mécontent* (1604) son indignation et son désespoir, publiant aussi une comédie en collaboration avec Ben Jonson et Chapman, *Eastward* (1605), qui valut à leurs auteurs d'être emprisonnés pour lèse-majesté.

Les dramaturges élisabéthains, Shakespeare au premier chef, ont puisé leur inspiration historique et politique dans les chroniques des historiens. Ils ont retenu de ces ouvrages didactiques une perspective morale. La guerre des Deux-Roses (les maisons d'York et de Lancastre), qui avait ensanglanté l'Angleterre de 1455 à 1485, est représentée comme la conséquence tragique de l'usurpation criminelle. Les chroniqueurs ont popularisé une série de récits de la chute des princes orientés vers l'élaboration d'un mythe Tudor, manière de légitimer la dynastie issue de la réconciliation des maisons rivales.

La tragédie élisabéthaine privilégie le thème de la destinée héroïque qui s'inverse en catastrophe : c'est la « chute des princes » , tragédie de *casibus*, selon la formule d'un ouvrage de Boccace appelé à une formidable postérité (*De Casibus Virorum Illustrium*, vers 1360) et offrant une suite de narrations des malheurs des hommes et des femmes illustres, depuis Adam et Ève, jusqu'au roi Jean (Jean sans Terre, 1167-1216). Cet ouvrage eut un retentissement tout particulier en Angleterre, où il fut traduit par le moine John Lydgate (1370-1451), ami de Chaucer et inspira en partie *A Mirror for Magistrates* (1559).

Le mythe Tudor : les Tudor qui régnèrent sur l'Angleterre de 1485 à 1603, se montrèrent soucieux d'organiser un pouvoir central puissant autant que d'assurer la « propagande dynastique ». Henri VII, le fondateur de la dynastie, s'attacha le premier un historiographe, Polydore Virgile (1470-1555), pour mieux accréditer l'idée d'une résolution providentielle de la sanglante lutte des Deux-Roses grâce à son mariage avec Élisabeth d'York. Henri VIII assura quant à lui la permanence de l'alliance entre le pouvoir temporel et le pouvoir spirituel, afin de favoriser une identification intangible de l'ordre politique et de l'ordre divin.

L'histoire et la poésie ont contribué parallèlement à forger ce mythe Tudor qui permit de consolider un sentiment très fort du passé national. Les chroniques historiques les plus utilisées furent celles de Hall (1498-1547) et de Holinshed (mort en 1580). Edward Hall, dans ses *Chronicles of the Union of the two Noble and Illustre Families of Lancastre and York* (1542) développa une lecture « providentielle » de l'histoire. La compilation monumentale de Raphaël Holinshed (*The Chronicles of England, Scotland and Ireland,* parues en 1577, rééditées en 1587) s'attacha aussi à renforcer la vision morale de l'histoire, où le jugement divin punit les crimes des rois, les tyrans coupables se voyant rongés par l'inquiétude et le remords. Mentionnons, comme miroir poétique de cette histoire mythique, le succès considérable d'un recueil monumental, *A Mirror for Magistrates* (paru en 1559 et réédité sept fois au cours du siècle) ainsi qu'une anthologie de Tottel publiée en 1557 (*Tottel's Miscellany*). À noter que Thomas Sackville, l'un des auteurs de *Gorboduc*, écrivit le prologue de ce *Mirror for magistrates*, tout entier fondé sur l'alternance des récits sanglants de l'histoire anglaise de Richard II à Edouard IV et Richard III, et des commentaires édifiants sur les vicissitudes politiques, l'ordre divin, le problème du bien et du mal.

Le principe tragique sur lequel repose la dramaturgie élisabéthaine a été en fait défini par le narrateur médiéval Geoffrey Chaucer (1340-1400), dans le prologue d'un des *Contes de Canterbury* (publiés en 1526), véritable chronique sociale de l'Angleterre de la fin du XIVe siècle :

> La tragédie doit conter une histoire
> Comme vieux livres nous en gardent mémoire,
> De l'homme au faîte du bonheur
> Qui choit du haut de sa grandeur
> Et finit en très grand malheur.
> (*Monk's Tale*, Le Moine)

C'est cette intuition de l'ironie tragique, dont les narrations ne sont que perpétuelle glose de la roue de la Fortune qui hante la scène élisabéthaine. Quant à l'asssociation du tragique à une forme théâtrale désignée du nom de « tragédie » , elle découle de la redécouverte du théâtre de Sénèque entre 1560 et 1570.

Le sens du tragique à l'époque élisabéthaine s'est approfondi dans un contexte historique de crise de la conscience collective succédant aux espoirs et à l'enthousiasme du début de la Renaissance. L'ambition et la curiosité se révèlent décevantes, l'homme ne parvenant plus à dominer et ordonner un monde hostile et rebelle. La démesure du désir humain se heurte à l'incapacité d'atteindre un absolu. La tragédie élisabéthaine illustre la contradiction entre une volonté de puissance incoercible (*libido dominandi* ou *libido sciendi*) et à un ordre social qui est aussi moral et religieux. Ces valeurs, qu'elles apparaissent discutables (comme chez l'athée Marlowe) ou non, sont nécessairement présentes et inconciliables avec les rêves individuels de démesure des héros tragiques.

Cette contradiction tragique entre individu et société est particulièrement illustrée par John Webster (1580-1624). Les protagonistes de ses tragédies sont des femmes qui transgressent les conventions sociales : dans *Le Démon blanc* (1612), l'héroïne, Vittoria Accoramboni, assassine son mari pour épouser son amant ; quant à *La Duchesse d'Amalfi* (1614), l'héroïne amoureuse de celui qui est devenu son mari après avoir été son majordome, elle est persécutée puis assassinée par ses frères qui n'acceptent pas une telle mésalliance.

William Shakespeare (1564-1616)

Fils d'un artisan gantier aisé mais qui connut des difficultés en raison de ses positions religieuses, Shakespeare ne fréquenta pas l'université. Il sortit néanmoins de *la grammar school* de Stratford-sur-Avon avec un bon bagage de latin et de rhétorique. Il fit une carrière soudaine, au grand dam de ses rivaux dramaturges qui ne se privèrent pas de décrier ce « parvenu » du théâtre. Il révéla une aptitude extraordinaire à saisir les sujets à la mode et à répondre aux attentes d'un double public : populaire, mais aussi aristocratique.

De 1592 à 1601, Shakespeare exploita l'engouement de ses contemporains pour l'histoire anglaise, s'attelant à un ensemble de drames historiques constitué par deux groupes de quatre pièces, les fameuses « tétralogies » .

Le corpus des drames historiques de Shakespeare, il se répartit comme suit, selon la chronologie historique :
- *la Vie et la Mort du roi Jean ;*
- *la Vie et la Mort de Richard II ;*
- *la Première Partie du Roi Henry IV ;*
- *la Deuxième Partie du Roi Henry IV ;*
- *la Vie du Roi Henri V ;*
- *la Première Partie du roi Henri VI ;*
- *la Deuxième Partie du Roi Henri VI ;*
- *la Vie et la Mort de Richard III ;*
- *la Vie du Roi Henri VIII.*

L'ordre de composition n'épouse cependant pas cette chronologie. Shakespeare a d'abord créé la première tétralogie, qui comprend les trois Henry VI et Richard III. Puis il a poursuivi par la série allant de Richard II à Henry V. Le Roi Jean et Henri VIII constituent des pièces isolées, la première se situant entre les deux tétralogies, alors que la seconde fut composée à la fin de la carrière du dramaturge et que son attribution demeure pour certains douteuse.

Ces pièces intitulées *Histories* dans le folio de 1623, qui les distingue ainsi des comédies et des tragédies, ont fait l'objet de dénominations variables. Si l'on veut appliquer la distinction qu'établit Aristote entre éthique et politique, les tragédies qui traitent des actions humaines relèveraient de l'éthique alors que les drames historiques concerneraient leurs actions politiques. Pourtant, certaines pièces échappent à ce cadre : *Richard III* est la tragédie d'un homme fourbe, cruel et ambitieux en même temps qu'un drame mettant en évidence certains événements de la guerre des Deux-Roses.

La fresque historique couverte par Shakespeare englobe plus de cent ans, du règne de Richard II en 1377 à l'avènement d'Henri VII, en 1485. Si le dramaturge a inversé la chronologie pour conclure sur l'apothéose finale d'un souvenir glorieux, c'est probablement pour mieux récuser l'image du déclin et du chaos national. Schématiquement, on peut considérer, avec Henri Fluchère, que Shakespeare, dans sa première tétralogie, soulève le problème de ce que doit faire et ne pas faire un roi pour gouverner justement le peuple qu'il a reçu de Dieu. La seconde tétralogie remonte aux origines pour aborder la question des moyens dont dispose le monarque désireux de rétablir l'ordre et la prospérité d'un royaume aux prises avec la rébellion. Henry V, le souverain idéal, est ainsi précédé et suivi de souverains indignes.

Le dramaturge prend avec la matière historique des libertés afin de mieux enchaîner les séquences selon une logique dramatique : il tranche, condense et télescope des événements pour mieux frapper les imaginations et mettre l'accent sur le sens et la portée d'une histoire providentielle qui en revient toujours au motif antique de la roue de la Fortune en faisant passer les bourreaux à l'état de victimes. La dramaturgie de Shakespeare comporte par ailleurs une interrogation obsédante sur la mission politique du souverain.

Les futurs grands thèmes tragiques de Shakespeare sont en germe dans ces drames historiques. Richard III, fanfaron du crime – qui clame au début de la pièce « Je suis déterminé à être un scélérat » (I, 1) – révèle, dans sa confrontation ultérieure avec les spectres de ses victimes, une ultime faille exprimée dans un monologue exemplaire de la solitude et de la culpabilité tragiques :

> Qu'on me donne un autre cheval !... Qu'on bande mes blessures ! Aie pitié, Jésus !... Doucement, ce n'était qu'un rêve ! Ô lâche conscience, comme tu me tourmentes ! Ces lumières brûlent bleu... C'est maintenant le moment funèbre de la nuit : des gouttes de sueur froide se figent sur ma chair tremblante. Comment ! Est-ce que j'ai peur de moi-même ? Il n'y a que moi ici ! Richard aime Richard, et je suis bien moi. Est-ce qu'il y a un assassin ici ? Non... Si, moi ! Alors, fuyons... Quoi ! me fuir moi-même ? [...] Ah ! je désespérerai. Pas une créature ne m'aime ! Et, si je meurs, pas une âme n'aura pitié de moi !... Et pourquoi en aurait-on, puisque moi-même je ne trouve pas en moi-même de pitié pour moi-même ? Il m'a semblé que les âmes de tous ceux que j'ai assassinés venaient à ma tente, et que chacune provoquait la vengeance de demain sur la tête de Richard ! (*Richard III*, V, 3, Pléiade, I, p. 467-468).

Le bleu auquel Richard fait allusion est la lumière des spectres dont la présence baigne cette scène d'un surnaturel qui a excité l'imagination des metteurs en scène : Charles Dullin avait créé pour l'occasion un éclairage blafard particulièrement saisissant.

Les *Henri IV* ont pu être rapprochés des moralités* du Moyen Âge en raison de la présence du tentateur tonitruant et jovial, Falstaff, symbole de la corruption, du désordre et du cynisme. Le prince, en rejetant Falstaff, prend conscience de sa mission et triomphe d'un outrage parodique à l'ordre politique et moral. Avec la complexité accrue des personnages de ces drames historiques, Shakespeare mêle comédie et tragédie.

Durant cette première période (1596-1601), Shakespeare écrivit par ailleurs deux tragédies (*Titus Andronicus,* 1593) et *Roméo et Juliette* (1594) et des comédies : *La Comédie des erreurs* (*The Comedy of errors*, 1592), *Les Deux Gentilshommes de Vérone* (*The Two Gentlemen of Verona*, 1594), *Peines d'amour perdues* (*Love's Labour Lost*, 1594) et *La Mégère apprivoisée* (*The Taming of the Shrew*, 1593-1594) préludent aux comédies plus achevées : *Le Songe d'une nuit d'été* (*A Midsummer Night's Dream*), *Le Marchand de Venise* (*The Merchant of Venice*), *Les Joyeuses Épouses de Windsor* (*The Merry Wives of Windsor*), *Beaucoup de bruit pour rien* (*Much Ado About Nothing*), *Comme il vous plaira* (*As You Like It*), et *La Nuit des rois* (*Twelfth Night*). Ces pièces mettent en scène des amours juvéniles contrariées par l'opposition paternelle ou les manigances de personnages acariâtres, mais triomphant au terme d'une série d'épreuves. Les comédies font la part belle au spectacle : musique, danse, masques et travestis (Portia, Rosalinde et Viola se déguisent toutes en garçon dans *The Merchant of Venice*, *As You Like It* et *Twelfth Night*), ce qui exprime un goût équivoque de la dramaturgie baroque pour l'ambiguïté sexuelle, mais s'explique aussi par le fait que, sur la scène élisabéthaine, les rôles féminins étaient interprétés par de jeunes garçons). Les personnages du fou (Touchstone dans *As You Like It*, Feste dans *Twelfth Night*) et le « clown » , au sens anglais de personnage rustique et lourdaud (Costard dans *Love's Labour Lost* ou Bottom dans *A Midsummer Night's Dream*) instaurent un jeu de contrepoint, offrant une version bouffonne et déformée de l'intrigue principale.

L'amour dans le théâtre de Shakespeare est foncièrement ambigu. La sublimation le dispute à une acceptation crue de ses exigences charnelles, ce qui surprend encore aujourd'hui le public français peu accoutumé au mélange des genres et à l'expression du désir dans la bouche des héroïnes. Le discours amoureux conventionnel fait l'objet d'une parodie qui crée un effet de distanciation ironique. Mercutio se moque ainsi discrètement de Roméo (Acte II, scène 2). Dans *Le Songe d'une nuit d'été*, les amours royales de Thésée et d'Hippolyte se trouvent un contrepoint burlesque dans la passion de légende représentée sous une forme naïve et passionnée par la troupe de Bottom. L'amour est le principe d'une dramaturgie comique axée sur le fantasque et l'extravagance humaine, comme le suggère Biron dans *Peines d'amour perdues* :

> Si vous avez vu en nous tant de ridicules, c'est que l'amour est plein de caprices extravagants, espiègle comme un enfant, sautillant et frivole, engendré par le regard, et par conséquent, comme le regard, plein de formes, d'apparitions et d'images étranges, variant ses visions comme l'œil promène son regard d'objet en objet (Acte V, scène II, La Pléiade, I, p. 1146).

Peines d'amour perdues : Biron, qui se donne comme le critique des excès de l'amour, peut être envisagé comme une figure du dramaturge, révélant ironiquement la composition déconcertante d'une comédie des plus expérimentales, fusant dans tous les sens à partir d'un schéma pourtant simple. L'action se résume aisément : un roi et ses trois compagnons font serment de s'adonner uniquement à la recherche du savoir et d'écarter toute société féminine. Or l'arrivée des femmes entraîne, dans une atmosphère de mystification poétique, le triomphe de l'amour et de la vie. Cette chronique de l'échec prévisible d'un projet d'austérité surhumaine permet au dramaturge de mettre à l'épreuve thèmes, personnages et styles.

On peut distinguer de 1601 à 1608 une deuxième période dans la carrière de Shakespeare, consécutive à l'installation de sa troupe au théâtre du Globe en 1599 : le dramaturge écrit alors des pièces beaucoup plus sombres. Le mariage est un *happy end* ironique, piège ou punition plutôt que couronnement joyeux des péripéties de la comédie. Dans *Tout est bien qui finit bien* (*All's Well That Ends Well*, 1602), le jeune Bertrand de Roussillon est réduit à accepter Hélène, l'épouse que le roi lui avait donnée, après que celle-ci l'a confondu publiquement grâce à un stratagème (la « ruse du lit » ou « *bed trick* ») lui permettant de se substituer à la jeune Italienne que Bertrand voulait séduire. De même, dans *Mesure pour mesure* (*Measure for measure*, 1604), le gouverneur Angelo, qui voulait conquérir la chaste Isabelle, se voit contraint d'épouser Marianne à qui il avait autrefois promis le mariage.

Troïlus et Cressida (1601) est une œuvre inclassable, ni comédie, ni tragédie : la déchirure de l'amour trahi intervient sur fond d'une guerre absurde, ruinant les idéaux héroïques. Cette pièce rejoint par son pessimisme *Timon d'Athènes* (1608), qui montre l'évolution vers la misanthropie d'un généreux et joyeux mécène découvrant à l'occasion de difficultés financières l'ingratitude de ses anciens amis.

Cette seconde période regroupe aussi des pièces romaines, *Jules César* (1600), *Antoine et Cléopâtre* (1696) et *Coriolan* (1608) qui constituent autant de confrontations cruelles entre la réalité et le rêve idéaliste, ambition ou amour.

Parallèlement, Shakespeare a créé ses quatre grandes tragédies : *Hamlet* (1601), *Othello* (1603), *Le Roi Lear* (*King Lear*, 1605) et *Macbeth* (1606). Tragédie de la vengeance, *Hamlet* est une pièce problématique où le héros s'interroge sur la réalité du fantôme de son père et tarde à accomplir la mission dont le spectre l'a investi. *Othello* est une tragédie de l'illusion, où les rapports entre apparence et réalité sont faussés par un manipulateur pervers, tentateur diabolique, vengeur d'une cause demeurée mystérieuse. *Le Roi Lear* est une autre histoire d'illusion, celle de l'aveuglement d'un roi qui se trompe sur ses filles, bannissant à l'heure du partage celle qui l'aimait le plus mais a refusé de se prêter à la mascarade des déclarations d'affection. *Macbeth* est un drame métaphysique autant qu'une tragédie politique : poussé au régicide par l'appétit de pouvoir de sa femme, le général de l'armée du roi devient un tyran sanglant, prêt à toutes les compromissions pour garder son pouvoir ; avec les machinations de trois sorcières qui viennent tenter le vaillant guerrier, cette pièce traduit en termes cosmiques l'affrontement du bien et du mal.

Après ce temps du désenchantement, une ultime étape se dessine dans la carrière de Shakespeare à partir de 1608 : la troupe, devenue celle des « Comédiens du roi » depuis 1603, est désormais confortablement installée dans le théâtre couvert des Blackfriars dont les facilités favorisent une nouvelle dramaturgie, faisant la part belle à la légende et à la féerie (apparitions d'esprits, de fantômes, de dieux et de déesses antiques), à la musique, à la danse. Shakespeare renouvelle ainsi la dramaturgie du « masque ». (On désignait par le terme *masks* en Angleterre des divertissements de cour fondés sur le triomphe du spectaculaire et empruntant leurs personnages à la mythologie antique mais aussi au folklore britannique). Ces pièces révèlent l'influence de la comédie italienne, *commedia dell'arte** ou comédie baroque avec son monde pastoral et ses intrigues amoureuses raffinées et compliquées. Dans le volume publié par deux acteurs de la troupe sept ans après la mort de Shakespeare, en 1623, *La Tempête* et *Le Conte d'hiver* sont classées parmi les comédies, *Henri VIII* parmi les drames historiques, *Cymbeline* (1609) avec les tragédies. Ces pièces, auxquelles il faut ajouter *Périclès* (1608), pourraient être désignées comme tragi-comédies ou drames romanesques (*romances*» en anglais).

La Tempête (1611) constitue un sommet de l'art shakespearien. Le dramaturge, comme dans la *Comédie des erreurs*, revient aux unités* néo-classiques de lieu, de temps et d'action, grâce à un long discours liminaire résumant les événements précédant la pièce : l'enchanteur Prospero raconte à sa fille Miranda ses origines véritables, les circonstances de la perte de son duché et leur arrivée dans l'île dont il est le maître. *La Tempête* rassemble la plupart des thèmes développés dans les pièces historiques et les tragédies (usurpation, rivalité des frères ennemis, accomplissement de la vengeance), mais aussi dans les comédies (naissance et épanouissement de l'amour, péripéties bouffonnes du complot manqué contre Prospéro ourdi par Caliban, Stéphano et Trinculo). La pièce soulève des questions contemporaines liées à la découverte du Nouveau Monde : égratignant l'utopie des cannibales de Montaigne, elle interroge les pouvoirs et les limites de l'éducation face à la naissance ou à la nature (avec Antonio, le frère dégénéré et surtout avec l'esclave Caliban, dont le nom est un anagramme de « canibal »). Cette œuvre est aussi l'occasion d'une méditation sur le caractère éphémère et illusoire de l'existence humaine, un songe, comme le dira plus tard Calderón. La pièce demeure largement énigmatique, les intentions de Prospéro n'étant jamais révélées dans ses monologues.

Autres grands dramaturges élisabéthains

Christopher Marlowe (1564-1593), né la même année que Shakespeare, se signala par le succès éclatant de sa première tragédie, ***Tamerlan le Grand*** : alors qu'il n'en avait écrit qu'une partie, il dut très vite improviser la seconde pour répondre à l'attente du public (1587-1588). Après cette première tragédie de l'ambition forcenée vouée à l'échec, Marlowe illustra le mythe de Faust, campant ce héros mû par le désir d'accéder à un savoir interdit (*La Tragique Histoire du*

Marlowe, dont la vie fut aussi ardente que brève, connut lui-même une fin tragique et mystérieuse. Assassiné à l'âge de vingt-neuf ans dans les bas-fonds de Londres, il fut, pense-t-on, victime d'un règlement de comptes entre espions. Il avait été l'ami et le protégé du célèbre courtisan, navigateur et écrivain sir Walter Raleigh.

Tamerlan le Grand : cette œuvre narre les exploits guerriers accomplis au XVIIe siècle par Tamerlan, berger scythe dont les conquêtes sont dignes de celles d'Alexandre. Ce héros, doté d'une énergie inépuisable et d'une passion pour la gloire et le pouvoir, brave les dieux et le destin. Être excessif, il est cruel, massacre, pille et fait tirer son char par des rois captifs qu'il a auparavant fait mettre en cage. Sensuel, il se prend d'une intense passion amoureuse, sombrant dans le désespoir lors de l'agonie de son épouse Zénocrate, qu'il ne tarde pas à suivre dans la mort. Maître du monde, Tamerlan domine aussi les mouvements de l'univers : la pièce, qui évoque une géographie lointaine, fourmille aussi d'allusions au cosmos, aux éléments, aux planètes et aux astres.

docteur Faust, 1588). Son goût pour les personnages d'exception ne se dément pas avec une autre œuvre pathétique, *Le Juif de Malte* (1592), tragédie qui s'ouvre sur un prologue de trente-cinq vers dits par Machiavel et qui représente un être ambivalent dévoré par la soif du lucre et de l'argent. Fasciné par ces figures de rebelles transgressant les interdits, Marlowe écrivit aussi des tragédies historiques. *Edouard II* (1592) est le drame d'un roi faible, jouet de son favori Gaveston, renversé puis assassiné dans sa cellule à l'instigation du machiavélique amant de la reine Isabelle, Mortimer. *Massacre à Paris* (1593) est inspiré par la Saint-Barthélemy.

Cyril Tourneur (1575-1626) a su conjuguer une extrême recherche stylistique et dramaturgique à la représentation spectaculaire de la violence et du sadisme. Il superpose dimension symbolique et représentation réaliste, avec *La Tragédie de l'athée*, jouée vers 1602 et *La Tragédie du vengeur*, inspirée de *Hamlet* (imprimée en 1607). Il a aussi travaillé en collaboration avec Fletcher.

John Fletcher (1579-1625), fils d'un évêque londonien, avait fait des études classiques avant de se consacrer au théâtre. Il écrivit, le plus souvent en collaboration avec Francis Beaumont (1584-1616), une vingtaine de comédies dont le romanesque des situations et l'ingéniosité stylistique sont typiquement baroques : *Philaster* (1608), *La Belle Dédaigneuse* (1616). Il collabora ensuite avec Tourneur et Ben Jonson.

Ben Jonson (1572-1637), acteur avant de se faire auteur, s'est imposé grâce à ses succès au théâtre du Globe comme un des pairs de Shakespeare.

Il a particulièrement innové dans le genre de la comédie, bien qu'il fît profession d'appartenir à la tradition classique. Alors que le théâtre de Shakespeare est fondé sur les contingences et les individualités, Ben Jonson a élaboré un théâtre satirique, fondé sur l'observation des dérèglements humains et qui traduit l'effondrement des valeurs consécutif aux profonds bouleversements sociaux et économiques de cette période. La possession des richesses y apparaît comme le moteur presque exclusif des actions humaines, l'anthropologie de Ben Jonson se fondant par ailleurs sur une théorie médicale psycho-physiologique expliquant les vices et les folies.

« ***Comédie des humeurs*** » : rappelons que la médecine des humeurs fondait une typologie axée sur quatre dominantes physiologiques et caractérologiques : sang : le sanguin ; bile jaune : le bilieux ; bile noire ou atrabile : le mélancolique ; flegme : le flegmatique.

Avec ses comédies, *Chacun dans son caractère* (*Every Man in his humour*) et *Chacun hors de son caractère* (*Every Man out of his humour*) Ben Jonson a créé, en 1598-1599, une nouvelle esthétique comique alliant caricature et dessein moral que l'on a pu désigner comme ***comédie des humeurs*** : chaque personnage illustre la prédominance d'une des quatre humeurs induisant des types cliniques d'excentricité. Asper expose dans *Every Man out of his humour* ce système de stylisation dramatique dérivé de ces conceptions très anciennes :

> Lorsqu'une qualité particulière
> Possède un homme à tel point qu'elle force
> Ses sentiments, ses esprits, ses talents,
> Leurs flux mélangés, à s'écouler tous dans le même sens
> Alors, oui, on peut dire qu'il y a là un humour (Prologue).

La visée didactique de cette esthétique comique allie la stylisation caricaturale de personnages, qui sont des types fascinants et odieux, et le souci de rigueur réaliste.

Hamlet, mélancolique morbide, contemporain des personnages de Jonson, est une nature tragique ; il reprend à ce dernier le déterminisme humoral lorsqu'il explique à ses compagnons, avant l'apparition du fantôme sur la terrasse d'Elseneur, comment un travers de la nature peut déformer ou corrompre l'individu entier :

Par le foisonnement d'une certaine complexion
Qui souvent abat les palissades et remparts de la raison
(Acte I, scène 4).

L'originalité de Ben Jonson est l'association des *humours* à une dramaturgie foncièrement comique. Ce dramaturge écrivit aussi deux tragédies (*Sejanus*, 1603 et *Catiline*, 1611), mais il triompha encore avec des comédies, dont les plus célèbres sont *Volpone* (1606), *L'Alchimiste* (*The Alchemist*, 1610) et *La Foire de la Saint-Barthélemy* (*Bartholomew Fair*, 1614)

Il a écrit le texte de 28 « masques » destinés à divertir la cour, en collaboration avec l'architecte Inigo Jones. C'est dans T*he Masque of Queenes* (1609) qu'il introduit la notion d'« antimasque » , défini comme un contraste ou repoussoir composé de personnages difformes, laids ou bizarres (sorcières, pygmées, satyres, alchimistes), destiné à créer un effet de surprise, de comédie grotesque ou à apporter une note macabre.

2 Théâtralité baroque en Italie

Renaissance et baroque en Italie : une évolution en pente douce

Si un renouveau spectaculaire du théâtre s'est produit dès la première Renaissance dans les différentes cours italiennes, la seconde partie du *Cinquecento* (notre XVIe siècle) et le *Seicento* (XVIIe siècle) sont loin d'être négligeables pour l'histoire du théâtre.

Il n'existe pas de rupture réelle entre le théâtre renaissant et les productions de l'âge baroque en Italie. L'effervescence de la création théâtrale a commencé plus tôt qu'ailleurs dans la péninsule italienne. En outre, une étroite liaison a toujours existé entre théorie et pratique, avec une multiplication de traités sur le théâtre dès les années 1450. Une évolution notable de la seconde moitié du *Cinquecento* tient à une prise en compte par la théorie de la dualité du texte et de la représentation. Ainsi Angelo Ingenieri a minutieusement consigné son expérience de la mise en scène d'Œdipe-roi de Sophocle pour l'inauguration du Théâtre olympique de Vicence (1585) dans un traité de *La Poésie représentative ou la manière de représenter les fables scéniques*. Mais cette réflexion demeure encore très largement tributaire des grands modèles antiques : Aristote pour le texte, Vitruve pour la scène.

Un sentiment plus spécifique de la modernité théâtrale émerge dans les *Quatre Dialogues en matière de représentations théâtrales*, opuscule rédigé par Yehuda Sommi di Portaleone, dit ***Leone de' Sommi*** (1525-1592). On y trouve une adhésion très large aux principes aristotéliciens mis à l'honneur par l'humanisme. Toutefois, fort de sa double appartenance culturelle, Leone de' Sommi préconise des innovations. S'il demeure fidèle à une écriture versifiée de la tragédie, il prône une récitation renouvelée « qui se fasse avec l'aisance de la prose » . Pour lui, « la scène est le ciment des comédies » et il donne la primauté au jeu des acteurs. Ainsi s'affirme une esthétique de la réception où les effets propres à la représentation concurrencent les données textuelles ou plus exactement les prolongent et les enrichissent. L'esthétique de Leone de' Sommi n'est certes pas dénuée d'apparentes contradictions, reflétant la recherche d'un compromis entre les modèles classiques et l'expérimentation moderne. Il développe, dans son *Premier Dialogue*, une esthétique du naturel et du vraisemblable – bannissant au nom de la vraisemblance le travestissement tout autant que le monologue et l'adresse au public.

Leone de' Sommi. Ce juif qui vivait à Mantoue, espace de tolérance relatif pour une communauté très largement persécutée dans la péninsule, est un auteur de comédies et de pastorales en partie perdues ou oubliées, qui manifesta une activité importante de dramaturge et de metteur en scène. Son traité, probablement écrit dans les années 1570, condense son expérience de praticien de la scène. Ce texte est à la fois document sur la vie théâtrale de son temps et texte théâtral à part entière. Voir la traduction de Françoise Decroisette, *Quatre Dialogues en matière de représentations théâtrales,* Paris, éditions Rampazzo et Associés, Paris, 1992.

De l'opportunité des intermèdes ? Les intermèdes merveilleux, considérés comme un dévoiement dans la comédie, sont jugés plus conformes à l'esprit de la tragédie et de la pastorale. Dans ce type de compositions, on peut admettre « sans aucun doute des choses beaucoup plus inhabituelles, puisque dans le corps même du poème on introduit des ombres, des furies et diverses divinités, ou des personnages extraordinaires ». Un compromis est proposé à travers une intégration de l'intermède dans la fable, les allégories mythologiques pouvant ainsi prolonger et illustrer l'action dramatique : « Ainsi supposons, si un malheur ou une mort doit se produire, on pourra faire apparaître les Parques qui filent en chantant et enroulent sur leur fuseau l'écheveau d'un roi ou d'une reine, brutalement coupé ensuite par Clotho, ou bien faire survenir les Furies infernales brandissant des torches enflammées qui, au rythme d'une mauresque, sèment fureur et désastres autour d'un palais royal, ou d'autres choses similaires qui sont un spectacle admirable, sans toutefois s'éloigner tout à fait du sujet de la fable » (p. 105).

Leone de' Sommi considère aussi, de façon toute moderne, que les comédies doivent être destinées à un public varié. Il récuse l'utopie d'un théâtre réservé à une petite élite de gens nobles et vertueux et invite à une prise en compte de la bigarrure sociale et morale des spectateurs. Que la comédie doive instruire en amusant l'autorise à quelques libertés de langage indispensables pour toucher tout le public et jouer efficacement son rôle de miroir universel :

> La beauté des comédies n'est-elle pas finalement (tout particulièrement à notre époque) que chacun puisse s'y reconnaître ? Il est donc nécessaire, puisqu'elles doivent servir au plus grand nombre, qu'on y donne un rôle, avec toute la modération requise, aux personnes de toute qualité, et qu'on tienne éveillés ceux qui s'endorment lorsque le poète, par des phrases savantes et des discours exemplaires, s'ingénie à servir les autres, et ne se réveillent avec des rires gras qu'à une phrase inconvenante ou à un mot immodéré.

Expérimentations scénographiques

L'âge baroque en Italie se caractérise par un goût général de l'expérimentation artistique : parallèlement au regain du théâtre populaire, on observe des recherches sur les machineries théâtrales et un intérêt accru pour l'architecture scénique et la fabrication de décors de plus en plus sophistiqués. Cette passion du théâtre s'inscrit dans une fascination accrue pour le spectacle, commune aux célébrations aristocratiques et princières autant qu'aux célébrations carnavalesques de type populaire.

Sur le plan architectural, l'Italie impose une nouvelle organisation intérieure du théâtre qui gagnera progressivement et durablement l'Europe entière.

Aux structures antérieures des mansions* médiévales succède une distinction nette entre la scène et les spectateurs, assortie d'une organisation du décor scénique unique en fonction des lois de la perspective. Deux possibilités nouvelles résultent de ces nouvelles structures :

- **la constitution de la scène en « tableau »** devant lequel se déroule l'action ;
- **un travail d'illusionnisme :** un seul lieu, mais une variation infinie des décors grâce aux jeux de machines, aux effets de lumière et de trompe-l'œil.

Le Cavalier ***Bernin*** récuse les « représentations qui veulent n'être vues que d'un seul point » . Le théâtre Farnèse, construit de 1618 à 1628 à Rome, met en application ces principes nouveaux. Célèbre dans l'Europe entière pour avoir conçu les machineries du Teatro Novissimo de Venise, concepteur du *Teatro del Sole* à Pesar, Sabbatini sera appelé à Paris pour la plupart des grands spectacles. On doit à ce mathématicien, architecte, mécanicien, peintre et poète un traité publié en 1637, *Pratiques pour fabriquer scènes et machines de théâtre : exposé des divers artifices techniques permettant de créer l'illusion.*

Le Bernin : Gian Lorenzo Bernini est le plus célèbre sculpteur baroque, auteur du fameux groupe de *Sainte-Thérèse en extase*, des fontaines sculpées de la place Barberini et de la place Navone à Rome. Il a aussi créé des monuments funéraires où l'on a pu voir l'expression de la phase triomphale de la Contre-Réforme : goût de la pompe, maniement illusionniste de la lumière, recherche du mouvement convulsif par le jeu des draperies, torsion des poses, expression spasmodique (yeux levés, bouche ouverte).

Jeu théâtral et jeu religieux : leur lien est évident dans les analogies entre la révolution architecturale suscitée par la scène à l'italienne* et celle qu'a introduit à la même époque l'église tridentine. Celle-ci s'organise autour d'un décor de fond, « tableau » constitué par les retables. Les Jésuites, qui ont développé la pratique de tragédies sacrées dans les chapelles, ont parfois cherché explicitement à développer des effets de surprise et d'illusion pour agir sur le fidèle selon des techniques analogues à celles du théâtre : il s'agit d'instaurer un art d'expression, de réception et de communication permettant une participation du spectateur. Signalons aussi que Le Bernin a conçu une disposition scénographique de sa célèbre Sainte-Thérèse en extase dans la chapelle Cornaro de Sainte-Marie-de-la-Victoire conçue comme un théâtre.

La pastorale : un théâtre romanesque et maniériste

Torquato Tasso dit le Tasse (1544-1595) composa *L'Aminta*, drame pastoral en cinq actes avec prologue et épilogue, en 1573 pour une fête de la famille d'Este : la pièce fut reprise, selon le désir de Lucrezia d'Este, en 1575 au Belvédère, sa résidence d'été, et en 1576 au carnaval de la Cour à Pesaro. Il s'agissait d'une transposition théâtrale du monde pastoral fictif qui avait fait le succès d'un roman de Sannazar, *L'Arcadie* (1489) et dont les origines remontent aussi à la tradition de ***l'églogue***. Le sujet est l'amour du berger Aminta pour Silvia, vouée à Diane, la belle chasseresse qui vit dans les forêts et méprise l'amour. Tirsis (à travers qui l'auteur s'est directement représenté) et Daphné épient les sentiments des jeunes gens, s'employant à vaincre la timidité de l'un et la pudeur de l'autre. Aminta tente de se suicider, mais il manque son suicide pour réussir finalement son mariage.

L'églogue regroupe la bucolique et l'idylle, formes poétiques mettant en scène des bergers dans un paysage idéal situé par Théocrite en Sicile, puis, à partir de Virgile, en Arcadie.

Gian Battista Guarini (1538-1612) rivalisa avec *L'Aminta* en créant une tragicomédie en vers, *Il Pastor fido* (*Le Berger fidèle*, représentée à Crema en 1595). Cette œuvre suscita une polémique à laquelle il répondit par un *Compendio della poesia tragicomica* (*Compendium de la poésie tragi-comique*, 1601).

La pastorale, un art maniériste : le maniérisme est un terme pictural appliqué à des peintres italiens de la seconde moitié du siècle, comme Parmigianino, Sodoma, imitant la manière de Raphaël ou de Michel-Ange, dont ils accentuent les traits. C'est un idéal de raffinement dans l'art, privilégiant le style sur le naturel, affectant la distorsion et les formes serpentines ; le concept de maniérisme littéraire est utilisé pour caractériser la première période du baroque, coïncidant avec une recherche formelle et une prédilection pour l'amour sublimé, dans la lignée du pétrarquisme. Autant de traits caractéristiques de la pastorale, ainsi définie par J. Shearman dans un ouvrage essentiel sur le maniérisme : « À l'intérieur du monde conventionnel d'Arcadie, dont la géographie physique est parfaite et qui est peuplé de nymphes et de bergers idéaux, une intrigue entièrement artificielle est mise en mouvement et trouve son dénouement grâce au seul amour et à ses complications. Les personnages sont si minces et manquent à ce point de personnalité que leurs noms sont fréquemment répétés d'une pastorale à l'autre » (*Mannerism*, The Pelican Original Penguin Books, 1981). On peut opposer cette abstraction des caractères aux personnages de Machiavel ou du théâtre élisabéthain.

Hybridations de la comédie

Dans les années 1550 en Italie, la comédie pouvait apparaître fortement régentée, au même titre que la tragédie et l'épopée, par les codifications de la poétique aristotélicienne. La seconde moitié du *Cinquecento* développa cependant des comédies mixtes, mi-littéraires et mi-populaires : *La Calandria* de Bernardo Dovizi da Bibbiena (représentée pour la première fois en 1513) remporta un succès durable. Anton Francesco Grazzini dit le Lasca, poète burlesque, a contribué à ce théâtre pseudo-populaire, illustré par le cordonnier toscan Giovan Battista Gelli (1498-1563) et par Annibal Caro (1507-1566), auteur d'une comédie satirique (*Les Gueux*, *Gli Straccioni*, 1544)

Dans le prolongement de cette comédie hybride, on peut citer au *Seicento* la gigantesque *Fiera* de Michelangelo Buonarroti il Giovane (1618) qui mêle allègrement le toscan et le florentin parlé, tout en proposant un tableau assez truculent de la vie urbaine de son temps.

Ce genre comique pseudo-populaire s'est bientôt vu concurrencé par la *commedia dell'arte**.

La *commedia dell'arte*

Acteurs et auteurs : une « fusion » de l'art ? De nombreux comédiens de l'art (Andreini, Scala, Adraiano Vallerini) furent eux-mêmes poètes et écrivains, et à ce titre « artisans » du langage. Ils ont contribué à répertorier des « lieux de mémoire » scéniques, fondés sur des transpositions génériques, puisqu'ils ont su mêler une structure et des éléments spécifiquement théâtraux à des éléments allogènes (dialogues de Platon, extraits de Pétrarque et du Tasse).

Cette pratique, qui appartient au mythe du théâtre, s'inscrit dans l'histoire des expérimentations baroques alliées à un métissage culturel. La première compagnie d'acteurs professionnels – c'est le sens initial du mot, qui désigne l'art, le savoir-faire et la technique des acteurs – fut formée à Padoue en 1545 par le comédien-poète Ruzzante (le folâtre, le badin), mais c'est à partir de 1567 que l'on introduisit le jeu semi-improvisé de variations sur un simple canevas, faisant primer les bouffonneries gestuelles sur le texte. Toutefois les acteurs de *la commedia dell'arte* continuèrent parfois à faire alterner la *commedia a soggetto*, autrement dit « à canevas » et le jeu classique de la *commedia sostenuta* , voire de tragédies et de drames pastoraux. Le répertoire des comédiens de l'art était donc très vaste, reflétant un véritable brassage culturel. (On retrouve ce métissage dans le répertoire de la Comédie italienne à Paris qui est l'héritière de la *commedia dell'arte* et qui se spécialisera notamment dans une reprise parodique des opéras et des tragédies contemporaines.)

Les Italiens ont adapté leur jeu à des représentations ambulantes, dans des salles de fortune, souvent en plein air. Il s'agit avant tout d'un ***théâtre d'acteurs*** fondé sur la virtuosité verbale et gestuelle. Loin d'une pure improvisation, il faut concevoir l'« art » comme une technique mixte, théâtre semi-improvisé reposant sur l'aptitude à combiner, dans une performance toujours originale, des éléments appris.

Les masques de théâtre à l'époque baroque. Les comédiens *dell'arte* savaient à l'aide d'un morceau de cuir susciter l'émerveillement, étonner les spectateurs en faisant varier les attitudes expressives au gré des mouvements et de l'éclairage. L'utilisation du masque dans cette perspective permet donc de mieux exprimer la maîtrise technique de l'acteur. Le masque ne joue pas un rôle purement ornemental. Entre-deux, le masque de *la commedia dell'arte* rejoint les techniques de l'illusion baroque. Cette rencontre baroque entre la force expressive du visage et les forces du masque exprime aussi une obsession de l'ambiguïté, de l'indistinction entre réalité et apparence, sincérité et dissimulation (Voir *L'Art du masque dans la commedia dell'arte*, dir. D. Santori et B. Lenata, Florence, 1983 ; éd. Solin, 1987).

La *commedia dell'arte* repose sur une grande variété de personnages, parmi lesquels il faut distinguer deux grandes catégories : les personnages sans masque qui se limitent aux amoureux, ***des personnages masqués*** et qui comprennent, outre les serviteurs, des rôles stéréotypés empruntés à la tradition comique latine (barbons, parasites...). La place conférée aux valets (les *zanni*), le napolitain Pulcinella, le bergamasque Arlecchino, et les Brighella, Scapino, Truffaldino, insaisissables et multiples, meneurs de jeu, illustre aussi un mythe baroque du « monde à l'envers » social et théâtral. Si les origines du *zanni* sont floues (sont-ils les descendants des antiques atellanes, mais aussi de certaines épopées populaires extrêmes-orientales ?), leur fonction dramaturgique est claire : ils sont indispensables pour lier et délier les rapports des autres personnages, ils rappellent aussi les valets « messagers » de la comédie espagnole de la Renaissance.

Irrégulière, la *commedia dell'arte* est une expression baroque en ce qu'elle se veut un art « complet » et qu'elle constitue une métaphore de l'existence, ses masques étant des métaphores figuratives de types individuels. Elle implique aussi une rhétorique de la *meraviglia* (émerveillement et surprise) créant une véritable fête théâtrale, spectacle total débordant de cris, de rires, de *lazzi* (on désigne sous ce nom les jeux corporels et verbaux comiques des personnages masqués), de danses acrobatiques, de couleurs, de fantaisies et d'obscénités verbales. Les acteurs ne recherchent pas le vraisemblable, mais le rythme et l'illusion du mouvement.

La *commedia dell'arte*, qui se destinait à un public essentiellement populaire, rechercha la protection des milieux cultivés et courtisans autant que des grands. Ceux-ci s'emparèrent de cette industrie du divertissement : les Gonzague de Mantoue remplirent ce rôle d'*impresarii*, défrayant les comédiens et orientant leur activité. Grâce à la séduction universelle du langage gestuel, elle se répandit très largement, échappant à la répression et exerçant une influence de plus en plus forte sur la comédie savante.

Les *commedianti dell'arte* ont élaboré progressivement des répertoires manuscrits contenant des sujets d'improvisation : lieux communs utiles à chaque personnage et prêts à être insérés dans un ensemble d'interactions bien codées. Ainsi pour les amoureux on distinguait notamment les *soliloqui* (monologues), *raconti* (récits), *rimproveri* (reproches), *disperationi* (désespoirs), *deliri* (délires). On doit donc relativiser particulièrement le mythe de la spontanéité absolue de la *commedia dell'arte*, dont les reconstitutions modernes, très à la mode, ne peuvent être qu'hypothétiques. Ils en vinrent aussi à élaborer des ouvrages joignant la théorie et la pratique, sortes de traités normatifs de leurs méthodes. Cette matière culturelle et ces techniques furent exploitées par de véritables dynasties de « gens de l'art », tels les Gelosi jusqu'en 1604, les Confidenti jusqu'en 1634, les Fedeli jusqu'en 1652. La *commedia dell'arte* se diffusa dans toute l'Europe mais déclina en Italie dès la fin du XVIIe siècle : fossilisé et réduit à une excessive vulgarité, le jeu des acteurs suscita une réforme, imposée par Goldoni au milieu du *Settecento*.

3 Le siècle d'or espagnol et l'apogée du théâtre (1560-1680)

Même s'il est difficile d'en délimiter précisément les contours, on appelle communément Siècle d'Or la période qui a vu l'Espagne des Habsbourg connaître un épanouisssement littéraire et artistique exceptionnels. Au sein de cette période qui couvre en fait plus d'un siècle, l'année 1600 constitue une époque charnière avec la relève de Philippe II par son fils Philippe III. La politique hégémonique marque alors le pas et on assiste à une régression démographique sensible notamment après la grande peste de 1599-1601 ; l'Espagne s'installe alors dans ***la crise*** et le déclin économiques tout en demeurant un phare en matière artistique et littéraire.

Le terme de *comedia* désigne une pièce dans le théâtre espagnol du Siècle d'Or. Mais il sert aussi à dénommer un âge d'or du théâtre en Espagne. En effet, le succès de la *comedia* constitue un phénomène exceptionnel tant par son originalité que par la fréquence des représentations et la faveur de tout un public. En fait, la *comedia* de Lope de Vega ou de Calderón n'est que la pierre angulaire d'un système qui a produit plus de trente mille pièces et dont à peine un tiers nous sont parvenues.

Néanmoins, la situation espagnole présente de très fortes singularités et les évolutions de l'esthétique théâtrale dans la péninsule Ibérique doivent être replacées dans un contexte social particulier. Le déclin rapide de la bourgeoisie espagnole, dès la fin du XVIe siècle, entraînant l'isolement et le retard économique de la nation espagnole, eut des conséquences esthétiques, la noblesse bureaucratique et courtisane faisant désormais le goût. Ce nouveau public émergea sous Philippe II et affirma sa prééminence avec l'établissement par Philippe III, en 1606, du siège de la monarchie à Madrid. La capitale qui vit sa population quintupler en quelques décennies, distança alors définitivement Séville et Valence, les deux grands pôles économiques de naguère.

Une conscience de crise ? le* desengaño *(désabusement) et ses limites. Le mouvement des idées renonce à l'effervescence qu'il a connue au temps de Charles Quint. L'Espagne ignore Galilée, on rejette Montaigne et on condamne Machiavel, développant une suspicion générale à l'égard des innovations venues de l'étranger. Ce *desengaño* – désabusement, désengagement des élites – s'accorde avec une vision pessimiste qui affectionne les thèmes de la folie du monde, du labyrinthe. Cette vision désenchantée cristallise le sentiment de groupes minoritaires sans exclure la rémanence d'une volonté de puissance et d'un goût pour l'illusion.

Modernité et tradition

Malgré la propagande acharnée de ses détracteurs, le théâtre prospéra en Espagne, n'étant proscrit qu'à l'occasion des deuils royaux (en 1598, à la mort de Philippe II, ou en 1611, après le décès de la reine Marguerite d'Autriche). Les troupes se multiplièrent et des comédiens espagnols supplantèrent peu à peu les Italiens, venus en tournée. Fait nouveau : ces troupes admettaient les enfants et des femmes, ce qui permit de diversifier les emplois.

Suprématie de l'« autor » sur le « poeta ». Le poète de théâtre n'est guère reconnu, il est privé de tout droit sur son manuscrit, dès qu'il l'a cédé, pour une somme modeste, aux comédiens auxquels il est lié par contrat. C'est l'*autor* au sens classique du terme qui occupe la place éminente dans les troupes : il est à la fois directeur, régisseur, metteur en scène et adaptateur, n'hésitant pas à couper et remanier les textes qui lui sont proposés. On conçoit que, dans ce contexte peu favorable à l'écriture théâtrale, Lope de Vega ait eu tendance à la considérer comme une part mineure, quasi alimentaire de sa production, accordant tout au long de sa carrière une évidente préférence aux genres « nobles » (poésie lyrique et épopée). C'est seulement lorsque son succès de dramaturge fut éclatant au point de provoquer la multiplication des plagiats et des contrefaçons, qu'il commença à veiller personnellement à la publication de ses *comedias*.

Toutefois, des « archaïsmes » subsistent au sein de la nouvelle « industrie » du théâtre.

La *comedia* s'inscrit dans un ensemble de manifestations théâtrales sacrées et profanes, comprenant notamment *l'auto sacramental* et *l'entremés*. La tradition espagnole baroque accorde une place importante à des représentations religieuses dans la tradition des mystères, *les « autos sacramentales »*. L'*auto sacramental* est une pièce en un acte, jouée à l'occasion de la Fête-Dieu pour glorifier le sacrement de l'Eucharistie. Cette fête religieuse donnait lieu, depuis le XIIIe siècle, à des processions urbaines, avec des défilés de « chars », plate-formes portées à dos d'homme, ou chariots roulants sur lesquels statues ou mimes représentaient des épisodes bibliques. À partir du XVe siècle s'établit l'usage d'un commentaire de ces iconographies vivantes par un figurant. Ainsi naquit un genre dramatique dont l'aboutissement fut l'insertion du char double à plate-forme, dispositif élaboré permettant de représenter des actions parallèles ; la circulation du public autour de ce plateau mobile était propice à sa participation.

Le peuple et les élites : le double public

On a beaucoup écrit sur la composition sociale du public de la *comedia* : on doit envisager une double tradition, celle d'un théâtre populaire et celle des divertissements aristocratiques : le catalyseur de la *comedia nueva* repose sur la convergence de créations visant à répondre aux attentes de ce double public, beaucoup moins cloisonné que réuni par l'alchimie du spectacle.

Comme le théâtre élisabéthain, l'aménagement des *corrales* est né d'un dispositif primitif offert par les cours de maison ou d'auberge. Dès la fin du XVIe siècle, les comédiens ambulants en Espagne jouent dans des patios. Au fond de la cour, on retrouve une façade scénique à deux étages sur laquelle s'appuie un plateau rectangulaire. La répartition du public correspond aux hiérarchies sociales : des loges (*aposentos*) pour la noblesse et les autorités locales, des places assises dans la *cazuela* pour les femmes de condition moins élevée, séparées des hommes debout dans le patio. Un rideau de fond est censé figurer le lieu scénique et peut s'ouvrir pour dévoiler un endroit secret qu'on désigne sous le terme d'*apariencias* (les « découvertes ») permettant les apparitions spectaculaires d'un personnage jusqu'alors dissimulé, ou d'une scène muette. La scène haute, exiguë, n'est guère utilisée, mais on se sert parfois pour le jeu des fenêtres des galeries proches de la scène. Le *corral* permet une multiplicité des plans, le plateau communiquant avec le sous-sol par une trappe.

L'Espagne du Siècle d'Or atteste l'existence d'un répertoire parallèle à celui du *corral*, joué dans l'enceinte des résidences royales. Ces spectacles de cour se sont cristallisés autour de l'établissement, en 1622, d'un théâtre permanent très sophistiqué dans la résidence royale : Philippe IV fit appel à des techniciens appelés d'Italie (notamment le *maquinista* et peintre florentin Cosimo Lotti, le *carpintero*

Pier Francesco Gandolgi, et deux jardiniers des Giardini Boboli) pour mettre en œuvre les fastes et les artifices des décors mobiles de toile peinte, des perspectives en trompe-l'œil, des métamorphoses : un « banquet des sens », pour reprendre la formule de Tirso (*El Vergonzoso en palacio*, *Le Timide à la Cour*, acte III, v. 775.) Cette scène aristocratique constitua une apothéose du théâtre qui, demeurée en marge de la *comedia de corral*, constitua néanmoins une référence fascinante.

Une prépondérance de plus en plus forte des élites sociales est confirmée par des études rigoureuses de la composition du public réputé « populaire » que l'on a longtemps cru à l'origine du succès de la *comedia*. Reste que ce public va au spectacle pour se distraire. Le divertissement qui lui est proposé dure en moyenne plus de trois heures et se veut lui-même varié, même si la *comedia* avec ses trois actes ou « journées » en constitue le temps fort. Aux cinq actes de la dramaturgie classique qui triomphera en France, la *comedia* préfère une division tripartite, selon les notions traditionnelles de protase (exposition), d'épitase (nœud), de catastrophe (dénouement). En hors-d'œuvre, un prologue en vers, la *loa*, permet à l'*autor* d'annoncer le sujet de sa pièce et à la troupe d'en faire hommage aux spectateurs. Un divertissement burlesque (*entremès*, intermède) s'insère entre la première et la deuxième journée. Entre celle-ci et la troisième, un ballet chanté et dansé (le *baile*) occupe l'entracte. Le dénouement est suivi d'une mascarade en vers (la *mojiganga*), qui sert de prétexte aux comédiens pour saluer l'auditoire.

Histoire du genre

Pour marquer de grandes étapes chronologiques, on peut distinguer la période de 1585 à 1610 où la *comedia* prit forme à Madrid, Valence et Séville, puis la période 1610-1635 qui correspond à son épanouissement autour de Lope de Vega et de ses émules (Tirso de Molina, Ruiz de Alarcón, Velez de Guevara, Mira de Amescua). De 1635 à 1680, la *comedia* poursuit son triomphe autour de Calderón et de ses imitateurs, avant de se scléroser progressivement.

La Celestina : *œuvre mythique et origines du théâtre en Espagne.* *La Célestine* (ou *Tragi-Comédie de Calixte et Mélibée*) de Fernando de Rojas (1499) a joué un rôle fondateur dans l'émergence du nouveau théâtre espagnol. Cette tragi-comédie intègre une triple tradition ; celle de la comédie latine, de la comédie élégiaque et de la comédie humanistique italienne (née sous l'impulsion de Pétrarque, son apogée en Italie se situant aux XIVe et XVe siècles). Elle emprunte à cette dernière une conception souple du temps et de l'espace, de la récurrence des personnages et des situations. À une époque où les théâtres permanents n'existaient pas et où les représentations se déroulaient dans des salons d'apparat devant un cénacle de privilégiés, le texte dramatique est moins destiné à la mise en scène qu'à une lecture à haute voix. Le correcteur de l'impression, Alonso de Proaza, formule des recommandations explicites pour la diction de ce « roman dialogué » : ... Si tu veux, en lisant l'histoire de Calixte / Amener tes auditeurs à beaucoup d'attention / Il faut que tu saches parler entre les dents, / Tantôt avec gaieté, espérance et passion, / Tantôt avec colère et grand désespoir. / Prends en lisant mille façons et manières. / Questionne et réponds par la bouche de tous, / Pleure et ris au bon moment.
(*Théâtre espagnol du XVIe siècle*, Paris, 1983, Gallimard).

Les imitateurs de *La Célestine* ont développé durant tout le XVIe siècle un genre théâtral ambigu, préférant à la concentration dramatique les allongements romanesques et la prolifération de personnages secondaires. Fabia, entremetteuse dans *El Caballero de Olmedo* (*Le Chevalier d'Olmedo*) est l'héritière de Célestine. Mais c'est essentiellement dans une *acción en prosa* (action en prose), *Dorotea*, que Lope de Vega s'inspire le plus directement de la tragi-comédie de Fernando de Rojas : autobiographie amoureuse du poète qui reprend le tempo lent de *La Célestine* et les caractéristiques de son héroïne à travers le personnage de Gerarda.

Lope de Vega. Phénix des esprits, monstre de la nature, Lope de Vega (1562-1635) occupe, à la manière d'un Shakespeare ou d'un Molière, une place à part, mythique autant qu'historique. Caractère ardent, il défraya la chronique par ses passions amoureuses, alternant élans charnels et spirituels. Doté d'un riche tempérament autant que d'une immense facilité poétique, Lope de Vega a écrit au moins 1500 pièces de théâtre, dont 42 *autos sacramentales* et 426 *comedias* aux registres les plus variés (comédies historiques, légendaires et mythologiques, pastorales, tragicomédies, tragédies, comédies de cape et d'épée, comédies bibliques et apologétiques), mais il a été aussi un poète lyrique, pratiquant l'épopée sur les traces de l'Arioste et du Tasse (*La Hermosura de Angélica*, 1602, *La Jerusalén conquistada*, 1608) Sa renommée s'étendit, de son vivant, jusqu'en Amérique.

Polymétrie et dramaturgie. Ces réflexions sur le sonnet s'inscrivent au sein d'un mode d'emploi plus général de la polymétrie développé dans l'*Art nouveau de faire les poésies*. Lope de Vega justifie notamment le sonnet, comme le fera Corneille pour ses stances, par une conformité à la situation dramatique : « Le sonnet convient aux tourments de l'attente » (*Art nouveau de faire des comédies*). Morceau de bravoure pour l'acteur, le sonnet suspend l'action par un monologue lyrique, prétexte à développer la virtuosité de l'auteur.

L'invention d'un art spécifiquement dramatique en Espagne remonte en fait à Lope de Rueda (1500-1565), coïncidant aussi dans une large mesure avec la révolution technique et sociologique liée à l'aménagement de salles permanentes et à l'attente d'un public composite. Lope de Rueda a participé à un mouvement de diffusion du théâtre à l'intention d'un public urbain mêlant gentilshommes, négociants, artisans, serviteurs, écoliers.

Lope de Vega et l'invention de la *comedia nueva*

Si le triomphe de la *comedia nueva* fut ainsi largement préparé dès la dernière décennie du siècle, Lope de Vega n'en a imposé et codifié la formule que dans les premières années du règne de Philippe III.

Cette formule indique la rupture polémique entre deux époques : celle de l'« art ancien » , évoqué avec nostalgie par la génération de Cervantès — et dont on ne retient guère que les créations de Lope de Rueda — et celle de l'« art nouveau » initié par ***Lope de Vega***. En fait, ce dernier sut opérer une synthèse et répondre aux attentes d'un public.

En fait, il est difficile de voir dans la nouvelle comédie une stricte révolte des Modernes contre les Anciens : il n'a jamais existé en Espagne de tradition « classique » à la scène. Les dramaturges tragiques de la génération de 1580 se sont certes inspirés de Sénèque mais ils n'ont pas formulé d'esthétique commune et leur dramaturgie s'est développée à l'écart des gloses de la *Poétique* d'Aristote dont l'impact fut moindre en Espagne qu'en Italie.

La polémique entre Modernes et Anciens est née du succès de la production théâtrale de Lope de Vega. Les érudits, choqués par la vogue d'une dramaturgie accordée aux goûts du « vulgaire » , ont voulu réagir en prônant le respect d'Aristote. La controverse battit son plein lorsque Lope de Vega publia en 1609 son *Arte nuevo de hacer comedias* (*Art nouveau de faire les comédies*). Convié à défendre son point de vue, Lope de Vega faisait un *mea culpa*, il légitimait un art conforme au goût du temps. Tirso de Molina reprendra, sur un mode moins agressivement provocateur, cet argument dans sa défense du *Timide du palais*.

Une forme ouverte : dramaturgie et poésie

La *comedia* ne se laisse pas enfermer dans les formules, mais apparaît comme réajustant constamment sa théorie à l'épreuve d'une pratique toujours amendée. L'évolution des pièces de Lope de Vega illustre ce pragmatisme.

Si l'on veut repérer néanmoins les invariants de la *comedia*, il est possible de dégager une structure-type : une intrigue vite nouée, fertile en rebondissements et parfaitement dénouée ; une intrigue secondaire en contrepoint, fonction dévolue au *gracioso*. Confident du *galán* ou du *caballero*, le valet sert les desseins du héros principal, mais se fait aussi le complice privilégié du public, qu'il éclaire à la manière du chœur antique.

Les variations de la versification sont aussi étroitement articulées à une expression de la diversité des conditions, des situations et des registres. Cette ***diversité métrique*** essentielle à la *comedia* trahit son écriture essentiellement poétique. L'écriture dramatique du Phénix peut être définie comme « amplification dialoguée et mise en intrigue et en spectacle d'une écriture poétique » (Nadine Ly).

Au carrefour des cultures savante et populaire, la *comedia* doit être considérée comme un réceptacle de la culture contemporaine dans sa totalité : pastorales, romans de chevalerie, proverbes, chroniques historiques, légendes mythologiques ou folkloriques, traités de cosmographie, récits de voyage, nouvelles italiennes... sans oublier les ***romances***, compositions poétiques chantées spécifiques à l'Espagne.

Le romance. Anonyme à l'origine, le romance se présente comme une série d'octosyllabes assonancés aux vers pairs. Épique à ses débuts au XVe siècle, il s'est élargi à tous les registres et toutes les tonalités. Les recueils de romances forment le fameux *romancero* espagnol. La *comedia* a puisé largement dans son fonds, accordant en outre une place de choix aux vers de romance.

Comedia et hispanité : *honra* et *agudeza*

La *comedia* trahit son ancrage profond dans une conscience hispanique à travers des prédilections thématiques et stylistiques.

Lope de Vega indique clairement dans son *Art nouveau de faire les comédies* le thème privilégié de *la comedia* : « Les cas d'honneur (*honra*) sont les meilleurs, car ils émeuvent profondément tout le monde » (v. 327-328). Le théâtre du Siècle d'Or exprime, dans une période de déclin politique pour l'Espagne, la nostalgie d'une histoire proche et triomphante. La Séville prospère que magnifie Lope de Vega, c'est celle de Charles Quint, règne que le dramaturge n'a pas connu. Lope de Vega fut un auteur essentiellement national, qui tendit à ses contemporains le miroir idéal d'une hispanité (*hispanidad*) héroïque et catholique.

Le sentiment national est indissociable de la conscience de l'art nouveau, Lope de Vega étant convaincu de vivre un moment de plénitude historique sur le plan littéraire et artistique. Ce sentiment national s'exprime explicitement dans telle préface de tragédie qui en appelle au « style espagnol » contre « l'antiquité grecque [ou] la sévérité latine » (préface de Lope de Vega à *El Castigo sin venganza*)

Le style de la *comedia* est nourri d'une rhétorique de la pointe, l'*agudeza*, jeu d'esprit alors essentiel dans la culture aristocratique espagnole. Pour se référer à une définition de Baltazar Gracián (1601-1658), théoricien de l'*agudeza*, le « conceptisme » est « un acte de l'entendement qui exprime la correspondance que l'on découvre entre les objets » : il englobe toutes les figures ingénieuses de la rhétorique : antithèses subtiles, métaphores originales, hyperboles inattendues. Ces jeux de mots ont été pratiqués avec ardeur par les gentilshommes espagnols et français, avant d'être tenus en exécration lors du triomphe d'une esthétique classique. Le diseur de bons mots sera définitivement décrié comme farceur vulgaire, à rebours d'une pratique foncièrement aristocratique à l'origine. Mais peut-être est-ce surtout le triomphe d'une civilisation de l'imprimé qui a irrémédiablement condamné ces jeux où le plaisir de l'oreille coïncidait admirablement avec celui de l'intellect. Le lien de ces figures avec l'oralité faisait leur force, expliquant leur potentiel dramatique.

Le titre même de *L'Eau ferrée* (*El Acero de Madrid*) de Lope de Vega illustre ce double potentiel poétique et dramaturgique : une série d'équivoques conceptistes se développe autour de la récurrence du mot *acero*, fondées sur l'aptitude référentielle multiple du terme : acier ou fer, épée ou lame, la langue d'acier s'opposant à la langue de chair, l'eau ferrée se transmuant, selon les protagonistes et les situations, en cuirasse de courage ou en fer meurtrier. Cette pièce est exemplaire d'un entrelacs constant dans la *comedia* des jeux savants et des références popu-

Don Juan : la naissance d'un mythe. Si l'attribution à Tirso de Molina de cette première version du mythe de Dom Juan (tout comme celle de son autre drame théologique, *El Condenado por desconfiado*) demeure encore sujette à controverse, cette pièce a cristallisé durablement l'imagination des dramaturges. On décèle aisément son influence sur la création de Molière. Dom Juan est un féodal attardé que la paix prive de la scène naturelle où pourrait s'exprimer sa valeur ; aussi cherche-t-il quelque compensation dans la multiplication des conquêtes amoureuses ; il fonde un mythe en se dressant devant la statue de l'invité de pierre, restant sourd aux messages répétés de l'envoyé du Ciel et mourant réprouvé, au terme d'un affrontement où sa moquerie est annihilée par le justicier divin. Dom Juan, *El Burlador de Sevilla*, joué vers 1625 a suscité une multitude d'imitations et d'adaptations.

laires. Son point de départ de la pièce, comme souvent chez Lope de Vega est une chanson qui instruit Prudencio sur la maladie d'amour qui ronge sa fille et se trouve rappelée au second acte.

Les émules de Lope de Vega

Tirso de Molina (Fray Grabriel Tellez, dit ; 1583-1648), auteur de quatre cents pièces, s'imposa comme un maître de la *comedia*, triomphant avec des comédies d'intrigue (*Marthe la dévote*, *Marta la piadosa*, 1614), des comédies romanesques (*Les Amants de Teruel*, *Los Amantes de Teruel*, 1635) et avec une comédie de caractère *(Le Trompeur de Séville*, *El Burlador de Sevilla*). Il refuse tout dogmatisme, curieux d'une exploration anthropologique toujours renouvelée, qui interroge l'homme et son destin. Il est l'auteur d'un auto sacramental intitulé *El Condenado por desconfiado* (*Le Damné par manque de confiance*, 1635).

La « bourle » (tromperie) joue un rôle fondamental dans l'élaboration de l'univers comique de Tirso. Avec *Don Gil de las calzas verdes*, il donne une éblouissante composition à partir du motif de la femme déguisée en homme : Jeanne, abandonnée par son amant se lance à sa poursuite, empruntant un nombre exceptionnel de masques et d'identités différentes.

Le Timide au palais relate les amours complexes de Magdalana, fille du duc d'Alvero et de Mireno, paysan venu à la cour et promu au rôle de secrétaire : la différence des conditions les met en devoir d'inventer de nouveaux modes de communication.

Guillén de Castro (1569-1631). Beaucoup moins fécond que Lope de Vega, ce fils de la petite noblesse, qui poursuivit une carrière de soldat et de serviteur de l'État tout en cultivant les lettres, a emprunté ses thèmes au *romancero* (*Las Mocedades del Cid*) ou à la mythologie (*Dido y Eneas*, vers 1613-1614) et aussi à Cervantès (*Don Quijote de la Mancha*, 1605-1608). Il a donné une *Comedia del figurón* particulièrement réussie avec le grotesque *Narciso en su opinion* (*L'Égolâtre*, 1612-1615).

Sa dramaturgie explore systématiquement les figures engendrées par le rêve nostalgique d'une adaptation des valeurs anciennes dans le cadre étriqué de l'histoire présente. La fortune de son œuvre est en partie liée à la recréation par Corneille de son chef-d'œuvre tout imprégné d'idéal épique.

Juan Ruiz de Alarcón (1581-1639). Né au Mexique où il resta jusqu'à vingt ans, ce juriste réussit surtout dans le genre de la « comédie urbaine » , avec *La Verdad sospechosa* (*La Vérité suspecte*) et *Las Paredes oyen* (*Les Murs ont des oreilles*, 1616-1617). Ces comédies d'intrigue sont aussi des œuvres moralisatrices, abondant en morceaux de bravoure satiriques, ayant pour thème deux grands vices : mensonge et médisance.

La seconde *comedia*

Le second quart du XVIIe siècle ouvre une ère nouvelle : Alarcón et Tirso cessent d'écrire pour la scène ; Tirso freine sa production dramatique. La controverse esthétique qui opposait Anciens et Modernes s'apaise, de même que les polémiques sur la morale du théâtre.

Pedro Calderón de la Barca (1600-1681). Dramaturge officiel de la cour de Philippe IV, il a mis en scène les grands thèmes religieux et nationaux des Espagnols de son siècle. Une constante de ses tragédies est l'échec ou les carences multiformes de l'instance paternelle. Le trait commun aux tyrans est leur incapacité d'accepter le risque de la vie, manifestant une détérioration de la plus haute vertu aristocratique : la *virtud* (valeur, courage). Dans *La Dévotion à la*

Calderón de la Barca. Contrastant avec la biographie aventureuse de Lope de Vega, Calderón se distingue par une vie sédentaire et madrilène : de sa « biographie du silence » émergent cependant de fortes tensions familiales : conflit avec le père, mésentente avec la marâtre ; implication avec ses deux frères dans une affaire d'homicide en 1621 ; naissance d'un enfant bâtard fruit d'amours illégitimes (et mort à l'âge de dix ans) ; Calderón fut ordonné prêtre en 1651.

croix (*La Devoción de la cruz*, vers 1633) s'affrontent le vieux Curcio et celui qu'il ne sait pas être son fils, Eusebio, qu'il a abandonné jadis. Dans *Las Tres Justicias en una* (*Trois Crimes, un châtiment*, vers 1636-1637), le jeune don Lope, bandit exécuté sur l'ordre du roi, est en réalité victime, par-delà ses fautes personnelles, des errements répétés de son père putatif (don Lope le vieux) et de ses véritables parents. Ce schéma est encore celui de *La Vida es sueño* (*La Vie est un songe*, 1635), vérité dont le roi astrologue Basyle veut persuader son fils Sigismon, enfermé depuis la naissance sur la foi d'un horoscope menaçant.

Le Magicien prodigieux (*El Mágico prodigioso*, 1637) fascinera les romantiques, en ce qu'il préfigure le mythe de Faust : Cyprien, un philosophe païen du IIe siècle, vend son âme au diable pour conquérir l'amour de Justine, jeune vierge chrétienne d'Antioche.

Calderón a mis en scène, pour les fastes princiers, des ***pièces mythologiques*** comme *El Mayor Encanto, amor* (*Le Plus Grand des Sortilèges, l'amour*, 1635), illustration des amours de Circé et d'Ulysse. Il a centré aussi certaines pièces sur des personnages féminins d'exception comme dans *El Pintor de su deshonra* (*Le Peintre de son déshonneur*, vers 1642) où l'on voit Séraphine, jeune épousée victime d'un rapt et injustement battue par son vieux mari ivre de jalousie — et dans *La Hija del aire* (*La Fille de l'air*, jouée en deux parties à Séville en 1642 et 1643), désignation de Sémiramis. *El Alcalde de Zalamea* (*L'Alcade de Zalamea*, entre 1640 et 1644) rompt avec les thèmes bibliques et mythologiques pour représenter un drame paysan, avec la figure devenue fameuse de Pedro Crespo, élu maire du village et qui fait donner le garrot d'infamie au capitaine qui a violé sa fille innocente.

Calderón a aussi composé de nombreuses comédies. Les « comédies de cape et d'épée » ont pour thème unique les aventures amoureuses des gentilshommes et des dames de la noblesse moyenne ou inférieure : *La Dama duende* (*La Dame fantôme*, 1629) ; *No hay burlas con el amor* (*On ne badine pas avec l'amour*, 1635), *Guardate del agua mansa* (*Gardez-vous de l'eau qui dort*, 1649), *Dar Tiempo al tiempo* (*Laisser Du Temps au temps*, 1660). A l'opposé de ce type d'œuvres, les « comédies de palais » sont des histoires d'amours sublimes ayant pour cadre des cours étrangères (notamment celles de principautés italiennes) en un temps indéterminé : *El Galán Fantasma* (*Le Fantôme amoureux,* avant 1635), *Afectos de odio y amor* (*Le Dédain vaincu par l'amour*, vers 1658)

Un troisième type comique est celui des « **œuvres courtes** » dont la redécouverte est récente et qui comprennent une trentaine de textes : intermèdes (*El Dragoncillo, Le Soldat magicien*, n.d.), *jacaras,* c'est-à-dire mise en scène du monde parodique du « milieu », et *mojigangas* où sont accentués les effets visuels, burlesques et carnavalesques (*Las Visiones de la muerte*, vers 1673). Ces pièces traduisent une fantaisie de triomphe, sans réelle portée satirique ou contestataire, réaffirmant une illusion de victoire sur la mort, dans un univers comique qui ne cesse de répéter que finalement « le pire n'est pas toujours certain ». Dans ces « pièces courtes », écrites pour accompagner les *autos sacramentales*, Calderón aux antipodes des valeurs de son univers tragique, semble bien esquisser une « utopie du rire » : monde où s'accomplit le rêve d'une communion retrouvée avec le bonheur originel, âge d'or d'avant l'entrée dans une existence régie par le code de l'honneur. *El Desafio de Juan Rana* (*La Provocation de Juan Rana*) célèbre ainsi l'apothéose de Juan Rana, jocrisse trouillard dominé par sa femme et *El Dragoncillo* narre les bourles victorieuses qu'un démon rusé trame aux dépens de rustres cupides.

Nouvelles possibilités scéniques et sujets mythologiques. Sur les scènes « à l'italienne* » du Colisée du Buen Retiro et du Salon doré de l'Alcazar de Madrid, l'usage de décors en perspective, permettant, grâce à des panneaux coulissants, de fréquents changements à vue (*mutaciones*), l'utilisation intensive de machineries complexes (les *tramoyas*, treuils ou grues mobiles permettant l'arrivée impromptue d'un envoyé des cieux) expliquent la prédilection pour les sujets de la mythologie : *Eco y Narciso* (1661), *El Hijo del sol, Faeton* (*Le Fils du Soleil, Phaëton*, 1661). Avec *La Estatua de Prometeo* (vers 1670-1674), Calderón réinvente le mythe de Prométhée finalement libéré de son rocher.

Le renouvellement du* gracioso *dans le théâtre de Calderón. Le valet bouffon, pièce maîtresse de la dramaturgie lopesque, qui formait avec son maître un couple indissociable, ne se définit plus aussi simplement chez Calderón par ce jeu de contrepoint parodique. Le fossé se creuse entre les deux strates sociales et l'on rencontre désormais des valets devenus ennemis de leur maître, l'abandonnant pour offrir leurs services à un plus puissant ou plus attrayant. Les plus représentatifs de ce type nouveau de *gracioso* sont Clarín dans *La Vie est un songe*, Coquin dans *Le Médecin de son honneur* et Juanete dans *Le Peintre de son déshonneur*.

Grâce à sa science théologique, Calderón a porté le genre de l'auto sacramental à son point de perfection, explorant systématiquement les aspects connexes d'un sujet invariable : le dogme central de l'Eucharistie. On peut distinguer des *autos sacramentales* dogmatiques (*El Dia mayor de los dias*, *Le Jour le plus long*, 1678) des *autos* historico-théologiques (*Primero y segundo Isaac*, 1658) des *autos* apologétiques (*El Sacro Parnaso*, *Le Parnasse sacré,* 1659) des *autos* moraux, dont le célèbre *El Gran Teatro del mundo* (entre 1633 et 1636).

4 Le baroque en France : un théâtre « préclassique » ?

La mort de Robert Garnier en 1590 sonne le glas de l'expérience humaniste, ouvrant, jusqu'à la décennie 1630, un renouveau du théâtre français. L'impulsion apportée à la création dramatique par Richelieu modifiera radicalement la donne, ouvrant une période trouble et incertaine pour la création dramatique française. Si cette apogée du théâtre coïncide avec le triomphe d'une esthétique classique, l'époque qui précède a été importante dans l'histoire de la dramaturgie française. Des expérimentations décisives se sont fait jour avant 1640, trouvant des prolongements significatifs au-delà même de la première moitié du siècle.

Avatars de la pastorale

La pastorale* dramatique en France triomphe dans les années 1630 : *Amaranthe* de Gombauld, *Aminte* de Rassiguier, *Clorise* de Baro. Genre instable, la désignation de pastorale englobe des comédies et des tragi-comédies. Le succès de ce genre pastoral assez peu déterminé coïncide avec une crise de la tragédie.

Avec sa première comédie, *Mélite*, qui ressemble fort à une pastorale urbaine, Corneille débarrasse la pastorale de son cadre bucolique et de ses ingrédients pseudo-mythologiques et merveilleux. Devenue un ton plutôt qu'un genre, la pastorale s'est peu à peu fondue dans la tragi-comédie et la comédie, avant de disparaître, après 1640.

La pastorale dramatique et les intermittences du cœur. Les jeunes bergers et bergères qui l'animent y sont rassemblés en couples qui se font et se défont au fil de l'œuvre, reconstituant au dénouement un nouvel ordre amoureux. « Toute cette fluidité dans les personnages et les situations implique une psychologie de l'intermittence et de la mobilité ; l'être ne se saisit que dans le reflet fugitif de ses apparences et ne se donne qu'en se dérobant » (Jean Rousset, *La littérature de l'âge baroque en France*, Paris, José Corti, 1954). La machination ourdie par un rival jaloux, qui se retrouve dans toutes les pastorales, constitue le nœud des *Bergeries* de Racan et de la *Sylvie* de Mairet. Dans *Les Bergeries*, Lucidas fait croire à Arthénice qu'elle est trompée par Alcidor ; la machination est heureusement déjouée. Dans *Sylvie*, un enchantement magique assure un ultime triomphe des amours de la bergère et du prince, même si le jeune Philène a tenté de faire accroire à Sylvie que Thélame lui est infidèle. La prédilection de la pastorale pour les intrigues en forme de chaînes amoureuses aura une influence durable dans la comédie cornélienne, chez Racine et Quinault, et plus tard chez Marivaux.

La pastorale, dont le triomphe en France se situe autour de 1630, exprime la transition entre, d'une part, une sensibilité baroque cristallisée autour du change amoureux et les volutes d'une intrigue maniériste et, d'autre part, l'élaboration d'une pratique plus rationnelle du théâtre. Les tenants des règles ont trouvé dans le développement d'une pastorale à la française, calquée sur le modèle italien, l'occasion de faire adopter aux dramaturges les nouveaux principes de régularité dramatique et, autant que possible de bienséance morale.

Le théâtre comme tentation éphémère

Certaines réussites de ce théâtre sont le fait de poètes qui n'ont écrit pour le théâtre qu'une seule œuvre. Théophile de Viau avec *Pyrame et Thisbé*, Racan avec ses *Bergeries*, continuation théâtrale et poétique de *L'Astrée*.

***Pyrame et Thisbé* : une œuvre unique.** Théophile de Viau, le poète libertin et baroque qui connut un immense succès auprès de sa génération, se rendit célèbre par la composition de cette tragédie très prisée de ses contemporains : jouée en 1621, la pièce fut publiée en 1623 et publiée soixante-treize fois entre 1626 et 1698. Le succès de cette pièce a sans doute reposé sur sa modernité auprès d'une génération lassée par les œuvres un peu trop sentencieuses et mythologiques de Hardy et de Garnier. L'attrait de l'œuvre réside aussi dans son thème des amours contrariées de très jeunes amants, selon une histoire tirée des *Métamorphoses* d'Ovide. Cette tragédie a été parfois critiquée pour son intrigue présumée pauvre et maladroite : la catastrophe ne venant d'aucun des périls inutilement dressés mais d'une méprise tragique et de l'apparition d'un lion due au hasard ; c'est oublier aussi que ce lion faisant irruption sur scène permit de donner cours à un plaisir théâtral et exotique (dont rend compte le *Mémoire* de Mahelot) et que la force de la pièce découle plus profondément d'une contestation de toutes les autorités.

L'apparition finale du poignard sanglant s'inscrit dans un contexte hallucinatoire et poétique où le paysage entier a changé de couleur, à l'image du buisson de mûres blanches :

> Même, au lieu de donner de la rosée aux fleurs,
> L'aurore à ce matin n'a versé que des pleurs,
> Et cet arbre, touché d'un désespoir visible,
> A bien trouvé du sang dans son tronc insensible,
> Son fruit en a changé, la lune en a blêmi,
> Et la terre a sué du sang qu'il a vomi (V, II).

Poète avant tout, Théophile a lui-même confessé sa difficulté à accepter les contraintes de la composition dramatique :

> Autrefois quand mes vers ont animé la scène,
> L'ordre où j'étais contraint m'a bien fait de la peine.
> Ce travail importun m'a longtemps martyré ;
> Mais enfin, grâce aux dieux, je m'en suis retiré.

Racan : l'adieu aux Bergers ? *Les Bergeries* de Racan exploitent tous les stéréotypes de la pastorale romanesque, avec son satyre brutal et velu, transposition mythologique d'un paysan objet de dérision, le magicien, qui révèle l'invisible, présente à Arténice la fausse trahison d'Alcidor. Un chœur de bergers intervient pour conclure chaque acte et une « bonne déesse » manifeste sa volonté par l'intermédiaire de songes répétés. Cette pièce comporte une pléthore de personnages, présentés par le procédé archaïque du monologue initial : le personnage nouveau entre en scène et s'aperçoit qu'un autre y était déjà. Très lâche, le lien d'une scène à l'autre compromet la notion même de scène, l'œuvre se déroulant selon une succession de tableaux autour des amours contrariées d'Artenice et d'Alcidor et d'une chaîne d'amours non réciproques.

La longueur excessive des *Bergeries* de Racan qui atteint trois mille vers – à titre de comparaison, *Bérénice* de Racine n'en comportera que 1506 – en a rendu la représentation impossible dès l'âge classique. Le dénouement est prolongé sur les trois derniers actes avec un retard artificiel égrénant le principe des mariages de l'héroïne, puis de l'héroïne secondaire, et enfin le mariage effectif de l'héroïne principale.

Racan se consacrera dès 1628 à sa vie de famille, n'écrivant plus guère que de la poésie officielle ou religieuse. Il prononcera en 1634, lors de son élection à l'Académie, un important discours où il manifeste son scepticisme et son inquiétude devant l'empire des « docteurs » soucieux d'assujettir selon lui à l'excès la création et prétendant réduire « en art le pleurer et le rire » .

L'ère de la professionnalisation des auteurs dramatiques

Alexandre Hardy (1570-1632), véritable entrepreneur, peut résumer à lui seul le théâtre français du premier quart du XVIIe siècle. Attaché à plusieurs troupes (dont celle de Valleran-Lecomte puis celle de l'hôtel de Bourgogne), il a exercé la profession d'acteur et rédigé quantité de pièces : environ 700 tragédies, tragi-comédies et pastorales dont une trentaine seulement furent publiées.

Il a transposé (en quarante actes !) le roman grec de *Théagène et Chariclée* (publié en 1623). Tout en restant attaché aux formes de la tragédie humaniste, il introduit un goût systématique des effets, contrevenant aux règles aristotéliciennes. Aussi s'est-il spécialisé dans la tragi-comédie dont les intrigues accidentées répondaient à une conception quantitative du spectacle, propre à satisfaire un public épris de merveilleux et de romanesque.

Jean Mairet (1604-1686) **fut un véritable expérimentateur de formes dramatiques.** Il a oscillé, durant une carrière dramaturgique aussi brillante que brève, entre la recherche de la régularité et une écriture irrégulière. Sa *Sylvie*, publiée en 1628, est une tragi-comédie pastorale qui comporte, à la troisième scène, un long dialogue entre le berger et la bergère, morceau de bravoure peu nécessaire à l'intrigue. Mais avec *Silvanire*, autre tragi-comédie pastorale, Mairet crée la première pièce française respectant consciemment à la fois les unités* et les bienséances* (1631). Les situations et les mots osés que l'on pouvait trouver dans *Sylvie* sont désormais bannis. La préface de la pièce a pu être rapprochée, par son projet de manifeste théorique, de celle de *Cromwell* de Victor Hugo*. Mairet est le premier auteur dramatique français à définir théoriquement l'importance des unités*. Il associe les unités de l'action et de temps, les articulant au besoin de vraisemblance*, et justifie les règles par la volonté de plaire au public, et non par l'autorité des interprètes d'Aristote.

Maniérisme et baroque. La distinction posée par Erwin Panofsky, du point de vue des arts plastiques, entre maniérisme et baroque (*Essais d'iconologie*, Paris, Gallimard, 1987), permet de déceler une évolution des principes de composition opposant les points de vue multiple ou la « vue tournante » – propre au maniérisme qui affectionne l'enchevêtrement et les contorsions – à une perspective plus spécifiquement baroque, susceptible d'offrir une pluralité d'aspects à partir d'un point de vue unique. L'analogie entre l'espace pictural et celui de la scène est d'autant plus pertinente qu'une pièce comme *Les Bergeries* de Racan s'inspire des mêmes sujets que les maniéristes italiens. La multiplication des points de vue apparente la construction dramatique à l'organisation de « tableaux », comme le notait déjà J. Scherer, ordonnance subtile très bien décrite par F. Regnault : « Moins que des tableaux séparés, c'est une pérégrination fluctuante de monologue en monologue, comme un manège où l'on voit revenir le cheval de bois, cependant que disparaît le carrosse doré » (*La Doctrine inouïe*, p. 153). La métaphore du manège illustre le tournoiement maniériste, auquel la pièce renonce avec le miroir magique qui instaure un recentrement des points de vue.

L'évolution d'une perspective tournante maniériste à une perspective recentrée d'obédience baroque est précisément repérable dans l'évolution entre les deux pastorales de Jean Mairet. *Sylvie* est une pièce proprement maniériste avec une perspective tournante qui nous fait rencontrer successivement et isolément une pléiade de personnages. Les métaphores serpentines sont une prolongation logique de ces méandres de l'action. *Silvanire* impose en fait une unité de point de vue en présentant constamment sur la scène l'héroïne et celui qui l'aime, Aglante.

Les Galanteries du duc d'Ossone (1632, publiés en 1636), tragi-comédie des plus hybrides, constitue une certaine revanche sur le moralisme forcé de *Silvanire* : l'affrontement d'un duc, d'un comte, d'un marquis et d'un autre grand seigneur, qui implique la mort et le risque de mort, résulte d'une situation comique dont l'immoralité est proche de la farce. Le change amoureux y est évoqué très crûment et le lit est un lieu inévitable pour la mise en scène.

La sensualité est également omniprésente dans *Sophonisbe*, pièce à dominante tragique qui ne dédaigne pas les mélanges de ton, puisqu'on y voit notamment l'héroïne se jouer de son mari. Mairet expérimente néanmoins dans cette œuvre une rigueur préclassique, avec un respect de l'unité d'action, une exposition soignée et rapide, de grandes scènes bien développées et bien préparées. Son sujet tiré de l'histoire romaine, traité selon le vraisemblable plus que selon le vrai, servira de modèle aux dramaturges ultérieurs, et Corneille, lorsqu'il donnera sa propre *Sophonisbe* en 1663, aura soin de rendre hommage à Mairet dans l'examen précédant sa pièce.

L'œuvre de Mairet est difficile à situer, même si l'on y observe un goût constant pour les péripéties et les retournements de situation. Il ne s'est jamais engagé définitivement du côté de l'esthétique classique, ayant été tout au long de sa brève carrière un expérimentateur soucieux de saisir les contradictions d'un monde gouverné par le hasard. Mairet était finalement moins préoccupé par les recherches formelles que par le désir d'appréhender le théâtre de la vie. Son renoncement au théâtre, en 1634, alors qu'il avait acquis la notoriété, n'est pas la moindre de ses énigmes. Est-ce simplement qu'il aurait mal supporté le semi-échec de ses tragédies (*Cléopâtre*, 1637-1639) et la nouvelle gloire de Corneille, qu'il avait violemment combattu lors du *Cid* ? Ou, plus simplement, la mort de son mécène, le comte de Belin, l'aurait-elle privé des moyens nécessaires à la continuation d'un travail foncièrement novateur ?

Le créateur d'une œuvre débridée et ambiguë : Jean Rotrou (1609-1650). On peut déplorer l'oubli relatif de Rotrou, digne de figurer aux côtés des plus grands de notre théâtre français du XVIIe siècle. Ce poète qui fut, à la suite de Hardy, un des principaux pourvoyeurs de l'hôtel de Bourgogne, a produit une œuvre touffue et souvent difficile à classer.

Rotrou peut être qualifié de « baroque » son invincible attrait en raison de le jeu des apparences, élément essentiel comme dans la thématique de ses pièces et dans leur mise en scène. Comme celui de Mairet, le parcours de cet auteur est fait d'expériences et d'alternances. Rotrou, qui fit partie avec Corneille des « Cinq Auteurs » collaborant sous l'autorité du cardinal de Richelieu, subit l'influence des doctes.

Les trente-cinq pièces qui nous sont parvenues comprennent dix-sept tragi-comédies, douze comédies, six tragédies. Après *L'Hypocondriaque* (1628), *La Bague de l'oubli* (jouée en 1629 et publiée en 1635) a contribué à la renaissance du genre de la comédie, faisant rire le public sans recourir aux procédés de la farce et avec des personnages nobles – voie que suivra Corneille avec *Mélite*. Rotrou inaugure également avec cette pièce l'imitation du théâtre espagnol, reprenant son sujet à Lope de Vega (*Sortija del Olvido*).

Cette pièce fut suivie d'une adaptation des *Ménechmes* (1630-1631, publiée en 1636), puis d'une série de tragi-comédies irrégulières (dont *Les Occasions perdues*, 1633, publiée en 1635). Rotrou céda ensuite provisoirement à la tentation de la régularité prescrite par les doctes, donnant en 1632 une comédie régulière, *Diane* (publ. 1635), puis *Amélie* (publié en 1638) et *Célimène*. En 1634, il s'oriente vers la tragédie régulière avec *Hercule mourant* (publié en 1636). Mais Rotrou, avec *La Belle Alphrède* (1636, publié en 1639) et *Crisante* (1635, publié en 1639) renoua avec une irrégularité plus conforme à son tempérament.

Après *Les Sosies* (1636-1637, publié en 1638), Rotrou a terminé sa carrière avec trois œuvres à la tonalité plus grave : *Le Véritable Saint Genest* (1645-1646, publié en 1647), *Venceslas* (1647, publié en 1648), *Cosroès* (1648, publié en 1649).

« La Belle Alphrède », modèle de comédie irrégulière ? Tirée de la Hermosa Alfreda de Lope de Vega, cette comédie conjugue les traits irréguliers. Elle s'écoule sur plusieurs semaines et comporte une foule d'aventures et de voyages : le spectateur est invité à passer, en plein milieu du troisième acte, des environs d'Oran à ceux de Londres. Ces lieux divers ouvrent sur une pluralité d'espaces : endroit désert du littoral, camp des pirates et prison ; pour l'Angleterre, une campagne boisée, une autre partie du même bois représentée au moyen d'une tapisserie, un hôtel et la maison d'Eurilas. Rotrou ne se préoccupe guère de vraisemblance psychologique, obéissant à une logique de l'effet spectaculaire et à une exubérance extraordinaire. Le premier acte notamment comporte un duel entre le héros et l'héroïne (enceinte et déguisée en homme) qui a dégainé pour secourir un jeune homme assailli par des pirates arabes et retrouvé en lui l'amant en fuite qu'elle poursuivait. Le cinquième acte représente un véritable ballet, ouvrant ainsi la voie à l'opéra, sous prétexte de représenter la célébration des noces. Exemplaire d'une dramaturgie baroque aux confins du romanesque, la pièce repose sur un développement aussi dense et inexplicable que la vie, suscitant un sentiment de vertige existentiel devant la multiplicité et l'absence de justification des actions.

Saint Genest. Genest, chef des comédiens chargés de jouer le martyre d'un héros chrétien pour le public de chefs romains qui se réjouissent d'assister à la représentation de leur triomphe, se prend au jeu. Lui qui était précisément réputé pour son art de manier la « feinte » et de faire adhérer un public à l'illusion théâtrale, tombe ce jour-là dans son propre piège : en représentant le personnage du martyr, il devient chrétien, touché par la grâce au moment même où il devait simuler le miracle de la conversion.

Son ***Saint Genest***, une tragédie religieuse, lui a sans doute été inspiré en partie par la faveur récente du genre, et en particulier par le *Polyeucte* de Corneille (1643). Rotrou emprunte son sujet aux *Vies des saints* de Surius (où l'on trouve l'histoire de Ginesius) mais l'une de ses sources majeures est encore une œuvre de Lope de Vega, *El Fingido verdadero* (*Le Feint véritable*), autrement dit celui qui semble feindre mais se révèle éprouver véritablement les sentiments que l'on croyait feints. *Venceslas* est une tragédie plus proche des exigences classiques, respectant les unités* et surtout les bienséances* en modifiant pour ce faire les données de la pièce espagnole de Rojas parue en 1640, *No hay ser padre siendo rey* (*Il n'est pas possible d'être père quand on est roi*). Le fait que le dénouement soit relativement heureux n'est pas contradictoire avec l'esthétique de la tragédie définie depuis *Horace* (1641) et *Cinna* (1643) de Corneille. Mais *Venceslas*, qui repose sur l'exploitation paroxystique de quiproquos, ne respecte pas vraiment le principe de la vraisemblance auquel le dramaturge préfère une esthétique de la surprise, de l'émotion : le coup de théâtre.

Corneille : un apprentissage baroque. Corneille est arrivé à Paris alors que la mode de l'Espagne et du théâtre espagnol faisaient rage. Il sut enrichir la tradition issue de Sénèque et l'influence espagnole de sa connaissance propre de la scène, intégrant un sens de l'action vive et de la répartie frappante.

Corneille varie dans ses premières comédies sur un motif baroque dérivé de la pastorale et de la tragi-comédie : le change amoureux. De *Mélite* à *L'Illusion comique*, il met en scène une série de héros inconstants : par devoir moral (Alidor dans *La Place royale*) par principe politique (Jason dans *Médée*, Clindor dans *L'Illusion comique*).

L'autre scène baroque : les jeux des farceurs

La farce* de tradition française se partage, avec la *commedia dell'arte** venue d'Italie, les faveurs d'un public plus populaire.

Pratique orale, elle va connaître un des plus grands succès d'édition du siècle, avec la publication des œuvres de Tabarin. *Le Recueil général des rencontres et questions tabariniques* fut publié dès 1622 et maintes fois réédité, contient des sketches bien rodés que jouaient sur le Pont-Neuf le célèbre Tabarin (*alias* Jean Salomon) et son maître Mondor (*alias* Philippe Girard).

En dehors des tréteaux du Pont-Neuf, la farce domine au théâtre du Marais jusqu'en 1634 avec les fameux Gros-Guillaume, Gaultier-Garguille, Turlupin, Guillot-Gorju qui véhiculent une tradition française métissée de certains traits italiens.

L'influence de ces ***farceurs*** a été occultée et pourtant elle est loin d'être négligeable. Corneille s'intéressa à Jodelet (*alias* Julien Bedeau), créant pour lui le personnage de Cliton dans *Le Menteur*. Jodelet allait connaître la gloire grâce à Scarron qui devait en faire un type littéraire de valet lâche, vantard, glouton et bouffon, et à Molière qui le fit entrer dans sa troupe pour jouer *Les Précieuses ridicules*.

Les farceurs français. Gros-Guillaume (*alias* Robert Guérin) avec son ventre énorme, jouait les valets balourds, gourmands et quelque peu ivrognes, formant un couple comique contrasté avec le maigre Gaultier-Garguille (Hugues Guéru) qui jouait les rôles de vieillard amoureux, de pédant, de maître d'école. **Turlupin** (de son vrai nom Henri Legrand) interprétait les valets rusés, au jeu acrobatique. Guillot-Gorju, qui succéda à Gaultier-Garguille en 1634, faisait rire par son visage enfariné et joua essentiellement des rôles de médecins ridicules.

5 Le théâtre baroque dans les pays germaniques

En Allemagne aussi, l'âge baroque s'est caractérisé par une intense activité dramatique, le théâtre ayant toujours tenu une place éminente dans la civilisation urbaine (des jeux de carnaval et des drames médiévaux au théâtre humaniste et à ses prolongements scolaires). Le XVIIe siècle a vu naître et se multiplier les troupes de professionnels.

Les troupes anglaises furent longtemps les plus nombreuses. Neveu du roi de Danemark, qui avait attiré les comédiens anglais sur le continent, l'Électeur de Saxe, Christian Ier, l'imita à sa cour de Dresde dès 1586.

Le jeu, d'abord en anglais, s'agrémentait de mimiques expressives et d'intermèdes comiques, apothéose du « pitre » . Mais dès 1620, les comédiens anglais adoptèrent la langue allemande. Leur répertoire, à l'exception de *Titus Andronicus*, emprunta moins à Shakespeare qu'aux drames élisabéthains antérieurs de Kyd et Marlowe. À partir de 1650, lorsque l'Angleterre puritaine cessa de former des acteurs, des troupes allemandes se substituèrent aux groupements anglais : les plus célèbres étant celles de Paulsen et de Johann Velten qui montèrent les pièces de Gryphius, mais aussi de Molière et de Shakespeare.

La création spécifiquement allemande de cette époque émane de Silésie. L'auteur majeur fut Andreas Greif, dit **Gryphius** (1616-1664), dont les tragédies furent très souvent jouées en leur temps. Ces pièces, toutes imprégnées de références à Sophocle, à Sénèque et à l'histoire romaine, recourent à de longues tirades bien équilibrées et à des chœurs ; représentées sur une scène à l'italienne, elles tirent parti du potentiel des changements de décor. Gryphius intègre aussi la leçon des drames historiques de Shakespeare qu'il connaissait, mais il s'est également inspiré de Corneille et de la régularité du théâtre français.

Gryphius fut profondément marqué par les misères de la guerre de Trente Ans, ce conflit politique et religieux qui déchira l'Allemagne de 1618 à 1648. Ce poète très représentatif de la littérature allemande baroque a laissé des *Méditations sur le cimetière et la dernière demeure des défunts* qui trahissent, à l'instar de son théâtre, un sentiment tragique sans emphase de la fragilité de la vie humaine, et tentent d'opposer à la vanité du monde une foi chrétienne teintée de stoïcisme. On peut rapprocher ses créations touffues du baroque romanesque de Grimmelshausen (auteur du célèbre *Simplicissimus*, mais aussi de divers récits au nombre desquels on peut retenir *L'Aventurière Courage* qui devait inspirer

Bertolt Brecht dans *Mère Courage et ses enfants*). Le thème obsédant est la versatilité du sort, qui, un instant, favorise le héros et l'instant d'après le voue à la souffrance et au désarroi. Théâtre moral et métaphysique, les œuvres du poète Gryphius ne cessent de représenter la lutte de la conscience de l'homme malmené par le hasard parvenant à se maintenir en toutes circonstances pure, intacte et digne d'elle-même. Gryphius présente la personne humaine sous un double éclairage : infinie faiblesse alternant avec une infinie grandeur. Il exploite dramatiquement les effets de contraste. Ses œuvres principales sont *Catherine de Géorgie* (1647), *Le Drame politique de Papinien* (1657-1659) et *Cardenio et Celinde* (1657), illustration d'un amour exemplaire contrarié par le sort et la malice des hommes : les scènes d'amour alternent avec les duels et les apparitions terrifiantes au milieu d'un cimetière, l'intervention de spectre correspondant à d'intenses moments dramatiques.

Gryphius est aussi l'auteur de quelques comédies, comme *Peter Sequentz* (1657) et *Horribilicribrifax* (1663), méditation satirique sur les difficultés du mariage et opposant le vice et la vertu. Les noms cocasses des deux matamores – Horribilicribrifax et Daradiridatumtarides – révèlent des grotesques dans le style de Callot. Si l'intrigue est difficile à démêler, Gryphius déploie toutes les ressources du comique verbal, raillant le magister Sempronius, qui parle six langues (trois anciennes et trois modernes) : manière de stigmatiser l'usage de ses contemporains qui mêlaient à leurs propos des termes français, italiens ou latins, et invitation évidente à cultiver la langue nationale.

Une grande voie de la création dramatique en Allemagne, à l'âge baroque, demeure la tragédie scolaire, donnée sur les scènes des collèges catholiques, mais aussi, à un moindre degré, dans des écoles luthériennes ; dans l'optique de la Contre-Réforme, les Jésuites entendaient montrer aux parents les talents développés par leurs enfants au cours de leurs études, mais aussi édifier les acteurs et les spectateurs. On estimait que le plaisir des sens, habilement dirigé, pouvait aider l'âme à trouver le chemin de Dieu. Toutefois la « cléricalisation de la scène » (J.-M. Valentins) s'est peu à peu atténuée, composant avec une dimension esthétique renforcée. Ces spectacles multipliaient les défilés (permettant à tout l'effectif des élèves de jouer) et les ballets, faisant intervenir séraphins et chérubins, ainsi que des figures allégoriques, telles que l'Hypocrisie, l'Amour-Propre et la Bonne Conscience. Parmi une production très abondante, on peut retenir le *Cenodoxus* du jésuite Bidermann (1609) traduit en allemand dès 1625 par Joachim Meichel : tribulations d'un hypocrite estimé par son entourage, mais que les puissances infernales vont mener à sa perte finale.

Le drame scolaire protestant conut une floraison tardive sous l'impulsion de **Christian Weise** (1642-1708), recteur à Zittau et auteur d'environ cinquante-cinq pièces à usage scolaire. La survivance de la thématique baroque opposant être et paraître est encore attestée dans sa comédie *Der niederländische Bauer* (*Le Paysan néerlandais*, 1685) : c'est l'histoire d'un paysan qui tombe ivre-mort sur un tas de fumier, et qui, retrouvé par la suite du seigneur, se réveille quelques heures après dans le lit de ce dernier. Pendant une journée, ce personnage va être le seigneur, prenant progressivement son rôle au sérieux avant qu'on ne se débarrasse de lui en le ramenant sur son tas de fumier après l'avoir saoulé.

On a pu voir dans l'œuvre de Weise une préfiguration du drame bourgeois avec ses tendances au réalisme. Il utilise le pitre comme commentateur critique et s'attaque aux cloisonnements des actes, des scènes et des registres linguistiques tout en veillant à l'élégance du discours et surtout en visant une certaine éducation civique.

6 ÉCHANGES GÉOGRAPHIQUES ET BRASSAGE ESTHÉTIQUE

L'Italie : berceau du théâtre européen ?

Importée d'Italie, la pastorale a transcendé les frontières et les genres pour connaître du XVIe jusqu'au milieu du XVIIe siècle un succès européen. Elle triompha autant sur scène que dans la fiction romanesque, reposant sur une intrigue amoureuse dans un décor bucolique peuplé de divinités rustiques (les satyres chèvre-pieds). Littérature d'évasion convenant à des époques troublées, le modèle incontesté en est l'*Aminta* du Tasse, pièce qui remonte à 1573 et qui a donné lieu à de nombreuses traductions en France de la fin du XVIe au début du XVIIe siècle.

Le *Pastor fido* de Guarini (1580) connut aussi une immense fortune, traduit en français par Théophile de Viau et en allemand par le poète Hofman von Hofmannswaldau qui en accentua le style baroque. La défense du poète prônant la bigarrure de la tragi-comédie a également influencé les conceptions de Lope de Vega dans son *Art nouveau de faire les comédies* : pour sa défense de la *poesia tragicomica*, l'Italien utilise, comme le fera Lope de Vega, l'argument de l'équation « variété de la nature implique variété de l'art » .

La *commedia dell'arte**, dont il est difficile de démêler les origines (où se mêlent des emprunts au carnaval et à la tradition de la pantomime latine), s'est aussi diffusée de l'Italie à l'Europe entière, triomphant à la fin du XVIe en France, en Espagne, en Angleterre, en Allemagne et même en Russie. Ce théâtre, dans lequel chaque acteur jouait toute sa vie le même rôle, a créé des types durables dans le répertoire européen : le *zanni* (Jean, transformation dialectale de Giovanni) prototype des valets de comédie, qui a donné naissance, selon les régions d'Italie, à Arlequin, Brighella, Pulcinello ; le marchand Pantalon, appelé d'abord Il Magnifico, qui est le vieillard ridicule et souvent jaloux qui donnera naissance à Arnolphe et Harpagon ; le Capitan, issu du *Miles gloriosus* de Plaute, ancêtre du Matamore de Corneille.

Il ne faut pas négliger enfin l'influence de la *commedia dell'arte** sur la pratique comique de Molière. *Elomire hypocondre*, pièce satirique, rapporte que Molière s'est mis à l'école de Scaramouche, alias Tiberio Fiorelli, un des plus célèbres acteurs de la *commedia dell'arte* invité en France par Mazarin : Molière côtoya et admira ce musicien et mime accompli, doublé d'un formidable acrobate.

Shakespeare et l'Italie. Les thèmes pastoraux abondent dans les comédies de Shakespeare, en partie objets de parodie à travers leur association à un érotisme éloigné de l'idéalisme pétrarquiste. L'idéal pastoral demeure néanmoins opposé à la malfaisance des cours : dans *Henry IV*, le roi malheureux, s'il ne songe pas à l'amour, exprime la douloureuse nostalgie d'une vie pastorale impossible.

On a relevé que *Le Soir des rois* est tiré d'une comédie italienne, *Gl'Ingannati,* jouée à Florence en 1547 et imprimée en 1562. Cette pièce avait été traduite en espagnol par Lope de Rueda (1567), en français par Charles Estienne (*Les Abusés*, 1543), et elle avait été transposée en prose dans les *Histoires tragiques* de Belleforest (1579, histoire 59) ainsi que dans le conte *Apolonius et Silia* dans *Riches Farewell to Military Profession de Barnaby Riche* (1581).

L'influence espagnole

Egalement connue de Shakespeare, *La Célestine* de Fernando de Rojas constitua aussi une œuvre-phare qui marqua l'évolution de tout le théâtre européen par sa poétique mêlant le visible et l'invisible. « Dialogue à l'état pur », *La Célestine* est bien théâtrale, impliquant dans sa création même l'extériorité des corps, des objets, des situations » dont parle Barthes (« Le théâtre de Baudelaire », *Essais critiques*, Paris, 1964). C'est aussi par sa vision tragi-comique du monde et de la personne humaine que la pièce de Rojas a posé, plus que la dramaturgie abondante mais inégale du XVIe siècle, les bases du théâtre baroque et peut-être de toute une modernité théâtrale.

La *comedia* constitua un modèle durable pour le théâtre français. L'*Art nouveau de faire les comédies* a pu inspirer Ogier dans sa préface au *Tyr et Sydon* de Jean de Schélandre (1628). Celui-ci n'affirme-t-il pas, en des termes très proches de Lope de Vega, que la tragi-comédie est représentée « devant un peuple impatient et amateur de changement et de nouveauté comme nous sommes » ?

Lope de Vega fut révéré par Alexandre Hardy, Boisrobert, Rotrou et d'Ouville qui adaptèrent nombre de ses comédies en français. Corneille a reconnu ses propres emprunts à Lope de Vega, trouvant dans les *Enfances du Cid* de Guillén de Castro la source de sa célèbre pièce. Molière lui-même, tout en critiquant l'imitation servile de la comédie espagnole, s'est inspiré de *La Dama boba* de Lope de Vega dans *les Femmes savantes*, *L'École des maris* et *L'École des femmes*.

L'âge d'or de l'influence espagnole en France coïncide avec la période que l'on désigne comme préclassique ou baroque, puisque la doctrine classique a condamné le désordre du théâtre ibérique. Chapelain condamnera finalement Lope de Vega, « ce phénix prétendu… qui s'est jeté à toutes sortes de poésies, et qui a réussi en toutes également mal… Il ne sent point la différence des bâtardes d'avec les légitimes, et croit que celles qui s'éloignent le plus de la nature sont les plus excellentes » (Lettre à M. Carel de Saint-Garde, septembre 1662). La rupture est consommée à travers cette opposition désormais consommée de l'art à la nature. Plus tard, Boileau renchérira sur Chapelain, reprochant sans nuances l'irrégularité monstrueuse de Lope de Vega, irrespectueux des unités :

> Un rimeur, sans péril, delà les Pyrénées
> Sur la scène en un jour renferme des années
> Là souvent le héros d'un spectacle grossier
> Enfant au premier acte,
> Est barbon au dernier.

Corneille et la dramaturgie espagnole. Encouragé par le succès de son adaptation de *La Verdad sospechosa* de Ruiz de Alarcón avec *Le Menteur* (1643), Corneille n'a cessé de lire des pièces espagnoles. Il s'intéressa aussi aux modèles des œuvres de son jeune frère, Thomas, lecteur assidu de Calderón. Corneille reconnaît avoir emprunté le faste du premier acte de son *Dom Sanche d'Aragon* au *Palacio confuso*, qu'on suppose être l'œuvre commune de Mira de Amezcua et de Lope de Vega. Il conservera plus généralement de la dramaturgie espagnole le goût des intrigues fondées sur l'erreur et la méconnaissance de soi.
Cette influence espagnole sur Corneille sera durable et explique la dimension philosophique de pièces comme *Héraclius* et *Rodogune*. Les analogies avec Calderón (en particulier avec *La Vie est un songe*) sont essentielles dans ces œuvres. Avec *Théodore*, Corneille trahit l'influence de la *comedia de santos* en mettant une sainte au contact des réalités les plus avilissantes. Inversement, Calderón a imité Corneille dans une *comedia* représentée en 1650 et publiée en 1664 (*Dans Cette Vie tout est vérité et tout est mensonge, En Esta Vida todo es verdad y todo mentira*) : les héros, prénommés comme ceux d'Héraclius, se demandent durant toute la pièce qui ils sont et se cherchent en essayant de se situer par rapport au tyran Focas, forcément père de l'un d'eux. On mesure dans cette thématique une interaction réciproque très forte entre Calderón et Corneille.

France-Angleterre et Angleterre-Allemagne : influences diffuses

L'usage du contrepoint dans les divertissements aristocratiques anglais, qui font alterner les *masks*, spectacles pompeux où abondent danses, féeries et allégories, et les « ***antimasques*** », provient du ballet-mascarade français qui affectionnait ainsi des intermèdes burlesques. Ainsi, dans *La Tempête*, Cérès, Iris et Junon jouent, en l'honneur des jeunes fiancés, un spectacle de masque, interrompu par l'« anti-masque » que constitue l'arrivée de Caliban et de ses acolytes, « ivres et trempés de fange ».

Le rôle des troupes et du répertoire anglais en Allemagne a été souligné. Notons qu'une pièce comme *Le Docteur Faustus* de Marlowe fut très tôt connue en Allemagne.

En revanche, il faudra attendre le XVIIIe siècle pour que Shakespeare soit connu et traduit en France.

B

CONVERGENCES : LA PASSION DU THÉÂTRE

1 Apothéose du spectacle

L'industrie du théâtre

La construction d'importants théâtres fixes en Italie, en Angleterre, en Espagne et en France indique l'engouement croissant des autorités et du public.

Le théâtre attire désormais un double public, populaire mais aussi aristocratique : séparés, ces publics le sont moins qu'on ne l'imagine souvent. On peut certes distinguer des lieux spécifiques à chacun de ces publics, puisque parallèlement à l'édification de salles permanentes, le théâtre continue à se donner sur des tréteaux improvisés du type de la scène élisabéthaine et du *corral* espagnol* ou dans les palais princiers.

En France, c'est entre 1610 et 1640 que le théâtre s'impose comme composante obligée des fêtes et des divertissements mondains. *Saint Genest* de Rotrou transpose sur scène le phénomène social de la « comédie au château » (qu'on trouvait déjà dans *Hamlet*) et qui inspirera longtemps les dramaturges français, comme en témoignent notamment *Les Songes des hommes éveillés* de Brosse (1644) ou *Le Baron de la Crasse* de Poisson (1662). (Voir Ross Chambers, *La Comédie au château. Contribution à la poétique du théâtre*, Paris, Corti, 1971).

Cette double évolution s'accompagne d'une évolution du statut des comédiens : le fait d'être attaché aux maisons de grands seigneurs leur a permis, particulièrement en Angleterre, d'échapper à la condition ignominieuse des histrions ambulants.

La pratique de la *commedia dell'arte* en Italie implique une « professionnalisation » que le développement des théâtres fixes ne fait que renforcer par

Signe des temps nouveaux : l'édification de théâtres urbains. En Italie, Palladio construit dès 1585 le Théâtre olympique de Vicence : reprenant aux théâtres antiques le « mur », qu'il orne superbement et dans lequel il ouvre des portes donnant sur des rues en perspective. À Madrid, le Corral de la Pacheca et le Corral de la Cruz sont créés dès 1583 et 1584. *The Theatre*, premier théâtre anglais est inauguré à Londres en 1576, suivi par *The Rose* (1587), *The Swan* (1595), *The Globe* qui abrite Shakespeare (1596), The Fortune et The Hope (1613). En France, la sédentarisation des théâtres intervient plus tardivement : les Comédiens du roi s'installeront seulement en 1599 dans l'hôtel de Bourgogne (lequel date de 1549) et c'est en 1632 que sera fondé le théâtre du Marais.

ailleurs. En Espagne, dès la fin du règne de Philippe II, se constitue une véritable industrie du théâtre avec une douzaine de compagnies permanentes reconnues par privilège royal, ce qui implique pour les directeurs de théâtre un monopole mais aussi une dépendance.

Parallèlement, les troupes tendent à s'attacher les services d'écrivains pour satisfaire une demande pressante de pièces nouvelles. On voit naître une écriture théâtrale de plus en plus spécifique et consciente des problèmes de la scène. Certains de ces nouveaux auteurs dramatiques ont été ou sont encore acteurs.

La nouvelle dynamique économique de la production théâtrale explique en partie la fécondité obligée d'auteurs comme Shakespeare, Lope de Vega, Calderón ou Hardy. Toutefois, le statut de l'écrivain dramatique demeure précaire, le régisseur disposant librement des textes qui lui sont cédés par les auteurs. Ceci explique la difficulté rencontrée de nos jours pour l'attribution et la reconstitution de ces créations originales.

Les textes dramatiques. Le régisseur, disposant librement des textes, les a parfois transformés et recomposés par ajouts de morceaux empruntés, ou suppression de certains passages : on aboutit ainsi pour les *comedias* espagnoles à un labyrinthe de versions d'une même œuvre.
Ces incertitudes de la publication sont aussi liées au fait que les écrivains dramatiques ne veillent pas toujours de près à l'édition de leurs textes. La publication des œuvres de Shakespeare a été faite par des éditeurs peu scrupuleux travaillant parfois sur des notes prises pendant les représentations, ou même sur des reconstitutions faites de mémoire et sur des copies non revues par l'auteur. C'est le cas de l'édition complète publiée en 1623 et réalisée par deux acteurs « collègues » de Shakespeare, S. John Heminge et Henry Condell.

Les métamorphoses de la scène

L'espace scénique se transforme et de manière générale, s'agrandit : en hauteur, grâce aux cintres, en profondeur, avec l'aménagement de trappes permettant de faire apparaître ou disparaître subitement un acteur ou une partie du décor. Surtout, le renouveau des coulisses joue un rôle décisif. La généralisation d'une arrière-scène instaure un au-delà scénique, bouleversant le jeu et l'écriture. La présence des coulisses offre aux acteurs une possibilité nouvelle d'entrer et de sortir. Elle infléchit aussi la dramaturgie baroque en transformant la nature de l'illusion et en favorisant une dialectique du visible et de l'invisible.

Cette mutation essentielle de la scène moderne s'opère avec des moyens rudimentaires, les coulisses des tréteaux élisabéthains et du théâtre de *corral* espagnol étant constituées de simples cabines fermées par des rideaux et disposées au fond de la scène.

Parallèlement, l'illusion scénique s'enrichit grâce à l'émergence de techniques scénographiques sophistiquées. Le théâtre à l'italienne* rend possible l'intégration progressive de la technique picturale de la perspective. Toutefois, les possibilités de mise en scène spectaculaire liées à ces nouveaux artifices techniques ne s'imposent que lentement et ne concernent pas l'ensemble de la production théâtrale. Ainsi la troupe de Shakespeare, lorsqu'elle bénéficie des moyens du nouveau théâtre des Blackfriars, joue encore dans le cadre plus simple du théâtre du Globe. Sur les tréteaux élisabéthains, les effets essentiels reposent de fait sur le jeu de l'acteur et la présence de quelques objets symboliques. On connaît le rôle du mouchoir de Desdémone, objet emblématique de l'amour d'Othello que l'héroïne porte toujours sur elle et qu'elle perdra pour son malheur.

En Espagne, c'est seulement la génération de 1580 qui se lance dans l'expérimentation scénique, liée aux progrès des machines et à l'influence des trompe-l'œil de la scène à l'italienne. La *comedia* du Siècle d'Or ne se départit pas d'une austérité relative et privilégie, comme le théâtre élisabéthain, la diction du texte par les acteurs : « voir la comédie », au temps de Lope de Vega et de Tirso de Molina, se dit « *oir la comedia* », c'est-à-dire « entendre la comédie ».

Vers un spectacle total

L'âge baroque est celui du triomphe du théâtre conçu comme la conjonction indissociable d'un texte et d'un spectacle. Un intérêt accru pour la mise en scène se développe.

La mémoire de la scène française du XVIIe siècle. Premier décorateur de l'hôtel de Bourgogne, Mahelot est l'auteur d'un précieux registre, aide-mémoire à l'attention des nouveaux professionnels du théâtre, où sont consignées des indications de mise en scène et de décoration théâtrale relatives aux pièces jouées entre 1630 et 1680. Ce *Mémoire*, commencé par Mahelot fut continué à partir de 1673 par Michel Laurent. La partie rédigée par Mahelot est riche en dessins de décors assortis de notices qui éclairent l'esthétique baroque française dans le premier tiers du XVIIe siècle. Mahelot précise aussi les accessoires et les bruitages à prévoir. Pour *Pyrame et Thisbé* de Théophile de Viau, il note : « Il faut, au milieu du théâtre, un mur de marbre et pierre fermé ; des balustres ; il faut aussi de chaque côté deux ou trois marches pour monter. À un des côtés du théâtre, un murier, un tombeau entouré de pyramides. Des fleurs, une éponge, du sang, un poignard, un voile. Un antre d'où sort un lion du côté de la fontaine, et un autre antre à l'autre bout du théâtre où il rentre. »

Dans un art plus complexe de la scène, les textes apparaissent comme des prétextes, ouvrant sur un potentiel presque infini d'illusion et de représentation. La sensibilité baroque a favorisé l'évolution vers un type de spectacle intégrant le texte, la musique et la danse, annonçant l'opéra.

Les insertions musicales abondent dans le théâtre baroque, qu'il s'agisse de Shakespeare, de Lope de Vega ou de Rotrou. Une didascalie de *Saint Genest* mentionne « une voix [qui] chante avec un luth » (II, 7). Cette importance du contrepoint musical a stimulé l'imagination des metteurs en scène contemporains, soucieux de retrouver l'esprit de la mise en scène baroque et de parvenir à cette pratique d'un art à la fois total et indéterminé. Ainsi, cherchant un éclairage du côté de la musicologie, certains se sont efforcés de restituer le phrasé musical baroque de ces écritures recourant à des mètres différents. Philippe Berling, dans sa mise en scène d'*Agésilan de Colchos* (Bobigny, 1993), a choisi de mettre en musique tous les passages dialogués versifiés de manière irrégulière au sein d'un texte où prédominent les rimes plates.

2 La primauté des effets : une dramaturgie de la réception

Ravir et surprendre le public

La recherche des effets est très évidente dans la plus grande partie de la production théâtrale baroque. J.-C. Vuillemin décrit ainsi la dramaturgie de Rotrou comme une esthétique à rebours des principes auxquels nous a accoutumés le classicisme et qui est moins « préoccupée de vraisemblance que d'effets scéniques variés » (*Baroquisme et théâtralité, Le Théâtre de Jean Rotrou*, Paris-Seattle-Tübingen, PFSCL, Biblio 17, 1994).

Tentation de l'ornemental : dramaturgie et poésie

Du point de vue d'une esthétique classique, on est tenté de reprocher à certaines œuvres du théâtre baroque leur longueur et leurs digressions peu utiles à la progression dramatique. Il est de fait des pièces dans lesquelles on peut trouver des morceaux à effet qui constituent des digressions gratuites. Mairet semble ainsi peu soucieux de ménager le suspens dramatique, insérant un échange sur les amants ridicules, alors que le duc d'Ossonne attend sous la fenêtre de sa bien-aimée. « On est tenté, écrit G. Conesa, de penser que les auteurs comiques considèrent l'architecture d'une œuvre comme mineure », ce qui s'explique aussi par l'attente d'un « public plus sensible aux moments du spectacle pris en eux-mêmes qu'à une continuité narrative susceptible de l'envoûter » (*La Comédie de l'âge classique*, 1630-1715, Paris, Le Seuil, 1995).

Narratif, le théâtre baroque magnifie le plus souvent une action des plus complexes, mettant à mal le principe d'une unité d'action. Cyril Tourneur, dans sa *The Revengers tragedie,* (1608), interrompt à plusieurs reprises l'action principale (la vengeance de Vendice) pour offrir en contrepoint aux spectateurs le spectacle d'intrigues politiques ou amoureuses de la cour. Mais la structure des pièces baroques est souvent encore plus éclatée. On conçoit aussi, face à certains excès de ***composition*** enchevêtrée que Rayssiguier déplore en 1632 une recherche du plaisir des yeux qui entrave les progrès de l'unité de lieu et d'action : « L'on contente [les] yeux par la diversité et changement de la scène du théâtre et que le grand nombre des accidents et aventures extraordinaires ôtent la connaissance du sujet » (*Aminte*, avis au lecteur).

Composition aléatoire et vision d'un monde régi par le hasard. Le hasard est un moteur fondamental dans la dramaturgie baroque, multipliant des péripéties qui ignorent les frontières géographiques et font fi de la vraisemblance. La tragi-comédie repose sur une action dramatique complexe et spectaculaire, qui accumule les déguisements, les viols, les attaques, les reconnaissances.
Le hasard s'institue en principe d'une écriture instable et indéterminée, obéissant à une règle paradoxale d'imprévisibilité, qui est soumission au processus de la composition. Significative à cet égard est la confidence de Racan, dans sa lettre à Malherbe en date du 15 janvier 1625 : « J'ai fait comme ceux qui, entreprenant un bâtiment avec irrésolution, le continuent sur divers desseins, dont les derniers condamnent ce que les premiers avaient approuvé. » (*Théâtre du XVIIe siècle*, tome I, p. 289).

Affaire de rythme, l'écriture baroque n'est pas sans évoquer une composition musicale. La pièce baroque se développe volontiers autour de plusieurs « fils » qui s'entrecroisent, se télescopent avant de se rassembler. À la musique, l'écriture baroque reprend la technique du contrepoint, mêlant presque toujours le sérieux et le comique, les scènes bouffonnes et héroïques.

Cette pratique du contrepoint atteste une prédilection pour les ruptures, l'association du comique et du tragique, du grotesque et du macabre.

Éros et Thanatos : *catharsis** et défoulement des pulsions

« Plus les tragédies sont cruelles, plus elles sont excellentes », écrit Delaudun d'Aigaliers. Pour Cyril Tourneur, « quand saignent les méchants la tragédie est bonne » (*The Revengers tragedie*, 1607). Les histoires de vengeance alimentent le goût pour des actions complexes tout en exprimant un arrière-plan historique souvent mouvementé (guerres de Religion, luttes acharnées pour le pouvoir). Le théâtre sublime la violence en déployant sur scène des spectacles sanglants qui assurent au spectateur une forme de *catharsis* liée au défoulement de pulsions primaires. L'audace de ces représentations baroques ne manquera pas de heurter le sens classique des convenances. Ce théâtre sanglant, influencé par Sénèque et les tragiques grecs, qu'on a par la suite considéré avec un dédain ou un dégoût étonné, est caractéristique d'une époque mouvante.

Vengeances et cruautés sont traitées avec crudité, voire complaisance. *Titus Andronicus* de Shakespeare inscrit la cruauté et la folie de la vengeance dans un rituel barbare, multipliant les scènes de mutilation et de cannibalisme : pièce réputée injouable à cause de ses atrocités, elle a cependant été montée avec succès à plusieurs reprises. *Un More cruel* (1612) met en scène les exploits d'un sadique qui oblige son ennemi à se couper le nez et tue sa femme et ses enfants.

Dans *Crisante* de Rotrou (1635, publiée en 1639), l'héroïne se venge elle-même de son violeur en obtenant sa tête, qu'elle jette ensuite sur scène aux pieds de son mari, en s'écriant : « Voilà ce que tu crus mon cœur et mes délices », avant d'entraîner son époux dans la mort et de se suicider elle-même.

Dans la *Médée* de Corneille, le spectateur assiste au suicide de Créon et à la mort de Créuse dont le discours contribue à renforcer le spectacle de la souffrance. Celle-ci se donne comme une exhibition théâtrale, alliée au lent déroulement de l'agonie sous l'effet du poison :

> Laisse-moi le bonheur d'expirer à ta vue,
> Souffre que j'en jouisse en ce dernier moment :
> Mon trépas fera place à ton ressentiment ;
> Le mien cède à l'ardeur dont je suis possédée...
> Ah ! Quel âpre tourment ! quels douloureux abois !
> Et que je sens de morts sans mourir une fois ! (V, 7).

La violence a partie liée avec le sexe dans les tragi-comédies de Hardy. *Scédase ou l'hospitalité violée*, jouée vers 1610, publiée dans le premier tome de son *Théâtre* en 1624, inclut une scène de viol qui a quelque peu effarouché les critiques, d'autant que ce théâtre n'est pas dénué d'implications sociales que l'on retrouve dans *La Force du sang* : le jeune homme de condition supérieure qui viole une jeune fille d'origine modeste jouit d'une impunité complète.

Le lien d'Eros et de Thanatos, la pulsion de mort, n'est nulle part aussi évident que dans le final de *Roméo et Juliette,* où l'on voit la jeune héroïne baiser les lèvres de son amant mort avant de l'étreindre définitivement en se poignardant sur son cadavre (Acte V, scène 3)

Jeux morbides et exhibitions macabres

La mort est mise en scène avec une complaisance macabre caractéristique de l'âge ***baroque***. Le cinquième acte de *La Mort de Mithridate* de La Calprenède (1635) constitue un chant de la mort, avec la découverte que fait Pharnace de quatre cadavres.

Naturellement, c'est un truisme du jeu théâtral, l'exhibition du cadavre comporte aussi une allusion à l'art de la feinte du comédien. La présence de la mort est aussi symbolique et métonymique à travers le déploiement d'objets exemplairement lugubres : « Ce ne sont que prisons, poignards, tombeaux, éponges remplies de sangs, draps noirs parsemés de blanches larmes, etc. », constatait déjà R. Lebègue à la lecture du *Mémoire* de Mahelot.

Corneille entre baroque et classicisme. L'exhibition théâtrale de la mort est maintenue tout en étant savamment retenue dans l'ambiguïté textuelle d'*Horace* dont le cinquième acte commence par le vers suivant : « Retirons nos regards de cet objet funeste ». On peut y déceler, à la suite de J. Scherer, le choix laissé aux comédiens d'une représentation du cadavre de Camille sur un lit de parade, dans la grande tradition baroque, ou de son occultation dans la coulisse, pour répondre aux nouvelles exigences classiques.

3 En deçà des règles : pratiques et théorisation

André Mareschal, dans la préface de sa *Généreuse Allemande* (1630), tragi-comédie en deux journées, truffée de meurtres et de scènes violentes, revendique une originalité du créateur, affirmant sa volonté de s'affranchir des carcans doctrinaires :

> Nous autres, prenons du lieu, du temps et de l'action ce qu'il nous en faut pour le faire curieusement et pour le dénouer avec grâce, en surprenant les esprits par des accidents qui sont hors d'attente, et non point d'apparence : eux [les Anciens] ne le démêlent point, ils le coupent.

Le théâtre de Shakespeare : une logique imaginaire

La pratique du théâtre, qui s'est forgé dans une large mesure empiriquement, est présent chez les dramaturges élisabéthains les plus « réguliers ». Ainsi Jonson se défend d'avoir pris certaines libertés avec le modèle aristotélicien dans *Séjanus* (1605). Il explique la nécessité de se soumettre au goût, ou plutôt au « plaisir » d'un public contemporain, insistant sur l'évolution des mentalités qui rend difficile la transposition d'un chœur régulier dans la dramaturgie moderne. John Webster, dans la préface de sa tragédie, *Le Démon blanc* (*The White Devil*, 1612), avoue ne pas avoir écrit un « poème dramatique » conforme aux préceptes d'Aristote et il en reporte ironiquement la faute sur le public de son temps.

On ne s'embarrasse pas sur la scène élisabéthaine des unités aristotéliciennes, qu'il s'agisse de l'action, mais aussi du traitement du lieu et du temps, lesquels apparaissent aussi irréalistes que dans le mystère médiéval.

Dans *La Tempête*, Shakespeare nous montre ce qui se passe presque simultanément en divers endroits de l'île : à la première scène de l'acte II, le roi de Naples et ses amis se lamentent sur leur naufrage, tandis que la scène suivante nous montre, dans une autre partie de l'île, le monstrueux Caliban qui s'active de mauvais gré pour Prospero.

L'organisation des scènes se modèle en fonction de l'espace, chaque changement de lieu introduit une scène nouvelle, même si la réciproque n'est pas obligatoire, deux scènes pouvant se passer dans un même lieu en cas de transformation sensible de l'action dramatique. Loin des contraintes imposées par le classicisme français, entrées et sorties multiples peuvent aussi s'opérer au cours d'une même scène.

Le traitement du temps ne respecte pas davantage la cohérence à laquelle nous a accoutumés la dramaturgie classique. Dans *Le Conte d'hiver*, seize années séparent la fin de l'acte III, situé en Sicile, et le début de l'acte IV, qui transporte le spectateur en Bohème. Shakespeare souligne cette liberté dramaturgique en prêtant au Temps un commentaire ironique qui sollicite la complicité active des spectateurs pour s'illusionner et entrer dans une logique théâtrale qu'il rapproche de l'état de rêve :

> Il est temps, maintenant, au nom du Temps, d'user de mes ailes. N'en faites pas un crime, ni à moi, ni à mon passage rapide, si je glisse par-dessus seize années et laisse inexplorés les événements de ce vaste intervalle, puisqu'il est en mon pouvoir de transgresser la loi, et, dans une seule de ces heures nées de l'heure, de planter et de déplanter la coutume […]. Si votre patience le permet, je retourne mon sablier et je fais faire un grand saut à ma pièce, comme si vous aviez dormi entretemps.

Figurer l'invisible : sortilèges du verbe et de l'imaginaire

Avec les tréteaux élisabéthains, le décor ne pouvait être que rudimentaire, et l'évocation des lieux faisait appel à la magie du verbe et de l'illusion. Le chœur *d'Henri IV* nous rappelle que l'illusion théâtrale requiert la collaboration du public, invité à suppléer par son imagination aux inévitables lacunes de la représentation scénique :

> Ce trou à coqs peut-il contenir les vastes champs de la France ? Pouvons-nous entasser dans ce cercle de bois tous les casques qui épouvantèrent l'air à Azincourt ? Permettez que nous mettions en œuvre les forces de vos imaginations. Supposez que dans l'enceinte de ces murailles sont maintenant renfermées deux puissantes monarchies dont les fronts altiers et menaçants ne sont séparés que par

> un périlleux et étroit océan. Suppléez par votre pensée à nos imperfections ; divisez un homme en mille, et créez une armée imaginaire. Figurez-vous, quand nous parlons de chevaux, que vous les voyez imprimer leurs fiers sabots dans la terre remuée. Car c'est votre pensée qui doit ici parer nos rois, et les transporter d'une lice à l'autre, franchissant les temps et accumulant les actes de plusieurs années dans une heure de sablier.

Ce primat accordé à l'imaginaire élude les objections de la crédibilité et de la cohérence qu'invoqueront les théoriciens du classicisme français pour justifier un respect strict des unités*, particulièrement de temps. La logique baroque implique que le spectateur sorte de son cadre spatio-temporel ordinaire pour adhérer à une réalité imaginaire dépassant les contradictions de la perception rationnelle et analogue au processus onirique.

Cet appel à l'imaginaire suppose donc une collaboration active du public à l'illusion, ce qui implique l'acceptation de procédés conventionnels de stylisation du réel. La pantomime des comédiens peut ainsi suppléer aux failles du décor, comme l'illustrent les recommandations de la répétition burlesque mise en scène dans *Le Songe d'une nuit d'été.* Faute de pouvoir transporter un mur lézardé sur scène, les comédiens amateurs qui jouent le drame de *Pyrame et Thisbé* se proposent de le faire figurer par un acteur immobile, doigts écartés :

> Un homme ou un autre devra représenter le mur : il faudra qu'il ait sur lui du plâtre, ou de l'argile, ou de la chaux pour figurer le mur ; et puis qu'il tienne les doigts comme ça, et Pyrame et Thisbé chuchoteront à travers l'ouverture.

L'art de la *comedia* selon Lope de Vega

Ce n'est pas le moindre paradoxe que ce texte improvisé, l'*Art nouveau de faire les comédies,* soit devenue la référence obligée dans l'histoire du théâtre espagnol, faisant de Lope de Vega et de sa *comedia* des « classiques » du théâtre ibérique. Ce discours présenté devant l'Académie de Madrid en 1609, alors que Lope de Vega a déjà écrit 483 pièces selon ses dires, est une justification *a posteriori* de son art. Sous le masque ironique de l'homme inculte, Lope de Vega revendique l'art de plaire et de séduire le public tout en se laissant, au sens littéral, séduire par lui. Il invoque la conformité d'une réception réussie et euphorique, qui tend à éluder le problème d'une médiation technique :

> Je ne peux cependant qualifier de barbare
> nul autre que moi, puisqu'à l'encontre de l'art
> j'ose donner des préceptes, et me laisse porter
> par le courant du commun, pour me faire traiter
> d'ignorant par la France et l'Italie ;
> mais qu'y puis-je si j'ai déjà écrit,
> avec celle que j'ai terminée cette semaine,
> quatre cent quatre-vingt-trois comédies ?
> A part six en effet, toutes sans exception
> ont péché gravement contre les lois de l'art.
> N'importe, je soutiens ce que j'ai écrit et je sais
> qu'autres elles eussent été meilleures,
> mais elles n'auraient pas eu la même faveur,
> car parfois ce qui va à l'encontre du juste,
> pour cette raison est ce qui plaît le plus.
> (Traduction de Jean-Jacques Préau, l'*Art nouveau*
> *de faire les comédies,* Paris, Les Belles-Lettres, 1992).

Le plaidoyer très lié aux circonstances que développe Lope de Vega repose sur des considérations pragmatiques plus que théoriques. Il s'agit de donner les recettes du métier dramatique : comment bâtir une intrigue, camper des personnages, ménager leurs entrées et leurs sorties, les faire parler comme il convient. Les nouveaux artisans du théâtre savent qu'il faut tenir en haleine le spectateur par une action crédible, affranchie des contraintes du « vrai » documenté, et primant sur l'analyse des caractères. L'unité d'action s'impose pour la vraisemblance : compatible avec la conjonction de deux intrigues, elle admet, à l'image de la vie, une pluralité des temps et des lieux. Les personnages sont subordonnés à l'intrigue et doivent respecter une cohérence (ou *decoro*) qui est une sorte de conformité à leur condition. La **« poétique invisible »** que définit Lope de Vega demeure en fait fidèle à l'esprit d'Aristote, remodelant de manière empirique, en les adaptant à son temps, les principaux axiomes de la *Poétique*.

L'innovation majeure qu'introduit Lope de Vega est le mélange des tons propre au *mixto poema* :

> Le tragique au comique mêlé
> et Térence à Sénèque, même si c'est pour engendrer
> De Pasiphaé un autre Minotaure,
> donneront une partie grave, une autre qui fasse rire,
> car c'est cette variété qui enchante plus que tout :
> Quel meilleur exemple nous en donne Nature
> qui tire sa beauté de telle bigarrure.

La tragi-comédie, genre mixte et que l'on jugera monstrueux en vertu de la pureté des genres dramatiques, est symbolisée par le Minotaure. D'autres à la même époque la qualifient d'« hermaphrodite ».

Le refus de l'« art » chez Lope de Vega traduit en fait celui des carcans et la quête d'une poétique de l'indéterminé, ouverte au mélange et aux hybridations. Le théâtre n'est plus imitation de la vie : se voulant en coïncidence avec celle-ci, il abolit d'abord les frontières génériques.

Théâtralité sans frontières

Pastorales et tragi-comédies transposent à la scène des modèles provenant de la poésie et surtout du roman. Le succès de la tragi-comédie est apparenté à celui des romans chevaleresques, comme celui de la pastorale l'est à celui de l'*Astrée*.

On assiste à une contamination globale du théâtre par le roman. C'est dès la fin du XVIe siècle que la tragédie française puise une partie de son inspiration dans les œuvres romanesques, bafouant les interdits lancés par les doctes. Certaines œuvres s'inspirent d'Héliodore (*Arsacé* de Le Digne, vers 1584), d'Apulée (trois *Charite* publiées entre 1579 et 1595). D'autres tirent leurs sujets de l'Arioste, du Tasse, ou encore des nouvelles de Bandello : c'est le cas de l'anonyme auteur du *More cruel*, dont le héros jette du haut d'une tour toute la famille du seigneur qui l'a offensé (1612).

Les dramaturges empruntent au roman non seulement des thèmes, mais un déroulement narratif qui contrevient aux exigences d'une construction dramatique classique.

La construction des comédies shakespeariennes, souvent lâche et floue, s'apparente à la progression romanesque, d'autant que l'action ne se confine jamais dans un lieu unique. Le mouvement prime en une sorte de « ronde ou ballet où le fils retrouve son père, les parents, des enfants disparus, et où les chagrins et les conflits des passions se résolvent par le miracle des retrouvailles » (Henri Fluchère, Pléiade, I). Le romanesque de ces comédies repose aussi sur le principe moteur de l'amour, coup de foudre bouleversant la trajectoire des personnages juvéniles. Cet amour allié à une poésie de la jeunesse et de la fantaisie instaure un triomphe de l'imaginaire et de la gaieté.

4 Le théâtre dans le théâtre : exhibition de l'art ou métaphore de l'existence

Le procédé du « théâtre dans le théâtre » s'apparente à celui de la « mise en abyme » romanesque. Shakespeare en offre un exemple admirable dans *Hamlet* où le héros commande aux comédiens ambulants un spectacle dont l'action reproduit exactement celle de la pièce principale : en mettant en scène dans « La Souricière » le meurtre du roi par son frère, Hamlet tend à sa mère et à son oncle le miroir de leur crime.

Cette technique d'enchâssement d'une pièce (ou d'un fragment de pièce) dans une autre ne s'est pas limitée à la période qu'on définit comme proprement baroque. G. Forestier souligne justement qu'en France le théâtre dans le théâtre connaîtra son plein succès dans la période classique. Néanmoins le procédé s'est forgé au cœur de la période baroque entendue comme un âge d'expérimentation théâtrale intense. Il illustre en premier lieu, comme le montrait déjà J. Rousset, une fascination pour la représentation théâtrale caractéristique du baroque.

Le procédé du théâtre dans le théâtre est étroitement lié à celui du déguisement : celui-ci, qui n'a évidemment rien d'exceptionnel au théâtre, exhibe la situation fondamentale de l'acteur qui joue à être un autre. Le déguisement constitue bien une marque de théâtralité, mettant en abyme le jeu.

Le théâtre dans le théâtre constitue d'abord l'occasion d'une leçon dramatique : sur le jeu de l'acteur, les problèmes de mise en scène…

Hamlet, dans ses conseils aux comédiens, met en garde contre les libertés excessives que pourraient prendre certains comédiens, et en particulier les fous. Il entend imposer, peut-être contre une excessive liberté d'improvisation conférée à ces derniers par la tradition, une primauté du texte et une autorité du metteur en scène :

> Ne permettez pas à ceux qui jouent les clowns d'ajouter rien au texte de leur rôle ; car il s'en trouve parmi eux qui cherchent à entraîner au rire quelque quantité d'imbéciles en s'esclaffant eux-mêmes, cependant que se débattent des questions qui importent au développement de l'intrigue (Acte III, scène 2, La Pléiade, II).

À la faveur des jeux de théâtre dans le théâtre du *Véritable Saint Genest,* Rotrou rappelle l'importance du décor, générateur d'illusion et de plaisir esthétique :

> Il est beau : mais encore, avec peu de dépense,
> Vous pouviez ajouter à sa magnificence,
> N'y laisser rien d'aveugle, y mettre plus de jour,
> Donner plus de hauteur aux travaux d'alentour,

En marbrer les dehors, en jasper les colonnes,
Enrichir leurs tympans, leurs cimes, leurs couronnes,
Mettre en vos coloris plus de vivacité,
Draper mieux ces habits, reculer ces paysages,
y lancer des jets d'eau…
Et surtout en la toile où vous peignez vos cieux,
Faire un jour naturel, au jugement des yeux ;
Au lieu que la couleur m'en semble un peu meurtrie (II, 1).

De la leçon à l'apologie du théâtre, les enjeux de ces jeux d'insertion d'une pièce dans une autre se recouvrent très souvent. C'est dans *Le Timide à la cour* de Tirso de Molina, que l'on trouve, dans la bouche de Serafina, le plus vibrant plaidoyer en faveur de la comédie, spectacle total et susceptible de répondre aux attentes les plus variées d'un public divers :

> Ne s'y trouve-t-il pas de la gaieté pour ceux qui sont gais, de la tristesse pour ceux qui sont tristes, et de l'esprit pour ceux qui en ont ?… Veux-tu connaître les définitions qu'on donne de la comédie ? C'est une image de la vie, une nourriture pour les gens d'esprit, l'amie de l'entendement, un banquet pour les sens, un bouquet de tous les plaisirs. C'est le haut lieu de la pensée, le moyen d'oublier nos malheurs, un mets enfin diversement prisé, que dédaignent les sots et qui comble les sages (*El Vergonzozo en Palacio*, éd. et trad. par F. et R. Labarre, Paris, Aubier-Montaigne, 1983, acte II, p. 159).

Le théâtre dans le théâtre à l'époque baroque implique en fait une vision du monde, articulée à un faisceau thématique autour du *theatrum mundi*. *« Totus mundus agit histrionem »* (le monde entier joue la comédie) : telle était la devise inscrite au fronton du théâtre du Globe. C'est ce théâtre du monde qui ouvre à la scène des virtualités infinies, comme le souligne Tirso de Molina : « Prodigieux sont les événements que ce vieux fou de destin, régisseur de tant de tragédies, représente sur le grand théâtre du monde » (*Le Timide à la cour*).

Les jeux de théâtre dans le théâtre revêtent, à travers cette articulation étroite au *theatrum mundi*, mais aussi à ses thèmes corollaires (dédoublement, illusion, rêve, folie), une dimension vertigineuse, où les questions dramaturgiques se mêlent à une interrogation essentiellement métaphysique.

Le *Saint Genest* de Rotrou peut être lu comme une apothéose du comédien et une mise en question de l'illusion théâtrale : « Je feins moins Adrien que je ne le deviens… / Il s'agit d'imiter et non de devenir » (II, 2).

Pour Rotrou, on n'entre pas impunément dans un rôle, la feinte faisant encourir au comédien un risque d'absorption, de métamorphose sans retour. La question décisive que pose Rotrou est celle des limites que l'identification ne doit pas franchir sous peine de dépasser son but et de compromettre le spectacle. On assiste à une tragédie de l'acteur. Genest ne dit plus son texte, mais y substitue des répliques qui sont les siennes, jouant désormais une autre pièce qu'un ange lui dicte, sur un autre théâtre qui est le théâtre du monde (IV, 6). Mais cette nouvelle comédie hypothèque la représentation. Le trouble grandit sur la scène et les spectateurs s'en aperçoivent ; le spectacle, commencé brillamment, s'interrompt dans le désordre.

> Il n'y a plus de théâtre possible quand l'acteur renonce à feindre et confond sa réalité personnelle avec l'imaginaire de la scène. Telle est la conclusion implicite de la pièce de Rotrou. Son comédien exemplaire cesse de l'être dès le moment où il oublie qu'il joue… il ne trompe plus autrui quand il s'abuse lui-même (J. Rousset).

Cette interrogation limite de l'identification de l'acteur à son personnage annonce le débat sur le comédien qui hantera le XVIIe et le XVIIIe siècle et conduira au célèbre *Paradoxe sur le comédien* de Diderot. Mais elle reste ancrée, dans ce contexte de l'âge baroque, sur une problématique théologique.

Évolution du procédé : de *Saint Genest* à *L'Illusion comique*

Dans *L'Illusion comique* de Corneille, Pridamant, grâce aux soins d'un magicien, voit son fils Clindor se battre en duel et être conduit en prison ; on s'aperçoit ensuite qu'il s'agit d'une pièce que Clindor est en train de jouer. La conclusion est donc bien différente de celle de Rotrou : alors que dans *L'Illusion comique* de Corneille le théâtre et l'acteur sont véritablement consacrés et mis à l'épreuve de leur crédibilité – grâce à la présence d'un spectateur sur scène –, le *Saint Genest* de Rotrou détruit le monde des tréteaux pour lui substituer le théâtre du monde : cette interpénétration du théâtre et de la vie instaure un vertige spécifiquement baroque, posant la question du sens du théâtre.

C

LE SENS DU THÉÂTRE OU L'OPACITÉ DES SIGNES

Entre illusion et réalité, mensonge et vérité, la frontière est fragile : l'âge baroque, en faisant de l'existence une métaphore du théâtre confère à celui-ci une signification philosophique et métaphysique, au-delà du pur spectacle. Le théâtre des sens qui s'impose sur les scènes d'Europe durant ces années de transition n'est pas dépourvu de sens, même si celui-ci, à l'image de cette esthétique du mouvement, est particulièrement fuyant et ambigu.

1 ESTHÉTIQUE DU VERTIGE : *THEATRUM MUNDI* ET ILLUSION

Exhibition des apparences et doute ontologique

La métaphore du *theatrum mundi, topos* stoïcien, exprime l'ambiguïté des apparences. L'illusion théâtrale se voit conférer une dimension philosophique et existentielle. Le théâtre apparaît comme l'image même de la vie, celle-ci n'étant qu'une comédie où il faut jouer son rôle. Percevoir le réel sous les auspices de la théâtralité implique un principe de mobilité et de métamorphose, un règne de l'illusion et de l'artifice.

Le théâtre baroque met en scène un doute ontologique auquel la poésie de la fin du XVIe siècle et du début du XVIIe a largement fait écho. La célèbre question d'*Hamlet to be or not to be* résume une interrogation métaphysique qui est celle de toute une époque. Être ou ne pas être indique un vacillement de l'existence individuelle, mais aussi de la réalité du monde, et d'être soumis à un changement perpétuel, dans lequel la vie ne peut être séparée de la mort. Dans *Mesure pour mesure*, le duc exprime ce sentiment de précarité de la vie humaine qui revient comme un *leitmotiv* dans la poésie baroque :

> Raisonnez ainsi avec la vie : Si je te perds, je perds une chose que seuls les fous tiennent à garder. Tu n'es qu'un souffle, asservi à toutes les influences de l'air qui délabrent la maison que tu habites heure après heure. Tu es le jouet de la mort, puisque tu t'efforces sans cesse de la fuir et que tu cours toujours à sa rencontre… Tu n'as ni jeunesse, ni vieillesse, et n'es pour ainsi dire qu'une sieste d'après-midi qui rêve un peu aux deux (Acte III, scène 1).

La vision du monde baroque se place sous le signe de l'illusion, impliquant une confusion du rêve et de la réalité, du vrai et du faux, du théâtre et du monde.

Le théâtre de Rotrou, une « dramaturgie de l'ambiguïté » (Jacques Morel). La dramaturgie de Rotrou associe excès et violence, sang et sensualité, au sein d'un univers instable où la perception du réel est volontiers sujette à l'erreur, les personnages préférant souvent les apparences à la réalité. Dans sa première pièce, *L'Hypocondriaque ou le Mort amoureux* (1628, publié en 1631), le héros, persuadé de la mort de sa bien-aimée, devient fou et s'enferme dans un délire qui occupe toute la pièce : se croyant mort, il aura du mal à se reconnaître vivant lors du dénouement. Déguisements et métamorphoses s'accordent à une conception théâtrale exacerbée, qui fait de la scène le lieu privilégié de l'artifice et du trompe-l'œil. La fausse mort, thème récurrent chez Rotrou, constitue une forme extrême du déguisement. Celui-ci s'associe à une dramaturgie de l'ambiguïté où l'exploration systématique du faux-semblant induit une reconnaissance implicite de l'inconscient et de ses mécanismes, amenant l'individu à laisser échapper une vérité enfouie lorsque ni lui, ni ses partenaires ne s'y attendent. En représentant le personnage du martyr, saint Genest devient chrétien, touché réellement par la grâce au moment même où il faisait semblant de l'être.
Le *Saint Genest* pose, comme la pièce de Lope de Vega, le problème métaphysique du rapport entre la fiction et la réalité, dédaignant quelque peu la vraisemblance. Par son interrogation théâtrale radicale sur le statut illusoire de la réalité, la pièce de Rotrou ouvre la voie à une dramaturgie très moderne de l'inquiétude qui préfigure Jean Genet ou Pirandello.

Problématiques de l'identité

Le théâtre du monde est aussi un théâtre de la conscience, l'ambiguïté majeure étant celle de l'identité.

La scène baroque représente une confusion permanente des signes de l'identité. Dans *La Nouvelle Auberge* de Ben Jonson, un lord et sa femme se cherchent à travers le monde entier, finissant par se retrouver dans une auberge, où il leur faudra des années pour se reconnaître, tant le déguisement a transformé leur aspect.

Les jeux de travestissement sexuel s'inscrivent dans cette dramaturgie de l'ambiguïté. Ainsi, dans *Comme il vous plaira*, de Shakespeare, Rosalinde, dont le rôle est tenu par un garçon, doit paraître une jeune fille déguisée en garçon et, sous ce déguisement, elle se fait courtiser comme une jeune fille (Acte III, scène 3). Dans *La nuit des rois*, on voit une jeune fille, Silla, amoureuse du duc Apolonius, seule survivante d'un naufrage, se déguiser en garçon pour devenir le page de son bien-aimé, et servir d'intermédiaire à celui-ci auprès de la femme qu'il convoite, Julina. Les travestissements sexuels permettent de mettre en scène des situations scabreuses : Julina tombe immédiatement amoureuse du faux garçon. Elle s'offrira en fait au frère jumeau de Silla, Silvio, qui recherche sa sœur et que Julina prend pour lui (elle), tant leur ressemblance est grande.

En France, Rotrou fait des variations sur ces incertitudes de l'identité sexuelle. *La Sœur*, comédie jouée en 1645, comporte un point de départ éminemment scabreux, puisque deux amants, secrètement mariés depuis deux ans, font croire à toute leur famille qu'ils sont frère et sœur. *Laure persécutée* (1637, publ. 1639) exploite une succession de déguisements qui révèlent une figure ambivalente, admirable ou exécrable, et véritablement mystérieuse.

Clitandre de Corneille appartient à cette esthétique baroque où la cohérence de l'être se dissout véritablement dans les méandres du paraître et des faux-semblants : la pièce donne à voir, selon l'expression de J. Scherer « un monde du mensonge. Ses personnages ne croient donc jamais ce qu'ils voient, et s'élancent, loin du réel, dans les rebondissements les plus fous » (introduction au *Théâtre du XVIIe siècle*, tome I).

Miroirs et mirages

Le théâtre est l'image d'un monde lui-même perçu comme un théâtre et il instaure un jeu de miroirs infini et labyrinthique. Rappelons que l'importance du miroir dans la mentalité baroque découle des travaux d'optique menés par Descartes, Huygens ou Leuwenhoeck. Le miroir reproduit la réalité, mais il illustre aussi son dédoublement latent et permet d'exploiter toutes les ressources de l'illusion. Le théâtre baroque retient du miroir un pouvoir réfléchissant qui suggère la complexité de la réalité et privilégie des perspectives complexes, à la limite de l'anamorphose. Le reflet ne peut être que brisé ou transformé.

Les nouvelles possibilités offertes par les machineries instaurent des jeux optiques qui renforcent encore le sentiment obsessionnel de l'illusion du réel.

Dans *La Vie est un songe*, le doute l'emporte, à l'instar de l'incertitude de Sigismond, qui, de son cachot transporté au palais, ne sait plus où se situe la réalité. Puck, à la fin du *Songe* invite les spectateurs à une méditation sur l'***illusion*** consubstantielle au théâtre comme au réel :

> Si les ombres que nous sommes vous ont déplu, ne leur gardez pas trop rancune. Dites-vous simplement que vous dormiez, tandis qu'elles défilaient devant vous. Mais si nous sommes devenus amis, donnez-moi la main, donnez-nous toutes vos mains, et aussi vrai que je m'appelle Puck, nous tâcherons de faire mieux la nuit prochaine.

Le motif onirique perturbe la perception du réel : dans *La Marianne* de Tristan L'Hermite (1636), il est fait allusion à un rêve dont le contenu n'est dévoilé au spectateur que très tard : manière d'insister sur la problématique des songes et sur le bouleversement de la perception qu'ils induisent.

L'homme et le cosmos : présences du surnaturel

Le théâtre est le lieu d'une magie incessante ouvert à des présences d'outre-monde, défiant les lois du monde ordinaire. Dans *Le Ballet de Circé*, les pierres marchent, les montagnes s'ouvrent.

Le théâtre baroque intègre la conception renaissante d'une nature vitaliste où l'homme fait partie d'un grand tout multiforme et animé, le *mundus*. Dans *Macbeth*, la nuit et la forêt de Dunsinane participent activement au drame, à l'instar de la tempête dans *Le Roi Lear*. Dans l'acte II du *Songe d'une nuit d'été*, c'est une fée qui revendique l'animation du monde, associée à une instabilité perpétuelle, mêlant le végétal à l'animal, l'eau et le feu :

> Collines, vallées, ronces, halliers, buissons, me voici ! Un poisson à l'eau, un lézard au feu, une fille au bois, qui est-ce ? C'est moi. Plus vive que les quatre quartiers de la lune, je cours, je passe, je ne suis plus là, j'y suis encore, je disparais, je reviens.

La nature participe à l'action et elle est douée d'éloquence.

Rhétorique de l'illusion. La récurrence de certaines figures ingénieuses s'explique en raison de leur dynamisme propre de coïncidence des contraires, propice à créer une illusion entre l'être et le paraître. Les exercices de l'*agudeza* ont fasciné les écrivains espagnols du Siècle d'Or pour leur aptitude à de instaurer une confusion délibérée des apparences. Dans cette perspective, l'antithèse est poussée jusqu'à l'oxymore dont le "crime innocent", dans *Saint Genest* (vers 1566) est un exemple.

Magie et sortilèges

En un temps où la croyance en la magie demeure générale, la présence de magiciens constitue un ressort très utilisé, notamment dans la pastorale. Corneille lui-même, dans sa première tragédie, *Médée*, développe autant la légende et les actions extraordinaires de la magicienne que le drame de la jalousie. Quant à *L'Illusion comique*, la présence du magicien permet de montrer aux autres personnages des événements éloignés dans l'espace et le temps.

La représentation de la magie bénéficie de l'emploi des « machines ». En France, le grand créateur du genre est sans doute Boyer, avec *Ulysse dans l'île de Circé* (1648), théâtre de métamorphoses « selon les divers changements de machines » qui montre les lieux les plus variés : on y voit successivement l'île de Circé, où Éole parle aux Vents et s'envole avec eux et où les Sirènes offrent un concert aux Tritons ; un jardin, une caverne, le palais de la magicienne, les Enfers, une forteresse, le Soleil et Jupiter sur des nuages et Circé sur un char volant. L'*Andromède* de Corneille utilise des effets semblables et représente la lutte de Persée contre le monstre. Corneille reconnaît dans l'argument de la pièce que son « principal but ici a été de satisfaire la vue par l'éclat et la diversité du spectacle, et non pas de toucher l'esprit par la force du raisonnement, ou le cœur par la délicatesse des passions ».

La conception magique du monde sur la scène baroque se focalise aussi sur la présence d'objets dotés de puissance et de sens. Dans le théâtre de Jean Rotrou, les objets jouent un rôle extraordinaire : un anneau enchanté intervient dans *La Bague de l'oubli* et dans *L'Innocente Infidélité* ; tantôt proprement merveilleux, tantôt maléfique. On pourrait citer aussi le fatal effet de la tunique imprégnée du sang de Nessus, qui est, dans *Hercule mourant*, à l'origine des souffrances de l'infidèle époux de Déjanire.

2 Le double et le contrepoint : les clefs d'une dramaturgie

Le double et le sosie sont exemplaires de ces jeux de dédoublement, qui ne sont pas seulement comiques mais qui mettent en cause la perception du réel. La duplicité du monde est un thème baroque qui fait l'objet d'une exploitation dramaturgique et rhétorique systématique.

Dramaturgie du contrepoint

Le baroque goûte les constructions doubles, en écho et en miroir. Dans *Le Roi Lear*, deux intrigues s'entrecroisent en contrepoint : l'aveuglement des pères et la férocité cupide des héritiers se font écho au palais royal et au château de Gloucester : Lear, incapable de discerner l'amour de la plus jeune de ses filles, Cordelia, qu'il chasse de son royaume, se voit bafouer par ses deux aînées, dénaturées, en qui il a remis sa confiance ; Gloucester se voit trahi par le bâtard qu'il a préféré à son fils légitime Edgar.

Hugo a noté dans son *William Shakespeare* (1864) que « toutes les pièces de Shakespeare, deux exceptées, *Macbeth* et *Roméo et Juliette* » offrent la particularité suivante :

> Une double action qui traverse le drame et qui le reflète en petit. À côté de la tempête dans l'Atlantique, la tempête dans le verre d'eau. Ainsi Hamlet fait au-dessous

> de lui un Hamlet ; il tue Polonius, père de Laertes, et voilà Laertes vis-à-vis de lui exactement dans la même situation que lui vis-à-vis de Claudius. L'idée bifurquée, l'idée se faisant écho à elle-même, un drame moindre copiant et coudoyant le drame principal, l'action traînant sa lune, une action plus petite sa pareille ; l'unité coupée en deux.

La pièce dans la pièce est une variation sur ces jeux de miroirs.

Jeux de dédoublement et humour dramatique

Si le « sens de l'humour » est avant tout « la conscience de son propre personnage » (Robert Escarpit, *L'Humour*, Paris, P.U.F., 1960), son émergence dans la dramaturgie baroque précède incontestablement sa formulation critique, qui est, comme on le sait, ultérieure.

Le fossoyeur d'*Hamlet*, le Touchstone de *Comme il vous plaira*, le Feste de *La Nuit des rois*, l'Autolycus du *Conte d'Hiver*, tous ces personnages de Shakespeare se présentent comme des fous à la quête de la folie des autres. Ils ont hautement conscience de leur excentricité, associée à une dramatisation de la folie universelle, ce qu'exprime la première confrontation scénique entre Feste et Olivia :

> FESTE. – Esprit, si c'est ton bon plaisir, mets-moi en folle verve. Les beaux esprits, qui croient te posséder, ne sont souvent que des sots ; et moi, qui suis sûr de ne pas te posséder, je puis passer pour spirituel…
> OLIVIA. – Qu'on l'emmène ! Plus de fol ici !
> FESTE. – Vous entendez, marauds ? Emmenez madame : plus de folle ici !
> (Acte I, scène 5).

3 La folie sur scène : désenchantement ou enchantement ?

Déraison et dérision

La vision baroque de l'humanité se place volontiers sous le signe de la déraison et dérision. *La Nuit des rois* de Shakespeare représente l'Illyrie comme une « nef des fous » : extravagances des personnages secondaires, illusions volontaires du duc, sentimentalité irrationnelle d'Olivia. Le pessimisme s'accentue encore dans *Troïlus et Cressida*, pièce de la « désintégration des valeurs », les qualités guerrières des Grecs et des Troyens font place à la brutalité, aux instincts de vengeance, à la dissimulation machiavélique ; la passion romanesque de Troïlus pour une Cressida imaginaire résiste mal à une découverte de la faiblesse de la femme et du vide de l'amour. Avec *Othello* et *Hamlet*, Shakespeare paraît encore approfondir son interrogation sur les faiblesses de la raison humaine : esprit primitif d'Othello, mauvais usage par Iago de ses capacités intellectuelles, drame d'Hamlet paralysé par un excès de lucidité. Tout cela pourrait refléter « les doutes du dramaturge sur l'aptitude de la raison humaine à atteindre la vérité ».

Le pessimisme est cependant loin d'être absolu sur la scène baroque. Et on pourrait souligner qu'il existe des éléments qui contrebalancent le « désenchantement » et orientent le spectateur vers l'enchantement et l'utopie. Les comédies, on l'a vu avec Calderón, s'y prêtent particulièrement.

Amour et magie

Le thème de l'amour, omniprésent sur la scène baroque, y revêt une signification complexe, illustration de la « nef des fous » et adhésion à une magie existentielle qui préfigure l'éloge surréaliste de l'amour fou.

Dans L'*Orfeo* de Lope de Vega, l'amour est posé comme expérience initiatique des limites, alliant les contradictions folie-sagesse, vie-mort, à travers l'errance initiale d'Aristée :

> Va-t-en, Camilo, et laisse-moi ici, fou ou sage, peu importe… dis à mes vassaux que je passe ma vie à errer de forêt en forêt, et reviens voir, quand bon te semblera, si je suis vivant ou mort, car c'est ma vie ou ma mort que je cherche » (La Pléiade, tome I, p. 639).

Pour Lope de Vega, comme pour Shakespeare, l'amour échappe d'autant à la volonté qu'il est le résultat d'une sorte de conjonction astrologique, d'une prédestination. L'amour est l'incarnation du hasard : « Il n'est pas le fait d'un choix, mais uniquement le produit du hasard » (*La Dama boba*, acte III). Pulsion irrationnelle et merveilleuse, il est le principe moteur de l'action dramatique.

Le succès de *Pyrame et Thisbé* de Théophile de Viau s'explique par cette dramaturgie de la vie qui privilégie le coup de foudre et les métamorphoses opérées par l'amour. On y retrouve la thématique baroque de la fusion des identités dans le mystère de l'amour, révélation à la vraie vie, selon un motif lyrique cher au poète :

> Nos esprits sans l'amour assoupis et pesants,
> Comme dans un sommeil passent nos jeunes ans ;
> Auparavant qu'aimer on ne sait point l'usage
> Du mouvement des sens ni des traits du visage (I, 1).

4 Théâtre idéologique ou œuvres ouvertes : l'ambiguïté des signes

Le baroque soulève la question de l'autorité dans un contexte historique où se sont affirmées des aspirations très fortes à la liberté individuelle, source de contestations et de troubles et de remise en cause de l'ordre universel, hiérarchisé et régi par Dieu. Les dramaturges baroques représentent l'*hubris** par aveuglement, orgueil et ambition. Mais de nombreux critiques ont souligné que le dénouement de leurs pièces restaure un ordre conforme à la nature. On a souvent rappelé que les thèmes de la roue de la Fortune et du *theatrum mundi* sont par essence conservateurs.

Sur le plan socio-politique, les drames historiques de Shakespeare, autant que les pièces de Lope de Vega, peuvent être lues comme des mises en garde explicites contre les risques d'anarchie que véhiculent la rébellion, l'usurpation, des conceptions infatuées et déréglées de l'honneur.

À bien des égards, la dramaturgie de Lope de Vega opère une synthèse du moral, du politique et du spirituel, le roi de ses *comedias* étant défini comme le vicaire de Dieu. Le « Siècle d'or » espagnol est celui où une nation longtemps prépondérante reste figée sur des valeurs archaïques. Société sans bourgeoisie réelle, elle consacre un idéal du paraître et de l'oisiveté et s'attache à une prétendue « pureté de sang ». Le théâtre est un lieu idéal pour conjurer les doutes et les angoisses en recomposant un univers ordonné, voulu par Dieu, où les épreuves provoquées par la folie des hommes, sont heureusement dépassées. On a pu voir ainsi dans la *comedia* un lieu sciemment exploité par la monarchie ibérique pour inculquer une idéologie conservatrice fondée sur la prééminence des valeurs traditionnelles : roi-justicier arbitrant les errements de ses sujets et, en dernier ressort, sur la précarité et sur le rappel insistant des « vanités » terrestres, la vie étant une comédie jouée par l'homme, mais réglée par Dieu.

Fuenteovejuna mérite assurément d'être replacée dans les idées théorico-politiques de son temps. Le commandeur, coupable d'exactions envers ses vassaux, l'est plus encore de trahison et de rébellion envers ses suzerains légitimes. Il apparaît à la première scène mortifié de ne pas être accueilli par son hôte, le grand maître de l'Ordre qui est en fait son supérieur hiérarchique. Cette présomption de Fernan Gomez constitue un premier manquement à ses obligations. Les chroniques dont s'inspire Lope de Vega pour cette pièce, version remaniée d'un épisode réel, confirment que le commandeur a troublé l'ordre social dont il était le garant, ayant pour mission de faire régner l'harmonie et d'en donner l'exemple en se montrant soumis à son suzerain et en respectant les droits légitimes de ses vassaux. La pièce illustrerait dans cette perspective un courant de pensée théorico-politique qui admet la légitimité du tyrannicide (le tyran est celui qui usurpe ou abuse du pouvoir) à condition que l'action soit menée par des représentants autorisés de la communauté et qu'il ne soit pas le fait d'une seule personne.

S'il n'est pas inutile de replacer la *comedia* – autant que le théâtre élisabéthain – dans son contexte historique et idéologique, reste que ce théâtre a pu toucher les **générations ultérieures** et peut encore nous toucher en ce qu'il offre une infinité d'interprétations. L'intérêt d'une pièce comme *Fuenteovejuna* de Lope de Vega repose moins sur la quête de « sa » signification contextuelle que sur la pluralité de lectures qu'elle a ouvertes et qu'elle peut encore susciter.

La fascination exercée par les pièces baroques tient à l'ambiguïté des significations qu'elles portent. Ainsi, *Le Grand Théâtre du monde* de Calderón peut aussi être lu, comme le suggère D. Souiller, comme le double drame de l'auteur et de son temps, laissant affleurer la contradiction entre un « attachement passionné aux choses d'ici-bas et la conviction simultanée de leur caractère illusoire et vide au regard d'un essentiel seul doué de réalité » (*Calderón et le grand théâtre du monde*, Paris, PUF, 1992). Cette tension entre la fascination du monde et le *desengaño* (désenchantement) résume la dialectique secrète de bien des pièces baroques, expliquant l'adhésion éperdue aux artifices de la scène et à la double illusion : de la vie et du théâtre.

À l'âge baroque, le goût du théâtre et de ses déguisements est doté d'une forte ambivalence, penchant toutefois vers l'attrait et la séduction de la fascinante liberté que cet espace double et néanmoins nouveau autorise : plaisirs infiniment renouvelés de l'illusion et du vertige lié à la perte et aux métamorphoses de l'identité.

Manipuler l'illusion, s'en rendre maître : tel est le triomphe ultime du dramaturge baroque, mais aussi du spectateur, qu'il invite peut-être à déjouer les illusions des apparences (celles de la caverne platonicienne) tout en en faisant ses délices.

« Fuenteovejuna » : histoire simple, lectures plurielles. Un grand seigneur, Fernan Gomez, commandeur d'un ordre militaire, répond à la fidélité de ses vassaux en déshonorant leurs femmes et leurs filles ; deux jeunes gens du village de Fuente Ovejuna, Laurencia et Frondoso, montrent l'exemple de la résistance ; le commandeur ayant fait enlever la jeune épousée le jour de leurs noces, ce forfait provoque une émeute générale. Le commandeur ayant été tué, le village plaide la responsabilité collective de ce crime que le roi renonce finalement à punir.

Apologies romantiques du Siècle d'Or. Hugo, dans la Préface de *Cromwell*, se réclamera de l'*Art nouveau* du Phénix, disant que « pour enfermer les préceptes, ce n'est pas trop de six clefs ». Lessing, dans sa *Dramaturgie* (1768-1769) avait déjà invoqué le modèle de Lope de Vega. Tout le théâtre du Siècle d'Or espagnol s'est vu érigé en référence mythique par l'Europe romantique. *Le Magicien prodigieux* de Calderón connaît un triomphe à Dusseldorf en 1832. Wagner, dans ses écrits théoriques sur l'opéra, prendra Calderón comme modèle explicite pour un spectacle « total ». Pouchkine, après Mozart, célèbre *Don Juan*.

DOCUMENT COMMENTÉ

Extrait de Lope De Vega

FABIO – Maître, repose-toi un instant.

ORPHÉE – Qu'est-ce que le repos ? Toi, Fabio, contre moi ? Toi, mon ennemi ? Pourquoi rester en vie si Eurydice est morte ? Pourquoi lasser le Ciel de mes soupirs quand la mort est là ? pourquoi me conserves-tu le souffle, vent léger ? Arbres, que regardez-vous de la sorte ? Par les dieux, vous m'avez trahi ! Ah ! misérable saule, je vais te mettre en morceaux ! Non, il n'est pas possible de voir parmi les fleurs, depuis le balcon de vos vertes branches, l'aspic qui a donné la mort à mes amours. Et toi, chaste laurier, déshonneur de ton espèce, pourquoi n'as-tu pas prévenu mon Eurydice ?

FABIO – Bergers, hé, bergers !

ORPHÉE – Qui appelles-tu ?

FABIO – Quelqu'un pour ajouter sa voix à ta triste lamentation.

ORPHÉE – Chien, je te reconnais : tu dois mourir !

FABIO – Lâche mon cou, maître ! que t'ai-je fait, moi ?

ORPHÉE – Je sais que tu es l'aspic et que tu viens me tuer moi aussi. Défends-toi !

FABIO – Ah ! il est en train de me tuer !

ORPHÉE – Rends-moi mon bien, rends-moi l'âme sacrée d'Eurydice, puisque tu lui as mordu le pied.

FABIO – Moi, je l'ai mordue ? C'est ton égarement qui te fait m'accuser.

ORPHÉE – Je ne t'ai point vu, tu étais caché sous un figuier.

FABIO – Si ça avait été moi, j'aurais négligé le pied le plus propre et le plus éclatant pour manger les figues les plus sales. Tu vois bien que ce n'est pas moi. Lâche-moi.

ORPHÉE – Ah ! si j'avais été aspic pour mordre un pied comme le sien ! Je veux être aspic !

FABIO – Es-tu fou ?

ORPHÉE – Mordons-nous l'un l'autre.

FABIO – Sommes-nous donc poètes ?

ORPHÉE – Muses, puisque je le suis, je vous invoque ici !

FABIO – Cela, à la rigueur, me semble raisonnable. Si tu interprètes tes propres idées, cherche de parfaites figures pour t'exprimer en un langage clair.

ORPHÉE – Les Muses m'ont fui.

FABIO – Qui aurait pu pensé qu'elles abandonneraient un malheureux ! Les femmes sont des êtres qui ne voient que leur intérêt. Si tu as besoin d'elles, appelle-les avec de l'argent, montre leur ta bourse.

ORPHÉE – L'art m'a abandonné.

FABIO – Alors, maître, sans art, n'insiste point. C'est la part principale dans la poésie, même si le naturel est la chose première.

Orfeo, El marido màs firme, Tragedia (*Orphée, Le Mari le plus constant*). Acte III (Fabio et Orphée).

REMARQUES PRÉLIMINAIRES : LES OBJECTIFS DU TEXTE

– un passage exemplaire du mélange des genres que pratique Lope de Vega ;

– un jeu de contrepoint stylistique exemplaire des positions d'un maître et d'un valet ;

– l'affleurement d'une réflexion esthétique : art et nature.

1 - PRÉSENTATION DU DOCUMENT

L'auteur

Lope de Vega (1562-1635) est l'auteur le plus fécond du « Siècle d'or » espagnol (mille huit cents pièces, dont certaines auraient été écrites en vingt-quatre heures !) Son succès fut éclatant. Il publia en 1609 l'*Art nouveau de faire les comédies*, plaidoyer ironique justifiant *a posteriori* un métier dramatique forgé à partir d'une pratique personnelle déjà très abondante de l'écriture théâtrale. Se considérant d'abord comme un poète, Lope de Vega privilégia longtemps la part lyrique de sa création, considérant sa production dramatique comme une source de revenus, et comme un lieu propice à l'expérimentation stylistique : son succès reposa sur une extraordinaire aptitude à satisfaire la demande du public mêlé de la *comedia* ; en prétendant plaire au « vulgaire », Lope ne manqua pas de séduire des spectateurs aristocratiques, en fait très nombreux à la *comedia*, et également en attente d'effets spectaculaires.

Un extrait de tragédie

■ **Datation :** la pièce a été publiée en 1625, mais on ignore la date exacte de sa représentation. Lope de Vega nous incite à la situer vers 1621 puisqu'il écrit en 1624 : « C'est une fable que j'ai écrite trois ans avant que Juan Pérez de Montalbán ne compose son *Orphée* ».

■ **Traduction :** il s'agit de celle qui est disponible dans le premier volume de la Pléiade (*Théâtre espagnol du XVII*e *siècle*, tome I, pp. 676-678). Cette traduction n'est pas celle de l'édition originale de la pièce, mais de celle donnée à Barcelone en 1630.

2 - ANALYSE DU DOCUMENT

Il s'agit d'une scène de détente comique entre Orphée et son confident-serviteur, Fabio, qui semble inviter le public à rire des manifestations extrêmes de la douleur d'Orphée.

3 - MISE EN PLACE DU DOCUMENT

La mythologie dans le théâtre du « siècle d'or »

L'illustration de thèmes mythologiques est fréquente dans la *comedia* du Siècle d'Or. Lope de Vega n'innove nullement en cela. Lorsqu'il crée sa version théâtrale du mythe d'Orphée et d'Eurydice, un « bon usage » de la mythologie antique est déjà largement fixé. Un prédicateur de Salamanque, le père Balthasar de Vitoria, a publié à cet égard un ouvrage de vulgarisation visant à mettre à la portée des auteurs qui voudraient les utiliser les principaux mythes de l'Antiquité. Lope de Vega a lui-même approuvé cet ouvrage intitulé *Teatro de los dioses de la gentilidad* (*Théâtre des dieux du monde païen*). Lope passe sur la prudence du père qui entendait montrer les erreurs des païens, pour restituer une visée didactique universelle, sous-jacente dans la fable mythologique.

Orphée

Cette figure mythologique est particulièrement prisée pour les implications néo-platoniciennes de son aventure : à la fois esthétique et amoureuse. Symbole de la fidélité conjugale, le mythe d'Orphée invite à une réflexion sur l'art : Orphée, fils d'Apollon et de la muse Calliope, a hérité du don de la musique, de la poésie épique et de l'éloquence. Il symbolise aussi une intrication magique de la parole et du chant, puisque les accents mélodieux de sa voix réussissent à amadouer les bêtes féroces. Le XVIIe siècle espagnol utilise couramment le nom d'Orphée par antonomase pour désigner le parfait poète. Il est donc légitime de rechercher dans la pièce de Lope de Vega un discours sur la poésie et le théâtre.

Mais revenons à l'aspect le plus évident de la tragique histoire d'Orphée : on connaît le regard fatal qu'il porte sur Eurydice. Le mythe d'Orphée et d'Eurydice illustre d'abord le cas d'une fidélité absolue au-delà de la mort qui sépare les êtres qui s'aiment. Mythe d'un amour plus fort que la mort, il offre une image inversée de la figure moderne de don Juan que conçoit au même moment Tirso de Molina. Lope de Vega souligne dans un sonnet de ses *Rimas del licenciado Tomé de Burguillos* le décalage entre les comportements amoureux contemporains et ce mythe d'Orphée « à notre époque... qui serait capable d'être Orphée ? ».

La visée de Lope de Vega rejoint probablement en partie celle de Tirso de Molina, l'illustration du mythe d'Orphée visant à servir à la réforme des mœurs d'une société pour qui les héros de l'Antiquité constituent des modèles.

La faveur du mythe d'Orphée tient à ses convergences avec tout un imaginaire chrétien sur lequel se fonde la littérature du Siècle d'Or. Un certain nombre d'éléments du mythe (charme surnaturel du héros, intervention d'un serpent comme instrument du destin, perte du paradis terrestre, descente aux Enfers, rachat d'Eurydice) est aisément transposable en termes chrétiens. Dans son *Auto del divino Orfeo*, Calderón utilisera d'ailleurs quelques années plus tard cette fable comme une allégorie de la Rédemption, faisant d'Orphée le Christ, du serpent le péché, d'Eurydice la grâce.

L'originalité de Lope tient à un traitement renouvelé du mythe allié au goût du dramaturge pour l'expérimentation théâtrale. La « tragédie » que crée Lope exploite en fait le mélange, la « bigarrure » caractéristique de la *comedia*. Lope mêle un double registre, sublime et divin d'une part, comique et burlesque de l'autre dans une version quelque peu ambivalente du mythe d'Orphée. Le ton de la pièce est dans l'ensemble élevé, abondant même en jeux de mots ingénieux qui se rapportent à des thèmes consacrés : beauté, amour, fidélité, jalousie. Pourtant, les intermèdes bouffons sont nombreux dans l'œuvre, suggérant le burlesque latent du mythe, d'ailleurs exprimé par le sous-titre *Le Mari le plus constant* : situation parfaitement ridicule pour le public du Siècle d'Or. On peut admettre alors l'idée d'un amant constant, mais le mariage et ses avatars (cocuage, femme revêche ou autoritaire) appartiennent à la tradition comique. Dans cette perspective, Orphée apparaît à Fabio comme un mari incongru : « Tu seras le mari le plus étonnant que le monde ait connu, puisque, alors que ton aimable femme est morte, tu désires la revoir. » Le satirique Quevedo écrit dans un romance satirique à propos d'Orphée : « Celui qui se retrouve veuf une fois est un homme heureux ; mais être veuf deux fois de la même femme, voilà le comble du bonheur » (*El Parnaso español*, 1648). Précisons aussi qu'on attribue à Lope de Vega une version totalement burlesque du mythe d'Orphée intitulée *El Ingrato* (*L'Ingrat*).

La dualité de la pièce se cristallise autour de la présence d'un valet de comédie, le *gracioso*, aux côtés du héros : ce Fabio intervient dans les moments les plus pathétiques. Avant cette scène, on voit à l'acte II Fabio conclure par une réplique comique la représentation poignante de la mort d'Eurydice : « Oh, brave aspic ! S'il pouvait en naître beaucoup qui mordent [...] toutes celles [les femmes] qui m'ont fait du mal ! »

La situation dramatique

L'acte III est celui de la folie du héros, mise en valeur par le contrepoint burlesque s'accentuant dans sa relation avec son valet, qui assume bravement et quelque peu ironiquement la confrontation à laquelle s'empressent d'échapper les bergers de la pastorale. Tirsis incite Fabio à la prudence : « Il semble devenu fou et tu peux craindre qu'il ne s'en prenne à toi. »

Néanmoins Fabio va, seul, au-devant de son maître qui se lamente, acceptant apparemment de jouer le rôle qui lui est imparti de confident pathétique : « Cette déplorable tragédie de la mort d'Eurydice restera éternelle, comme le demande l'amour, à travers le sort dévolu à chacun : Orphée doit perdre la raison, moi je dois avoir de la peine. »

4 - COMMENTAIRE DU TEXTE

a/ Représentation tragi-comique de la fureur d'Orphée

1 ~ Rhétorique du délire

■ L'expression de la souffrance correspond à la situation pathétique du héros dépossédé de sa bien-aimée (observer la récurrence du nom propre d'Eurydice dans le discours d'Orphée).

Sur cette première perte se greffe le sentiment d'être abandonné des Muses, les inspiratrices féminines d'une pratique artistique vitale pour Orphée.

■ La rhétorique de l'invocation du héros tragique structure plusieurs tirades d'Orphée, qui s'adresse successivement au Ciel, aux éléments naturels (qu'il personnifie), et, dans la fin du passage, aux Muses. Ces vaines invocations apparaissent d'autant plus comiques qu'elles inscrivent une tentation permanente de monologue d'un héros enfermé dans son délire et incapable d'établir le contact avec son seul interlocuteur possible : Fabio.

■ Un dialogue de sourds s'instaure avec le valet qui tente vainement d'ouvrir les yeux à son maître sur son « égarement », lui posant brutalement la question directe : « Es-tu fou ? »

■ Un *crescendo* dans l'égarement d'Orphée est repérable : alors qu'au début du passage, il reconnaît encore Fabio, on note ensuite sa perception de plus en plus confuse de son environnement, préludant à un repli final sur soi et à un quasi-mutisme.

2 ~ Le nœud du délire : l'obsession de l'aspic

■ D'abord Orphée refuse la vue du serpent fatal qui a causé la mort de sa bien-aimée.

■ Cette première attitude, refus de voir, se mue très vite en une hallucination visuelle : Orphée croit voir l'aspic réincarné en Fabio : « Je sais que tu es l'aspic. »

■ Renonçant à cette première illusion, Orphée rêve de sa propre métamorphose en aspic, rêverie exprimée sur le mode de l'irréel (« Ah ! si j'avais été aspic... »), avant de s'actualiser en une déclaration d'intention au présent parfaitement bouffonne : « Je veux être aspic. »

■ On peut commenter brièvement les connotations érotiques burlesques de ce désir de métamorphose en aspic, écran d'une obsession amoureuse.

3 ~ Folie et fureur agressive

■ Orphée commence ses lamentations par un appel à sa propre mort. Cette pulsion d'autodestruction est très sensible dans le début du passage, demeurant toutefois purement rhétorique.

■ Cette fureur destructrice va se retourner progressivement contre les éléments (Orphée menace verbalement le saule), puis contre Fabio qu'il tente d'étrangler, joignant le geste (souligné dans le texte par la réaction du valet) à la parole : « tu dois mourir ». Ce verdict inattendu consacre un jeu de ruptures typiquement burlesque.

b/ Jeux de contrepoint burlesque

1 ~ Contrepoint de l'amoureux et du *gracioso*

■ L'opposition est saisissante entre les préoccupations d'Orphée (amour et poésie) et celles de Fabio, qui assume les caractéristiques du *gracioso*, valet poltron (criant à l'assassinat), glouton (voir son argumentation pour se disculper d'avoir mordu Eurydice : il aurait préféré les figues à un pied !), sans illusions sur l'amour et les femmes (il invoque leur vénalité et réduit ainsi l'amour à une relation d'intérêt).

2 ~ Les registres de langues : effet de contagion

■ Ce jeu de dissonance burlesque entre le noble et le vulgaire contamine en fait insidieusement le discours d'Orphée, qui évolue d'un registre élevé, sublime et galant (« mes amours ») à des rapprochements incongrus et quelque peu grotesques : « Rends-moi mon bien, rends-moi l'âme sacrée d'Eurydice, puisque tu lui as mordu le pied. »

■ L'évolution du ton d'Orphée est consécutive à sa fureur qui le pousse très vite à traiter Fabio de « chien ».

■ On observe ainsi l'intrusion dans le discours d'allusions grotesques autour des motifs du corps et de l'animal.

3 ~ L'empoignade : version burlesque d'un duel

■ Le corps à corps entre Orphée et Fabio suggère des possibilités de mise en scène bouffonne.

■ Orphée incite l'aspic supposé à se défendre, comme dans un duel.

c/ Ironie dramatique, parodie et métatextualité

1 ~ Distanciation à l'égard de la tragédie

Par sa durée et ses rebondissements, la scène attendue de lamentation et de consolation se transforme en un intermède bouffon.

2 ~ Autoparodie du dramaturge : qu'est-ce que la poésie ?

« Sommes-nous donc poètes ? » La question posée par Fabio apparaît en rupture totale avec le contexte de la fureur destructrice d'Orphée. Cette distanciation ironique introduit une considération sur la forme des paroles d'Orphée, au détriment de leur sens. Comme si Fabio ne retenait que l'ingéniosité d'un propos alambiqué et obscur. On peut interpréter les propos de Fabio comme une satire de la poésie, discours qui se mord la queue à la façon des serpents.

À travers ce texte pointe une ironie du dramaturge proche de l'autoparodie, puisque l'irrévérence de Fabio ridiculise en partie les jeux d'ingéniosité conceptistes auxquels Lope de Vega n'a pas dédaigné de recourir dans cette même pièce.

3 ~ Réflexion sur l'art et leçon ambiguë

■ Fabio énonce finalement, sur un ton docte, une leçon de rhétorique ambiguë.

■ Il fait l'apologie d'une énonciation claire fondée sur la transparence entre signifiant et signifié.

■ Son ultime conclusion est une invitation à renoncer à la poésie après qu'Orphée a déclaré avoir perdu « l'art » : « sans art, n'insiste point. C'est la part principale dans la poésie, même si le naturel est la chose première ».

La dualité est ainsi posée comme principe esthétique, et la boucle bouclée dans cet intermède comique qui déroule ses volutes baroque autour d'un aspic fatal.

5 - INTÉRÊT DU TEXTE

■ Au-delà de l'illustration du mélange des genres pratiqué par Lope de Vega, ce passage soulève une question esthétique sur la place respective de l'art et de la nature dans la « création » poétique.

■ On peut mettre en relation ce partage des rôles suggéré entre l'art et le naturel avec les positions développées par Lope de Vega dans l'*Art nouveau de faire des comédies*. Il en appelle à la fois à la nature et à une pragmatique de la création (« l'art » comme savoir-faire, revendication d'un professionnalisme analogue à celui des « comédiens de l'art » italiens.

DOCUMENTS PROPOSÉS

Shakespeare

Entrent Pyrame et Thisbé, le Mur, le Clair de lune et le Lion, comme dans une pantomime.

LE PROLOGUE

Gentils auditeurs, peut-être êtes-vous étonnés de ce spectacle ?
Restez-le donc jusqu'à ce que la vérité vienne tout expliquer.
Cet homme est Pyrame, si vous voulez le savoir.
Cette belle dame est Thisbé ; c'est évident.
Cet homme, avec son plâtre et sa chaux, représente
Un mur, cet ignoble mur qui séparait nos amants :
C'est à travers ses fentes que ces pauvres âmes sont réduites
A chuchoter. Que nul ne s'en étonne.
Cet homme, avec sa lanterne, son chien et son fagot d'épines,
Représente le clair de lune : car, si vous voulez le savoir,
Devant le clair de lune, nos amants ne se font pas scrupule
De se rencontrer à la tombe de Ninus pour s'y... pour s'y faire la cour.
Cette affreuse bête qui a nom lion,
Une nuit que la confiante Thisbé arrivait la première,
La fit fuir de peur, ou plutôt d'épouvante.
Comme elle se sauvait, Thisbé laissa tomber sa mante
Que cet infâme lion souilla de sa dent sanglante.
Bientôt arrive Pyrame, charmant jouvenceau, très grand ;
Il trouve le cadavre de la mante sa belle.
Sur quoi, de sa lame, de sa sanglante et coupable lame,
Il embroche bravement son sein dont le sang bouillonne.
Alors, Thisbé, qui s'était attardée à l'ombre d'un mûrier,
Prend la dague, et se tue. Pour tout le reste,
Le Lion, le Clair de Lune, le Mur et les deux amants
Vous le raconteront tout au long quand ils seront en scène.
(Sortent le Prologue, Thisbé, le Lion et le Clair de lune)

THÉSÉE – Je me demande si le lion doit parler.

DEMETRIUS – Rien d'étonnant à cela, monseigneur ; un lion peut bien parler, quand il y a tant d'ânes qui parlent.

LE MUR – Dans cet intermède, il arrive
Que moi, dont le nom est Groin, je représente un mur,
Mais un mur, je vous prie de le croire,
Percé de lézardes et de fentes,
À travers lesquelles les amants, Pyrame et Thisbé
Se sont parlé bas souvent très intimement.
Cette chaux, ce plâtras et ce moellon vous montrent
Que je suis bien un mur. C'est la vérité.
Et c'est à travers ce trou-ci qu'à droite et à gauche
Nos amants timides doivent se parler bas.

THÉSÉE – Peut-on désirer que de la chaux barbue parle mieux que ça ?

DEMETRIUS – C'est la cloison la plus spirituelle que j'aie jamais ouïe discourir, Monseigneur.

THÉSÉE – Voilà Pyrame qui s'approche du Mur. Silence.

Le Songe d'une nuit d'été (A Midsummer night's dream) ; extrait de l'acte v, scène 1.

Traduction de François-Victor Hugo, in Shakespeare, *Œuvres complètes*, Pléiade, tome I.

Comprendre le document et ses centres d'intérêt

- le théâtre dans le théâtre ;
- la reprise autoparodique de l'intrigue dramatique de *Roméo et Juliette*, pièce représentée une dizaine d'années plus tôt ;
- réflexion sur la pratique scénique : support réel et participation imaginaire.

Présenter le document

- l'auteur : quelques rappels sur une carrière exceptionnelle d'auteur mais aussi d'acteur ;
- extrait d'une comédie, *Le Songe d'une nuit d'été*.

Mettre en place le document

- l'histoire de *Pyrame et Thisbé* (mythe littéraire tiré des *Métamorphoses* d'Ovide) ;
- situer à l'intérieur de la pièce (rappeler l'intrigue de celle-ci).

Commentaire composé à partir des centres d'intérêt suivants :

- leçon sur l'illusion théâtrale ;
- jeux de décalage burlesques ;
- ironie et parodie dramatiques.

Actualité de la pratique scénique baroque : recherches pour une interprétation « à l'ancienne » du répertoire français

« L'acteur "interprète" non pas selon des critères psychologiques, mais seulement en termes de techniques de rhétorique : un acteur baroque possède une voix et un soutien respiratoire comparables à ceux d'un chanteur, et par les intonations et le rythme qu'il donne à son texte, il doit faire ressortir à la fois la forme littéraire de ce qu'il dit (vers, prose, unités courtes ou périodes), la construction grammaticale, et tous les autres éléments « signifiants » du discours. D'autre part, il ajoute au texte une énergie personnelle, non seulement par les qualités de sa voix, mais par les gestes qu'il fait, qui sont, une fois encore, non pas des gestes psychologiques, mais des gestes de rhétorique, en partie codés, qui illustrent et renforcent le sens des paroles. »

Interview d'Eugène Green, théâtre de la Sapience, dossier de presse de *La Suivante*
(Festival des arts baroques en Provence, 8 et 9 avril 1993, Avignon).

Comprendre le document et ses centres d'intérêt

- reconstitution archéologique de la diction baroque ;
- le rapport théâtre-musique et la possibilité de transposer au théâtre baroque les recherches pour une interprétation à l'ancienne de la musique écrite entre 1670 et 1750.

Présenter le document

Extrait de presse relatif à une représentation de *La Suivante* de Corneille au festival d'Avignon en 1993.

Mettre en place le document

- un travail de recherche dramaturgique autour d'Eugène Green visant à retrouver les caractéristiques fondamentales de la scénographie et du jeu baroques ;
- instrumentation et rhétorique : clefs d'interprétation.

Construire le plan à partir des centres d'intérêt suivants :

- le texte et la voix : baroque et reconstitution instrumentale à l'ancienne ;
- gestualité et rhétorique dramatiques ;
- 'acteur un homme-orchestre, artificier du sens des mots.

DISSERTATION EXPLIQUÉE

Eros baroque et dramaturgie de l'ambiguïté dans le théâtre de Jean Rotrou

ÉLABORATION DU DEVOIR

A - DÉFINIR LE SUJET

Ses termes

Les termes de ce sujet font écho à des analyses reconnues sur la problématique du baroque et sur celle du théâtre de Rotrou :

■ ***Eros baroque*** est le titre d'une « Anthologie thématique de la poésie amoureuse » centrée sur la période 1570-1620 (ouvrage édité par Gisèle Mathieu-Cestellani, Paris, U.G.E., 10/18, 1979). Il s'agit de revenir sur la relation entre ce qui apparaît comme un lieu commun littéraire (le thème de l'amour) et l'imaginaire spécifique de l'âge baroque.

La désignation métonymique de l'amour par Eros indique une référence mythique et symbolique : l'amour comme mystère mais aussi comme passion et comme pulsion.

La référence implicite à l'ouvrage de G. Mathieu-Castellani indique la dimension lyrique et poétique de ce lieu commun. Un premier problème se dégage : à savoir comment un thème poétique et lyrique s'inscrit-t-il chez Rotrou dans une écriture dramatique ?

■ ***Jean Rotrou, dramaturge de l'ambiguïté*** est une publication de Jacques Morel (Paris, Colin, 1958) qui a fait date dans les travaux consacrés à Jean Rotrou et qui a contribué à enrichir la réflexion sur le théâtre baroque dans son ensemble.

Le terme de « dramaturgie » renvoie à des aspects spécifiques à l'écriture et à la composition des œuvres théâtrales.

La notion d'« ambiguïté » se rapporte à ce qui est susceptible de plusieurs explications ; le terme recouvre en partie une notion de l'incertitude, de l'équivoque, ou encore de l'ambivalence et de la dualité. L'ambiguïté essentielle d'une dramaturgie baroque repose sur l'instabilité des apparences, jeux de réalité et d'illusion qui renvoient à la problématique théâtrale.

Rappelons que la thèse développée par J. Morel est celle de l'incertitude absolue de l'univers dramatique où évoluent les hEros mis en scène par Rotrou, lieu inconnaissable sur lequel règne l'illusion : « Les yeux du corps ni ceux de la raison n'en peuvent saisir les significations. Tout s'y transforme, tout y semble fluent et caduc. »

■ La présence d'une conjonction de coordination entre les deux groupes nominaux : « et ». Quels rapports peut-on établir entre un plan d'analyse thématique axé sur le repérage des motifs amoureux et un plan d'étude dramaturgique orienté autour de la notion précédemment définie d'ambiguïté. On devra préciser le rapport entre la représentation de l'amour et l'esthétique de l'illusion et de la métamorphose qui caractérise l'univers dramatique de Rotrou.

Cette dramaturgie de « l'ambiguïté « associée à une conception baroque de l'Eros ramène à la question implicite, mais évidente d'une dramaturgie exemplairement baroque.

Ses limites

Sans prétendre renvoyer à la totalité des œuvres de Rotrou (trente-cinq pièces connnues), on s'appuiera sur un échantillon de pièces particulièrement représentatives du thème de l'amour et de la dramaturgie de l'ambiguïté. On écartera une œuvre majeure de Rotrou où la problématique profane de l'Eros est inexistante : *Le Véritable Saint Genest*.

Éléments bibliographiques utiles

■ Les éditions disponibles : *Théâtre du XVIIe siècle*, éd. J. Scherer, volume 1, Paris, Gallimard, 1975.

■ Quelques études critiques :

– J. Morel, *Rotrou dramaturge de l'ambiguïté,* op. cit.

– W. Leiner, « Deux aspects de l'amour dans le théâtre de Rotrou : le romanesque et le réalisme », *Revue d'histoire du théâtre* 11, 1959, pp. 179-204.

– J.-C. Vuillemin, *Baroquisme et théâtralité. Le théâtre de Jean Rotrou.* Paris-Seattle-Tübingen, P.F.S.C.L., Biblio 17, 1994.

Les écueils à éviter ?

■ Se laisser obnubiler par le caractère « problématique » de la notion de « baroque » qui n'est qu'accessoire pour ce type de sujet. On admettra que Rotrou est le représentant par excellence du théâtre baroque en France, en dépit du caractère instable du concept même de « baroque ».

■ Traiter séparément les deux aspects du sujet (d'une part « Eros baroque » et d'autre part « dramaturgie de l'ambiguïté ») : il convient absolument de cerner la convergence entre la représentation de l'amour chez Jean Rotrou et sa dramaturgie de l'ambiguïté.

B - CONSTRUIRE LE PLAN

Définir la problématique du sujet

■ Quelle place occupe l'amour dans le théâtre de Rotrou et en quoi ce lieu commun poétique se situe-t-il au cœur d'une dramaturgie de l'ambivalence et de la dualité ?

■ Au-delà, il convient de s'interroger sur les implications de ce nœud entre amour et ambiguïté. Doit-on chercher à déceler dans cette corrélation l'illustration d'une perspective philosophique laissant affleurer une « conscience tragique du monde » liée aux incertitudes de l'illusion et de la réalité ? Ne serait-ce pas oublier la construction dramaturgique qui nous incite à une réflexion sur l'essence théâtrale de cette vision baroque ?

Repérer les articulations possibles du plan

■ Il s'agira de déterminer d'abord l'importance du thème de l'amour dans le théâtre de Rotrou. Première partie : Eros et dramaturgie baroque.

■ On analysera ensuite plus précisément la représentation problématique de l'amour dans une dramaturgie de l'ambiguïté. Deuxième partie : Incertitudes et contradictions de l'amour, nœud d'une dramaturgie de la duplicité et de l'illusion.

■ Cette duplicité baroque justifie un retournement de la problématique induit par les jeux de la théâtralité dans la dramaturgie de Rotrou. Troisième partie : De la représentation de l'amour à l'amour de la représentation.

Mettre alors en place les idées de l'introduction, une fois que la structure du devoir est définie (et non l'inverse)

■ Replacer le sujet dans son contexte, sans tomber dans de trop grandes généralités sur les problèmes du théâtre baroque.

■ Présenter la problématique qui se dégage des deux points du sujet et de leur relation.

■ Terminer par l'annonce claire du plan, en évitant cependant les annonces stéréotypées sur le modèle « dans une première partie, j'étudierai » ; on peut se contenter de préciser les questions que l'on va essayer de résoudre, en ménageant un relatif « suspens » afin de ne pas se répéter dans la conclusion.

Préparer la conclusion

Avant de commencer la rédaction du devoir, pour éviter les rédactions hâtives de dernière minute :

■ Rassembler les étapes de la démonstration.

■ Suggérer, en ouverture finale, les possibilités de rapprochement de cette dramaturgie de l'amour baroque avec d'autres œuvres théâtrales baroques.

RÉDACTION DU DEVOIR

Introduction

■ Concernant Jean Rotrou, le quatrième « grand » du théâtre français du XVIIe siècle, nous ne disposons que de peu d'éléments d'information biographiques. Sa prédilection pour la représentation de l'amour s'inscrit dans un goût historique et témoigne de l'inspiration que puisent alors les dramaturges dans des thèmes romanesques et poétiques liés à l'engouement pour le modèle de la pastorale et pour la rhétorique de l'amour pétrarquiste.

■ Le thème de l'amour, omniprésent dans le théâtre de Rotrou, qu'il s'agisse de pastorales, de tragicomédies, de comédies ou de tragédies, invite à un examen dramaturgique. Comment une vision baroque et poétique de l'Eros s'incarne-t-elle dans le théâtre de Rotrou, défini par J. Morel comme une « dramaturgie de l'ambiguïté » ?

n On s'efforcera de préciser la place et l'importance d'Eros dans la dramaturgie de Rotrou, à partir de quelques pièces-clefs. Les multiples facettes et contradictions de l'amour au travers de ces œuvres permettront d'éclairer les convergences entre cet Eros baroque et une dramaturgie éminemment problématique. Mais ne doit-on pas rechercher au-delà la coïncidence, plus troublante encore, entre la représentation théâtrale de l'amour chez Rotrou et la passion pour l'illusion scénique qui affleure dans l'écriture dramatique de cet auteur ?

1 - EROS ET DRAMATURGIE BAROQUE

a/ L'amour, donnée dramaturgique primordiale dans le théâtre de Rotrou

1 ~ Amour omniprésent et omnipotent

■ Personnages amoureux aux patronymes convenus dans la droite ligne de la pastorale (l'héroïne éponyme de *Diane*, Florante dans *Célimène*, Alidor, Céphise dans *Filandre*).

■ Contamination de l'amour à des personnages qui n'appartiennent pas à l'univers pastoral : rois (par exemple, celui de Hongrie dans *L'Heureuse Constance*) et valets (Pseudole dans *Les Captifs*).

■ Amour invincible.

2 ~ Eros moteur d'une dramaturgie débridée

■ La naissance et les développements inattendus de l'amour sont au principe de l'action théâtrale (rappelons que *drama* en grec signifie « action »). Celle-ci découle en particulier du change amoureux, motif baroque bien connu depuis les travaux de Jean Rousset. Les amoureux inconstants abondent dans le théâtre de Rotrou, tel le volage Florisel d'*Agésilan de Colchos* dont la promptitude à céder à l'attrait de la surprise et de la nouveauté infléchit l'évolution dramatique.

■ L'amour constant, apanage des héroïnes fidèles, est aussi source d'action dans la dramaturgie de Rotrou, en ce qu'il tente de défier les obstacles et de transgresser les contraintes (paternelles notamment) qui empêchent l'union : c'est le cas de Diane ou de Florante dans *Célimène*.

■ Les pièces de Rotrou développent volontiers un entrelacs de fils amoureux. Dans des intrigues souvent très complexes, les péripéties (retournements de situation) abondent et favorisent une dramaturgie mouvementée qui ne se soucie pas de vraisemblance, ni d'unité de lieu.

3 ~ Amour baroque et dramaturgie du hasard

■ Amour et imprévisibilité : le thème de la rencontre fatale et de l'attraction inexplicable est indissociable du caractère irrésistible de cette force (voir *Filandre*).

■ Hasard ou providence dans « le théâtre du monde ? Eros ne constituerait-il pas, selon une analyse de J.-C. Vuillemin, la « preuve tangible d'une présence divine dont la principale distraction consiste à semer la perturbation au sein du théâtre du monde, en y faisant régner une passion à laquelle nul ne saurait échapper » ?

b/ Lyrisme et dramaturgie

1 ~ Amour prétexte à des épanchements lyriques

■ Correspondances entre le sentiment de l'amour et l'émergence d'une attention à la nature, selon une tradition bucolique : ainsi Filandre, délaissé par Nérée, va demander une explication du phénomène à ces « Beaux lieux, chers confidents des secrets de ma dame » (*Filandre*, II, 3).

■ Poésie baroque sensible dans la prédilection pour certaines figures rhétoriques, en particulier l'oxymore (juxtaposition simultanée des contraires) qui structure la tirade de Philénie dans *Les Captifs*, décrivant l'énigme de l'amour à travers les circonvolutions d'une succession de métaphores et d'antithèses extrêmes :

Une captivité qui s'aime en ses liens ;
Un bien source de maux, un mal source de bien ;
Un principe de vie, et sa fin tout ensemble ;
Une fièvre qui fait et qu'on brûle et qu'on tremble ;
Une manne funeste, un fiel délicieux ;
Un savoureux poison qui se boit par les yeux ;
Une douce amertume, une douceur amère ;
Une charge à la fois pesante et légère ;

Une mourante vie, un renaissant trépas... (I, 1).

■ L'expression de l'émotion s'accorde avec la forme des stances poétiques : celles-ci trahissent la soudaine métamorphose d'Agésilan, l'insensible qui, enthousiasmé par la vue du simple médaillon de Diane, commence à déclamer en l'honneur de cette « rare et divine merveille » (*Agésilan de Colchos*, I, 2).

2 ~ Poésie intégrée à la dramaturgie

■ Ces effets d'ornementation rhétorique et poétique sont en fait articulés à une structure dramatique reposant sur un principe permanent de discontinuité : c'est la force de l'amour exprimée dans les stances qui détermine un bouleversement du cœur, mais aussi du cours de l'existence du héros.

■ Des jeux subtils de décalage s'insinuent à la faveur de certains épanchements lyriques : on peut, à la suite de J. Morel, suspecter « quelque ironie » dans les allusions à la beauté de cette nature « où l'on tue, où l'on oublie ses serments » (op. cit., p. 30) : c'est le cas dans *L'Hypocondriaque* ou dans *Célimène*.

c/ L'amour, une puissance d'illusion

1 ~ Le spectacle de la folie érotique

■ La première pièce de Rotrou, *L'Hypocondriaque*, focalisée sur l'exploitation théâtrale du dérangement mental, associe amour et folie selon des bases médicales : la folie d'amour de Cloridan est le résultat d'un dérèglement humoral spécifique aux « hypocondres » dont l'excès de bile imprime dans l'imagination de noires visions accompagnées de « fureurs » et de « grands égarements ».

■ Ce thème de la folie amoureuse s'inscrit dans le cadre d'une exhibition théâtrale des manifestations de la folie, dont l'engouement est général sur les scènes européennes de cet âge baroque (voir le théâtre de Shakespeare, en particulier *Le Roi Lear*), au point que Corneille, jugeant rétrospectivement sa première comédie *Mélite*, reconnaît dans la folie d'Eraste une concession à « un ornement de théâtre qui ne manquait jamais de plaire, et se faisait souvent admirer ».

■ Les fureurs de l'amour assouvissent des pulsions voyeuristes pour le spectateur que les principes de bienséance* de l'esthétique classique s'évertueront à censurer : on cite à cet égard les excès de Crisante qui représente le paroxysme d'une passion amoureuse allant jusqu'au viol.

2 ~ Amour et magie

■ L'irrationalité de l'amour se greffe sur un second motif – à la fois thème et structure dramatique – caractéristique de la théâtralité baroque : le merveilleux magique.

■ L'amour est un sortilège qui naît de la fulguration (le « coup de foudre ») et de l'aveuglement découlant du regard, principe éminemment lié à la théâtralité. Acaste, dans *La Belle Alphrède*, tente de retranscrire pour sa sœur les symptômes de cet éblouissement soudain provoqué par la vue de l'irrésistible beauté (IV, 1).

■ Les charmes de l'amour, selon une image conventionnelle, sont mis en scène à travers un jeu d'incertitude essentiellement baroque entre la réalité et la métaphore de l'envoûtement : la métamorphose amoureuse est apparentée à un phénomène directement magique, secondé par l'intervention d'objets quelque peu surnaturels (le médaillon dans *Agésilan de Colchos*).

■ La magie explique aussi l'inconstance et l'oubli, ainsi dans *L'Innocente Infidélité*, c'est un anneau enchanté qui est responsable de l'inconstance surprenante de Félismond qui, à peine marié à Parthénie, la délaisse pour rejoindre Hermante, sa première maîtresse. Cet oubli de soi trahit les incertitudes de l'identité inhérentes aux bouleversements de l'amour.

3 ~ Amour et vertiges de l'identité

■ Les déguisements et travestissements compliquent à loisir les péripéties de l'amour dans le théâtre de Rotrou : nombre de personnages sont victimes de l'apparence de celui ou de celle qui cache sa véritable identité sous un jeu de travestissement sexuel : le dramaturge montre-t-il ainsi les ambiguïtés d'amours homosexuelles déguisées ? Dans *Célimène*, deux femmes, Célimène et Claricie tombent amoureuses de Floridan, qui est aussi une jeune fille travestie ; dans *La Belle Alphrède*, le travestissement de l'héroïne génère une méprise analogue d'Orante. Thème commode, le travesti, qui fait rebondir l'action tout en permettant un dénouement aisé, ne peut exclure l'affleurement d'un goût trouble pour un érotisme ambigu.

■ Ces jeux renforcent la dimension problématique de l'amour, résumée par la question du roi de Hongrie dans *L'Heureuse Constance* :

> Comment pourra l'Amour finir heureusement
> Ce que nous commençons par un déguisement ? (I, 1).

Bilan de la partie et transition : des poncifs baroques à un thème qui cristallise une dramaturgie problématique de l'existence.

2 - INCERTITUDES ET CONTRADICTIONS : L'AMOUR RÉVÉLATEUR D'UNE DRAMATURGIE DE L'AMBIGUÏTÉ

a/ Ambivalence de l'amour

1 ~ Théâtre de la cruauté

■ La jalousie est l'occasion d'une théâtralisation paroxystique de la conjonction de l'amour et de la haine. Comme d'autres héroïnes de ce théâtre, la reine de Dalmatie, rendue furieuse par la perfidie de son amant, médite un programme de vengeances absolument sanglant :

> Ma main, ma propre main lui percera le flanc,
> Je mangerai son cœur, et je boirai son sang.
> (*L'Heureuse Constance*, III, 2).

■ Les ambiguïtés de la *catharsis** d'un tel théâtre sont liées à cet affleurement de pulsions primaires assorties d'une célébration équivoque du crime exigé par la passion, ainsi qu'en témoigne le choix « mûri » de Cassie dans Crisante :

> Les crimes sont légers quand l'amour est extrême
> Et quand les dieux aimaient ils en faisaient de même. (II, 4).

2 ~ Eros et Thanatos : la tentation du macabre

■ Le lien entre le sexe et la mort se trouve parfois directement mis en scène dans le théâtre de Rotrou : ainsi dans *Antigone*, Hémon se donne la mort sur le corps d'Antigone, à l'intérieur de la roche-tombeau où la jeune fille avait été enfermée (V, 8-9).

■ Les amants transis expriment une pulsion de mort reflétant l'acuité de leur folie mélancolique. Timante est dépeint comme un mort-vivant dans *Filandre* :

> Il n'attend que la mort, mélancolique, sombre
> Triste, pâle, défait, et déjà moins qu'une ombre. (III, 5).

b/ Dualité de l'amour et jeux de contrepoint

1 ~ L'amour à l'épreuve de la trivialité : dissonances et démystification ?

■ La tradition gauloise et misogyne affleure parfois dans des représentations peu flatteuses de la nature féminine, dont la chasteté n'est qu'apparences (thématique de l'hypocrisie féminine développée par Thersandre, le confident de Clarimond dans *L'Innocente Infidélité*, II, 3).

■ Allusions satiriques à la puissance de l'argent qui peut contrebalancer celle d'Eros (*Les Ménechmes*, I, 2).

■ Pourtant, le théâtre de Rotrou trahit dans son ensemble une primauté de l'amour sublime, l'idéalisme triomphant se voyant simplement tempéré par une raillerie en demi-teinte.

2 ~ Le contrepoint maîtres-valets

■ Les valets-confidents assument volontiers le discours dissonant à l'égard de l'amour, sur un mode mineur qui n'est pas comparable aux jeux burlesques et obscènes du théâtre shakespearien.

■ Un jeu de contrepoint mimétique et ironique est parfois développé par Rotrou : dans *Les Captifs*, les amours de Pseudole, le geôlier de Tindare, et de Célie, la servante d'Hégée et la confidente de Philénie, constituent une duplication cocasse des amours mises en scène dans la relation Philénie-Tindare.

■ Ces jeux de contrepoint sont prétexte à des jeux parodiques sur les conventions de la préciosité amoureuse, Pseudole s'évertuant à rédiger pour Célie un galimatias où il rend hommage à cette « geôlière des geôliers » (IV, 2).

c/ Amour et confusion des rôles

1 ~ Inversion des attributs sexuels ?

■ Nombre de critiques ont remarqué l'étonnante activité que Rotrou confère à ses héroïnes (telles Sidonie dans *Agésilan de Colchos*, ou encore Diane et Célimène) à l'inverse de la passivité, voire de l'impuissance des amoureux masculins, qui se contentent de se plaindre et de faire les transis (voir notamment Tyrsis et Alidor dans *Diane*, I, 2).

■ Pourtant, l'héroïsme conféré aux femmes amoureuses n'exclut pas les préjugés tenaces, l'audace féminine devant nécessairement s'allier au déguisement et à la dissimulation : ce qui indique les limites de cette subversion de l'ordre naturel, vouée à une durée éphémère.

2 ~ Amour principe de perturbation des hiérarchies sociales ?

■ Le désir amoureux transgresse librement et hardiment les convenances et les contraintes sociales. L'amour est l'occasion d'un bouleversement des protocoles, de *La Bague de l'oubli*, où un simple gentilhomme, Léandre s'éprend de Léonor, la propre sœur du roi de Sicile, à *Venceslas* où le duc Fédéric ose aimer l'infante Théodose.

■ Si l'amour ne conduit pas à une redistribution des rôles sociaux, il apparaît globalement comme discrètement « niveleur », réunissant sous son empire les personnages les plus humbles et les rois, selon un lieu commun récurrent de l'omnipotence d'Eros qu'il convient peut-être de lire au pied de la lettre : le tyran ramène à un même niveau de souffrances et de délices « les peuples et les rois » (*Filandre*, II, 1, *Clorinde*, III, 1, *Don Bernard de Cabrère*, I, 5).

Bilan et transition : force irrésistible et ambiguë, l'amour introduit un principe de dérèglement passionné et passionnant au sein de la conception baroque traditionnellement fixiste du « théâtre du monde » où chacun doit jouer un rôle fixé par la providence divine.

3 - REPRÉSENTATION DE L'AMOUR ET AMOUR DE LA RÉPRESENTATION

a/ Triomphe d'Eros ou avatars du *deus ex machina** ?

1 ~ Eros et *theatrum mundi* : une impasse ?

■ Si les personnages sont les acteurs involontaires et les spectateurs impuissants d'un jeu théâtral déterminé par une volonté divine, on est tenté de penser qu'Eros s'est substitué au créateur divin du « grand théâtre du monde », motif obsédant sur la scène baroque (voir la célèbre pièce de Calderón du même nom) et reposant sur trois termes : le monde comme théâtre, l'homme comme acteur, la divinité comme régisseur ou directeur de ce théâtre.

■ Ce théâtre du monde où Eros est invincible et imprévisible voue les personnages à une passivité qui frôlerait l'impasse : l'acteur se trouvant, selon une expression que l'on peut emprunter à Calderón, être un simple « récitant ».

■ L'impasse de ce théâtre du monde correspond de fait au paroxysme d'une dramaturgie de l'ambiguïté, axée sur une faillite de l'intelligibilité s'exprimant dans le doute ontologique.

2 ~ Dénouements : interventions divines ou humaines

■ La nécessité d'un dénouement des imbroglios amoureux du théâtre de Rotrou conduit souvent à l'intervention d'un véritable *deus ex machina**. Celui-ci prend volontiers les traits de divinités mythologiques intervenant pour réconcilier les amants et dénouer des intrigues apparemment sans issue : de l'intervention de Jupiter, dans *Les Sosies*, à celle d'Hercule, dans *Hercule mourant* (V, 4), en passant par les « dieux propices » auxquels fait allusion *La Belle Alphrède* (V, 11).

■ Néanmoins, ces « dieux propices » se confondent parfois avec des personnages humains particulièrement industrieux et ingénieux, contraints d'intervenir dans un théâtre du monde où la divinité semble se désintéresser des actions qu'elle a inspirées à ses acteurs. L'industrie humaine repose sur l'élaboration des déguisements et des feintes : ces « artisans de l'illusion » (J. Morel) introduisent un jeu de théâtre dans le théâtre qui retourne le fatalisme du *theatrum mundi* en maîtrise paradoxale.

b/ Le théâtre dans le théâtre

1 ~ Manipuler l'illusion : une leçon de théâtre

■ Chez Rotrou, les jeux de théâtre dans le théâtre correspondent à l'instauration active d'une seconde scène sur laquelle le hEros accepte l'illusion pour mieux agir sur elle. Dans *La Pélerine amoureuse*, trois personnages mettent en œuvre un jeu théâtral pour mieux mener à bien leur projet amoureux : sous un habit de peintre Lucidor peut courtiser Célie ; Angélique récupère son amant en se faisant passer pour une pèlerine ; quant à Célie, c'est en feignant la folie qu'elle se débarrasse des prétendants que voulait lui imposer son père.

■ Ces personnages qui s'assurent le contrôle de la scène dispensent du même coup une leçon sur l'illusion théâtrale, faisant volontiers appel au regard complice du spectateur, pour mieux souligner la théâtralité de leur action. Les propos de Mélite dans *La Bague de l'oubli* offrent pour le spectateur un commentaire évident de la situation de théâtre dans le théâtre :

> Bons dieux ! comme elle ment d'une façon hardie !
> On dirait que ces jeux sont une comédie. (III, 4).

2 ~ Ultimes ambiguïtés : distanciation ou fascination de la mise en scène ?

■ En ramenant l'attention du spectateur sur ce que la convention théâtrale tend généralement à occulter, Rotrou semble instaurer un effet de distanciation* avant la lettre, opérant un retour réflexif sur le code théâtral.

■ Néanmoins, au lieu d'opérer une sortie de l'illusion, ces procédés d'exhibition de la théâtralité* ne font que corroborer une dramaturgie de l'enchantement : la boucle étant ainsi bouclée, on se trouve confronté au paradoxe d'une pseudo-distanciation qui, selon l'expression de J.-C. Vuillemin, « enchante en désenchantant ». Pour ne prendre qu'un exemple, Hégée dans *Les Captifs* organise un « divertissement » qui prolonge l'illusion pour le plus grand plaisir des personnages réunis sur scène (V, 4).

■ Les personnages qui inversent la fatalité amoureuse en reconquête d'une liberté paradoxale, à travers la maîtrise de l'illusion, figurent à l'évidence une position qui est celle du metteur en scène, du dramaturge, apte à transmuer les incertitudes du réel en un potentiel quasiment illimité d'imitation et de divertissement. Le privilège accordé à Eros dans cette perspective repose sur son potentiel de « dérèglements » (*La Pèlerine amoureuse*, II, 6) propice au déroulement dramatique et aux plaisirs d'une théâtralité.

Conclusion

Si Eros apparaît donc comme un moteur essentiel de la dramaturgie débridée de Rotrou, s'accordant à une problématique baroque exemplaire de l'ambiguïté et de l'illusion, ce dieu pervers fait à bien des égards fonction d'écran, de rideau de scène qui laisse entrevoir des jeux essentiels de théâtre dans le théâtre. La représentation de l'amour chez Rotrou se trouve largement mise au service de l'art du théâtre, s'inversant selon un jeu de métamorphose et de miroir typiquement baroque, en amour de la représentation. À travers la présence protéiforme d'Eros, le théâtre de Rotrou célèbre les ressources infinies de la théâtralité, exhibant les délices propres à la manipulation de l'illusion.

La dramaturgie de Rotrou confère ainsi une cohérence paradoxale au traitement d'un lieu commun dramatique dont d'autres auteurs dramatiques français contemporains, tel Beys, dans *L'Hôpital des fous*, ont exploité la double dimension spectaculaire et problématique.

Dissertations proposées

Jeux burlesques sur les scènes européennes de l'âge baroque

Réfléchir aux termes et intentions du sujet

– définir les différents éléments burlesques mis en scène dans les différents théâtres baroques européens ;
– la relation entre les moments burlesques et les conceptions de l'esthétique théâtrale qui s'esquissent à cette période baroque ;
– noter le double pluriel affecté aux phénomènes relevant du burlesque mais aussi à ces « scènes » baroques plurielles.

Recenser les aspects à étudier

– la présence du bouffon et de ses avatars (*clown* anglais, *gracioso* espagnol) dans les pièces comiques, mais aussi tragiques, ou encore tragi-comiques ;
– les jeux de langage (dissonances entre plusieurs registres stylistiques qui s'opposent), mais aussi les jeux de scène (gags, acrobaties) ;
– le burlesque dans son rapport à l'intrigue : rapport de la bourle et de la tromperie, de la mystification ;
– les implications dramaturgiques de ces occurrences : intermèdes ou exhibition de la théâtralité (le metteur en scène Georgio Strehler définit le fou comme « intermédiaire entre la scène-acteurs et la salle-spectateurs », personnage ambigu situé à la fois « à l'intérieur et à l'extérieur de la tragédie », dans *Un Théâtre pour la vie*).

Définir les articulations du plan

– pluralité de jeux burlesques et inflexions nationales ;
– convergences burlesques : esthétique baroque du contrepoint et de la bigarrure (tragi-comédie ; maîtres/valets ; ironie et parodie) ;
– ornements ou éléments-clefs pour appréhender la spécificité d'une dramaturgie baroque globale.

Visible et invisible, ou la double dimension du théâtre baroque

Réfléchir aux termes et intentions du sujet

– le théâtre comme spectacle visuel mais aussi comme ouverture sur une dimension imaginaire, voire métaphysique excédant la représentation ;
– la « double dimension » pose le problème de l'articulation de ces deux pôles : irréductibles ou entremêlés ?

Recenser les aspects à étudier

– le visible au théâtre renvoie à un goût de la mise en scène baroque pour le spectaculaire, mais aussi à ses limites ;
– l'invisible : théâtre à entendre qui repose sur les ressources du langage et sur la participation imaginaire des spectateurs ;
– la question religieuse.

Définir les articulations possibles du plan

- l'apothéose du visible sur les scènes baroques européennes (expressionnisme et représentation directe des passions ; le renouveau de la scène ; ses limites matérielles) ;
- figures et évocations de l'invisible (les jeux d'illusion et d'incertitudes ; théâtre dans le théâtre et appel à la participation imaginaire des spectateurs ; la dimension religieuse apologétique intrinsèque à certaines œuvres (Calderón, *Le Grand Théâtre du monde* ; Rotrou, *Le Véritable Saint-Genest*) ;
- la dialectique du visible et de l'invisible : dévotion et divertissement, évolution et variantes des finalités du théâtre sur les scènes européennes de l'âge baroque.

5

LA FRANCE CLASSIQUE (1630-1715)

Le théâtre classique français est victime d'une image négative qui le fait apparaître comme guindé et artificiel. La pérennité de sa diffusion scolaire explique cette vision déformante en même temps qu'elle confirme sa vitalité.

Il ne faut pas se laisser enfermer par la reconstruction *a posteriori* opérée sur ce patrimoine dramatique à l'intention de l'enseignement scolaire, travail de sélection découlant du filtrage d'un répertoire de plus en plus « choisi » par la Comédie-Française. Ainsi a-t-on volontiers résumé le théâtre classique à ses fameuses règles, tout en isolant arbitrairement quelques auteurs et œuvres représentatives. Cette vision appauvrissante a occulté le caractère « inouï » d'une doctrine qui érigea le souci de « plaire » et le spectacle comme finalités premières du théâtre.

Il faut situer dans son contexte social, politique et culturel l'émergence de ce grand répertoire classique qui coïncide avec une reconnaissance du divertissement théâtral et de ses acteurs. Le degré d'achèvement atteint par la dramaturgie classique est né, outre ces conditions favorables, de la réflexion aiguë développée par les plus grands auteurs, qui se sont interrogés sur la spécificité d'une écriture tributaire des servitudes de la scène.

C'est dans cette indispensable perspective historique des textes et des conditions matérielles de la représentation théâtrale au XVIIe siècle qu'on peut mesurer l'importance de cette période. L'élaboration des modèles de la tragédie et de la comédie classique représenta en son temps une innovation considérable. Cette aventure de l'esprit et de la création demeure inséparable du parcours exemplaire de trois dramaturges qui furent aussi d'incomparables stratèges de l'écriture et de la scène : Corneille, Molière, Racine.

BIBLIOGRAPHIE GÉNÉRALE DU CHAPITRE

CONESA, Gabriel, *La Comédie de l'âge classique*, 1630-1715, Paris, 1995, Le Seuil.
DELMAS, Christian, *La Tragédie de l'âge classique*, 1553-1770, Paris, 1994, Le Seuil.
FORESTIER, Georges, *Esthétique de l'identité dans le théâtre français*, 1550-1680, Genève, 1988, Droz.
REGNAULT, François, *La Doctrine inouïe. Dix leçons sur le théâtre classique français*, Paris, 1996, Hatier.
ROHOU, Jean, *La Tragédie classique*, Anthologies, Paris, 1996, SEDES.
SCHERER, Jacques, *La Dramaturgie classique en France*, Paris, 1954, Nizet.

Tableau chronologique

Événements politiques	Vie Théâtrale
1630 : journée des Dupes	
	1635 : fondation de l'Académie française
	1637 : Corneille, *Le Cid* Desmarets de Saint-Sorlin, *Les Visionnaires*
1638 : naissance du futur Louis XIV	
	1639 : naissance de Racine
	1640 : Corneille, *Horace*
	1641 : ordonnance royale en faveur des comédiens
1642 : mort de Richelieu	1642 : Corneille, *Cinna*
1643 : mort de Louis XIII. Régence d'Anne d'Autriche Mazarin succède à Richelieu	1643 : Corneille, *Polyeucte, Le Menteur* Scarron, *Jodelet ou le Maître valet* fondation de *L'Illustre Théâtre* par J.-B. Poquelin
	1646 : Corneille, T*héodore, vierge et martyre* Cyrano de Bergerac, *Le Pédant joué*
1648 : début de la Fronde parlementaire	
1650 : fronde des princes	
	1655 : Th. Corneille, *Le Geôlier de soi-même*
	1657 : D'Aubignac, *La Pratique du théâtre*
	1659 : Molière, *Les Précieuses ridicules*
1661 : début du pouvoir personnel de Louis XIV	
	1662 : Corneille, *Sertorius* Molière, *L'École des femmes*
	1664 : Corneille, *Othon* Molière, *Le Tartuffe* Racine, *La Thébaïde*
	1665 : Molière, *Dom Juan* Racine, *Alexandre*
	1666 : Molière, *Le Misanthrope* Molière, *Le Médecin malgré lui* querelle de la moralité du théâtre
1667 : guerre de Dévolution contre l'Espagne la France envahit la Flandre. Traité de Bréda	1667 : Racine, *Andromaque* Corneille, *Attila*
	1668 : Racine, *Les Plaideurs* Molière, *L'Avare*
	1669 : Racine, *Britannicus*
	1670 : Racine, *Bérénice* Corneille, *Tite et Bérénice* Molière, *Le Bourgeois gentilhomme*
	1671 : Molière, *Les Fourberies de Scapin*
1672 : guerre de Hollande	1672 : Racine, *Bajazet* Molière, *Les Femmes savantes* Th. Corneille, *Ariane* P. Corneille, *Pulchérie*
	1673 : Molière, *Le Malade imaginaire* mort de Molière
	1674 : Corneille, *Suréna*
	1677 : Racine, *Phèdre*
1678 : paix de Nimègue. Apogée de la puissance militaire de Louis XIV	
	1680 : création de la Comédie-Française

A

UN APOGÉE THÉÂTRAL

Le théâtre, et particulièrement la tragédie, s'affirme au cours du XVIIe siècle comme le genre majeur. Il est un objet de fascination et de référence pour une écriture romanesque dont il se distingue après lui avoir largement emprunté.

Au début du siècle, nombre d'auteurs étaient à la fois poètes, romanciers et dramaturges ; par la suite, la spécialisation des auteurs dramatiques s'est fortement accentuée. Si Scarron fait exception en demeurant poète, dramaturge et romancier, il rend au théâtre un hommage appuyé, avec son *Roman comique* qui est d'abord un roman des comédiens.

1 MONARCHIE ET MÉCÉNAT : NAISSANCE D'UN THÉÂTRE D'ÉTAT

Le rôle de Richelieu

L'arrivée au pouvoir de Richelieu, en 1624, constitue un tournant dans l'histoire du théâtre français. Passionné de théâtre, Richelieu protégea les acteurs et les auteurs, orientant vers l'écriture dramatique les poètes à gages dont il s'était entouré. Il créa même un atelier d'écriture collective composé de cinq auteurs (Boisrobert, Colletet, L'Estoile, Rotrou, Corneille), leur passant commande d'œuvres sur la base de canevas qu'il aurait, dit-on, écrits lui-même. À partir de 1637, il confia à l'architecte Mercier la construction, dans son Palais-Cardinal (le futur Palais-Royal), du plus beau théâtre de Paris, richement décoré et conçu pour les jeux de machine*.

Richelieu eut le souci de servir le prestige de la monarchie française, en développant les lettres et les arts. Ses largesses en matière dramatique s'expliquent par sa conception éminemment politique du rôle du théâtre, art social appelé à servir de ciment à l'unité nationale, sur fond de diversion aux révoltes nobiliaires et paysannes.

Sous l'influence de son ministre, Louis XIII subventionna dès 1635 les troupes de l'hôtel de Bourgogne et du Marais, faisant appliquer des dispositions de police pour la bonne tenue des salles. Ce mécénat de type étatique, coexistant avec les mécénats privés des grands seigneurs comme Gaston d'Orléans, frère du roi, ou le comte de Belin (soutien actif du théâtre du Marais), donna une impulsion au théâtre classique.

La création de l'Académie française en 1635 consacra définitivement la dignité de l'écriture théâtrale. Cette institution, qui s'était donné pour objectif majeur de sanctionner le bon usage du « pur français », allait jouer un rôle important dans l'établissement des règles de l'art dramatique.

Ce mécénat s'accompagna d'une sédentarisation parisienne des troupes et des auteurs. Dès 1629, les Comédiens du Roi occupèrent l'hôtel de Bourgogne de façon permanente. Cette situation nouvelle inclina les jeunes auteurs ambitieux à se tourner vers une forme d'écriture susceptible de leur procurer la consécration.

Spectacle et politique : Louis XIV, roi-mécène

Après l'intermède du gouvernement de Mazarin, qui profita surtout aux artistes d'opéra italiens, Louis XIV poursuivit sur la voie de Louis XIII et de Richelieu, chargeant Colbert de mettre en œuvre une vaste politique visant à exalter la gloire du souverain. Moins connaisseur que Richelieu, le nouveau ministre d'État eut recours aux services d'un critique reconnu, Chapelain, pour dresser la liste des artistes les plus talentueux.

Le goût pour le grand spectacle et les représentations fastueuses fut à l'origine d'équipements scéniques importants. Le théâtre du Marais et l'hôtel de Bourgogne modernisèrent leur salle pour mieux rivaliser avec les spectacles à machines donnés dans la nouvelle salle du Palais-Royal. Le Marais se spécialisa peu à peu dans la technique des machines : on y donna notamment *La Grande Pièce* des machines de la naissance d'Hercule, d'après *Les Sosies* de Rotrou, puis *Ulysse dans l'île de Circé* de Boyer.

La passion de Louis XIV pour les spectacles somptueux ne cessa de s'affirmer. Versailles n'étant encore qu'une « maison de campagne », une fête fabuleuse s'y déroula : ces Plaisirs de l'Île enchantée (1664) virent se succéder les réjouissances : « course de bague, collation ornée de machines, comédie mêlée de danse et de musique, ballet du palais d'Alcine, feu d'artifice ; et autres fêtes galantes et magnifiques ». Molière y donna successivement *La Princesse d'Élide* (dans un merveilleux théâtre de verdure construit spécialement par l'Italien Vigarini, grand « machiniste » et intendant des menus plaisirs du roi), *Les Fâcheux*, *Le Tartuffe*, *Le Mariage forcé*. *Iphigénie* de Racine fut représentée en 1674 parmi d'autres divertissements de Versailles donnés par Louis XIV à son retour de la conquête de la Franche-Comté.

Louis XIV aimait aussi se rendre dans les théâtres publics pour assister à des premières : on le vit au Marais lors de la création du *Timocrate* de Thomas Corneille, à l'hôtel de Bourgogne pour l'*Œdipe* de Pierre Corneille, au Palais-Royal pour *L'École des femmes*. Ce n'est qu'à la fin de son règne qu'il renonça aux plaisirs du spectacle. Mais jamais il ne condamna officiellement le théâtre et il assura le monopole de la Comédie-Française par une ordonnance royale de 1680 : c'était en somme l'aboutissement de la mainmise étatique amorcée par Richelieu.

Admis comme divertissement de la noblesse et de la Cour, le théâtre se départit de son image négative de plaisir populaire et provincial, tout en demeurant le lieu d'un plaisir consensuel.

Les délices du peuple et le plaisir des grands

Avant la constitution d'un théâtre de « classes », le public classique apparaît comme très composite.

Un petit peuple d'artisans et d'ouvriers au « parterre ». Le théâtre demeure au XVIIe siècle un élément culturel beaucoup plus démocratique que le livre : dans son ensemble, ce public du « parterre » ne sait pas lire. Sensible au spectacle, il est souvent turbulent et crée parfois des incidents, en apostrophant ou en sifflant les acteurs.

Conséquence de l'intérêt officiel pour l'écriture dramatique, un nouveau public mondain apparaît au théâtre vers 1625. La création des galeries et des loges pour les gens de qualité transforme la représentation théâtrale en divertissement financièrement profitable mais aussi respecté. Le développement des règles* et le souci des bienséances* répondront dans une large mesure à l'attente esthétique de ce nouveau public plus policé. Toutefois, la noblesse de cour ne s'effaroucha que lentement de la liberté de ton et communia volontiers avec le peuple dans une attente de spectacle conjuguant la « pompe » et la « surprise ».

L'hétérogénéité des publics n'est pas sociale, elle résulte de l'imposition progressive d'un « bon goût » fondé sur une volonté de distinction. L'élite qui s'intéresse aux Anciens et aux Italiens, ne cesse de s'affiner au cours du siècle, en particulier avec le mouvement précieux. Rendue plus nombreuse par l'affermissement du pouvoir central, elle contribuera progressivement à faire vivre, non plus une, mais deux et même trois salles de spectacle à Paris. Ce public très fidèle de connaisseurs, occupant les places les plus chères, développe des exigences auxquelles s'efforcera de répondre la critique. Les auteurs ont dû apprendre à ménager des sensibilités variables, d'autant qu'à la différence entre loges et parterre s'ajoutèrent les divergences entre le goût de la cour et celui de la ville, entre les aspirations des mondains et celles des doctes.

Reconnaissance littéraire et éloquence

Le texte théâtral acquiert une dignité littéraire incontestable, liée à une meilleure reconnaissance juridique des auteurs.

Corneille écrit dans l'argument d'*Andromède* : « J'avoue que les vers qu'on récite sur le théâtre sont présumés être prose : nous ne parlons pas d'ordinaire en vers, et sans cette fiction, leur mesure et leur rime sortiraient du vraisemblable. »

Pour Molière, la prose demeure l'apanage des pièces proches de la farce (*Les Précieuses ridicules*, *La Marquise d'Escarbagnas*, *Monsieur de Pourceaugnac*) mais pas uniquement (*Dom Juan*, *Le Malade imaginaire*). Dans *Le Sicilien*, pièce en prose de 1667, Molière introduit des octosyllabes et il utilise le vers libre, en 1668, dans *Amphitryon*.

L'accès du théâtre classique aux belles lettres repose sur le prestige de l'alexandrin. Cet éloignement de la langue parlée ne choque pas les contemporains de ***Corneille***. Dans une dramaturgie qui postule l'adéquation du style et des personnages, l'alexandrin est garant de noblesse et d'éloquence. Il est significatif que ***Molière*** utilise l'alexandrin dans ses comédies les plus travaillées, comme *Le Misanthrope*, *Le Tartuffe*, *Les Femmes savantes*.

L'importance nouvelle des publications de textes de théâtre entraîne une généralisation des préfaces. Celles-ci nous laissent des indications précieuses, éclairant le processus de la création, précisant les sources et les choix esthétiques de l'auteur. Pourtant, ces écrits, dominés par un désir d'autojustification, font la part belle à la polémique.

Les auteurs s'interrogent sur l'art de suggérer dans le texte la visualité du jeu scénique. Pour Corneille, il est nécessaire à l'écrivain de prendre en considération l'attente des comédiens et des lecteurs au moyen d'indications scéniques. Il recommande au poète de noter dans « la marge les menues actions qui ne méritent pas qu'il en charge ses vers et qui lui ôteraient même quelque chose de leur dignité, s'il se ravalait à les exprimer ». À partir de 1644, Corneille met en pratique ce recours à des indications didascaliques* plus nombreuses. D'Aubignac juge en revanche inutiles les didascalies*. Le dialogue doit se suffire à lui-même, et il n'est « même pas nécessaire de marquer la distinction des actes et des scènes, ni même de mettre les noms des entreparleurs » (*La Pratique du théâtre*).

Molière a eu beaucoup moins le souci des didascalies, sans doute parce qu'il était lui-même le metteur en scène et le principal acteur de ses pièces et que la théâtralité* est plus inscrite dans ses dialogues.

Cette conjonction du texte à lire et du spectacle se rencontre aussi chez Racine. Si ce dramaturge consacre une apothéose littéraire au texte dramatique, il sait suggérer dans le dialogue dramatique mouvements et jeux de physionomie des personnages. Les propos de Phèdre à Hippolyte, par exemple, indiquent à la fois le désarroi de l'héroïne et le mouvement de recul effaré du jeune homme, dont la perception par Phèdre détermine une fracture de l'aveu :

> J'ai langui, j'ai séché dans les larmes.
> Il suffit de tes yeux pour t'en persuader,
> Si tes yeux un moment pouvaient me regarder.
> Que dis-je ? Cet aveu que je te viens de faire,
> Cet aveu si honteux, le crois-tu volontaire ?
> (*Phèdre*, II, 5).

2 Consécration du théâtre comme art profane

De l'excommunication à une reconnaissance sociale

Qu'un prêtre comme le cardinal de Richelieu ait pu se poser en protecteur du théâtre, reflète une évolution profonde des mentalités. La déclaration royale du 16 avril 1641 consacre la ***réhabilitation des comédiens***, imposant en un interdit des actions et des propos lascifs ou équivoques dont la scène de l'âge baroque faisait ses délices.

Ecrivant la première histoire de notre théâtre, Samuel Chappuzeau confirmera en 1674 la considération sociale acquise aux comédiens, faisant état de leurs privilèges auprès du roi et des grands : il « n'y a guère de gens de qualité qui ne soient bien aise de régaler les comédiens qui leur ont donné quelque lieu d'estime ; ils tirent du plaisir de leur conversation, et savent qu'en cela ils plairont au roi, qui souhaite qu'on les traite favorablement » (*Le Théâtre français*, Lyon, 1674, réédition pour la collection « Les Introuvables », Éditions d'aujourd'hui, 1985).

Chappuzeau insiste sur les mœurs honnêtes des comédiens :

> Quoique la profession des comédiens les oblige de représenter incessamment des intrigues d'amour, de rire et de folâtrer sur le théâtre, de retour chez eux ce ne sont plus les mêmes ; c'est un grand sérieux et un entretien solide [...]. Ils ont grand soin, les dimanches et fêtes, d'assister aux exercices de piété et ne représentent alors la comédie qu'après que l'office entier de ces jours-là est achevé...

Le théâtre, enjeu persistant de controverses religieuses

Chappuzeau justifie ainsi le théâtre contre une argumentation traditionnelle hostile qui perdure chez nombre de ***théologiens***, en particulier chez les jansénistes. Ceux-ci condamnent l'illusion et l'identification sur lesquelles reposent le théâtre, accusé de mettre en branle des affects dangereux pour l'acteur et pour le spectateur : « ceux qui représentent une passion d'amour » en sont nécessairement imprégnés et ils vont inoculer ces affects dangereux au spectateur.

Outre cette irréductible hostilité des jansénistes, le théâtre fait l'objet de virulentes attaques de la compagnie du Saint-Sacrement, une association de prêtres et de laïcs souhaitant imposer une réforme catholique. Ce parti dévot combat à la fois les libertins et les jansénistes, tout en rivalisant avec ces derniers dans la condamnation du péché et du plaisir des spectacles. Molière s'attira leur hostilité avec *Le Tartuffe* et *Dom Juan*.

La fin du siècle marque un durcissement de la querelle religieuse du théâtre, avec l'avènement du parti dévot sous l'influence de Mme de Maintenon. Bossuet se range aux côtés de nombreux curés parisiens jansénisants pour s'opposer au père

Réhabilitation des comédiens : « En cas que les dits comédiens règlent tellement les actions du théâtre qu'elles soient, du tout, exemptes d'impuretés, nous voulons que leur exercice, qui peut innocemment divertir nos peuples de diverses occupations mauvaises, ne puisse leur être imputé à blâme, ni préjudicier à leur réputation dans le commerce public. »

Position de certains théologiens : le théâtre de Corneille et son culte du sublime héroïque ne trouve pas grâce aux yeux de l'inflexible Nicole qui y décèle une contradiction flagrante avec la morale chrétienne : « Toutes les pièces de Monsieur de Corneille, qui est sans doute le plus honnête homme de tous les poètes de théâtre, ne sont que vives représentations de passions d'orgueil, d'ambition, de jalousie, de vengeance et principalement de cette vertu romaine, qui n'est autre chose qu'un furieux amour de soi-même. » (*Traité de la comédie*, Paris, Les Belles-Lettres, 1961).

Caffaro qui avait pris la défense du théâtre. Dans ses *Maximes et réflexions sur la comédie* (1694), il concentre ses attaques sur Molière, dont la prétendue morale « n'attaque que le ridicule du monde, en lui laissant cependant toute sa corruption » (chapitre V). L'expulsion des Comédiens-Italiens en 1694 s'inscrit dans cette hostilité croissante à l'égard du théâtre.

C'est l'intervention personnelle du roi qui permit au cercueil de Molière d'être accompagné de deux prêtres, alors que le curé de Saint-Eustache s'était refusé à lui accorder une sépulture chrétienne. On peut voir dans cet enterrement de nuit, à la sauvette, un ultime règlement de comptes avec l'auteur de *Dom Juan* et du *Tartuffe*, en même temps que la fin d'une longue période de tolérance.

L'évolution de ***la position personnelle de Louis XIV*** fut décisive dans le retour de la rigueur religieuse. En cessant, sur la fin de son règne, d'aller à la comédie, Louis XIV renforça l'influence des dévots. Pourtant, malgré l'interdiction théorique faite aux comédiens d'approcher les sacrements, le roi n'avait pas hésité à devenir le parrain du fils de Molière.

Cette désaffection ne fut jamais partagée par la ville, comme en font foi les recettes de la Comédie-Française. Comme le déplore Arnaud en 1694, Conti et Nicole ont largement « perdu leur peine en écrivant contre la comédie, puisqu'on n'y va pas moins depuis qu'ils ont écrit ».

Les derniers éclats d'un théâtre religieux

Sur fond de cette querelle théologique persistante, le théâtre français est devenu à l'âge classique un divertissement essentiellement ***profane***, rompant avec l'inspiration ***sacrée*** encore sensible à l'âge baroque, dans le prolongement des mystères du Moyen Âge.

Profane et sacré : la séparation qui s'instaure à l'âge classique entre le domaine sacré et celui du théâtre profane se traduit dans le calendrier et l'horaire des spectacles : c'est l'interruption due au carême qui marque la fin de la saison théâtrale. Les représentations n'ont pas lieu tous les jours, mais trois fois par semaine, les dimanches, mardis et vendredis, ce dernier jour étant traditionnellement réservé aux premières. Les Italiens, jouant en alternance avec Molière, donnent leurs pièces les lundis, mercredis, jeudis et samedis.

Sous l'influence des jésuites, le théâtre de collège a longtemps maintenu une inspiration religieuse, mettant en scène la lutte du Ciel et de l'Enfer, dans le prolongement de la psychomachie médiévale des Vices et des Vertus.

Cantonné dans le domaine pédagogique, les sujets religieux sont de moins en moins appréciés à la ville. Après *Polyeucte* (1642-1643), qui greffe une intrigue d'amour sur un sujet tiré du martyrologe, Corneille subit un échec cuisant avec *Théodore vierge et martyre* en 1645-1646.

Aptes à s'accommoder à l'air du temps, les jésuites surent adapter leurs tragédies, n'hésitant pas à tirer parti de l'engouement du public pour l'opéra, invoquant la nécessité de former à la danse et à la musique la jeunesse.

Après la création d'une tragédie musicale en français de M. A. Charpentier, *David et Jonathas*, en 1688, Racine entreprit de fournir un répertoire religieux à l'institution de Saint-Cyr fondée par Mme de Maintenon. Il plaida dans la préface d'*Esther* (1689) pour une transposition moderne de la tragédie grecque d'origine sacrée. *Athalie* en 1691 poursuivit dans cette voie en effaçant délibérément tout amour profane.

Ce théâtre religieux reçut un accueil mitigé des mondains et fut vitupéré par nombre de théologiens, au premier rang desquels Bossuet.

3 Constitution d'un champ théâtral

L'aménagement des salles

Seuls quelques aristocrates amateurs de théâtre installent de petites scènes permanentes dans leurs châteaux. Le marquis de Sourdéac a installé dans son château de Neufbourg, à grands frais, un théâtre où fut créée en 1659 *La Conquête de la Toison d'or*, commandée à Corneille.

Celui-ci ne s'est fait que progressivement. Avant l'installation de Louis XIV à Versailles, la cour se déplaçait au gré des saisons et des chasses et se contentait d'estrades improvisées. Au Louvre, la Grande Salle était polyvalente, accueillant les pièces de théâtre, mais aussi les bals. Le château de Versailles ne comportera une véritable salle de théâtre qu'à compter du mariage de Louis XVI.

Si les représentations les plus fastueuses se déroulèrent à Versailles en plein air, Paris s'équipe de quelques grandes salles permanentes : la salle du Palais-Royal puis celle du Petit-Bourbon, qui fut ouverte au public pour la première fois en 1650 lors de la création d'*Andromède* de Corneille, avant d'être octroyée en 1653 à la troupe des Comédiens-Italiens, en alternance avec Molière à partir de 1658.

Mais les salles publiques demeuraient peu nombreuses et offraient un confort minimal. Le prestigieux hôtel de Bourgogne est le plus petit et le plus incommode avec une scène qui n'a pas plus de cinq ou six mètres d'ouverture, et de profondeur. Le théâtre du Marais s'est installé à l'origine dans un ancien jeu de paume.

La disposition des théâtres publics : la scène, étroite, est séparée de la salle. Dans celle-ci, des rangées de loges accueillent les spectateurs distingués, alors que la masse du public s'entasse dans un vaste parterre (à l'emplacement de nos actuels fauteuils d'orchestre) assistant debout au spectacle. Pour les pièces à succès, la salle s'avérant insuffisante, on prit l'habitude, à partir du *Cid*, d'admettre quelques spectateurs de la noblesse sur la scène, installés sur de banquettes latérales ou des chaises : cette pratique se perpétuera jusqu'en 1759 à la Comédie-Française.

Les différentes troupes se préoccupèrent d'améliorer la scène, essayant de rivaliser avec l'éclat du Palais-Cardinal, dont la scénographie était due au Bernin, le grand architecte italien. La troupe du Marais fut la première en 1644 à imiter ce modèle prestigieux en construisant un arc de scène pour ménager la manœuvre rapide de cinq à sept « coulisses » latérales sur rail, châssis permettant d'agrafer des éléments de décor peints. Pour accroître les possibilités de jeu des machines*, la profondeur de la scène fut portée à seize mètres en 1655, empiétant de trois bons mètres sur le parterre. En 1671, Molière allait refaire à grands frais l'hôtel de Bourgogne selon ce même principe visant à le « rendre propre pour les machines », en prévision de la reprise à la ville de la tragédie-ballet de *Psyché*.

L'organisation des troupes

Les troupes sont des sociétés à l'organisation financière rigoureuse, offrant une répartition des bénéfices et garantissant mêmes des pensions pour les acteurs âgés. Les fonctions de directeur de théâtre, de producteur et de metteur en scène n'existent pas. C'est la personnalité du chef de troupe qui est déterminante : le plus souvent interprète du rôle-titre, il recrute les comédiens, choisit le répertoire et gère l'entreprise.

La gestion financière est simple, comme le note Corneille dans L'*Illusion comique* : on compte la recette le soir, et on la partage au prorata des parts de chacun fixées dans des contrats notariés. Les frais de fonctionnement des théâtres parisiens sont élevés : location d'une salle, rétribution des auteurs, frais divers de personnel (portier, contrôleur, souffleur, ouvreur de loges, moucheur de chandelles, afficheur, musiciens). Avec le développement des pièces à machines, les troupes développent le recours à un décorateur attitré. Grâce aux gratifications royales et aristocratiques, le « théâtre » procure aux acteurs une aisance souvent importante.

Les troupes se livrent à une concurrence acharnée, luttant pour attirer les meilleurs acteurs et recourant volontiers à des coups bas et à des cabales. Elles n'hésitaient à reprendre le thème des scènes rivales : aux *Précieuses ridicules* de Molière, Somaize répond, à la demande des Grands Comédiens, c'est-à-dire ceux de l'hôtel de Bourgogne, par *Les Véritables Précieuses*. En 1670, sept jours après la première de *Bérénice* de Racine, Molière crée au Palais-Royal *Tite et Bérénice*. Les plus célèbres ***querelles,*** celle de *L'École des femmes* et celle des deux *Bérénice* cristallisent des conflits entre auteurs et comédiens rivaux.

Querelles : ces polémiques ont nourri une création théatrale de pièces de circonstances jouées sur un des trois théâtres pour en attaquer un autre ou défendre une pièce : on connaît les comédies données pour ou contre l'*École des femmes*, on peut citer aussi *La Folle Journée* ou *la Critique d'Andromaque* de Subligny, montée par Molière, et *Le Procès de la Femme juge et partie*, défense par Montfleury de son œuvre du même nom.

Cette période d'autonomie des troupes fut interrompue par une intervention autoritaire du roi, qui réorganisa les théâtres après la mort de Molière, attribuant la salle du Palais-Royal à Lulli et faisant fermer le théâtre du Marais. La veuve de Molière et La Grange achetèrent alors le jeu de paume de la rue Guénégaud, nouveau théâtre qui ouvrit ses portes en juillet 1673 et qui fut réglementé directement par Colbert. En 1680, le roi décida par ordonnance de fusionner l'hôtel de Bourgogne et le théâtre Guénégaud, et d'assurer le monopole du théâtre parisien à une troupe unique : la Comédie-Française.

Les auteurs, nouveaux « dieux tutélaires » du théâtre

Au début du XVIIe siècle, ceux-ci étaient de simples pourvoyeurs de textes pour les troupes dont les directeurs gardaient jalousement la propriété : laisser imprimer une pièce impliquait qu'elle pouvait être reprise dans n'importe quel autre théâtre. Rotrou, protégé de Richelieu à partir de 1634, parvint à fléchir l'implacable directeur de l'hôtel de Bourgogne, Bellerose, publiant neuf pièces dès la seule année 1637. Pourtant, l'usage demeura encore longtemps de n'éditer le texte qu'après la fin de la première série de représentations. Racine releva à cet égard un défi en portant sa tragédie d'*Alexandre* à l'hôtel de Bourgogne après deux représentations seulement par la troupe de Molière.

Cette émancipation des auteurs ne les enrichissait pas de manière automatique. Publiée, l'œuvre théâtrale devenait la propriété des éditeurs, qui défendaient leurs intérêts en versant aux auteurs un forfait minimal. Corneille fut un adroit gestionnaire en utilisant ses premiers gains pour faire imprimer ses œuvres à ses frais à Rouen : devenu propriétaire des droits d'impression, il les revendit à un libraire parisien, en réalisant un coquet bénéfice.

Les acteurs

Lente, la promotion des auteurs laissa encore de beaux jours à un théâtre d'acteurs. Les plus célèbres dans la première moitié du siècle furent les farceurs de l'hôtel de Bourgogne, Gros-Guillaume, Turlupin, Gaultier-Garguille, qui jouaient sous d'autres noms la tragédie.

Cette génération de farceurs se vit relayée par des comédiens plus élégants et susceptibles de plaire aux honnêtes gens. Floridor, qui se piquait de noblesse, Mondory, Bellerose, le gros Montfleury, comédien de l'hôtel de Bourgogne de 1638 à sa mort, réputé pour sa voix de stentor et sa puissance tragique. Leur jeu était déclamatoire : peu naturel, il avait du moins le mérite de faire valoir les qualités poétiques des textes.

Les auteurs-acteurs : Molière est le plus accompli parmi bien d'autres, tels Montfleury, Villiers, Poisson, Champmeslé, Brécourt, Hauteroche, Chevalier, Rosimond, Nanteuil, Du Perche...

Certaines actrices furent célèbres et convoitées : Melle Du Parc, « Marquise », quitta à deux reprises la troupe de Molière : pour le Marais, à l'instigation des frères Corneille ; puis pour l'hôtel de Bourgogne, à la suite de Racine, qui écrivit pour elle le rôle d'Andromaque. Dans cette même pièce, Racine remarqua La Champmeslé dans son interprétation d'Hermione, et dès lors il créa pour elle tous ses grands rôles féminins, jusqu'à Phèdre, contribuant à lui former une voix mélodieuse à modulations chantantes admirée par Lulli.

Le pseudonyme : à l'exemple de Molière, alias Jean-Baptiste Poquelin, tous les comédiens portent au XVIIe siècle un pseudonyme ; c'est la marque d'une rupture avec leur origine sociale et de leur choix d'incarner des personnages fictifs.

On assista progressivement à une spécialisation des rôles comiques et tragiques. Les ***acteurs*** comiques se créèrent un « personnage » propre à inspirer les ***auteurs*** en quête de succès. Bellemore, spécialisé dans les rôles de capitans vantards et ridicules, se vit offrir le rôle de Matamore dans *l'Illusion comique* et dans la comédie de Mareschal intitulée *Le Véritable Capitan Matamore*. Jodelet, après avoir remporté un triomphe en incarnant le valet Cliton du *Menteur* de Corneille, figura sous son ***propre nom*** dans de nombreuses comédies, inspirant notamment Scarron dans son *Jodelet ou le maître valet*.

La circulation des répertoires et des troupes

Si les grands événements théâtraux se situent désormais à Paris, des échanges continuent à se faire avec la province, sillonnée par de nombreuses troupes ambulantes. Certaines sont entretenues par de riches mécènes, donnant des représentations à leur demande, l'hiver, dans leurs hôtels particuliers, l'été, dans leurs châteaux, et demeurant libres de leurs tournées le reste du temps.

Ces troupes nomades ont joué un rôle de diffusion culturelle, faisant connaître les auteurs parisiens en vogue à la société provinciale et répandant les modèles de la langue et de l'esthétique classique jusqu'à l'étranger.

4 THÉÂTRE ET SOCIÉTÉ

Le théâtre se fait dans une large mesure miroir de la belle société. La noblesse de sang fonde l'identité des personnages de tragédie mais aussi de comédie, le jeune premier devant être de bonne naissance. Le costume des acteurs, celui de la cour, fait état de cette appartenance sociale.

Les costumes des comédiens, reflet de la mode : les vêtements de scène empruntent leurs ajustements les plus somptueux à la mode des courtisans. Le frontispice de l'édition originale de *Polyeucte* de Corneille nous montre le noble Arménien coiffé d'un magnifique chapeau à plumes.
Selon Chappuzeau, les dépenses vestimentaires des comédiens sont considérables, car ils doivent suivre les modes, étant voués à paraître et à plaire tant sur le théâtre que dans leur vie sociale qui les oblige à fréquenter la cour et les grands. (*Le Théâtre français*, Livre III, chapitre XXVIII).

L'effet de réel est assuré par une représentation en costumes de cour ou de ville. Le seul habit spécifique est celui « à la romaine » (reconstitution de pure fantaisie avec cuirasse, casque empanaché, petite jupe appelée « tonnelet » et brodequins), apparemment utilisé aussi pour les héros grecs et orientaux.

Les manières représentées sont aussi celles de la cour : révérences et baise-main obligés.

Dans la même perspective de reproduction de la réalité contemporaine, le théâtre représente volontiers des lieux familiers au spectateur, « naïfs », autrement dit vrais.

Les héros et héroïnes sont dotés de qualités : noblesse, courage, mais aussi beauté physique. La jeunesse est en outre indispensable pour les héroïnes. Chappuzeau précise : « Il est de l'art du poète de ne produire des mères que dans un bel âge, et de ne leur pas donner des fils qui puissent les convaincre d'avoir plus de quarante ans » (*Le Théâtre français* p. 85).

Ce système s'est imposé dans le cadre d'une pratique de la scène dont la maîtrise servira durablement de référence dans la dramaturgie française. Il faudra attendre le XIXe siècle pour une remise en cause de l'illusionnisme parfait qui sous-tend cette configuration théâtrale héritée de l'âge classique.

Liste des personnages et hiérarchies sociales : la liste des personnages donnée en tête d'une pièce classique reflète une conception très hiérarchique de la société. On nomme d'abord les rois ou les personnages occupant une position éminente, souvent mentionnés avant les personnages principaux dont la pièce montre les mésaventures ; la distribution fait figurer ensuite les proches de ces personnages, frères, parents, « maîtresses ou amants », puis les comparses : confidents, gouverneurs, valets, suivants, pages, soldats, geôliers, hommes du peuple et paysans, dont la présence est le plus souvent anonyme et indifférenciée.

B

LA DRAMATURGIE CLASSIQUE : TRADITION ET MODERNITÉ

Alors que le Moyen Âge n'a dégagé aucune esthétique théâtrale, et que le XVIe siècle a privilégié la théorie, la génération de 1630 s'est attachée à penser le théâtre.

La dramaturgie classique concilie imitation des modèles antiques et pratique théâtrale moderne. Elle ne peut être considérée comme une pure reproduction du système d'Aristote, qu'elle a cru reproduire, mais dont elle a assoupli ou durci maints éléments.

1 LES RÈGLES ET LE PRINCIPE DU PLAISIR

L'ensemble des principes classiques se dégage de préfaces, traités, manifestes dont la production a été abondante et s'est poursuivie jusqu'au XVIIIe siècle.

Les textes majeurs pour comprendre la dramaturgie classique : ce sont *La Poétique* de La Mesnardière (1639), *La Pratique du théâtre* de D'Aubignac (1657), et les *Réflexions sur la Poétique d'Aristote* de Rapin (1674). Ils regroupent la nécessité de s'inspirer des Anciens, d'imiter la nature, de respecter la vraisemblance* et la bienséance*, et, au théâtre, la règle des trois unités* (action, temps, lieu). Un éclairage complémentaire est apporté par les *Discours* de Corneille (1660) les *Réflexions sur l'art poétique* du père Lamy (1668) et *Le Théâtre français* de Chappuzeau (1674).

L'abbé d'Aubignac, qui aspirait au rôle de législateur du théâtre sous l'égide de Richelieu, ne se découragea pas à la mort du Cardinal, poursuivant une réflexion sur le théâtre qu'il ne publia qu'en 1657. Le titre complet révèle la portée qu'il assigne à son ouvrage : *La Pratique du théâtre, œuvre très nécessaire à tous ceux qui veulent s'appliquer à la composition des poèmes dramatiques, qui font profession de les réciter en public, ou qui prennent plaisir d'en voir les représentations.*

Le mythe de la doctrine classique

La doctrine classique ne s'est pas imposée sous la forme d'un système préétabli, extérieur aux dramaturges. L'élaboration des règles est née d'un dialogue, toujours légèrement décalé, entre des pratiques et des réflexions théoriques.

Les deux principaux théoriciens de la dramaturgie, l'abbé d'Aubignac et Corneille, ont conçu toute leur réflexion autour d'une observation et d'une pratique théâtrale vivantes. L'abbé François Hédelin ***d'Aubignac*** a rédigé sa *Pratique du théâtre* à partir de 1640, à la demande de Richelieu et de l'Académie : auteur dramatique médiocre, il a su confronter la doctrine aristotélicienne et la production théâtrale contemporaine. Corneille s'est démarqué de l'abbé d'Aubignac, en tant que praticien mieux au fait des nécessités de la technique dramatique. Il explicite le hiatus inévitable entre exigences théoriques et pratique dramatique, dans une réflexion *a posteriori* sur ses œuvres : c'est seulement en 1660 qu'il publie en tête de son *Théâtre complet* ses trois *Discours sur le théâtre*. Il s'est plaint entre autres de trouver dans la multitude des commentaires d'Aristote et d'Horace peu de considérations réellement pertinentes pour la pratique du théâtre : « Comme ils avaient plus d'étude et de spéculation que d'expérience du théâtre, leur lecture nous peut rendre plus doctes, mais non pas nous donner beaucoup de lumières fort sûres pour réussir » (*Discours de l'utilité et des parties du poème dramatique*).

Si la réflexion de Corneille est d'abord l'affirmation d'un tempérament singulier, elle reflète néanmoins un sens du théâtre vivant qui guide l'élaboration des modèles classiques, principes généraux ou ficelles du nouveau métier dramatique. Les dramaturges se sont posés des problèmes techniques concrets (dilemme, monologue), laissant aux théoriciens le soin de débattre des enjeux philosophiques de la tragédie ou de la comédie (purgation des passions, réforme des mœurs).

Le triomphe des partisans d'une régularité dramatique

L'*Art poétique* de Boileau, paru en 1674, vient en guise de conclusion à une élaboration pratique et théorique qui l'a largement précédé, mais c'est l'œuvre d'un mondain qui ne s'est pas intéressé profondément au théâtre, auquel il ne consacre que 46 vers sur 252, et qui résume et simplifie les débats de la dramaturgie classique.

C'est dans les années 1630, sous le règne de Louis XIII, que les règles se sont imposées, tant aux dramaturges autant qu'aux doctes*. On observe un consensus progressif en faveur d'instruments techniques qui sont perçus comme des adjuvants à la création dramatique, même si l'irrégularité conserve encore des partisans.

Chapelain, dans sa *Lettre sur l'art dramatique* est le premier chronologiquement en France à défendre les principes d'un théâtre nouveau. Il préconise, en 1630, les règles, notamment celle des trois unités*, l'imitation des Anciens et il justifie le théâtre par son utilité morale. La publication par Mairet de sa régulière *Silvanire*, en 1631, est accompagnée d'une préface exposant la nécessité des unités : le retentissement de ce manifeste fut décisif, au point qu'on a pu comparer son rôle à celui de la préface de *Cromwell* de Victor Hugo.

Jean Chapelain (1595-1674), auteur d'une épopée manquée, *La Pucelle d'Orléans*, est le type accompli du « docte » qui exerça une influence majeure sur la première génération classique. Conseiller de Richelieu puis de Colbert, il contribua à l'organisation de la tutelle monarchique sur la vie culturelle.

Cet intérêt pour les règles* correspond au développement de l'idée de norme et à la création de l'Académie française. Cette institution littéraire dut émettre un avis sur *Le Cid*, une tragi-comédie dont le succès posait problème, par son absence de régularité. L'œuvre ne risquait-elle pas de donner le mauvais exemple et d'entraver les efforts contemporains pour imposer, dans la théorie comme dans la pratique, une esthétique fondée sur l'illusion du vrai ? Les *Sentiments de l'Académie sur Le Cid* rédigés par Chapelain furent publiés en 1637.

Malgré le succès du *Cid*, les arguments des doctes firent mouche : Corneille lui-même se rallia aux unités avec *Horace* en 1641. Ces débats de la génération de 1630 ont fait naître l'idée de la nécessité d'une juridiction du goût. Dans son *Apologie du théâtre* (1639), Scudéry oppose le jugement des savants à celui des ignorants, précisant que cette catégorie englobe à la fois le public populaire du parterre et une fraction des hommes de qualité répartis dans les galeries. Transcendant en partie les clivages sociaux, la distinction implique une justesse de jugement, qui repose sur la connaissance des règles.

La juridiction du goût est associée d'emblée à une esthétique de la réception mondaine, qui s'est affirmée comme l'horizon d'attente privilégié de la dramaturgie classique : celle-ci a revendiqué de plus en plus nettement le plaisir de ce public des honnêtes gens qui constituent son public idéal.

Une imitation « invisible » : l'obscur objet du plaisir dramatique

Le respect des règles* correspond à des exigences plus philosophiques que littéraires, renvoyant à la conception que les hommes du XVIIe siècle se font de la fiction, l'illusion scénique garantissant la *mimésis** théâtrale. Cette illusion mimétique est conçue comme la source du plaisir des spectateurs par Chapelain : « Il voit les choses comme si véritablement elles arrivaient devant lui. » Le théâtre trompe l'œil et « l'imagination du spectateur » en lui proposant « les objets comme vrais et présents » alors qu'ils ne le sont pas. Ceci implique une imitation telle « qu'il ne paraisse aucune différence entre la chose imitée et celle qui imite ». L'enjeu ultime, c'est « d'ôter aux regardants toutes les occasions de faire réflexion sur ce qu'ils voient et de douter de sa réalité » (*Opuscules critiques*, éd. Hunter, Paris, Droz, 1936, pp. 115 et 116). L'illusion parfaite exclut toute distanciation mais aussi toute participation : elle implique une séparation stricte de la scène et de la salle et une dissimulation des artifices dramatiques.

L'illusionnisme classique : négation de la théâtralité* ? L'illusion théâtrale doit, dans l'esthétique classique, masquer les conventions qui exhibent l'artifice de la scène. Ainsi a-t-on progressivement banni les apartés ou les monologues. Corneille a développé l'usage du confident pour mieux se passer des « apartés ». Il a conseillé aussi, dans son *Premier Discours*, de proscrire le monologue qui n'aurait pour but que d'informer le spectateur. Le monologue n'est tolérable qu'à condition d'être motivé par l'état d'âme du personnage qui le profère.

Les règles sont conçues comme un instrument efficace au service de cet illusionnisme parfait qui fait l'agrément du théâtre. Cependant, le XVIIe siècle ne cesse de rappeler qu'il ne faut pas être esclave des règles.

Le principe du plaisir. La réussite théâtrale se mesure pour tous les grands auteurs à l'aune du contact avec le public : « Je voudrais bien savoir si la grande règle de toutes les règles n'est pas de plaire, et si une pièce de théâtre qui a attrapé son but n'a pas suivi un bon chemin. » (Réplique de Dorante dans la scène 6 de la *Critique de l'École des femmes* de Molière). « La principale règle est de plaire et de toucher : toutes les autres ne sont faites que pour parvenir à cette première » (Racine, préface de *Bérénice*.) Il faut comprendre ces déclarations comme des revendications polémiques traduisant l'indépendance des auteurs à l'égard des reproches que leur adressaient certains « doctes » trop attachés à une stricte orthodoxie dramatique.

Plaire, précepte issu de l'*Art poétique* d'Horace, est l'objectif majeur, formulé par Corneille, Chapelain, repris par Molière et Racine. Le classicisme, bien qu'il aille chercher ses modèles dans l'Antiquité et dans les théories d'Aristote, demeure soucieux de répondre à l'attente de divertissement du public mondain, loin des excès de tout pédantisme. Corneille justifie déjà *Le Cid* par le seul fait de son succès jamais démenti :

> Bien que ce soit celui de mes ouvrages réguliers où je me suis permis le plus de licence, il passe encore pour le plus beau auprès de ceux qui ne s'attachent pas à la dernière sévérité des Règles, et depuis vingt-trois ans qu'il tient sa place sur nos théâtres, l'histoire ni l'effort de l'imagination n'y ont rien fait voir qui en ait effacé l'éclat (Examen de 1660).

2 LE PACTE DRAMATIQUE : UNE ILLUSION CODÉE

Naturel et vraisemblance*

L'idée de nature sous-tend la réflexion esthétique classique et elle est le fondement de l'illusion dramatique. L'imitation de la nature concilie à la fois le respect des Anciens et l'adéquation de l'auteur avec un public moderne.

La vraisemblance est le principe fondamental dont tous les autres dépendent. Les unités de temps, de lieu et d'action sont commandées par cet impératif de vraisemblance.

Le vraisemblable correspond à un souci de ne pas choquer le bon sens du public. Il ne se confond pas avec le vrai, autrement dit, avec la tradition mythologique ou historique attestée par les Anciens. Le vraisemblable se limite à ce que le public peut croire. Corneille a insisté sur le fait que le vrai n'est pas forcément vraisemblable, opposant la vraisemblance de l'invention dramatique à la vérité historique (*De L'Utilité et des parties du poème dramatique*, 1660).

D'Aubignac emprunte directement à Aristote le primat du vraisemblable sur le vrai. Selon lui, le « possible » ne saurait pas davantage que le vrai être le sujet du théâtre :

> Car il y a bien des choses qui se peuvent faire, ou par la rencontre des causes naturelles, ou par les aventures de la morale, qui pourtant seraient ridicules et peu croyables si elles étaient représentées. [...] Il est possible qu'un homme meure d'un coup de tonnerre, mais ce serait une mauvaise intention au poète de se défaire par là d'un amant qu'il aurait employé pour l'intrigue d'une comédie.
> (*La Pratique du théâtre,* livre II, chapitre II).

La vraisemblance est uniquement affaire de crédibilité, ce que résumera Boileau de façon lapidaire dans son *Art poétique* :

> Jamais au spectateur n'offrez rien d'incroyable
> Le vrai peut quelquefois n'être pas vraisemblable.
> Une merveille absurde est pour moi sans appas :
> L'esprit n'est point ému de ce qu'il ne croit pas.

Les bienséances*

Elles correspondent à une exigence morale entendue comme souci de ne pas heurter la sensibilité du public. La place prise par le théâtre parmi les divertissements des « honnêtes gens » explique ce souci des bienséances, enjeu majeur de la civilité classique (Cf. le *Dictionnaire encyclopédique du savoir-vivre et de la politesse*, éd. A. Montandon, Paris, Le Seuil, 1995).

L'interdiction pour la tragédie de représenter du sang sur la scène n'existait pas chez Aristote, qui voyait la source essentielle du plaisir tragique dans « l'événement pathétique*» conçu comme « une action qui fait périr ou souffrir, par exemple les agonies exposées sur la scène, les douleurs cuisantes et blessures et tous les autres faits de ce genre » (*Poétique*). C'est à l'*Art poétique* d'***Horace*** que dramaturges et théoriciens classiques empruntent l'idée de substituer un récit à ce qui ne doit pas être directement représenté sur scène.

> ***Horace*** prônait la représentation indirecte de faits monstrueux : « Ce n'est pas devant le public que Médée doit massacrer ses enfants, l'exécrable Atrée faire cuire les membres de ses fils, Procné se changer en oiseau, Cadmus en dragon » (vers 180-189, traduction François Richard, Garnier-Flammarion, 1967).

Rompant avec la liberté du théâtre baroque, la scène classique bannit toute représentation directe de violence et de mort. Corneille sut admirablement concilier le respect de cet interdit et le suspens dramatique dans *Horace* : lorsque Camille maudit Rome, Horace brandit son épée pour venger une telle offense et poursuit sa sœur dans les coulisses ; la scène reste vide quelques secondes, cependant que parviennent au spectateur les plaintes de Camille mourante, Horace réapparaissant après ce meurtre accompli en coulisse (Acte III, scène 5).

C'est par l'intermédiaire d'un personnage bouleversé par ce qu'il a vu que le spectateur perçoit les événements sanglants. Cette représentation au second degré n'est pas dénuée de ressources pathétiques* et émotives, comme en témoigne notamment le célèbre récit de Théramène dans *Phèdre* de Racine.

Réagissant contre la licence du théâtre baroque, la dramaturgie classique impose aussi un respect de plus en plus sourcilleux des bienséances en matière amoureuse. La présence des confidents permet des déclarations d'amour, en tout bien tout honneur, entre les héros. Dans *Andromaque* par exemple, Hermione ne voit jamais Oreste ou Pyrrhus sans être accompagnée de sa Cléone.

Le récit de Théramène, horreur licite et hypotypose. L'hypotypose désigne une description particulièrement animée et frappante. Ainsi le récit de Théramène dans *Phèdre* suscite-t-il dans l'imaginaire du spectateur des visions d'horreur qui permettent de lui faire éprouver, en toute décence, la terreur et la pitié inhérentes à la tragédie. La description évoque de façon saisissante un bain de sang, celui du monstre, puis des chevaux qui tirent le char du héros, et enfin celui d'Hippolyte : « ... tout son corps n'est bientôt qu'une plaie... / De son généreux sang la trace nous conduit : / Les rochers en sont teints ; les ronces dégouttantes / Portent de ses cheveux les dépouilles sanglantes » (V, 6, v.1550-1558).
Le pathétique* de ce récit est accentué par un jeu de vision doublement interposée, puisque Théramène, témoin oculaire, rapporte la vision d'Aricie découvrant son amant gisant dans le sang : « Elle approche : elle voit l'herbe rouge et fumante ; / Elle voit (quel objet pour les yeux d'une amante !) / Hippolyte étendu, sans forme et sans couleur. » (*Ibid.*)

La collusion du crédible et du licite

La « querelle du *Cid* » a révélé l'étroite intrication des notions de vraisemblance et de bienséance. Corneille s'est vu reprocher à la fois le caractère scandaleux et l'invraisemblance du consentement de Chimène à épouser le meurtrier de son père, événement attesté historiquement mais inconciliable avec une esthétique raisonnable. *Les Sentiments de l'Académie* soulignent cette étroite corrélation entre le licite et le crédible :

> Toutes les vérités ne sont bonnes pour le théâtre, et il en est de quelques-unes comme de ces crimes énormes dont les juges font brûler les procès avec les criminels. Il y a des vérités monstrueuses [...] qu'il faut supprimer pour le bien de la société [...]. C'est principalement en ces rencontres que le poète a droit de préférer le vraisemblable à la vérité.

Les Académiciens suggèrent que Corneille aurait dû renoncer à un tel sujet, ou le transformer pour le rendre conforme à la vraisemblance et aux bienséances : il aurait suffi de feindre « ou que le comte ne se fût pas trouvé à la fin le véritable père de Chimène, ou que, contre l'opinion de tout le monde, il ne fût pas mort de ses blessures, ou que le salut du roi et du royaume eût dépendu absolument de ce mariage ». L'inconvenance du *Cid* est sa faute majeure, scandale d'une héroïne désignée par Scudéry comme un « monstre » possédé par une « infâme passion » et qui « foule aux pieds les sentiments de la nature et les préceptes de la morale » (*Observations sur le Cid*).

On est tenté de se demander ce qui prime dans l'esthétique classique, entre l'exigence morale de la bienséance, indissociable du nouveau modèle social de la civilité, et l'exigence plus intellectuelle de la vraisemblance, qui fait triompher un principe de cohérence et de rationalité. La convergence des deux principes trahit le refus d'un théâtre de participation primaire et la nécessité d'une distance entre les spectateurs et la représentation scénique, garante de l'illusion dramatique.

La logique des unités

C'est dans la perspective d'une crédibilité parfaite de l'illusion dramatique, axée sur la notion de vraisemblance, que se sont imposées les règles plus formelles des trois unités*. Le respect de ces dernières s'est forgé à travers une expérimentation dramatique qui a prouvé leur efficacité auprès du public.

L'unité d'action est entendue comme cohérence d'un tout :

> Imitation d'une action une et formant un tout. Pour être une, une action n'a pas besoin d'être simple ni une, mais il convient qu'un rapport net soit établi entre l'action principale et les actions secondaires, autrement dit que ces dernières dépendent directement de la première.

Aristote insistait bien sur cette nécessité d'une cohérence organique entre le tout et les parties :

> Les parties constituées des actes accomplis doivent être agencées de façon que, si l'on déplace ou supprime l'une d'elles, le tout soit troublé ou bouleversé. Car ce qui s'ajoute ou ne s'ajoute pas sans résultat visible, n'est en rien partie d'un tout. (VIII, 1451 a).

Dans la comédie, Corneille définit l'unité d'action comme « unité d'intrigue ou d'obstacle aux desseins des principaux acteurs ». Dans la tragédie ou la tragi-comédie, il s'agit d'une « unité de péril, soit que le héros y succombe, soit qu'il en sorte ».

Le spectateur est réputé ne pas pouvoir croire que l'action dure plus longtemps que la représentation. À ce compte, l'idéal de durée d'une action serait de deux heures ; le compromis de douze heures généralement admis est rendu acceptable par les intervalles entre les actes.

Les règles*, une réinvention de la poétique aristotélicienne : si **l'unité d'action*** est clairement aristotélicienne, il n'en va pas de même pour les autres unités. La durée ne saurait selon Aristote obéir à une comptabilité précise mais elle doit s'inscrire dans une logique de cohérence et de crédibilité : « pour ce qui est de l'étendue, le plus long est toujours le plus beau, tant que l'ensemble demeure parfaitement clair ; pour fixer rapidement une limite, l'étendue qui permet le passage du malheur au bonheur ou du bonheur au malheur à travers une série d'événements se succédant selon la vraisemblance, ou la nécessité, offre une limite satisfaisante. » (*Poétique*, 1451 a). Les commentaires de la Renaissance sur **l'unité de temps** se sont fondés sur une remarque accessoire d'Aristote qui oppose la durée de la tragédie à celle de l'épopée : « l'une essaie autant que possible de se dérouler durant une seule révolution du soleil, alors que l'épopée n'est pas limitée dans le temps » (1449 b). Quant à **l'unité de lieu,** les commentateurs de la Renaissance l'ont justifiée sur un fondement aristotélicien encore plus ténu, extrait de l'opposition entre épopée et tragédie, qui précise que cette dernière ne peut représenter que « la partie de l'action jouée sur scène par les acteurs » (1459 b, 24-6) ; mais rien dans le texte d'Aristote n'exclut de changer le lieu où se déroule l'action, d'un acte à l'autre, ou entre deux scènes... C'est à la faveur des commentaires modernes sur la poétique d'Aristote que ces règles obligées de la dramaturgie classique se sont forgées.

Le spectateur ne peut davantage admettre la multiplicité des lieux sur une scène. Sarasin, *dans son Discours de la tragédie*, publié en 1639 en tête de *L'Amour tyrannique* de Scudéry, condamne l'arbitraire des « pérégrinations » du théâtre de Hardy qui « changeait de région et passait les mers sans scrupule ». Autant que l'invraisemblance, c'est la gratuité des changements de lieu qui se voit ici dénoncée. Toutefois l'unité de lieu fut la plus lente à s'imposer et ne fut jamais respectée à la lettre. Si l'on exclut la représentation de lieux éloignés les uns des autres, on juge l'unité de lieu compatible avec celle de lieux voisins situés dans l'enceinte d'une ville ou d'une région naturelle, rendant vraisemblable le passage de l'un à l'autre. Cette conception semble s'être imposée à la suite de Mairet qui l'a illustrée dans sa *Silvanire* en 1631, puis dans sa *Sophonisbe* (1635).

De fait, au-delà de ces querelles, la concentration des lieux dans le théâtre classique s'est réalisée dans la comédie autour de la représentation d'une rue sur laquelle donnent les maisons des différents personnages (voir *Mélite* de Corneille, *Le Dépit amoureux* de Molière, *L'École des femmes, Les Plaideurs* de Racine). Dans la tragédie, elle s'est matérialisée à travers la réduction de l'action au palais.

3 La fabrique dramatique

Théâtre et primauté de l'action

La dramaturgie classique reprend d'abord à Aristote l'idée que le théâtre représente une action. Par là, la tragédie classique se différencie radicalement de la tragédie humaniste, essentiellement lyrique et statique, qui mettait en écho une série de plaintes alternées (à l'instar des *Juives* de Robert Garnier). Alors que les chœurs occupaient une place de choix dans la tragédie de la Renaissance pour exprimer ce registre de lamentations, le théâtre classique renonce à ce qui est désormais perçu comme un élément statique, entravant le dynamisme de l'action.

Cette primauté de l'action participe encore d'une recherche de l'illusionnisme parfait et d'un désir corollaire d'agréer au public. Corneille subordonne l'attention du public à l'action. De ce point de vue, il considère que la coutume de faire jouer les violons pendant les entractes est nettement supérieure à l'usage des chœurs de la tragédie athénienne : car ces chants dissipaient à son sens l'attention des spectateurs qui devaient faire un effort de mémoire lorsqu'un autre acte commençait ; les violons au contraire procurent aux spectateurs une détente, leur permettant de réfléchir sur ce qu'ils ont vu (*Troisième Discours*).

La primauté du dramatique implique un modèle de composition resserrée et cohérente.

Un développement nécessaire

Cette imitation d'une action est, pour Aristote, la fin explicite de la tragédie, qui repose avant tout sur « l'agencement des actes accomplis, puisque la tragédie imite non des hommes, mais l'action, la vie » (*Poétique*, VI). Les caractères des personnages sont étroitement subordonnés à un agir : « Bien loin d'imiter des caractères grâce à des personnages en action, les auteurs conçoivent au contraire les caractères à travers ces actions » (*Ibid.*).

Le déroulement de l'action est conçu sur le mode d'une croissance comparable à celle d'un organisme vivant. Pour Aristote, la tragédie est « imitation d'une action menée jusqu'à sa fin et formant un tout », ce qui implique « commencement, milieu et fin » (*Poétique*, 1450 b).

Une pièce doit respecter des principes généraux de composition qui s'articulent autour du commencement (l'exposition*), du milieu (le nœud*) et de la fin (dénouement*).

L'exposition* est la partie initiale de l'œuvre nécessaire pour faire connaître les circonstances et les personnages de l'action. Le problème délicat des limites de l'exposition s'est posé aux dramaturges classiques. On admet implicitement qu'elle commence avec le début de la pièce : « Le sujet n'est jamais assez tôt expliqué », dira Boileau (*Art poétique*, chant III, vers 37). L'exposition peut se poursuivre durant un nombre de scènes variable. Pour la cohérence et l'unité d'action, certains se sont efforcés de circonscrire la durée de la « protase* » au premier acte.

En fait, beaucoup d'œuvres classiques concentrent leur exposition dans la première scène : c'est le cas pour *Andromaque* de Racine où Oreste s'entretient avec Pylade de son amour pour Hermione, révélant que celle-ci aime Pyrrhus, lui-même amoureux d'Andromaque qui lui résiste ; Oreste nous apprend également l'ambassade dont il est chargé. De même, Corneille livre tous les éléments indispensables à la compréhension de l'action dans les premières scènes d'*Horace*, de *Cinna*, d'*Othon*, et de *Nicomède*, dont le début comporte une quantité d'information remarquable.

Le Tartuffe, *une exposition atypique.* Molière ne livre que progressivement les éléments de l'exposition : la première scène présente indirectement les personnages à travers le regard de Madame Pernelle ; la scène 2 complète le portrait de Tartuffe et montre à quel point Orgon s'en est entiché ; on apprend seulement à la scène 3 que Valère veut épouser Mariane et Damis la sœur de Valère ; le début du deuxième acte nous informe du projet d'Orgon qui veut unir Mariane à Tartuffe ; la concupiscence du dévot ne se révèle que dans sa confrontation avec Elmire à la scène 3 de l'acte III. Cette discontinuité correspond à un souci de graduer les effets.

L'exposition doit en outre être claire, intéressante et fondée en vraisemblance. Corneille note qu'il n'est pas facile de trouver un auditeur crédible pour permettre la narration initiale dans une tragédie, dont « les événements publics et éclatants » sont présumés connus de tous (examen de *Médée*). Il justifie l'astuce du choix d'un personnage comme Pollux dont l'ignorance s'explique par son retour d'un long voyage.

La principale difficulté qu'ont tentée de résoudre les dramaturges classiques est de réaliser une exposition en action. Comme le soulignera Marmontel dans ses *Éléments de littérature* :

> Dans le poème dramatique, l'exposition est plus difficile [que dans l'épopée] parce qu'elle doit être en action, et que les personnages eux-mêmes, occupés de leurs intérêts et de l'état présent des choses, doivent en instruire les spectateurs, sans autre intention apparente que de se dire l'un à l'autre ce qu'ils se diraient s'ils étaient sans témoins.

Certains auteurs ont cherché à animer leur exposition. *Le Médecin malgré lui* débute par une querelle entre Sganarelle et Martine. Corneille a utilisé une technique mixte dans les expositions de *Théodore* et d'*Héraclius*, proposant dans la scène 1 une conversation calme entre le héros et le confident, avant de représenter, dès la scène suivante, l'antagonisme d'un héros contre l'autre.

Les grands types d'exposition de la dramaturgie classique

Le dialogue entre un personnage principal et un personnage secondaire est le cas le plus fréquent. Ce mode s'est imposé lentement dans la tragédie, où il semblera plus acceptable au terme d'une évolution des personnages de suivants, devenus plus dignes et promus parfois au rang d'amis. Le dialogue entre le héros et le confident est ainsi récurrent dans les scènes d'exposition de Racine. Les auteurs s'efforcent, pour la vraisemblance, de donner au spectateur l'impression de surprendre une conversation en cours : c'est la fonction du « oui » inaugural que Racine place dans la bouche du héros dans *Andromaque, Iphigénie et Atalie.* Dans *L'École des femmes,* Molière utilise aussi la fiction de la conversation en cours pour légitimer un apport d'information immédiat et direct. C'est la surprise exprimée par Chrysalde qui l'amène à faire répéter, avec une insistance toute phatique, la nouvelle du projet de mariage d'Arnolphe : « Vous venez, dites-vous, pour lui donner la main ? ».

Le monologue du personnage principal est un procédé archaïque, mais encore utilisé : dans *Cinna,* Émilie expose son dilemme entre amour et devoir. Ce procédé ancien, dénoncé par Boileau en 1674, demeure une ressource, volontiers amusante, pour la comédie : Molière l'utilise beaucoup, de *L'Étourdi* jusqu'au *Malade imaginaire* en passant par *Amphitryon* et *George Dandin* ; Racine y recourt aussi dans *Les Plaideurs.*

Le dialogue entre deux personnages principaux, plus rare, se trouve dans *Nicomède* de Corneille, liant d'emblée le drame politique et l'amour du héros pour Laodice, reine d'Arménie. Ce type d'exposition se retrouve dans *L'Avare* de Molière.

Le dialogue entre deux personnages secondaires est peu répandu. Il fait porter l'éclairage sur le sujet de la pièce. *Rodogune* débute ainsi, « sans artifice », selon la formule de Corneille dans l'Examen de sa pièce, par l'entretien de deux confidents sur la situation politique. *Le Bourgeois gentilhomme* présente une conversation entre le maître de danse et le maître de musique au sujet de la folie de leur client.

Le nœud* est essentiel dans le théâtre classique : il consiste à imbriquer de façon non arbitraire les obstacles qui s'opposent aux désirs des héros. Les obstacles sont parfois extérieurs : le père de la comédie, le roi de la tragédie s'opposent aux aspirations des héros. Mais, dans de nombreuses pièces, les obstacles sont intérieurs ou intériorisés : pour les héros du *Cid*, la mort du comte est vécue comme un drame par Rodrigue et Chimène. En fait, dans cette pièce archétypale, l'obstacle intérieur est double pour chacun des héros qui veut satisfaire à la fois sa « gloire » et son amour, selon la formule du dilemme.

L'action classique est considérée comme « complexe » ou « simple » selon que le changement de fortune du héros se produit avec ou sans péripétie.

La « péripétie* » est un événement extérieur inattendu qui crée un effet de surprise et bouleverse les héros, modifiant leur situation et les amenant à prendre des décisions. Aristote ne concevait qu'une péripétie unique, située au dénouement. Les dramaturges classiques enchaînent plusieurs péripéties, situées au cours du nœud, réservant la dernière pour le dénouement. Cette conception de péripéties multiples, ménageant des rebondissements et des coups de théâtre, répond au désir d'enrichir l'action dramatique. Elle s'est affirmée dans la seconde moitié du siècle. Le plus bel exemple en est le cinquième acte de *Mithridate*, dont chaque scène, sauf la dernière, contient une péripétie : dans la première, Monime, croyant Xipharès mort, veut se suicider ; dans la deuxième, nous apprenons que Mithridate a décidé la mort de Monime et lui envoie du poison ; la scène 3 nous informe du contrordre, la scène 4 nous révélant que Xipharès est vivant, et Mithridate mourant.

Le dénouement* découle logiquement de la cessation des obstacles et des péripéties. Il doit avoir lieu au cours du dernier acte, comme le précise Corneille dans son *Premier Discours*.

Le dénouement, ou « catastrophe*», doit obéir à la vraisemblance et à une certaine logique intrinsèque de l'action : que la pièce « se dénoue d'elle-même » et proscrive tout hasard et toute invention ingénieuse du poète, tel est l'idéal proclamé par le père Lamy (*Nouvelles Réflexions sur l'art poétique,* 1668). Les théoriciens condamnent vivement, à la suite d'Aristote et d'Horace, le recours à la convention d'un *deus ex machina*. Corneille adhérera à cette règle, après l'avoir ignorée dans le dénouement purement baroque de sa première tragédie, *Médée,* où l'on assiste à l'envol de l'héroïne, emportée sur son char traîné par un dragon.

Les dramaturges, à la suite des théoriciens comme d'Aubignac, ont peu à peu précisé la nécessité d'un dénouement complet, sans résidus ou incertitudes sur le sort des différents personnages, et la solution des problèmes posés par la pièce. Racine, dans la préface de *Britannicus,* précise que le parfait achèvement de la pièce implique d'informer le spectateur sur le sort de tous les personnages : « La tragédie étant l'imitation d'une action complète où plusieurs personnages concourent, cette action n'est point finie que l'on ne sache en quelle situation elle laisse ces mêmes personnes. » Dans cette tragédie, où la mort de Britannicus intervient à la quatrième scène du dernier acte, Racine se devait de régler le sort de Burrhus, d'Agrippine, de Junie, de Narcisse et de Néron ; aussi s'efforce-t-il de se justifier face à ses détracteurs, qui ont pu lui reprocher le ralentissement du rythme final.

La nécessité d'un dénouement complet se heurte à l'exigence de sa rapidité, qui s'est imposée par réaction contre les plaisirs de la prolongation artificielle des dénouements très goûtés à l'âge baroque. Une autre exigence, dont Corneille souligne la modernité, consiste à rassembler le plus grand nombre de personnages à la fin de la pièce : dans le cinquième acte, « nous rassemblons tous les acteurs sur notre théâtre ; ce que ne faisaient pas les anciens » (*Troisième Discours*).

La gestion des personnages

L'omniprésence du protagoniste* satisfait une attente du public que souligne l'abbé d'Aubignac : « Les principaux personnages doivent paraître le plus longtemps qu'il est possible sur le théâtre » (IV, ch. I, p. 278). Le héros doit aussi apparaître dès le début de la pièce. Ce corollaire est clairement explicité pour prévenir toute confusion : « Les spectateurs prenant bien souvent le premier acteur de condition pour le héros se trouvent dans l'embarras et la confusion quand après ils viennent à découvrir que cela n'est pas » (*ibid.*, p. 278). Pourtant, ces règles sont loin d'être observées de façon systématique. Dans *Phèdre*, la fille de Minos n'est présente que dans douze scènes sur trente-deux, autant qu'Hippolyte et Thésée. Dans les dernières pièces de Corneille (*Cinna*, *Sertorius*, *Othon*, *Attila*, *Pulchérie*), les héros ne sont jamais présents dans tous les actes. Le désir de construire des pièces plus complexes explique cette évolution, imputable aussi à une pression des acteurs, désireux de tenir des rôles intéressants.

Si Molière a une prédilection pour le héros omniprésent (voir Arnolphe et don Juan qui ne sont absents que dans deux scènes de leurs œuvres éponymes), il a su exploiter une technique radicalement inverse avec ***Tartuffe***, qui intervient seulement dans dix scènes sur trente et une (deux fois moins qu'Orgon, moins aussi qu'Elvire, Mariane, Damis, Cléante et Dorine) et n'apparaît qu'à la scène 2 de l'acte III.

L'apparition de Tartuffe : Molière a invoqué la nécessité de préparer le public à l'apparition de ce personnage d'hypocrite, qu'il s'agissait selon lui de bien distinguer d'un vrai dévot. La raison de ce retard tient aussi aux remaniements successifs de l'œuvre, liés aux polémiques qu'elle suscita.

La place de plus en plus importante dévolue aux **confidents** constitue une innovation de la dramaturgie classique. Le confident est le principal personnage secondaire. Son émergence correspond à une volonté de se libérer de l'emprise de la tirade et de la tentation du monologue.

Le confident remplit souvent un rôle essentiel dans l'exposition, comme dans le récit final du dénouement (en cela, il est l'héritier du messager de la tragédie antique et de celle de la Renaissance). Les modulations infinies de sa présence et de son absence contribuent à souligner l'intérêt des grandes scènes.

Cette commodité du rôle explique sa fréquence dans la dramaturgie des années 1635-1645. Corneille, avec sa *Suivante* (1637) propose une comédie de la confidence, élevant ce personnage à la dignité d'héroïne. D'Aubignac a mis en garde les auteurs contre une place abusive du confident, contraire à la vraisemblance.

La comédie a pu conférer de véritables caractères aux valets et aux servantes, figures structurellement proches des confidents.

Structuration externe de la pièce classique

La pièce classique doit être de longueur modérée, divisée en actes et en scènes, et respecter un principe de liaison qui garantit sa cohérence et sa réception.

Les auteurs classiques respectent aussi un principe d'équilibre entre les actes. Ceux-ci ne devraient, selon d'Aubignac, comporter ni trop ni trop peu de scènes. Mais les chiffres réels sont variables, comme le prouve la pratique de Corneille : le deuxième acte de *Cinna* et le troisième de *Sertorius* n'ont que deux scènes, les actes V de *Théodore*, de *Nicomède*, d'*Œdipe* et d'*Agésilas* en ont neuf.

Les scènes ne sont pas, à la différence des actes, d'importance égale, à la fois dans leur longueur et dans leur fonction. D'Aubignac, tout en assignant au théâtre un principe général d'action, précise que la compréhension de celle-ci nécessite

Liaison de scènes et peur du « vide ». D'Aubignac proclame que « le théâtre ne devrait jamais être vide », prônant une liaison, à la fois rationnelle et ornementale, des scènes. Il distingue au-delà du modèle très répandu de la « liaison de présence » (où demeure sur le théâtre un acteur de la scène qui vient de s'achever), trois procédés plus complexes : « liaison de recherche », lorsque l'acteur qui vient cherche celui qui en sort ; « liaison de bruit », déterminant l'arrivée d'un acteur, qui trouverait la scène vide ; « liaison de fuite », qu'il condamne et que Corneille réhabilitera en 1660 sous le terme de « liaison de vue » (artifice peu utilisé qui consiste à imaginer que les personnages sortent pour fuir l'arrivée de celui ou ceux qui viennent les chercher).

La liberté laissée à l'auteur : J. Scherer a développé l'idée d'une analogie structurelle entre cette liberté d'invention et le règne du monarque absolu. « Dans ce régime politique, le roi, au sommet de la pyramide des pouvoirs, est seul à inventer, à décider et à agir. L'écrivain, qu'il protège et qui est le roi de l'imaginaire, l'imite... Comme le roi agit, l'écrivain innove » (*Le Théâtre en France*, dir. J. de Jomaron, Paris, A. Colin, 1992, p. 263). Cette exaltation du prince et de son autonomie usurpe les pouvoirs de Dieu, qui, dans la perspective traditionnelle largement rappelée à l'époque baroque, était le seul véritable auteur dramatique.

parfois quelques « scènes d'éclaircissement » ou de transition, plus brèves que les autres. L'abbé d'Aubignac recommande de ménager une « grande scène » par acte : si *Bérénice* vérifie cette règle, Racine ne la respecte pas toujours : *Andromaque* compte deux grandes scènes par acte, ce qui peut se justifier par la présence de quatre personnages principaux.

Les scènes doivent être impérativement « liées » entre elles, à la différence des actes, qui impliquent une gestion de l'intervalle. Pour distinguer les actes, il convient, selon les théoriciens, de remplir les entractes par des actions invisibles, mais nécessaires. Ces intervalles sont des lieux stratégiques invisibles, indispensables au respect de la vraisemblance et des bienséances, permettant d'évacuer « tout ce qui donnerait trop de peine inutilement au poète, et tout ce qui pourrait choquer les spectateurs » (D'Aubignac, *La Pratique du théâtre*, livre III, chapitre V). Lorsque l'entracte contient une action importante (le cas extrême est celui de la bataille menée et gagnée entre le premier et le deuxième acte de *Sophonisbe*), l'acte suivant doit expliciter clairement tout ce qui s'est passé.

L'intelligibilité de l'œuvre exige par ailleurs de justifier l'entrée et la sortie de chaque acteur. C'est pour des raisons de vraisemblance et d'unité de l'action que l'on doit savoir pourquoi les personnages arrivent et s'en vont.

L'adaptation aux moyens de la scène

L'écriture dramaturgique classique s'explique dans une large mesure par une adaptation remarquable à des moyens scéniques souvent limités. La fréquence des entractes a permis de résoudre les problèmes pratiques que posait l'entretien de l'éclairage : pour éviter que l'atmosphère devienne par trop enfumée et irrespirable, il fallait moucher les chandelles toutes les demi-heures environ, ce qui explique la durée des actes. L'unité de lieu s'est aussi imposée pour des raisons techniques. Le décor simultané, avec son système de compartiments, où l'on pouvait distinguer jusqu'à cinq lieux différents, avait pour principal inconvénient d'offrir des espaces de jeu trop exigus pour les acteurs. On ne pouvait envisager non plus de manœuvrer le rideau de scène, très lourd, pour changer de décor en cours de représentation.

Le requisit de la liaison des scènes répond tout autant à des considérations pragmatiques. Sur un plateau étroit, dont les dégagements latéraux étaient fréquemment encombrés de spectateurs, l'acteur arrivant par le fond mettait un certain temps à se frayer un passage jusqu'au devant de la scène : les transitions assurées d'une scène à une autre constituèrent d'abord une astuce technique pour gérer les entrées et les sorties des comédiens.

Toutes ces contraintes matérielles sont à l'origine d'une dramaturgie stylisée, favorisant la tragédie au détriment de la comédie. Elles ont aussi contribué à la promotion du texte et de l'auteur.

4 Le privilège du démiurge : L'auteur et sa création

Liberté de l'invention

Chapuzzeau, lui-même auteur dramatique, fait l'éloge des auteurs, ces « dieux tutélaires du théâtre ».

La vraisemblance*, loin d'être un carcan, confère à l'auteur une formidable ***liberté d'invention***, jusque-là inconnue. Au Moyen Âge, on illustrait avec fidélité l'histoire religieuse et l'hagiographie ; à la Renaissance, on était prisonnier des grandes légendes de l'Antiquité. L'émancipation du théâtre moderne est en germe dans cette initiative laissée à l'auteur.

Les servitudes de la scène : un défi pour l'auteur démiurge. Les auteurs ont une nette conscience de leur pouvoir, mais aussi des servitudes que leur impose la création dramatique. Corneille oppose ainsi dans son *Deuxième Discours* les contraintes du théâtre à la liberté absolue qu'il prête à l'auteur de roman : « Nous sommes gênés au théâtre par le lieu, par le temps et par les incommodités de la représentation, qui nous empêchent d'exposer à la vue beaucoup de personnages tout à la fois, de peur que les uns ne demeurent sans action, ou troublent celle des autres. Le roman n'a aucune de ces contraintes : il donne aux actions qu'il décrit tout le loisir qu'il leur faut pour arriver ; il place ceux qu'il fait parler, agir ou rêver, dans une chambre, dans une forêt, en place publique, selon qu'il est plus à propos pour leur action particulière ; il a pour cela tout un palais, toute une ville, tout un royaume, toute la terre, où les promener ; et s'il fait arriver ou raconter quelque chose en présence de trente personnes, il en peut décrire les divers sentiments l'un après l'autre. »

Ordonner le discours : théâtre et éloquence

D'Aubignac souligne l'adéquation nécessaire de la parole et de l'action sur la scène, expliquant que les discours qui se font au théâtre « doivent être comme des actions de ceux qu'on y fait paraître ; car là, parler, c'est agir » (*La Pratique du théâtre*, livre IV, ch. II). Pour l'auteur, metteur en scène absolu, dire, c'est faire faire.

Dans ce théâtre qui superpose action et discours, ***la tirade**** reste d'un usage stratégique. Elle réveille l'attention d'un public parfois encore très turbulent et propose aux « honnêtes gens » un modèle d'éloquence dans le goût du temps.

La tirade : le pouvoir de séduction irrationnelle des longues tirades pompeuses sera ironiquement souligné par La Bruyère, visant Corneille : « Le peuple écoute avidement, les yeux élevés et la bouche ouverte, croit que cela lui plaît, et à mesure qu'il y comprend moins, l'admire davantage ; il n'a pas le temps de respirer, il a à peine celui de se récrier et d'applaudir » (*Les Caractères*, livre I, 8).

Le recours au récit joue aussi un grand rôle dans l'articulation classique de l'action et du discours. Il permet d'évoquer toutes les actions que la bienséance ou la vraisemblance interdisent de représenter directement. Son usage reflète le prestige croissant de l'éloquence.

Il existe deux lieux privilégiés pour le récit : l'exposition, où il permet de faire connaître des éléments utiles à l'action, et le dénouement tragique, qui narre souvent la mort du héros. Le récit éclaire à la fois les événements et les caractères. Le recours au récit ne doit pas être artificiel, mais fondé en vraisemblance : celui qui raconte une histoire doit avoir « une raison puissante pour la raconter » et « celui qui écoute [...] sujet de savoir ce qu'on lui raconte », rappelle Corneille dans son examen de *Cinna*.

Dramaturgie et poésie

Si les classiques répugnent aux excès de la rhétorique, ils ont su utiliser quelques procédés majeurs particulièrement adaptés au théâtre. La répétition s'accorde avec la déclamation expressive de la tragédie. Chez Corneille, les héros soulignent eux-mêmes qu'ils se répètent : « je vous l'ai déjà dit », « j'ose le dire encore » sont des formules elles-mêmes récurrentes. Le procédé spécifique de répétition en début de vers a une valeur motrice (« Pleurez, pleurez mes yeux », *Le Cid*, acte III, scène 3). Les répétitions du nom propre d'un personnage ont une fonction émotive ou obsessionnelle, revêtant des valeurs variables selon le contexte.

Les exigences dramaturgiques n'excluent pas un usage lyrique de la répétition. Le théâtre classique, qui qualifie volontiers ses œuvres de « poèmes dramatiques » accorde une part non négligeable au lyrisme, tout en s'efforçant de le couler dans les exigences de l'action. Les stances, chères au théâtre baroque, réapparaissent de manière sporadique dans la dramaturgie classique.

Les sentences : l'abbé d'Aubignac les définit comme des « propositions générales qui renferment des vérités communes, et qui ne tiennent à l'action théâtrale que par application et par conséquence » (*La Pratique du théâtre*, livre IV, ch. V). Ainsi le Comte dans *Le Cid* de Corneille déclare-t-il : « Qui ne craint point la mort ne craint point les menaces ».

Plus généralement, le théâtre classique admet des ornements, pourvu qu'ils ne soient pas gratuits et s'appliquent à une situation dramatique. Les sentences et maximes, à la mode dans le théâtre du XVIe siècle, ont survécu en raison d'un goût pour la poésie morale et didactique, mais aussi pour les « formes brèves ». Les ***sentences*** demeurent toutefois une spécificité des pièces sérieuses (tragédies et tragi-comédies).

L'écriture dramatique intègre quelquefois des lettres et des lectures de billets qui admettent la substitution au rythme normal d'un autre schéma métrique. *Bajazet* contient deux lettres dont les rimes embrassées ou croisées rompent avec l'alexandrin à rimes plates du dialogue parlé ordinaire. Dans les comédies moliéresques en vers, les lettres sont volontiers en prose, comme celle d'Agnès dans *L'École des femmes* ou celle de Célimène dans *Le Misanthrope*.

C

LES GENRES DU THÉÂTRE CLASSIQUE

La séparation des genres est un souci majeur exprimé par Horace dans l'*Épître aux Pisons*, dite *Art poétique*, et que Boileau a démarqué jusqu'au plagiat : « Un sujet de comédie ne veut pas être développé en vers de tragédie […]. Que chaque genre garde la place qui lui convient et qui a été son lot. » Toutefois, la conception hiérarchique des genres au XVIIe siècle laisse affleurer une conscience de l'unité du théâtre.

1 Suprématie de la tragédie

La tragédie appartient aux grands genres, située juste au-dessous de l'épopée. Se destinant à « la représentation des revers de fortune des grands de ce monde », elle est associée aux valeurs aristocratiques d'honneur et de devoir, qui sont le fondement du système monarchique, et dont la fable grecque et plus encore l'histoire romaine offrent à la mémoire des lettrés des prototypes exemplaires. La meilleure preuve de cette corrélation serait le déclin de la tragédie avec le triomphe de l'idéologie bourgeoise (Diderot et son apologie du drame).

Les périodes de la tragédie classique

La tragédie classique ne se limite pas aux années 1660-1680 et son évolution, de l'époque baroque à l'épanouissement du classicisme, n'a jamais été parfaitement linéaire. Corneille s'applique à la tragédie à partir d'*Horace* en 1640 ; la plupart des autres auteurs dramatiques (Du Ryer, Tristan L'Hermite, La Calprenède, Rotrou) suivent la même voie. Après *Silvanire*, tragi-comédie pastorale régulière, Mairet rétablit la tragédie avec *Sophonisbe* en 1634, suivie les mois suivants d'*Hercule mourant* de Rotrou, de *La Mort de César* de Scudéry, de la *Médée* de Corneille. Les années 1628-1638 marquent le triomphe de la régularité dramatique, la fameuse querelle du *Cid* marquant l'épilogue du débat entre réguliers et irréguliers.

De la tragi-comédie à la tragédie : l'exemple du Cid. De sa création en 1637 à sa cinquième édition en 1646, *Le Cid* est désigné comme tragi-comédie. Au moment où les théoriciens s'efforcent d'englober la tragi-comédie régulière dans le grand genre tragique, seul légitime, Corneille commence à appeler sa pièce tragédie : il modifie le titre dès 1648, ne transformant le texte et le dénouement qu'en 1660. Si *Le Cid* s'inscrit dans la continuité de la tragi-comédie baroque, avec des personnages chevaleresques et des situations romanesques, Corneille a su rehausser la dimension tragique en faisant porter l'intérêt principal de la pièce sur le dilemme entre la passion amoureuse et les « lois du devoir (et) tendresses du sang ».

La période suivant les troubles de la Fronde marque l'arrivée de jeunes auteurs, Thomas Corneille et Quinault, mais elle n'apporte pas de nouveautés majeures sur le plan esthétique.

Quant « à l'école de 1660 », elle ne constitua jamais un phénomène unitaire, l'œuvre de chaque auteur apparaissant des plus multiformes. En témoigne l'affrontement entre Corneille et Racine, ces deux dramaturges ne s'étant jamais limités à une formule unique de tragédie.

Les composantes de la tragédie

La tragédie est d'abord un théâtre d'action. Le public goûte les intrigues et les machinations compliquées, à l'instar d'*Othon* de Corneille ou de *Bajazet* de Racine. Ce dernier ira toutefois à l'encontre de cette habitude avec l'action simple de *Bérénice*.

Le théâtre tragique est aussi prétexte à une performance d'acteurs. Parmi ces « Grands Comédiens », ***Montdory*** a laissé un souvenir durable avec sa création du rôle d'Hérode dans *La Marianne* de Tristan l'Hermite. « Jamais homme ne parut avec plus d'honneur sur la scène ; il s'y fait voir tout plein de la grandeur des passions qu'il représente ; et, comme il en est préoccupé lui-même, il imprime fortement dans les esprits tous les sentiments qu'il exprime » (avertissement de *Panthée*).

Montdory : frappé de paralysie après avoir joué ce rôle pendant un an, Montdory devait entrer dans la légende, Tallemant des Réaux attribuant le fatal accident aux efforts déployés par l'acteur pour jouer son personnage de furieux.

Sur la place de l'amour et de la politique dans la tragédie, les conceptions ont parfois divergé. Pour Racine, une tragédie sans amour est presque inconcevable, alors que pour Corneille la tragédie est avant tout théâtre politique, exigeant « quelque grand intérêt d'État ou quelque passion plus noble et plus même que l'amour, telles que sont l'ambition ou la vengeance ».

Politique, la tragédie pose les questions de l'essence du pouvoir, de la légitimité et de l'usurpation, de la liberté et de la tyrannie. Le règne de Louis XIV a vu se développer une vision critique et pessimiste de l'histoire, liée à un regain d'intérêt pour les implications criminelles et sordides de la politique auxquelles les œuvres de Tacite ont sensibilisé le public. De *La Mort de Sénèque* de Tristan L'Hermite à Racine avec *Britannicus*, le personnage de Néron fascine.

Les avatars de la catharsis*

Selon la définition d'Aristote, la tragédie qui suscite « pitié et crainte, opère la purgation propre à de pareilles émotions » (*Poétique*, chapitre 6).

Racine est le plus fidèle à la théorie aristotélicienne, selon laquelle les émotions tragiques de crainte et de pitié sont suscitées par les erreurs et les fautes de personnages « ni tout à fait bons, ni tout à fait méchants ». Phèdre est l'exemple de l'héroïne « ni tout à fait coupable ni tout à fait innocente ». Pour Racine, la catharsis grecque demeure opératoire parce que l'émotion tragique est universelle et intemporelle :

> Le goût de Paris s'est trouvé conforme à celui d'Athènes. Les spectateurs ont été émus des mêmes choses qui ont mis autrefois en larmes le plus savant peuple de la Grèce, et qui ont fait dire qu'entre les poètes, Euripide était extrêmement tragique, c'est-à-dire qu'il savait merveilleusement exciter la compassion et la terreur, qui sont les véritables effets de la tragédie.

Corneille, sensible pour sa part à l'historicité du goût, émet des réserves sur la catharsis aristotélicienne. Il explique que la grandeur du *Cid* vient de ce que le héros « tombe dans un malheur qu'il ne mérite pas » et que « la persécution et le péril ne viennent point d'un ennemi, ni d'un indifférent, mais d'une personne qui doive aimer celui qui souffre et en être aimée ».

Corneille crée un ressort tragique nouveau, fondé sur l'admiration, qui transcende les ressorts aristotéliciens de la crainte et de la pitié. Conformément à l'étymologie du mot, l'admiration est un sentiment d'étonnement provoqué par l'étrangeté, l'inhumain ou du surhumain. L'admiration justifie sur le plan théorique une voie nouvelle de tragédie à fin heureuse : *Polyeucte*, où le héros fait joyeusement le sacrifice de sa vie, illustre ce modèle de tragédie positive.

Tragédie et conflits de parenté

Les événements suscitant crainte et pitié concernent, comme l'avait noté Aristote, des cas somme toute exceptionnels :

> Ou c'est entre personnes amies que se produisent les événements tragiques, par exemple un frère qui tue son frère, est sur le point de le tuer, ou commet contre lui quelque autre forfait de ce genre, un fils qui agit de même envers son père, ou une mère envers son fils, ou un fils envers sa mère.
> (chapitre 14).

La famille constitue ainsi la cellule tragique de base, sur le patron des familles royales des Atrides et des Labdacides. Le motif des frères ennemis est récurrent dans la dramaturgie racinienne : de *Britannicus* à *Mithridate* jusqu'au dénouement d'*Iphigénie* (pour lequel Racine invente Euriphile, en fait le double exact d'Iphigénie, recueillie et aimée comme une sœur jumelle par l'héroïne). Racine a développé cette structure obsédante des frères ennemis dès sa première tragédie, *La Thébaïde ou les Frères ennemis*, qui repose, en l'absence de toute intrigue amoureuse, sur la haine viscérale d'un couple de jumeaux.

Dans *Rodogune*, Corneille refuse, pour des raisons de bienséances*, la rivalité fratricide et prête un lien indéfectible à ses jumeaux, que leur mère incite vainement à s'affronter pour le trône. Pourtant, Corneille n'a pas négligé le principe tragique de la haine entre personnes amies : sa première tragédie, *Médée*, représente une infanticide sanguinaire et il place Phocas, dans *Héraclius*, en situation de commettre un horrible parricide.

Au XVIIe siècle, le module tragique initial de la famille est susceptible d'être élargi aux problèmes relationnels entre les composantes de la cité ; la société d'Ancien Régime se perçoit à l'image d'une famille au sens large, dont le prince serait le père et ses sujets les membres. Dans la langue classique, le terme de « parricide » recouvre indistinctement toute forme d'attentat entre proches parents et s'étend au régicide. Banni par les bienséances, comme le prouve l'exemple de *Nicomède*, le meurtre des princes peut être évoqué à travers les soubresauts de la Rome antique. On le trouve dans *La Mort de César* de Scudéry (1635), mais aussi dans *Cinna* de Corneille où Émilie, adoptée par Auguste, se trouve, par son désir de vengeance, en position de parricide par rapport à l'empereur qu'elle considère comme un usurpateur.

Avec le renforcement de la monarchie absolue, tout affrontement avec le pouvoir royal se mue en crime de lèse-majesté et relève de la matrice tragique. Dans *Alcyonée* de Du Ryer (1637), le roi prenait ombrage d'un héros altier ; trente ans plus tard, dans *Suréna,* il s'offense d'un héros simplement réservé et qui n'aspire à rien.

Diction tragique et registre d'écriture

Le père Rapin reflète le goût général en recommandant « des paroles qui n'ont rien de bas et de vulgaire, une diction noble et magnifique » (*Réflexions sur la Poétique et sur les ouvrages des poètes anciens et modernes,* II, ch. XXVII) Molière tenta vainement d'imposer un jeu naturel à l'encontre de la mélopée psalmodiée chère aux tragédiens et à leur public. Racine assouplit ce mode oratoire dans un sens plus musical et chantant, tout en maintenant la nécessité de distinguer la diction du vers tragique et celle de la prose.

Écrite en alexandrins, la tragédie affiche aussi sa différence à travers le recours à un registre de langue noble. Elle use d'un lexique singulier, désignant les réalités triviales au moyen de périphrases. La chemise de nuit de Junie, arrêtée sur l'ordre de Néron, dans *Britannicus* est ainsi évoquée comme « le simple appareil D'une beauté qu'on vient d'arracher au sommeil » (II, 2). Un procédé récurrent pour créer l'emphase tragique est la métonymie qui, « en déplaçant l'énoncé de la personne à une partie d'elle-même, le cœur, la main, les yeux, produit un effet de grandissement par la multiplication des instances du moi » (Cf. C. Delmas, *op. cit.* p. 83). Le personnage tragique pratique volontiers l'objectivation et la mise à distance de soi-même : ainsi l'autonomination est-elle fréquente chez Racine.

2 Esthétique de la comédie

La comédie fut contrainte de se définir par rapport à la tragédie, genre noble par excellence. Elle souffrait ainsi d'un handicap théorique, puisque les doctes* ne prêtaient guère d'attention à ce genre bas, pratiquement ignoré par la *Poétique*. La seule allusion explicite d'Aristote vouait le genre à une condamnation éthique, faisant entrer le comique dans les catégories du bas et du laid. Ce discrédit de la comédie fut renforcé par l'hostilité de plus en plus accrue de la rationalité classique à l'égard du rire.

Toutefois, l'histoire du siècle se caractérise par une évolution sensible, du mépris vers une forme de reconnaissance ou de tolérance, de la dépendance vers la liberté. Molière tenta même d'anoblir la comédie tout en légitimant le rire.

Protéiforme, la comédie du XVIIe siècle classique s'oriente vers une esthétique classique en développant un double dessein d'imitation de la nature et d'instruction divertissante.

Corneille et l'invention de la comédie honnête

Au cours des années 1630-1650 caractérisées par les tâtonnements du genre, un créateur exceptionnel se détache : Corneille, avec *Mélite*, invente une comédie moderne inconnue des Anciens et tout aussi éloignée de la tradition farcesque. Il s'agit de faire sourire plus que rire à travers une intrigue romanesque mettant en valeur une casuistique amoureuse des plus complexes.

Corneille se flatte dans l'examen de *Mélite* d'avoir créé la formule nouvelle d'une comédie-miroir des honnêtes gens, conforme aux bienséances* :

> On n'avait jamais vu jusque-là que la comédie fît rire sans personnages ridicules, tels que les valets bouffons, les parasites, les capitans, les docteurs, etc. Celle-ci faisait son effet par l'humeur enjouée de gens d'une condition au-dessus de ceux qu'on voit dans les comédies de Plaute et de Térence, qui n'étaient que des marchands. (Examen de *Mélite*, 1660).

Pour Corneille, le progrès de la comédie passe par une régulation de sa *vis comica*. Dans la préface de *Don Sanche d'Aragon* (1650), il fera l'apologie d'une forme nouvelle de « comédie héroïque », renonçant à l'agrément du rire.

Corneille a ainsi largement œuvré en faveur d'une comédie légitime, peignant d'après nature, ce qui implique un respect de la vraisemblance et de la bienséance. Dans son *Art poétique*, Boileau consacrera ce modèle de comédie décente, soigneusement démarqué de la farce :

> Que la nature donc soit votre étude unique
> Auteurs qui prétendez aux honneurs du comique.

Molière : *ridendo dicere verum*

L'idée d'une comédie-miroir sera reprise par Molière dans *La Critique de l'École des femmes*. Il définit la comédie par sa ressemblance, ouvrant une polémique avec la tragédie, dénoncée comme création purement imaginaire et donc facile :

> Je trouve qu'il est bien plus aisé de se guinder sur de grands sentiments, de braver en vers la Fortune, accuser les destins, et dire des injures aux Dieux, que d'entrer comme il faut dans le ridicule des hommes, et de rendre agréablement sur le théâtre les défauts de tout le monde. Lorsque vous peignez des héros, vous faites ce que vous voulez. Ce sont des portraits à plaisir, où l'on ne cherche point de ressemblance ; et vous n'avez qu'à suivre les traits d'une imagination qui se donne l'essor, et qui souvent laisse le vrai pour attraper le merveilleux…

Molière prouve ainsi la supériorité paradoxale de la comédie. Mais le suprême coup de force de Molière est d'opérer une fusion entre l'outrance caricaturale et la vérité des caractères ridicules. Molière réhabilite le rire comme critère absolu du genre comique. Cette révolution de l'esthétique comique réconcilie théorie et pratique, autour d'une dynamique de la réception, qui prime sur les normes classiques.

Le rire à la comédie. Depuis l'humanisme, la scission socio-esthétique n'a fait que croître entre les genres nobles et la culture populaire. Pour mieux exclure le rire, les doctes ont opposé les plaisirs du peuple et ceux de l'élite : la dichotomie irréductible du corps et de l'esprit reflétant dans cette perspective l'opposition sociale du bas et du noble. La légitimité de la comédie moderne inventée par Corneille requiert un strict encadrement des effets comiques, jugés incompatibles avec la bienséance* et la vraisemblance*.

Molière innove de manière radicale en faisant l'apologie du rire à la comédie. De *La Critique de l'École des femmes* à *L'Impromptu de Versailles*, il exalte la *vis comica* comme composante majeure de la comédie, depuis sa conception jusqu'à sa représentation. Loin d'être un simple adjuvant, le rire réalise, dans la dramaturgie moliéresque, la fusion idéale du *ridendo dicere verum* horatien.

Pour Molière, les éclats de rire du public valent l'arbitrage des doctes. Cette affirmation d'une transcendance absolue du jugement des spectateurs retrouve l'esprit de l'esthétique aristotélicienne, centrée sur le plaisir des spectateurs.

Invraisemblance et naturel comique

En infléchissant le naturel vers le miroir fidèle des ridicules humains, la comédie se heurtait néanmoins à une double aporie. Le naturel sort des limites de la bienséance comme de la vraisemblance : « Il faut bien se mettre dans l'esprit que les traits les plus grossiers de la nature, quels qu'ils soient, plaisent toujours davantage que les traits plus délicats qui sont hors du naturel. » Rapin, dans ses *Réflexions sur la Poétique et sur les ouvrages des poètes anciens et modernes,* invite à prendre en compte la spécificité du genre comique, qui ne peut se plier aux exigences d'une vraisemblance sérieuse.

Ces débats théoriques sur le naturel comique renvoient à l'instabilité du genre, hésitant entre imitation et fantaisie irréaliste. Celle-ci est très présente dans les comédies de cape et d'épée inspirées de la *comedia* espagnole, dans les pièces burlesques de Scarron et de Thomas Corneille. Mais elle hante aussi la création moliéresque, à travers des comédies-ballets et des comédies d'intrigues nourries de romanesque, de burlesque galant ou mythologique, d'imbroglios à l'italienne...

En fait, l'unité présupposée de la « comédie classique » dissimule un éventail de formules diverses, que Molière a su reprendre pour mieux les dépasser.

3 Les genres et leur évolution : différences et symétrie ?

De nombreux traits structurels unissent tragédie et comédie. L'opposition traditionnelle axée sur les personnages, l'intrigue et le dénouement apparaît de moins en moins opératoire.

Les règles de la tragédie sont progressivement appliquées à la comédie régulière, soigneusement distinguée de la farce. Pour des théoriciens comme La Mesnardière ou d'Aubignac, la comédie, opposée à la farce et récusant le « bas comique », se définit dans un rapport de complémentarité, plutôt que d'opposition, à la tragédie.

On observe une symétrie des personnages. Les figures du pouvoir se répartissent ainsi selon les genres. La figure royale est l'apanage de la tragédie, tandis que le père joue le rôle de l'obstacle au mariage des enfants dans la comédie.

Cette symétrie de distribution se retrouve entre confidents et valets. Une tragédie de Rotrou, *Hercule mourant* (1636), atteste la superposition des rôles : Agis, « confident » d'Hercule dans la liste des personnages, est désigné comme un « valet » dans le cours de la pièce. La même filiation est repérable ***de la suivante à la soubrette.*** Ces personnages secondaires sont en partie interchangeables. Sganarelle, dans *Dom Juan* de Molière, est à la fois le valet et le confident de son maître. En rupture avec ses pairs et n'ayant que Sganarelle pour interlocuteur, le grand seigneur méchant homme fait sortir le serviteur de sa fonction pour débattre avec lui.

De la nourrice à la confidente. Le rôle de la nourrice était spécifique à la comédie : héritage du théâtre de Plaute, il était joué par un homme masqué, ce qui favorisait propos gaillards et gestes obscènes. Dès sa troisième comédie, *La Galerie du palais,* Corneille substitue à la nourrice une confidente. Cette innovation, favorisée par la présence des actrices sur le théâtre moderne, est le gage d'une nouvelle dignité du genre comique. Parallèlement, la nourrice conquiert une certaine dignité, à l'instar d'Œnone, désignée comme « nourrice et confidente de Phèdre ».

L'opposition habituellement retenue entre le dénouement heureux de la comédie et celui, funeste de la tragédie, n'est pas non plus absolue. Certes, on peut dire que la plupart des comédies se concluent gaiement, avec le mariage des jeunes premiers, mais *Dom Juan* de Molière fait figure d'exception notable.

L'issue de la tragédie peut être heureuse ou funeste. *Cinna*, qui s'achève avec la réconciliation d'Auguste et des conjurés, est la première tragédie à fin heureuse. Sans doute cette pièce, jouée avec succès en 1640, eut-elle une influence déci-

Le point de vue de Corneille. Pour Corneille, ce n'est pas le rang des personnages, mais l'action qui différencie la tragédie de la comédie : « La comédie diffère donc en cela de la tragédie que celle-ci veut pour son sujet une action illustre, extraordinaire, sérieuse ; celle-là s'arrête à une action commune et enjouée : celle-ci demande de grands périls pour ses héros, celle-là se contente de l'inquiétude et des déplaisirs de ceux à qui elle donne le premier rang parmi ses acteurs » (*Discours du poème dramatique*). Si Corneille fait entrer des personnages de haut rang dans l'univers d'une comédie, créant avec *Dom Sanche d'Aragon* la formule mixte de la « comédie héroïque », il n'exclut pas que la tragédie puisse toucher davantage en choisissant pour héros non plus des rois mais des personnages de rang équivalent aux spectateurs : ceux-ci ne peuvent qu'être plus sensibles « à la vue des malheurs arrivés aux personnes de (leur) condition » qu'à « l'image de ceux qui font trébucher de leurs trônes les plus grands monarques ».

sive. Corneille propose dans *Rodogune*, *Héraclius*, *Pertharite* et *Attila* une solution identique, la mort du traître ou du tyran levant les obstacles au bonheur des autres personnages.

L'abbé d'Aubignac prend acte de cette évolution en déclarant caduque la distinction établie au début du siècle entre tragi-comédie et tragédie à partir du dénouement. Il récuse la nécessité d'une issue fatale pour la tragédie :

> Plusieurs se sont imaginé que le mot de tragique ne signifiait jamais qu'une aventure funeste et sanglante ; et qu'un poème dramatique ne pouvait être nommé tragédie si la catastrophe ne contenait la mort ou l'infortune des principaux personnages : mais c'est à tort, étant certain que ce terme ne veut rien dire, sinon une chose magnifique, sérieuse, grave et convenable aux agitations et aux grands revers de la fortune des princes ; et qu'une pièce de théâtre porte ce nom de tragédie seulement en considération des incidents et des personnes dont elle représente la vie, et non pas à raison de la catastrophe.
> (*La Pratique du théâtre*, 1657, livre II, ch. X).

Les dénouements des tragédies et des comédies se différencient désormais en termes de vraisemblance. Alors que les auteurs tragiques prennent en compte la crédibilité de la catastrophe, Molière ne se soucie guère de la vraisemblance de ses dénouements. Il semble même prendre plaisir à souligner l'artifice de ces reconnaissances finales, rappelant au spectateur que la comédie est d'abord un jeu. Dans *L'Avare*, la cascade des reconnaissances suscite une réflexion d'Anselme qui souligne ironiquement l'artifice du procédé : « Oh Ciel, quels sont les traits de ta puissance ! et que tu fais bien voir qu'il n'appartient qu'à toi de faire des miracles ! »

La tragédie comme la comédie supposent des obstacles opposés aux désirs des héros. L'opposition des pères au mariage de leurs enfants est l'obstacle extérieur préféré de la comédie, mais on en trouve également des illustrations dans la tragédie : les mobiles peuvent être la rivalité amoureuse (c'est le cas dans *L'Avare* de Molière comme dans *Mithridate* de Racine) ou le refus d'une mésalliance fondée sur des différences de statut social et de fortune (obstacle commun à *L'Illusion comique* et à *Polyeucte*).

Spécifiques à la tragédie sont les obstacles de la tyrannie royale (incarnée par Néron dans *La Mort de Sénèque* de Tristan et dans *Britannicus* de Racine), de la raison d'État (*Suréna* de Corneille, *Bérénice* ou *Iphigénie* de Racine), ou de la fatalité, contrainte la plus désincarnée mais aussi la plus intrinsèquement tragique, comme l'illustre l'*Œdipe* de Corneille. L'obstacle extérieur de la fatalité s'intériorise dans le théâtre racinien, dont le drame quasi constant est d'aimer sans être aimé.

Certains procédés caractéristiques de la dramaturgie classique sont également communs aux deux genres, la comédie reprenant, sur un mode parfois parodique, les modèles tragiques.

Récurrent, le dilemme est un approfondissement de la notion d'obstacle. Conflit intérieur entre deux exigences inconciliables, le dilemme s'exprime dans un raisonnement du personnage exprimant son déchirement intérieur. Dans *Andromaque*, la veuve d'Hector cherche à la fois à sauver la vie de son fils et à éviter un mariage qui lui fait horreur. Très utilisé par les auteurs tragiques, le dilemme ne leur est pas réservé. Scarron en propose une version burlesque dans *Jodelet ou le Maître valet*, où l'on voit les hésitations de Don Fernand découvrant que son neveu a gravement offensé son gendre :

> Ah ! Vraiment, mon esprit n'est pas mal partagé.
> Mon neveu l'agresseur, mon gendre l'outragé :
> Comment donc garantir ma raison de carnage ?
> (Acte II, scène 6).

Le quiproquo est aussi fréquent dans toute la dramaturgie du XVIIe siècle avant de connaître son heure de gloire à l'âge du vaudeville. Ce procédé, qui a donné son nom à une comédie de Rosimond (*Les Qui pro quo*, 1673), ne s'est pas cantonné à la seule comédie. Corneille, qui fait l'éloge de ce procédé comique à propos de *La Veuve*, l'utilise dans sa tragédie d'*Héraclius* où les personnages ne cessent de se tromper sur leur identité et celle des autres. Racine lui-même exploite un quiproquo dans *Iphigénie*, durant les cinq dernières scènes de l'acte II, après qu'Agamemnon ait écrit à sa fille qu'Achille ne voulait plus l'épouser.

4 La tentation de formes dramaturgiques mixtes

Le grand spectacle

Le dépouillement de la tragédie classique n'est qu'un aspect de la création d'un siècle qui sut goûter, sous l'impulsion de somptueuses fêtes officielles, les mises en scène grandioses et merveilleuses permises par le progrès du théâtre à machines. Le théâtre subit la concurrence d'autres spectacles, comme en témoigne l'abbé de Pure, qui, dans son *Idée des spectacles anciens et nouveaux* (1668) ne consacre qu'une quinzaine de pages au théâtre contre une centaine aux bals, joutes, carrousels et ballets.

La préférence marquée de Louis XIV pour **l'opéra** inquiéta les partisans d'un grand genre tragique imité des beaux modèles de l'Antiquité. Rapin, dans la première version de sa *Poétique* en 1674, souligne que « la fantaisie des opéras de musique, dont le peuple et même la plupart des honnêtes gens se sont laissé entêter, [qui] sera peut-être capable dans la suite de décourager les esprits pour la tragédie… » (XXIII).

Très appréciées par le pouvoir, les pièces à machines donnèrent l'occasion à Corneille et Molière de créer des œuvres à grand spectacle. Mazarin invita Corneille à donner pour le carnaval de 1648 une pièce propre à réutiliser les machines de Torelli construite pour *Orfeo* : *Andromède*, représentée finalement en 1650 par les Comédiens du roi, au Petit-Bourbon, fut ainsi conçue comme une transposition de l'opéra italien que Mazarin avait introduit en France. La pièce de Corneille se distingue néanmoins de l'opéra, puisqu'elle donne la priorité à la parole et réserve à la musique les moments où fonctionnent les machines. Cette pièce ravit le public par sa mise en scène spectaculaire d'une ascension dans les airs sur le cheval Pégase.

Lancé par le succés de l'*Andromède* de Corneille, le genre de la **tragédie à machines** fut continué par Gilbert, Boyer et Donneau de Visé. Corneille, à la demande du marquis de Sourdéac, écrivit encore en 1660 une tragédie mythologique,

La Conquête de la Toison d'or, représentée en Normandie, puis au Marais. Il contribua aussi en 1671 à la réalisation de la *Psyché* de Molière, en collaboration avec Quinault pour les textes chantés et Lulli pour la musique : cette tragédie-ballet réunit plus de trois cent danseurs dans la grande salle, dite des Machines, aux Tuileries.

Lulli obtint en 1672 la création de l'Académie royale de musique et le monopole des pièces chantées : il imposa la **tragédie en musique** à la française, esthétique nouvelle fondée sur la prééminence du chant ou du récitatif sur le parlé : ce type nouveau de spectacle suscita l'enthousiasme du public et surtout du roi, qui y vit immédiatement un moyen privilégié de répandre son image et sa gloire. Quinault contribua au développement de cet opéra à la française, écrivant pour Lulli une dizaine de tragédies en musique : *Cadmus et Hermione* (1673), *Armide* (1686), *Alceste* (1674), *Thésée* (1675), *Atys* (1676), *Isis* (1677), *Proserpine* (1680), *Persée* (1682), *Phaéton* (1683), *Amadis de Gaule* (1684), *Roland* (1685).

Survivances de formules hybrides

Entre 1655 et 1660, le jeune Quinault, dont la réussite théâtrale se doubla d'une réussite mondaine, fit revivre l'éclat de la **tragi-comédie** : *Amasalonte* (1657), *Le Feint Alcibiade* (1658), *Stratonice* (1660) eurent un vif succès, même si le genre était appelé à un déclin irrémédiable, en raison de la concurrence du théâtre à machines. Le triomphe de la tragédie *Astrate* (1665) déclencha une polémique avec Boileau. Ce dernier stigmatisa un tragique « doucereux » et une construction alambiquée.

Les **comédies héroïques** appartiennent aussi à cette dramaturgie hybride, puisqu'on peut les décrire comme des tragédies non sanglantes : *Dom Sanche d'Aragon, Tite et Bérénice, Pulchérie* de Corneille, *Dom Garcie de Navarre* de Molière.

Quelques créations atypiques

Dom Juan de Molière est une pièce inclassable. La progression de l'action ne correspond pas aux schémas usuels de la comédie ni même de la tragi-comédie. Molière utilise par ailleurs pour cette œuvre les ressources des machines, représentant les mouvements de la statue, l'apparition du spectre, le foudroiement et la disparition du héros.

Tristan, avec *La Mort de Sénèque* (1644), donne une pièce assez libre et ne respectant pas les unités. J. Truchet y décèle une préfiguration du drame historique. Cette pièce se distingue des tragédies classiques par la place centrale qu'elle confère à l'argent : Sénèque est menacé et perdu par son immense richesse.

Cyrano de Bergerac illustre avec *La Mort d'Agrippine* un conflit cher aux libertins entre l'ordre des croyances et la morale individuelle. L'intrigue repose sur l'échec du complot d'Agrippine et de Séjan pour assassiner l'empereur Tibère. Les personnages se caractérisent tous par une extrême duplicité : Cyrano inscrit au sein d'une forme tragique l'expression provocante de rêves de puissance et de vengeance, associés au mépris de la crainte des dieux.

5 Les marges de la dramaturgie classique

Scarron et la comédie burlesque

L'engouement pour la comédie burlesque a accentué le clivage entre la norme de la belle comédie et les pratiques dramatiques. La pièce burlesque visent à faire rire le spectateur, au moyen de bons tours (*les burlas* ou *bourles*) joués à un personnage ridicule, contredisent les exigences d'une grande comédie sérieuse.

L'intrigue est subordonnée à des procédés comiques dérivés de la farce (bastonnades, pots de chambre qu'on vide, fantaisie verbale…).

Les comédies burlesques en France imitent le schéma de la *comedia* espagnole avec son *gracioso*. Scarron créa plusieurs pièces centrées sur Jodelet, personnage de valet enfariné. « Glouton, vantard, poltron et grossier », Jodelet est à la fois un héritier du parasite antique, sacrifiant tout à son insatiable gourmandise, et un fils de Matamore apte à se vanter mais peu courageux. Le type fut créé par l'acteur Julien Bedeau, du théâtre du Marais : *Jodelet ou le Maître valet* (1643), fut suivi par *Les Trois Dorothées* ou *le Maître souffleté* (1645), devenues ultérieurement *Jodelet duelliste*. Scarron triompha avec *L'Héritier ridicule* (1649) et *Dom Japhet d'Arménie* (1651). Les comédies de Scarron se caractérisent par une esthétique du contrepoint entre le romanesque et le bouffon qui rappelle *Le Roman comique*.

À la suite de Scarron, la comédie burlesque fut illustrée par Boisrobert avec *La Folle Gageure* (1652), *Les Apparences trompeuses* (16) et Thomas Corneille avec *Dom Bertrand de Cigarral* (1651), *Le Geôlier de soi-même* (1655). ***Le Pédant joué*** de Cyrano de Bergerac (1654) ne fut sans doute jamais joué, mais il fut publié en 1654 et Molière s'en inspira pour deux scènes des *Fourberies de Scapin* (celle de la galère et celle de la jeune fille racontant au vieillard la ruse dont il vient d'être victime).

Le Pédant joué, c'est d'abord la geste burlesque d'un pédant, Jean Grangier, imité du célèbre principal du collège de Beauvais. Cette comédie burlesque de Cyrano tranche avec des œuvres purement divertissantes par la hardiesse d'une pensée libertine qui opère des rapprochements entre la mythologie et l'histoire sainte, et met en cause, à travers le pédant, le principe d'autorité.

Racine, avec ses *Plaideurs* (1668), sacrifie au modèle de la comédie burlesque tout en s'inspirant des *Guêpes* d'Aristophane. Dandin est, comme Dom Japhet, un personnage grotesque, un pantin dont les autres acteurs tirent les ficelles pour se divertir : ces deux comédies sont doublement burlesques, consacrant une apothéose du plaisant mais aussi une esthétique de la mystification (retrouvant les origines étymologiques de la « bourle »).

Les épigones de Molière

Les successeurs de Molière créent une comédie de caractère pure, se plaisant à construire une pièce autour d'un trait hypertrophié : *Le Joueur* (1696), *Le Distrait* de Regnard (1697) rompent avec la dramaturgie de Molière qui n'isolait jamais le caractère de son contexte social. Très marqué par l'influence de Molière, Regnard, dans son *Légataire universel* (1708) propose une réécriture du *Malade imaginaire* et de *Monsieur de Pourceaugnac*.

Les imitateurs de Molière alternent ce type de comédie avec un autre schéma réducteur, celui de la comédie de mœurs, variations sur les extravagances de la mode à l'imitation des *Précieuses ridicules* : cette tendance est sensible dans *Les Bourgeoises à la mode* de **Dancourt** (1692). Cette évolution rapproche le théâtre d'une chronique des faits divers, en passe de faire perdre à la comédie le statut de genre à part entière qu'avait exalté Molière.

Dancourt (1661-1725) a été le dramaturge le plus joué, après Molière, durant l'Ancien Régime. Son plus grand succès fut *Les Vendanges de Suresnes* (1695), pièce qui cultive l'invraisemblance avec une succession de déguisements, de chants, de danses et une mascarade burlesque. Il a aussi donné des pièces d'actualité, développant une satire mordante de la course au plaisir et à l'argent.

Le comique l'emporte sur toute autre considération dans les comédies de la fin du siècle. On voit se développer l'usage d'imprimer les petites pièces à succès. Hauteroche revendique la dignité du genre dans l'avis au lecteur du *Deuil* :

> Qui peut renfermer dans un seul acte un sujet avec tous ses agréments n'est moins ingénieux que celui qui le fait en trois, ou en cinq. Un petit tableau doit avoir ses beautés et ses perfections de même qu'un grand, et l'art doit être également observé en l'un et en l'autre.

De simple farce, la petite comédie a évolué vers une satire sociale : le genre de la comédie de mœurs se dessine avec *L'Intrigue des carrosses à cinq sols* de Chevalier, *La Veuve à la mode* de Donneau de Visé, *Le Deuil* et *Le Souper mal apprêté* de Hauteroche.

Lesage dans *Turcaret* (1709), reprend le schéma farcesque traditionnel du trompeur trompé, dans le cadre d'une satire sociale des plus âpres contre les financiers et le règne de l'argent. La pièce ne tint que sept représentations !

La Comédie-Italienne et le théâtre de la Foire

À la mort de Molière en 1673, les comédiens italiens ont suivi sa troupe à l'hôtel Guénégaud, et se sont installés après la création de la Comédie-Française, dans l'ancien hôtel de Bourgogne. Ils ont joué de plus en plus souvent en français et leur répertoire a été publié par Evaristo Guerardi, formant un ensemble de 55 pièces en 6 volumes. Les principaux auteurs en sont Fatouville, conseiller à la cour des comptes de Rouen, Regnard et Dufresny.

La parodie littéraire et le burlesque mythologique sont très répandus dans le Recueil Gherardi : *Arlequin Protée* (1683) est une parodie de *Bérénice*.

Signalons aussi, à partir des années 1680, le développement d'une activité théâtrale marginale et sporadique à l'occasion des deux grandes foires parisiennes, celle de Saint-Germain-des-Prés au printemps, et celle de Saint-Laurent en été. Jouant de courtes saynètes, les comédiens de la Foire en vinrent à créer de véritables comédies en reprenant le répertoire des Italiens, en particulier les parodies mythologiques et les arlequinades.

De 1712 à 1735, Lesage écrivit une centaine de pièces pour le théâtre de la Foire : théâtre à écriteaux où le texte de l'auteur était lu par les spectateurs sur de grands panneaux qu'on leur présentait, ou chanté sous la direction de l'orchestre. Citons, entre autres, *Arquelin roi de Serendib* (1713) et *L'École des amants* (1716).

D

CORNEILLE, MOLIÈRE, RACINE : TROIS STRATÉGIES THÉÂTRALES

1 PIERRE CORNEILLE (1606-1684) : DRAMATURGE DE L'EXTRAORDINAIRE

Issu de la bourgeoisie rouennaise, Corneille eut la chance, par sa situation d'officier et ses revenus immobiliers, d'échapper à la dépendance des auteurs de théâtre de son temps. Ceux-ci étaient obligés de se mettre, avec leur troupe, sous la protection d'un grand seigneur auquel ils fournissaient des spectacles. Avec Corneille, on voit naître un type nouveau d'écrivain d'État. Anobli par le roi en 1637, publiant deux éditions monumentales de ses œuvres en 1660-1663, il fut le premier à accéder de son vivant à la gloire littéraire.

Corneille a défendu la dignité du métier d'écrivain, s'émancipant des contraintes du mécénat et s'efforçant de faire reconnaître la propriété littéraire. Il a imposé une conception du théâtre, qui se dégage du divertissement ou de la louange des grands, nouant un dialogue permanent avec le public des mondains mais aussi des doctes*. Sa stratégie fut de plaire à ce double public, comme l'indique clairement la dédicace de *La Suivante* :

> Puisque nous faisons des poèmes pour être représentés, notre premier but doit être de plaire à la Cour et au peuple, et d'attirer un grand monde à leur représentation. Il faut, s'il se peut, y ajouter les règles, afin de ne pas déplaire aux savants, et recevoir un applaudissement universel.

Pour Corneille, le théâtre est un divertissement mondain, qui ne doit pas se mêler de questions graves, en particulier religieuses, mais ne doit pas renoncer pour autant à introduire une réflexion sérieuse.

Une très longue carrière

Les créations de Corneille, trente-deux pièces en quarante-cinq ans, sont d'une extrême diversité. La Bruyère le déclara « admirable surtout par l'extrême variété et le peu de rapport qui se trouve pour le dessein entre un si grand nombre de poèmes qu'il a composés ».

L'évolution de son esthétique n'est pas linéaire. Corneille a débuté comme auteur comique, triomphant avec *Mélite* en 1629. Après cette première comédie, Corneille est passé à la tragi-comédie (*Clitandre*), puis il est revenu jusqu'en 1637 à la comédie, donnant une série de pièces brillantes (*La Veuve*, 1632 ; *La Place Royale* et *La Galerie du Palais*, 1633 ; *L'Illusion comique*, 1636) avant d'aborder la tragédie avec *Médée* (1635) et *Le Cid* (1637). Au temps de ses grandes tragédies historiques, Corneille poursuit l'écriture de comédies gaies avec *Le Menteur* (1643) et *La Suite du Menteur*.

L'échec de *Pertharite* en 1653 amena Corneille à renoncer au théâtre, jusqu'en 1659, où, répondant à l'invitation de Fouquet, il entama, à 53 ans, une nouvelle carrière dramatique avec *Œdipe*. Mais il ne connut plus le succès d'autrefois, affrontant désormais la concurrence de Racine.

Les deux poètes dramatiques furent rivaux de 1670 à 1674, créant des pièces parallèles. *Tite et Bérénice*, la comédie héroïque de Corneille remporte un vif succès, sans parvenir à égaler cependant le triomphe de la *Bérénice* de Racine. La tragédie cornélienne de *Suréna*, en 1674, passe quasiment inaperçue.

L'obsession de la variété et de la nouveauté : passionné par les sujets historiques, Corneille a consacré une dizaine de pièces à l'histoire romaine, sans tomber dans une quelconque monotonie. Dans *Horace*, c'est la sécurité de Rome qui est en cause. Dans *Cinna* et *Othon*, ce sont des problèmes de politique intérieure. Les relations de Rome avec les pays qui lui sont soumis apparaissent sous la République comme une domination hypocrite et pénible dans *Sertorius, Nicomède, Sophonisbe*. Sous l'Empire, Rome incarne la persécution contre les chrétiens dans *Polyeucte* et *Théodore*. Dans la tragédie comme dans la comédie, Corneille a recherché sans cesse des formules nouvelles, et aucune de ses pièces ne ressemble à la précédente.

Dramaturge et théoricien

La dramaturgie cornélienne ne s'est pas élaborée par rapport à un système, mais elle repose sur une pratique d'auteur, assortie d'une réflexion permanente sur les problèmes de la création dramatique.

En 1660, Corneille relit ses comédies de jeunesse à la lumière des règles*. Il rédige alors *Trois Discours* qu'il joint à l'édition des *Œuvres* de 1660, établie par ses soins (et qu'il reverra en 1682). Ces trois textes ainsi que les examens de ses différentes pièces représentent un travail critique et une réflexion dramaturgique de premier ordre. Corneille traite des problèmes concrets de la scène et propose des solutions nouvelles.

La réflexion critique de Corneille n'est pas uniquement une tentative d'autojustification. Dans sa conception du théâtre, le plaisir de participation des spectateurs doit se redoubler d'une satisfaction esthétique devant l'habileté du dramaturge. Ainsi, le célèbre songe de Pauline à l'acte I de *Polyeucte* offre à l'intérieur de la tragédie une image de son déroulement.

Homme d'une expérimentation incessante, Corneille a frayé les voies d'un classicisme entendu comme modernité théâtrale. Il a été parmi les premiers à adopter les unités* (*Clitandre* est la première tragi-comédie à respecter l'unité de temps, *Horace* la première pièce française qui observe l'unité de lieu), mais il a aussi été tenté de dépasser les règles et les principes dramaturgiques classiques pour aller au-delà.

Le théâtre, école d'admiration

La déclaration de Corneille en tête de *La Suivante* exprime le besoin de cadres généraux allié à un souci de singularité créatrice : « J'aime à suivre les règles ; mais loin de me rendre leur esclave, je les élargis et resserre selon le besoin qu'en a mon sujet. » Corneille parle en 1660 de la « vénération que nous devons à tout ce qu'[Aristote] a écrit de la poétique », mais il recommande parallèlement « quelque modération à la rigueur » de ses principes « ou du moins quelque favorable interprétation ». C'est surtout à propos de l'unité de lieu et du problème de l'espace scénique que Corneille a prôné une interprétation souple des principes classiques.

Corneille et la vraisemblance* : une position originale. Corneille paraît quelquefois hésiter entre le vrai et le vraisemblable. Il puise ses sujets dans l'histoire, réservoir de figures héroïques, tout en reconnaissant à l'auteur dramatique le droit et le devoir d'embellir les actions afin de les représenter comme elles ont pu ou dû se passer, « selon le vraisemblable ou le nécessaire ».

Le problème de l'efficacité de la vraisemblance s'est posé à Corneille en matière de tragédie. Adaptée à la comédie, qui représente des personnages appartenant à une humanité moyenne, le vraisemblable apparaît au dramaturge peu compatible avec un genre dont les héros sont des êtres hors du commun.

La prédilection de Corneille pour le sublime et l'exceptionnel détermine ainsi une mise en cause du principe de vraisemblance, entendu comme une limite imposée à la force et à la grandeur des sujets tragiques. Corneille ira même jusqu'à revendiquer l'invraisemblance dans l'avis au lecteur qui précède *Héraclius empereur d'Orient* : « Quoique peut-être on voudra prendre cette proposition pour un paradoxe, je ne craindrai point d'avancer que le sujet d'une belle tragédie doit n'être pas vraisemblable. »

Le goût de Corneille pour l'extraordinaire explique aussi sa recherche constante d'innovations techniques. Il a donné crédit au genre de la pièce à machines avec *Andromède*.

Corneille fonde avant tout son esthétique de l'admiration sur une technique dramatique privilégiant les effets étonnants et soutenus. Dans ses pièces, l'action est dense, rapide, avec de fréquents rebondissements. Le sujet importe plus que les caractères, qui sont construits selon la logique du conflit.

La gloire aristocratique est le principe moteur de héros qui préfèrent la satisfaction de leur gloire à celle de leurs autres désirs. L'ostentation baroque du moi, prêt à triompher jusque dans la mort en suscitant au besoin des obstacles, sert une dramaturgie de l'extraordinaire et du défi permanent.

L'amour chez Corneille naît d'une estime réciproque et n'entre pas réellement en conflit avec la gloire. Rodrigue dans *Le Cid* n'hésite guère entre son honneur et son amour et il ne regrette jamais son choix. Cette certitude se retrouve dans la déclaration triomphale de Polyeucte comme de Rodrigue : « Je le ferais encore si j'avais à le faire. » Douloureux, le dilemme cornélien se résout ainsi dans un dépassement sublime.

Criminels mais admirables. Cléopâtre est le type de l'héroïne dévoyée, condamnable au nom de la société mais admirable par sa force exceptionnelle, offrant au spectateur un dilemme que résume bien Corneille : « Cléopâtre, dans *Rodogune*, est très méchante ; il n'y a point de parricide qui lui fasse horreur, pourvu qu'il la puisse conserver sur un trône qu'elle préfère à toutes choses, tant son attachement à la domination est violent, mais tous ses crimes sont accompagnés d'une grandeur d'âme qui a quelque chose de si haut qu'en même temps qu'on déteste ses actions, on admire la source dont elles partent. »
Avec cette dramaturgie du mal, Corneille emprunte une voie qui se démarque de Sénèque, comme d'Aristote. L'admiration, qui connote la surprise devant l'insolite, se substitue aux émotions aristotéliciennes tragiques de pitié et de crainte associées à la *catharsis**.

Dès les comédies, la prédilection du dramaturge pour l'extraordinaire s'est affirmée à travers l'intériorisation des obstacles. Les intrigues sentimentales traditionnelles sont relayées par des déchirements intérieurs : dans *La Place Royale*, rien ne sépare le héros de celle qu'il aime, sinon sa propre volonté.

L'épreuve du temps : l'impasse de l'héroïsme

Un vaste chemin a été parcouru du *Cid* à *Suréna*, illustrant, comme le montre Michel Prigent, un déclin des valeurs héroïques. Les étapes en sont nettement repérables ; du *Cid* à *Polyeucte*, le héros construit l'État et s'égale ainsi à son destin. « "Vis pour servir l'État" dit le roi Tulle à Horace ; de *La Mort de Pompée* à Pertharite, le héros subit l'État et les exigences de la raison d'État ; d'*Œdipe* à *Suréna*, le héros succombe sous les coups de la raison d'intérêt, de la déraison d'État, de la passion d'État. » (*Le Héros et l'État dans la tragédie de Pierre Corneille*, PUF, 1986)

Suréna, pièce écrite quarante ans après *Le Cid*, en offre une image exactement inversée. Dans *Le Cid*, l'épreuve tragique permettait « d'éviter l'impasse tragique ». Les valeurs héroïques triomphaient au sein d'un univers providentiel puisqu'elles sont sous la protection du temps, de la vaillance et du roi. Trente-huit ans après, cet ordre s'est défait : le temps n'est plus rédempteur, mais il condamne ***Suréna*** à l'étouffement, « le héros n'a plus le droit d'être héroïque », le roi n'est plus son allié mais un ennemi.

> ***Suréna*** a sauvé le trône du roi des Parthes, Orode, en défaisant l'armée romaine. Orode, au lieu de louer sa valeur (comme Don Fernand avec Rodrigue), s'en défie et tente, pour ne plus avoir à redouter son influence, de lui faire épouser sa fille. Mais Suréna, qui aime ailleurs, refuse et il meurt assassiné traîtreusement par des archers au service du roi.

La tragédie cornélienne peut être interprétée comme un témoignage de la crise des valeurs nobiliaires dans un contexte historique où le renforcement de l'État a limité le champ d'action de l'aristocratie (interdiction des duels, restriction des pouvoirs des gouverneurs de province…).

2 Racine (1639-1669) : logique tragique et théâtre de la cruauté

Une succession de chefs-d'œuvre

Après *La Thébaïde* (1664) et *Alexandre le Grand* (1665), *Andromaque*, jouée pour la première fois au Louvre, par la troupe de l'hôtel de Bourgogne, en 1667, conféra à Racine une consécration équivalente à celle que Corneille avait acquise trente ans plus tôt avec *Le Cid*.

Si la première représentation de *Britannicus*, le 13 décembre 1669, fut un échec à cause d'une cabale montée par Corneille, les éloges de Boileau et l'approbation royale firent ensuite triompher la pièce : Racine confirmait ainsi son talent dans un sujet d'inspiration romaine, domaine de prédilection de Corneille.

Bérénice, jouée pour la première fois le 21 novembre 1670, assura à Racine une suprématie définitive sur Corneille, qui tenta vainement de rivaliser avec sa *Tite et Bérénice* (jouée une semaine plus tard par la troupe de Molière au Palais-Royal). *Bérénice* oppose à la comédie héroïque de Corneille une gageure dramaturgique : pour toute action, la consommation d'une douloureuse séparation amoureuse ; au lieu d'une tragédie sanglante, une « tristesse majestueuse » de type élégiaque.

Bajazet, joué avec succès le 5 janvier 1672, est la plus noire des pièces de Racine. On y retrouve la structure fondamentale de *Britannicus*, avec un couple d'amoureux écrasé par la passion du détenteur de pouvoir. La nouveauté de cette pièce orientale tient à son décor moderne, centré sur un huis clos : le sérail, où Bajazet est retenu prisonnier.

Phèdre, créée le 1er janvier 1677 à l'hôtel de Bourgogne, constitue l'aboutissement de la tragédie racinienne. L'inspiration grecque s'y allie à une omniprésence du sacré, comme dans *Iphigénie*, jouée trois ans plus tôt. L'homme apparaît la proie d'une punition divine qu'il pressent sans la comprendre : Phèdre est poursuivie par Vénus tandis que Thésée sent la menace de Neptune peser sur son fils Hippolyte. Ce retour d'un tragique très fort explique peut-être la préférence momentanée du public pour la *Phèdre* de Pradon, qui triompha grâce à une ultime cabale animée par des admirateurs de Corneille. Mais *Phèdre* allait devenir, dès 1680, l'une des pièces préférées du répertoire de la Comédie-Française.

L'émule et le rival de Corneille

Les succès de Racine se succédèrent pendant douze ans, suscitant une vive polémique avec les partisans du système cornélien. *Andromaque* inspira au gazetier Subligny la comédie de *La Folle Querelle*, jouée chez Molière en 1668. Ce qui conduisit Racine à donner la même année à l'hôtel de Bourgogne *Les Plaideurs*, dont l'avis au lecteur manifeste clairement sa volonté d'égaler, et même de surpasser, le Térence moderne. La querelle porta sur *Britannicus* et *Bérénice* où Racine imposa sa propre conception de la tragédie à sujet romain.

Le triomphe de Racine fut d'abord celui d'un brillant séducteur et d'un grand stratège. Il sut dédier *Andromaque* à Henriette d'Angleterre, *Britannicus* au duc de Chevreuse et *Bérénice* à Colbert. Reçu à l'Académie la veille de la première de *Mithridate*, Racine fut consacré comme poète de cour avec la création d'*Iphigénie* (1674) à Versailles.

Mythe et histoire : Racine opte pour les beautés de la mythologie, auxquelles il préfère la vraisemblance historique. Il s'en défend néanmoins dans la préface de *Phèdre*, justifiant ses sources historiques au sujet des exploits légendaires de Thésée : « J'ai même suivi l'histoire de Thésée, telle qu'elle est dans Plutarque. » Fasciné, lors de ses études à Port-Royal, par les brillantes leçons de l'helléniste Lancelot, Racine a lu et annoté les tragiques grecs. Au total, quatre seulement de ses onze tragédies empruntent leur sujet à l'histoire. Dans *Britannicus*, il prend de très nombreuses libertés avec Tacite.

Fort de cette consécration, Racine redoubla les critiques, souvent venimeuses, à l'égard de ses adversaires. Néanmoins, à la grande différence de Corneille, Racine ne composa pas d'ouvrages théoriques. Ses préfaces sont de séduisantes apologies, souvent habilement mensongères.

Racine revendiqua sa différence par rapport au modèle cornélien de la tragédie historique. Alors que son prédécesseur s'employait dans ses préfaces à expliquer ses emprunts et ses modifications des données de l'histoire, Racine affirme fièrement la spécificité de son invention faite « avec peu d'incidents et peu de matière » (préface d'*Alexandre*, publiée en 1666).

En désaccord avec Corneille, Racine se pique d'une plus grande fidélité à la *catharsis** aristotélicienne avec des personnages « ni tout à fait bons ni tout à fait méchants ». Racine reproche à son adversaire de malmener la vraisemblance* avec des caractères par trop surprenants.

Racine ne comprend pas davantage le refus de l'amour qui caractérise le personnage d'Attila car, pour lui, l'amour est le sujet principal de la tragédie, alors que Corneille estime que la dignité du genre « demande quelque grand intérêt d'État ou quelque passion plus noble que l'amour ».

Les choix de Racine en matière tragique découlent, au-delà de la rivalité avec Corneille, d'un contexte personnel et historique.

Le théâtre ou la rupture originelle avec Port-Royal

Si l'œuvre de Racine s'est prêtée à des interprétations de psychocritique ou de sociopoétique, c'est qu'elle s'enracine dans les contradictions d'une formation personnelle polarisée autour du conflit historique entre la Cour et Port-Royal.

Deux grandes lectures de Racine : Charles Mauron publia en 1957 *L'Inconscient dans l'œuvre et la vie de Jean Racine* (1957, réédition Corti, 1969) : cette analyse freudienne des « répétitions obsédantes » dans l'œuvre de Racine explique la configuration de cet imaginaire tragique par le statut d'orphelin de son auteur, la « névrose obsessionnelle » du jansénisme, l'absence de père et l'influence de sa grand-mère et de sa tante, mère spirituelle déterminante dans la formation du surmoi. Une autre tentative critique essentielle et très discutée fut la lecture marxiste de Lucien Goldmann, *Le Dieu caché. Étude sur la vision tragique dans les* Pensées *de Pascal et dans le théâtre de Racine* (Paris, Gallimard, 1955) : le jansénisme serait né de la contradiction entre l'administration traditionnelle relativement autonome de la noblesse de robe et les progrès de l'absolutisme ; ces robins n'existant que par la monarchie étaient dans une position idéologique intenable qui les porta à adopter le jansénisme, conscience tragique de la contradiction entre Dieu et le monde. Si la vision systématique de Goldmann force le rapport entre le jansénisme et l'ancienne administration, elle a le mérite d'inciter à replacer le tragique racinien dans son contexte historique.

Né en 1639, orphelin d'humble origine, Racine fut recueilli par sa grand-mère et admis aux petites écoles de Port-Royal. Tourmenté par l'ambition, il se tourna vers le théâtre, cédant à une vocation impérieuse et bravant tous les obstacles. Ce choix impliquait en premier lieu une rupture avec les Solitaires qui condamnaient radicalement ce divertissement mondain. Avide de reconnaissance, Racine sut gagner celle du roi, partageant dès 1677 avec Boileau une « commission » d'historiographe. À l'âge de trente-sept ans, Racine renonça brutalement au théâtre. Il fut admis en 1684 dans la « Petite Académie » dont la mission était de rédiger les inscriptions à la louanges du roi qui ornaient les médailles et les monuments triomphaux. Racine se consacra alors à l'historiographie et à la composition de livrets d'opéra pour complaire au roi. Racine continua à veiller sur l'édition collective de ses œuvres, et à défendre les pièces qu'il avait composées. Il s'efforça de rehausser la condition de l'homme de lettres, allant jusqu'à comparer, dans son éloge funèbre de Corneille à l'Académie en 1685, gloire littéraire et gloire militaire.

Racine et la querelle du théâtre. Racine a répliqué le plus vivement aux attaques des jansénistes contre le théâtre. Il a développé une apologie de la représentation dramatique, à l'encontre de Nicole qui avait dénoncé le « poète de théâtre » comme « un empoisonneur public, non des corps, mais des âmes ».

Racine revint au théâtre pour composer les pièces religieuses *Esther* (1689) et *Athalie* (1691) destinées à obtenir l'approbation de Mme de Maintenon. Devenu gentilhomme ordinaire de la chambre du roi dès 1690, il n'hésita pas à parfaire sa carrière de courtisan en achetant en 1696 l'office coûteux de secrétaire du roi.

Hanté toute sa vie par la mauvaise conscience de sa rupture avec Port-Royal, Racine rendit à ses maîtres un hommage appuyé en écrivant dans le secret un *Abrégé de l'histoire de Port-Royal* et il maria sa fille aînée dans une famille proche des jansénistes, confiant ses autres filles à des communautés religieuses. Sa fin très pieuse inspira également à ses fils des desseins de retraite, solitaire et studieuse pour l'aîné, consacrée à Dieu pour le second qui entra à l'Oratoire. Les dernières œuvres de Racine sont quatre *Cantiques spirituels* que Jean-Baptiste Moreau, le compositeur des parties chantées d'*Esther* et d'*Athalie*, mit en musique.

Vision tragique et dramaturgie de la séparation

Le jansénisme est en fait un ensemble de positions diverses dont on accuse les disciples de Jansénius ; celui-ci était l'auteur d'un *Augustinus*, cible des attaques des Jésuites qui dénoncèrent particulièrement cinq propositions qui ne correspondaient pas vraiment à la pensée de Jansénius. De cette querelle, *Les Provinciales* de Pascal se sont fait le brillant écho.

On a beaucoup débattu sur les rapports entre la tragédie racinienne et ***le jansénisme.*** Si la tragédie racinienne n'exprime pas « une doctrine janséniste », elle transpose bien un antihumanisme augustinien qui domine chez les intellectuels de la seconde moitié du siècle et dont Port-Royal est le symbole.

Le pessimisme qui domine en cette fin de XVIIe siècle est le revers de la splendeur de la cour du Roi-Soleil, système admirable mais frustrant, où le roi monopolise pouvoir et valeur. Port-Royal a esquissé une impossible retraite loin du monde et de la Cour.

Alors que le théâtre cornélien est celui de la responsabilité et de la liberté, axé sur la capacité personnelle de l'homme à faire le bien et à refuser le mal, celui de Racine est marqué par l'idée que l'homme seul, sans la grâce de Dieu, ne peut échapper au péché et à la perdition : le sentiment de la fatalité est nécessairement plus vif chez Racine.

La fatalité tragique est avant tout force séparante située au-delà de toute identité. Cette force peut s'incarner dans un personnage : Néron dans *Britannicus*, Roxane dans *Bajazet*, mais on la trouve de manière plus diffuse dans des relais politiques ou « religieux » : Rome, principe séparateur exemplaire dans *Bérénice* ; le « ciel », terme délibérément flou qui cristallise le mieux une destinée cruelle, dont il importe peu qu'elle soit païenne (la Vénus de *Phèdre*) ou chrétienne (l'« impitoyable Dieu » d'*Athalie*)

Un théâtre de la cruauté. Charles Péguy notait en 1910 : « La cruauté est partout dans Racine. Elle est, elle fait le tissu même de son œuvre, la texture », ajoutant que « ses enfants sont plus cruels que ses femmes » et « ses femmes sont naturellement plus cruelles que ses hommes, ce qui n'est pas peu dire ».
La cruauté racinienne est-elle uniquement psychologique ? Pas toujours, si l'on en juge d'après le dénouement sanglant de *Bajazet*, cette « grande tuerie » (Madame de Sévigné) qui fait périr les trois personnages principaux, Bajazet, Atalide et Roxane, mais aussi Orcan et les partisans du sultan.
La cruauté racinienne se complaît dans le symbole et la métaphore. Significative est la récurrence de l'évocation du « monstre » qui n'est pas simplement cantonné dans le célèbre récit de Théramène : les allusions à la maternité monstrueuse frôlent l'évocation du Minotaure dans *Phèdre* (IV, 2, vers 1150-52). Le monstre effectif atteste la monstruosité cachée : Racine décèle l'horreur dans le comportement humain : de *La Thébaïde* à l'exploration, dans *Britannicus*, du monstre naissant. La monstruosité latente constitue l'emblème d'un théâtre de la cruauté et de l'exclusion radicale : c'est bien une métaphore tragique essentielle.

L'empire de la passion

L'amour chez Racine porte les stigmates du malheur. Il naît d'un premier regard, coup de foudre qui n'a cure du mérite de la personne ni de son rang. À l'instar de Phèdre, voir signifie aimer et brûler d'un feu coupable : littéralement aveugle et aveuglante, la passion s'empare du corps et de l'âme, aliène le personnage, l'arrache à lui-même. Rien ne résiste à cette « fureur » qui se redouble dans les affres de la jalousie et engendre une implacable cruauté psychologique. Comme l'a montré Roland Barthes, un grand nombre de héros raciniens utilisent une position de pouvoir pour forcer la volonté de celui ou celle qui ne les aime pas et pour éliminer leurs rivaux. Marqué par l'augustinisme qui souligne la déchéance coupable de l'homme et son impuissance, Racine intériorise la fatalité, vain combat de l'homme contre la passion. L'action racinienne par excellence, qui cristallise le tragique, c'est l'aveu, générateur de catastrophe, dans une confusion complète du faire et de l'agir.

Une épure dramatique : modèle d'une esthétique classique

On cite souvent la préface de *Bérénice*, où Racine propose une esthétique exemplaire de la simplicité :

> Toute l'invention consiste à faire quelque chose de rien [...] et tout ce grand nombre d'incidents a toujours été le refuge des poètes qui ne sentaient dans leur génie ni assez d'abondance ni assez de force pour attacher durant cinq actes leurs spectateurs par une action simple, soutenue de la violence des passions, de la beauté des sentiments et de l'élégance de l'expression.

Racine respecte d'autant plus volontiers l'unité de temps qu'il situe l'action au moment où la crise a atteint son paroxysme et où un événement vient précipiter le cours des choses et les dénouer promptement. Au lever d'une tragédie racinienne, la catastrophe est imminente, ce qui semble correspondre à la lettre au conseil formulé par l'abbé d'Aubignac : « Le plus bel artifice est d'ouvrir le théâtre le plus près possible de la catastrophe, afin d'employer moins de temps au négoce de la scène et d'avoir plus de liberté d'étendre les passions et les autres discours qui peuvent plaire. »

Le temps racinien est marqué par l'intrusion du passé dans le présent. Nombre de héros éprouvent le besoin de raconter une scène traumatique ou fantasmatique à laquelle ils sont restés fixés : l'incendie de Troie pour Andromaque, la vue d'Hippolyte qui a suscité la passion de Phèdre.

L'espace clos dans lequel est confiné ce drame imminent exprime aussi admirablement la clôture tragique. L'opposition entre espace scénique et espace dramaturgique est particulièrement forte. Mais la sortie de l'espace scénique induit la rencontre avec la mort. Le « Sortez ! » de Roxane à Bajazet est une condamnation, puisqu'on sait qu'elle a posté les muets à la sortie de la salle du palais, pour l'étrangler. De même, quitter la scène, c'est courir à la mort pour Pyrrhus dans *Andromaque*, pour Hippolyte dans *Phèdre*, et, à un niveau plus symbolique, pour Bérénice.

Lyrisme et musicalité : dramaturgie et poésie

« C'est peut-être le plus grand poète qui ait jamais existé » (Diderot, lettre du 6 novembre 1670 à Sophie Volland).

Le théâtre de Racine se caractérise par une remarquable économie des moyens : le choix d'un lexique limité à dominante abstraite confère une densité stylistique qui sert la rigueur de la logique tragique. Loin des développements romanesques de la tragédie et de l'opéra contemporains, Racine se signale par un art de la concentration. Il a le sens de l'exploitation dramatique des plaintes et des tableaux descriptifs, les associant au moment de la crise tragique. La longue élégie de *Bérénice* constitue une exception.

Dans ses tragédies sacrées, Racine a réintroduit les chœurs, le but premier étant de multiplier les possibilités de rôles dans des œuvres destinées à l'édification des demoiselles de Saint-Cyr. Racine justifie l'antique fonction du chœur, pause lyrique séparant deux épisodes, dans la préface d'*Athalie* où il déclare avoir « essayé d'imiter des Anciens cette continuité d'action qui fait que leur théâtre ne demeure jamais vide, les intervalles des actes n'étant marqués que par des hymnes et par des moralités du chœur qui ont rapport à ce qui se passe ».

L'hypotypose dans la tragédie racinienne : on désigne sous le terme d'« hypotypose* » des éléments de visualisation rhétorique : le récit de Théramène, donnant à voir dans le discours la mort d'Hippolyte (*Phèdre*, vers 1513-1516), constitue un cas exemplaire de ce procédé de peinture énergique qui met les choses en quelque sorte sous les yeux. L'image de Junie dans le discours de Néron (*Britannicus*, vers 385-409) peut être considérée comme une hypotypose descriptive : le procédé traduit l'autonomie d'un fantasme irrépressible, qui s'impose comme « image vivante ». Figure-clef d'une poétique et d'une dramaturgie, l'hypotypose assure l'illusion théâtrale en montrant ce qui ne saurait être représenté directement. Son utilisation vérifie aussi l'équivalence entre faire voir et faire croire.

3 Molière (1622-1673) : assomption de la comédie et esthétique du ridicule

Molière, ou l'art de plaire à tous les publics. On peut analyser le succès de Molière par un sens stratégique exceptionnel qui lui permit de satisfaire un public composite : le public parisien, en attente de burlesque, voire de farce ; le roi et la Cour, amateurs de divertissements aristocratiques et de rire fin ; les cercles mondains qui faisaient l'opinion littéraire et prônaient pour la comédie une satire des mœurs dans la lignée de Térence.

Une aventure théâtrale

Auteur, acteur, directeur de troupe et de théâtre, metteur en scène, Jean-Baptiste Poquelin (1622-1673) appartient à la légende. Il est aussi difficile de lui trouver des précurseurs que des successeurs véritables : grâce à sa faculté de synthèse et à son sens théâtral, il sut créer une dramaturgie originale, laissant au théâtre français un répertoire toujours vivant trois siècles plus tard.

Issu d'une riche famille de la bourgeoisie commerçante (son père avait acheté en 1631 l'office de Tapissier et Valet de chambre ordinaire du Roi), il fut formé chez les jésuites du collège de Clermont (l'actuel lycée Louis-le-Grand) et suivit des études de droit jusqu'à la licence. Il utilisa dès 1643 le pseudonyme de Molière pour signer à la constitution de l'Illustre Théâtre, aux côtés de Madeleine Béjart, actrice déjà réputée.

Après avoir essuyé une débâcle financière, Molière et les Béjart se replièrent en province. D'abord recueillis par la troupe du duc d'Epernon, gouverneur de Guyenne, qui rayonnait dans l'ouest de la France, Molière remplaça Dufresne à la tête de cette troupe en 1650. Il obtint la protection du comte d'Aubijoux, gouverneur de Montpellier qui invita les comédiens à chaque réunion annuelle des états du Languedoc, leur assurant une grande aisance matérielle ; dès lors la troupe se partagea entre le Languedoc et Lyon, où fut créée la première pièce (conservée) de Molière, *L'Étourdi* (1653). Molière reçut un moment le patronage du prince de Conti, frère cadet du Grand Condé venu en Languedoc faire oublier sa participation à la Fronde ; mais après la mort d'Aubijoux, Conti se convertit à un christianisme austère et renia son goût pour le théâtre, privant la troupe de Molière de soutien financier et moral. Les comédiens s'installèrent à Rouen en 1658, représentant des pièces de Corneille, mais leur « jeu naturel », à rebours de la tradition de déclamation tragique, n'emporta guère la conviction.

Molière, ayant obtenu le patronage de Monsieur, frère unique du roi, s'installa à Paris, montant avec brio de petites comédies accompagnant diverses pièces en cinq actes : *Le Docteur amoureux* (qui n'a pas été conservé), *Les Précieuses ridicules* (1659) et *Sganarelle ou le Cocu imaginaire* (1660). Ayant repris à la mort de son frère cadet la charge de tapissier valet de chambre ordinaire du roi, il obtint de Louis XIV de s'installer dans la salle du Palais-Royal.

Désireux de rivaliser avec l'hôtel de Bourgogne et de réussir dans le plus grand genre théâtral et littéraire de son temps, Molière céda à une tentation tragique durable. Mais il n'eut guère de succès en reprenant des pièces de Corneille, de Rotrou ou de Tristan. En 1661, sa comédie sérieuse, *Dom Garcie de Navarre*, située dans la lignée du *Don Sanche d'Aragon* de Corneille fut un échec cuisant.

Molière s'engagea alors plus nettement dans la voie comique. Pour *Les Fâcheux*, créée le 17 août 1661 à Vaux-le-Vicomte, lors de la fête que donna pour le roi le surintendant Fouquet, Molière inventait un genre nouveau, la comédie-ballet.

Molière céda encore à la tentation tragique, reprenant *Nicomède*, *Rodogune*, *Héraclius*, puis mettant en scène des pièces de Gilbert et de l'abbé de Prades. Mais il ne pouvait faire face à la concurrence de l'hôtel de Bourgogne où Corneille triomphait avec *Sertorius*. Après le succès de *L'École des femmes*, Molière reconnut pleinement sa vocation comique, mais il ouvrit encore son théâtre à deux tragédies du jeune Racine (*La Thébaïde* en 1664, *Alexandre le Grand* en 1665) et accueillit, par un pathétique* retour des choses, deux œuvres de Corneille vieillissant dont l'hôtel de Bourgogne ne voulait plus : *Attila* (1667) et *Tite et Bérénice* (1671). Il écrivit une ultime tragédie-ballet, *Psyché*, en collaboration avec Corneille et Quinault pour le livret, Lulli pour la musique : ce fut un succès mais s'ensuivit une brouille avec le célèbre musicien.

L'apogée d'une invention comique

Après les premiers succès comiques de Molière à Paris (*Les Précieuses ridicules*, 1659 ; *Sganarelle ou le cocu imaginaire*, 1660 ; *Le Dépit amoureux*, 1661 ; *L'École des maris*, 1661), *L'École des femmes*, jouée le 26 décembre 1662, marqua une étape décisive dans sa carrière. La querelle qu'elle suscita éveilla l'attention de ses adversaires, et notamment des dévots de la Compagnie du Saint-Sacrement (fondée en 1627). Molière riposta par le *Le Tartuffe* en 1664. L'intrigue restait construite sur le principe de la farce : on joue un tour à Orgon, bourgeois ridicule entiché de Tartuffe, son directeur de conscience, l'enjeu moral de l'œuvre étant de démasquer l'hypocrisie du faux dévot.

Un an après *Le Tartuffe*, Molière créa *Dom Juan* dont les arguments libertins choquèrent encore les dévôts : malgré le châtiment final du « seigneur méchant homme », Molière dut retirer sa pièce après quinze représentations.

Déçu par l'inconstance de l'amitié royale et par la faveur grandissante de Lully, Molière inaugura un cycle comique plus désabusé avec *Le Misanthrope* (1666), variation sur le thème de la politesse et de la sincérité, qui fut mieux reçu. C'est une satire des mœurs artificielles des salons dont la jeune veuve Célimène est l'incarnation. Si l'atrabilaire amoureux est le premier ridicule de la pièce, il n'en est pas moins pathétique*, comme l'indique aussi la reprise de certains de ses propos à *Dom Garcie de Navarre*.

Les pièces suivantes s'orientèrent vers une dramaturgie du délire humain. Renonçant à affronter les cabales politiques et religieuses, Molière fustigea dès lors les vices de caractère et les mœurs privées. En 1668, il donna *L'Avare*.

Après une série de comédies-ballets, Molière représenta *les Fourberies de Scapin* (1671), où il mêle l'inspiration farcesque aux emprunts à Térence, entraînant une vive réprobation de Boileau :

> Dans ce sac ridicule où Scapin s'enveloppe
> Je ne reconnais plus l'auteur du Misanthrope.
> (*Art poétique*, chant III).

Molière travailla quatre ans aux *Femmes savantes,* pièce représentée en 1672. Cette pièce qui ridiculisait l'abbé et académicien Cotin, sous les traits de Trissotin, et l'érudit Gilles Ménage, alias Vadius, fut vivement goûtée des contemporains. Il termina sa carrière par une ultime comédie-ballet, *Le Malade imaginaire* : c'est au cours de la quatrième représentation de cette pièce en 1673 qu'il fut pris de convulsions et mourut.

Les comédies-ballets

Molière a écrit un nombre important de comédies-ballets pour répondre à l'attente du roi, amateur de musique et de danse. Il a ainsi créé un type esthétique distinct, en collaboration avec Lulli, puis, après sa brouille avec le musicien, avec Marc-Antoine Charpentier. Pas moins de treize de ses pièces recourent à ce mélange de comédie, de chanson et de danse. C'est avec *Les Fâcheux* (1661) que Molière inaugure « un mélange qui est nouveau pour nos théâtres » (avertissement au lecteur) : chaque entracte est occupé par une entrée de ballet. *Amphitryon*, adaptation d'une tragi-comédie mythologique de Plaute, impliquait en plus le recours à des machines dont le public de cour raffolait.

Dans ***Les Amants magnifiques***, Molière conçut les rôles de Neptune et d'Apollon pour le roi qui renonça toutefois à les jouer, réservant ses talents de danseur pour les ballets de cour.

La formule de la comédie-ballet englobe en fait une diversité de spectacles. Il faut distinguer les œuvres de cour, parfois inachevées, commencées en vers et poursuivies en prose, pas toujours publiées : *La Princesse d'Elide* (1664), *La Pastorale comique* (1666), *Mélicerte* (1666), ***Les Amants magnifiques*** (1670), *Psyché* (1671). Ce sont des pièces romanesques et galantes, histoires d'amour entre des princes et des princesses aux sentiments raffinés, dont le dialogue annonce le marivaudage.

Face à ces comédies-ballets galantes, Molière a créé dans la lignée des *Fâcheux* cinq comédies-ballets « comiques » : *Le Mariage forcé* (1664), *L'Amour médecin* (1665), *Le Sicilien ou l'Amour peintre* (1666), *Monsieur de Pourceaugnac* (1669), *Le Bourgeois gentilhomme* (1670) et *Le Malade imaginaire* (1673). Celles-ci participent d'une esthétique de la comédie burlesque dérivée de la farce.

Amphitryon (1668) est à la jonction de ces deux esthétiques. *L'Impromptu de Versailles* (1663) occupe une place à part, en tant que comédie sur une comédie. Dans ses trois grandes dernières comédies-ballets, *Monsieur de Pourceaugnac, Le Bourgeois gentilhomme* et *Le Malade imaginaire*, Molière sublime la formule de la farce et celle du ballet dans un spectacle total où les deux esthétiques convergent parfaitement : le ballet rythme le déroulement de la comédie et la farce déborde la comédie pour imprégner le ballet ; l'alliance entre le ballet et le texte illustre la folie qui gouverne le monde, induisant de manière nécessaire la « sarabande de faux muftis et de macaroniques porte-seringues ».

Du ballet comme intermède, Molière a donc évolué vers une fusion des arts, conférant aux intermèdes dansés et chantés une fonction analogue à celle des scènes.

Texte et chorégraphie chez Molière : le sens de la danse est inscrit dans nombre de jeux scéniques. R. Fernandez a souligné cette dynamique physique de l'échange verbal chez Molière, admirant « à quel point le dialogue, ainsi que le mouvement des scènes, ressemble à des mouvements de danse, et plus encore de gymnastique, à quel point les répliques s'enchaînent par des chocs et des contre-temps tout physiques, à quel point la force extraordinaire de ces répliques vient moins de leur éloquence que d'une sorte de détente musculaire qui les lance comme d'une catapulte » (*Molière ou l'essence du génie comique*). Ces effets chorégraphiques ne sont pas gratuits, le génie comique de Molière consistant « à faire coïncider l'effet moral avec l'effet physique, la danse avec la démonstration » (*Ibid.*)

La théâtralité* dans tous ses états

L'écriture dramaturgique de Molière est composite, mêlant à la haute comédie psychologique la farce, le réalisme des caractères et l'outrance des jeux de scène.

Molière exploite toute la palette des signes dont dispose le théâtre, superposant aux jeux de langage des effets directement visuels. Les indications vestimentaires jouent un rôle essentiel. Alceste, « l'homme aux rubans verts », apparaît d'emblée comme un personnage d'un autre âge. Dom Juan est aussi ramené à une dimension de « petit marquis » par son vêtement.

Molière sut intégrer cette dimension théâtrale à l'intérieur même du texte. Le théâtre à lire coïncide chez lui avec le théâtre à voir. Le texte fait foi de l'expressivité du corps, tout en ménageant des trous que Molière acteur savait remplir avec des grimaces et des jeux physionomiques irrésistibles.

Molière a appris des ***Italiens*** cet art du mime, allié à un sens exceptionnel de la mise en scène. Donneau de Visé note, à propos de *L'École des femmes* : « Jamais comédie ne fut si bien représentée, ni avec tant d'art ; chaque acteur sait combien il doit faire de pas et toutes ses œillades sont comptées. » (*Nouvelles nouvelles*, 1663). De même, *L'Impromptu de Versailles* témoigne de ce sens aigu de la direction des acteurs puisqu'on y voit Molière mettre en place une pièce et guider de manière critique le jeu de ses comédiens (scène 3). Lorsqu'il ironise sur l'aptitude naturelle à la Du Parc à jouer les « façonnières », il illustre un souci constant de convenance entre le rôle proposé et le caractère propre à chaque acteur. La réussite du *Misanthrope* tient en partie à la création du rôle pour Armande dont la réputation de coquette entourée d'une cour de galants avait été consacrée par son succès dans le rôle titre de *La Princesse d'Élide*, créée à la Cour en mai 1664 lors des fêtes des Plaisirs de l'Île enchantée.

***Molière et la* commedia dell'arte*.** Une des sources essentielles de Molière se trouve dans la *commedia dell'arte*. Cette influence est diffuse dans tout le théâtre de Molière, dans la conception des certains personnages de valets (le rusé Scapin ou le maladroit Sganarelle), aussi bien que dans l'écriture comique.

L'esthétique du ridicule : comédie et honnêteté

Le grand apport de Molière fut d'accomplir la synthèse entre farce et grande comédie, donnant « à rire par la déformation caricaturale du réel et à penser par sa représentation vraisemblable » (P. Dandrey, *L'Esthétique du ridicule*).

D'Arnolphe à Argan, nombre de comédies de Molière sont articulées autour d'un ridicule, personnage-vedette interprété par Molière et auquel il confère une complexité vivante. Les plaisants du théâtre de Molière appartiennent à la société de leur temps : ce sont des marquis et gens de qualité, mais aussi des bourgeois, cibles privilégiées d'une satire morale, incarnant sur cette scène comique des vices typiques tels que l'avarice, la couardise, la jalousie et l'égoïsme.

La comédie de Molière oppose au ridicule le naturel, principe-clef d'une éthique et d'une esthétique conformes à l'idéal mondain et au discours de la civilité, dont l'influence s'est exercée sur toute la littérature du siècle (voir E. Bury, *Littérature et politesse*, Paris, PUF, 1995). Le ridicule moliéresque s'inscrit dans la conception humaniste qui en fait l'envers du savoir-vivre, faute majeure contre la bienséance et l'harmonie des relations sociales. Les grands personnages ridicules de Molière vérifient la maxime de La Rochefoucauld, selon laquelle « C'est une grande folie de vouloir être sage tout seul ». Tous les grands ridicules du théâtre de Molière se proclament avec arrogance les détenteurs d'une sagesse exclusive, refusant d'accepter les limites humaines.

La *Lettre sur la comédie de l'Imposteur,* qu'on a longtemps attribuée à Molière lui-même, témoigne de cette transparence de la leçon comique qui opposerait raison et déraison : « Le ridicule est donc la forme extérieure et sensible que la providence de la nature a attachée à tout ce qui est déraisonnable, pour nous en faire apercevoir et nous obliger à le fuir. »

Pourtant, les dernières pièces de Molière renoncent à détromper les ridicules : on intronise Jourdain Mamamouchi et Argan médecin.

La tentation burlesque

Molière, en s'attachant à représenter les fantaisies de personnages aveuglés par leur manie dominante exalte le jeu théâtral. La conclusion que tire Mascarille à la fin des *Précieuses ridicules* souligne la permanence de l'illusion. Dépouillé de son bel habit par son maître, réduit à sa condition première de valet, il persiste à se prétendre ce qu'il n'est pas : « Je vois bien qu'on n'aime ici que la vaine apparence, et qu'on n'y considère point la vérité toute nue. » Ultime leçon qui démasque la société comme théâtre tout en célébrant le plaisir et la création comiques.

L'École des femmes : anatomie d'un scandale

L'École des femmes inaugure une lignée de comédies centrées autour de personnages « chimériques ». Cette pièce associe l'analyse d'un ridicule complexe et parfois contradictoire à une logique farcesque agrémentée de gags, d'équivoques et d'éléments parodiques (la reprise d'un vers de *Sertorius* de Corneille à la fin de l'acte II).

Le succès fut immédiat et important. Il valut à Molière des gratifications : notamment de figurer en mars sur la liste des pensionnés en sa qualité de « bel esprit ». Mais ce triomphe coïncida avec un énorme scandale, d'abord imputable à la morale de la pièce, subversive pour l'ordre social. L'échec du programme éducatif d'Arnolphe, qui confond fidélité féminine et abêtissement, et l'épanouissement inattendu d'Agnès à la vie et à l'amour n'ont pu manquer d'effrayer les esprits pointilleux. La morale de la nature qui se dégage de l'œuvre, et revêt des implications directement amoureuses et sexuelles, ne pouvait que heurter l'ordre et les bienséances sociales.

La querelle fut surtout le fait des comédiens rivaux et des auteurs dramatiques jaloux qui tentèrent de discréditer Molière en s'efforçant de le ravaler au rang de simple « farceur » incapable de respecter les règles de la grande comédie.

Molière s'employa à répondre à ses détracteurs dans deux pièces : *La Critique de l'École des femmes* et *L'Impromptu de Versailles.*

L'enjeu de la querelle pour Molière est reconnaissance littéraire. En fait, au moment de *L'École des femmes*, cette reconnaissance est acquise : Molière se défend contre une cabale, pour maintenir son image de Térence du Grand Siècle.

Molière et les règles classiques. Contre ceux qui accusaient *L'École des femmes* de pécher contre les règles, Molière fait ainsi parler Dorante dans *La Critique de l'École des femmes* : « Je soutiens qu'elle (la pièce) ne pèche contre aucune des règles dont vous parlez. Je les ai lues. Dieu merci, autant qu'un autre ; et je ferais voir aisément que peut-être n'avons-nous point de pièce au théâtre plus régulière que celle-là. » Molière est effectivement en droit de revendiquer la conformité de *L'École des femmes* par rapport aux règles :
- unité de temps : l'action se passe en quelques heures ;
- unité de lieu : devant et dans la maison d'Arnolphe ;
- unité d'action : la lutte entre Arnolphe et Horace pour s'approprier Agnès.

Malgré ce respect formel et purement technique des règles, Molière ne respecte pas leur fondement : la vraisemblance. La présence d'éléments qui soulignent la fiction rompt l'illusion dramatique et contribue à un effet de distanciation*, sensible dans le dénouement stéréotypé (par reconnaissance) ainsi que dans l'exhibition de la théâtralité* (Cf. acte IV, scène 4).

Selon le modèle hérité du grand auteur latin, le critère de la vraie comédie aux yeux des lettrés et des mondains du XVIIe est de peindre les mœurs des hommes afin que chacun corrige ses propres mœurs. Molière insiste sur le fait qu'il donne des leçons générales sans viser les personnes :

> Toutes les peintures ridicules qu'on expose sur les théâtres doivent être regardées sans chagrin de tout le monde. Ce sont miroirs publics, où il ne faut jamais témoigner qu'on se voie ; et c'est se taxer hautement d'un défaut, que de se scandaliser qu'on le reprenne.

Pour montrer la dignité du genre qu'il pratique, Molière va chercher dans les théoriciens antiques du théâtre (et notamment chez Horace) l'idée que la comédie est un art plus difficile que la tragédie ; en ce qu'elle vise la ressemblance.

Molière illustre ainsi son accord profond avec l'esthétique classique de la comédie, tributaire du grand principe d'Horace : instruire et plaire.

Ainsi, les règles de composition mises en place par le théâtre classique inscrivent une dialectique entre des servitudes d'ordre social et scénique et la liberté de l'invention créatrice.

Ce système s'est imposé dans le cadre d'une pratique de la scène dont la maîtrise servira durablement de référence dans la dramaturgie française. Il faudra attendre le XXe siècle pour une remise en cause de l'illusionnisme parfait qui sous-tend cette configuration théâtrale héritée de l'âge classique.

DOCUMENT COMMENTÉ

Molière : *L'École des femmes*

ALAIN, GEORGETTE, ARNOLPHE.

ALAIN — Monsieur...

ARNOLPHE — Approchez-vous : vous êtes mes fidèles,
Mes bons, mes vrais amis, et j'en sais des nouvelles.

ALAIN — Le notaire...

ARNOLPHE — Laissons, c'est pour quelque autre jour.
On veut à mon honneur jouer d'un mauvais tour ;
Et quel affront pour vous, mes enfants, pourrait-ce être,
Si l'on avait ôté l'honneur à votre maître !
Vous n'oseriez après paraître en nul endroit,
Et chacun, vous voyant, vous montrerait au doigt.
Donc, puisque autant que moi l'affaire vous regarde,
Il faut de votre part faire une telle garde,
Que ce galant ne puisse en aucune façon...

GEORGETTE — Vous nous avez tantôt montré notre leçon.

ARNOLPHE — Mais à ses beaux discours gardez bien de vous rendre.

ALAIN — Oh ! vraiment.

GEORGETTE — Nous savons comme il faut s'en défendre.

ARNOLPHE — S'il venait doucement : « Alain, mon pauvre cœur,
Par un peu de secours soulage ma langueur. »

ALAIN — Vous êtes un sot.

ARNOLPHE — Bon. (*À Georgette.*) « Georgette, ma mignonne,
Tu me parais si douce et si bonne personne. »

GEORGETTE — Vous êtes un nigaud.

ARNOLPHE — Bon. (*À Alain.*) « Quel mal trouves-tu
Dans un dessein honnête et tout plein de vertu ? »

ALAIN — Vous êtes un fripon.

ARNOLPHE — Fort bien. (*À Georgette.*) « Ma mort est sûre,
Si tu ne prends pitié des peines que j'endure. »

GEORGETTE — Vous êtes un benêt, un impudent.

ARNOLPHE — Fort bien.
« Je ne suis pas un homme à vouloir rien pour rien ;
Je sais, quand on me sert, en garder la mémoire ;
Cependant, par avance, Alain, voilà pour boire ;
Et voilà pour t'avoir, Georgette, un cotillon :
(Ils tendent tous deux la main, et prennent l'argent.)
Ce n'est de mes bienfaits qu'un simple échantillon.
Toute la courtoisie enfin dont je vous presse,
C'est que je puisse voir votre belle maîtresse. »

GEORGETTE *le poussant.* À d'autres.
ARNOLPHE Bon cela.
ALAIN *le poussant.* Hors d'ici.
ARNOLPHE Bon.
GEORGETTE *le poussant.* Mais tôt.
ARNOLPHE Bon. Holà ! c'est assez.
GEORGETTE Fais-je pas comme il faut ?
ALAIN Est-ce de la façon que vous voulez l'entendre ?
ARNOLPHE Oui, fort bien, hors l'argent, qu'il ne fallait pas prendre.
GEORGETTE Nous ne nous sommes pas souvenus de ce point.
ALAIN Voulez-vous qu'à l'instant nous recommencions ?
ARNOLPHE Point :
Suffit. Rentrez tous deux.
ALAIN Vous n'avez rien qu'à dire.
ARNOLPHE Non, vous dis-je ; rentrez, puisque je le désire.
Je vous laisse l'argent. Allez : je vous rejoins.
Ayez bien l'œil à tout, et secondez mes soins.

(Acte IV, scène 4).

REMARQUES PRÉLIMINAIRES : LES OBJECTIFS DU TEXTE

– *une répétition théâtrale : jeu de théâtre dans le théâtre ;*
– *un intermède farcesque à l'intérieur d'une grande comédie.*

1 - PRÉSENTATION DU DOCUMENT

Situer la pièce dans l'œuvre de Molière

L'École des femmes (1662) succède à *L'École des Maris* (1661). Les deux pièces s'inscrivent dans une continuité thématique : thème du cocuage et identité du point de départ (un barbon qui tient recluse sa pupille qu'il veut épouser), même principe d'un ridicule instructif fondé sur le caractère extravagant d'un personnage central qui a des idées rétrogrades sur les femmes et sur le mariage.

Variation sur un motif déjà traité, *L'École des femmes* est la première grande comédie de Molière en cinq actes et en vers. Cette grande comédie ne renonce pas aux procédés comiques de la farce, notamment dans le traitement secondaire des relations entre un maître et ses serviteurs.

La querelle de *L'École des femmes*

La querelle qui se développa autour du succès considérable de cette pièce fut d'abord le fait des comédiens rivaux et des auteurs dramatiques jaloux. Un des enjeux pour les adversaires de Molière était de récuser la réussite de cette grande comédie et de discréditer Molière en le ravalant au rang de simple« farceur ».

2 - ANALYSE

Il s'agit d'une véritable scène de théâtre dans le théâtre. La répétition organisée par Arnolphe aboutit à une inversion comique du rôle du maître et ses valets. Le comique de la scène repose aussi largement sur l'extravagance d'Arnolphe, soumis à une logique de l'illusion et de l'obsession.

3 - MISE EN PLACE DU DOCUMENT

La relation entre maître et serviteurs

C'est une donnée fondamentale de la tradition comique. Le traitement de la relation maître-serviteur obéit à une perspective ludique et dramatique qui élude tout réalisme sociologique.

Situation dramatique

Il s'agit de la troisième scène articulée autour de la relation d'Arnolphe à ses serviteurs. Arnolphe, désemparé par les révélations que lui a faites Horace, se tourne vers Alain et Georgette pour s'assurer leur aide contre les éventuelles tentatives du jeune homme pour entrer chez Agnès. Désireux de parfaire son système de protection, Arnolphe imagine une répétition grotesque des rôles, contrefaisant Horace qui chercherait à séduire les valets pour parvenir jusqu'au logis d'Agnès.

4 - EXPLICATION

Cette scène, inscrite dans le mouvement dramatique d'une pièce où Arnolphe développe de vaines stratégies pour contrecarrer les projets amoureux de son rival, constitue une sorte d'intermède ludique. Arnolphe assume un rôle de metteur en scène qui trahit la faillite de sa maîtrise et opère un retournement comique des rôles sociaux.

a/ La répétition organisée par Arnolphe

1 ~ Désir de maîtrise

Par cette mise en scène, Arnolphe trahit sa préoccupation obsessionnelle d'anticiper les événements et les situations.

Une allusion de Georgette suggère que cette répétition n'est peut-être pas la première et qu'Arnolphe leur a déjà longuement expliqué comment repousser Horace : « Vous nous avez tantôt montré notre leçon. » Le verbe utilisé connote une présentation visuelle analogue à la mise en scène qu'Arnolphe propose à partir du vers 1106.

2 ~ Arnolphe metteur en scène et acteur

Arnolphe cumule un double rôle, jouant le personnage d'Horace et assumant la fonction de metteur en scène. Il dirige Alain et Georgette, leur donnant le point de départ de la fiction dramatique : « S'il venait doucement ». Il donnera à la fin de la scène le signal de l'arrêt de cette répétition.

Par ailleurs, il commente le jeu de ses partenaires, dans des apartés qui ponctuent la représentation.

3 ~ La satisfaction du metteur en scène

Les répliques des serviteurs satisfont apparemment Arnolphe, qui commente positivement le jeu de ses valets. On note la récurrence des « Bon ». La satisfaction d'Arnolphe transparaît plus clairement dans le « Fort bien » du vers 1112.

Ce « fort bien » sera repris dans les commentaires de conclusion ; toutefois Arnolphe est amené à faire des réserves sur les libertés excessives prises par les valets au cours de ce jeu de rôles.

b/ La revanche des valets

Les valets se prennent au jeu et réalisent, durant cette parenthèse ludique, un certain nombre de désirs inassouvis. La répétition théâtrale permet un défoulement momentané par inversion des rôles.

1 ~ Revanche verbale

Les valets ne se privent pas de l'occasion qui leur est offerte d'injurier leur maître. Appliquant à la lettre la leçon sur les moyens de repousser Horace, ils opposent à toutes les hypothèses de l'acteur Arnolphe des injures plaisantes. Celles-ci prennent, dans le contexte réel de l'échange, le sens d'une revanche explicite contre Arnolphe. On observe un *crescendo* dans ces attaques verbales :

> Vous êtes un sot.
> Vous êtes un nigaud.
> Vous êtes un fripon.
> Vous êtes un benêt, un impudent.

2 ~ Les jeux de scène

Les valets ne se bornent pas à malmener verbalement leur partenaire fictif, ils le rudoient, ainsi que l'indiquent trois didascalies* redondantes (le poussant). La scène suggère une accélération du rythme correspondant à une véritable bousculade d'Arnolphe. La stichomythie*, qui morcèle le vers, traduit l'emballement de la répétition qu'Arnolphe sent lui échapper et à laquelle il est obligé de mettre un terme : « Bon. Holà ! c'est assez. »

3 ~ Le rôle de l'argent

Arnolphe envisage l'hypothèse où Horace tenterait d'appâter ses serviteurs et fait intervenir dans la répétition de la scène un don d'argent. Les serviteurs s'en emparent avec empressement, trop contents d'entrer dans ce jeu de générosité qui pour eux signifie une nouvelle revanche concrète prise sur la réalité de leur condition. Arnolphe leur reprochera ce manquement à la perfection de la répétition : « fort bien, hors l'argent, qu'il ne fallait pas prendre ». Toutefois, il leur concède effectivement ce gain (vers 1130), afin de mieux s'assurer encore leur fidélité.

c/ Comique et illusion

1 ~ L'illusion paternaliste

Arnolphe développe un chantage affectif auquel il se laisse prendre en partie, incitant ses serviteurs à le défendre au nom d'un honneur commun :

> Et quel affront pour vous, mes enfants, pourrait-ce être,
> Si l'on avait ôté l'honneur à votre maître !
> Vous n'oseriez après paraître en nul endroit.

Arnolphe occulte totalement la divergence d'intérêts entre les serviteurs et lui. Cet argument paternaliste révèle encore ses obsessions égocentriques.

2 ~ Le délire d'Arnolphe : un ridicule de caractère

Malgré son désir de maîtrise, Arnolphe apparaît profondément ridicule par son aveuglement qui le conduit à multiplier les erreurs d'analyse. On peut s'interroger d'emblée sur son appel aux valets, dont la note pathétique n'est pas simple rhétorique hypocrite :

> Approchez-vous : vous êtes mes fidèles,
> Mes bons, mes vrais amis...

Arnolphe est tellement désemparé qu'il adhère en partie à l'illusion de la confiance dans ses serviteurs, qui ont été les exécutants de son plan d'éducation paradoxale d'Agnès.

3 ~ L'obsession galante

Arnolphe ne peut imaginer Horace que dans un rôle de séducteur. Il lui prête des déclarations galantes aux serviteurs, ce qui relève du contresens et prête à rire. Il y a un comique de discordance dans le vocabulaire de la galanterie utilisé pour circonvenir Alain :

> ... Alain, mon pauvre cœur,
> Par un peu de secours soulage ma langueur.

Arnolphe prête à Horace le discours amoureux qu'il tremble de lui voir tenir à Agnès. Toutes les répliques qu'il prête au jeune homme jouent sur cette équivoque comique. Horace apparaît en définitive comme un inconstant, qui se tourne tantôt du côté d'Alain, tantôt revient à Georgette. Cette construction du personnage est un effet du délire d'Arnolphe, obsédé par le cocuage.

5 - INTÉRÊT DU TEXTE

Comme la scène 2 de l'acte II, cette grande scène qui met en rapport le maître et les serviteurs a une fonction essentielle de détente comique, tout en contribuant à l'éclairage du ridicule d'Arnolphe.

Documents proposés

Pierre Corneille : *Cinna*

ÉMILIE

Impatients désirs d'une illustre vengeance
Dont la mort de mon père a formé la naissance,
Enfants impétueux de mon ressentiment,
Que ma douleur séduite embrasse aveuglément,
Vous prenez sur mon âme un trop puissant empire :
Durant quelques moments souffrez que je respire,
Et que je considère, en l'état où je suis,
Et ce que je hasarde, et ce que je poursuis.
Quand je regarde Auguste au milieu de sa gloire,
Et que vous reprochez à ma triste mémoire
Que par sa propre main mon père massacré
Du Trône où je le vois fait le premier degré,
Quand vous me présentez cette sanglante image,
La cause de ma haine, et l'effet de sa rage,
Je m'abandonne toute à vos ardents transports,
Et crois pour une mort lui devoir mille morts.
Au milieu toutefois d'une fureur si juste,
J'aime encor plus Cinna, que je ne hais Auguste,
Et je sens refroidir ce bouillant mouvement,
Quand il faut pour le suivre exposer mon Amant.
Oui, Cinna, contre moi moi-même je m'irrite
Quand je songe aux dangers où je te précipite.
Quoique pour me servir tu n'appréhendes rien,
Te demander du sang, c'est exposer le tien.
D'une si haute place on n'abat point de têtes,
Sans attirer sur soi mille et mille tempêtes,
L'issue en est douteuse, et le péril certain :
Un ami déloyal peut trahir ton dessein,
L'ordre mal concerté, l'occasion mal prise,
Peuvent sur son auteur renverser l'entreprise,
Tourner sur toi les coups dont tu le veux frapper,
Dans sa ruine même il peut t'envelopper,
Et quoi qu'en ma faveur ton amour exécute,
Il te peut en tombant écraser sous sa chute.
Ah ! cesse de courir à ce mortel danger,
Te perdre en me vengeant ce n'est pas me venger.
Un cœur est trop cruel quand il trouve des charmes
Aux douceurs que corrompt l'amertume des larmes,
Et l'on doit mettre au rang des plus cuisants malheurs
La mort d'un ennemi qui coûte tant de pleurs.
Mais peut-on en verser alors qu'on venge un père ?
Est-il perte à ce prix qui ne semble légère ?
Et quand son assassin tombe sous notre effort,
Doit-on considérer ce que coûte sa mort ?
Cessez, vaines frayeurs, cessez, lâches tendresses,
De jeter dans mon cœur vos indignes faiblesses ;
Et toi qui les produis par tes soins superflus,
Amour, sers mon devoir, et ne le combats plus.
Lui céder, c'est ta gloire, et le vaincre, ta honte,
Montre-toi généreux souffrant qu'il te surmonte,
Plus tu lui donneras, plus il te va donner,
Et ne triomphera que pour te couronner.

Acte I, scène 1.

Comprendre le document et ses centres d'intérêt

- monologue et exposition dramatique ;
- la vengeance et le conflit entre le devoir filial et l'amour.

Présenter le document

- situer *Cinna* (1643) dans la carrière de Corneille : un très grand succès, qui intervient quatre ans après *Le Cid* ; échos et différences entre les deux pièces (de la tragi-comédie à une tragédie politique) ;
- situer les enjeux de la scène d'exposition : résultante d'une situation et annonce du nœud de la tragédie.

Mettre en place le document

– composition du monologue (trois parties) ;
– rhétorique du dilemme (abondance des antithèses) et genre délibératif ;
– analyse de la versification.

Construire un plan à partir des centres d'intérêt suivants :

– exposition d'un conflit tragique (fureur et tendresse ; monologue et souffrance ; obsession de la mort et de la vengeance) ;
– action et discours : une longue délibération préalable à une décision héroïque ;
– affirmation d'une héroïne sublime.

Jean Racine : préface de *Bérénice*

Titus reginam Berenicem, cui etiam nuptias pollicitus ferebatur, statim ab Urbe dimisit invitus invitam.

C'est-à-dire que « Titus, qui aimait passionnément Bérénice, et qui même, à ce qu'on croyait, lui avait promis de l'épouser, la renvoya de Rome, malgré lui et malgré elle, dès les premiers jours de son empire ». Cette action est très fameuse dans l'histoire, et je l'ai trouvée très propre pour le théâtre, par la violence des passions qu'elle y pouvait exciter. En effet, nous n'avons rien de plus touchant dans tous les poètes, que la séparation d'Énée et de Didon, dans Virgile. Et qui doute que ce qui a pu fournir assez de matière pour tout un chant d'un poème héroïque, où l'action dure plusieurs jours, ne puisse suffire pour le sujet d'une tragédie, dont la durée ne doit être que de quelques heures ? Il est vrai que je n'ai point poussé Bérénice jusqu'à se tuer comme Didon, parce que Bérénice n'ayant pas ici avec Titus les derniers engagements que Didon avait avec Énée, elle n'est pas obligée comme elle de renoncer à la vie. À cela près, le dernier adieu qu'elle dit à Titus, et l'effort qu'elle se fait pour s'en séparer, n'est pas le moins tragique de la pièce, et j'ose dire qu'il renouvelle assez bien dans le cœur des spectateurs l'émotion que le reste y avait pu exciter. Ce n'est point une nécessité qu'il y ait du sang et des morts dans une tragédie ; il suffit que l'action en soit grande, que les acteurs en soient héroïques, que les passions y soient excitées, et que tout s'y ressente de cette tristesse majestueuse qui fait tout le plaisir de la tragédie.

Je crus que je pourrais rencontrer toutes ces parties dans mon sujet. Mais ce qui m'en plut davantage, c'est que je le trouvai extrêmement simple. Il y avait longtemps que je voulais essayer si je pourrais faire une tragédie avec cette simplicité d'action qui a été si fort du goût des Anciens. Car c'est un des premiers préceptes qu'ils nous ont laissés.

Comprendre le document et ses centres d'intérêt

– la légitimation d'un « tour de force » dramaturgique : action simple et tragédie sans dénouement sanglant ;
– une « esthétique de la gageure » qui répond à la nécessité de développer l'apologie de *Bérénice*.

Présenter le document

– un tournant et une exception dans la vision tragique de Racine : *Bérénice* est précédée de *Britannicus* et suivie de *Bajazet*, deux tragédies complexes et sanglantes ;
– la préface comme autojustification de l'auteur dans un contexte polémique (rappeler l'affrontement avec les partisans de Corneille, qui créa la comédie héroïque de *Tite et Bérénice*) ;
– rappeler l'action de la pièce : l'accomplissement de la séparation entre Bérénice et Titus, un sacrifice de l'amour qui se redouble entre Antiochus et Bérénice.

Mettre en place le document

– les emprunts à l'Antiquité : sources historiques (caution nécessaire pour l'invention tragique) et référence littéraire épique (*L'Énéide* de Virgile) ;
– l'analogie établie par Racine entre le drame de la séparation de Bérénice et de Titus et l'histoire de Didon et Énée : un discours trouble ;
– tragédie et élégie : « la tristesse majestueuse » et le respect des bienséances.

Construire un plan à partir des centres d'intérêt suivants :

– apologie de la simplicité d'action ;
– ambiguïtés d'un tragique sans mise à mort apparente ; la logique du renoncement et l'exil, ou le triomphe d'une logique du sacrifice ; esthétique de la cruauté et cérémonial de deuil ;
– goût pour le paradoxe et le sublime.

DISSERTATION EXPLIQUÉE

Théâtre baroque et dramaturgie classique en France : rupture ou continuité ?

ÉLABORATION DU DEVOIR

A - DÉFINIR LE SUJET

Ses termes

Si l'opposition historique du baroque et du classicisme soulève bien des problèmes, la restriction du sujet au domaine français suggère des limites relativement claires. L'opposition des concepts de baroque et de classique a été très utilisée pour décrire l'évolution du théâtre en France dans les années 1580-1680.

Ses limites chronologiques

La rupture esthétique en France est ordinairement située dans les années 1630 avec le triomphe d'une régularité dramatique, fondée sur les principes aristotéliciens. Une première génération dans les années 1630-1640 a mis en place les règles, processus confirmé mais assoupli par la seconde génération (1660-1680).

Les problèmes que pose le sujet

La rupture esthétique que constitue le théâtre classique appelle une explicitation de ses modalités et de ses facteurs. Il conviendra de nuancer la rupture et de s'interroger sur les transformations en profondeur du théâtre français tout au long du siècle.

B - CONSTRUIRE LE PLAN

S'il est inévitable de prendre en compte les deux termes antinomiques du sujet (rupture et ontinuité), il faut absolument dépasser ensuite cette opposition et assurer la dynamique du plan en éclairant la naissance d'une esthétique moderne originale.

RÉDACTION DU DEVOIR

INTRODUCTION

La dramaturgie classique s'est voulue dans une large mesure réaction aux excès et à l'irrégularité de la scène baroque. Quels sont les modalités et les enjeux socio-esthétiques de cette nouvelle régularité, qui triomphe dans les années 1630 ? Ne convient-il pas cependant de nuancer la rupture avec la production théâtrale antérieure ? L'invention d'un théâtre moderne au siècle classique ne dépasse-t-il pas la question des règles et de la stricte périodisation ?

1 - DU BAROQUE AU CLASSICISME : UNE RUPTURE ESTHÉTIQUE

a/ Le triomphe d'une nouvelle régularité dramatique

1 ~ Les trois unités*

La règle des unités dramatiques (action, temps et lieu) s'impose dans les années 1630, sous l'impulsion des doctes*, mais aussi des dramaturges. L'enjeu est de faciliter la réception des œuvres, en réaction contre les représentations foisonnantes et les intrigues décousues des pièces du début du siècle (à l'exemple de pastorales comme *Les Bergeries* de Racan).

2 ~ La vraisemblance*

Le véritable fondement des trois unités est la vraisemblance, qui traduit une nouvelle conception rationnelle de l'œuvre dramatique : l'art classique privilégie une cohérence fondée sur la crédibilité plutôt que sur la simple vérité historique. Pour les classiques, il n'y a pas de contradiction entre le naturel et ce principe d'adaptation de l'histoire : Guez de Balzac rend hommage à Corneille pour avoir, dans *Cinna*, « fait voir Rome tout ce qu'elle peut être à Paris ». Le vraisemblable permet de créer des situations et des personnages exemplaires.

3 ~ Les bienséances*

La volonté de ne pas heurter les convictions du public est aussi importante que la vraisemblance. Les deux notions se superposent en fait dans l'esthétique classique qui prétend faire primer la mesure et la raison. Ces impératifs universels déterminent des interdits et des tabous, qui reflètent la prise en compte d'un idéal moderne d'honnêteté et de civilisation des mœurs. Ce respect du public se manifeste dans le refus des délectations macabres et morbides qui faisaient les délices de la scène baroque (Cf. la *Crisante* de Rotrou).

L'exclusion de toute violence sur scène explique l'importance stratégique dévolue aux récits : un des plus célèbres est celui de la mort de Thésée, rapportée par Théramène dans *Phèdre*. On peut rappeler aussi que Corneille, dès *Le Cid*, s'est appliqué à transposer les batailles de son modèle Guillén de Castro à travers un récit évocatoire (IV, 3).

4 ~ La hiérarchie des genres et des styles

À l'encontre de la bigarrure des pièces baroques qui alternaient volontiers scènes tragiques et contrepoints bouffons, l'esthétique classique a imposé le principe d'une stricte distinction des genres : la tragédie est le genre noble, situé au-dessus de la comédie qui conquiert, sous l'impulsion de Corneille (Cf. *Mélite*) puis surtout de Molière (Cf. la querelle de *L'École des femmes*), sa propre dignité, en récusant la farce, laquelle n'a même pas droit de cité dans la théorie dramatique.

b/ Une esthétique de la concentration dramatique

1 ~ Ascèse du spectacle et conflit des passions

Dans *Le Cid*, Corneille renonce délibérément à un ingrédient éprouvé du spectacle baroque : le déguisement. Il insistera, dans son examen de la pièce, sur la concentration psychologique que favorise une invention théâtrale sans masques, où le conflit des passions retient toute l'attention des spectateurs : « Lorsqu'on agit à visage découvert, et qu'on sait à qui on en veut, le combat des passions contre la nature ou du devoir contre l'amour occupe la meilleure partie du poème et de là naissent les grandes et fortes émotions qui renouvellent à tout moment et redoublent la commisération. »

2 ~ Discours et action

■ L'action tragique coïncide avec un art particulièrement achevé de la narration. Dans *Horace*, Corneille déploie un art du suspense, obtenu au moyen de la fragmentation et des rebondissements du récit de la bataille.

■ Action et éloquence se confondent dans les monologues de délibération, récurrents dans la tragédie : exemple de l'acte IV, scène 7 d'*Iphigénie*, Agamemnon se résout ainsi au cours du monologue à sacrifier sa fille.

3 ~ Subordination du poétique au dramatique

■ Les tableaux descriptifs qui ornaient les récits baroques (voir la description de tempête à l'acte I, scène 2 de *L'Heureux naufrage* de Rotrou) sont désormais bannis.

■ Ornement poétique, les stances (strophes au mètre variable, présentant une unité de sens et se terminant par une chute), subsistent au-delà des années 1630, au prix de leur subordination parfaite à l'économie dramatique. Celles de *Polyeucte* de Corneille articulent lyrisme et combat intérieur du héros.

c/ Les facteurs de cette révolution esthétique

1 ~ Une volonté politique

Richelieu a soutenu personnellement les efforts des dramaturges en quête d'une efficacité dramatique. Il a été soucieux aussi de promouvoir la reconnaissance "littéraire" d'un théâtre conforme au bel usage et imitant les modèles de l'Antiquité. Cette politique de rayonnement politique fut poursuivie par Louis XIV et Colbert.

2 ~ Le rôle des commentaires d'Aristote

Les doctes érigent en dogme l'imitation des modèles antiques et se réfèrent à la *Poétique* d'Aristote pour justifier les principes de hiérarchie, de régularité et de vraisemblance. Ce modèle esthétique s'impose dans les années 1630, à rebours des pratiques dramatiques du temps, jugées monstrueuses. La querelle du *Cid* fut en quelque sorte le « chant du cygne » des irréguliers.

3 ~ Nouveau public et triomphe du goût mondain

L'évolution du goût prime en réalité sur la stricte imposition doctrinaire. Le nouveau théâtre s'efforce de plaire à un public plus mondain, qui inclut la fine fleur de l'aristocratie et se féminise de plus en plus. dont l'influence finira par supplanter celle des doctes après 1650.

Corneille invoque le respect de ce public sensible pour justifier la distance qu'il a prise avec Sophocle et Sénèque, dans son *Œdipe* en 1659 : « Cette éloquente et curieuse description de la manière dont ce malheureux prince se crève les yeux, et le spectacle de ces mêmes yeux crevés qui occupe tout le cinquième acte chez ces incomparables originaux, ferait soulever la délicatesse de nos dames, qui composent la plus belle partie de notre auditoire, et dont le dégoût attire aisément la censure de ceux qui les accompagnent » (avis au lecteur).

2 - ÉLÉMENTS DE CONTINUITÉ

Si l'on mentionne à juste titre le tournant des années 1630, il convient néanmoins de nuancer la rupture entre baroque et classicisme, moins brutale qu'on ne le dit parfois.

a/ Une lente transition

La production de la première moitié du siècle demeure extrêmement confuse, témoignant du conflit entre deux esthétiques. On peut observer cette transition dans une pièce de La Calprenède, *Le Comte d'Essex*. Cette tragédie, qui rend l'atmosphère de lutte entre les grands féodaux anglais et sacrifie au déferlement des passions, se plie aux nouvelles règles de la dramaturgie classique : action unifiée, unité de temps implicite ; lieu unique autour de la ville de Londres. Mais le respect des bienséances est tout relatif, puisque l'œuvre évoque directement la nature des relations d'Essex avec la reine d'Angleterre, et avec Madame Cécile.

b/ Des œuvres à la charnière des deux esthétiques

Corneille ne s'est plié que progressivement aux règles classiques. Il se complaît encore dans les « horreurs » de la scène baroque avec *Médée* en 1635 (Créuse et son père Créon, condamnés par la jalousie de Médée, périssent dans d'atroces souffrances) et représente encore directement des combats dans les actes III et V de *L'Illusion Comique* (1636).

Le Cid a cristallisé une querelle d'autant plus vive qu'il se situait à la charnière d'une esthétique réaliste et d'une plus métaphorique (voir les allusions au sang qui ont indigné les critiques).

c/ Les survivances de l'esthétique baroque

■ Certains critiques ont décelé la survivance d'éléments baroques dans le théâtre considéré comme le plus conforme aux impératifs classiques, celui de Racine. La prédilection pour l'évocation du monstre donne une coloration baroque à des scènes structurellement régulières : le récit de Théramène trahit cette oscillation de l'imaginaire racinien (Cf. Philip Butler, *Classicisme et baroque dans l'œuvre de Racine*, Paris, Nizet, 1959).

■ L'esthétique baroque, ostentatoire et irrégulière, imprègne surtout les spectacles de cour : tragédies-ballets, pièces à machines... Un retour de la tragi-comédie s'effectue même sous l'impulsion de Quinault.

■ La véritable continuité entre le théâtre baroque et la dramaturgie classique ne se situerait-elle pas dans l'affirmation triomphale d'un principe de plaisir, revendiqué par les plus grands dramaturges (Corneille, Molière, Racine) ?

3 - LE SIÈCLE CLASSIQUE FRANÇAIS : NAISSANCE D'UNE DRAMATURGIE MODERNE

La persistance de certains aspects de la dramaturgie baroque ne doit pas faire illusion. Il faut prendre en considération l'ensemble du siècle pour mesurer l'invention d'une dramaturgie moderne, propre à la France du XVIIe siècle.

a/ Triomphe d'une esthétique illusionniste

1 ~ La fin d'un théâtre de participation

La dramaturgie du XVIIe siècle consacre une modification profonde de la relation du spectateur et du spectacle. On assiste à l'abandon du principe d'une participation-fusion. L'idéal baroque d'accroche du spectateur disparaît au profit d'une distinction nette entre la scène et la salle. Un bon exemple est celui d'*Athalie* de Racine, qui ne restaure nullement un théâtre « religieux » baroque : à aucun moment, il n'existe de possibilité de fusion du spectateur avec l'un ou l'autre des personnages représentés ; la distance reste entière entre ce qui reste seulement un « spectacle » et les spectateurs, même chrétiens.

2 ~ L'imitation indiscernable

Le paradoxe de la nouvelle esthétique de l'imitation est de prétendre abolir le cadre de l'illusion. Ainsi les unités* sont-elles justifiées par une conception de l'homologie entre l'espace et le temps des spectateurs et la construction scénique. L'unité de temps pour Corneille se justifie non seulement par l'autorité d'Aristote, mais par la « raison naturelle » : elle garantit l'impression de ressemblance nécessaire au poème dramatique conçu comme « imitation » (*Discours des trois unités*). Corneille suggère en fait de laisser dans le flou les indications horaires, car des allusions trop, précises rompent l'illusion parfaite dans laquelle doivent baigner les spectateurs.

3 ~ Le théâtre dans le théâtre : nouvelle approche

La méditation sur la théâtralité, obsession du théâtre baroque, se poursuit avec Corneille et Molière. Toutefois la reprise d'une même structure revêt un sens différent. Les thèmes du « théâtre du monde », du dédoublement, de l'illusion, du rêve, de la folie sont absents des pièces postérieures à la Fronde, exception faite des comédies-ballets de Molière. Le thème du théâtre dans le théâtre sert désormais d'introduction au divertissement et de célébration quasiment exclusive de l'art du dramaturge. Cette mise en abyme du jeu est récurrente chez Molière, qui exhibe l'artifice du théâtre, pour mieux montrer que celui-ci instaure un monde de la fantaisie.

b/ Invention et cohérence

■ À rebours d'une écriture libre et régie par le hasard, l'exigence de construction dramatique est réaffirmée par les doctes et les dramaturges (voir l'ensemble de trois *Discours* que Corneille publie en 1660).

■ Cette recherche de cohérence s'étend aux personnages : Corneille invente avec *Le Cid* un héros qui ne cède pas au « change », récusant la mobilité et l'instabilité chères aux baroques (voir J. Rousset, *La Littérature de l'âge baroque en France*, Paris, Corti, 1951).

c/ Les progrès du rationalisme esthétique

1 ~ L'homme et la nature

Renonçant au panthéisme cosmique, le classicisme se borne à représenter l'homme dans ses relations avec d'autres hommes ou avec lui-même. Cette humanisation implique un renoncement à l'animisme du théâtre baroque. En atteste l'évolution des décors : la rue, le palais, la chambre se substituent à la forêt enchantée, à la montagne magique et aux rochers caverneux. Si le magicien de *L'illusion comique* habite encore au pied d'un rocher, cet élément devient purement extérieur, le lieu ne participe plus à la détermination de l'action.

2 ~ Un tragique rationnel ?

Autant que la place de la nature, le triomphe du rationalisme hypothèque le déploiement d'un sentiment tragique, qui suppose une présence des dieux et une fatalité irrationnelle. Racine prend soin d'expliquer, dans sa préface d'*Iphigénie*, qu'il s'est écarté, par souci de vraisemblance, du dénouement d'Euripide, dans lequel Diane enlève Iphigénie pour la soustraire au sacrifice, faisant immoler à sa place une biche (*Iphigénie à Aulis*) : « Quelle apparence de dénouer une tragédie par le secours d'une déesse et d'une machine et par une métamorphose, qui pourrait bien trouver quelque créance du temps d'Euripide, mais qui serait trop absurde et trop incroyable parmi nous ? » Racine opte pour l'interprétation plus crédible de la légende que propose Pausanias, dans *Les Corinthiaques*, faire périr « Un autre sang d'Hélène, une autre Iphigénie » (V, VI, v. 1749). Ce dénouement, insuffisamment rattaché au nœud, faisant intervenir le merveilleux d'un oracle, a néanmoins été critiqué.

Conclusion

Le triomphe du théâtre régulier en France dans les années 1630 impose une dramaturgie nouvelle, d'obédience aristotélicienne, apte à satisfaire les exigences d'un public où les honnêtes gens et les doctes* font désormais le goût. Néanmoins, la rupture entre cette esthétique nouvelle et la production antérieure, désignée comme « baroque » ou « préclassique », appelle quelques nuances : les pratiques, y compris chez les dramaturges majeurs, avèrent des phénomènes de transition, voire des survivances résiduelles. Du baroque au classicisme, ce qui fait la spécificité et l'unité du théâtre français au XVIIe siècle, c'est une invention dramatique permanente, qui tente de concilier le plaisir de l'illusion et les exigences de la rationalité moderne.

DISSERTATIONS PROPOSÉES

Selon l'abbé d'Aubignac, « les discours ne sont au théâtre que les accessoires de l'action, quoique toute la tragédie, dans la représentation ne consiste qu'en discours (...) et si (le poète) fait paraître quelques actions sur son théâtre, c'est pour en tirer occasion de faire quelque agréable discours ; tout ce qu'il invente, c'est afin de le faire dire ; il suppose beaucoup de choses afin qu'elles servent de matière à d'agréables narrations » (*La Pratique du théâtre*, livre IV, chapitre II).

Réfléchir aux termes et intentions du sujet

– d'Aubignac établit ainsi une équivalence absolue entre action et discours ;
– description d'une dramaturgie classique comme hypertrophie de la parole.

Recenser les aspects à étudier

– les fondements de la dramaturgie classique : les interdits classiques obligent à tout dire, puisqu'il est difficile de montrer (vraisemblance et bienséances ; respect des unités de lieu et de temps) ;
– les modalités de cette articulation du discours et de l'action (la place du récit dans la dramaturgie classique : tragédie et grande comédie) ;
– la vraisemblance interne du discours : informatif, il s'impose dans le cadre d'un dialogue entre un personnage qui sait et un qui ignore les événements ; il doit aussi être vraisemblable dans le cadre d'une relation d'écoute crédible ;
– le théâtre et les différentes fonctions du discours : fonction émotive, poétique... (Cf. R. Jakobson).

Définir les articulations possibles du plan

– convergence de l'action et du discours dans l'esthétique classique ;
– spécificité de l'écriture comique ou les limites de la parole au théâtre ;
– aporie ou apothéose de la théâtralité : la convergence entre discours et action témoigne d'un sens aigu des contraintes constitutives du théâtre.

Le genre comique dans la dramaturgie classique en France

Réfléchir aux termes et intentions du sujet

– la comédie comme genre spécifique (et non l'acception générale de pièce de théâtre) ;
– problème de la définition incertaine de ce genre au XVIIe siècle ;
– la question de « la dramaturgie classique » : à ne pas envisager comme une doctrine monolithique et absolument rigide ; mais plutôt comme une succession d'expérimentations en quête d'une cohérence dramatique.

Recenser les aspects à étudier

– la comédie, genre second : l'ombre du grand modèle tragique ;
– la législation de la comédie et les modèles antiques (silence d'Aristote ; la finalité satirique et morale dérivée de l'*Art poétique* d'Horace) ;

– l'invention de la grande comédie (rôle de Corneille, apologie du genre par Molière) ;
– comédie et comique (la question du faire rire ; ses contradictions avec la bienséance, mais aussi, par l'outrance caricaturale, avec la vraisemblance).

Définir les articulations possibles du plan

– l'invention d'une esthétique classique de la comédie ;
– les limites de l'emprise doctrinaire sur le genre comique ;
– l'esthétique du ridicule ou les règles spécifiques du genre comique.

6

LA SCÈNE DES LUMIÈRES

Un qualificatif est souvent attaché par la critique à la production théâtrale du siècle des Lumières : « médiocre ». En effet, pour la France, par exemple, seules les pièces de deux auteurs sont encore régulièrement jouées, celles de Marivaux et de Beaumarchais. La constatation est valable aussi pour les autres pays européens : la quasi-totalité du répertoire de cette époque est abandonnée à la poussière des bibliothèques ou à la curiosité polie mais vaguement méprisante des spécialistes ; quand elle sort de l'oubli, ce n'est souvent que pour tomber sous le verdict de « médiocrité », dans le meilleur des cas. La postérité semble donc avoir condamné sans retour la scène des Lumières, et pourtant, on s'accorde à dire que la conception moderne du théâtre est née à cette époque.

Le paradoxe est frappant : plus aucun metteur en scène, même d'un théâtre subventionné, ne se risquerait à monter l'une des pièces du dramaturge le plus considéré de l'Europe du XVIIIe siècle : Voltaire. L'enseignement à en tirer n'est pas seulement celui de la vanité de la gloire littéraire : deux leçons de méthode s'y dessinent. La première est la fragilité du texte théâtral face aux variations du goût : il ne vit que s'il est représenté, ce qui suppose un public collectif. Alors qu'il suffit d'un lecteur solitaire pour redonner vie à un roman ou à un poème, le théâtre nécessite l'entreprise complexe et coûteuse de la mise en scène. Si le théâtre des Lumières est souvent condamné, c'est qu'il est lu et non pas vu, et l'on a beau dire, il y a autant de distance entre le texte et sa représentation, qu'entre un plan d'architecte et un édifice achevé. La seconde leçon est plus générale, mais particulièrement valable pour le genre dramatique : son étude nécessite un effort d'accommodation du regard si l'on veut essayer de comprendre avant de juger. Une espèce d'archéologie littéraire est ici nécessaire : il faut tenter, dans la mesure du possible, de recréer le système littéraire et culturel qui était le cadre de la scène des Lumières. Ainsi pourra-t-on expliquer le paradoxe formulé par Jean Fabre : « Le théâtre en tous ses artifices tient presque lieu à ce siècle de naturel. Il s'insinue et s'épanouit partout, mais se guinde et se fige aux lieux qui lui sont officiellement dévolus. »

BIBLIOGRAPHIE GÉNÉRALE DU CHAPITRE

BORIE M., ROUGEMONT DE M., SCHERER J., *Esthétique théâtrale*, Paris 1982.
DEGAINE A., *Histoire du théâtre*, Paris, 1944.
JOMARON DE J., (Dir.), *Le Théâtre en France*, Paris, 1988.
LARTHOMAS P., *Le Théâtre au XVIIIe siècle*, Paris, 1980.
LEFEBVRE J., *Théâtre allemand, 1750-1850*, Lyon, 1992.
LIOURE J., *Le Drame de Diderot à Ionesco*, Paris, 1973.

Tableau chronologique

Événements politiques	Théâtre en France	Théâtre à l'étranger
		1700 : Congreve, *Le Train du monde*
1701 : mort de Jacques II d'Angleterre guerre de Succession d'Espagne		
1702 : mort de Guillaume III, roi d'Angleterre		
		1703 : Rowe, *La Belle Pénitente*
		1706 : Farquhar, *Le Sergent recruteur*
1707 : union de l'Angleterre et de l'Écosse		1707 : Farquhar, *La Ruse des galants*
1713 : traité d'Utrecht (fin de la guerre de Succession d'Espagne)		1713 : Addison, *Caton* Maffei, *Mérope*
1715 : mort de Louis XIV Régence de Philippe d'Orleans		
	1721 : Marivaux, *La Surprise de l'amour*	
1723 : début du règne personnel de Louis XV	1723 : Marivaux, *La Double Inconstance* Houdar de La Motte, *Inès de Castro*	
		1724 : Métastase, *Didon abandonnée*
	1727 : Destouches, *Le Philosophe marié*	
		1728 : Gay, *L'Opéra des gueux*
	1730 : Marivaux, *Le Jeu de l'amour et du hasard*	
		1731 : Lillo, *Le Marchand de Londres*
	1732 : Voltaire, *Zaïre* Destouches, *Le Glorieux*	
1733 : début de la guerre de Succession de Pologne		
		1734 : Métastase, *La Clémence de Titus*
	1735 : La Chaussée, *Le Préjugé à la mode*	
	1737 : Marivaux, *Les Fausses Confidences*	
1738 : traité de Vienne (fin de la guerre de Succession de Pologne)		
1740 : début de la guerre de Succession d'Autriche		
	1741 : La Chaussée, *Mélanide* Voltaire, *Mahomet*	
		1745 : Fielding, *Les Débauchés*
	1747 : Gresset, *Le Méchant*	1747 : Garrick directeur de Drury Lane Hoadly, *Le Mari soupçonneux*
1748 : traité d'Aix-la-chapelle (fin de la guerre de Sucession d'Autriche)	1748 : Voltaire, *Sémiramis*	
	1750 : Mme de Graffigny, *Cénie*	
		1753 : Goldoni, *La Locandiera*
	1755 : Voltaire, *L'Orphelin de la Chine*	
1756 : début de la guerre de Sept Ans		
	1757 : Diderot, *Le Fils naturel*	
	1758 : Diderot, *Le Père de famille*, *Essai sur la poésie dramatique* Rousseau, *Lettre sur les spectacles*	
		1760 : Goldoni, *Les Rustres,* trilogie de *La Villégiature*
	1762 : Goldoni à Paris	1762 : Goldoni, *Barouf à Chioggia*
1763 : traité de Paris (fin de la guerre de Sept Ans)		
	1765 : Sedaine, *Le Philosophe sans le savoir*	

Événements politiques	Théâtre en France	Théâtre à l'étranger
		1766 : Garrick et Coleman, *Le Mariage clandestin*
	1767 : Beaumarchais, *Essai sur le genre dramatique sérieux*	
		1769 : Lessing, *La Dramaturgie de Hambourg*
		1773 : Goldsmith, *Elle s'abaisse pour triompher* Goethe, *Gœtz de Berlichingen*
1774 : Louis XVI succède à Louis XV		
	1775 : Beaumarchais, *Le Barbier de Séville* Mercier, *La Brouette du vinaigrier*	1775 : Sheridan, *Les Rivaux* Alfieri, *Cléopâtre*
1776 : les colonies anglaises d'Amérique proclament leur indépendance	1776 : Le Tourneur commence sa traduction de Shakespeare	
		1777 : Sheridan, *L'École de la médisance*
	1778 : Voltaire, *Irène* Diderot achève le *Paradoxe sur le comédien*	1778 : Lessing, *Nathan le Sage*
		1779 : Sheridan, *Le Critique*
		1780 : Schiller, *Les Brigands*
		1782 : Alfieri, *Saül*
	1784 : représentation du *Mariage de Figaro*	
		1787 : Goethe, *Iphigénie en Tauride*
		1788 : Goethe, *Egmont*
1789 : prise de la Bastille	1789 : représentation de *Charles IX* de Chénier	1789 : Goethe, *Torquato Tasso*

A

L'INSTITUTION THÉÂTRALE

1 Les théâtres

Les scènes permanentes

Une des différences cruciales entre le XVIIIe siècle et notre époque du point de vue institutionnel est le nombre des théâtres permanents : pendant la plus grande partie du siècle, seuls trois théâtres sont permanents à Paris : la Comédie-Française, l'Opéra et la Comédie-Italienne. Les trois institutions dépendent du roi, et il faut attendre 1759 pour que s'établisse le premier théâtre « privé », boulevard du Temple. En 1789, on en dénombre six. À Londres, la situation est assez similaire : à côté de l'Opéra de Covent Garden, se dresse le vénérable théâtre de Drury Lane, fondé à l'époque Tudor et dont David Garrick (1717-1779) fait les beaux jours, comme acteur et comme directeur. Il est concurrencé par le théâtre plus récent de Lincoln's Inn Fields. Le morcellement politique de l'Italie comme de l'Allemagne, qui n'existent pas comme États à l'époque, les prive d'institutions théâtrales dominantes. La plupart des troupes sont ambulantes. Goethe (1749-1832) en a laissé une vive évocation dans son roman *Les Années d'apprentissage de Wilhelm Meister*. L'idée d'un théâtre national allemand fermente dans bien des têtes mais ne verra le jour que brièvement, entre 1767 et 1769, à Hambourg. Cette tentative doit surtout sa célébrité aux textes critiques de Lessing (1729-1781), réunis sous le titre *Dramaturgie de Hambourg*. Vienne est une exception : elle possède depuis 1741 deux théâtres permanents, en plus de l'Opéra : l'un a été fondé, fait unique, par la municipalité, le Kärtnertor, l'autre dépend de la cour impériale, le Burgtheater. En Italie, le théâtre de cour, très vivant au XVIe siècle, est tombé en léthargie et c'est la *commedia dell'arte** qui domine les scènes. Une exception aussi : Venise fait figure de capitale théâtrale, avec sept théâtres permanents. Quatre sont consacrés à l'opéra, trois à la comédie.

Le mouvement général du siècle va cependant vers une multiplication, sinon des troupes fixes, au moins des lieux permanents de représentation : les grandes villes de province en France se dotent progressivement d'une salle destinée spécifiquement au théâtre. De cette évolution témoigne aussi la réglementation française : le monopole des théâtres royaux est l'objet de remises en cause tout au long du siècle. En effet, officiellement, la Comédie-Française a le monopole du théâtre dialogué, l'Opéra, du théâtre chanté. Les théâtres de foire doivent normalement se contenter de la pantomime ou du monologue. Mais, dans les faits, les choses sont bien différentes : à la fin du siècle, le Français conserve uniquement le monopole de la tragédie et quatre troupes rivales et quasi permanentes jouent toutes sortes de pièces. En 1762, la fusion des Comédiens-Italiens avec la troupe du plus important théâtre de foire, l'Opéra-Comique de Favart, qui s'installe en 1783 à son emplacement actuel, est symptomatique d'une reconnaissance de fait. Ce n'est cependant qu'en 1791 que le monopole sera officiellement supprimé.

Théâtre de foire, théâtre de société

Le petit nombre de ces institutions publiques permanentes ne signifie pas une moindre activité théâtrale qu'aujourd'hui à Paris. Celle-ci prend seulement d'autres formes. Les deux principales sont le théâtre de foire et le théâtre de société, opposées à la fois par leur public et par leurs acteurs.

À Paris, lors des deux foires annuelles, celle de Saint-Germain, l'hiver, et celle de Saint-Laurent, l'été, fleurissent les tréteaux des comédiens ambulants, qui voisinent avec toutes sortes d'attractions et dont certains s'installent dans des lieux couverts, convertis pour la circonstance en théâtres. Par leur durée, ces deux foires créent une activité quasi permanente. S'y maintient vivant le comique de la farce, à base d'effets scéniques simples mais efficaces, d'allusions grivoises et de traits satiriques d'actualité. Le public qui s'y presse est très mêlé et les aristocrates ne le dédaignent pas.

Cette antique tradition théâtrale, dont la *commedia dell'arte** est la version italienne, tend cependant à se transformer au cours du siècle ; le plus célèbre des théâtres de foire, qui prend en 1715 le nom d'Opéra- Comique, s'installe en 1752 dans une salle aussi vaste que la Comédie-Française : sa troupe comporte 24 comédiens, 14 danseurs et 18 musiciens. Il a obtenu de l'Opéra, moyennant finance, le droit d'introduire chants et danses sur la scène. La pastorale dramatique, pièce rustique entrecoupée de chansons, appelées vaudevilles, y triomphera. Rousseau écrit dans ce genre *Le Devin du village* (1752). Boucher, un ami de Favart, le directeur, y signe un certain nombre de décors et sa peinture pastorale s'inspire nettement de ce genre dramatique. L'Opéra-Comique est le seul théâtre financièrement prospère dans la durée – les billets y sont d'ailleurs au même prix qu'à la Comédie-Française. Il entretient avec elle ainsi qu'avec l'Opéra des différends sans fin, car les institutions officielles s'efforcent de faire valoir leurs privilèges respectifs en matière de répertoires. Il demeure cependant beaucoup plus libre, dans ses choix esthétiques comme dans son ton satirique.

Les souverains et le théâtre : bien des souverains aiment le théâtre au point de monter sur scène. Madame de Pompadour fait créer à Versailles le théâtre des Petits Cabinets, destiné à des représentations privées. Elle joue le rôle de Colin dans *Le Devin du village* de Rousseau. L'on sait que Marie-Antoinette interprète, sur son théâtre de Trianon, le rôle de Rosine dans *Le Barbier de Séville*, avec le frère du roi, le comte d'Artois, dans le rôle de Figaro. En 1773, le roi de Naples fait donner quatre soirs de suite *Le Père de Famille* de Diderot, ce qui montre bien que les goûts des souverains ne sont pas forcément conservateurs.

Après l'incendie de la foire Saint-Germain en 1772, l'activité théâtrale se déplacera vers les nouveaux boulevards. C'est sur le boulevard du Temple que s'installeront le théâtre des Grands Danseurs de Nicolet, en 1759, et l'Ambigu-Comique, en 1779. Ils sont les ancêtres de nos actuels « théâtres de boulevard », et l'expression, qui désigne aujourd'hui aussi un style dramatique, montre bien la filiation du divertissement populaire.

Si le théâtre fleurit dans les rues, il fait aussi partie des divertissements les plus prisés de la noblesse européenne, qu'elle soit couronnée ou non. Le théâtre, activité luxueuse, contribue au faste dont doit s'entourer le prince, car l'éclat des représentations concourt à sa gloire. Louis XIV avait montré l'exemple, mais avant lui les cours princières d'Italie. **Toute l'Europe couronnée** se met à cette école. À Versailles, les Comédiens-Français donnent en hiver deux représentations par semaine, et les Italiens une. Mais ce n'est qu'en 1770 qu'une salle à l'italienne est inaugurée, tandis que Gustave III en Suède dépense une fortune pour faire construire un théâtre dans sa résidence d'été, Drottningholm. À Weimar, Goethe cumule les fonctions de premier ministre et de directeur du théâtre de la Cour.

La noblesse des provinces, d'un bout à l'autre de l'Europe, met en scène et joue des pièces. Les plus fortunés disposent d'une véritable salle permanente et y donnent des spectacles divers, faisant soit appel à des troupes ambulantes, soit interprétant eux-mêmes les principaux rôles. Le théâtre est ainsi devenu une donnée centrale de la vie aristocratique. La sociabilité des salons, où l'on pratique charades, bouts-rimés et autres jeux littéraires, s'épanouit sur le théâtre. Beaumarchais, avec ses parades, écrites pour le mari de Mme de Pompadour, M. d'Etiolles, Carmontelle (1717-1806), avec ses proverbes, ont laissé des exemples de ces divertissements, parfois fort libres de ton. Aux Délices, puis à Ferney, Voltaire met en scène et joue aussi ses propres tragédies. Chez certains, la passion du théâtre est telle que le maréchal de Saxe part en campagne accompagné de comédiens. Le théâtre n'est pourtant pas l'apanage de l'aristocratie : certains ***riches particuliers*** ont chez eux une salle de spectacle. De sorte qu'on a dénombré 160 théâtres de société à Paris pour l'ensemble du XVIIIe siècle.

Le théâtre chez les riches particuliers. À Paris, parmi les particuliers qui possèdent une salle de théâtre privé, on cite le cas d'un cordonnier pour dames, Charpentier, et d'une des actrices les plus admirées de son temps, La Guimard, qui peut recevoir, dans son célèbre hôtel de la Chaussée-d'Antin, jusqu'à cinq cents spectateurs.

Enfin, il faudrait ajouter la persistance d'un dernier type de théâtre, sans doute assez influent dans la formation du goût, du moins en France et en Italie : celui des collèges jésuites. Cet ordre a toujours fait monter ses élèves sur les planches, sans doute plus comme exercice pratique d'un art oratoire que par goût du spectacle en soi. Toujours est-il que les élites qui passent entre leurs mains reçoivent une « teinture » théâtrale.

2 La scène et le public

L'édifice théâtral

Le théâtre comme lieu se modifie aussi au cours du siècle pour devenir un monument en tant que tel à partir des années 1770. Jusque-là, sa ***façade*** se différencie peu des constructions privées. L'architecte de Wailly dit de l'ancienne Comédie-Française qu'elle donne l'impression d'être l'hôtel d'un particulier.

Une allure peu engageante. Diderot, dans le deuxième *Entretien sur le Fils naturel*, raconte l'anecdote suivante : hébergeant chez lui un jeune libertin provincial qui fuit à Paris les suites d'une « affaire sérieuse », le narrateur l'emmène au spectacle : « Nous arrivons ; mais à l'aspect de ces gardes répandus, de ces petits guichets obscurs qui servent d'entrée, et de ce trou fermé d'une grille de fer, par lequel on distribue les billets, le jeune homme s'imagine qu'il est à la porte d'une maison de force et que l'on a obtenu un ordre pour l'y enfermer [...]. Je le rassurai ; et vous conviendrez que son erreur n'était pas déplacée. »

Avec le nouveau bâtiment de la Comédie-Française (l'actuel Odéon), comme avec les grands théâtres de Lyon et Bordeaux, les choses changent : le théâtre n'est plus inséré entre d'autres édifices, comme par exemple l'Opéra de Covent Garden, qui jouxte les halles londoniennes ; il s'élève au centre d'une place monumentale et s'inscrit parfois dans le projet d'urbanisme d'un quartier entier.

À l'intérieur aussi les choses changent : la salle dite « à l'italienne* » s'impose définitivement comme la formule dominante. Deux salles de théâtres de cour, admirablement préservées, en donnent de splendides exemples : l'Opéra royal de Versailles, œuvre de Jacques-Ange Gabriel, inauguré pour le mariage du futur Louis XVI, et le Théâtre royal de Drottningholm, en Suède, à proximité de Stockholm, édifié sous Gustave III. On y conserve, fait unique, certains décors d'époque. La forme de la salle, le plus souvent rectangulaire, tend à se rapprocher d'une forme en fer à cheval. L'avant-scène diminue, ce qui fait reculer les comédiens sous l'arche de scène.

Les conditions de la représentation

Certains traits anciens perdurent cependant : jusqu'en 1759, en France, et 1763, en Angleterre, des spectateurs sont assis sur scène, de chaque côté. Ils sont jusqu'à 140 à la Comédie-Française, ce qui ne laisse aux acteurs qu'un espace de quatre mètres sur cinq. Ces places sont réservées aux « sociétaires », c'est-à-dire à un public aristocratique. Ce n'est que sur les instances de Lekain et de Voltaire que la scène en sera libérée, et grâce au comte de Laurageais, qui accepte de dédommager à ses frais les sociétaires. On disposera pour eux quelques rangées de fauteuils juste en bas de la scène, dits « fauteuils d'orchestre ».

Le parterre. Sébastien Mercier écrit dans son *Tableau de Paris* : « Les auteurs, les gens sensés, les véritables amateurs de l'art sont pour le parterre assis ; mais si les banquettes sont étroites et incommodes, si l'espace que tient un homme est mesuré de sorte qu'il lui soit interdit d'avoir les cuisses un peu longues, il vaudrait beaucoup mieux un parterre debout, pourvu qu'on pût y flotter à son aise. »

Un public houleux. Diderot donne plusieurs exemples d'échanges restés célèbres entre la scène et le parterre. Lors de la première d'*Inès de Castro*, tragédie de Houdar de La Motte, l'entrée de l'actrice principale, qui atteignait soixante ans, accompagnée de deux jeunes enfants que la pièce lui donne, provoqua un éclat de rire généralisé au parterre. La Duclos répliqua : « Sot parterre, ris au plus bel endroit de la pièce. » Diderot conclut : « Le parterre l'entendit, se contint ; l'actrice reprit son rôle, et ses larmes et celles du spectateur coulèrent ».

Au ***parterre***, les spectateurs sont, en règle générale, debout : des banquettes ne seront introduites au Français qu'en 1782, mais elles sont loin d'être confortables. Ce sont des places peu chères, et « écrire pour le parterre » est une expression péjorative, qui montre que les goûts de celui-ci diffèrent de ceux des loges. Les loges sont en effet généralement louées pour l'ensemble de la saison et accueillent un public aristocratique ou d'habitués, qui se presse surtout aux premières. Au parterre se groupe un public plus changeant et souvent moins connaisseur. C'est le parterre qui est le plus prompt à manifester ses réactions et lance les mouvements de groupe qui peuvent faire triompher ou tomber une nouvelle pièce. D'autant que certains auteurs ont recours à la « claque » : il s'agit de spectateurs payés pour applaudir, et parer aux possibles « cabales », visant à faire échouer la pièce. Diderot écrit à Sophie Volland, à propos du *Philosophe sans le savoir*, de Sedaine : « Le premier jour, combat à mort ; les honnêtes gens, les artistes et les gens de goût d'un côté, la foule de l'autre » (2 décembre 1766). Il semblerait donc bien, d'après les témoignages du temps que ***l'atmosphère***, surtout en Angleterre, soit beaucoup plus houleuse que dans nos théâtres actuels.

Autre contingence, qui pèse sur les conditions de la représentation : l'éclairage. Les jeux de lumières, si importants dans les mises en scènes modernes, sont impossibles. Insuffisant, l'éclairage est aussi dangereux : des lampes à huile, les « quinquets », du nom de leur inventeur, remplacent à la fin du siècle les chandelles, qu'il fallait moucher toutes les vingt minutes, mais les risques d'incendie demeurent. L'Opéra brûle en 1763 et 1781, la Comédie-Française en 1799. On sait d'ailleurs que la durée des actes était gouvernée par des nécessités d'éclairage. Il faut aussi se rappeler qu'il n'est pas question d'éteindre l'éclairage de la salle pendant la durée de la pièce ; l'obscurité pendant la représentation, qui nous semble une évidence, n'est qu'un phénomène récent, datant du début du XXe siècle.

La représentation elle-même ne ressemble guère à ce qu'un spectateur actuel peut connaître. La pièce elle-même est, en Angleterre, toujours précédée d'un prologue et suivie d'un épilogue. Les entractes sont souvent occupés par un divertissement musical ou chorégraphique. Enfin, en France comme en Angleterre, la coutume est de donner deux pièces la même soirée. La seconde, plus courte, souvent en un seul acte, appelée « petite pièce » en France et *after-piece* en Angleterre, est toujours comique. Elle permet parfois de compenser l'échec de la première, en faisant appel à un répertoire à l'efficacité dramatique éprouvée.

Le nombre des représentations de chaque pièce est relativement limité. *Inès de Castro*, qui est un grand succès, n'est joué que trente-deux fois en cinq mois.

En Angleterre, la comédie la plus jouée dans la seconde moitié du siècle, *La Ruse des galants* de Farquhar, dépasse à peine les deux cents représentations. Il arrive fréquemment qu'une pièce soit d'abord un échec, mais qu'une reprise ultérieure en fasse un succès. Au Français, qui dispose d'une troupe étoffée, on pratique l'alternance entre plusieurs spectacles, coutume qui s'est prolongée jusqu'à nos jours. En revanche, à l'Opéra-Comique, comme dans la plupart des théâtres, les pièces demeurent à l'affiche tant qu'elles ont du succès.

Le public

Le prix des places, qui a augmenté, tend à opérer une certaine sélection. Mercier écrit :

> Qui croirait qu'il y a une multitude de gens pauvres, qui lisent les affiches sans aller au spectacle, et qui se consolent de n'y point aller, en sachant quelle pièce sera représentée ? Ils l'empruntent, la lisent en se couchant, et rêvent de l'avoir vue (*Tableaux de Paris*).

Cependant, il serait faux de croire que seuls l'aristocratie et les « riches particuliers » fréquentent les théâtres permanents. Les artisans, les commerçants y sont aussi présents. Inversement, le théâtre de foire n'est pas fréquenté uniquement par les classes populaires. La noblesse s'y presse aussi. La vogue du genre poissard, qui imite le parler haut en couleur du peuple, s'étend du théâtre de foire au théâtre de société, à partir des années soixante du siècle ; elle touche même le théâtre de Trianon et montre bien les contacts inattendus qui s'établissent entre culture populaire et culture des élites. Beaumarchais en écrit un certain nombre, mais la pièce la plus connue est *Les Racoleurs* de Vadé (1714-1757), qui met en scène les démêlés d'une marchande de poissons avec des militaires en goguette.

Quel public ? Quelle est la composition sociologique du public ? Quelques faits qui semblent anecdotiques pour commencer : en France, les domestiques en livrée ne sont pas admis aux théâtres officiels, alors qu'ils occupent en Angleterre l'amphithéâtre. Les femmes ne sont pas admises au parterre en France ; en Angleterre, où ce n'est pas le cas, les censeurs se plaignent de la présence de courtisanes... Deux conclusions sont à en tirer : d'abord la régulation que l'on essaie d'introduire montre bien que le spectacle est considéré comme un lieu potentiellement immoral et subversif. Les attaques des moralistes ne cessent pas vraiment au XVIIIe siècle, même si les autorités ecclésiastiques se montrent moins sévères. L'exclusion française des domestiques en livrée vise sans doute à éviter les algarades entre « maisons » rivales, mais montre aussi que le théâtre veut être l'équivalent des salons, un lieu de sociabilité où seuls les « honnêtes gens » sont admis. De façon assez étonnante pour un philosophe, Diderot prône l'exclusion des personnages de valets de la scène du drame : « Je n'y veux point de valets : les honnêtes gens ne les admettent point à la connaissance de leurs affaires [...]. Si un valet parle sur scène comme dans la société, il est maussade ; s'il parle autrement, il est faux » (*Troisième Entretien sur le Fils naturel*). Attaque de la comédie, où les valets sont souvent les moteurs dramatiques, mais aussi préjugé « aristocratique », contre lequel s'insurgera violemment Sébastien Mercier dans ses écrits sur le théâtre : « Je braverai la délicatesse française qui me paraît fausse sur ce point [...]. Je me dirai que le poète est l'interprète des malheureux, l'orateur public des opprimés » (*Du théâtre*, 1773).

3 Acteurs et auteurs

Écrire pour le théâtre

Marivaux comme Goldoni sont les exemples les plus célèbres des liens qui unirent auteurs et acteurs au XVIIIe siècle. Le second fut, successivement, l'unique auteur de trois compagnies théâtrales vénitiennes. La période où il connut le plus grand succès fut celle où il écrivit pour les acteurs de la compagnie Medebach, installée au théâtre Saint-Luc. Marivaux lui aussi écrivit plusieurs de ses pièces pour les Comédiens-Italiens, dirigés par Luigi Riccoboni. Sans que ce fait suffise à expliquer que le succès des pièces de ces deux dramaturges ait traversé les années, il est certain que leur efficacité scénique est pour partie liée à une connaissance du métier d'acteur. Il serait tentant d'ailleurs de classer en deux catégories les **auteurs dramatiques** : ceux qui furent des hommes de théâtre, et ceux qui écrivirent pour le théâtre. Les caractéristiques de leurs esthétiques seraient très certainement fort différentes, voire opposées. Le théâtre est une entreprise collective, où l'acteur joue un rôle capital, entre le texte et sa réception par le spectateur.

Un débat partage d'ailleurs le siècle : Goldoni dit qu'il faut écrire en pensant aux acteurs, Diderot, que c'est une cause de la décadence du théâtre.

> C'est à l'acteur à convenir au rôle et non au rôle à convenir à l'acteur. Qu'on ne dise jamais qu'au lieu de chercher vos caractères dans les situations, vous avez ajusté vos situations au caractère et au talent du comédien (*De la poésie dramatique*).

Dans ce débat, il faut aussi tenir compte de l'absence d'un personnage devenu capital depuis le début du XXe siècle, celui du metteur en scène. Personne ne coordonne vraiment le jeu des acteurs, leurs déplacements sur la scène. Diderot s'en plaint d'ailleurs et Beaumarchais est un des premiers auteurs à assumer cette fonction après Molière : il surveille toujours de très près la préparation des représentations de ses pièces, influençant par ses remarques le jeu des acteurs et veillant aux détails des décors.

La carrière d'auteur dramatique. D'un point de vue sociologique, on peut distinguer deux types d'auteurs : ceux qui n'ont pas besoin de revenus dramatiques pour vivre, et ceux qui essaient de vivre de leur plume. Dans la première catégorie se rangent les acteurs-auteurs, tels Dancourt en France, Cibber et Garrick en Angleterre : leurs pièces ne sont qu'un moyen de leur assurer un bon rôle et, si possible, un succès pour le théâtre que, souvent, ils dirigent. On peut mettre sur le même plan les membres de l'élite cultivée qui ont d'autres sources de revenu, tel Voltaire ou Lessing. Dans la seconde catégorie, se rangent tous ceux qui, de plus en plus nombreux au cours du siècle, tentent de se faire un nom et une profession au moyen de la littérature ; Sedaine ou Mercier en sont de bons exemples en France. Leur condition est assez précaire, car pour leur rétribution, ils sont à la merci des régisseurs : ceux-ci ne leur attribuent qu'une part assez maigre de la recette. La plupart d'entre eux sont ainsi des polygraphes, le théâtre n'étant qu'une de leurs activités littéraires parmi d'autres. En Angleterre on les appelle *Grub Street writers*, du nom de la rue où étaient établis bon nombre de libraires, qui assuraient les fonctions de nos modernes maisons d'édition.
On peut aussi établir un autre type de distinction, autour de la « vocation littéraire » : certains auteurs se sont destinés très vite à la littérature ou au théâtre, tels Marivaux, Lessing ou Voltaire, qui commencent très jeunes à écrire, avec plus ou moins du succès. D'autres, au contraire, arrivent sur le tard à la scène littéraire. Goldoni et Beaumarchais sont assez représentatifs de ce type de carrière : tous deux ont pratiqué cent métiers avant de donner la priorité à l'écriture théâtrale, une forme d'aventure parmi d'autres : fils d'horloger, Beaumarchais est à la fois entrepreneur et agent secret avant d'être auteur dramatique. Il ne connaît vraiment le succès, avec le *Barbier de Séville*, qu'à quarante-cinq ans. C'est aussi à partir de la quarantaine que Goldoni renonce à ses métiers successifs pour devenir auteur dramatique. En revanche, Voltaire a vingt-quatre ans quand sa première tragédie, *Œdipe*, connaît le succès, et Marivaux en a trente-deux quand il fait représenter ses premières pièces. Ces contingences biographiques ne sont pas sans incidences sur leur dramaturgie.

Les droits d'auteur ne sont, on le sait, nullement garantis à cette époque : une pièce à succès peut être reprise dans un théâtre provincial ou étranger sans que l'auteur touche un centime. C'est Beaumarchais, en 1777, qui est l'initiateur du Bureau de législation dramatique, visant à regrouper les auteurs pour défendre leurs droits. Par sa pression sur les autorités, il obtient une modification de la législation, qu'entérinera la Révolution, avec la reconnaissance de la propriété littéraire en 1791.

Histrions ou artistes ?

Le statut de l'acteur tend à évoluer au XVIIIe siècle, vers une plus grande reconnaissance de son art. Le portrait de Mrs Siddons en Muse tragique par Reynolds en est sans doute l'une des expressions les plus nettes, car il est sans précédent qu'une actrice bénéficie de ce type de portrait mythologisé, réservé jusque-là aux membres de l'aristocratie. Sans atteindre à un statut social officiel, les plus connus d'entre eux sont reçus dans le meilleur monde. On fait appel à eux pour les théâtres de société et, lors des villégiatures, ils prennent place comme les auteurs littéraires, parmi les familiers. Le plus fêté d'entre eux fut sans doute **David Garrick** (1717-1779), de renommée européenne. Directeur du théâtre de Drury Lane, auteur à ses heures, il est l'artisan du renouveau d'intérêt pour Shakespeare, et il doit son succès notamment au rôle de Richard III. En France, il est accueilli avec chaleur par le parti encyclopédiste ; il est vrai qu'il joue bien différemment de la plupart des tragédiens français.

Le jeu de David Garrick. Diderot dit à son propos : « Lui seul mériterait autant qu'on fît le voyage d'Angleterre que tous les restes de Rome méritent qu'on fasse le voyage d'Italie. » Il semblerait que le talent de Garrick fût surtout celui de l'expressivité, sa prestance et sa voix n'étant pas exceptionnelles. Grimm évoque ainsi son jeu dans la *Correspondance littéraire* (juillet 1765) : « Nous lui avons vu jouer la scène du poignard dans la tragédie de *Macbeth*, en chambre, dans son habit ordinaire, sans aucun secours de l'illusion théâtrale ; et à mesure qu'il suivait des yeux ce poignard suspendu et marchant dans l'air, il devenait si beau qu'il arrachait un cri d'admiration à toute l'assemblée. Qui croirait que ce même homme, l'instant d'après, contrefait avec autant de perfection un garçon pâtissier qui portant des petits pâtés sur sa tête et bayant aux corneilles dans la rue, laisse tomber son plat dans le ruisseau, et, stupéfait d'abord de son accident finit par fondre en larmes ? »

Certes, il est bien difficile, sans documents sonores ni visuels, à partir des seuls témoignages écrits, de reconstituer ce que pouvait être le jeu des acteurs de l'époque. Ce qui est net, c'est qu'une évolution intervient dans le domaine de la tragédie, ou plutôt que des deux écoles qui divisaient les acteurs au siècle précédent l'une l'emporte : celle qui défend une diction naturelle, opposée à la déclamation. Les deux précurseurs sont Adrienne Lecouvreur et Baron ; ce dernier, ayant commencé sa carrière avec Molière, revient triomphalement sur scène en 1720. Dans la seconde moitié du siècle, Lekain et la Clairon, lancés tous deux par Voltaire, adoptent eux aussi un style moins oratoire, et vont jusqu'à renoncer au **costume traditionnel** de la tragédie, inspiré par les habits romains et corrigé par le goût du Grand Siècle.

Le renouvellement du costume. C'est pour la première de *l'Orphelin de la Chine*, en 1755, que la Clairon renonça aux robes à panier. Voltaire avait d'ailleurs cédé son bénéfice d'auteur pour que les acteurs puissent acheter de nouveaux costumes. Diderot, qui approuve bien sûr cette évolution, écrit à propos de la Clairon : « Une actrice courageuse vient de se défaire du panier, et personne ne l'a trouvé mauvais. Elle ira plus loin j'en réponds ! Ah ! si elle osait un jour monter sur la scène avec toute la noblesse et toute la simplicité d'ajustement que ses rôles demandent ! disons plus, dans le désordre où doit jeter un événement aussi terrible que la perte d'un époux, la perte d'un fils et les autres catastrophes de la scène tragique, que deviendraient autour de cette femme échevelée, toutes ces poupées poudrées, frisées, pomponnées ? » (*De la poésie dramatique, XX, Des Vêtements*).

À l'Opéra-Comique aussi, Mme Favart abandonne les robes à panier dont étaient affublées les bergères de la pastorale. « Avant elle, écrit le mari de Mme Favart, les actrices qui représentaient des soubrettes, des paysannes, paraissaient avec de grands paniers, la tête surchargée de diamants, et gantées jusqu'aux coudes. Dans *Bastienne,* elle mit un habit de laine, tel que les villageoises le portent ; une chevelure plate, une simple croix d'or, les bras nus et des sabots » (cité par Alastair Lang).

En Italie, un des acquis de la réforme goldonienne fut l'abandon des masques pour la comédie. En effet, dans la plupart des cas, les acteurs comiques le portaient, de même que des costumes traditionnels. D'un côté comme de l'autre, l'abandon d'une certaine stylisation va vers une représentation plus fidèle du réel. Le nouveau style de jeu entra dans les mœurs lorsque Lekain obtint du roi la fondation de l'École royale d'art dramatique (1774). Avec Préville, Molé, Fleury, il forma la **nouvelle génération d'acteurs**, dont Talma fut le plus célèbre représentant. Dans sa pièce *Le Théâtre comique,* Goldoni a brossé un plaisant tableau d'une troupe d'acteurs. On y voit l'affrontement des susceptibilités, mais aussi la rigidité de la répartition des rôles, très stricte sur la scène italienne, du fait de la part importante d'improvisation. La précarité de la condition des comédiens y apparaît aussi : l'occasion d'un repas gratis, aux frais du « régisseur », est vivement appréciée…

Le Paradoxe sur le comédien. Diderot a laissé, dans le *Paradoxe sur le comédien,* la plus célèbre réflexion du siècle sur le métier d'acteur, même si elle n'eut pas, de son vivant, une grande influence : seul un premier état du texte parut en 1770 dans la *Correspondance littéraire,* la version définitive n'étant pas publiée du vivant de l'auteur. Il convient de s'y arrêter quelque temps. D'un point de vue d'histoire littéraire, le seul fait que Diderot consacre autant d'énergie à un texte sur les comédiens montre bien que leur statut a évolué. Il déclare d'ailleurs : « J'ai une haute idée du talent d'un grand comédien : cet homme est rare, aussi rare, et peut-être plus qu'un grand poète. » Ce qui ne l'empêche pourtant pas d'avoir une vision sans illusion de la réalité de la profession et de trancher : « Qu'est-ce qui leur chausse la socque ou le cothurne ? Le défaut d'éducation, la misère, le libertinage. Le théâtre est une ressource, jamais un choix. »

Mais l'essentiel n'est pas là : si Diderot déplore l'état de la profession, c'est à cause de la haute idée qu'il s'en fait. Il met le comédien sur le même pied que le poète, mais aussi que le peintre. Tous trois composent d'après un modèle idéal. L'expression, qui revient plusieurs fois dans le texte, est issue du vocabulaire de la théorie esthétique : ce sont le peintre d'histoire et le sculpteur qui s'inspirent du modèle idéal. L'employer pour des acteurs est une petite révolution. On le sait, l'idée centrale du texte, le paradoxe qu'il expose, est que le talent d'un acteur ne repose pas sur sa sensibilité naturelle, mais sur son sang-froid, sa capacité à se détacher de l'émotion qu'il fait passer. C'est cela qui fait de l'acteur autre chose qu'un bouffon : jouer un rôle suppose une véritable imitation, fondée sur l'observation des éléments du réel mais synthétisé dans un modèle idéal. « […] rien n'est plus dans la vérité que cette exclamation de Voltaire, entendant la Clairon dans une de ses pièces : Est-ce bien moi qui ait fait cela ? Est-ce que la Clairon en sait plus que Voltaire ? Dans ce moment du moins, son modèle idéal, en déclamant, était bien au-delà du modèle idéal que le poète s'est fait en écrivant, mais ce modèle idéal n'était pas elle. Quel était donc son talent ? Celui d'imaginer un grand fantôme et de le copier de génie. » La réflexion de Diderot dans le *Paradoxe* est née sans doute de ses rencontres avec la Clairon et Garrick, qu'il interrogea sur leur jeu, et qui lui suggérèrent l'idée centrale ; elle semble concerner d'abord la pratique théâtrale, mais elle a surtout une portée esthétique : fonder en théorie le statut de l'acteur comme artiste.

B

LA TRAGÉDIE EN QUESTION

1 Vitalité ou survie ?

Un genre divers

Une des opinions les plus répandues sur la tragédie au XVIIIe siècle est la constatation de sa mort. Il semblerait que la formule assassine de Victor Hugo : « Bien souvent la cage des unités ne renferme qu'un squelette », soit considérée comme une constatation plus que comme une épigramme. La question est plus complexe, et mérite réexamen. Ce verdict sévère, s'il n'est pas entièrement injuste, appelle pour le moins des attendus... Le premier élément à verser au dossier est purement factuel : on n'a pas cessé tout au long du XVIIIe siècle de jouer sur toutes les scènes d'Europe des tragédies, ni même d'en écrire. En France, *Inès de Castro* de Houdar de La Motte comme *Caton* d'Addison, en Angleterre, deux tragédies du début du siècle comptent parmi les plus grands succès dramatiques de leur époque. Le dramaturge le plus célèbre d'Europe est Voltaire : ses tragédies sont adaptées sur les scènes étrangères : *Mérope*, comme nombre d'autres tragédies, est jouée par Aaron Hill, en Angleterre ; puis elle est montée, ainsi que *Sémiramis,* dans une mise en scène somptueuse à la cour de Vienne. Le répertoire tragique classique continue d'être représenté et même d'attirer le public. Quant à l'œuvre de Racine, c'est surtout *Athalie* qui emporte les faveurs du public.

Il faut aussi s'entendre sur ce que signifie le mot tragédie. Pour un Français, il désigne la tragédie régulière, dont Corneille et Racine sont les modèles. Or Shakespeare aussi a écrit des tragédies : *Le Roi Lear*, *Macbeth*, *Hamlet,* pour n'en citer que trois parmi les plus connues. Celles-ci ne s'inscrivent pas dans le cadre régulier : elles ne connaissent ni les unités* ni les bienséances* classiques. L'action est souvent double : une intrigue secondaire se combine à l'action principale, la reflète ou la module suivant d'autres harmoniques. C'est d'ailleurs là une composante traditionnelle du théâtre anglais, que partagent tragédies et comédies et qui perdure au XVIIIe siècle. Le temps et le lieu se dilatent, parfois à l'extrême : dans *Richard III*, la scène se passe en différents lieux de Londres puis dans la plaine de Salisbury. On y voit sur scène le meurtre de Clarence, l'apparition des spectres des victimes de Richard III, la procession funèbre de Henry VI, le défilé du lord-maire de Londres et une scène de bataille. Le tragique ne se limite donc pas à la tragédie régulière. Si nous nous attardons sur ces caractéristiques, c'est qu'elles seront celles que revendiqueront en France les partisans du « drame romantique », mais surtout, bien avant Hugo, Goethe et Schiller dans *Egmont* et *Les Brigands.* La vitalité du tragique se trouve là, dans le ***Sturm und Drang*** allemand, appellation qui vient du titre d'une œuvre dramatique d'un certain Klinger, consacrée à l'indépendance américaine (1771).

Sturm und Drang. Ce mouvement de jeunes écrivains allemands remet violemment en cause les principes esthétiques qui sous-tendent le modèle dramatique français. Goethe en est le plus illustre représentant.

Le modèle shakespearien

Shakespeare est l'étoile montante du théâtre européen au XVIIIe siècle : le tragique élizabéthain éclipse progressivement le modèle français. Le mouvement commence en Angleterre, bien sûr, et Samuel Johnson, par sa production critique, ainsi que David Garrick par ses mises en scène, en sont les représentants les plus connus. L'acteur organise d'ailleurs à Stratford upon Avon un jubilé en 1769, à la gloire du « cygne de l'Avon », mis par cette périphrase sur le même plan que Virgile, le « cygne de Mantoue ». Cette série de manifestations, unique en son genre, montre bien la considération dont jouit le dramaturge. Ses répercussions seront nombreuses, en France comme en Allemagne. Voltaire, qui a pourtant révélé Shakespeare aux Français une quarantaine d'années plus tôt, ne décolère pas, alors que le jeune Goethe profite de l'occasion pour en écrire un compte rendu sous forme de manifeste dramatique. C'est que pour les dramaturges de langue allemande, Shakespeare devient la référence à opposer à l'hégémonie du modèle français. Celui-ci dominait les scènes allemandes, au point même que le Théâtre national de Hambourg, au cours de sa brève existence, de 1767 à 1769, joua plus de pièces françaises qu'allemandes. Goethe et Schiller sauront s'inspirer de Shakespeare dans leurs propres créations, où l'on retrouve, sous des formes non classiques, un souffle tragique. La France ne sera vraiment touchée par la « shakespearomanie » que dans les années 1820. Mais le célèbre *Racine et Shakespeare* de Stendhal ne fera que reprendre des idées défendues en Allemagne trente ans plus tôt.

La patrie de Corneille n'est cependant pas complètement sourde aux charmes shakespeariens, comme l'a dit Voltaire, qui attira le premier l'attention sur le dramaturge élizabéthain, et s'en inspira en partie pour son *Jules César*, au point que certains l'accusèrent de plagiat. Si La Place publia dès 1745 deux volumes de traduction, il fallut cependant attendre Ducis pour voir jouer *Hamlet* sur une scène française, en 1769. Encore était-il rendu méconnaissable par une traduction qui avait supprimé les offenses aux bienséances* classiques. Le spectre était remplacé par une urne funéraire, le crâne, les fossoyeurs, les comédiens ambulants avaient aussi disparu, et Hamlet ne mourait pas à la fin ! Plus importante fut la venue à Paris de David Garrick, en 1751 et 1765. Pendant ces séjours, il conquit une partie de l'intelligentsia parisienne aux « beautés barbares » du barde anglais. En 1776, Le Tourneur, déjà traducteur de Young et d'Ossian, mit en chantier une vaste entreprise éditoriale, en vingt volumes : la traduction des œuvres complètes de Shakespeare. La liste des souscripteurs montre qu'un public existait, prêt à lire, sinon à jouer, ces textes, qui aux yeux de beaucoup, manquaient absolument aux règles du goût. Si Shakespeare n'a pas écrit que des tragédies, sa réputation européenne au XVIIIe siècle montre assez l'intérêt naissant pour un autre tragique que celui de Racine et Corneille.

2 Le verbe et le spectacle

Malgré le succès scénique de la tragédie, les auteurs sont bien conscients d'une certaine crise du genre. En ce domaine comme en d'autres, le siècle des Lumières se sent écrasé par celui de Louis XIV, dont il a canonisé les auteurs. Beaucoup de dramaturges auraient fait leur le mot de La Bruyère, qui parlait, quant à lui, des Anciens : « Nous sommes nés trop tard dans un monde trop vieux. » Voltaire, qui a puissamment contribué à cet état d'esprit par son *Temple du goût* et son *Siècle de Louis XIV,* est le premier conscient de la nécessité de renouveler le tragique, faute de pouvoir reproduire indéfiniment les formules raciniennes ou cornéliennes. Voltaire n'est donc pas un doctrinaire en ce domaine, du moins n'est-ce que dans sa vieillesse qu'il se crispera sur une esthétique dramatique à la française, qui est d'abord la sienne et qu'il sent menacée par Shakespeare. Sa réflexion et sa pratique empruntent trois voies de renouvellement : le spectaculaire, le pathétique, le philosophique.

Le spectaculaire

Tout dans la dramaturgie classique tendait à concentrer l'attention sur le texte. Le refus du spectaculaire, des effets de foule comme des effets visuels, au moment même où les techniques scénographiques auraient permis une illusion dramatique nouvelle, visait à faire de la tragédie le spectacle du langage. Voltaire, parmi d'autres, se propose, en assouplissant les règles des unités, de rendre au regard ses privilèges. Il écrit ainsi dans son *Troisième Discours sur les unités :*

> Il faudrait que le théâtre fît voir aux yeux tous les endroits particuliers où la scène se passe sans nuire à l'unité de lieu : ici une partie du temple, là le vestibule d'un palais, une place publique, des rues dans l'enfoncement, enfin tout ce qui est nécessaire pour montrer à l'œil ce que l'oreille peut entendre.

La dernière formule est saisissante et symptomatique : il ne s'agit pas seulement d'une question de décors, mais de rendre visibles un certain nombres d'actions qui jusque-là demeuraient invisibles, et que le spectateur apprenait par les célèbres « récits ». En s'appuyant sur le cinquième acte de *Rodogune* et sur *Athalie* (jouée pour la première fois au Français en 1716), Voltaire plaide pour le spectaculaire, les effets de foule ; *Sémiramis*, entre autres, est un bon exemple de cette évolution. Diderot ne dit pas autre chose dans le *Second Entretien sur le Fils naturel :*

> Je ne demanderais, pour changer la face du genre dramatique, qu'un théâtre très étendu, où l'on montrât, quand le sujet d'une pièce l'exigerait, une grande place avec les édifices adjacents, tels que le péristyle d'un palais, l'entrée d'un temple, différents endroits distribués de manière que le spectateur vît toute l'action, et qu'il y en eût une partie cachée pour les acteurs.

La violence sur la scène. Dans le même ordre d'idée, Voltaire semble accepter la violence sur la scène ; il déclare à Bolingbroke dans son *Discours sur la tragédie* : « Mais si les Grecs [...] et si les Anglais surtout ont donné des spectacles effroyables, voulant en donner de terribles, nous autres Français, aussi scrupuleux que vous avez été téméraires, nous nous arrêtons trop, de peur de nous emporter ; et quelquefois nous n'arrivons pas au tragique, dans la crainte d'en passer les bornes. [...] J'ose croire qu'il y a des situations qui ne paraissent encore que dégoûtantes et horribles aux Français, et qui, bien ménagées, représentées avec art, et surtout adoucies par le charme de beaux vers, pourraient nous faire une sorte de plaisir dont nous ne nous doutons pas. » Crébillon père avait déjà été timidement dans ce sens : le passage central de son *Atrée et Thyeste* (1707) est celui où, sur scène, Atrée donne à Thyeste une coupe remplie du sang de ses enfants. Dans *La Veuve du Malabar* (1770), Lemierre fait aussi usage de la fascination de l'horrible : on allume un bûcher funèbre au dernier acte. Lorsque Lekain reprit le rôle de Ninias dans *Sémiramis*, en 1756, il imagina de sortir du tombeau où il avait assassiné sa mère les mains ensanglantées, et la scène fit frémir tout le théâtre. Les auteurs anglais, qui n'ont jamais connu ces restrictions, avaient beaucoup utilisé l'horrible au XVIIe siècle : on comptait cinq ou six morts violentes par tragédie. Au XVIIIe siècle s'opéra un retour à une scène moins ensanglantée. L'évolution est donc inverse des deux côtés de la Manche.

L'utilisation de la référence aux Anciens, dans la citation de Voltaire, est intéressante : ils sont opposés au modèle classique et mis sur le même plan que Shakespeare, du côté de l'énergie sauvage. Diderot fait lui aussi appel aux Anciens contre l'esthétique classique : dans le passage cité, il a en fait en tête une pièce particulière : les *Euménides* d'Eschyle et particulièrement la poursuite d'Oreste par les Furies. C'est dans ce contexte que l'on rencontre le passage souvent cité :

> C'est alors que l'on tremblerait d'aller au spectacle, et qu'on ne pourrait s'en empêcher [...] et que l'on verrait ces phénomènes de la tragédie ancienne, si possibles et si peu crus, se renouveler parmi nous.

L'appel à un théâtre plus énergique passe donc par le primat du regard.

Le primat du visuel est aussi net dans l'intérêt nouveau pour le « costume », qui désigne, au XVIIIe siècle, non seulement les vêtements de scène, mais aussi tout ce qui contribue à ce que l'on a appelé au XIXe siècle, en détournant une expression picturale, la « couleur locale ». Racine avait tracé la voie avec *Bazajet*, pièce turque, ainsi qu'avec *Esther* et *Athalie*, drames bibliques. Cette « audace », qui revenait à abandonner les sujets antiques, est systématisée au XVIIIe siècle. La tragédie vise ainsi à dépayser son spectateur dans le temps, en recourant notamment au Moyen Âge, dont la redécouverte précède en fait le mouvement romantique. Belloy (1727-1775) en est en quelque sorte le spécialiste : il donne notamment *Le Siège de Calais* (1765) et *Gabrielle de Vergy* (1770). Thomson, plus connu pour son poème descriptif *Les Saisons* écrivit aussi *Tancrède et Sigismond* (1745) situé dans un cadre médiéval. Voltaire y fit aussi appel, comme l'indiquent les titres : *Adélaïde du Guesclin* (1734), *Tancrède* (1759). Le recours à l'exotisme géographique est également fréquent : *Sémiramis* (1748), l'*Orphelin de la Chine* (1755), *Les Guèbres* (1769) entraînent le spectateur jusqu'en Perse et en Chine. De sorte que le succès de ces pièces fut en partie lié à l'éclat de la mise en scène et des costumes, même si ceux-ci demeuraient assez fantaisistes.

Le pathétique

La tragédie évolue aussi dans son ressort dramatique : le pathétique tend à remplacer l'héroïque. Cela se traduit chez certains par une mise au second plan des données politiques, au profit d'enjeux personnels et sentimentaux. *La Belle Pénitente* (1703) de Rowe (1674-1718) en est un exemple précoce : c'est une vision tragique de l'amour qui remplace l'affrontement de l'individu au destin historique. L'auteur déclare déjà dans le prologue ce que Beaumarchais exposera à la fin du siècle :

> Depuis trop longtemps, la scène tragique s'est occupée surtout du destin des rois et des empires, mais nous ne pouvons être émus par ce que nous ne pourrons jamais partager ; il faut donc choisir un thème plus humble et faire le triste récit des malheurs domestiques (*The melancholy tale of private woes).*

Les principales tragédies de Rowe (*Jane Shore*, *Lady Jane Grey*), qui connurent jusqu'au XIXe siècle un succès certain, sont centrées sur la destinée féminine : cette féminisation de la tragédie, amorcée par Racine, en modifie profondément l'esprit. À terme, la frontière avec le « drame » devient de plus en plus mince : la versification semble en être alors le seul trait distinctif.

Voltaire n'échappe pas au mouvement de « sentimentalisation » du tragique : dans l'*Orphelin de la Chine* comme dans *Irène*, il s'agit moins d'affronter un dilemme entre devoir héroïque et passion amoureuse, que de couronner la conquête politique par une conquête amoureuse : Alexis déclare à son confident : « Je vous dois ma grandeur/Et mon trône et ma gloire... il manque le bonheur » : il ne s'agit plus comme chez Corneille, de prendre soin de sa gloire, mais d'atteindre au bonheur. La problématique de l'identité est remplacée par celle du sentiment, la possession de l'objet aimé l'emporte sur le destin héroïque. On a ainsi pu dire que la tragédie était « malade du bonheur » (R. Mauzi).

Le Marchand de Londres (1731). Cette œuvre de Lillo (1693-1739) déjoue les catégorisations étanches : elle relève de la comédie par le statut de ses personnages et leurs noms au symbolisme transparent : un marchand Thoroughgood, son apprenti Barnwell, une prostituée Millwood. Mais l'intrigue est tragique, au même titre que peut être considérée comme tragique l'histoire de des Grieux, le héros de *Manon Lescaut* : Barnwell se laisse séduire par Millwood, qui va jusqu'à le pousser au crime, puis à le dénoncer. Les deux personnages finissent au gibet. Le tragique de l'amour impossible est remplacé par l'amour fatal, et l'on peut s'interroger sur le sens de l'adjectif : marqué par le destin, ou qui conduit au malheur. Le repli du tragique sur le pathétique est typique de la période. Écrite en prose, cette œuvre inclassable connut un grand succès en Angleterre, mais aussi sur le continent : elle fournit un modèle à Lessing et à Diderot. On notera cependant que la tragédie «néoclassique» survit aussi : *Le Père romain* (1750), adapté de l'*Horace* de Corneille par William Whitehead et défendu sur scène par Garrick, se tailla un beau succès, dans la lignée du *Caton* d'Addison.

Le philosophique

Pour les philosophes des Lumières, le théâtre est un puissant moyen d'éducation. La tragédie elle-même devient parfois une tribune pour lutter contre le préjugé. Le destin y est remplacé par les conséquences funestes du fanatisme. Le *Mahomet* de Voltaire, *La Veuve du Malabar*, déjà citée, la *Mélanie* de Laharpe ont comme objet commun la dénonciation du préjugé religieux.

Dans la même perspective, on voit fleurir un discours patriotique. On dirait que la tragédie dénoue les deux fils de l'amour et du pouvoir : elle devient soit une tribune pour exalter des valeurs politiques soit le lieu de représentation pathétique du drame individuel. Chez les Anglais, nombre de tragédies mettent en scène l'attachement à la liberté. Les exemples les plus célèbres sont le *Douglas* (1756) de John Home, dans un « costume » écossais, et *La Fille grecque* (1772) de Murphy, où triompha Sarah Siddons, la grande tragédienne de cette époque. Il faudrait aussi y ajouter *Percy* (1777), de Hannah Moore, une des rares femmes dramaturges du XVIIIe siècle. Dans ces trois cas, l'intrigue amoureuse n'est qu'un élément du combat contre les tyrans. Voltaire célèbre plutôt l'attachement à la patrie : son héros Tancrède s'exclame : « À tous les cœurs bien nés la patrie est chère. » Le seul titre du *Siège de Calais* de Belloy suffit à indiquer les intentions de la pièce. Le pouvoir la mit au programme des représentations gratuites organisées par le Français certains jours de fête. La *Correspondance littéraire* évoque la scène :

> Le mardi 12 mars, on a représenté la tragédie du *Siège de Calais*, gratis, pour le peuple. Mmes les poissardes de la Halle ont occupé les premières loges. MM. les charbonniers sont arrivés tambour battant, et ont été reçus avec tous les honneurs dus à leur rang. Dans les entr'actes, Mlle Clairon a présenté à boire à cette illustre compagnie, qui a applaudi tous les acteurs et toutes les tirades de la tragédie. On a crié à la fin « Vive le Roi et Mgr de Belloy ! » et l'auteur a été obligé de se montrer. […] M. le Duc de Duras, M. le Duc de Fronsac, M. le maréchal duc de Biron et plusieurs personnes de la première distinction ont assisté à cette représentation. Tout ce qui se passe au sujet de cette tragédie a un peu l'air d'un rêve.

Preuve, s'il le fallait, que l'ardeur patriotique n'a pas attendu la Révolution pour se manifester.

Tragédie et poésie

Ces succès, liés à des circonstances comme le jeu des acteurs ou à des conditions historico-culturelles, mais aussi à des textes qui valent sans doute mieux que leur réputation, n'empêchent pas les critiques de pleuvoir.

Elles sont souvent issues des meilleures plumes : Rousseau, Diderot, Beaumarchais. Ce sont souvent elles que l'on a retenues, d'autant plus que celles de Hugo et Stendhal s'y ajoutèrent au début du XIXe siècle. Elles n'empêchèrent pas la tragédie de renaître sous d'autres formes à l'extrême fin du siècle. Il faut en effet parler ici de deux auteurs qui en firent paradoxalement une forme quasi-lyrique, Schiller (1759-1805) et Alfieri (1749-1803). La particularité des pièces de ces deux écrivains est qu'elles furent écrites d'abord pour être lues, et publiées avant d'être jouées, de sorte qu'elles marquent un retour du primat du verbe.

Schiller est très clair dans la première préface des *Brigands* (1781) qui triompha pourtant sur scène un an plus tard : « Il n'est même pas besoin de la représentation sensible et réelle pour nous rendre particulièrement recommandable ce genre de poésie. » La tragédie, sans être enfermée dans « les palissades d'Aristote », se déroule entre deux pôles seulement : le château et la forêt. L'intrigue est simple : on aurait tendance à y voir une variation tragique à partir de la parabole du fils prodigue. Le « bon » fils, Franz, fait croire à son frère Karl que leur père lui refuse le pardon après ses débauches. Celui-ci devient alors chef d'une troupe de brigands, d'où le titre de la pièce. Franz essaie aussi de séduire la fiancée de Karl. Quand il découvre ces machinations, il est trop tard : le père meurt en apprenant le sort de Karl, Franz se suicide, Amélia désespérée demande à Karl de la tuer, ce qu'il fait avant de se livrer à la justice. On le voit, il s'agit d'une tragédie domestique. Elle est remarquable en ce qu'elle ne contient pas moins de 17 monologues... Son succès au théâtre de Mannheim, de création récente, fut lié aux implications critiques contre l'ordre établi, et l'on a souvent rappelé que la Révolution fit de Schiller un citoyen d'honneur. Il semblerait que pour l'auteur comptait surtout l'exploration d'une figure emblématique de la révolte individuelle. Les autres pièces de Schiller prolongeront en la modulant cette intuition initiale (*Don Carlos*, *Marie Stuart*).

On retrouve chez Alfieri, malgré un respect des règles classiques les mêmes caractéristiques : c'est l'affrontement du héros à la Loi qui fait le centre des textes. Des études critiques récentes ont permis de mieux apprécier la portée de ce théâtre apparemment figé dans le néoclassicisme. S'y poursuit, notamment avec *Saül* et *Myrrha*, une intériorisation du tragique qui est déjà pleinement romantique.

Le théâtre de Goethe est habité par le même effort pour explorer, par l'intermédiaire de la force dramatique, les dédales de la raison et de la passion (*Torquato Tasso*) et les problèmes de l'action politique (*Egmont*). Dans une forme neuve se renoue l'alliance tragique entre la cité et l'individu. Le tragique se libère d'une forme dramatique, pour devenir ou redevenir une donnée existentielle, dont le théâtre est une des formes d'expression poétique (*Faust*). La dénomination générique n'est alors plus essentielle : tragédie si l'on prend le XVIIIe siècle comme point de vue, drame romantique, si l'on observe à partir du XIXe siècle.

C

LA COMÉDIE

1 La réforme de la comédie

Au XVIIIe siècle, un courant général se dessine en Europe, celui d'une réforme de la comédie. En France, en Angleterre, en Italie, la pression des critiques comme le goût des auteurs, tendent à suciter un nouveau type d'écriture dramatique. On a souvent dit qu'au XVIIIe siècle la comédie ne faisait plus rire. La généralisation est sans doute hâtive, mais elle décrit assez bien une tendance générale : il s'agit autant de toucher que de faire rire. Les situations locales ont cependant assez de prégnance pour justifier un traitement séparé.

La vertu récompensée : la comédie anglaise

En Angleterre, les comédies de la Restauration sont attaquées par J. Collier, au nom de valeurs morales et religieuses : on leur reproche de se moquer du mariage en traçant le portrait trop séduisant du « vice à la mode », le libertinage. Dès 1696, Cibber, acteur et directeur de Drury Lane, va dans le sens d'une moralisation minimale avec *Le Dernier Expédient de l'amour*. Le titre anglais *Love's Last Shift*, joue sur la polysémie de *shift*, qui signifie à la fois changement, ruse et désigne aussi une chemise de nuit, d'où le titre de l'adaptation française de la pièce : *La Dernière Chemise de l'amour*. Le roué, le *rake* en anglais, se convertit *in extremis* à la fidélité conjugale, grâce à une scène de méprise : l'épouse délaissée séduit, sous un déguisement, son mari volage. La scène est à la fois morale et libertine : le personnage qui en donne l'idée la commente en aparté : « Elle aura le plaisir de connaître la différence entre un mari et un amant, sans s'exposer au scandale de l'infidélité. »

Cette formule simple – quatre actes de libertinage, un acte de dénouement moral – est fréquemment reprise. On la retrouve par exemple dans *Le Mari soupçonneux* (1747) de Hoadly, qui fut la comédie la plus jouée à Drury Lane sous la direction de Garrick. Dans ***La Ruse des galants*** (1707) de Farquhar (1678-1707), pièce encore représentée, l'action est déplacée de Londres à la campagne. Le changement est symbolique : il permet l'association de la vertu à la vie rurale, qui est un des thèmes centraux de la littérature anglaise du XVIIIe siècle. Le *rake* se réforme, de façon plus convaincante que dans les pièces de Cibber. La caractérisation des personnages y gagne une nouvelle profondeur.

La Ruse des galants. (1707) de Farquhar. Deux frères sans le sou, dont les noms sont clairement motivés, Aimwell et Archer, décident de rétablir leur situation par un beau mariage. Ils se font passer pour un riche aristocrate et son valet, afin de séduire une beauté fortunée, Dorinda. Le cours de l'intrigue les conduit à l'amour sincère, face au comportement de Dorinda, qui force leur respect par sa probité et les amène à avouer leur stratagème.

L'évolution du genre se poursuit vers la comédie sentimentale lorsque les personnages principaux deviennent vertueux et que les libertins sont réduits aux seconds rôles. C'est le cas du *Mariage clandestin* (1766) de Garrick et Coleman : un riche marchand finit par accepter le mariage secret de sa fille avec un de ses commis, après s'être rendu compte du peu de mérite des deux prétendants aristocrates. Ici comédie et drame tendent à se confondre.

La satire ne disparaît pas complètement pour autant. Goldsmith, lorsqu'il écrit *Elle s'abaisse pour triompher*, opère une synthèse réussie des traditions satirique et sentimentale : les beaux esprits de Londres sont obligés de se soumettre à la simple vertu des Hardcastle. Le personnage de Tony Lumpkin est symbolique de cette synthèse : il est un garnement, dont la conduite est source de nombreux effets comiques, mais son bon naturel le met au service des amants, Marlow et Kate. Le déguisement de cette dernière en servante d'auberge sert à guérir Marlow de son préjugé aristocratique. À la fin du siècle, Sheridan ressuscite en quelque sorte la comédie de la Restauration, avec *Les Rivaux* (1775) et *L'École de la médisance* (1777). De même que dans les pièces de Beaumarchais, le brio dramatique y trouve une nouvelle valorisation, indépendamment de l'enseignement moral ou de l'émotion vertueuse.

Comme dans les comédies de Marivaux en France, une critique de la dénaturation des sentiments par l'adoption de rôles sociaux parcourt le théâtre anglais. Le déguisement en valet est alors le moyen de rendre possible, au moyen d'un artifice, l'expression de la sincérité. La comédie demeure cependant essentiellement conservatrice : le dénouement remet chacun à sa place. Il ne s'agit pas de subvertir un ordre social, mais de le régénérer, en faisant triompher le sentiment sur les convenances, le naturel sur l'artifice.

Une renaissance dramatique : le théâtre italien

En Italie la situation est différente : le paysage théâtral est occupé d'un côté par l'opéra, qui, à grand renfort de scénographie et de solistes célèbres, attire en masse le public cultivé européen, et de l'autre, par la *commedia dell'arte**, théâtre sans texte véritablement écrit.

La réforme du théâtre ne repose pas ici sur des présupposés moraux, mais esthétiques : nombreux sont ceux qui voudraient ressusciter cette forme particulière de la littérature. Les lettrés de l'académie de l'Arcadie – un cercle littéraire fondé à la fin du XVIIe siècle à Rome et visant une réforme néoclassique de la littérature italienne – ont bien essayé de faire revivre la comédie érudite du XVIe siècle, mais ces efforts sont restés sans effet dans la pratique théatrale. Au tournant des XVIIe et XVIIIe siècles, les textes de Gravina ou Martello demeurent des exercices d'écoles : s'ils sont lus dans les académies, il ne sont pas joués. Seul parmi les érudits, Scipion Maffei (1675-1755) rencontre un certain succès dramatique. Sa tragédie *Mérope* (1713) lui vaut une renommée européenne : Pope la traduit en anglais, et Voltaire s'en inspire de très près pour sa propre *Mérope* (1736). Le seul auteur lié à l'Arcadie qui connaisse véritablement le succès, Piero Trapani (1698-1782) dit Métastase (traduction grecque de son patronyme), triomphe à l'étranger et dans un genre particulier, le mélodrame. Poète officiel de la cour de Vienne, il écrit aussi des pièces qui sont mises en musique à travers toute l'Europe par Haendel, Gluck, Scarlatti, Cimarosa et Mozart. Son nom sera d'ailleurs largement éclipsé par la célébrité de ces compositeurs.

La situation est donc la suivante : le théâtre d'auteur n'a pas de public, et le public applaudit un théâtre sans auteur. C'est l'avocat vénitien Carlo Goldoni (1707-1793) qui réussit à résorber cette situation. L'originalité, et la raison du succès, de son entreprise fut de partir de la situation dramaturgique italienne pour l'amener au théâtre d'auteur. Associé à une troupe vénitienne dont il avait su gagner la confiance, celle de Medebach, il écrivit plusieurs dizaines de comédies, reçues favorablement par le public et introduisit progressivement des innovations : l'abandon des masques, le renouvellement des intrigues traditionnelles, la modification de la caractérisation des personnages. Pantalon, vieillard ridicule et mari trompé, devint le représentant du commerçant vénitien. Il donna aux servantes des rôles plus consistants ; deux de ses pièces les plus connues, *La Locandiera* et *La Servante aimante*, écrites pour Maddalena Marliani, ont pour personnage central une servante, ce qui fut une petite révolution dans la hiérarchisation traditionnelle et rigide de la répartition des rôles.

Goldoni, malgré son succès auprès du public, fut constamment en butte à la critique, au point qu'il quitta Venise en 1762 et passa la fin de sa vie à Paris. Carlo Gozzi (1720-1806), membre de l'académie des Granesllleschi, fort conservatrice, fut le plus virulent de ces critiques. Reprochant à Goldoni de dénaturer le théâtre (c'est-à-dire le théâtre érudit), il était aussi paradoxalement un partisan de la vieille *commedia dell'arte*. Il devint lui aussi auteur dramatique, créateur d'un genre étonnant, mêlant merveilleux et réalisme, la « fable », qui correspondait aux goûts selon lui inamendables du peuple et qui fut fort appréciée des romantiques.

Mœurs et sentiments : le théâtre français

En France, le modèle ***moliéresque*** cesse d'être la référence : on note d'ailleurs son déclin dans le répertoire de la Comédie-Française. Seules quelques pièces continuent à être régulièrement représentées. Si certains auteurs, tels Regnard et Dancourt écrivent encore des comédies en suivant l'exemple du maître, ils sont éclipsés progressivement par Destouches (1680-1754) et Nivelle de La Chaussée (1691-1754), qui introduisent le sentiment dans la comédie. *Le Philosophe marié* (1729) et *Le Glorieux* (1732) du premier rencontrent un succès certain. Si c'est encore un caractère qui est au centre de ces pièces, son ridicule est contrebalancé par les preuves qu'il donne de sa sensibilité. « Mon fils est glorieux, mais il a le cœur bon/Cela répare tout », déclare Lycandre. Le fils en question, imbu du préjugé aristocratique, se « réforme » au cours de la pièce. Seuls des personnages secondaires s'endurcissent dans leurs vices. La formule et certaines données de l'intrigue sont assez proches du *Stratagème des galants* de Farquhar. L'intérêt de ces deux pièces est que s'y trouve critiqué le préjugé au nom d'une morale du naturel : la manie du rang ou le ridicule attaché à l'amour conjugal y sont dénoncés, avec moins de talent mais plus de netteté que chez Marivaux. Destouches ne survit aujourd'hui que par deux vers devenus proverbiaux, mais qui ne lui sont que rarement attribués : « La critique est aisée et l'art est difficile » et « Chassez le naturel, il revient au galop ».

L'éclipse moliéresque. Voltaire constate : « Le spectacle est désert quand on joue ses comédies, et il ne va plus personne à ce même *Tartuffe* qui attirait autrefois tout Paris. » En 1746, le duc d'Aumont, gentilhomme de la chambre du roi, va jusqu'à interdire de jouer Molière : la décision reste sans effet, mais elle est symptomatique.

La Chaussée prolonge l'élan donné par Destouches, en mettant au centre de ses comédies le sentiment, et réservant parfois quelques traits satiriques pour les personnages secondaires. Il ne s'agit plus même de faire sourire, mais d'émouvoir : *Mélanide* (1741), sa pièce la plus jouée au XVIIIe siècle, multiplie les invraisemblances dans le seul but de ménager des scènes émouvantes, en jouant sur ce que sait le public et ce qu'ignore le personnage. Le thème du fils naturel permet ainsi dans cette pièce de placer deux scènes de reconnaissance, dont le but n'est plus seulement de résoudre de façon inattendue une situation inextricable, mais surtout de créer une intensité d'émotion, propre à attendrir le public. L'appellation « comédie larmoyante », traditionnellement associée à cet auteur, suffit à en définir l'esthétique. La préférence du vers sur la prose pour ces œuvres explique en partie qu'on les tienne aujourd'hui pour illisibles : l'artifice du sentiment est redoublé par la rigidité du langage dramatique. La perception en était différente au XVIIIe siècle : Beaumarchais adresse force éloges à *Mélanide* dans ses réflexions sur le drame… Ces comédies, auxquelles il faudrait ajouter la *Cénie* (1750) de Madame de Graffigny et *Le Méchant* (1747) de Gresset, n'en sont plus guère : elle relèvent du drame, dont les fondements théoriques sont aux antipodes de l'esprit de la comédie. Il faut attendre Beaumarchais pour le voir triompher à nouveau.

2 Formes nouvelles

Chez les auteurs majeurs, deux courants coexistent, qui permettent le renouvellement de la comédie : faire du théâtre un miroir du monde, ou bien multiplier le jeu avec l'illusion et les procédés traditionnels, émouvoir ou éblouir.

Le miroir du monde

Goethe s'écrie, dans son *Voyage en Italie* :

> Enfin je peux dire que j'ai assisté à une comédie ! On donnait aujourd'hui au théâtre Saint Luc *Barouf à Chioggia*. Tous les personnages sont des gens de mer, habitants de Chioggia, avec leurs femmes, filles et sœurs. Leur continuel brouhaha, soit pacifique, soit vindicatif, leurs trafics, leur vivacité, leur bonhommie, leur vulgarité, leurs mots d'esprit, leur allégresse, leur spontanéité sont imités à la perfection. C'est une œuvre de Goldoni, et comme précisément hier je suis allé à Chioggia, et que je conservais dans l'œil, le reflet des gestes et dans l'oreille, l'écho des voix des marins et des gens du port, il est inutile de dire tout le plaisir que j'y ai pris.

La remarque est significative : la pièce est une « tranche de vie », portée à la scène. Le plaisir du spectateur est d'y retrouver la spécificité de la vie, dans un temps et un lieu déterminés.

Goldoni est resté célèbre pour ses « comédies vénitiennes », dont *Les Rustres* (1760) et la trilogie de *La Villégiature* (*La Manie de la villégiature*, *Les Aventures de la villégiature* et *Le Retour de la villégiature*, 1761) sont les chefs-d'œuvre. Les intrigues amoureuses traditionnelles s'y enrichissent d'une insertion précise dans les mœurs du temps. L'emploi du dialecte vénitien vient renforcer cette « couleur locale » appréciée de Goethe comme de Voltaire, qui appelait Goldoni « peintre de la nature ». Goldoni écrit d'ailleurs :

> Certains diront peut-être que les auteurs comiques doivent certes imiter la nature, mais la belle nature et non celle qui est basse ou imparfaite. Je prétends au contraire, que, sauf les défauts qui attristent et les vices qui offensent, tout est susceptible de comédie.

La vieille idée du « théâtre du monde » connaît ainsi une nouvelle jeunesse, mais son sens est inversé. À l'époque baroque, elle servait à montrer la vanité de la vie, à illustrer l'adage de Montaigne : « Toutes nos vacations sont farcesques ». Au XVIIIe siècle, elle vient au contraire glorifier la richesse du quotidien, qui est à lui seul un spectacle. L'infinie diversité de la vie humaine se trouve valorisée.

En Allemagne, Lessing a voulu, avec ***Minna von Barnhelm*** (1767) emprunter la même voie : comédie presque sans intrigue, cette pièce ancre dans le contexte historique de la guerre de Sept Ans les amours de Minna et Tellheim. La caractérisation générique de la pièce de Lessing a divisé la critique : comédie, drame, tragi-comédie… Ces débats montrent assez en ce cas la tendance générale du siècle : à partir de modèles traditionnels se crée toute une nébuleuse de formes dramatiques où le théâtre, comme le roman, refuse les contraintes formelles anciennes pour se faire miroir du quotidien.

Minna von Barnhelm. Le militaire Tellheim a rompu tout contact avec sa bien-aimée, Minna, car les suites de la guerre ont injustement ruiné sa fortune et sa réputation. La tension dramatique est ainsi directement issue de l'histoire, et non d'une opposition familiale ou sociale. Le hasard fait se rencontrer à nouveau dans une auberge les deux amants. Une fois qu'elle a apppris les raisons du silence de Tellheim, Minna prétend elle aussi être ruinée, afin qu'il accepte de l'épouser. On le voit, le stratagème n'est pas neuf, il est parallèle à celui qu'adopte Kate dans *Elle s'abaisse pour triompher.* L'intérêt de la pièce est ailleurs, dans le soin apporté à la caractérisation des personnages et surtout au langage dramatique, qui se veut miroir d'une psychologie et d'une situation sociale.

Le triomphe de l'illusion

Une autre voie de renouvellement se dessine à la lecture des œuvres de Marivaux (1688-1763) et Beaumarchais (1732-1799), et dans une moindre mesure de Sheridan (1751-1816) : celle d'un jeu avec les données traditionnelles de la dramaturgie comique qui les renouvelle.

Marivaux : artifice et vérité. En France, le théâtre de Marivaux opère une rupture radicale avec la comédie moliéresque. Il ne s'agit plus de faire la satire d'un travers qu'incarne un personnage central. Au centre de ses pièces une donnée majeure et unique : l'amour. L'intrigue n'est qu'un moyen de mettre en branle une machine amoureuse, de placer les futurs couples – car tout finit toujours bien – dans des situations de parole spécifiques où ils feront l'épreuve de l'amour, avec ce que ce mot sous-entend de difficulté et d'élucidation. De ce fait, chez Marivaux, tant dans l'intrigue que dans le cadre exotique de certaines pièces, l'artifice est manifeste, voire même revendiqué. *L'Île des esclaves* (1725) en est l'exemple le plus clair : Iphicrate et Euphrosine, deux jeunes Athéniens, accompagnés de leurs serviteurs, Arlequin et Cléanthis, font naufrage sur une île dont le gouverneur, Trivelin, impose aux maîtres et aux serviteurs d'échanger leur condition. Comme l'île de Prospero dans *La Tempête*, l'île des esclaves est un espace quasi expérimental, dont la vraisemblance ne compte guère ; les noms des personnages, mi-grecs, mi-italiens, le soulignent s'il en était besoin. La couleur locale n'a ici aucune importance : on serait tenté de dire que comme les tableaux de Watteau, toutes les pièces de Marivaux ont Cythère pour cadre. Il ne s'agit pas de faire du théâtre un reflet du monde réel, mais il s'agit pourtant d'y jouer le jeu de la vérité : la fréquente inversion des conditions permet la révélation de la vérité individuelle.

Il faut rappeller ici les liens de Marivaux avec le Théâtre Italien, dont il utilise à merveille les spécificités : ses rôles de convention, son invraisemblance assumée, la vivacité de ses répliques. Il les met au service de comédies dont l'intrigue n'est que prétexte à la révélation de la vérité des sentiments. Ces comédies du dévoilement sont fondées paradoxalement sur le déguisement, dans le costume et le langage. C'est dans des situations fausses, que l'amour vrai naît, s'avoue et finit par triompher. Elles emploient, à des fins voisines, des moyens opposés à ceux qu'utilise le drame : il s'agit bien de représenter le cœur humain dans ses émotions naturelles, loin des passions tragiques ou des travers ridicules, mais alors que le drame mise sur la représentation des conditions contemporaines, Marivaux parie sur l'artifice.

Il s'agit, à plusieurs égards, d'un théâtre romanesque : romanesque par le caractère irréaliste de son cadre, mais surtout par la place qu'y prend la création d'une psychologie du personnage. Pour Marivaux, comme pour certains dramaturges du XXe siècle, l'essentiel est l'intériorité des personnages, l'élucidation de leurs sentiments par le langage. « J'ai guetté dans le cœur humain toutes les niches où peut se cacher l'amour lorsqu'il craint de se montrer, et chacune de mes comédies a pour objet de le faire sortir d'une de ces niches », fait dire à Marivaux d'Alembert, dans son éloge funèbre à l'Académie française, où Marivaux fut élu contre ***Voltaire*** en 1742. Certains critiques ont reproché à Marivaux son

Un mot de Voltaire. Celui-ci exprima son dépit dans une épigramme demeurée célèbre, en disant de son heureux rival qu'il « pèse des œufs de mouche dans des balances de toiles d'araignée ».

insistance sur ce qu'on appelait alors la « métaphysique du cœur », et qui désignait le raffinement et la complexité du discours amoureux, liée à la conversation de salon, et lointaine héritère de la préciosité. D'Alembert commente d'ailleurs de façon critique la citation que nous avons rapportée :

> Il faut dire qu'on ne saurait l'en faire sortir avec plus d'esprit et d'adresse, mais il faut convenir que ce genre d'esprit et d'adresse n'est pas celui qu'il faut au théâtre, surtout quand c'est le genre unique de l'auteur et le pivot continuel de toutes ses comédies. Marivaux fait à ses spectateurs et aux lecteurs même un honneur qu'ils ne méritent pas, en leur supposant à tous le genre d'esprit que la nature lui avait donné, et qui ne saurait tout au plus être entendu et goûté que du petit nombre de ses pareils.

La postérité a donné tort à d'Alembert. Au-delà de son lien à un milieu culturel, celui qui goûtait les « fêtes galantes » de Watteau, le théâtre de Marivaux se signale par l'extraordinaire maîtrise du langage dramatique, qui déroute les personnages et captive les spectateurs. Giraudoux, assez proche par certains aspects, de Marivaux, a donné une définition du théâtre que ce dernier n'aurait sans doute pas reniée : « Le théâtre, c'est très simple, cela consiste à être réel dans l'irréel. »

Beaumarchais : une « prestigieuse magie ». *Le Barbier de Séville* et *Le Mariage de Figaro* évoquent sans doute d'abord pour le spectateur moderne deux opéras parmi les plus célèbres, de Rossini et de Mozart. Ce n'est sans doute pas un hasard si ces deux compositeurs se sont emparés de ces œuvres majeures de Beaumarchais : leur efficacité dramatique est sans exemple dans la production du XVIIIe siècle et le *tempo* de leur action caractéristique. On est loin ici du « naturel » recherché par le drame, même si Beaumarchais pratiqua ce genre et s'en fit même le défenseur. Comme chez Marivaux, l'artifice théâtral triomphe ici, mais selon des modalités propres.

Le fauteuil. Chérubin s'est dissimulé derrière son dossier à l'arrivée du comte ; ce dernier fait de même à l'entrée de Bazile, ce qui oblige Chérubin à se cacher sur le fauteuil, obligeamment recouvert d'une robe par Suzanne. Il est démasqué lorsque le comte, racontant à Suzanne qu'il a surpris le matin même Chérubin et Fanchette derrière un rideau, joint le geste à la parole et découvre à nouveau… Chérubin.

Pour comprendre la spécificité de ce théâtre, il ne faut pas oublier que Beaumarchais était lié au théâtre de foire par les parades qu'il écrivit au début de sa carrière : ici, comme chez Marivaux, une forme du théâtre populaire est venu nourrir et renouveler l'écriture dramatique. L'illusion réaliste est secondaire dans ce genre ; ce qui compte, c'est l'efficacité dramatique. On peut penser par exemple à la séquence du ***fauteuil*** dans le premier acte du *Mariage*. Toute la séquence repose sur un artifice des plus conventionnels, qui vient de la farce et triomphe toujours au théâtre dit « de boulevard ». Ce comique essentiellement gestuel se rit de la vraisemblance, mais pour le plus grand plaisir du spectateur.

Dans la pièce, par trois fois, le comte a affaire à des personnages cachés, avec une complexité croissante des stratagèmes. Après la scène du Ier acte, il croit trouver, au IIe acte, un homme caché dans le cabinet de sa femme, et c'est finalement Suzanne qui en sort. Au Ve acte, il pense démasquer l'infidélité de sa femme, en la faisant sortir d'un pavillon, d'où émergent successivement quatre personnages, dont aucun n'est la comtesse. Ce jeu scénique, qui utilise d'abord un simple accessoire, structure ensuite l'ensemble d'une séquence et finit par constituer l'essentiel du dernier acte. Cette expansion progressive est caractéristique de l'esthétique de Beaumarchais.

Son théâtre, et particulièrement *Le Mariage de Figaro*, sa pièce la plus éblouissante, procède en effet par accumulation de procédés traditionnels, et c'est cette accumulation même qui en fait l'originalité. Au niveau de l'organisation de l'intrigue, le procédé est celui du rebondissement : on trouve dans *Le Mariage* deux faux dénouements, avant celui du Ve acte. À la fin du IIIe acte, le procédé traditionnel de la reconnaissance, ajouté à une scène de procès, laisse prévoir le dénouement, mais il n'en est rien. À la fin du IVe acte, une scène de procession nuptiale produit le même effet. Beaumarchais a donc recours à deux rebondissements avant de clore *Le Mariage*. Il est clair que ce qui compte ici, c'est le spectacle.

Toute la pièce se place sous le signe de la répétition, de l'accumulation et plus particulièrement du chiffre trois, qui surenchérit sur la simple itération : au cours de la pièce, le comte demande trois fois pardon à sa femme, et Figaro empoche trois dots. Par trois fois, on l'a vu, le comte joue à cache-cache ; le spectateur assiste trois fois à une scène de dénouement, trois couples sont unis à l'issue de la pièce, et on y entend trois chansons. On ne peut manifester plus clairement une esthétique de l'accumulation.

À quelle fin ce feu d'artifice dira-t-on ? Ici, il n'est pas question, comme c'était le cas chez Marivaux, de mettre à jour la complexité du cœur humain. On a souvent noté le peu de « profondeur » de la psychologie des personnages. Francisque Sarcey disait au siècle dernier de Figaro : « Ce n'est pas un caractère, c'est une machine à mots. » Est-ce à dire que le pur jeu théâtral triomphe ? Le monologue de Figaro, dans *Le Mariage*, n'est-il pas le signe éclatant de ce détachement, non seulement de l'illusion réaliste, mais aussi de l'intrigue, qui fait triompher la virtuosité du langage ? Sans doute, mais ce monologue lui-même est une des clés de lecture de la pièce, et permet de donner une portée au jeu. Le monologue, qui raconte la vie de Figaro, pose la question du sens de ces événements décousus. La réponse implicite, c'est qu'il n'y a pas de sens, que la vie est l'œuvre du hasard et de la nécessité : « Ô bizarre suite d'événements », s'exclame le personnage ; cela est vrai aussi de la pièce, où, comme l'a remarqué la critique, c'est le hasard, bien plus que les intrigues de Figaro ou du comte, qui mène le jeu. À la différence de Marivaux, l'intériorité n'est pas pour Beaumarchais une donnée centrale : l'homme n'est qu'une bizarre suite d'événements, dont il s'imagine maîtriser l'enchaînement. On ne s'étonne pas que certaines mises en scène modernes aient laissé voir l'absurde sous la gaieté. Si le théâtre de Beaumarchais est révolutionnaire, ce n'est pas dans ses sous-entendus polémiques, mais dans sa portée philosophique : accepter gaiement la finitude et l'insignifiance. Figaro clame :

> Forcé de parcourir une route où je suis entré sans le savoir, comme j'en sortirai sans le vouloir, je l'ai jonchée d'autant de fleurs que ma gaîté l'a permis : encore je dis ma gaîté sans savoir si elle est à moi plus que le reste, ni même quel est ce *moi* dont je m'occupe [...].

D

L'UTOPIE DU DRAME

On vient de voir comment la comédie, de même que la tragédie, tendait à perdre un certain nombre de traits distinctifs. Les deux genres évoluent vers une autre forme, qu'on a coutume d'appeler « drame » par facilité critique. Plus qu'un genre bien défini, le drame est la dénomination qui regroupe les pièces qui ne sont ni des tragédies ni des comédies. Il faut rappeler qu'en anglais le mot *drama* désigne le genre dramatique tout entier.

Le XVIIIe siècle est marqué par une multiplication des sous-genres qui signale en fait l'explosion du système des genres lui-même. Comédie larmoyante, comédie sérieuse, tragi-comédie, tragédie domestique : autant de façons de désigner le malaise des auteurs face aux distinctions anciennes. Le théâtre tend, comme le roman, à refuser le système esthétique hiérarchisé et normatif mis en place par les doctes.

Le vocable « drame » a une fonction polémique : il permet à certains auteurs de revendiquer de façon théorique l'évolution du théâtre de la première moitié du siècle. En France, Diderot est celui qui a fait le plus pour proposer une définition de cet autre modèle théâtral. Il est suivi par Beaumarchais dans son *Essai sur le genre dramatique sérieux,* et par Lessing en Allemagne. Ces tentatives relèvent de ce qu'on pourrait appeler une utopie théâtrale : c'est au nom de certaines finalités extérieures à la scène que s'écrivent la théorie et la pratique du drame. Il s'agit de faire du théâtre un moyen d'éclairer la société, en mettant en action un certain nombre d'idées chères au cœur des philosophes, et de Diderot en particulier. La proposition dans le *Discours sur la poésie dramatique*, d'une « sorte de drame philosophique », qui mettrait en scène la mort de Socrate, est emblématique de cette utopie : faire de la scène la chaire des Lumières.

1 Imitation et émotion

L'illusion théâtrale

Avant de faire intervenir des critères de composition et de diction, la question du drame est surtout profondément liée à celle de l'illusion théâtrale. Il faut donc revenir sur ces données, pour essayer de mieux saisir les enjeux de la théorie du drame.

Un débat fondamental. Plusieurs théoriciens du XVIIIe siècle ont considéré qu'il n'y avait pas au théâtre d'illusion à proprement parler. Ainsi Johnson rejoint l'abbé Du Bos quand il écrit : « Il est faux qu'une [...] fable dramatique quelconque, dans sa matérialisation, ait été jamais croyable ni, pour un seul instant, crue. [...] La vérité est que les spectateurs sont toujours dans leur bon sens et savent du premier acte jusqu'au dernier que la scène n'est qu'une scène et que les acteurs ne sont que des acteurs » (*Sur Shakespeare*, 1765). Marmontel parle aussi du « plaisir secret » de savoir qu'on est trompé. Pour ces auteurs, on n'oublie jamais qu'on est au théâtre.

Le drame vise à abolir la distance entre la scène et la salle. Il s'agit donc de savoir si le théâtre doit conserver une stylisation visible ou bien opter pour une illusion invisible.

Derrière cette tension, on retrouve l'opposition entre imitation et copie, qui régit la peinture. L'imitation consiste à composer l'œuvre à partir d'éléments réels, mais selon un modèle idéal. La copie, dévalorisée, consiste à reproduire purement et simplement le réel. Or il semblerait bien qu'au XVIIIe siècle on en vienne, pour ce qui est du drame, à privilégier l'illusion sur l'imitation. La scène doit offrir une copie conforme au spectacle de la vie. D'une certaine façon, c'est ce qu'accomplit Goldoni avec ses comédies vénitiennes. L'exclamation célèbre de Beaumarchais, « Que me font à moi, sujet paisible d'un état monarchique du XVIIIe siècle, les révolutions d'Athènes et de Rome ? », qui attaque la tragédie classique, est symptomatique : seul nous touche ce qui nous est proche. C'est ce qu'écrivait déjà Rowe au début du siècle : *« We cannot feel what we can never share »* (On ne peut ressentir ce qu'on ne peut partager). Le théâtre doit montrer sur scène la vie contemporaine, sous peine d'inefficacité émotive.

Cette tendance est particulièrement nette dans les *Entretiens sur le Fils naturel*. Diderot y utilise une fiction significative : le dialogue met en scène Dorval, le personnage principal, donné pour auteur de la pièce qui vient d'être représentée dans un théâtre de société, représentation à laquelle assistait le narrateur. Première ellipse : celle du théâtre public. Mais cette pièce n'en est pas une : c'est l'histoire réelle de Dorval. Deuxième ellipse, celle de l'intrigue fictive : les acteurs qui l'ont jouée sont en fait les personnages qui en ont été les héros dans la réalité. Ils ont d'ailleurs participé à la rédaction de leur rôle ; seul le père de Dorval, décédé, est joué par un autre. Troisième ellipse : celle des acteurs. Par cette triple ellipse, Diderot réduit au maximum la distance entre le théâtre et la vie. Idéalement, le théâtre est sans auteur, sans intrigue et sans acteur, ce n'est plus le théâtre, c'est la vie. Certes, il s'agit d'un artifice rhétorique, assez semblable à celui mis en place pour le *Salon de 1767* : Diderot y présentait les tableaux de Vernet comme des sites réels, admirés lors d'une promenade. Il s'agit évidemment ici d'un moyen commode pour répondre à des critiques et louer le « naturel » de la pièce. Mais ce système de défense est lourd de sens. Comme pour la peinture d'un paysage, le comble de l'art au théâtre, c'est sa disparition. Théâtre illusionniste contre théâtre symbolique : le débat est lancé, il renaîtra périodiquement aux XIXe et XXe siècles.

La question de l'émotion

On retrouve dans le contexte du drame l'insistance sur le visible, déjà rencontrée à propos de la tragédie. De façon caractéristique, Diderot propose la peinture comme pierre de touche de l'écriture dramatique :

> Une manière de me décider, qui m'a souvent réussi, [...] c'est de saisir par la pensée les objets et de les transporter de la nature sur la toile, et de les examiner à cette distance, où ils ne sont ni trop près ni trop loin de moi. Appliquons ici ce moyen. Prenons deux comédies, l'une dans le genre sérieux, et l'autre dans le genre gai ; formons-en, scène à scène, deux galeries de tableaux ; et voyons celle où nous nous promènerons le plus longtemps et le plus volontiers ; où nous éprouverons les sensations les plus fortes et les plus agréables et où nous serons le plus pressés de retourner.

La conclusion est pour Diderot tellement évidente qu'il ne la mentionne pas explicitement : le paragraphe suivant commence par l'exclamation : « Je le répète donc : l'honnête, l'honnête. »

Si Diderot veut faire de la scène un tableau, c'est donc pour mieux toucher le spectateur. Il ne fait ainsi que théoriser ce que le goût du public a fait naître sur la scène. Il faudrait s'interroger sur les causes de cet engouement pour la sensibilité, qui s'empare du théâtre comme du roman, et relègue au second plan les qualités proprement littéraires des œuvres. Le paradoxe est que, parallèlement, l'effort de la pensée rationnelle s'affirme dans tous les domaines de la philosophie. La critique a proposé de multiples explications de cette situation, qu'il serait trop long d'évoquer ici. Il est cependant clair que la conjonction de paramètres philosophiques, esthétiques et sociologiques nécessaires à cet état de choses était trop circonstancielle pour permettre à ce théâtre de survivre à son époque.

La lucidité de Marmontel, hostile au drame : « Cependant, s'il fallait en croire quelques spéculateurs modernes, tout, dans les arts, devrait concourir à ce qu'ils appellent l'effet, c'est-à-dire à l'illusion, et à l'émotion la plus forte ; et plus l'illusion serait complète et le spectacle pathétique, plus il nous serait agréable, quelque moyen que l'on eût pris pour nous tromper et pour nous émouvoir. Cette opinion peut être celle d'un peuple sans délicatesse, qui ne demande qu'à être ému. Mais pour un monde éclairé, cultivé, et doué d'organes sensibles, le plaisir de l'émotion dépend toujours des moyens qu'on y emploie [...] ; il fera peu de cas d'un drame qui, avec l'imitation et l'expression triviale de la douleur et de la plainte, avec des objets pitoyables, avec des cris, des larmes, des sanglots, l'aura physiquement ému » *(Éléments de littérature).*

À la limite, le comble de l'efficacité émotive est le silence. L'insistance de Diderot sur la place de la pantomime en témoigne :

> Surtout, négligez les coups de théâtre ; cherchez des tableaux ; rapprochez-vous de la vie réelle, et surtout ayez un espace qui permette l'exercice de la pantomime dans toute son étendue,

déclare Diderot dans le *Troisième Entretien sur le Fils naturel*. Cette référence constante au modèle pictural n'est pas sans conséquences. On a souvent dit, et justement, que l'admiration de Diderot pour Greuze venait de ce qu'il trouvait chez ce peintre la réalisation de son esthétique théâtrale, après l'échec de ses pièces. Or, *La Piété filiale, Le Fils puni* sont par définition des scènes muettes où le sentiment s'exprime par le geste et la physionomie. Cette admiration montre bien le paradoxe du drame, en le poussant à l'absurde : ses présupposés le conduisent au silence. Faire du tableau le modèle du théâtre, c'est en effet nier ce qui en fait l'essence : le dialogue.

Si le théâtre tend au silence, de façon symétrique, la réaction du spectateur doit aussi s'en approcher :

> Ô poètes dramatiques ! l'applaudissement vrai que vous devez vous proposer d'obtenir, ce n'est pas ce battement de mains qui se fait entendre subitement après un vers éclatant, mais ce soupir profond qui part de l'âme après la contrainte d'un long silence, et qui la soulage.

La théorie du drame propose donc bien une utopie dramatique

2 Idéologie et poésie

Théâtre et société

On a souvent dit que le drame avait une théorie plus riche que ses réalisations dramatiques. Encore une fois, ce qui est vrai pour la postérité ne l'était pas à l'époque : le genre connut un succès réel, entre 1750 et 1770. De ce théâtre engagé avant la lettre, *Le Philosophe sans le savoir* (1765) de Sedaine (1719-1797) est sans aucun doute l'exemple le plus célèbre.

Outre des qualités dramatiques certaines, la pièce témoigne bien des enjeux sociaux qui sous-tendent le genre du drame. L'intrigue repose sur l'interférence entre un mariage et un duel dans la famille d'un négociant, M. Vanderk. Elle est surtout l'occasion d'une apologie de la vertu bourgeoise, c'est-à-dire non aristocratique. On mesure mieux le chemin parcouru si l'on rapproche la pièce d'un texte anglais du début du siècle qui contenait déjà ces éléments, mais en en donnant une interprétation pessimiste : il s'agit du *Marchand de Londres* (1731) de Lillo, connu et admiré de Diderot et de Lessing. L'enjeu de ce drame avant la lettre relève d'une morale des plus traditionnelles : l'homme probe doit se garder des femmes. Le personnage qui incarne la vertu n'est pas au centre de l'intrigue, et la condition des personnages ne donne pas lieu à un plaidoyer en faveur du négoce. Avec la pièce de Sedaine, les choses ont changé : le négociant n'est plus une victime du destin, mais au contraire un agent du progrès, qui revendique son utilité sociale. On est ainsi passé de la morale à la politique.

Diderot, qui ne tarit pas d'éloges à propos de Sedaine, est sensible aux enjeux sociaux liés au genre du drame, perceptibles jusque dans l'écriture même des pièces de cet auteur :

> [...] pourriez-vous me dire ce qui serait sorti de la tête de l'auteur du *Philosophe sans le savoir*, du *Déserteur* et de *Paris sauvé*, si, au lieu de passer trente-cinq ans de sa vie à gâcher le plâtre et à couper la pierre, il eût employé tout ce temps comme

> Voltaire, vous et moi, à lire et à méditer Homère, Virgile, Le Tasse, Cicéron, Démosthène et Tacite ? Nous ne saurons jamais voir comme lui, et il aurait appris à dire comme nous. Je le regarde comme un des arrière-petits neveux de Shakespeare.

L'auteur populaire se trouve ici valorisé, par sa proximité avec le réel plutôt qu'avec les textes canoniques, ce qui garantit une certaine énergie d'expression, et donc d'émotion. **Sébastien Mercier** (1740-1814) incarne encore plus nettement cet aspect du drame : pour lui, le théâtre doit se faire le miroir du réel, moins pour simplement émouvoir le public que pour changer la société.

> Je me dirai que le poète est l'interprète des malheureux, l'orateur public des opprimés ; que son emploi est de porter leurs gémissements aux oreilles superbes qui, tout endurcies qu'elles sont, entendront le tonnerre de la vérité, en seront étourdies ou touchées (*Du Théâtre*, 1773).

La Brouette du vinaigrier (1775). Cette pièce, qui rendit célèbre Mercier comme dramaturge, n'a pas tout à fait cette audace, mais elle dresse un portrait fort critique des négociants et fait l'éloge du simple marchand de vinaigre ambulant. Celui-ci, pour faire le bonheur de son fils, amoureux de la fille d'un négociant au bord de la faillite, va jusqu'à sacrifier les économies de toute une vie. L'éloge du vinaigrier, reposant sur la morale du travail, plus que sur une revendication sociale, s'accompagne d'un tableau grinçant de la cupidité, qui met à mal la vertu des négociants, censée être la base du drame bourgeois.

L'éloquence révolutionnaire n'a, on le voit, rien à envier à de telles déclarations. Mercier, lui aussi hors des cercles cultivés traditionnels, pousse à l'extrême les présupposés du drame, jusqu'à en faire un **théâtre révolutionnaire.**

Dans un tout autre contexte, Schiller utilisera lui aussi la forme souple du drame, historique cette fois, pour mener une réflexion sur l'action politique : *Wallenstein*, *Don Carlos*, *Marie Stuart, Guillaume Tell*, pièces qui font toutes intervenir les thèmes de la conjuration et de la tyrannie, n'ont pas comme seul objet la critique politique, mais lui donnent une place nouvelle, en l'intégrant dans une réflexion sur la liberté, entendue comme donnée morale et politique, à la fois individuelle et collective.

Théâtre et révolution : pendant les événements révolutionnaires les théâtres ne désemplissent pas pour autant. Chateaubriand en a laissé un témoignage dans ses *Mémoires d'outre-tombe* : « Dans tous les coins de Paris, il y avait des réunions littéraires, des sociétés politiques et des spectacles [...]. Aux théâtres les acteurs publiaient les nouvelles ; le parterre entonnait des couplets patriotiques. Des pièces de circonstance attiraient la foule : un abbé paraissait sur la scène ; le peuple lui criait "Calotin ! calotin !" et l'abbé répondait "Messieurs, vive la Nation !" On courait entendre chanter Mandini et sa femme, Viganoni et Rovedino à l'Opera-Buffa, après avoir entendu hurler "Ça ira" ; on allait admirer madame Dugazon, madame Saint-Aubin, Carline, la petite Olivier, mademoiselle Conatat, Molé, Fleury, Talma débutant, après avoir vu pendre Favras ». La Constituante, par son décret de janvier 1791 abolit en effet le monopole de la Comédie-Française, et, en dix ans, quarante-cinq salles nouvelles apparaissent. À la Comédie-Française, la troupe se scinde : les « Rouges », sous la conduite de Talma, fondent le théâtre de la République au Palais-Royal, tandis que les « Noirs » restent à la Comédie-Française. Arrêtés en 1793, ils sont sauvés grâce à un employé du Comité de salut public, qui fait disparaître leur dossier. Les deux clans se réunissent à nouveau pendant la Convention thermidorienne. La pièce qui inaugure le théâtre révolutionnaire est le *Charles IX* de Marie-Joseph Chénier, qui eut un grand succès. On connaît le mot attribué à Danton : « Si Figaro a tué la noblesse, *Charles IX* tuera la royauté. » La tragédie se fait ici patriotique, de même que la comédie, tel *Le Philinte de Molière* de Fabre d'Églantine : cette réécriture du *Misanthrope* fait d'Alceste un républicain idéaliste et de Philinte, un aristocrate borné. Parallélement, le mélodrame*, au sens moderne du mot, commence à triompher avec Pixérécourt.

Drame et poésie

C'est en Allemagne que l'émancipation du théâtre par le drame se réalise de façon beaucoup plus féconde qu'en France. Si Lessing se fait l'écho des idées de Diderot, c'est dans un contexte tout différent : il s'agit quasiment de créer un théâtre allemand. Ce sont les auteurs du *Sturm und Drang**, Goethe, puis Schiller qui donneront grâce lui un nouveau souffle à la création dramatique. Dans une Allemagne où il n'y a guère de théâtres permanents ni de tradition théâtrale nationale, les auteurs se soucient finalement assez peu des contraintes dramaturgiques. Leurs pièces sont d'abord écrites pour être lues, le théâtre est avant tout une forme d'expression littéraire. Schiller déclare :

> Il est donc vrai que le véritable esprit du genre dramatique creuse plus profondément dans l'âme, plonge dans le cœur des traits plus acérés et instruit plus vivement que le roman ou l'épopée (préface des *Brigands*).

Ainsi une situation apparemment défavorable suscite des écrits novateurs, qui se libérent radicalement de l'esthétique classique. Le théâtre est une forme poétique, propre à toutes les expériences. Lessing lui-même manifeste une grande liberté d'écriture dans *Emilia Galotti* (1772) ou dans *Nathan le Sage* (1779) : thématique amoureuse, réflexion philosophique et critique politique s'y mêlent, et l'emportent sur les contraintes dramaturgiques. La diversité du théâtre de Goethe, qu'on ne peut ici qu'évoquer rapidement, témoigne lui aussi d'une libération de l'esthétique classique, bien avant les gesticulations des romantiques français. Si *Gœtz de Berlichingen* (1772) a des allures de manifeste, *Iphigénie en Tauride* (1787), *Egmont* (1787) et *Torquato Tasso* (1789) obéissent surtout à une évolution poétique personnelle. Le mythe antique, l'histoire espagnole, la figure littéraire italienne sont les prétextes à une exploration poétique autant que dramatique de « problèmes » de la condition humaine : la violence, le génie, politique ou artistique, théorisé par Goethe sous la dénomination de « démonique ». *Faust*, ouvrage en chantier tout au long d'une vie, qui appartient autant au XIXe siècle qu'au XVIIIe siècle, est l'exemple le plus éclatant de la dimension poétique qu'a pu prendre en Allemagne l'écriture dramatique : pièce injouable, elle n'obéit pas à une logique dramatique, mais symbolique, voire mythique. Somme poétique, elle n'attend de la scène nulle consécration.

Parti d'une volonté d'efficacité dramatique face à l'usure de la tragédie et de la comédie classiques, le drame se métamorphose en Allemagne. S'il aboutit presque à l'exclusion du spectateur, il permet de renouer l'alliance entre théâtre et poésie, oubliée depuis Racine, et prépare ainsi les voies de la modernité.

CONCLUSION : AU-DELÀ DES LUMIÈRES

La scène des Lumières vaut mieux que l'épithète qui lui est souvent associée, et que nous évoquions au début de ce chapitre. Si elle ne s'est pas imposée à la postérité par une suite incontestée de chefs-d'œuvre, elle a cependant marqué durablement l'évolution du théâtre européen : les romantiques ont pu récolter les fruits des expériences parfois malheureuses, mais souvent fécondes de leurs prédecesseurs. À bien des égards, ce théâtre dont on a trop vite décidé la stérilité a été un laboratoire de la modernité théâtrale. L'édifice de l'esthétique classique a été sapé dans ses fondements, finalement autant par Voltaire que par les partisans du drame. La chiquenaude romantique a suffi à le faire s'effondrer, de façon spectaculaire, mais l'essentiel avait été fait, notamment en Allemagne par Lessing, Goethe et Schiller. Avec d'autres, ils ont fait du théâtre un genre littéraire libéré des contraintes dramatiques. En cela il faut mettre en parallèle l'évolution du genre romanesque et celle du théâtre : toutes deux aboutissent à une remise en cause de la conception normative des belles lettres, et contribuent à fonder, plus par la pratique que par la théorie, ce que l'on appelle depuis le romantisme la « littérature ». Le remise en cause de la tragédie, le renouvellement de la comédie et l'utopie du drame posent ainsi les fondements, nécessaires, mais peu visibles par définition, de la modernité littéraire, dont d'autres, de façon plus spectaculaire, ont édifié les cathédrales.

DOCUMENT COMMENTÉ

Marivaux : apparence et vérité

SILVIA, *à part.* – Ils se donnent la comédie ; n'importe, mettons tout à profit ; ce garçon là n'est pas sot, et je ne plains pas la soubrette qui l'aura ; il va m'en conter, laissons-le dire, pourvu qu'il m'instruise.

DORANTE, *à part.* – Cette fille m'étonne ! Il n'y a point de fille au monde à qui sa physionomie ne fît honneur : lions connaissance avec elle. (*Haut*) Puisque nous sommes dans le style amical et que nous avons abjuré les façons, dis-moi, Lisette, ta maîtresse te vaut-elle ? Elle est bien hardie d'oser avoir une femme de chambre comme toi !

SILVIA. – Bourguignon, cette question-là m'annonce que, suivant la coutume, tu arrives avec l'intention de me dire des douceurs : n'est-ce pas vrai ?

DORANTE. – Ma foi, je n'étais pas venu dans ce dessein-là, je te l'avoue ; tout valet que je suis, je n'ai jamais eu de grandes liaisons avec les soubrettes, je n'aime pas l'esprit domestique ; mais, à ton égard, c'est une autre affaire : comment donc ! tu me soumets, je suis presque timide, ma familiarité n'oserait s'apprivoiser avec toi, j'ai toujours envie d'ôter mon chapeau de dessus ma tête, et quand je te tutoie, il me semble que je jure ; enfin j'ai un penchant à te traiter avec des respects qui te feraient rire. Quelle espèce de suivante es-tu donc, avec ton air de princesse ?

SILVIA. – Tiens, tout ce que tu dis avoir senti en me voyant est précisément l'histoire de tous les valets qui m'ont vue.

DORANTE. – Ma foi, je ne serais pas surpris quand ce serait l'histoire de tous les maîtres.

SILVIA. – Le trait est joli, assurément ; mais je te le répète encore, je ne suis pas faite aux cajoleries de ceux dont la garde-robe ressemble à la tienne.

DORANTE. – C'est-à-dire que ma parure ne te plaît pas ?

SILVIA. – Non, Bourguignon ; laissons-là l'amour et soyons bons amis.

DORANTE. – Rien que cela ? Ton petit traité n'est composé que de deux impossibilités.

[...]

SILVIA, *à part.* – Mais en vérité, voilà un garçon qui me surprend, malgré que j'en aie. (*Haut*) Dis-moi, qui es-tu toi qui me parles ainsi ?

DORANTE. – Le fils d'honnêtes gens qui n'étaient pas riches.

SILVIA. – Va, je te souhaite de bon cœur une meilleure situation que la tienne, et je voudrais pouvoir y contribuer ; la fortune a tort avec toi.

DORANTE. – Ma foi, l'amour a plus tort qu'elle ; j'aimerais mieux qu'il me soit permis de te demander ton cœur, que d'avoir tous les biens du monde.

SILVIA. – Nous voilà, grâce au ciel, en conversation réglée. (*Haut*) Bourguignon, je ne saurais me fâcher des discours que tu me tiens ; mais je t'en prie, changeons d'entretien ; venons à ton maître ; tu peux te passer de me parler d'amour, je pense ?

DORANTE. – Tu pourrais bien te passer de m'en faire sentir, toi.

SILVIA. – Aïe ! Je me fâcherai ; tu m'impatientes. Encore une fois, laisse-là ton amour.

DORANTE. – Quitte donc ta figure.

SILVIA, *à part.* – À la fin, je crois qu'il m'amuse… (*Haut*) Eh bien, Bourguignon, tu ne veux donc pas finir ? Faudra-t-il que je te quitte ? (*À part*) Je devrais l'avoir fait.

DORANTE.	– Attends, Lisette, je voulais moi-même te parler d'autre chose ; mais je ne sais plus ce que c'est.
SILVIA	– J'avais de mon côté quelque chose à te dire ; mais tu m'as fait perdre mes idées aussi, à moi.

Marivaux, *Le Jeu de l'amour et du hasard* (1730), acte I, scène 7.

REMARQUES PRÉLIMINAIRES : LES OBJECTIFS DU TEXTE

Évidents dès l'abord :

– le jeu comique que permet le double déguisement ;
– le langage de la séduction (Dorante) ;
– la naissance de l'amour (Silvia).

Apparents dans un second temps :

– une réflexion sur les conditions sociales et leurs signes distinctifs ;
– un effacement systématique des frontières entre apparences et vérité.

1 - PRÉSENTATION DU DOCUMENT

■ L'auteur : Marivaux (1688-1763) est, avec Molière et Beaumarchais, l'un des dramaturges français les plus joués actuellement.

Son esthétique dramatique a renouvelé la comédie de son temps et proposé une formule neuve, très différente dans sa dramaturgie du modèle moliéresque. Son œuvre n'a guère fait école et sa spécificité est telle qu'elle a suscité un néologisme pour la désigner : « marivaudage ».

Marivaux est très lié à la comédie italienne, à la fois par un recours avoué à l'artifice dramatique (déguisement, cadre exotique de convenance), et par le fait qu'il écrivit ses pièces pour une troupe italienne, celle de Luigi Riccoboni, installée à Paris depuis 1716, et protégée par le Régent, puis par le roi. Comme Goldoni, il concevait certaines de ses pièces pour une actrice particulière, en l'occurrence Silvia, la femme de Riccoboni.

■ Le texte est extrait du *Jeu de l'amour et du hasard*, une des comédies les plus célèbres de Marivaux.

Silvia, jeune fille de bonne famille, doit épouser, pour obéir à son père, un jeune homme qu'elle ne connaît pas, Dorante. Pour l'observer plus librement, elle change de costume avec sa femme de chambre, Lisette. Mais Dorante a adopté le même stratagème et revêtu l'habit de son valet, Bourguignon. L'extrait proposé voit leur premier tête-à-tête. Le spectateur est seul au courant de ce double déguisement.

2 - MISE EN PLACE DU DOCUMENT

Le texte dramatique

■ Comme tout texte théâtral, le document ne livre qu'une partie des signes du message dramatique, ceux qui relèvent du langage. Il faut donc dans l'explication être sensible à la présence en creux des signes non verbaux (gestes, jeux de physionomie).

■ Les didascalies* ne disent presque rien des déplacements des acteurs, sauf l'interpellation de Dorante « Attends, Lisette » qui suppose que celle-ci faisait un mouvement pour s'éloigner de lui.

■ Les indications d'aparté sont nombreuses ; elles concernent presque toutes Lisette, ce qui est significatif : l'initiative de la séduction est du côté de Dorante (Silvia le dit : « il va m'en conter », « tu arrives avec l'intention de me dire des douceurs »). Le spectateur suit grâce aux apartés les réactions de Silvia. C'est au deuxième acte que Silvia mène l'action : elle avoue son amour, ce qui amène Dorante à tomber le masque, mais elle ne dévoile pas son identité, voulant se faire aimer en dépit de sa condition de servante.

Nature de l'intrigue

■ L'intrigue de la pièce repose entièrement sur un double déguisement, qui est à l'origine de toutes les péripéties. La tension dramatique ne provient pas d'une opposition des pères au mariage des fils ou des filles, comme c'est traditionnellement le cas dans la comédie. Certes, il y a bien passage d'un mariage arrangé à un mariage d'amour, mais c'est ici le même… On pourrait dire qu'il ne se passe rien : le mariage prévu au début de la pièce a bien lieu.

■ L'action est tout entière du côté des sentiments des personnages : il s'agit de faire l'épreuve de l'amour. Cette expression, qui est le titre d'une autre comédie, pourrait qualifier l'ensemble de l'œuvre de Marivaux : alors que l'amour est le plus souvent une donnée de départ de la comédie, le mariage étant le but à atteindre, c'est ici le mariage qui est une donnée, et l'amour une découverte à faire.

3 - EXPLICATION

Dans l'extrait proposé, l'auteur exploite les effets du double déguisement, dans un but comique mais aussi dramatique : Silvia et Dorante sont victimes de la « surprise de l'amour », qui est selon Bernard Dort, à l'origine de toutes les pièces de Marivaux. On peut donc organiser l'étude autour des notions complémentaires de déguisement et de dévoilement.

a/ Le déguisement

1 ~ Un comique sur plusieurs registres

■ Le premier effet comique est purement de situation : la méprise d'un personnage sur l'identité de son interlocuteur est un des procédés les plus sûrs de la comédie : elle assure des effets comiques, qui reposent sur une différence de savoir entre personnages et spectateurs.

■ Le double déguisement offre une possibilité supplémentaire de varier les effets du comique, par le parallélisme des situations et des répliques. Deux personnages se méprennent, ils sont eux-mêmes victimes du stratagème qu'ils mettent en place.

■ Le badinage amoureux reposant sur les « traits d'esprit », fréquent dans la comédie, acquiert grâce au déguisement une profondeur supplémentaire en posant la question de l'identité : « Quelle espèce de suivante es-tu, avec ton air de princesse ? », « Dis-moi, qui es-tu, toi qui me parles ainsi ? ». Elle naît du déguisement, qui provoque une dissonance entre le costume et la parole.

2 ~ Le costume et la parole

■ Traditionnellement, changer de costume suffit dans la comédie à rendre crédible le changement d'identité. Marivaux exploite ici la tension entre un costume qu'on peut endosser et une façon de s'exprimer dont on ne peut, semble-t-il, se départir.

■ Ce qui séduit Silvia, c'est le discours de Dorante, qui multiplie les « traits » d'esprit : ses jugements positifs font à chaque fois suite aux « mots » du valet (« Ma foi je ne serais pas surpris quand ce serait aussi l'histoire de tous les maîtres », « Ton petit traité n'est composé que de deux clauses impossibles », « Quitte donc ta figure »). Le charme vient de la surprise qu'elle éprouve à trouver tant d'esprit chez un serviteur.

Du côté de Dorante, c'est moins la façon de parler de Silvia que sa façon d'être qui le surprend. Sous la soubrette, perce la grande dame.

■ Tous deux sont conscients de la difficulté d'adopter le rôle qu'ils ont choisi, et se justifient d'un manque de crédibilité, en disant, ce qui est vrai, qu'ils ne sont pas habitué au badinage entre serviteurs : « Tout valet que je suis, je n'ai jamais eu de grandes liaisons avec les soubrettes, je n'aime pas l'esprit domestique »/ « Je ne suis pas faite aux cajoleries de ceux dont la garde-robe ressemble à la tienne ». On retrouve ici les deux motifs de la parole (« esprit domestique ») et du costume (« garde-robe »).

b/ Le dévoilement

Ce rôle que chacun joue va conduire au dévoilement de la vérité, mais plus pour le spectateur que pour les personnages, qui sont ici surpris par l'amour.

1 ~ Un double discours

■ Du côté de Dorante : le but de celui-ci est initialement d'en savoir plus sur Silvia grâce à celle qu'il suppose être Lisette : « Dis-moi, Lisette, ta maîtresse te vaut-elle ? » La question, qui est aussi un compliment, est centrale pour la pièce : Dorante finira par demander Lisette-Silvia en mariage, parce qu'il jugera que la valeur personnelle l'emporte sur la condition sociale.

Très vite Dorante oublie son but initial (« je voulais moi-même te parler d'autre chose », dit-il à la fin de l'extrait) pour se livrer à ce qu'il croit un badinage gratuit et de mise entre valet et soubrette. Ce langage va le prendre au piège d'un amour sérieux : il joue à l'amoureux et va le devenir.

D'ailleurs sa réplique : « Tu pourrais bien te passer de m'en faire sentir, toi [de l'amour] » est autant une réponse vive à Silvia, calquée sur « tu peux te passer de me parler d'amour, je pense », qu'une déclaration sérieuse. Le mécanisme du langage de la séduction, dont rien ne prouve la sincérité, entraîne les personnages, avant qu'ils ne soient conscients de leurs sentiments.

■ Du côté de Silvia : Silvia joue aussi le rôle de la soubrette qui répond aux « douceurs » attendues d'un laquais. Elle pense qu'il ne s'agit que de prélimaires à subir pour en venir au but (« Qu'importe pourvu qu'il m'instruise » et « Nous voilà, grâce au ciel en conversation réglée »). Elle se laisse cependant aussi prendre au jeu : le laquais a trop d'esprit, ce qui l'amène à prolonger l'entretien.

L'aparté permet traditionnellement, dans les scènes de déguisement, d'opposer vérité et mensonge. Il joue ici un rôle essentiel, mais sur un autre plan : Silvia ne s'adresse pas directement au public, mais se parle à elle-même. C'est de façon indirecte que le spectateur voit la naissance de l'amour. Le symptôme le plus net en est la réplique où le personnage se reproche de ne pas avoir déjà mis un terme à l'entretien.

2 ~ Des frontières incertaines

D'une certaine façon, chez Marivaux, le discours est toujours double, car le sujet n'est jamais parfaitement du côté du mensonge ou de la vérité, mais entre les deux.

■ Cet effacement des frontières entre vérité et mensonge, entre déguisement et dévoilement se retrouve dans l'échange des répliques, qui sont à la fois sincères et fausses.

■ Le but de chacun des personnages est d'en savoir plus sur celui ou celle qu'il doit épouser, en interrogeant celui ou celle qu'il croit être son domestique. Dorante ne ment pas lorqu'il dit qu'il n'est pas venu dans le dessein de dire des douceurs. De même Silvia déclare : « Venons-en à ton maître. » Tout le discours semble donc n'avoir qu'une fonction d'entrée en matière (« il va m'en conter, qu'importe, pourvu qu'il m'instruise »). Ici encore il y a inversion du schéma traditionnel : dans ces phrases apparemment anodines, se joue la naissance de l'amour. Les deux répliques finales montrent bien ce qu'il en est : chacun a été conduit à oublier son projet initial.

■ Les deux personnages découvrent sans le savoir ce qu'ils cherchaient, puisqu'ils sont en face de celui qu'ils veulent mieux connaître. Paradoxalement, ils ne le connaîtront que mieux parce qu'il est déguisé, c'est-à-dire délivré du rôle que lui impose la société.

Conclusion

L'échange des conditions a bien une fonction de dévoilement, mais pas celle qu'attendaient les personnages : il permet paradoxalement à l'individu de s'exprimer dans sa vérité, au moment même où il croit jouer un rôle. Le paradoxe est que les maîtres doivent jouer les valets pour se dire leur amour. La critique sociale est implicite mais présente ; elle vise moins à défendre le mérite contre la naissance, qu'à montrer la dénaturation qu'impose à l'individu tout rôle social. Un autre artifice, ici le déguisement, permet seul de reconquérir, et seulement au théâtre peut-être, la sincérité.

DOCUMENTS PROPOSÉS

Goldoni et la réforme du théâtre

ORAZIO. – Asseyez-vous, je vous en prie, et montrez-moi ce que vous avez de beau.

LELIO. – Tout de suite, voilà. Celle-ci est une comédie traduite du français, dont le titre...

ORAZIO. – N'allez pas plus loin. Si c'est une comédie traduite, je n'en veux pas.

LELIO. – Pourquoi ? Vous méprisez les œuvres des Français ?

ORAZIO. – Je ne les méprise pas ; j'en fait l'éloge, je les estime, je les révère, mais elles ne me conviennent pas. Un siècle durant les Français ont triomphé dans l'art de la comédie ; il serait temps désormais que l'Italie fasse connaître qu'en elle n'est pas éteinte la semence de ces bons auteurs qui les premiers à la suite des Grecs et des Latins ont enrichi le théâtre et lui ont donné son lustre. Les Français, on ne peut pas dire qu'ils n'aient pas dans leurs comédies de beaux caractères, bien cohérents, qu'ils ne manient pas bien les passions, et que leur esprit ne soit ni pénétrant, ni ingénieux, ni brillant ; mais leurs spectateurs se contentent de peu. Un seul caractère suffit pour soutenir une comédie en France. Autour d'une seule passion bien agencée et bien conduite gravitent une quantité de périodes qui, par leur vigueur d'expression, ont un air de nouveauté. Nos Italiens veulent bien davantage. Ils veulent que le caractère principal soit fort, original et reconnaissable ; que pratiquement tous les personnages qui forment les épisodes soient autant de caractères ; que l'intrigue soit suffisamment féconde en incidents et en entreprises. Ils veulent la morale mêlée aux bons mots et aux facéties. Ils veulent que le dénouement soit inattendu mais découle de l'action elle-même. Ils veulent tant et tant de choses que les énoncer serait déjà trop long et que seules une pratique assidue, l'expérience et les années permettent de les connaître et de les réaliser. [...]

LELIO. – S'il en est ainsi, moi j'ai une comédie de caractère entièrement de mon cru et qui plaira au plus grand nombre, j'en suis sûr. Je crois m'y être conformé à toutes les règles ; mais au cas où je ne les aurais pas toutes respectées, je suis certain d'avoir respecté la règle essentielle, c'est-à-dire l'unité de lieu.

ORAZIO. – Qui vous a dit que l'unité de lieu est une règle essentielle ?

LELIO. – Aristote.

ORAZIO. – Vous avez lu Aristote ?

LELIO. – À vrai dire, je ne l'ai pas lu, mais c'est ce que j'ai entendu dire.

ORAZIO. – Je vais vous l'expliquer, moi, ce que dit Aristote. Cet excellent philosophe a certes commencé un traité au sujet de la comédie, mais il ne l'a pas terminé et nous n'avons de lui, sur cet argument, que peu de pages, imparfaites. C'est au sujet de la tragédie qu'il a, dans sa *Poétique*, prescrit l'unité de lieu, et il n'a pas parlé de la comédie. Certains pensent que ce qu'il a dit de la tragédie doit s'entendre également de la comédie, et que s'il avait terminé son traité de la comédie, il aurait prescrit l'unité de lieu. Mais on peut répondre à cela que si Aristote vivait aujourd'hui, il supprimerait lui-même ce précepte malaisé, car il est cause de mille absurdités, de mille incongruités et de mille indécences. Pour moi, je distingue deux sortes de comédies : la comédie simple et la comédie d'intrigue. La comédie simple peut se faire dans un décor unique. Mais la comédie d'intrigue ne le peut sans violence. Les Anciens n'ont pas connu les possibilités que nous avons pour changer de décor, et voilà pourquoi ils avaient érigé en règle le décor unique. Quant à nous, nous aurons observé l'unité de lieu chaque fois que l'action se déroulera en une seule ville, et mieux encore, si elle se déroule dans une seule maison :

il suffit qu'on ne passe pas de Naples à la Castille, comme les Espagnols avaient coutume de le faire sans guère se poser de questions ; ils commencent d'ailleurs eux-mêmes à corriger cet abus, à être plus scrupuleux quant aux distances et à la durée. D'où je conclus que, si la comédie peut sans tiraillements et sans incongruités se dérouler dans un lieu unique, qu'elle le fasse ; mais si l'on doit, pour obtenir l'unité de lieu, y introduire des absurdités, mieux vaut alors changer de décor et s'en tenir aux règles du vraisemblable.

Carlo Goldoni, *Le Théâtre comique* (1750), acte II, scène 3. Traduction Ginette Henry.

Comprendre le document et ses centres d'intérêt

Les objectifs du texte sont évidents dès le premier abord :

– la définition par rapport à deux modèles : le théâtre français et les règles d'Aristote ;

– l'élaboration d'un autre théâtre « italien », qui s'inscrit dans un mouvement national et esthétique, parallèle à la démarche de Lessing en Allemagne.

Ils sont apparents dans un second temps :

– une réforme modérée : l'unité de lieu est simplement assouplie ;

– un plaidoyer *pro domo* qui vise à légitimer la pratique goldonienne du théâtre.

Présentation du document

– l'auteur : Carlo Goldoni (1707-1793), qualifié en son temps de « Molière italien » ou de « Térence de l'Adriatique », est, avec Luigi Pirandello, le dramaturge italien le plus célèbre. Entré tardivement dans la carrière d'auteur dramatique, « l'honnête aventurier » s'affirma très vite sur la scène littéraire vénitienne et italienne comme le tenant d'un nouveau théâtre ;

– le texte est un extrait de la pièce *Le Théâtre comique*, comédie manifeste, publiée en guise de préface à l'édition de 1751 du *Théâtre* de Goldoni. À la suite d'une première saison difficile du théâtre Saint-Ange, Goldoni s'était engagé en 1750 à écrire seize comédies nouvelles pour la saison suivante, ce qu'il fit, avec succès. Il en entreprit immédiatement la publication, afin de donner plus d'audience à la réforme qu'il avait engagée. *Le Théâtre comique* propose une « poétique en action ». Comme l'*Impromptu de Versailles* de Molière, la pièce a pour sujet une répétition théâtrale. Un poète vient faire ses offres de service au régisseur de la troupe : la scène est l'occasion de réflexions théoriques sur la comédie. Orazio refuse les pièces de Lelio, qui, de ce fait, deviendra acteur ;

– ce texte suscita une polémique littéraire à Venise : l'abbé Chiari (1712-1785), dramaturge rival de Goldoni proposa lui aussi sa « poétique en action » avec *Le Poète comique*. Carlo Gozzi (1720-1786) en donna une parodie : *Le Théâtre comique à l'hôtellerie du pèlerin*, et Giuseppe Baretti (1719-1789) prit aussi position contre ce manifeste, dans son *Fouet littéraire*.

Mettre en place le document

■ Analyse

– un débat théorique. Aristote est encore au XVIIIe siècle l'auteur invoqué comme référence souveraine dès qu'il s'agit d'écriture théâtrale. Mais le texte de la *Poétique* disparaît souvent sous le commentaire des critiques, d'où la pointe d'Orazio : « Vous avez lu Aristote ? » Cette figure d'autorité est cependant progressivement remise en cause au long du siècle, ou plutôt, la relecture d'Aristote se fait contre l'interprétation qu'en proposait le classicisme français ;

– pour une renaissance du théâtre italien. L'entreprise de Goldoni s'inscrit explicitement dans la volonté de faire renaître un âge d'or, celui du théâtre italien de la Renaissance : « les bons auteurs, qui, les premiers à la suite des Grecs et des Latins, ont enrichi le théâtre et lui ont donné son lustre » (allusion à l'Arioste et à l'Arétin). Il s'agit de rivaliser avec le théâtre français du XVIIe siècle, reconnu en Europe comme un modèle d'excellence. C'est ainsi que s'explique le refus des pièces traduites. On sait en effet que Molière fut abondamment traduit, ou plutôt adapté, en italien et en espagnol au XVIIIe siècle, alors même qu'en France son étoile pâlissait. Les pièces contemporaines qui avaient connu le succès en France étaient aussi souvent reprises à l'étranger. On notera aussi la critique, en passant, du théâtre espagnol du « siècle d'or », autre modèle de gloire littéraire avec lequel il s'agit de rivaliser.

■ **Intérêt du document**

– les deux arguments invoqués dans la critique d'Aristote relèvent d'une même attitude esthétique : celle du relativisme historique, qu'on peut relier au parti des Modernes, dans la querelle esthétique célèbre des Anciens et des Modernes. Les Modernes pensent que l'Antiquité n'est plus un modèle absolu : l'art a une histoire, et chaque période sa spécificité. Il faut donc interpréter les Anciens dans leur contexte historique, et non universaliser leurs réflexions ;

– Goldoni fait preuve d'une audace relative : il substitue à l'unité de lieu le respect de la vraisemblance, qui est en fait le fondement de la règle des unités, du moins dans l'interprétation classique d'Aristote. Les principes sont ainsi sauvegardés, mais les règles formelles remises en cause. Il propose une interpétation assouplie de l'unité de lieu, qui n'est donc pas radicalement critiquée : à l'espace d'une pièce, le fameux « vestibule » de la tragédie, il substitue l'espace d'une ville. Qui plus est, il reconnaît que la « comédie simple » peut obéir à l'unité de lieu. L'autorité des Anciens n'est que partiellement contestée. C'est d'ailleurs le cas chez la plupart des théoriciens du théâtre au XVIIIe siècle ;

– le texte dessine, par le biais de la critique de deux modèles dramatiques, l'un pratique, l'autre théorique, les lignes de force du théâtre goldonien. Goldoni propose une « voie moyenne », entre la rigidité française et la licence espagnole : il s'agit d'élaborer un nouveau théâtre, spécifiquement italien.

Construire le plan

– une poétique en action ? Du point de vue dramatique, il est certain qu'une telle scène pose problème à la représentation : elle relève plus du genre du dialogue philosophique que de la comédie. Aussi la construction d'ensemble de la pièce fait-elle alterner scènes didactiques, aux répliques longues, et scènes comiques, échanges de courtes répliques entre différents acteurs de la troupe, où s'expriment jalousies et rivalités. La pièce était cependant d'abord écrite pour être lue ;

– une défense du théâtre goldonien. Il n'est pas innocent que le porte-parole de Goldoni soit le régisseur d'une troupe, et qu'un auteur soit ridiculisé : Goldoni se réclame toujours d'une compétence pratique, et non d'une légitimité théorique. C'est l'expérience du public, et non le respect des règles ou l'imitation des Français, qui permet de faire de bonnes pièces ;

– Goldoni donne la « formule » de son écriture dramatique : importance du traitement des personnages secondaires, ménagement habile des effets de surprise, mais refus du dénouement dû à un *deus ex machina** (scènes de reconnaissance ou intervention d'une autorité extérieure), alliance de l'humour et du propos moral.

Rousseau et la critique du théâtre

La scène en général est un tableau des passions humaines, dont l'original est dans tous les cœurs : mais si le peintre n'avait soin de flatter ces passions, les spectateurs seraient bientôt rebutés, et ne voudraient plus se voir sous un aspect qui les fît mépriser d'eux-mêmes. Que s'il donne à quelques-unes des couleurs odieuses, c'est seulement à celles qui ne sont point générales, et qu'on hait naturellement. Ainsi l'auteur ne fait encore en cela que suivre le sentiment du public ; et alors ces passions de rebut sont toujours employées à en faire valoir d'autres, sinon plus légitimes, du moins plus au gré des spectateurs. Il n'y a que la raison qui soit bonne à rien sur la scène. Un homme sans passions, ou qui les dominerait toujours, n'y saurait intéresser personne ; et l'on a déjà remarqué qu'un stoïcien, dans la tragédie, serait un personnage insupportable.

Qu'on n'attribue donc pas au théâtre le pouvoir de changer des sentiments et des mœurs qu'il ne peut que suivre et embellir. Un auteur qui voudrait heurter le goût général composerait bientôt pour lui seul. Quand Molière corrigea la scène comique, il attaqua des modes, des ridicules ; mais il ne choqua pas pour cela le goût du public ; il le suivit ou le développa comme fit aussi Corneille de son côté. C'était l'ancien théâtre qui commençait à choquer ce goût, parce que, dans un siècle devenu plus poli, le théâtre gardait sa première grossièreté. Aussi le goût général ayant changé depuis ces deux auteurs, si leurs chefs-d'œuvre étaient encore à paraître, tomberaient infailliblement aujourd'hui. Les connaisseurs ont beau les admirer toujours, si le public les admire encore, c'est plus par honte de s'en dédire que par un vrai sentiment de leurs beautés. On dit que jamais une bonne pièce ne tombe ; vraiment je le crois bien ; c'est que jamais une bonne pièce ne choque les mœurs de son temps. Qui est-ce qui doute que, sur nos théâtres, la meilleure pièce de Sophocle ne tombât tout à plat ? On ne saurait se mettre à la place de gens qui ne nous ressemblent pas.

Tout auteur qui veut nous peindre des mœurs étrangères a pourtant grand soin d'approprier sa pièce aux nôtres. Sans cette précaution, l'on ne réussit jamais, et le succès même de ceux qui l'ont prise a souvent des causes bien différentes de celles que lui suppose un observateur superficiel. Quand *L'Arlequin sauvage* est si bien accueilli des spectateurs, pense-t-on que ce soit par le goût qu'ils prennent pour le sens et la simplicité de ce personnage, et qu'un seul d'entre eux voulût pour cela lui ressembler ? C'est tout au contraire que cette pièce favorise leur tour d'esprit, qui est d'aimer et de rechercher les idées neuves et singulières. Or il n'y en n'a point de plus neuves pour eux que celles de la nature. C'est précisément leur aversion pour les choses communes, qui les ramène quelquefois aux choses simples.

Jean-Jacques Rousseau, *Lettre à d'Alembert sur les spectacles*, 1758.

Comprendre le document et ses centres d'intérêt

Les objectifs du texte sont évidents dès le premier abord :

- la question du rapport entre théâtre et réalité sociale : le théâtre est le reflet de son époque ;
- la subordination de l'écriture dramatique au goût du public.

Ils sont apparents dans un second temps :

- une remise en cause indirecte du credo des philosophes selon lequel le théâtre a une fonction morale ;
- une critique de la société parisienne contemporaine de Rousseau.

Présentation du document

- l'auteur : s'il n'est guère utile de présenter Rousseau, on peut rappeler cependant l'ambiguïté de sa position dans le « système culturel » français. Bien qu'initialement ami des philosophes, et surtout de Diderot, et malgré le succès retentissant de ses œuvres, il en vint à se considérer comme un exclu. Ce mouvement se laisse déjà percevoir dans *la Lettre à d'Alembert sur les spectacles* : il fait allusion dans la préface à sa rupture avec Diderot et le groupe de l'*Encyclopédie*, et se justifie aussi de critiquer un article de cet ouvrage, alors que lui-même y a contribué. Il y évoque enfin une écriture placée sous le signe de la mélancolie ;
- le texte est extrait du début de la *Lettre à d'Alembert sur les spectacles*. L'occasion en est l'article « Genève », du tome VII de l'*Encyclopédie*, rédigé par d'Alembert ; il contenait un passage qui

proposait la création d'un théâtre permanent à Genève. Rousseau juge l'idée néfaste et rédige un réquisitoire sans appel contre le théâtre.

Mettre en place le document

■ Analyse

- dans le débat critique autour du théâtre, Rousseau tire, à partir de prémisses généralement admises, des conclusions opposées à l'opinion dominante. La rédaction de la *Lettre à d'Alembert* est d'ailleurs immédiatement postérieure à la réception du texte des *Entretiens sur le Fils naturel* de Diderot. (Rousseau y fait allusion au livre IX des *Confessions*) ;
- Rousseau part d'une idée simple : le théâtre est la peinture des passions. On en tire généralement depuis l'Antiquité la conséquence qu'il a une fonction éducatrice soit, indirectement, par la *catharsis** (la tragédie), ou la satire des travers (la comédie, dont la devise est le célèbre *castigat ridendo mores*), soit, directement, par la représentation du triomphe de la vertu (le drame). Pour le « citoyen de Genève », il s'agit d'une illusion. Dans un second temps, Rousseau va implicitement plus loin : si le théâtre est la peinture des passions, la raison en est absente. Or seul le spectacle de la raison serait moral pour Rousseau ;
- l'auteur accorde ensuite la priorité aux exemples, ce qui lui permet de donner un tour plus polémique à son propos et de l'infléchir dans le sens d'une critique de la société autant que du théâtre. Le passage consacré à Molière a pour fonction de montrer la part de convention qui alimente le respect éprouvé envers les auteurs du XVIIe siècle ;
- le passage se clôt sur une référence à une pièce du XVIIIe siècle, *L'Arlequin sauvage* d'un obscur auteur, De l'Isle de la Drevetière, créée en 1721, au Théâtre-Italien, et qui mettait en scène un « bon sauvage ». Le choix d'un exemple ancien n'est qu'une précaution : le propos s'applique pour Rousseau à des pièces récentes, et peut-être précisément au *Fils naturel* de Diderot.

■ Intérêt du document

- le texte présente l'intérêt de prendre à contrepied la plupart des idées des philosophes qui voulaient faire du théâtre une chaire laïque. Rousseau remet implicitement en cause le genre du drame, qui veut représenter des personnages vertueux, mais qui est selon lui condamné à l'échec dramatique ; ici la postérité semble lui avoir donné raison ;
- il ne faut pas se cacher non plus l'ambiguïté de la position de Rousseau, qui a lui-même écrit un certain nombre de textes dramatiques, dont le plus connu est le mélodrame *Le Devin du village* (1752) ; il fera d'ailleurs représenter *Pygmalion* en 1770. L'attitude est assez similaire à celle qu'il prend face au genre romanesque : il écrit dans la préface de *Julie ou la Nouvelle Héloïse* (1761), qui connut un succès extraordinaire à travers toute l'Europe : « Il faut des spectacles dans les grandes villes, et des romans aux peuples corrompus » ;
- au-delà du théâtre, c'est bien la société qui est en cause. Si le théâtre est mauvais, c'est qu'il est le produit d'une société corrompue. « C'est le mécontentement de soi-même, c'est le poids de l'oisiveté, c'est l'oubli des goûts simples et naturels, qui rendent si nécessaire un amusement étranger », déclare Rousseau au début de son propos. La société morale – ici celle de Genève – n'en a pas besoin : Rousseau pense d'ailleurs que Platon a bien fait de bannir les poètes de la République, et il entend ici spécifiquement les auteurs dramatiques.

Construire le plan

- une pensée paradoxale, qui retourne les arguments, démasque les faux-semblants, et condamne le théâtre pour mieux condamner la société parisienne au nom de la vertu genevoise ;
- une position de censeur pour Rousseau, en dehors, et au-dessus, de la corruption parisienne. Le théâtre est, pour paraphraser Jean Starobinski, un obstacle à la transparence ;
- on peut ainsi voir dans ce texte le début de la construction par Rousseau d'un mythe personnel, celui du paradis helvétique, auquel *La Nouvelle Héloïse*, dont le second sous-titre est *Lettre de deux amants écrites au pied des Alpes*, donnera sa pleine expression.

DISSERTATION EXPLIQUÉE

Rousseau écrit dans *La Lettre à d'Alembert* : « Plus j'y réfléchis, et plus je trouve que tout ce qu'on met en représentation au théâtre, on ne le rapproche pas de nous, on l'en éloigne. » Que pensez-vous de la pertinence de cette réflexion quant à la scène des Lumières ?

ÉLABORATION DU DEVOIR

A - DÉFINIR LE SUJET

Un tel sujet pose la question du rapport entre le sens de la citation dans la pensée de son auteur et sa portée générale pour une réflexion sur le théâtre au XVIIIe siècle.

Sens contextuel

Pour Rousseau, il s'agit d'abord de critiquer la fonction morale du théâtre : celui-ci n'incite pas à la vertu par l'identification ou l'émotion ; au contraire, il présente la vertu comme un spectacle, c'est-à-dire hors de l'univers réel.

Sens général

■ La citation, qui se présente comme une maxime, permet de s'interroger sur les rapports entre la scène et le spectateur. Le théâtre est-il un miroir du réel, ou bien opère-t-il une mise à distance, parce qu'il est une œuvre d'art ?

■ Il faut évidemment s'interroger sur le sens de l'opposition entre « rapprocher » et « éloigner » : à quels éléments précis du spectacle théâtral peut-on la rattacher ?

■ Noter aussi le caractère très général de l'expression « tout ce qu'on met en représentation au théâtre » : il ne s'agit pas seulement du drame, qui se veut un théâtre de la vie ordinaire, mais aussi de la comédie et de la tragédie.

B - CONSTRUIRE LE PLAN

Recenser les aspects à étudier

Le sujet permet différentes orientations de la réflexion.

■ La question de la moralité du théâtre : la scène met-elle les maximes en action, rend-elle le spectateur plus vertueux ?

■ La question de l'illusion : le théâtre suppose-t-il l'abolition de la distance entre réalité et artifice ? Le primat du visible va-t-il dans ce sens ?

■ La question de l'inscription du spectateur dans la dramaturgie. Diderot écrit par exemple : « Soit donc que vous composiez, soit que vous jouiez, ne pensez pas plus au spectateur que s'il n'existait pas. Imaginez sur le bord du théâtre un grand mur qui vous sépare du parterre. Jouez comme si la toile ne se levait pas. »

■ Le théâtre est-il communication ou solitude ? Baculard d'Arnaud, un auteur de l'époque, écrit : « Le pathétique nous fait nous replier sur nous-mêmes, rend, pour ainsi dire, plus délicates les fibres de notre sensibilité, entretient dans le cœur cette humanité qui n'est autre que l'amour de soi-même dans les autres. »

Définir les articulations du plan

■ Il convient de consacrer un moment de la réflexion à replacer la citation dans son contexte. Rousseau prend une position extrême dans un débat ancien : le théâtre est-il moral ou immoral ? Rappeler la solution que propose le drame. Rousseau se situe à l'exact opposé de la position de Diderot.

■ La place du spectateur : l'univers de la scène est-il perçu comme le prolongement de celui du spectateur, ou bien donne-t-il accès à un autre monde ? Penser à l'importance du « costume » dans nombre de pièces du XVIIIe siècle, ou à la manifestation de l'artifice dans beaucoup de comédies ou à l'opéra. L'esthétique du drame n'est-elle pas mineure dans la production dramatique ?

■ Émotion ou distanciation ; sur un autre mode, c'est la même question qui se pose : le théâtre repose-t-il sur l'immédiateté émotive ou la distance, qu'elle soit cathartique* ou ironique. Le mouvement dominant du siècle semble bien aller dans le premier sens : c'est en partie au nom d'une distance trop grande entre scène et public que se fait la critique de la tragédie ; c'est cette distance que veut abolir Diderot dans sa théorie du drame.

RÉDACTION DU DEVOIR

INTRODUCTION

Lorsque d'Alembert, dans l'article « Genève » de l'*Encyclopédie* propose la création d'un théâtre permanent qui, selon lui, parachèverait la constitution d'une république idéale, Rousseau réagit fortement : pour lui, le théâtre est une institution néfaste, qui n'a pas sa place dans une société vertueuse. Contestant la portée morale de la scène, il écrit : « Plus j'y réfléchis, et plus je trouve que tout ce qu'on met en représentation au théâtre, on ne le rapproche pas de nous, on l'en éloigne. » Cette nette condamnation va à l'encontre de la pensée dominante des théoriciens du XVIIIe siècle : elle sape le fondement majeur de la défense du théâtre et plus spécifiquement du genre nouveau, le drame. Mais cette opinion pose aussi la question plus générale des rapports entre la scène et le spectateur : reposent-ils sur la distance ou sur la proximité ? Ainsi, au-delà du débat sur l'utilité du théâtre, Rousseau pose les bases d'une réflexion sur l'illusion dramatique. Nous examinerons donc d'abord les enjeux moraux de cette réflexion, pour aborder ensuite ses implications esthétiques : on se demandera quel type de communication se met en place entre la scène et la salle, mais aussi quel type d'illusion la scène des Lumières vise à produire.

1 - UNE CRITIQUE DE L'EFFICACITÉ MORALE DU THÉÂTRE

a/ Le point de vue des philosophes

Pour apprécier le point de vue iconoclaste de Rousseau, il convient de rappeler l'extraordinaire investissement théorique de la part des philosophes dans la fonction didactique du théâtre. Il ne s'agit plus seulement d'une défense face à une condamnation religieuse comme au XVIIe siècle, mais d'une volonté de faire du théâtre un instrument laïque d'éducation. Exemples :

■ Achever l'éducation. D'Alembert dans l'article « Genève » : « les représentations théâtrales formeraient le goût des citoyens, et leur donneraient une finesse de tact, une délicatesse de sentiment qu'il est très difficile d'acquérir sans ce secours ».

■ Une chaire laïque. Diderot, dans les *Entretiens*, évoquant un société idéale, sur une île déserte : « Tous les peuples ont leurs sabbats, et nous aurons aussi les nôtres. Dans ces jours solennels, on représentera une belle tragédie, qui apprenne aux hommes à redouter les passions ; une bonne comédie, qui les instruise de leur devoirs, et leur en inspire le goût. »

■ Un instrument de progrès. Mercier : « Le moyen le plus actif et le plus prompt d'armer invinciblement les forces de la raison humaine et de jeter tout à coup sur un peuple une grande masse de lumières, serait, à coup sûr, le théâtre. »

C'est contre ces idées que Rousseau prend parti.

b/ Une morale en action

Rousseau doit répondre à un argument sans cesse avancé : celui de la morale en action. Utilisé aussi pour le roman, ce type de défense oppose l'inefficacité des préceptes moraux abstraits à la valeur pédagogique de l'exemple : le théâtre incite à la vertu en mettant sous les yeux du public des actions morales.

■ Exemple : le mouvement de réforme de la comédie, qui vise au triomphe des valeurs morales au dénouement.

■ Exemple : l'affirmation de l'efficacité du spectacle du vice ; Diderot : « Le parterre de la comédie est le seul endroit où les larmes de l'homme vertueux et du méchant soient confondues. Là, le méchant s'irrite contre des injustices qu'il aurait commises ; compatit à des maux qu'il aurait occasionnés, et s'indigne contre son propre caractère. »

c/ L'illusion de la proximité

Pour Rousseau il s'agit d'une illusion : la distance scénique n'est jamais oubliée et la communication dramatique n'abolit pas la distance entre la scène et la salle : « Le théâtre a ses règles, ses maximes, sa morale à part, ainsi que son langage et ses vêtements. » Il doute ainsi de l'effet de la tragédie : « Une émotion passagère, qui ne dure pas plus que l'illusion qui l'a produite [...], une pitié stérile, qui se repaît de quelques larmes, et n'a jamais produit le moindre acte d'humanité. » C'est donc la spécificité théâtrale, la distance existant entre la scène et le monde que vient de rappeler Rousseau.

2 - DISTANCE ET PROXIMITÉ : LA COMMUNICATION DRAMATIQUE

a/ Une distance irréductible

Par d'autres voies, Rousseau rejoint la critique de la tragédie qui se généralise au XVIIIᵉ siècle. L'exclamation célèbre de Beaumarchais dans *L'Essai sur le genre dramatique sérieux* : « Que me font à moi, sujet paisible d'un état monarchique du XVIIIᵉ siècle, les révolutions d'Athènes et de Rome ? » critique aussi la distance entre représentation et spectateur. La différence réside dans le fait que pour Rousseau la distance est congénitale au théâtre, pour Beaumarchais circonstancielle : le drame peut y remédier.

Du côté de la comédie, on pourrait penser que la distance est moins grande, puisque les mœurs contemporaines y sont représentées, dans un but moral (*castigat ridendo mores*). Pour Rousseau, il y a aussi distance : la formulation de la citation insiste sur l'idée d'aboutissement (« Plus j'y réfléchis… ») et de généralisation (« Tout ce qu'on met en représentation »). Il ne s'agit donc pas seulement d'une question de « costume », mais bien de fonctionnement du théâtre.

b/ Catharsis ou identification

Pour Rousseau, l'émotion et l'action sont séparées : la comédie donne bonne conscience pour la durée du spectacle. La communication théâtrale a une fonction émotive et non une efficacité pragmatique.

C'est là une remise en cause radicale du mouvement général d'évolution du théâtre : face à la crise de la tragédie classique, Diderot et d'autres en Europe renoncent, à partir du milieu du siècle, à une réforme de type voltairien pour proposer un nouveau genre, qui aurait les avantages de la proximité comique et de l'intensité tragique.

Cette réflexion repose sur une conception du théâtre qui suppose la sympathie, c'est-à-dire l'identification émotive aux situations représentées sur scène. Tout, dans l'esthétique du drame, doit donc concourir à favoriser l'identité entre scène et salle. Dans le costume, comme dans la diction, il s'agit de paraître naturel ; pour émouvoir, le théâtre doit être le miroir exact de la vie.

c/ Théâtralité et réalité

Cette volonté de proximité passe paradoxalement par une séparation nette de la scène et de la salle. Il s'agit de bannir les adresses directes au spectateur, et de proposer une conception picturale de la scène, qui vise à faire oublier la rampe : « Soit donc que vous composiez, soit que vous jouiez, ne pensez pas plus au spectateur que s'il n'existait pas. Imaginez sur le bord du théâtre un grand mur qui vous sépare du parterre. Jouez comme si la toile ne se levait pas. » Diderot est ainsi l'inventeur du fameux « quatrième mur* ».

La proximité émotive suppose une certaine conception du public : réduit au silence et considéré non comme un groupe mais comme une juxtaposition de monades, absorbées chacune dans une contemplation solitaire. Baculard d'Arnaud écrit : « Le pathétique nous fait nous replier sur nous-mêmes, rend, pour ainsi dire, plus délicates les fibres de notre sensibilité, entretient dans le cœur cette humanité qui n'est autre que l'amour de soi-même dans les autres. »

C'est cet idéalisme que critique Rousseau, et, ce faisant, il rappelle une donnée essentielle : le théâtre est artifice, même et surtout quand il prétend ne pas l'être. La distance est constitutive de l'expérience dramatique.

3 - ILLUSION ET ARTIFICE : LA « REPRÉSENTATION » DRAMATIQUE

a/ L'illusion en question

Il n'y a pas d'illusion au théâtre. Rousseau rejoint implicitement les positions traditionnelles quant à l'illusion théâtrale ; Johnson écrivait déjà : « La vérité est que les spectateurs sont toujours dans leur bon sens et savent, du premier acte jusqu'au dernier, que la scène n'est qu'une scène, et que les acteurs ne sont que des acteurs. »

Ce sont donc deux conceptions du théâtre qui s'affrontent : entre « réalisme » et « imitation ». Paradoxalement, les Anciens sont du côté de la conscience de l'artifice. Et c'est peut-être l'oubli de la nature du théâtre, comme fiction, c'est-à-dire suspension volontaire de l'incrédulité, qui explique l'échec du drame. Celui-ci ne connaîtra le succès que sous sa forme romantique, où l'invraisemblance sera revendiquée comme telle.

b/ L'artifice revendiqué

On peut d'ailleurs rappeler que les deux dramaturges français dont le XXe siècle se souvient sont du côté de l'affirmation de l'artifice, tout en renouvelant le genre qu'ils pratiquent : Marivaux et Beaumarchais ne laissent pas un instant oublier qu'il s'agit de théâtre. Cela ne nuit nullement à l'efficacité de leur dramaturgie. On peut bien sûr douter que leur propos soit directement « moral », car il s'agit plus, dans les deux cas, d'« élucidation » de certains aspects de l'homme que de « prédication ».

c/ La spécificité rousseauiste

Du Bos a dit vingt ans plus tôt ce qu'affirme Rousseau : « La tragédie de Racine qui nous présente l'imitation de cet événement [la mort de Phèdre] nous émeut et nous touche, sans laisser en nous la semence d'une tristesse durable. [...] L'affliction n'est pour ainsi dire que sur la superficie de notre cœur, et nous sentons bien que nos pleurs finiront avec la représentation de la fiction ingénieuse qui les fait couler. »

La spécificité de la position de Rousseau ne tient donc pas à l'originalité de son argumentation : malgré une formulation percutante elle demeure très classique. Mais ce qui est pour Du Bos une donnée du théâtre visant à prouver son statut d'art libéral devient chez Rousseau un vice essentiel.

Au-delà de la question de la moralité du théâtre, ce sont ses fondements mêmes qui sont, pour Rousseau, inacceptables. Cette distance lui est, pour des raisons plus fantasmatiques qu'esthétiques, insupportable. On rejoint ici les conclusions de J. Starobinski (*La Transparence et l'obstacle*).

CONCLUSION

■ Rappeler les points forts du développement.

■ Replacer le débat dans un cadre plus vaste : cent ans avant l'école du « réalisme », et *a fortiori* du « naturalisme », Rousseau dénonce l'illusion qu'il y a à croire que l'activité artistique trouve son accomplissement dans la perfection d'une illusion, la proximité avec le réel. Oublier cela, c'est perdre de vue ce qui fait l'essence de l'art : sa capacité de stylisation, la création d'une distance féconde.

Dissertations proposées

Schiller écrit : « Dans la tragédie, la matière elle-même fait déjà beaucoup ; dans la comédie, l'objet ne fait rien, le poète fait tout. (...) Le poète tragique est soutenu par son objet ; dans la comédie, au contraire, c'est le sujet, la personne du poète qui doit maintenir son objet à la hauteur esthétique. Le premier n'a qu'à prendre son élan, et cela ne demande pas un si grand effort ; l'autre doit rester égal à lui-même : il faut qu'il soit d'avance, et comme chez lui là où le poète tragique n'arrive qu'au moyen d'un élan. » Vous analyserez et commenterez cette opinion paradoxale.

Réfléchir aux termes et intentions du sujet

La citation, longue, requiert un minimum d'explication de texte.

– une définition contrastée : opposition entre sujet, c'est-à-dire le dramaturge, et objet, c'est-à-dire le contenu de la pièce, ce que nous appellerions, nous, le sujet ; opposition entre « prendre son élan » et « maintenir son objet à la hauteur esthétique », entre effort dynamique et stabilité maintenue ;

– un jugement de valeur implicite : la comédie plus difficile que la tragédie : formule restrictive (« n'a qu'à prendre son élan »), incise dépréciative (« et cela ne demande pas un si grand effort »). Position paradoxale, qui inverse la hiérarchie traditionnelle des genres.

Recenser les aspects à étudier

Le sujet dépasse la question historique, pour proposer une réflexion générale ; il ne faut pas pour autant éliminer la question du théâtre du XVIIIe siècle : c'est un certain état de la dramaturgie des Lumières qui suscite la réflexion de Schiller.

– la crise de la tragédie au XVIIIe (critiques théoriques et tentatives de renouvellement) dont, implicitement, Schiller prend acte ;

– ce qu'entend Schiller par « comédie » : celle-ci a aussi subi des évolutions au cours du siècle. Montrer que la valorisation de la comédie est en fait une apologie pour un nouveau théâtre, qu'on appellera au siècle suivant « drame romantique », dont Schiller est l'initiateur ;

– l'élan tragique renvoie à l'intensité pathétique, au sublime, et suppose, dans la tragédie, une alternance de temps faibles et de temps forts. « Rester égal à lui-même » implique une conception de la comédie comme création d'un univers cohérent, où tout doit contribuer à l'effet d'ensemble. Genre « médiocre » au premier sens du terme, et genre « élevé » s'opposent selon de nouvelles modalités ;

– le sens de l'application inattendue de l'opposition entre sujet et objet au couple tragédie et comédie : pour Schiller, c'est la comédie qui permet le mieux au poète de montrer son talent. La tragédie n'est plus le passage obligé pour la reconnaissance du talent dramatique ;

– Schiller opère ainsi une remise en cause radicale du système dramatique classique.

Définir les articulations du plan

Il faut montrer, dans ce type de sujet, que l'on a compris les enjeux qui sous-tendent la citation.

– consacrer un temps de la réflexion à l'opposition « élan » et « stabilité » pour en montrer les implications critiques ;

– montrer clairement que l'on a perçu la remise en cause du système classique, implicite dans la citation ;

– appuyer la réflexion sur des œuvres du XVIIIe siècle : le drame du *Sturm und Drang** et les pièces plus tardives de Schiller conservent certains éléments du tragique mais les insèrent dans un autre univers (Cf. *Gœtz de Berlichingen*, *Egmont* de Goethe, ou *Les Brigands* et *Guillaume Tell* de Schiller qui posent toujours la question de l'héroïsme, mais le relient à l'histoire plus qu'à l'individu : il s'agit autant de montrer l'insertion du héros dans une situation historique que de le situer face à un destin) ;
– la question des rapports entre théâtre et poésie doit être abordée, au moins en conclusion : pour Schiller la « comédie », au sens où il l'entend, est plus poétique que la tragédie : l'une ferait appel à un talent démiurgique, l'autre à la simple manipulation de l'émotion.

Marmontel écrit à propos des partisans du drame : « Leur théorie roule sur deux erreurs : l'une que tout ce qui intéresse est bon pour le théâtre, l'autre, que tout ce qui ressemble à la nature est beau et que l'imitation la plus fidèle est toujours la meilleure. » À partir de votre connaissance du théâtre du XVIIIe siècle, vous commenterez et discuterez cette opinion.

Réfléchir aux termes et intentions du sujet

Marmontel se pose en censeur : dénoncer des « erreurs » suppose une norme implicite, ici celle de l'esthétique classique : on a affaire à une citation polémique.

Les erreurs du drame :

– « tout ce qui intéresse est bon pour le théâtre ». Le sens du mot « intéresser » est plus fort que le sens moderne : ce qui provoque l'implication de la sensibilité, voire du désir (Cf. « elle était d'une figure bien intéressante » : cette phrase, prononcée au sujet d'une femme, signifie qu'elle fait naître le désir amoureux). C'est un synonyme de « toucher », « émouvoir » (Cf. « ce qui nous intéresse nous attache »). Pour Marmontel, l'efficacité pathétique ne peut être une critique esthétique ;
– « tout ce qui ressemble à la nature est beau ». Marmontel prend position contre l'idée d'une équivalence entre le beau et la nature, perversion pour lui de la doctrine classique de l'imitation : il faut choisir dans la nature ce qui est digne de l'art ;
– de même, « l'imitation la plus fidèle est toujours la meilleure ». Critique qui reprend l'opposition traditionnelle entre « copie » et « imitation », l'une est soumise au réel, l'autre le recompose. La proximité au réel n'est pas forcément gage de valeur esthétique.

Marmontel annonce deux erreurs, mais la phrase est ternaire : en fait, les deux dernières idées touchent à la représentation, et la première à la question de l'implication du spectateur.

Recenser les aspects à étudier

L'opposition au drame relève de plusieurs présupposés, qu'il faut expliciter dans le devoir :

– d'un point de vue esthétique, la défense de la doctrine classique de l'imitation et le rappel de l'importance du rôle du dramaturge dans la composition de la pièce, qui ne saurait être simple miroir du réel ;
– d'un point de vue polémique : la défense de la tragédie voltairienne, à laquelle Marmontel continue de donner la préférence, du fait notamment de ses liens personnels avec Voltaire. Attaques contre les « nouveaux venus », Sedaine notamment ;
– d'un point de vue sociologique : la représentation de la simple bourgeoisie ou, pire, du peuple, semble faire frémir Marmontel ; la démocratisation de la culture lui paraît une démission face à des objectifs nobles. L'art doit avoir sa sphère spécifique. Il faut ici se rappeler les positions d'un Mercier, par exemple, dont le radicalisme est affirmé.

Définir les articulations du plan

La réflexion peut s'articuler autour d'une explicitation de la citation, en abordant les deux erreurs pour ensuite proposer une synthèse qui montre la spécificité de la position.

– un premier temps consacré à la critique du primat de l'émotion (comment notamment la tragédie la stylise pour en désamorcer le contenu choquant : mort de Phèdre, crimes de Médée) ;

– un second temps consacré à la défense de l'imitation contre la tentation du réalisme (comment le drame provoque un élargissement du champ du réel digne de représentation artistique, et l'opposition que ce mouvement suscite). Esquisser un parallèle avec le débat contemporain sur la poésie, la poésie descriptive étant accusée de ruiner la diction poétique par ses mots concrets ;

– un dernier temps qui montre la portée subversive de l'esthétique du drame, puisqu'elle suscite une telle réaction de défense. Dire aussi comment Marmontel exprime en fait, pour les réfuter, des positions qui sont au centre du drame romantique.

Malgré son échec face à la postérité, le drame du XVIIIe siècle pose en fait les fondements de la dramaturgie qui triomphera au XIXe siècle. Le « Tout ce qui ressemble à la nature est beau » n'aurait pas été renié par le Victor Hugo de la préface de *Cromwell*. Articuler la synthèse autour de l'émotion (le drame romantique prônera l'alternance du sublime et du grotesque) et de l'imitation (la référence à la nature permet de refuser les bienséances, qu'elles soient morales ou sociales).

7

LE XIXe SIÈCLE : LES CHAOS D'UNE RÉVOLUTION

Rien n'est si vite fait que des ruines ; rien n'est si difficile que de bâtir. (Musset, 1833)

Edifiées sur les ruines de l'Ancien Régime, les fondations de la société nouvelle qui, à partir de 1789, n'en finit pas de se construire, sont fragiles : le XIXe siècle est avant tout un siècle d'interrogations. Dans la violence des révolutions et des restaurations qui se succèdent sans relâche du Premier Empire à la république née de la Commune de 1870, dans l'incertitude des mutations idéologiques et technologiques, l'homme reconnu libre en 1791 est en effet un homme seul face à lui-même et à l'infini : l'« enfant du siècle », à la recherche de son destin, est en proie à « un mal de vivre qui, au fil du siècle, va de l'ennui à la névrose hallucinée, en passant par le spleen » (Madeleine Ambrière), hanté de plus en plus désespérément par une exigence d'absolu.

L'art dont « l'horizon s'est bien élargi » (Hugo) s'en fait l'interprète : la liberté rêvée en politique envahit le terrain littéraire où elle livre les mêmes batailles. C'est au théâtre, bastion du conservatisme, qu'elles sont les plus acharnées : il est en effet la forme d'expression idéale des deux aspects qui, nés de l'ivresse révolutionnaire, sont l'essence du romantisme : la contestation des formes établies et l'aspiration à la totalité.

Ces aspects fondent une dramaturgie subversive. S'attaquant aux formes classiques traditionnelles et mêlant les genres et les publics au nom de la liberté, elle est toujours politique : miroir de la société et instrument de propagande, le théâtre scrute l'Histoire, et, à travers elle, les formes d'un pouvoir que l'utilisation de la censure rend suspect. « Tout voir et tout faire voir, tout comprendre et tout faire comprendre » : l'ambition balzacienne est aussi celle des dramaturges. Cette aspiration à une vision unitaire et globale de l'homme dans la société est la source du plus grand renouvellement de la dramaturgie classique et la base du théâtre moderne : un tel projet modifie progressivement la conception de la représentation en tant que telle, qui n'est plus seulement définie par rapport au texte, mais dans une approche globale qui oblige les dramaturges à réfléchir sur les rapports entre le dit et l'écrit, le textuel et le visuel, la scène et le public. Des excès scéniques du drame romantique à la première utopie théâtrale du symbolisme, la mise en scène naît au XIXe siècle.

L'histoire de la dramaturgie de cette époque est donc l'histoire d'une **libération à la fois politique,** car les régimes tentent de bâillonner une forme d'expression directe qui rappelle au peuple qu'il est souverain, **et littéraire,** car le classicisme, hérité du XVIIe siècle, exerce un impérialisme particulièrement fort. Du registre noble au registre populaire, l'esthétique se modifie progressivement pour aboutir dans les années 1830 à la forme théâtrale par essence la plus libre, le drame, développé par les romantiques. Echappant aux clôtures, il transcende les genres et les codes pour retrouver une forme d'expression du tragique appropriée au siècle. Protéiforme et polyphonique, l'esthétique romantique offre à la scène française une base de réflexion, dont la fin du siècle, malgré sa relative pâleur, annonce, avec le symbolisme, les développements modernes.

BIBLIOGRAPHIE GÉNÉRALE DU CHAPITRE

AMBRIERE M., *Précis de littérature française du XIXe siècle,* PUF, 1990.
BERTHIER P., *Le Théâtre au XIXe siècle,* PUF, 1984, QSJ, n° 2151.
BORIE M. et alii, *Esthétique théâtrale,* SEDES, 1982.
LINTILHAC, *La Comédie de la Révolution au second Empire,* Tome V, *Histoire générale du théâtre en France,* Flammarion, 1910.
MARCHAL B., *Lire le symbolisme,* Dunod, 1993.
MILLET C., *L'Esthétique romantique en France. Une anthologie,* Pocket, 1994, « Agora ».
ROBICHEZ J., *Le Symbolisme au théâtre,* L'Arche, 1957.
ROUBINE J.-J., *Les Grandes Théories théâtrales,* Bordas, 1989.
THOMASSEAU J.-M., *Drame et tragédie,* Hachette, 1995, Contours littéraires.
Le Mélodrame sur les scènes parisiennes, Lille, Service de reproduction des thèses, 1974.
UBERSFELD A., *Le Roi et le bouffon. Études sur le théâtre de Hugo de 1830 à 1839,* Corti, 1974.
Le Drame romantique, Belin, Belin Sup, 1994.
Revue *Europe,* numéro spécial « Le Vaudeville », n° 786, octobre 1994.

Tableau chronologique

Événements politiques	Théâtre en France	Théâtre à l'étranger
		1767-68 : Lessing, *La Dramaturgie de Hambourg* (trad. française : 1785)
		1773 : Goethe, *Goetz von Berlichingen*
	1778-83 : Shakespeare, *Théâtre*, trad. Le Tourneur	1781 : Schiller, *Die Raüber*
	1784 : Beaumarchais, *le Mariage de Figaro*	
1789 : début de la Révolution française	1789 : Chénier, *Charles IX*	
1791 : l'Assemblée constituante abolit les privilèges régissant les théâtres		
	1792 : ouverture du théâtre du Vaudeville Ducis, *Othello* Picard, *Médiocre et rampant, ou le Moyen de parvenir*	
	1798 : Pixérécourt, *Victor, ou l'Enfant de la Forêt*	
1799 : coup d'état du 18 Brumaire : Bonaparte consul	1799 : Humboldt, *De L'État actuel de la scène tragique française*	
	1800 : Lemercier, *Pinto, ou la Journée d'une conspiration* Pixérécourt, *Cœlina, ou l'Enfant du mystère* Duval, *La Maison du marais, ou Trois ans d'absence* De Staël, *De La Littérature considérée dans ses rapports avec les institutions sociales*	1800 : Schiller, *Wallenstein*
1802 : Bonaparte consul à vie		
1804 : l'Empire : couronnement de Napoléon		1804 : Schiller, *Guillaume Tell*
	1805 : Raynouard, *Les Templiers*	
1806 : décret napoléonien : fin de la liberté d'ouverture des théâtres ; rétablissement de la censure		
1807 : décrets napoléoniens organisant les scènes parisiennes		1807 : Schlegel, *Comparaison entre la* Phèdre *de Racine et celle d'Euripide*
		1808 : Schlegel, *Cours de littérature dramatique* Goethe, *Faust I*
	1809 : Schiller, *Wallenstein*, trad. B. Constant Lemercier, *Christophe Colomb*	
	1810 : Mme de Staël, *De l'Allemagne*	1810 : Von Kleist, *Le Prince de Hombourg*
1812 : Campagne de Russie décret de Moscou (organisation de la Comédie-Française)		
1814 : invasion de la France par les armées coalisées : abdication de Napoléon retour de Louis XVIII : première Restauration Congrès de Vienne	1814 : J.-B. Hapdé, *Plus de mélodrames !*	1814 : W. Scott, *Waverley*
1815 : Campagne des Cent-Jours ; Waterloo retour de Louis XVIII : deuxième Restauration	1815 : Caigniez, *La Pie voleuse, ou la Servante de Palaiseau*	
	1816 : ouverture de l'Odéon	1816 : Rossini, *Le Barbier de Séville*
	1819 : Delavigne, *Les Vêpres siciliennes* Ancelot, *Louis IX*	1819 : W. Scott, *Ivanohé*
	1820 : débuts de Mlle Mars Lebrun, *Marie Stuart*	

Événements politiques	Théâtre en France	Théâtre à l'étranger
	1821 : Guizot, préface : « Vie de Shakespeare » Bonjour, *La Mère rivale*	1821 : Weber, *Der Freischütz*
	1822 : les acteurs anglais provoquent des émeutes à la Porte-Saint-Martin Stendhal, *Racine et Shakespeare I* *Chefs d'œuvres des théâtres étrangers*, chez Ladvocat Deschamps, *Études françaises et étrangères*	
	1823 : débuts de Frédérick-Lemaître dans *L'Auberge des Adrets*	
1824 : mort de Louis XVIII		1824 : Beethoven, *9e symphonie à* Vienne
1825 : sacre de Charles X à Reims	1825 : Stendhal, *Racine et Shakespeare II* Mérimée, *Théâtre de Clara Gazul* Soumet, *Jeanne d'Arc*	
	1826 : mort de Talma Vitet, *Les Barricades* Bonjour, *L'Argent, ou les Mœurs du siècle*	
1827 : victoire libérale aux élections	1827 : tournée triomphale des acteurs anglais Goethe, *Faust*, trad. Nerval Ducange, *Trente ans, ou la Vie d'un joueur* (Marie Dorval) Hugo, *Cromwell*	1827 : Mickiewicz, *Konrad Wallenrod*
	1828 : Mérimée, *La Jacquerie* Hugo, *Amy Robsart* (échec)	
1829 : ministère ultra de Polignac	1829 : Vigny, *Le More de Venise* Dumas, *Henri III et sa cour* Hugo, *Marion de Lorme (interdite)*	
1830 : ordonnances de Juillet : révolution abdication de Charles X : Louis Philippe devient roi des Français	1830 : Hugo, *Hernani* Dumas, *Christine* Musset, *La Nuit vénitienne* (échec) Berlioz, *Symphonie fantastique*	
1831 : révoltes populaires à Lyon et Paris	1831 : Dumas, *Charles VII chez ses grands vassaux* Dumas, *Antony* Dumas, *Richard Darlington* Vigny, *La Maréchale d'Ancre* Scribe et Meyerbeer, *Robert le Diable*	1831 : Bellini, *Norma*
1832 : épidémie de choléra insurrection républicaine à Paris insurrection légitimiste en Vendée	1832 : Hugo, *Le Roi s'amuse* (procès) Dumas, *La Tour de Nesle* Hugo, *Lucrèce Borgia* Hugo, *Marie Tudor* Delavigne, *Les Enfants d'Edouard* Scribe, *Bertrand et Raton, ou l'Art de conspirer*	1833 : Goethe, *Faust II*
1834 : insurrections républicaines à Paris et Lyon	1834 : Musset, *Un Spectacle dans un fauteuil*	
1835 : attentat de Fieschi contre Louis-Philippe : rétablissement de la censure	1835 : Delavigne, *Don Juan d'Autriche* Vigny, *Chatterton* Hugo, *Angelo, tyran de Padoue* Halévy, *La Juive*	1835 : Donizetti, *Lucia di Lammermoor*
	1836 : Dumas, *Kean* Dumas, *Don Juan de Marana*	1836 : Büchner, *Woyzzeck*
	1837 : Scribe, *La Camaraderie, ou la courte échelle*	

Événements politiques	Théâtre en France	Théâtre à l'étranger
1838 : mort de Talleyrand	1838 : ouverture du Théâtre de la Renaissance Hugo, *Ruy Blas* (Frédérick-Lemaître, Dorval) Berlioz, *Benvenuto Cellini*	
1839 : insurrection républicaine à Paris	1839 : Nerval, *Léo Burckart*	1839 : Chopin, *Préludes*
		1842 : Verdi, *Nabucco*
	1843 : Hugo, *Les Burgraves* Ponsard, *Lucrèce* (Rachel)	1843 : Wagner, *Le Vaisseau fantôme*
1847 : émeutes, scandales	1847 : mort de Mlle Mars Musset, *Un Caprice*	
1848 : Révolution de février abdication de Louis-Philippe proclamation de la république, élection de Louis-Napoléon à la présidence	1848 : Pyat, *Le Chiffonnier de Paris*	
	1849 : mort de Marie Dorval	
1851 : coup d'état de Louis Napoléon Bonaparte : proclamation du second Empire	1851 : Labiche, *Un Chapeau de paille d'Italie* Balzac, *Mercadet, ou le faiseur* Musset, *Les Caprices de Marianne*	1851 : Verdi, *Rigoletto*
	1852 : Dumas fils, *La Dame aux camélias*	
	1860 : Labiche, *Le Voyage de M. Perrichon* Wagner à Paris	
		1863 : Ibsen, *Les Prétendants*
	1865 : Hugo, début du *Théâtre en liberté*	1865 : Brahms, *Danses hongroises* Wagner, *Tristan et Isolde*
		1867 : Moussorgsky, *Une Nuit sur le mont chauve* Ibsen, *Peer Gynt*
1870 : guerre franco-prussienne : défaite de Sedan déchéance de l'Empire		
1871 : la Commune proclamation de la Troisième République		1871 : Verdi, *Aïda* Wagner, *Siegfried*
1873 : élection de Mac-Mahon ; septennat	1873 : Zola, *Thérèse Raquin* (adaptation théâtrale)	
	1874 : Labiche, *L'Hôtel du libre échange* Zola, *Les Héritiers Rabourdin* Flaubert, *Le Candidat* Dennery, *Les Deux Orphelines*	1874 : Wagner, *Le Crépuscule des dieux* Moussorgsky, *Boris Godounov*
		1876 : inauguration du Festspielhaus de Bayreuth avec Wagner
1878 : exposition universelle à Paris		
		1879 : Strindberg, *La Chambre rouge*
	1880 : Sardou, *Divorçons*	
1882 : loi Jules Ferry sur l'enseignement	1882 : Becque, *Les Corbeaux*	
	1883 : Sardou, *Madame Sans-Gêne*	1883 : Nietzsche, *Ainsi parlait Zarathoustra*
	1885 : Goncourt, *Henriette Maréchal* Becque, *La Parisienne*	
	1887 : fondation du Théâtre-Libre par Antoine	
		1888 : Strindberg, *Mademoiselle Julie*
1889 : exposition universelle à Paris Tour Eiffel	1889 : Maeterlinck, *La Princesse Maleine*	
	1890 : Villiers de L'Isle-Adam, *Axël*	
1893 : scandale de Panama, procès	1893 : fondation du Théâtre de l'Œuvre par Lugné-Poe Maeterlinck, *Pelléas et Mélisande*	1893 : Puccini, *Manon Lescaut* Tchaïkovsky, *Symphonie pathétique*
	1896 : Jarry, *Ubu roi*	
1897 : affaire Dreyfus	1897 : Renard, *Le Pain de ménage*	

A

LE THÉÂTRE OFFICIEL DU DÉBUT DE SIÈCLE

La production théâtrale de la première moitié du siècle porte l'empreinte profonde de Napoléon. Le contrôle politique qu'il exerça, tant sur les textes que sur les représentations elles-mêmes, exacerba l'opposition traditionnelle entre une dramaturgie « classique », littéraire et plus théorisée, et une dramaturgie de tradition populaire. La première, promue officielle, se figea progressivement dans des figures mettant à l'honneur les règles d'un genre défini par référence à Racine jusqu'à la caricature. La seconde, héritière de la liberté des traditions comiques populaires, se joua des formes imposées, usant (et parfois abusant) de toutes les ressources du langage dramatique dans son sens le plus large.

1 L'ORGANISATION LÉGALE : UN CONTRÔLE SRICT

La Révolution et les théâtres

Le 13 janvier 1791, l'Assemblée constituante abolissait les privilèges régissant les théâtres : au nom de la liberté d'entreprendre,

> tout citoyen [pouvait désormais] élever un théâtre public et y faire représenter des pièces de tous les genres, en faisant, préalablement à l'établissement de son théâtre, sa déclaration à la municipalité des lieux (article premier).

La Convention, à sa suite, encouragea la production théâtrale, outil d'éducation politique du peuple. Une cinquantaine de salles fleurirent alors à Paris, suscitant la création de très nombreuses pièces nouvelles qui bénéficièrent d'un champ d'expériences dramaturgiques pour peu de temps sans limites.

La législation napoléonienne

Liberté de penser et de dire dont Napoléon sentit rapidement le danger : une circulaire du 5 floréal an VIII (25 avril 1800) expliqua que « le premier des besoins sociaux, c'est l'ordre ; les jouissances des arts ne viennent qu'après ». Soucieux de maintenir l'ordre, Napoléon n'avait pas tardé, en effet, à imprimer un contrôle sévère sur les théâtres et leur production. La réorganisation à laquelle il travailla participait certes de son intention de soutenir les arts, prestige de la France ; mais, comme le remarque, dans ses *Mémoires d'un bourgeois de Paris*, le docteur Véron, créateur de la *Revue de Paris* sous la monarchie de Juillet et fin observateur de son temps, « **l'Empereur ne refusait au génie qu'une chose, la liberté** ».

Sous le Consulat déjà, son intérêt pour le théâtre se manifesta : il fit réunir le Théâtre Feydeau à l'Opéra-Comique de la salle Favart, soutint la création d'un *opera buffa**, régla l'administration de l'Opéra et réorganisa la Comédie-Française – appelée Théâtre-Français depuis 1799.

Mais c'est surtout sous l'Empire, à l'époque la plus rayonnante de son pouvoir, que trois décrets affirmèrent sa volonté, en mettant en œuvre une politique de soutien par un contrôle aussi rigoureux que directif. L'autorisation d'ouverture et, avec elle, la censure furent rétablies (décret du 8 juin 1806). Le nombre des théâtres fut fixé à huit, répartissant en deux catégories quatre grands théâtres et quatre théâtres secondaires (décret du 29 juillet 1807) ; chacun se vit fixer un répertoire (décret du 25 avril 1807).

Les huit théâtres parisiens du décret de 1807

Quatre grands théâtres sont privilégiés : subventionnés et placés sous la protection de l'Empereur, ils doivent exprimer la grandeur nationale.

■ Le **Théâtre de l'Opéra, ou Académie impériale de musique,** est « spécialement consacré au chant et à la danse ». Il présente le répertoire ancien qui lui est réservé, les pièces qui sont entièrement en musique et les « ballets du genre noble et gracieux : tels sont ceux dont les sujets ont été puisés dans la mythologie ou dans l'histoire, et dont les principaux personnages sont des dieux, des rois ou des héros ».

■ La scène du **Théâtre de l'Opéra-Comique,** qui en 1807 porte, avec le Théâtre-Français, le nom de **Théâtre de Sa Majesté l'Empereur,** est « spécialement destinée à la représentation de toute espèce de comédies ou drames mêlés de couplets, d'ariettes et de morceaux d'ensemble ».

■ Le **Théâtre-Français** se voit réserver le grand répertoire national : tragédies et comédies en cinq actes et en prose doivent y être reprises (Corneille, Racine, Molière et Voltaire principalement) et créées.

■ Quant au **Théâtre de L'Impératrice** (Théâtre de l'Odéon), il est une annexe du Théâtre-Français pour la comédie en cinq actes, de l'Opéra-Comique pour *l'opera buffa*.

Quatre scènes dites secondaires, situées loin du centre de Paris, sont dévolues aux genres mineurs du vaudeville et du mélodrame.

■ Au **Théâtre du Vaudeville** sont attribuées « les petites pièces mêlées de couplets sur des airs connus, et les parodies ».

■ Le **Théâtre des Variétés** voit son répertoire particulièrement limité : aux petits opéras, opéras bouffons, comédies mêlées d'ariettes, parodies et vaudevilles qui faisaient sa renommée, doivent succéder de « petites pièces dans le genre grivois, poissard ou villageois, quelquefois mêlées de couplets également connus », autrement dit de petits vaudevilles dans un registre très restreint.

■ Le **Théâtre de la Gaîté,** « spécialement destiné aux pantomimes de tous genres, mais sans ballet ; aux arlequinades et autres farces », exclut en 1825 le vaudeville au profit du mélodrame.

■ Le **Théâtre de l'Ambigu-Comique,** souvent considéré comme un rival du Théâtre-Français et de l'Opéra-Comique et cantonné par le décret napoléonien aux comédies, vaudevilles, mélodrames, petits opéras comiques et ballets pantomimes, suit une évolution semblable.

Ainsi cette limitation ne permit l'ouverture que de petites salles, qui ne portaient pas le nom de théâtre, comme en 1810 les « Jeux-Forains » au Palais-Royal ou les « Jeux-Gymniques » dans la salle du Théâtre de la Porte-Saint-Martin fermé à la suite du décret de 1807. Des « spectacles de curiosités », pantomimes, acrobaties ou spectacles animaliers, se substituèrent aux créations théâtrales dans les salles privées d'autorisation impériale, sur le boulevard du Temple notamment.

En contraignant les quatre théâtres secondaires aux genres mineurs, Napoléon affichait son mépris à leur encontre et sa préférence pour le grand répertoire national, auquel il voulait redonner un lustre symbole de sa propre puissance. Le Théâtre-Français fut ainsi l'objet d'attentions particulières. Après avoir établi l'acte de société en 1804, il signa le 15 octobre 1812 le « décret de Moscou » qui en réglait — et en règle toujours — « la surveillance, l'organisation, l'administration, la comptabilité, la police et la discipline ».

Il chercha à le protéger de rivaux dont les succès semblaient lui porter ombrage : en 1807, le Théâtre des Variétés, où triomphait l'acteur comique Brunet (1766-1851), dans le genre pourtant mineur du vaudeville, dut quitter la salle du Palais-Royal, après une plainte conjointe du Théâtre-Français et de l'Opéra-Comique, pour gagner une salle plus éloignée du centre de la capitale, sur le boulevard Montmartre.

Après Napoléon

Cette **main-mise politique** perdura d'ailleurs après Napoléon : conservant cette organisation, la Restauration et la monarchie de Juillet ne firent preuve que d'une relative souplesse : désireuses de ne pas concurrencer les théâtres existants en ouvrant trop de nouvelles salles, elles continuèrent en outre de contrôler la production théâtrale par une censure plus ou moins tatillonne selon les difficultés politiques des gouvernements successifs. Si l'on autorisa l'ouverture de salles, les contraintes pesant sur leur répertoire furent sévères : le Gymnase-Dramatique, qui ouvrit en 1820 sur le boulevard Bonne-Nouvelle, était destiné à former des acteurs pour les grandes scènes, mais ne pouvait donner que des fragments de pièces du grand répertoire. L'année suivante, sur la scène du Panorama-Dramatique, spécialisée dans les décors, ne purent apparaître que deux acteurs parlants, entourés « d'autres personnages muets formant des groupes et des représentations pantomimes ». De la même façon, ce n'est que grâce à l'acharnement de certains dramaturges comme Hugo et Dumas que les spectateurs de la monarchie de Juillet virent l'ouverture en 1838 du Théâtre de la Renaissance et en 1846 du Théâtre Historique, futur siège du Théâtre Lyrique de 1852 à 1862.

Pouvoir et dramaturgie

La dramaturgie des quatre scènes principales fut ainsi dirigée par le pouvoir politique. Sous l'Empire, comme sous la Restauration et la monarchie de Juillet, les dramaturges se virent souvent tenus de composer des œuvres de circonstance qui, dans la forme comme dans le fond, flattaient le pouvoir et leur ouvraient les scènes des « grands » théâtres. Rares furent les académiciens qui n'y cédèrent pas, car un grand nombre d'entre eux leur devait leur siège. L'attribution des subventions en fit une tribune gouvernementale : chaque régime y censura tout ce qui pouvait paraître critique. C'est dans ce contexte que s'envenima, à la fin de la Restauration, la querelle des « classiques » et des « romantiques » :

> Les classiques sont en possession des théâtres et de toutes les places littéraires salariées par le gouvernement. Les jeunes gens ne sont admis à celles de ces places qui deviennent vacantes que sur la présentation des gens âgés qui travaillent dans la

même partie. Le fanatisme est un titre. Tous les esprits serviles, toutes les petites ambitions de professorat, d'académien de bibliothèques, etc. ont intérêt à nous donner chaque matin des articles classiques (*Racine et Shakespeare,* Kimé, 1994, p.100),

dira Stendhal en 1825. Engluées dans le conformisme, les scènes subventionnées furent ainsi utilisées comme un rempart contre toute évolution littéraire ou politique.

2 Les « grands » théâtres et le carcan classique

La comédie

La comédie classique végète pendant toute la première moitié du siècle : les dramaturges ne réussissent pas à retrouver la veine de la comédie pure du XVIIe siècle.

Le répertoire privilégie généralement **Molière**, qui est la référence, même si la faveur du public se tourne facilement vers des sujets plus « sentimentaux » du type de ceux du XVIIIe siècle. *Le Médecin malgré lui, Tartuffe, L'École des maris* et *L'Avare* sont jouées chacune une centaine de fois dans les dix premières années du siècle. Cependant en juin 1797, *Tartuffe* est représenté devant une salle presque vide, tandis qu'est comble celle du Théâtre Feydeau, qui donne *La Mère coupable* de **Beaumarchais**, dont la faveur auprès du public ne fera qu'augmenter.

Les intrigues, à caractère moral, sont puisées dans les mœurs contemporaines. Ce noble but qui consiste à « éclairer les dupes, et attacher, par la représentation, au poteau de l'infamie, les coupables que la loi ne peut atteindre » (Picard, *Courrier des spectacles*) rend ainsi la comédie digne d'être jouée par les acteurs du Théâtre-Français. Depuis le Directoire, l'argent et le divorce sont les deux thèmes récurrents ; l'adultère, les dangers menaçant l'innocence virginale s'y ajoutent entre autres. On assiste aussi à la dénonciation du luxe et des abus de divertissements, comme dans *La Maison du marais ou trois ans d'absence* (1800) d'Alexandre Duval (1767-1842). Étienne, quant à lui, s'en prend au divorce, dans *Les Deux Gendres,* dont le succès retentissant lui vaudra une dizaine d'éditions successives entre 1810 et 1849. De même les intrigants de ministères sont la cible de Picard (1769-1828), dans la comédie intitulée *Médiocre et rampant ou le Moyen de parvenir* (1797), tandis que *La Petite Ville* (1801) s'attaque aux provinciaux et que *L'Alcade* (1807) dénonce l'ambition, à travers un personnage de lieutenant de police… espagnol. Censure oblige !

Ainsi sont mis en scène des sujets très traditionnels, dans une forme non moins traditionnelle, imposée par le décret du 25 avril 1807 : le schéma, généralement assez simple, de la **comédie de mœurs mais aussi d'intrigues** est développé en cinq actes, jouant des méprises, quiproquos et mystifications classiques, dans un respect scrupuleux des unités* de lieu et de temps. Enfin, la prose est plus souvent employée que le vers.

Si la censure de la Restauration interdit toute évolution, la monarchie de Juillet voit apparaître des auteurs comme **Casimir Bonjour** (1795-1856) et ***Eugène Scribe,*** dont l'habileté confère un certain lustre à la comédie, et qui, en tout cas, contribuent au succès de la scène comique.

Sans sortir de la veine classique et conservatrice, le premier offre à la comédie ses premières véritables observations de mœurs qui annoncent les pièces de la deuxième moitié du siècle : *La Mère rivale* (1821), *Le Mari à bonnes fortunes* ou

Eugène Scribe (1791-1861) fut le plus fécond auteur dramatique du XIXe siècle : avec quatre cents titres, il produisit toutes sortes de pièces comiques dans la tradition du boulevard, de la comédie au vaudeville en passant par les livrets d'opéra et d'opéra comique où il s'illustra tout particulièrement. Un grand art de la construction et une justesse d'observation, qui lui permit d'épingler les types sociaux en une galerie de personnages égoïstes et calculateurs, ainsi que la toute-puissance de l'argent, firent son succès et lui ouvrirent, malgré les attaques répétées de la critique, les portes de l'Académie en 1835.

encore *L'Argent ou Les Mœurs du siècle* (1826) sont quelques titres qui en disent long sur les pièces.

Grâce à ses succès dans le vaudeville dès 1815, le second, qui est cependant l'auteur de peu de grandes comédies, sait engager la comédie classique de Molière vers le réalisme moderne : ses intrigues contemporaines, de couleur généralement conservatrice, se développent dans des comédies d'intrigues, comme par exemple *Valérie ou la fille aveugle* (1822), ou dans des comédies de mœurs : *Le Mariage d'argent* (1827) propose un sujet très traditionnel, *Bertrand et Raton ou l'art de conspirer* (1833) s'attaque à la manie révolutionnaire, tandis que *La Camaraderie ou la courte échelle* (1837), grand succès, s'en prend aux cénacles romantiques…

Mais c'est peut-être parce qu'il tient du vaudeville un savoir-faire rigoureux et efficace qui fait fi de tout style que Scribe connaît le succès : sous la Restauration comme sous la monarchie de Juillet, les auteurs de comédie pure ne sont ni nombreux ni reconnus.

La tragédie

Au début du XIXe siècle, la tragédie souffre des choix imposés dans son répertoire, autant que de **la faiblesse des créations**, pâles imitations d'un modèle dépassé et bien souvent inaccessible à des dramaturges modestes.

Entre 1800 et 1820, Corneille – *Cinna, Don Sanche d'Aragon, Horace* et *Nicomède* sont ses pièces les plus jouées ; *Polyeucte* et *La Mort de Pompée*, réclamées par l'Empereur, ne seront plus données après 1821 –, Racine – avec *Phèdre*, *Les Plaideurs* et *Iphigénie en Aulide* — et Voltaire composent le répertoire tragique ancien. La tragédie classique et son interprétation par Voltaire imposent aux contemporains **un moule** dont ils ne semblent pas pouvoir sortir.

François-Joseph Talma : né en 1763 dans une famille de dentistes, il vécut entre Londres et Paris la première partie de sa vie hésitant entre la tradition familiale et une vocation d'acteur très tôt déclarée. Successeur de Monvel et héritier déclaré de Lekain, dont il publia en 1825 les *Mémoires* accompagnées de *Réflexions sur Lekain et sur l'art théâtral,* il connut un succès jamais démenti dans les emplois tragiques du Théâtre-Français où il débuta à l'âge de vingt-quatre ans.

Très rares sont les créations dont les sujets ne sont ni antiques (***Talma,*** premier rôle tragique de 1787 à 1826, joue un *Œdipe* de Ducis, un *Thémistocle* de Larnac, un *Manlius* de Lafosse, une *Iphigénie en Tauride* (1757) de Guimond de la Touche, ou encore un *Regulus* (1822) d'Arnault et un *Sylla* (1821) de Jouy), ni historiques (au répertoire du grand tragédien figurent *Gabrielle de Vergy* (1777) de Gaillard et Belloy, *Charles IX* (1789) de Chénier, *Les Templiers* (1805) de Raynouard, *Marie Stuart* (1820) de Lebrun ou encore *Clovis* (1820) de Viennet et *Louis IX* (1819) d'Ancelot…). Les pièces sont d'autant plus facilement acceptées qu'elles exaltent l'image – aussi impériale que royale – du héros guerrier, conquérant et patriote : on voit jouer en 1804 un *Guillaume le Conquérant* de Duval et un *Cyrus* de Marie-Joseph Chénier, tandis qu'en 1813 *Ninus II*, une tragédie de Charles Brifaut (1781-1857), est retirée après dix représentations sur intervention personnelle de l'Empereur auquel déplaît l'image d'un tyran acculé au remords.

Les fameuses règles des trois unités* sont un carcan dans lequel l'action des pièces est systématiquement ligotée : tout doit impérativement se dérouler en vingt-quatre heures, jusqu'à l'incohérence. Les bienséances* font en outre subir d'étonnantes transformations aux pièces étrangères qui passent à la scène française : Shakespeare n'y échappe pas. *Hamlet, Othello* et *Macbeth* sont régulièrement à l'affiche dans des adaptations dues à Jean-François Ducis (1733-1816), qui, dès 1768, a découvert le dramaturge anglais : le meurtre de Polonius et la mort d'Ophélie, dans *Hamlet,* sont supprimés, tandis qu'*Othello* se termine bien !

Le langage dramatique lui aussi tombe sous le coup de cette règle : il est toujours impossible d'employer, par exemple, les termes trop triviaux de « pistolet » ou « mouchoir ». Ainsi, en 1820, deux vers de Lebrun, dans sa tragédie de *Marie Stuart,*

> Prends-le donc, ce mouchoir, ce gage de tendresse
> Que pour toi de ses mains a brodé ta maîtresse.

deviennent :

> Prends-le donc, ce tissu, ce gage de tendresse
> Qu'a pour toi de ses mains embelli ta maîtresse.

Et Stendhal, en 1825, dans son pamphlet, *Racine et Shakespeare II*, de fulminer, pour le même terme :

> Comment voulez-vous qu'Othello, par exemple, ne prononce pas le mot ignoble *mouchoir*, lorsqu'il tue la femme qu'il adore, uniquement parce qu'elle a laissé enlever par son rival Cassio le mouchoir fatal qu'il lui avait donné aux premiers temps de leurs amours ?

Mais la tragédie contemporaine, a-t-il fait remarquer auparavant, ne se soucie guère de l'effet « tant que la règle subsiste » (*op. cit.*, p 70).

***Shakespeare en France en 1808* :** « Que Ducis, pour faire connaître Shakespeare à ses compatriotes, ait soumis aux règles françaises quelques-unes du poète anglais, ce n'est pas là ce qui s'appelle avoir agrandi le domaine de l'art. On reconnaît çà et là les membres dispersés du poète, mais tout est si renversé, si tourmenté, une confusion si pénible a remplacé la riche simplicité de l'original, que les passages mêmes qui sont traduits mot à mot perdent en quelque sorte leur véritable sens. La vogue dont jouissent ces tragédies est due, sans doute avant tout, à ce qu'elles ouvrent à l'incomparable Talma un champ plus vaste pour déployer son talent [...].» (A. W. Schlegel, *Cours de littérature dramatique*, Genève, Slatkine Reprints, 1971, p.120.)

Des succès d'acteurs

Malgré tous les efforts pour soutenir ces formes classiques et leur redonner le lustre des siècles précédents, les bancs et les loges du Théâtre-Français, comme de l'Odéon, eurent beaucoup de mal à se remplir régulièrement : la **désaffection** était réelle, et particulièrement cruelle **pour la comédie.** Musset dans « Une soirée perdue » raconte : « J'étais seul l'autre soir au Théâtre Français,/Ou presque seul [...] », tandis qu'Hugo remarque que « l'Odéon est toujours désert » (*Œuvres complètes*, éd. Massin, Club Français du Livre, t. IV, p. 969).

Cependant le talent de brillants acteurs permit à l'institution théâtrale de survivre : on ne venait plus pour les pièces elle-mêmes, mais on accourait **applaudir des vedettes**. Le Théâtre-Français, grâce au Conservatoire, disposait de très bons acteurs, comme Molé, Desmousseaux, Fleury, Baptiste aîné, Lafon et Joanny, ou encore les deux rivales sur la scène tragique, Mlle Duchesnois et Mlle Georges. Mais ce sont surtout les noms des « monstres sacrés », ***Talma*** et ***Mademoiselle Mars*** qui attiraient le plus de public.

De saison en saison, le nom de Talma suscita l'affluence, parfois jusqu'à l'émeute. « Il n'y a plus assez de place pour contenir les auditeurs, et l'on s'étonne de se trouver à l'étroit dans une salle auparavant abandonnnée », constate le *Courrier de l'Europe et des spectacles*, en septembre 1809 ; quatre ans plus tard, rien n'a changé puisque « des barricades, une double garde suffisaient à peine pour réprimer la foule qui se précipitait à toutes les portes : tant était vive la curiosité de [le] revoir après une longue absence », raconte le *Journal des débats*. L'engouement et l'affluence sont les mêmes pour Mlle Mars, qui impose à la comédie la simplicité et la finesse d'un jeu qui sut passer de Molière à Hugo et Dumas.

Acteur scrupuleux et novateur, Talma, poursuivant d'une certaine manière la réflexion du XVIIIe siècle sur la possibilité d'une dramaturgie tragique vraisem-

Anne Françoise Hippolyte Boutet, alias ***Mlle Mars*** (1779-1847) était la fille naturelle du célèbre comédien Monvel et de Marguerite Salvetat, actrice médiocre. Grandie dans le milieu théâtral, Mlle Mars, malgré une maigreur peu féminine, joua sans interruption les premiers rôles au Théâtre-Français de 1804 à 1841, date de sa retraite. Son répertoire puisait dans la comédie — le rôle de Célimène fit son succès — et dans le drame romantique dont, rivalisant avec Marie Dorval, elle joua les grands rôles, de doña Sol à la Tisbé, en passant par Desdémone.

blable, imposa au sein même de la tragédie classique un idéal d'imitation de la nature. Dans une **conception spectaculaire** du jeu et de la mise en scène, il offrit le spectacle de **l'énergie tragique**, créant une intensité émotionnelle unique.

Il fit ainsi évoluer la diction, préférant une déclamation énergique, expressive et variée, suivant les émotions des personnages, à la monotonie déclamatoire de rigueur jusque-là. De la même façon, il substitua aux poses conventionnelles ce qui lui semblait le plus proche des mouvements réels, allant trouver son inspiration, disait-il, chez les forts des Halles. Bien plus, cherchant à rendre à la tragédie sa simplicité classique et une vraisemblance constitutive de l'illusion théâtrale, il imposa définitivement, à la place des costumes modernes, des costumes historiques, qui, copiés de David, étaient fidèles à l'époque de chaque intrigue : à la suite de Lekain, c'est en toge qu'il interpréta Cinna, Néron et les autres héros romains de son répertoire.

Avec lui apparaissait, en quelque sorte ennoblie, la **dimension visuelle, physique et même sensuelle de la représentation**. Le spectaculaire, déjà prépondérant sur les scènes mineures, devenait la caractéristique du jeu tragique ; le drame romantique allait d'ailleurs s'en inspirer.

Talma jugé par un critique classique, Geoffroy (1743-1814) : « Talma j'en conviens, malgré tout son éclat, a éprouvé mes censures : sa manière et son système ne sont point de mon goût ; j'ai le malheur de n'être pas fort sensible à l'art de se contracter les nerfs, de se donner des convulsions, de rouler les yeux, et de se rendre le visage bien effrayant ; il me semble qu'il y a dans ces procédés plus de mécanisme, ou, si l'on veut, de charlatanisme que de vrai talent. Dans les arts d'agrément, je n'admets rien de hideux, de difforme et d'ignoble. [...] Mon goût particulier ne m'empêchera point de rendre justice à certaines beautés mâles, à certains traits vraiment tragiques qui brillent de temps en temps dans le jeu de Talma. » (*Journal des débats*, 5 décembre 1812)

Ce travail d'acteur sembla pallier pour un temps les faiblesses de la création contemporaine : on put ainsi dire que Talma avait, par ses innovations, reculé la chute de l'ancien Théâtre-Français et annoncé l'esprit de la révolution dramaturgique romantique. Même si certains craignaient que personne ne pût prendre sa suite, le journal *La Pandore*, confiant, constatait en 1826 : « Les acteurs ne manqueront pas ; ce sont les pièces qui manqueront. Les dernières nouveautés ont vieilli avant le temps. **Il faut au Théâtre-Français des architectes et non des entrepreneurs.** »

3 Une dramartugie mineure sur les théâtres secondaires ?

Le décret de 1791 avait permis, dans les petites salles du Boulevard, le foisonnement de pièces en tout genre qui, désinvoltes à l'égard des règles*, avaient multiplié les innovations dramaturgiques. La législation napoléonienne obligea ce théâtre populaire à rentrer dans des cadres échappant à une censure conservatrice, sans pourtant lui faire perdre sa vitalité créatrice.

Ainsi parallèlement au développement de petites pièces fondées uniquement sur le spectacle visuel (pantomimes et autres féeries ou spectacles d'acrobaties), deux formes se fixèrent. L'inspiration comique généra un type nouveau de vaudeville, point de départ d'une dramaturgie qui, après de nombreux aléas, perdure encore ; l'inspiration tragique glissa vers le mélodrame, dont les innovations techniques allaient inspirer le drame romantique, qui cependant n'afficha pas les mêmes idéaux.

Le Boulevard : les théâtres, au XIXe siècle sont concentrés sur la rive droite de la Seine (l'Odéon est presque le seul à être situé rive gauche) et dans des quartiers privilégiés, parmi lesquels le « Boulevard », qui correspond à l'enfilade des boulevards du Temple, Saint-Martin, Bonne-Nouvelle, jusqu'à celui des Italiens.

Sur le Boulevard du Temple même, cinq cents mètres regroupent une dizaine de salles, qui se succédèrent au fil des incendies et autres faillites. À l'origine lieu de promenade agrémenté de spectacles forains de plein air, il vit à partir de 1760 s'ouvrir de nombreuses petites salles, jusqu'au moment du percement du boulevard Voltaire par le baron Haussmann qui en détruisit le côté pair.

Deux types de spectacles se développèrent : d'une part, héritiers des forains, des pantomimes, spectacles de marionnettes ou d'animaux. Au Théâtre des Funambules, le mime Deburau, surnommé Baptiste (1796-1846), acquit une grande popularité, célébrée par Jean-Louis Barrault dans le film de Prévert et Carné, *Les Enfants du paradis* (1945). D'autre part furent créées des pièces complètes, surveillées étroitement par la législation : outre les féeries et pièces à grand spectacle, les vaudevilles et surtout les mélodrames, dont les innombrables succès, au Théâtre de la Gaîté que dirigea Pixérécourt de 1825 à 1835, mais aussi à l'Ambigu-Comique, valurent au boulevard le surnom de « boulevard du crime ».

Le vaudeville

À l'origine air populaire, introduit au XVIIIe siècle dans les comédies sous forme d'air final, le vaudeville est par essence un pur **divertissement à vocation satirique**. L'édit de 1791 permit à deux vaudevillistes confirmés, Pierre-Yves Barré (1755-1832) et le chevalier Augustin de Piis (1749-1832), d'ouvrir dès 1792 le **Théâtre du Vaudeville**. Il s'y développa avec un succès grandissant sous la forme de courtes comédies légères, rythmées par des couplets chantés sur des airs connus — alors que l'opéra comique qu'il concurrença un moment est composé d'airs originaux. Il fit la fortune du **Théâtre des Variétés**, puis à partir de 1820 du **Gymnase-Dramatique**. Sa légèreté même fit sa fortune : on a recensé **plus de mille trois cents vaudevilles** entre 1815 et 1830.

L'abondance de cette production s'explique par la **simplicité de structure** de ces pièces : le canevas en est fort peu original, surveillé de près par la censure, soucieuse des débordements toujours possibles de l'esprit satirique. Le vaudeville se caractérise en quelque sorte par une dramaturgie comique condensée, **surchargée d'effets** : en un acte (parfois deux), les procédés de la comédie traditionnelle (quiproquos, retournements de situation…) s'accumulent sur un rythme soutenu. La prose et les couplets révèlent une grande liberté langagière qui est celle de la foire et de la farce.

La satire entraîne les intrigues du côté de l'**actualité** politique, mais surtout culturelle et sociologique. Une petite partie des vaudevillistes, s'adaptant très facilement aux différents régimes, payèrent en effet leur tribut au pouvoir en composant des vaudevilles de circonstance, mais ce n'est pas la principale caractéristique d'un genre qui préféra éviter l'allusion directe. Il s'intéressa à la mode : la parodie d'œuvres nouvelles fut une grande source d'inspiration jusqu'en 1850 au moins — les drames romantiques eurent tous leur lot. L'évolution des mœurs et des habitudes de vie du peuple fut surtout visée, ce qui constitue l'originalité du genre : petits bourgeois commerçants, employés, ouvriers (genre « grivois » ou « poissard »), mais aussi leur quotidien (apparition des chemins de fer, bicyclettes, éclairage au gaz…) ; dans ce type de sujet, les ressources en matière de décor, de costumes et de langage étaient grandes !

Ce schéma très simple fut utilisé et réutilisé, à tel point qu'à partir de 1850 la forme montra des signes d'épuisement. Tout semblait affaire de recette. Les théâtres donnaient jusqu'à deux ou trois vaudevilles par soirée et rares étaient ceux que l'on jouait plusieurs fois : aussi lorsqu'un thème, et le plus souvent un type de personnage, véritable caricature, avait eu du succès, les vaudevillistes le reprenaient-ils, composant des séries burlesques restées célèbres. Cadet Rousselle, lancé par Aude en 1793, fit la fortune de beaucoup pendant trente ans.

Les personnages du niais Jocrisse, du propriétaire rapace Monsieur Vautour, du « plus gros marchand de bas de Saint-Malo » Monsieur Dumollet, type du provincial ridicule, mais aussi de la célèbre poissarde parvenue Madame Angot, créée en 1795 par Maillot, occupèrent les scènes du Vaudeville et des Variétés. Les « Angotiana » permirent par exemple trois à quatre cents représentations.

Plus que des succès d'auteurs, les vaudevilles étaient des **succès d'acteurs**, indissociables des personnages qu'ils créaient. Leur réussite pouvait d'ailleurs devenir un piège car ils finissaient par être complètement identifiés à ces rôles. Ainsi Brunet, qui triomphait au Théâtre des Variétés, appartenait en quelque sorte aux rôles de Jocrisse et Dumollet. Potier, Odry, Bouffé, Arnal, mais aussi Virginie Déjazet, Jenny Vertpré ou Léontine Fay assurèrent avec lui le triomphe du genre.

Les vaudevillistes entre 1800 et 1850 : leur nombre est en proportion de l'immense production de cette époque. Dès la Révolution, toutes les générations (ou presque) de gens de plume (et autres) y consacrèrent quelque temps. Les collaborations étaient de rigueur, comme les pseudonymes. On peut citer, outre Piis et Barré, Brazier (1785-1838), auteur d'une *Histoire des petits théâtres de Paris depuis leur origine*, le journaliste époux de la comédienne romantique Marie Dorval, Merle (1785-1852), Dupin (1787-1887), mais aussi Dartois (1788-1867), Carmouche (1797-1868), Dupeuty (1798-1865). Scribe écrivit plus d'une centaine de vaudevilles pour le Gymnase entre 1815 et 1830.

Le vaudeville draina le public au Boulevard et assura pendant longtemps, au désespoir des Comédiens-Français, de très bonnes recettes aux directeurs de théâtre, mais aussi aux auteurs — certains écrivant jusqu'à deux cents vaudevilles. La carrière de ***vaudevilliste*** n'était certes pas glorifiante mais pouvait se révéler fort rentable : directeurs de théâtre, acteurs, journalistes, fonctionnaires, auteurs reconnus (Eugène Scribe ou Alexandre Dumas par exemple) s'y laissèrent prendre.

Un **succès ininterrompu de 1800 à 1850** célébra cette forme dramatique, essentiellement fondée sur le divertissement : le public n'y venait que pour rire, et rire aux éclats de personnages et de situations qu'il connaissait déjà. Les auteurs, moins dramaturges que chansonniers, emboîtèrent le pas de ces succès que des règlements tatillons cantonnaient dans la facilité : leurs textes, très légers, devaient tout, ou presque, à des interprètes remarquables. L'importance du vaudeville est liée au fait qu'il a recherché l'efficacité des procédés comiques et montré l'importance de l'acteur, dans un but unique : le rire du public.

Le mélodrame

Entre 1800 et 1823, se développa une **forme moderne du mélodrame**, qui, né au XVIIIe siècle, sous la forme d'opérettes en un acte, racontait des aventures héroïco-sentimentales aux rebondissements soulignés par des phrases musicales, souvent chantées et mimées. Avec le Directoire, le genre avait déjà commencé d'évoluer : la part de la musique et de la pantomime avait diminué et l'action gagné en intensité émotionnelle. Sous l'impulsion de **Pixérécourt**, apparut, dans les vingt premières années du siècle, une véritable dramaturgie du mélodrame, influencée autant par la tragédie classique que par le drame bourgeois du XVIIIe siècle.

René Charles Guilbert de Pixérécourt (1773-1844), « Ferocios Poignardini » « Shakespirécourt », ou encore « Corneille des Boulevards », est l'auteur d'une centaine de pièces dont une soixantaine de mélodrames. *Victor ou l'Enfant de la forêt* (1798) et *Cœlina ou l'Enfant du mystère* (1800) sont les pièces fondatrices de son répertoire, dont les intrigues font alterner sujets bourgeois, plus sentimentaux (*La Femme à deux maris*, 1802) et sujets à dominante héroïco-historique (*L'Homme à trois visages ou le Proscrit*, 1801 ; *La Citerne*, 1809 ; *Les Ruines de Babylone*, 1810). Quelques écrits théoriques lui permirent de poser les règles dramaturgiques du genre qu'il avait promu (*Guerre au mélodrame*, 1818 ; *Paris ou le Livre des Cent et Un*, 1832, et son *Théâtre choisi*, 1841-1843).

Il fut surtout l'un des premiers metteurs en scène : le mélodrame exigeait un spectacle total dont il surveillait tout, des costumes aux décors en passant par les mouvements des machines et les déplacements des acteurs. La mise en scène se devait d'être précise et grandiose pour plonger le spectateur dans l'anxiété et l'étonnement de la première à la dernière scène. « Il était inventeur ; il était absurde, faux, puéril, qu'importe ? Il inventait. Il vous avait une certaine façon d'arranger une bande de gazon, de disposer sa forêt de vieux chênes, de préparer son kiosque au bout du jardin, qui faisait que, bon gré mal gré, dès que la toile était levée, on regardait, on s'inquiétait », raconte Jules Janin (*Cours de littérature dramatique*).

Comme la tragédie, le mélodrame fut investi d'un **rôle politique** particulier sur un public bien précis : éduquer un peuple auquel la révolution avait donné conscience de sa force. Son but était donc d'effacer ce souvenir et d'enseigner les conduites assurant le retour de l'ordre. L'enjeu, comme le souligne Jean-Marie Thomasseau, dans *Drame et tragédie* (Hachette, 1995), était à la fois politique et esthétique : il s'agissait de

> proposer [...] à de nouvelles couches de la population qui ne savent pas encore lire, mais qui ont appris à voir et à comprendre la théâtralisation politique des actes et du langage, un spectacle qui devient **une école du regard et des vertus individuelles, civiques et patriotiques.**

Pixérécourt, en 1832, écrit d'ailleurs déja, dans ses *Réflexions sur le mélodrame* :

> Le mélodrame sera toujours un moyen d'instruction pour le peuple, parce qu'au moins ce genre est à sa portée,

Jamais revendicateur, acceptant l'ordre social établi qu'il flattait même de toutes ses innovations dramaturgiques spectaculaires, le mélodrame ne fut quasiment jamais inquiété par le pouvoir, jusqu'en 1823 : Napoléon, tout en le méprisant, reconnaissait son utilité. Le renforcement de la censure, sous la Restauration, le rendit presque apolitique, préférant progressivement les sujets bourgeois aux sujets historiques, plus tendancieux.

La vertu est au centre de cette dramaturgie qui flatte un conformisme réhabilitant l'ordre familial, et par métonymie l'ordre social, en une « restauration » cathartique* du calme perdu. Elle est mise en scène par une **esthétique du spectaculaire** qui, utilisant toutes les ressources dramaturgiques, cherche à provoquer l'émotion, l'**étonnement** d'un public populaire facilement impressionnable.

Le schéma des intrigues ne varie pas : en trois actes, respectant une double unité spatiale et temporelle, il présente le combat manichéen des forces du mal contre celles du bien. La persécution de la vertu, par vengeance, ambition, ou goût du lucre, est le pivot central : à partir d'un tableau idyllique, les péripéties s'enchaînent, oppressantes et plus variées les unes que les autres, pendant presque toute la durée des trois actes. La **reconnaissance** de la vertu triomphante, dans les dernières scènes, est source de l'ultime et plus étonnant rebondissement, en un hommage spectaculaire. Tout concourt, dans un rituel facilement reconnaissable et compréhensible par tous, à ce triomphe.

Traité du mélodrame, 1817 (anonyme) : « Pour faire un bon mélodrame, il faut premièrement choisir un titre. Il faut ensuite adapter à ce titre un sujet quelconque, soit historique, soit d'invention ; puis on fera paraître pour principaux personnages, un niais, un tyran, une femme innocente et persécutée, un chevalier et autant que faire se pourra, quelque animal apprivoisé, soit chien, chat, corbeau, pie ou cheval.
On placera un ballet et un tableau général dans le premier acte ; une prison, une romance et des chaînes dans le second ; combats, chansons, incendie, etc., dans le troisième. Le tyran sera tué à la fin de la pièce, la vertu triomphera, et le chevalier devra épouser la jeune innocente malheureuse, etc.
On terminera par une exhortation au peuple, pour l'engager à conserver sa moralité, à détester le crime et ses tyrans, surtout on lui recommandera d'épouser des femmes vertueuses. »

Les personnages, « types » préconstruits, s'effacent derrière les valeurs qu'ils représentent : le « traître », à l'apparence sinistre stéréotypée, à la voix tour à tour chuchotante ou sépulcrale, est tantôt un mauvais génie domestique ou un « grand seigneur méchant homme » dans les intrigues bourgeoises, tantôt un conspirateur ou un tyran sanguinaire (souvent étranger...) dans les sujets historiques. Entouré de quelques comparses de second plan, il est, toujours selon Jean-Marie Thomasseau, « la cheville ouvrière du mélodrame ; sans ses agissements, l'intrigue perd l'essentiel de sa nature ; le dénouement sans châtiment contente mal un public avide de compensation et qui attend le traître à la sortie du théâtre pour le conspuer ». Il est l'instrument de la Providence qui permet la purification de la victime en lui imposant une série d'épreuves. Celle-ci est souvent une femme, faible par nature, jeune épouse et surtout jeune mère, exemplaire en tout, et surtout dans la souffrance ; les enfants aussi sont de parfaites victimes, tandis que des animaux — chien, ours, pie… — accentuent l'effet spectaculaire.

Ces stéréotypes suscitent une grande intensité émotionnelle, de l'horreur au pathétique le plus émouvant grâce à un *tempo* très rapide. Péripéties nombreuses, coups de théâtre, retournements de situation sont multipliés : les dangers se succèdent très rapidement, tandis que l'intervention d'un personnage comique et d'intermèdes musicaux, en ralentissant l'action, la précipitent vers une fin plus rapide encore, de soubresaut en soubresaut. Tous ces procédés entretiennent l'**atmosphère de mystère et d'anxiété** qui domine tout au long de la pièce.

Décors, costumes et langage affirment la présence du souffle puissant de la vertu, apte à se défendre et à se dire, au cœur même du quotidien. La mise en scène prend une importance jusque-là ignorée. Dans un décor couleur locale, orages et autres manifestations naturelles scandent les malheurs de la vertu, tandis que les costumes se déploient dans une gamme chromatique significative qui se décline du blanc le plus pur jusqu'au noir le plus sinistre. Le langage dit lui aussi ce manichéisme combattant : purs, refusant les nuances, l'hyperbole, mais aussi l'antithèse et l'oxymore sont ses composantes naturelles. C'est une véritable révolution dans la dramaturgie, qui, dans ce refus de l'académisme de l'écriture tragique, prépare les innovations romantiques, à certains égards bien pâles face à ces effets du mélodrame.

Les vingt premières années du siècle virent donc une lente évolution des goûts du public. Il s'éloigna peu à peu des formes classiques, face à la médiocrité de la comédie et aux succès épisodiques d'auteurs tragiques mineurs. Le succès vint en fait des formes jugées mineures : le vaudeville triompha, notamment grâce à Scribe, qui sut toucher le public par ses sujets contemporains ; le mélodrame surtout, avec ses innovations dramaturgiques (multiplication des effets, décors, acteurs…) draina les foules et prépara la révolution romantique. On ressentit alors une aspiration latente à une rénovation dramatique, dont l'embryon maladroit, mais plébiscité, se développait dans les théâtres secondaires.

Outre ***Pixérécourt*, les principaux auteurs du mélodrame**, qui souvent travaillèrent en collaboration les uns avec les autres, sont de Boirie (1783-1837), Mélesville (1787-1865), auteur de plusieurs centaines de pièces de tous les genres, Dupetit-Méré (1787-1827), spécialiste des mélodrames historiques. Louis Caigniez (1762-1842), surnommé le « Racine des Boulevards », pour ses mélodrames à sujets bibliques, remporta un triomphe avec *La Pie voleuse ou La Servante de Palaiseau* en 1815 ; enfin Jean-Baptiste Hapdé (1774-1839), après avoir composé sous l'Empire de nombreux mélodrames, en devint le plus farouche adversaire en publiant en 1814 une brochure intitulée *Plus de mélodrames ! Leurs dangers considérés sous le rapport de la religion, des mœurs, de l'instruction publique et de l'art dramatique*.

La production dramatique en 1808, vue par un Allemand, A. W. Schlegel : « Les théâtres de Paris sont astreints à des genres fixes, et la poétique a en cela un point de contact avec la police. Il en résulte que les essais d'idées nouvelles, ou de mélanges inusités des anciens éléments, sont abandonnés aux théâtres inférieurs. C'est là que les mélodrames jouent leur grand rôle. Un homme au fait de la statistique française a remarqué que depuis plusieurs années, il a paru fort peu de tragédies et de comédies régulières, mais que les mélodrames à eux seuls surpassent en nombre toutes les autres pièces réunies […]. Un mélodrame français est une pièce en prose emphatique, où l'on représente quelque chose de merveilleux, une aventure fabuleuse ou réelle, avec un grand fracas de spectacle, de mouvements sur la scène, de changements de décorations, et où l'on rassemble tous les brillants accessoires qui concourent à frapper les sens. On pourrait assurément tirer un meilleur parti du penchant que montre le peuple pour cette espèce de pièces ; la plupart des mélodrames sont composés avec une négligence tellement intolérable, que ce sont, si l'on peut s'exprimer ainsi, des productions avortées du genre romantique » (*Cours de littérature dramatique, op. cit.*).

B

LA DRAMATURGIE ROMANTIQUE

Avec la génération romantique, la fonction éducative du théâtre évolue : il n'est plus le reflet du pouvoir, mais celui d'un courant de pensée qui s'interroge sur la place et le pouvoir de l'individu en tant que tel : révolution idéologique qui bouscule les formes établies et fait de la scène française un véritable champ de bataille dont certaines sont restées célèbres.

D'abord théorique, et parfois pamphlétaire, la dramaturgie romantique, aussi audacieuse qu'ambitieuse, que ne bride aucune règle, régie par la seule liberté expérimentale, rencontra des obstacles politiques et techniques qui la contraignirent à se diluer dans des formes connues ou à quitter la scène. Constat d'échec ?

1 « La littérature est l'expression de la société »

Depuis 1789, l'histoire impose ses remous et bouleverse la société. L'Empire a voulu réduire la Révolution à un chaos, occultant ses conséquences humaines et sociales. Avec la Restauration, on ne se cache plus qu'elle a manifesté la puissance de l'individu capable de modifier l'histoire, qui ne se fait plus dans les salles de trône, mais dans le corps social même. La société est perçue dans un mouvement et un bouleversement constants : mouvements politiques, éclatement social. Or si la société – et la conscience collective – change, la littérature le doit aussi, car, comme l'affirme le théoricien « ultra » (monarchiste), Louis de Bonald (1754-1840), elle est « l'expression de la société ».

Dans cette perspective, l'esthétique littéraire, et particulièrement l'esthétique dramatique, est non seulement le miroir de ces mouvements historiques, mais elle est aussi au cœur de ceux-ci.

> Il y a beaucoup de questions sociales dans les questions littéraires, et toute œuvre est une action.[…] Le théâtre, on ne saurait trop le répéter, a de nos jours une importance immense, et qui tend à s'accroître sans cesse avec la civilisation même. **Le théâtre est une tribune. Le théâtre est une chaire. Le théâtre parle haut et fort**. (Victor Hugo, préface de *Lucrèce Borgia,* février 1833).

Les premières définitions du terme de « romantisme » illustrent d'ailleurs son historicité, qu'il s'agisse de Schlegel, pour qui le romantisme est

> le mélange, d'abord hétérogène mais devenu peu à peu intime, des peuples du Nord avec les nations dépositaires des restes précieux de l'Antiquité (Schlegel, *op. cit.,* p. 339) ;

qu'il s'agisse de Mme de Staël qui

> considère la poésie classique comme celle des Anciens, et la poésie romantique comme celle qui tient de quelque manière aux traditions chevaleresques. Cette division se rapporte également aux deux ères du monde (*De L'Allemagne*, II, ch. XI, G. F., 1968, t. I, pp. 211-212) ;

ou qu'il s'agisse enfin de Stendhal qui en offre une définition plus provocatrice :

> Le *romanticisme* est l'art de présenter aux peuples les œuvres littéraires qui, dans l'état actuel de leurs habitudes et de leurs croyances, sont susceptibles de leur donner le plus de plaisir possible. Le *classicisme*, au contraire, leur présente la littérature qui donnait le plus de plaisir à leurs arrière-grands-pères (*op. cit.*).

Ainsi, tous présentent le romantisme dans un mouvement, une continuité où le classicisme est l'expression dramatique du passé, tandis qu'il est celle de l'époque moderne ; la préface de *Cromwell* en 1827 commencera par une évocation historique de l'évolution de la poésie : à chaque révolution, une société et des formes poétiques nouvelles.

À partir de là, il y a deux manières, paradoxales, d'envisager le classicisme au théâtre : il peut non seulement être synonyme de perfection imitée, mais jamais encore égalée, mais aussi d'immobilisme, né de ces tentatives d'imitation sclérosantes. **Être classique, c'est alors nier l'histoire, se figer dans une forme passée**, inadaptée, aussi idéale soit-elle, aux nouvelles données politiques et sociales.

> Rien dans la vie ne doit être stationnaire, et l'art est pétrifié quand il ne change plus. Vingt ans de révolution ont donné à l'imagination d'autres besoins [...] (Mme de Staël, *op. cit.*).

Par-delà les opinions politiques qui s'affrontaient sur le terrain littéraire, c'est de ce paradoxe qu'est né le ton revendicateur, voire pamphlétaire, des théories dramatiques romantiques, obligées, pour s'affirmer, d'attaquer le symbole même de la perfection esthétique ; la cohésion des premiers romantiques autour du *Conservateur littéraire*, de *La Muse française* ou du cénacle hugolien jusqu'en 1830 témoigne de la difficulté de l'entreprise. Ainsi, né avec le siècle, dans une efflorescence poétique, **c'est au théâtre, et dans ce combat contre le classicisme, que le romantisme s'est affirmé**. La liberté romantique est la prise de conscience progressiste du mouvement historique et de ses conséquences sociales : fondée sur une double attitude de prise de conscience de l'histoire et de refus, la **révolution dramatique** n'est ainsi pas autre chose qu'une libération, une volonté de **briser, au nom de l'histoire, l'immobilisme d'une dramaturgie figée dans le passé**.

2 Vers le drame romantique

Les essais théoriques

C'est d'abord hors de France que, sous l'Empire, se sont fait entendre les appels à un renouveau dramatique. Deux raisons principales à cela : d'une part, le romantisme français est tardif en Europe ; d'autre part, la censure napoléonienne éradique toute tentative d'innovation.

En Allemagne s'éleva très tôt une voix contre la tradition classique qui emprisonne la dramaturgie française : le critique **Lessing**, commentant deux saisons du théâtre de Hambourg, se livrait dans *La Dramaturgie de Hambourg* (1767-1768) à un examen critique de la dramaturgie classique ; on traduisit dès 1785 en français cet ouvrage, dont le retentissement en Allemagne fut grand.

Mais c'est surtout à Coppet, autour de **Germaine de Staël,** dans les dix premières années du siècle, que sont pensées les bases de la dramaturgie romantique, à travers un échange constant d'idées qui fait la cohérence de la réflexion – par des voies parfois différentes, les membres du « groupe de Coppet » parviennent,

Mme de Staël (1766-1817). La vie de Germaine de Staël, fille de Necker, est tout entière marquée par un idéal de liberté et le sentiment du tragique imposé par les circonstances historiques. Que ce soit dans le salon maternel, dans le sien, ouvert à Paris dès 1794, ou dans sa propriété suisse de Coppet, où, à partir de 1803, elle trouva refuge à deux reprises au moins contre la police napoléonienne, elle symbolise l'art de la conversation littéraire, philosophique et politique. Croyant à une universalité humaniste de la culture, elle réunit autour d'elle des Français, des Allemands, des Suisses. De leurs échanges naquirent des œuvres de critique littéraire qui donnèrent forme au premier romantisme français.
Femme de lettres et penseur, elle n'hésita pas à prendre des positions politiques (1793 : *Réflexions sur le procès de la Reine* ; 1794 : *Réflexions sur la paix* ; 1795 : *Réflexions sur la paix intérieure)*, affirmant l'aspect tragique de la liberté (1796 : *De l'influence des passions sur le bonheur des individus et des nations*), justifiant son libéralisme (1818 : *Considérations sur les principaux événements de la Révolution française*). Sa réflexion sur la littérature prend racine dans cette pensée libérale : *De La Littérature considérée dans ses rapports avec les institutions sociales* (1800) relie l'histoire de la littérature occidentale à celle de la liberté, tandis que *De l'Allemagne* (1810) montre la possibilité d'un avenir européen en vulgarisant la culture allemande. Elle est l'auteur de plusieurs romans, dont *Delphine* (1802) et *Corinne ou l'Italie* (1807).

dans leurs ouvrages théoriques respectifs, aux mêmes conclusions. Humanistes et partisans d'échanges interculturels, ils empruntent des méthodes comparatistes pour montrer, de Shakespeare à Gœthe et Schiller, en passant par Calderón, la nécessité du renouvellement de la dramaturgie française.

Selon eux, la dramaturgie française doit proclamer son indépendance : le goût au théâtre est relatif. Chaque nation développe ses propres critères de goût, chaque époque crée son esthétique : il ne peut donc s'agir d'imiter une littérature antique, étrangère, « transplantée » et par là même artificielle, mais de **créer un théâtre national.** En effet,

> c'est la littérature en action qu'une pièce de théâtre, et le génie qu'elle exige n'est si rare que parce qu'il se compose de l'étonnante réunion du tact des circonstances et de l'inspiration poétique. Rien ne serait donc plus absurde que de vouloir à cet égard imposer à toutes les nations le même système ; quand il s'agit d'adapter l'art universel au goût de chaque pays, l'art immortel aux mœurs du temps, des modifications très importantes sont inévitables ; et de là viennent tant d'opinions diverses sur ce qui constitue le talent dramatique. (Mme de Staël, *op. cit.*, pp. 251-252).

National, mais aussi contemporain : la prise de conscience du mouvement historique exige d'**adapter la dramaturgie au monde contemporain**. Aucun bouleversement politique, par l'influence qu'il exerce sur le public, ne laisse intacte la littérature :

> J'aurais dû pressentir qu'une révolution politique entraînerait une révolution littéraire, et qu'une nation qui n'avait renoncé momentanément à la liberté que pour se précipiter dans tous les hasards des conquêtes ne se contenterait plus des émotions faibles et incomplètes qui pouvaient suffire à des spectateurs énervés par les jouissances d'une vie paisible et d'une civilisation raffinée (Benjamin Constant, *De La Guerre de Trente Ans, Œuvres,* Gallimard, La Pléiade, 1957, p. 915).

Mettre en scène le monde contemporain et l'histoire, c'est entrer « sur un terrain prosaïque », dire « ces contrastes pittoresques, ces vives couleurs, ces traits marquants, qui donnent l'idée de la vie » (Schlegel, *op. cit*., p. 17). C'est toucher le cœur ou ce que Benjamin Constant appelle « l'intérieur de [l']âme [de l'homme], [...] une partie de son être, inconnue à lui-même, et qui tient à la fois des sens et de la pensée » (*op. cit*., pp. 900-901). C'est peindre le **nouveau rapport de l'homme au monde et à la nature** : qu'il s'agisse, comme chez Mme de Staël, de « cet ordre intelligent auquel préside un être suprême, que notre cœur interroge, et qui répond à notre cœur » (*op. cit*., p. 213) ou, comme chez Schlegel, d'« une force mystérieuse, tendant toujours vers une création nouvelle, et faisant sortir comme un monde mer-

Quelques textes fondateurs du « groupe de Coppet ». En 1799, à propos des acteurs tragiques français, le linguiste Wilhelm von Humboldt (1767-1845) publia *De l'État actuel de la scène tragique française*, que Gœthe traduisit et inséra dans sa revue l'année suivante. En 1807, A. W. Schlegel (1767-1845), traducteur de Shakespeare, de Calderón, mais aussi d'Euripide, proposa une *Comparaison entre la* Phèdre *de Racine et celle d'Euripide ;* son *Cours de littérature dramatique*, donné à Vienne en 1808, fut traduit en français cinq ans plus tard et considéré comme le premier manifeste du drame romantique. Enfin Benjamin Constant (1767-1830) traduisit et préfaça la trilogie de Schiller, *Wallenstein* (1809) ; en 1829, accompagnée de *Réflexions sur la tragédie*, cette préface devint un texte théorique majeur très proche du *Cours* de Schlegel, *De La Guerre de Trente Ans.*

veilleux du sein du chaos », perçue grâce au « sentiment, [qui] embrassant tout, pénètre seul le mystère de la nature » (*op. cit.*, p. 135). La nature parle au cœur, l'univers se révèle dans le sentiment : voilà le nouveau terrain du drame.

Il s'agit donc d'adapter la dramaturgie aux nouvelles circonstances par une esthétique en quelque sorte élargie qui transcende lieux, temps et préjugés pour **dire la vie, c'est-à-dire l'homme dans la nouvelle société** : dans le drame romantique défini par Schlegel, « on n[e] sépare pas avec rigueur, comme dans l'ancienne tragédie, les divers éléments de la vie ; on y présente, au contraire, le spectacle varié de tout ce qu'elle rassemble » (*op. cit.*, p. 137). Benjamin Constant, reprenant cette idée d'**une dramaturgie de la totalité**, confère au drame trois composantes essentielles, entre lesquelles « il y a une mesure, une proportion que le génie doit deviner, plutôt que la parole ne peut les définir ». Le drame consiste en effet dans la peinture des passions (objet unique de la tragédie classique), le développement des caractères et enfin la mise en scène de l'action de la société sur ces passions et ces caractères : le drame ainsi composé est « le tableau de la force morale de l'homme combattant un obstacle ». Les unités* de temps et de lieu se révèlent trop étroites pour une telle composition :

> Quand Gœthe, dans son *Goetz von Berlichingen,* a voulu nous pénétrer de l'ordre social d'un siècle où le pouvoir impérial pesait sur les grands, et les grands sur le peuple, et où cette double pression provoquait des résistances en sens opposés, qui introduisaient partout l'anarchie, il ne lui a pas suffi de Goëtz et de ses vassaux, des lieutenants de l'empereur et de ses sbires. Il a eu besoin de mille tableaux divers où le héros ne joue aucun rôle, des paysans révoltés, de Miltenberg en flammes, des Bohémiens même, parias de la société, se traînant à la suite des armées régulières, et des bandes rebelles, ennemies mais esclaves, et jouets des unes comme des autres, espions empressés, guides trompeurs, fouillant dans les cendres après l'incendie, et glanant sur les pillards après le pillage.

La couleur locale enfin est particulièrement importante, car elle est « ce qui caractérise essentiellement l'état de la société que les compositions dramatiques ont pour but de peindre » (*Réflexions sur la tragédie, op. cit.*, pp. 956-957).

Il ne reste donc qu'à **faire table rase d'une esthétique classique** qui, par son modèle antique, apparaît désormais inadaptée, obsolète et froide. Car elle dit un rapport au monde qui n'est plus compréhensible, ne touche ni n'intéresse plus. Seules subsistent les règles, vidées de leur sens :

> Les écrivains imitateurs des Anciens se sont soumis aux règles du goût le plus sévère ; car ne pouvant consulter ni leur propre nature, ni leurs propres souvenirs, il a fallu qu'ils se conformassent aux lois d'après lesquelles les chefs-d'œuvre des Anciens peuvent être adaptés à notre goût, bien que toutes les circonstances politiques et religieuses qui ont donné le jour à ces chefs-d'œuvre soient changées. Mais ces poésies d'après l'antique, quelque parfaites qu'elles soient sont rarement populaires, parce qu'elles ne tiennent, dans le temps actuel, à rien de national (*op. cit.* pp. 213-214).

À la suite de Lessing, Schlegel montre ainsi très bien la raideur de la tragédie française, figée dans ces règles. L'antichambre inventée par respect de l'unité de lieu ne dit que le décorum (*op. cit.*, p. 7). Le style est tout aussi mort :

> Cette pompe solennelle, cette parure cérémonieuse du style tragique, dans des situations qui exigeraient l'abandon et l'oubli de soi-même, ont porté Schiller à comparer les héros de la tragédie française aux rois représentés dans les vieilles gravures, et qu'on voit couchés sur un lit avec un sceptre, leur couronne et leur manteau royal.

La bienséance entraîne la crainte du ridicule « qui arrête l'essor du génie et le dépouille de ses ailes » (*op. cit.*, pp. 24-25).

Enfin, ainsi rénovée, cette dramaturgie peut s'adresser à tous, peuple, bourgeois, nobles. Prétendant à l'universalité, le théâtre ne doit plus être réservé à une élite, mais doit **« ébranler à la fois l'imagination des hommes de tous les rangs »**. Grâce à une esthétique fondée sur l'émotion, le drame romantique, comme un miroir, renverra à la société entière sa propre image.

L'élargissement de l'espace littéraire

Parallèlement à cette réflexion, et malgré une politique étrangère qui rendait parfois difficile l'acceptation de nouveaux modèles étrangers, la littérature européenne, sous la Restauration principalement, fut progressivement diffusée en France sous forme de traductions et d'adaptations théâtrales.

Le libraire Ladvocat publie à partir de 1822 vingt-cinq volumes de *Chefs-d'œuvres des théâtres étrangers*, avant qu'Emile Deschamps (1791-1871), traducteur de Shakespeare avec Vigny, présente d'importantes *Études françaises et étrangères*, en 1828 : c'est en mêlant les littératures française, anglaise et allemande notamment, qu'il prône le renouvellement des formes poétiques et théâtrales.

Tandis qu'Abel Hugo fait paraître des *Romances historiques* espagnoles en 1822, la génération romantique subit l'influence de la **littérature hispanique**, avec **Calderón** tout particulièrement.

La **littérature allemande**, largement diffusée par le « groupe de Coppet », donne l'exemple de la révolution romantique, à Weimar autour de **Gœthe,** dont la traduction de *Faust* par Nerval en 1827, mais aussi le drame de *Goëtz von Berlichingen* sont source d'inspiration. **Schiller** est familier au public français : en 1792, une adaptation des *Brigands*, *Robert, chef des brigands*, a remporté un grand succès ; *Don Carlos*, *Marie Stuart*, mais aussi la trilogie de *Wallenstein*, traduite par Benjamin Constant, sont connues et appréciées par les romantiques qui y trouvent un théâtre montrant l'individu aux prises avec l'histoire dans une dramaturgie adaptée à la représentation de la société entière.

Le modèle anglais s'impose peu à peu. Publié dans la traduction Defauconpret à partir de 1822, le romancier **Walter Scott** (1771-1832), qui devait inspirer aux écrivains français un renouvellement du roman, offre l'image palpitante de l'histoire anglaise du Moyen Âge, avec des romans comme *Waverley*, *Quentin Durward* ou *Ivanohé*. Victor Hugo y reconnaissait l'utilité d'une relation vraie de l'histoire vécue. De multiples adaptations théâtrales manifestent l'engouement du public pour ce type de sujets à la fois nationaux et émouvants : lorsqu'en février 1828, Hugo et son ami Soumet font jouer leur adaptation du *Château de Kenilworth*, *Amy Robsart,* trois versions au moins du roman ont déjà été présentées au public. **Shakespeare** s'impose comme modèle principal. Les adaptations de Ducis, bien qu'infidèles à l'esprit du dramaturge anglais, ont contribué à populariser ses pièces principales. Une nouvelle traduction de Le Tourneur, publiée de 1778 à 1783, qui se contente d'adoucissements stylistiques, est corrigée en 1821 par Guizot (1787-1874), homme politique, historien et homme de lettres ; ajoutant quelques pièces, celui-ci la préface d'un texte dans lequel il montre l'importance du théâtre shakespearien : « embrassant cette généralité d'intérêts, de sentiments, de conditions, qui forme aujourd'hui pour nous le spectacle des choses humaines », il s'adresse avant tout au peuple.

Shakespeare devient ainsi la référence romantique par excellence : Stendhal, ulcéré par les sifflets qui ont accueilli ses interprètes anglais invités par le directeur du Théâtre de la Porte-Saint-Martin en 1822, prend sa défense dans son vigoureux pamphlet *Racine et Shakespeare* I (qu'il complétera d'une deuxième partie en 1825). Hugo dans la préface de *Cromwell*, en 1827, en fait l'éloge (« Shakespeare, c'est le Drame »), comme **Vigny** dans sa « Lettre à Lord *** sur la soirée du 24 octobre 1829 », préface de son importante adaptation d'*Othello*. Lorsqu'en 1827 les acteurs anglais sont de retour, un triomphe les accueille. Shakespeare (et l'idée d'une autre esthétique !) est adopté.

Les premières tentatives

À partir de la Restauration, la littérature s'oriente naturellement vers l'histoire. La question centrale est de trouver une forme qui, tout en respectant un double souci d'objectivité et d'exhaustivité, dise autant les événements que les hommes, autant les décisions que les forces internes qui les ont amenées. La science de l'Histoire se développe très rapidement. Réclamant « l'histoire des citoyens, l'histoire des sujets, l'histoire du peuple » (A. Thierry, *Lettres sur l'histoire de France*, 1827), les historiens annoncent une nouvelle conception de l'histoire qui ressuscite la vie : la dramaturgie de l'histoire est là en germe.

Si en effet, dans le genre romanesque, l'essor du roman historique trouve ici sa source, au théâtre apparaît le lien entre la rigueur historique nouvelle et la vérité inscrite dans l'écriture théâtrale. Les premières tentatives de mise en scène de la vérité historique marqueront fortement l'esthétique romantique, même si l'histoire y prend le pas sur la dramaturgie. Il s'agit de montrer « des faits historiques présentés sous forme dramatique, mais sans prétention d'en composer un drame » (Vitet, préface, *Les Barricades*, 1826) : à travers une succession de courtes scènes dialoguées, les **« scènes historiques »** racontent un fait historique national, théâtralisé de manière à rendre l'épaisseur temporelle et humaine des événements.

Ludovic Vitet (1802-1873), homme politique, historien et homme de lettres, auteur d'une trilogie sur les guerres de Religion intitulée *La Ligue (Les Barricades, Les États de Blois, La Mort d'Henri III*, 1826-1829), est le créateur des « scènes historiques ». Avec Stendhal, Mérimée et Sainte-Beuve, il appartient au groupe libéral où se recrutent les rédacteurs du journal *Le Globe* qui, avec les romantiques, affirme « l'indépendance en matière de goût ». Les autres auteurs de « scènes historiques » appartiennent aussi à ce milieu politique, qui confère à ces productions un ton contestataire, caractéristique du drame romantique.

Au moment où Stendhal, dans son *Racine et Shakespeare,* réclame pour les « jeunes gens raisonneurs, sérieux et un peu envieux, de l'an de grâce 1823 » des tragédies nationales traitant des « règnes de Charles VI, Charles VII et du noble François Ier » (*op. cit.*, p. 15), l'importance de ces « scènes historiques » est réelle. Mérimée d'ailleurs en offre, en 1825, une illustration possible dans un recueil singulier, attribué à une (fausse) actrice espagnole, Clara Gazul, par un (faux) traducteur, Joseph L'Estrange, le *Théâtre de Clara Gazul* : comme les « scènes historiques », composés sans souci de la représentation, ces textes courts, à certains égards provocateurs, jouent sur le rapport entre la fiction et les petits faits vrais, s'affirmant hors des contraintes dramaturgiques et politiques. En 1828, ses « scènes féodales » de *La Jacquerie* reprennent l'esthétique de ***Vitet*** : une succession de scènes où seule prime la vérité aux dépens de la bienséance* ou de l'unité* de lieu affirme le rôle de l'individu dans l'histoire.

La tragédie elle-même subit de plus en plus, à partir de cette époque, l'influence de ces mutations idéologiques.

Dès l'Empire, un dramaturge, **Népomucène Lemercier** (1771-1840) avait tenté de la rajeunir avec d'importantes innovations annonciatrices du drame romantique. Ayant, malgré les sollicitations de Napoléon, rapidement abandonné la tragédie pour des comédies historiques à sujet national, il posa les bases de l'esthétique romantique en se révélant capable de rejeter les règles classiques au bénéfice de la vraisemblance. Ainsi dans la préface de *Pinto*, qui montrait le Portugal délivré de la domination espagnole grâce à un valet du nom de la pièce, il affirmait qu'il s'agissait de « représenter des personnages parlant et agissant comme on le fait dans la vie, et de rejeter le prestige quelque fois infidèle de la tragédie et des vers heureux » (cité par Patrick Berthier, *Le Théâtre au XIXe siècle*). S'affranchissant du cadre classique, il revendiquait une liberté dont témoigne la majeure partie de ses pièces : il y prenait en effet ses distances avec la tradition et les bienséances, malmenant les figures légendaires de Charlemagne ou de Clovis, par exemple ; il jouait des lieux, les multipliant et accordant plus d'importance à la couleur locale et aux décors ; enfin, il prenait des libertés avec les contraintes de la versification. Le public et les institutions n'étaient cependant pas encore prêts : seule une de ses pièces, une tragédie très classique, *Agamemnon*, remporta un véritable succès. Les innovations contenues dans *Christophe Colomb,* jouée onze fois en mars 1809, firent scandale, provoquant une violente émeute qui fit un mort. Lorsqu'elles ne furent pas repoussées, refusées ou interdites, ses autres pièces tombèrent, parce qu'incomprises.

À sa suite, **Alexandre Soumet** (1788-1845) chercha une forme dramatique rénovée. Appartenant à la génération des premiers romantiques rédacteurs de *La Muse française*, avec Hugo et Vigny, il commença en 1814 par un texte théorique dont le titre est explicite : *Les Scrupules littéraires de Mme de Staël.* En 1825, son adaptation de Schiller, *Jeanne d'Arc,* offrit le spectacle du bûcher de la pucelle d'Orléans dans un cadre couleur locale. Malgré cette tentative, ses pièces furent toujours tiraillées entre la dramaturgie classique et sa volonté de la rénover. La monarchie de Juillet le vit se tourner vers l'épopée.

3 La trame du drame romantique

Les grandes créations romantiques furent précédées et accompagnées de textes théoriques. *Cromwell* parut en 1827, précédé d'une longue préface dans laquelle Hugo, pour justifier la nouveauté et la longueur de sa pièce, expliquait sa dramaturgie ; de la même façon, deux ans plus tard, Vigny préfaçait son *More de Venise* d'une « Lettre à Lord *** sur la soirée du 24 octobre 1829 et sur un système dramatique », où il exposait sa poétique du drame. Dumas, plus circonspect face aux théories, présenta cependant son esthétique à l'intérieur même de l'une de ses pièces, *Antony.* Au fil de ces textes apparaissent les éléments d'une trame commune.

Histoire et héros romantique

À la suite de Benjamin Constant, les dramaturges romantiques affirment que le drame est un **« miroir de concentration »**, une **synthèse de la société, de la nature humaine et de leurs rapports.**

> Le théâtre est un point d'optique. Tout ce qui existe dans le monde, dans l'histoire, dans la vie, dans l'homme, tout doit et peut s'y réfléchir, mais sous la baguette de l'art. L'art feuillette les siècles, feuillette la nature, interroge les chroniques, s'étudie à reproduire la réalité des faits, surtout celle des mœurs et des caractères, bien moins léguée au doute et à la contradiction que les faits, restaure ce que les annalistes ont tronqué, harmonise ce qu'ils ont dépouillé, devine leurs omissions et les répare, comble leurs lacunes par des imaginations qui aient la couleur du temps, groupe ce qu'ils ont laissé épars, rétablit le jeu des fils de la providence sous les marionnettes humaines, revêt le tout d'une forme poétique et naturelle à la fois, et lui donne cette vie de vérité et de saillie qui enfante l'illusion, ce prestige de réalité qui passionne le spectateur [...] (Hugo, préface de *Cromwell*).

Vigny réclame de la même façon « un tableau large de la vie, au lieu du tableau resserré de la catastrophe d'une intrigue » (« Lettre à Lord*** », Gallimard, La Pléiade, I, p. 398).

Ainsi *Cromwell*, avec une soixantaine de personnages, fait revivre l'Angleterre puritaine, tandis que *Marie Tudor* (1833), divisée en « journées », présente trois portraits représentatifs de l'Angleterre du XVIe siècle : l'homme du peuple, la reine et le courtisan. *Lorenzaccio* de Musset (1835) offre un tableau de Florence au même siècle, de ses places à l'intérieur de ses palais, laissant entendre les grondements du mécontentement populaire, comme les complots des autorités religieuses et politiques.

Une telle ambition totalisante oriente l'action différemment de celle de la tragédie classique : le centre n'en est plus le pouvoir, **le héros n'y est plus ni roi ni prince**. Pris dans cette trame sociale et politique, il est même particulièrement **complexe,** comme l'a montré Anne Ubersfeld : il est un « caractère », et non plus seulement « un rôle », pour reprendre la distinction de Vigny, dans sa « Lettre à Lord *** ».

Marginal, il est seul dans la société : Chatterton, pauvre poète qui ne veut pas vendre sa plume pour vivre est acculé au suicide sous les yeux indifférents des représentants d'une société mercantile. Dumas, dont les héros sont presque systématiquement sauvés de la prison par la mort, va jusqu'à mettre en scène, dans *Richard Darlington*, un anti-héros : sinistre personnage, gouverné par la seule ambition, après avoir séduit la fille de ses parents adoptifs pour entrer aux Communes, il finit par l'assassiner, car elle refuse un divorce qui lui permettrait un nouveau mariage et une fulgurante fortune.

Mais surtout, le héros romantique est **double : replié dans une souffrance personnelle et homme d'action conquérant**, agissant sur le monde qui l'entoure. Même s'il est rejeté par la société, il est mû par une passion (amoureuse ou sociale), qui l'inscrit dans l'Histoire, en une trajectoire désespérément tragique.

Hernani, bandit « banni, proscrit, funeste » et grand d'Espagne :

Je suis une force qui va !
Agent aveugle et sourd de mystères funèbres !
Où vais-je ? je ne sais. Mais je me sens poussé
D'un souffle impétueux, d'un destin insensé.
Je descends, je descends, et jamais ne m'arrête.
Si parfois, haletant, j'ose tourner la tête,
Une voix me dit : Marche ! et l'abîme est profond,
Et de flamme ou de sang je le vois rouge au fond !
Cependant, à l'entour de ma course farouche,
Tout se brise, tout meurt. Malheur à qui me touche !
(*Hernani*, III, 4).

Chez Musset, Lorenzo de Médicis, nostalgique de la pureté de son enfance, sert les plaisirs débauchés du duc de Florence : il venge en solitaire l'honneur de la ville avant d'être assassiné, incompris et honni.

Double, le héros romantique est un **héros fragile**, dont l'identité et les motivations psychologiques sont parfois troubles. Lorenzo, tout au long du drame, est affublé de surnoms qui révèlent ses incertitudes et ses faiblesses : Lorenzaccio, Lorenzino, Renzino, il est aussi Renzinaccio et Lorenzetta. Des failles apparaissent dans le personnage romantique : en lui se côtoient le bien et le mal ; en lui s'opposent le beau et le laid conformément à la nature, qui « mêle dans ses créations, sans pourtant les confondre, l'ombre à la lumière, le grotesque au sublime, en d'autres termes, le corps à l'âme, la bête à l'esprit ». Le « **grotesque** » offre une image de cette dualité de l'homme, de cette part d'ombre, toujours en lutte avec la clarté du sublime, dévoilée par l'amour, passion divine et purificatrice.

> [Il] déroule d'intarissables parodies de l'humanité. Ce sont des créations de sa fantaisie que ces Scaramouches, ces Crispins, ces Arlequins, grimaçantes silhouettes de l'homme, types tout à fait inconnus à la grave Antiquité, et sortis pourtant de la classique Italie. C'est lui enfin qui, colorant tour à tour le même drame de l'imagination du Midi et de l'imagination du Nord, fait gambader Sganarelle autour de Dom Juan et ramper Méphistophélès autour de Faust (Hugo, préface de *Cromwell*).

La plupart des drames romantiques, et plus particulièrement ceux de Hugo, sont ainsi construits sur un jeu d'oppositions qui, se développant aussi bien entre les personnages qu'à l'intérieur même du héros, exprime cette dualité essentielle de la nature : elle est en Cromwell,

> être complexe, multiple, composé de tous les contraires, mêlé de beaucoup mal et de beaucoup de bien, plein de génie et de petitesse ; une sorte de Tibère-Dandin, tyran de l'Europe et jouet de sa famille (*ibid.*) ;

elle est dans l'opposition de Catarina et la Tisbé, dans *Angelo, tyran de Padoue* (1835).

Le drame est la passion, la nature et la vérité sans fard. Et la passion est absolue, la nature terrible, la vérité sanglante : peu importe la bienséance* qui nuirait à la vraisemblance. Dumas, avec *Henri III et sa cour* (1829), le montre dans une femme brutalisée par son mari, assoiffé de vengeance contre un rival qui est aussi son ennemi politique ; il le souligne à travers l'adultère, le viol et le meurtre commis par amour, dans *Antony* (1831). Que la femme du doge et la courtisane plébéienne se disputent le même homme par tous les moyens jusqu'au meurtre, comme Catarina et la Tisbé, c'est encore la nature dans toute sa vérité : « une action toute résultante du cœur » qui résume « en deux types vivants, toutes les femmes, toute la femme », explique Hugo dans sa préface.

Le héros dans son cadre

Comme l'ont pressenti les premiers théoriciens, seule une esthétique élargie peut dire l'Histoire dans sa totalité sociale : puisqu'elle ne se fait plus dans les salles du trône ni dans les alcôves du pouvoir, il faut pouvoir la montrer simultanément dans tous les milieux où elle prend naissance, se répand et modifie les destinées.

C'est donc la société tout entière qui est le lieu de l'action : en un sens, il n'y a pas là de transgression de l'unité classique, mais une conception différente, qui l'adapte à l'exigence de vraisemblance.

> Quoi de plus invraisemblable et de plus absurde en effet que ce vestibule, ce péristyle, cette antichambre, lieu banal où nos tragédies ont la complaisance de venir se dérouler, où arrivent, on ne sait comment, les conspirateurs pour déclamer contre le tyran, le tyran pour déclamer contre les conspirateurs, chacun à leur tour (*ibid.*),

s'indigne Hugo. Bien plus, le **lieu** acquiert ainsi une fonction dramatique propre :

> On commence à comprendre de nos jours que la localité exacte est un des premiers éléments de la réalité. Les personnages parlants ou agissants ne sont pas les seuls qui gravent dans l'esprit du spectateur la fidèle empreinte des faits. Le lieu où telle catastrophe s'est passée en devient un témoin terrible et inséparable ; et l'absence de cette sorte de personnage muet décompléterait dans le drame les plus grandes scènes de l'histoire. Le poète oserait-il assassiner Rizzio ailleurs que dans la chambre de Marie Stuart ? poignarder Henri IV ailleurs que dans cette rue de la Ferronnerie, tout obstruée de baquets et de voitures ? brûler Jeanne d'Arc autre part que dans le Vieux Marché ? (*ibid.*).

Dans *Hernani*, l'Espagne est le lieu principal, illustré, à chaque acte, par ses places symboliques. Le quatrième acte présente, à Aix-la-Chapelle, le tombeau de Charlemagne, précisément décrit dans les didascalies* : lieu imposant, écrasant même, par son architecture (« de grandes voûtes d'architecture lombarde. Gros piliers bas, pleins cintres »), mais aussi par le souvenir de son habitant («inscription « Carolo Magno ») ; lieu secret et mystérieux où tout annonce les fils entremêlés des intrigues (« une petite porte de bronze, basse et cintrée », « On ne voit pas le fond du souterrain ; l'œil se perd dans les arcades, les escaliers et les piliers qui s'entrecroisent dans l'ombre »). Et de fait, la tension dramatique s'y amplifie, dans une dualité tragique qui en fait à la fois un lieu de mort et de résurrection, pour chacun des personnages principaux, don Carlos et Hernani. Lieu d'une mort annoncée pour le roi, contre lequel les conspirateurs viennent ourdir leur complot ; lieu de mort symbolique, car il assiste à la scène caché dans le tombeau même de Charlemagne ; lieu de condamnation sociale définitive pour Hernani, dont le bras est choisi pour accomplir le meurtre. Lieu de résurrection, cependant, car là est faite l'annonce de l'élévation du roi à l'empire, celui-ci, toujours aussi symboliquement, sortant alors du tombeau ; résurrection et vie pour Hernani, puisque c'est là aussi que sa qualité de grand d'Espagne est enfin révélée et son mariage avec doña Sol accepté par le nouvel empereur.

Même constat pour la règle classique du **temps**, inadaptée désormais aux exigences idéologiques : « L'action, encadrée de force dans les vingt-quatre-heures, est aussi ridicule qu'encadrée dans le vestibule. Toute action a sa durée propre comme son lieu particulier », explique encore Hugo, reprenant l'argument concernant l'illusion du spectateur développé par Stendhal : peu importe que l'action se déroule ou non en vingt-quatre heures, « le spectateur, entraîné par l'action, n'est choqué de rien ; il ne songe nullement au temps écoulé », car il « est accoutumé à voir le temps marcher différemment sur la scène et dans la salle ». Le temps du drame romantique se définit en fait par la **simultanéité** qui donne son unité à la diversité des actions et des lieux. *Lorenzaccio* présente au moins trois intrigues simultanées (amours du duc, complot de la famille Strozzi et de ses alliés, destin de Lorenzo) autour d'Alexandre, un Médicis bâtard à la solde du pape et de l'Allemand Charles Quint.

« Il n'y a ni règles ni modèles »

Seule doit compter finalement la **liberté dramaturgique** : il ne s'agit pas de refuser les règles classiques pour s'opposer au classicisme coûte que coûte, mais de **trouver de nouvelles voies pour exprimer les doutes de l'individu face à la société post-révolutionnaire.**

> Disons-le hardiment. Le temps en est venu, et il serait étrange qu'à cette époque, la liberté, comme la lumière, pénétrât partout, excepté dans ce qu'il y a de plus nativement libre au monde, les choses de la pensée. Mettons le marteau dans les théories, les poétiques et les systèmes. Jetons bas ce vieux plâtrage qui masque la façade de l'art ! Il n'y a ni règles, ni modèles ; ou plutôt il n'y a d'autres règles que les lois générales de la nature qui planent sur l'art tout entier, et les lois spéciales qui, pour chaque composition, résultent des conditions d'existence propres à chaque sujet *(ibid.)*.

À chacun donc d'adapter la dramaturgie à la vérité qu'il prétend dévoiler, de « changer de moule autant de fois que de composition », comme le dit Hugo lui-même. Certains drames ignorent les règles de la dramaturgie classique ; d'autres les retrouvent, comme *Chatterton*, que Vigny résume ainsi : « C'est l'histoire d'un homme qui a écrit une lettre le matin, et qui attend la réponse jusqu'au soir ; elle arrive et le tue » (« Dernière Nuit de travail », *op. cit.*, p. 759).

4 Divergences et impasses

Mais ces lignes communes ne doivent pas occulter les difficultés rencontrées : l'éclatement des textes théoriques, leur souplesse même, mais aussi les ruptures éclatantes entre les dramaturges, au fil des créations, soulignent combien il fut difficile de trouver une forme dramatique répondant aux aspirations idéologiques et littéraires.

Afin que le drame fût ce « miroir » renvoyant de tous ses faisceaux les interrogations contemporaines à travers l'itinéraire d'un personnage plongé dans l'Histoire, deux questions formelles se posèrent : quelle écriture était la mieux adaptée ? quel cadre temporel était le plus signifiant ?

Prose ou vers ?

On libérait certes le langage du carcan de la bienséance, mais devait-on choisir la prose ou le vers ? Si Dumas, suivant en cela les propositions de Stendhal, préféra la prose, Hugo pour sa part défendit le vers, mais l'évolution qu'il lui fit subir attisa la haine des « classiques ».

Dès 1829, Vigny oppose Histoire et poésie dans l'expression de la vérité. La même année, la prose de Dumas, dans un drame historique qui heurtait très mélodramatiquement les bienséances, *Henri III et sa cour*, fit moins scandale que le vers d'*Hernani*, en 1830. La versification semblait devoir être le dernier bastion – et le plus précieux ! – des classiques. Or pour Hugo, le point central de la réflexion sur la dramaturgie résidait dans l'alexandrin. Il avait affirmé que « le drame est la poésie complète », faisant ainsi du vers, défini comme « l'harmonie des contraires », le fondement même de la dramaturgie moderne.

> Le vers est la forme optique de la pensée. Voilà pourquoi il convient surtout à la perspective scénique. Nous voudrions un vers libre, franc, loyal, osant tout dire sans pruderie, tout exprimer sans recherche ; passant d'une naturelle allure de la comédie à la tragédie, du sublime au grotesque ; tour à tour positif et poétique, tout ensemble artiste et inspiré, profond et soudain, large et vrai ; sachant briser à propos et déplacer la césure pour déguiser sa monotonie d'alexandrin ; plus ami de l'enjambement qui l'allonge que de l'inversion qui l'embrouille ; fidèle à la rime [...] ; prenant, comme Protée, mille formes sans changer de type et de caractère, [...] lyrique, épique, dramatique, selon le besoin ; pouvant parcourir toute la gamme poétique, aller de haut en bas, des idées les plus élevées aux plus vulgaires, des plus bouffonnes aux plus graves, des plus extérieures aux plus abstraites, sans jamais sortir d'une scène parlée [...] (préface de *Cromwell*).

Toute l'esthétique lyrique du drame historique était là, refusant les prétentions réalistes, loin du prosaïsme du drame bourgeois et du mélodrame, se rapprochant de la tragédie, d'une manière jugée scandaleuse par les classiques, comme le montre le fameux épisode de la « bataille d'*Hernani* », le 25 février 1830.

Pour d'autres, comme Stendhal ou Dumas, le vers est encore une survivance classique, inconciliable avec les exigences de la dramaturgie,

> dès qu'il s'agit de cette tragédie qui tire ses effets de la peinture exacte des mouvements et des incidents de la vie des modernes. La pensée ou le sentiment doivent avant tout être énoncés avec clarté dans le genre dramatique [...]. *The table is full*, s'écrie Macbeth frissonnant de terreur quand il voit l'ombre de ce Banco, qu'il vient de faire assassiner il y a une heure, prendre à la table royale la place qui est réservée à lui le roi Macbeth. Quel vers, quel rythme, peut ajouter à la beauté d'un tel mot ? C'est le cri du cœur, et le cœur n'admet pas d'inversion (Stendhal, *op. cit.*, p. 99).

Drame historique ou drame contemporain ?

Là encore, la réponse n'était pas concertée, bien qu'elle engageât toute la conception de la mise en scène.

Certains montrent la nécessité d'un recul historique, d'une transposition, qui permettent, outre d'échapper à la censure, de conférer au drame sa fonction critique et didactique. Le drame de Hugo est par essence historique : il s'agit de présenter « le passé ressuscité au profit du présent ; [...] l'histoire que nos pères ont faite confrontée avec l'histoire que nous faisons » (Préface de *Marie Tudor*). En effet, cette dramaturgie du passé interprète, gauchit, pour mettre en accusation la situation contemporaine : ainsi Hugo ne cesse, à travers toutes ses pièces, de poser la question de la légitimité et des limites d'un pouvoir, qu'il montre mortifère. Avec *La Maréchale d'Ancre* (1831) et *Chatterton* (1835), Vigny tente aussi de montrer que c'est dans le recul historique que se trouve l'inspiration romantique.

D'autres préfèrent la forme du **drame contemporain.** C'est avec *Antony*, en 1831, que **Dumas** inaugure le « drame en habit noir », héritier du drame bourgeois du XVIIIe siècle. L'un des personnages de la pièce s'interroge :

> N'est-ce pas qu'on s'intéresse bien plus à des personnages de notre époque, habillés comme nous, parlant la même langue ? [car] les passions sont les mêmes au XVe qu'au XIXe siècle, et [...] le cœur bat d'un sang aussi chaud sous un frac de drap que sous un corselet d'acier (IV, 6).

Malgré le scandale – adultère, viol, meurtre sont réunis –, la pièce est un des plus grands succès romantiques. Il est vrai que Dumas, habile, ne brave pas les valeurs de la société : la femme coupable d'adultère se repent avant de mourir selon ses vœux, tandis que son séducteur et meurtrier avoue son crime, en l'absolvant. La réplique finale, « Elle me résistait, je l'ai assassinée », fit la renommée de la pièce.

Mais, surtout, il semble que le drame contemporain encoure moins les foudres de la **censure** que le drame historique. Le décalage temporel (et poétique) amplifie la portée idéologique : rien n'est plus acéré que le trait du symbole, plus piquant que la pointe de la métaphore. Les attaques les plus violentes furent ainsi pour Hugo qui privilégiait les sujets historiques. Hernani, rattrapé par son passé, au moment même où il a obtenu le pardon impérial, ne semble-t-il pas illustrer le caractère illusoire de tout retour en arrière, de toute « restauration » ? Lorsque Dumas, dans *Richard Darlington*, choisit une époque pas tout à fait contemporaine pour montrer la concussion électorale, il choqua ; *Chatterton* de Vigny, présentant la société anglaise du siècle précédent, souleva une vague de protestations, car on y vit une apologie du suicide et une attaque contre un mercantilisme tout à fait contemporain.

Si les auteurs romantiques préférèrent avec le XVIIIe siècle la dramaturgie du quatrième mur*, le choix d'un sujet historique ou contemporain imposa des variations dans la conception du décor, qui conduisirent à des **impasses** : l'esthétique historique jouant sur le symbole et le vrai, l'esthétique contemporaine sur l'allusion et le vraisemblable.

Avec Diderot, demandant aux acteurs de jouer comme si les spectateurs n'existaient pas, le rapport entre la scène et la salle avait évolué. Un espace était venu les séparer : les spectateurs ne voyaient plus la scène que de l'extérieur, comme si, pour eux, on avait abattu un mur qui les séparait de ce qui s'y passait indépendamment de leur présence. La nature de l'illusion changeait : ce n'était plus le langage seul qui, comme dans la tragédie classique, servait de vecteur à la représentation, mais **le décor** qui proposait une perception visuelle et sensuelle de l'action. Stendhal, pour qui « la première condition du drame, c'est que l'action se passe dans une salle dont un des murs a été enlevé par la baguette magique de Melpomène, et remplacé par le parterre » (*op. cit.*, p. 100), ne réclamait pas autre chose. L'écriture dramatique n'était plus seulement textuelle, mais aussi visuelle – on a vu, avec la dramaturgie populaire du mélodrame, le développement de la mise en scène. La représentation s'adressait ainsi à tous les sens. Le drame romantique voulut exploiter cette nouvelle dramaturgie qui offrait la possibilité de présenter, en plaçant au second plan l'aspect narratif de l'intrigue, des **tableaux**, qui rendent l'atmosphère d'un climat – aussi Hugo ne divise-t-il plus ses pièces en actes et scènes, mais en tableaux et scènes. La **couleur locale**, enfin, apparaissait le garant indispensable de l'authenticité de ces « tableaux ».

À la suite de Diderot, les décors deviennent alors complexes, très travaillés, alourdis même, pour figurer des lieux réels : tout est là, portes, fenêtres, meubles. Dans cette perspective réaliste, figurer l'histoire dans sa diversité pose un problème. Le drame de Hugo aurait en effet besoin que soit gommée la prétention figurative, afin que chaque élément « signifie ». Le décor ne peut être vraisemblable, il lui faut être vrai :

> [Il] n'est pas le pays du réel, : il y a des arbres de carton, des palais de toile, un ciel de haillons, des diamants de verre, de l'or de clinquant, du fard sur la pêche, du rouge sur la joue, un soleil qui sort de dessous terre. C'est le pays du vrai ; il y a des cœurs humains sur la scène, des cœurs humains dans la coulisse, des cœurs humains dans la salle. (Note personnelle, cité par Anne Ubersfeld, *Le Drame romantique,* p.149).

Or les décors de ses pièces se trouvèrent pris dans les filets de la tendance contemporaine : ils furent grandioses, chargés d'accessoires réalistes : on parla beaucoup du tombeau de Charlemagne, imaginé par le plus célèbre décorateur de l'époque, Pierre Luc Charles Cicéri (1782-1868). La critique n'en retint que l'aspect décoratif, anecdotique. On put lire ainsi, à propos de *Marie Tudor* (1833), dans *L'Impartial* : « M. Hugo a une prédilection marquée pour les processions et les escaliers. Nous avons vu des processions dans *Hernani* et dans *Lucrèce Borgia.* Dans *Hernani*, nous avions aussi un grand escalier ; ici, il y a progrès : nous avons deux escaliers. » De même, on parodia l'escalier de *Chatterton* qui montrait « jusqu'où l'art dégringole ». C'était enlever au drame toute son ampleur et le mettre sur le même plan que le drame bourgeois, et surtout des effets de scène spectaculaires du mélodrame.

L'impasse ne fut pas de même importance pour les drames contemporains : les décors élaborés, « machinés », ne pouvaient que convenir à une dramaturgie fondée sur les coups de théâtre : l'espace y était minutieusement conçu pour les servir, en fonction des péripéties. Ainsi dans *Richard Darlington*, le décor de la scène du meurtre de sa femme par le héros doit-il comporter une fenêtre pour lui permettre de la précipiter dans le vide. L'esthétique réaliste correspond bien plus à la conception de l'espace qui est celle de Dumas : ce que le spectateur voit est une partie du monde dont l'action n'est pas isolée. Elle peut aussi bien se jouer dans la pièce ou la rue voisine : le spectateur perçoit ce qui se passe réellement, comme s'il n'était pas là. En un sens, la scène n'est pas théâtre de l'« illusion comique », mais ouverture sur un fragment de vie contemporaine.

Cette double conception des décors met en évidence l'**écueil** que rencontra la dramaturgie romantique : ce n'est que lorsqu'elle s'approchait, avec Dumas par exemple, des formes traditionnelles, comme la comédie, le drame bourgeois ou même le mélodrame, qu'elle passait la rampe sans trop de difficultés.

La prétention totalisante, la recherche de la grandeur jusqu'à l'excès, l'expression lyrique et enfin le refus du réalisme firent de certains drames romantiques des pièces inadaptées aux conditions scéniques contemporaines : **l'esthétique du grotesque ne pouvait se suffire d'une mise en scène fondée sur le spectaculaire.** Ce constat détourna certains auteurs de la scène, sans pour autant les distraire du théâtre. Ils cherchèrent une plus grande liberté dans un **théâtre de la lecture**, déjà inauguré par les « scènes historiques ». Musset, après le four de *La Nuit vénitienne* en 1830, offre un *Spectacle dans un fauteuil* : *Lorenzaccio*, considéré aujourd'hui comme le prototype du drame romantique, y paraît en 1834, inspiré d'une « scène historique » de George Sand, *Une Conspiration en 1537 ;* Hugo à son tour, après l'échec de son drame épique des *Burgraves* en 1843, se tourna vers un théâtre écrit, le *Théâtre en liberté* (1872).

Quel théâtre ? Quels acteurs ?

Même si la grande période du drame romantique, entre 1830 et 1835, correspondit à la suppression momentanée de la censure, celui-ci ne dut pas moins faire face à l'opposition farouche de certains milieux politiques et culturels, qui ne facilitèrent pas l'ouverture des théâtres à cette nouvelle dramaturgie. En effet, la question se posa de trouver à la fois des scènes et des acteurs.

La Comédie-Française disposait certes d'acteurs de premier plan, mais marqués par le répertoire classique. De plus, il était impossible d'y faire jouer d'autres acteurs : Frédérick-Lemaître, qui joua les premiers rôles hugoliens avec toute l'ironie et l'invention gestuelle qui lui étaient propres, ne put jamais y entrer ; si ***Marie Dorval***, l'actrice romantique par excellence, et Bocage, jeune premier anguleux préféré de Dumas, parvinrent à y conquérir leur place, ils en furent rapidement chassés par l'animosité des sociétaires. L'attribution de la subvention fut en outre le prétexte d'une censure larvée qui utilisa des arguments moraux (outrage aux mœurs, idées subversives...) pour limiter la présence des romantiques sur la première scène française.

Marie Dorval (1798-1849) fut une véritable enfant de la balle : mariée très jeune au régisseur de la troupe de ses parents, elle joua d'abord dans les théâtres secondaires jusqu'à son triomphe dans un mélodrame de Dinaux et Ducange, *Trente ans ou La Vie d'un joueur*, qui lui valut d'être le « Talma féminin du Boulevard ». Le *Marino Faliero* de Delavigne en 1829 lui offrit l'occasion de conquérir Paris. Grâce à sa spontanéité et à sa connaissance de la scène qui lui permettaient de travailler ses effets, de varier son jeu en passant d'une émotion à son opposée, elle devint l'actrice préférée des romantiques, entrant en compétition avec sa rivale du Théâtre-Français, Mlle Mars. Une courte et difficile période chez les Comédiens-Français la persuada que le succès et les rentes se trouvaient au Boulevard où elle retourna avant de s'épuiser à courir le cachet dans des tournées de province.

Rapidement, dès le succès de *Henry III et sa cour,* s'imposa cependant une évidence : le drame romantique passait la rampe et attirait le public. Mlle Mars en faisait le constat : « Les journaux ont beau se pâmer sur le génie, les succès des auteurs classiques, le public ne vient pas.[...] Les romantiques que l'on écrase, sans avoir jusqu'à présent produit des chefs-d'œuvre, sont plus heureux. On les siffle et ils amènent plus volontiers le public » (cité par F. Ambrière, *Mlle Mars et Marie Dorval*, Le Seuil, 1992, p. 174). Les Comédiens-Français se trouvèrent pris entre deux feux : la ruine avec le répertoire classique, ou le scandale avec le répertoire moderne... Ils soutinrent *Hernani* avec courage pendant cinquante représentations, malgré le climat hostile qui accueillait les levers de rideau. Grâce aux efforts de ses deux administrateurs successifs, le baron Taylor et Jouslin de La Salle, désireux de les sortir de la misère et fervents admirateurs des romantiques, ils jouèrent aussi *La Maréchale d'Ancre* et *Chatterton* de Vigny, pièces moins tumultueuses. *Angelo, tyran de Padoue* fut l'occasion d'un face-à-face entre les deux rivales, Mlle Mars et Marie Dorval. Ils supportèrent le scandaleux *Roi s'amuse* et reprirent *Marion de Lorme*, déjà créée à la Porte-Saint-Martin. Face au drame romantique, le Théâtre-Français oscilla sans cesse entre deux attitudes : interdisant d'une part *Antony* et signant d'autre part avec Hugo un contrat pour *Angelo* et la double reprise d'*Hernani* et de *Marion de Lorme*.

Cependant, même si les trois principales salles parisiennes leur étaient accessibles, les dramaturges préférèrent **le Théâtre de la Porte-Saint-Martin,** dirigé, à partir de 1831, par François Harel (1794-1846) qui jusque-là les avait encouragés à l'Odéon. Certes ce théâtre disposait de moyens moins importants, mais il offrait des acteurs plus souples, capables de s'adapter aux œuvres inspirées de la dramaturgie populaire et de ses effets spectaculaires. ***Frédérick-Lemaître***, Bocage, Marie Dorval y jouaient en effet : issus de théâtres secondaires, ils avaient une **présence physique** qui les distinguait des Comédiens-Français et offrait au drame romantique la **dimension sensuelle de la passion**. Révélée, comme Frédérick-Lemaître, par un mélodrame, avant d'être la reine du drame romantique, Marie Dorval se distinguait par les inflexions pathétiques ou tragiques de sa voix et ses élans corporels. Quant à Frédérick-Lemaître, le même naturel faisait son succès : il fut un magnifique Ruy Blas, à la fois grotesque et pathétique dans les scènes où son personnage était humilié par don Salluste ou malheureux dans son amour pour la reine.

Cependant Hugo fut déçu : la diction de Marie Dorval n'était pas celle de Mlle Mars et la scission entre deux publics attachés à la répartition des répertoires par théâtre ne s'atténuait pas. **Le drame romantique ne réussissait pas à être un théâtre pour le peuple**.

Frédéric Antoine Louis Prosper, dit Frédérick-Lemaître (1800-1876) fut d'abord un acteur du Boulevard. Révélé par son interprétation satirique du personnage du bandit de grand chemin, Robert Macaire, dans le mélodrame de *L'Auberge des Adrets* (1824), il triompha dans des rôles de jeune premier provocateur. Sa truculence ironique et sa liberté d'invention gestuelle, apprises sur les scènes populaires, lui permirent d'incarner les personnages romantiques, de Ruy Blas à Kean. Comme pour Marie Dorval, les portes du Théâtre-Français s'entrouvrirent devant lui : après un bref séjour, il retourna au Boulevard.

Les dates principales du drame romantique

Date et lieu de création	Titre du drame	Auteur
1829 : Comédie-Française	*Henri III et sa cour*	Alexandre Dumas
	Marion de Lorme (interdite)	Victor Hugo
	Le More de Venise	Alfred de Vigny
1830 : Comédie-Française	*Hernani*	Victor Hugo
1830 : Odéon	*Christine*	Alexandre Dumas
	La Nuit vénitienne	Alfred de Musset
1831 : Odéon	*Antony*	Alexandre Dumas
1831 : Porte-Saint-Martin	*Richard Darlington*	Alexandre Dumas
	Marion de Lorme	Victor Hugo
1832 : Comédie-Française	*Le Roi s'amuse* (interdite)	Victor Hugo
1832 : Porte-Saint-Martin	*La Tour de Nesle*	Alexandre Dumas
1833 : Porte-Saint-Martin	*Lucrèce Borgia*	Victor Hugo
	Marie Tudor	Victor Hugo
1834 :	*Un Spectacle dans un fauteuil (Lorenzaccio)*	Alfred de Musset
1835 : Comédie-Française	*Chatterton*	Alfred de Vigny
	Angelo, tyran de Padoue	Victor Hugo
1836 : Variétés	*Kean*	Alexandre Dumas
1836 : Porte-Saint-Martin	*Don Juan de Maraña*	Alexandre Dumas
1837 : Comédie-Française	*Caligula*	Alexandre Dumas
1838 : Renaissance	*Ruy Blas*	Victor Hugo
1839 : Renaissance	*L'Alchimiste*	Alexandre Dumas
1839 : Comédie-Française	*Léo Burckart*	Gérard de Nerval
1843 : Comédie-Française	*Les Burgraves*	Victor Hugo
1872 :	*Un Théâtre en liberté*	Victor Hugo

Il chercha donc une scène qui transcende cette distinction. Avec Dumas il avait déjà imaginé que le Théâtre-Français pourrait le devenir et avait proposé de se charger de l'administration à condition que leur soient garantis « deux mille francs de recette, quand ils monter[aient] des classiques ». Mais c'est en 1835 qu'aboutit ce projet d'une scène pour le drame : un premier privilège leur fut octroyé en 1836 pour la création d'un Second Théâtre-Français, qui dut changer de nom à cause de la réouverture de l'Odéon dont c'était le titre ; l'acte de naissance du **Théâtre de la Renaissance** fut signé en 1837. Mais il manqua de comédiens : Marie Dorval et Bocage, dégoûtés du Théâtre-Français, venaient de retourner au mélodrame en signant avec les Variétés.

Ses ambitions politiques et esthétiques valurent au drame romantique d'être l'un des premiers grands chantiers d'expériences dramaturgiques engageant autant l'aspect textuel que l'aspect visuel du théâtre : la revendication de liberté d'invention permit à différentes inspirations de se mesurer. Si le drame selon Dumas, moins ambitieux et plus proche des formes populaires déjà ancrées dans la conscience du public, rencontra moins d'obstacles techniques, celui de Hugo ou de Musset sembla devoir stagner à cause de sa double témérité politique et technique – c'est au XXᵉ siècle qu'elle trouvera salles et metteurs en scène à sa mesure.

Cependant l'échec peut paraître relatif : l'imprégnation dans l'imaginaire dramatique était réelle. Les théâtres secondaires multiplièrent en effet les parodies. De la quête romantique vers une expression de l'union du grotesque et du sublime subsista le constat d'une société sur elle-même : le vide, la face grimaçante, le grotesque.

4 D'AUTRES FORMES POUR UN ROMANTISME MOINS TAPAGEUR

La comédie de Musset

Le théâtre de Musset : en 1829, les *Contes d'Espagne et d'Italie* contiennent deux récits dialogués, *Don Paez* et *Mardoche* et une courte comédie, inspirée de Byron, *Les Marrons du feu*. En 1833-1834 sont publiées dans la *Revue des Deux Mondes, Andrea del Sarto, Les Caprices de Marianne, Fantasio, On ne badine pas avec l'amour*. Suivent *Le Chandelier* (1835), *Il ne faut jurer de rien* (1836) et *Un Caprice* (1837). À partir de décembre 1832 paraissent les livraisons d'*Un Spectacle dans un fauteuil* où Musset donne *Lorenzaccio* en 1834 ; à la veille de sa mort, en 1856, il propose une édition corrigée pour la scène de ses *Comédies et proverbes*.

Sans les destiner à la scène, ***Musset*** (1810-1847) composa une série de comédies à l'inspiration mélangée très moderne : grand lecteur d'œuvres classiques françaises et étrangères, spectateur assidu de spectacles de salon à la mode de Carmontelle (proverbes), mais aussi de comédies et vaudevilles contemporains et représentant actif de la jeunesse romantique, il fit de ses pièces une synthèse, affirmant : « L'indépendance, voilà le dieu d'aujourd'hui. » (« Un Mot sur l'art moderne », 1833).

L'inspiration romantique est omniprésente. Ses drames bien sûr le manifestent clairement : avant *Lorenzaccio*, la malheureuse *Nuit vénitienne* associe le mélange des genres au scandale (une épouse achetée et séduite avant l'arrivée de son amant) ; *Andrea del Sarto*, dont l'action est située au XVIᵉ siècle, présente le drame de la déchéance de l'artiste, dilapidant l'argent d'une commande avant même d'avoir livré le produit d'un art devenu mercantile et adorant une femme adultère. Du drame à la comédie l'esthétique est semblable. Dès *Les Marrons du feu*, les héros de Musset éprouvent le **sentiment tragique de l'échec**, pris entre le grotesque de personnages fantoches, mécaniques vides produites par la société, et une vérité qui, beauté ou amour, n'est accessible que dans la mort ou la séparation – à l'inverse de Marivaux dont il est parfois très proche, Musset ne croit pas en la puissance bénéfique et éclairante de l'amour. « Elle est morte. Adieu, Perdican » qui referme *On ne badine pas avec l'amour* montre comment, dans ces comédies qui mettent face à face la jeunesse et la mort, **l'insouciance de la comédie devient tragique,** en un retournement tout à fait romantique.

La modernité de la dramaturgie de Musset réside dans l'économie de ces petites comédies, véritables épures : très rigoureusement construites sur des jeux de parallélismes et d'oppositions et fondées sur le mécanisme des quiproquos qui, comme des ricochets, se succèdent sur un rythme de plus en plus rapide et tendu pour entraîner le tragique coup de théâtre final. Un langage dramatique éminemment poétique, fondé sur le jeu verbal et l'ellipse, vient souligner le sentiment d'absurdité du destin.

La comédie de Musset est une interprétation de l'esthétique comique, qui entre classicisme et romantisme, ouvre des perspectives de renouvellement de la comédie traditionnelle. Après les outrances romantiques, elle offre une **poésie confidentielle du mal du siècle**.

La tragédie de Delavigne

Bien que ses éditeurs, Delloye et Lecou, l'aient considéré comme un auteur classique en publiant en 1836 ses œuvres complètes dans leur collection des « Classiques français », **Casimir Delavigne** (1793-1843) fut le plus grand auteur romantique à succès. Ce succès vint de sa modération : un des personnages de sa pièce, *Les Comédiens* (1820), présente en effet sa règle de conduite : « Aimons les nouveautés en novateurs prudents », tout en condamnant une censure à cause de laquelle « tout périt », innovations comprises… (*Œuvres complètes*, Delloye et Lecou, 1836, p. 64, 70).

Tout en conservant son inspiration classique, dont témoigne par exemple sa dernière tragédie, *La Fille du Cid* (1839), il sut prendre aux innovations romantiques ce qu'elles avaient de moins scandaleux et offrit ainsi **une tragédie historique adaptée à son temps** : utilisant la forme versifiée, respectant les bienséances*, sauf peut-être dans les pièces écrites au cœur de la période romantique, qui purent offrir une image ambiguë du pouvoir royal (*Louis XI, Les Enfants d'Édouard* et *Don Juan d'Autriche*), il présenta très tôt des sujets historiques, tirés, comme le voulait la mode, de Shakespeare, Walter Scott et Byron, ou inspirés d'une actualité lui permettant de faire jouer la fibre patriotique, les connotations politiques et sociales faisant la popularité de ses pièces.

Il sut en effet utiliser l'inspiration romantique pour flatter le public : son grand succès de 1819 par exemple, *Les Vêpres siciliennes*, qui racontait la révolte de Palerme contre la maison d'Anjou, était d'inspiration nationaliste et fit la joie des libéraux. Sur un autre plan, sa tragédie des *Enfants d'Édouard,* divisée en trois actes seulement et dont l'action s'étalait sur trois jours, jouait sur la corde sensible en peignant mélodramatiquement la détresse de deux enfants : dans une forme versifiée, l'action du *Richard III* de Shakespeare était simplifiée et ramenée à une unité d'action. Selon l'académicien classique Duviquet :

> Le goût de M. Casimir Delavigne est sûr et le poète français connaît son public. Il s'est bien gardé de le promener pendant quatorze ans, ou, ce qui est encore pis, pendant trois heures dans ce labyrinthe de crimes et d'horreurs.[…] Dans l'interminable galerie de Shakespeare, il n'a choisi qu'un seul fait. Il l'a ménagé avec art. En le reproduisant sans le copier, il lui a donné de justes et régulières proportions ; il l'a orné de riches accessoires ; il a prouvé enfin que par le naturel et les grâces du style, par ce secret aujourd'hui si méconnu de prolonger une situation sans l'affaiblir, de la suspendre sans la ralentir, de la conduire à son dénouement sans la tordre et sans lui faire violence, il était possible d'obtenir du spectateur une attention plus vive, et, littérairement parlant, plus honorable que cet intérêt de simple curiosité qui n'exige rien de l'art, et qui se contente d'une longue accumulation de faits ou de souvenirs historiques (Delavigne, *op. cit.*, « Examen critique des *Enfants d'Édouard* », p. 388).

Habilement il évitait les reproches contre l'outrance romantique et triomphait sur la scène romantique de la Porte-Saint-Martin, avec les acteurs romantiques eux-mêmes : grâce à une **esthétique de compromis**, il offrait à la tragédie sa plus efficace adaptation contemporaine, reconnue par l'Académie, où il entra en 1825.

Évolution du mélodrame

La dramaturgie populaire offrit elle aussi **une adaptation de l'esthétique romantique.** Le mélodrame évolua en effet à partir de 1823, parallèlement au drame romantique, échappant à Pixérécourt qui condamna cette évolution, en 1843, dans ses *Dernières réflexions sur le mélodrame*.

Entre les deux formes l'influence fut réciproque. Les jugements portés par la critique sur les productions de Dumas ou de Hugo en témoignent : *Marie Tudor* était ainsi assimilée par *Le Temps* à « un curieux mélo », dans lequel Hugo « surpass[ait *La Tour de Nesle*] de sept ou huit cadavres et d'autant d'incestes ». Dumas fut d'ailleurs l'auteur de plusieurs dizaines de mélodrames, généralement écrits en collaboration.

Avec la fin de l'Empire, le mélodrame se rapprocha en effet idéologiquement du drame : **à la soumission aux valeurs conservatrices succéda leur inversion subversive**. Le personnage du héros changea : c'est dans les personnages auparavant rejetés de bandits et autres marginaux qu'il se recruta désormais. Le premier, à l'origine du type social et littéraire le plus puissant du XIXe siècle, est Robert Macaire : popularisé en 1824 par Frédérick-Lemaître, dans *L'Auberge des Adrets* d'Antier, Lacoste et Chapponier, ce bandit de grand chemin inaugura une série de **héros défiant les lois et la société**, malheureux et habités par le sentiment de l'échec. L'un des plus grands succès de ce type de mélodrame, *Trente Ans ou la Vie d'un joueur* de Ducange, montrait la lente déchéance humaine et sociale de son personnage principal.

À travers lui sourdaient **oppositions politiques et revendications sociales** : le thème principal devint en effet le peuple, le tragique, celui de la misère des bas-fonds, qui fournissait aussi la couleur locale. Dumas et Anicet-Bourgeois, dans *Le Fils de l'émigré ou le Peuple*, allèrent en 1832 jusqu'à mettre en scène une malheureuse femme du peuple accouchant sur scène d'un bâtard. C'est sur le boulevard du Crime que l'on vit resurgir les idées républicaines et bonapartistes avant 1830 ; les années précédant 1848 y furent particulièrement agitées : la satire sociale prit des accents socialistes fervents :

> Eh bien ! de tous ces mélodrames mauvais, vous pouvez dire : *Voilà le berceau des socialistes !* dira Jules Janin. [...] Non, ce n'est pas M. Proudhon et sa fameuse formule, dont on n'avait jamais entendu parler avant 1848 ; non ce ne sont pas les philosophes – faiseurs de livres, et les déclamateurs *in*-32 qui ont porté la corruption et la colère dans ces âmes faciles à toutes les empreintes, ce sont les drames et les mélodrames mauvais, c'est la chose jouée en chair et en os ; la chose en action, revêtue à peine de quelques haillons, et râlant la faim, le froid, l'hiver, l'injustice, l'horreur, le cachot du bourreau !

Quelques semaines avant les journées de juillet, Félix Pyat posa une couronne royale au milieu des ordures dans *Le Chiffonnier de Paris*, tandis que se développaient des mélodrames sanglants, très violents, voire frénétiques.

La forme mélodramatique s'adapta à cette nouvelle idéologie : comme le drame romantique, elle s'élargit au tableau, abandonnant les trois unités*. En revanche le mélange des genres ne convenant pas à son orientation politique, elle privilégia le pathétique* et le tragique*, par le biais de monologues, mis en valeur par des

Principaux mélodramaturges à partir de 1823. Victor Ducange (1783-1833), avec *Thérèse ou l'Orpheline de Genève* (1820), *La Vendetta ou la Fiancée corse* (1831), *La Fiancée de Lamermoor* (1828) ou *Trente Ans ou la Vie d'un joueur* (1831), offrit les premiers mélodrames romantiques. Pour Janin, il « a annoncé Victor Hugo lui-même, il a fait beaucoup plus, pour l'acceptation du drame moderne, que tous les messieurs du cénacle. Il était l'apôtre du peuple, il en était le flatteur assidu, le courtisan infatigable. Son drame sentait la barricade ; on y pouvait entrevoir la lutte intime du pauvre et du riche ». Frédéric Soulié (1800-1847) transforma ses romans-feuilletons en mélodrames pour l'Ambigu ; Félix Pyat (1810-1889), dont la vie politique fut particulièrement agitée, donna aux siens un ton satirique très violent et y développa ses idées socialistes ; Joseph Bouchardy (1810-1870) se distingua par des intrigues compliquées aux multiples rebondissements ; Adolphe Dennery (1811-1870), l'auteur de *Marie-Jeanne* (1845) et des *Deux Orphelines* (1874), et Auguste Anicet-Bourgeois (1806-1871) furent les plus habiles « carcassiers » de la fin du siècle.

passages musicaux, mais surtout par des effets de scène de plus en plus spectaculaires. Victor Ducange montra ainsi une ferme en feu, un pont sur un abîme, Anicet-Bourgois, des amants cernés par une mer en furie. Le mélodrame parut abandonner définitivement tout souci esthétique au profit d'un **art de la complication des intrigues et des effets** : les mélodramaturges devinrent des « charpentiers » ou « carcassiers », qui, comme Anicet-Bourgeois ou Dennery, laissaient à d'autres (Labiche, Dumas fils ou Jules Verne) le soin d'écrire les dialogues.

Avec le mélodrame, le peuple avait son théâtre. L'esthétique romantique y poussait jusqu'à ses limites extrêmes le jeu dramatique et trouvait un terrain d'expression libre et beaucoup plus vaste.

Cependant, peu à peu, l'échec du drame romantique devenait patent avec *Les Burgraves* et, la même année, l'engouement pour une tragédie néo-classique de Ponsard (1811-1867), *Lucrèce*, jouée par ***Rachel*** : le mélodrame tenta alors de survivre en développant encore plus ses effets spectaculaires à « grand spectacle » et en diversifiant ses sujets. On eut ainsi, avec les anciens mélodrames historiques (*Le Bossu*, 1862, de Paul Féval marqua les imaginations), des mélodrames de mœurs, d'aventures ou encore des mélodrames judiciaires et policiers (avec notamment la reprise de *L'Affaire du courrier de Lyon*, œuvre maîtresse du genre).

Elisa Félix, dite Mlle Rachel (1821-1858), débuta très tôt, sous la protection d'un Comédien-Français, Samson. Son succès immense dans *Horace* de Corneille, en 1838, fit croire à un renouveau de la tragédie à laquelle, malgré sa petite taille et sa maigreur, elle semblait rendre sa flamme. Son succès ne se démentit jamais ; elle mourut jeune, atteinte de tuberculose.

L'opéra

Les années 1830 virent également l'essor du grand opéra : il joua le rôle de **complément du drame romantique**, que la tragédie bourgoise de Delavigne et le mélodrame ne faisaient qu'adapter. Jusqu'à la monarchie de Juillet, peu ouvert aux nouveautés musicales (comme Berlioz en fit l'expérience en 1838 avec son *Benvenuto Cellini)*, composé de livrets pauvres, il devint peu à peu un champ de contestation politique et esthétique particulièrement fécond.

En 1827, l'histoire du dévouement de la muette Fellena à Naples, pendant une révolte populaire, dans *La Muette de Portici*, paraît un chant patriotique contre l'aristocratie au pouvoir : la pièce sera jouée plusieurs centaines de fois jusqu'en 1900. L'opéra, comme l'a souligné la *Vie de Rossini* de Stendhal, en 1825, entre dans un mouvement progressiste conciliant traditions et réformes : des moyens scéniques importants, des décors offrant des tableaux réalistes « couleur locale » permettent d'évoquer le passé avec fidélité et ampleur, tandis que musique, chant et danse créent une poésie évocatrice. En un sens, l'opéra dispose de tous les moyens symboliques et scéniques qui faisaient défaut au drame théâtral : il est le drame, comme le dira Wagner.

Les auteurs : avec Fromental Halévy et sa *Juive* (1835), Scribe et Meyerbeer sont à partir de 1830, les auteurs de grands opéras à succès comme *Robert le diable* (1831), *Les Huguenots* (1836), *Le Prophète* (1849) ou encore *L'Africaine* (1865).

On situe généralement la fin de l'expérience dramaturgique des romantiques au moment de l'échec des *Burgraves* de Hugo, en 1843, mais le rayonnement fut grand sur les formes contemporaines comme sur les formes à venir. Le drame romantique fut peut-être d'abord une réflexion sur les limites de l'art théâtral face à l'ambition, propre au XIXe siècle, de dire la totalité en retrouvant son unité essentielle. Rébellion contre un code théâtral figé, écriture contre la scène et ses préjugés au nom de « ce théâtre idéal que tout homme a dans l'esprit », comme l'écrivait, avant même les expériences symbolistes, Hugo dans un projet de préface du *Théâtre en liberté.* Il fallait au drame romantique l'espace vide des scènes du XXe siècle : la réflexion allait se poursuivre jusque-là.

C

CONTINUITÉ ET RUPTURES (1850-1896)

À partir du Second Empire triomphe un théâtre bourgeois qui, loin du tapage romantique, trouve dans la comédie la plus traditionnelle les formes d'expression d'un réalisme d'abord moralisateur puis de plus en plus férocement satirique. Avec le vaudeville, la veine comique sait rajeunir ce conformisme un peu terne.

Mais cette vivacité de la veine comique populaire ne doit pas cacher la relative stagnation de la dramaturgie : après l'échec du théâtre naturaliste, ce n'est que dans les années 1880 que s'amorce, avec le mouvement symboliste, un véritable renouvellement des formes, prolongement des interrogations romantiques sur la représentation théâtrale, qui pose les bases de la dramaturgie moderne.

1 La comédie, genre bourgeois

À partir de 1850, la comédie renvoie inlassablement l'image de la bourgeoisie enrichie du Second Empire. Dans le registre sérieux, la satire s'épuise à multiplier les conseils « antiromantiques » d'honnêteté, tandis que le registre populaire, se renouvelle profondément pour longtemps, grâce aux inventions folles d'un auteur, Eugène Labiche.

La comédie réaliste de l'« École du bon sens »

Contre les outrances morales du romantisme et dans un contexte politique redevenu sévère avec le Second Empire sévit, dans les années 1850, **« une grande fureur d'honnêteté »**, selon une formule de Baudelaire : pendant cinquante ans, utilisant les formes traditionnelles de la **comédie sociale** en cinq actes, des producteurs habiles fournissent la Comédie-Française en pièces sérieuses fondées sur l'**observation** et une **volonté moralisatrice**. Entre 1871 et 1902, les deux administrateurs, Emile Perrin (1814-1885) et Jules Claretie (1840-1902), misant sur une tradition éprouvée, les y encouragent d'ailleurs.

Dans des pièces solidement construites et consciencieusement dialoguées évoluent des personnages vertueux combattant de toute leur sagesse de dangereux spéculateurs, agioteurs et autres séducteurs intéressés par les dots.

Ce réalisme bourgeois fut développé par deux dramaturges qui poussèrent assez loin l'analyse des comportements et des caractères. Dépassant ***l'« École du bon sens »*** par sa férocité et sa virtuosité technique et annonçant les tentatives naturalistes par l'acuité de son observation, **Henri Becque** (1837-1899) rendit à la comédie une simplicité, tant dans les effets que dans les dialogues, au nom de la vérité : *Les Corbeaux* (1882) et *La Parisienne* (1885) en furent les meilleures illustrations. **Jules Renard** (1864-1910) exploita la même veine, observant la mesquinerie contemporaine avec une nostalgie passéiste dans *Le Pain de ménage* (1899) ou *Poil de Carotte* (1900).

Sur un ton plus joyeux, à partir de 1860, la comédie légère, hésitant entre la rapidité du vaudeville et les cinq actes de la comédie moliéresque, eut en **Victorien Sardou** (1831-1908) un digne continuateur de Scribe, avec des succès comme *Divorçons !* (1880) ou *Madame Sans-Gêne* (1883).

Cependant, comme à toutes les époques médiocres, ce furent les acteurs qui sauvèrent les représentations, offrant à la scène française un lustre que les textes ne lui auraient pas donné : **Réjane** (1856-1920) créa le rôle de Madame Sans-Gêne ; dans le registre tragique, **Sarah Bernhardt** (1844-1923) conjugua interprétation et direction théâtrale avec **Mounet-Sully** (1841-1916), spécialiste du genre noble. Véritables « monstres sacrés », ils apportèrent individuellement des innovations aux rôles qu'ils reprirent, sans cependant ouvrir à la dramaturgie de perspectives fécondes.

Les maîtres de l'« École du bon sens » : les principaux fournisseurs de la Comédie-Française furent Emile Augier (1820-1899), l'auteur du *Gendre de M. Poirier* qui, tout en stigmatisant l'amoralisme des romantiques et de Scribe, montra un grand souci d'analyse sociale ; Alexandre Dumas fils (1824-1895), auteur de la romantique *Dame aux camélias* (1852), qui chercha, dans un style plus virulent, à restaurer les bases morales de la société et défendit la femme. On peut encore citer Edouard Pailleron (1834-1899), dont le grand succès fut *Le Monde où l'on s'ennuie.*

Vitalité du vaudeville

Avec le Second Empire, la veine comique populaire semblait s'épuiser ; le public désertait les scènes où il avait accoutumé de venir rire. Grâce à **Jacques Offenbach** (1819-1900), qui avec les librettistes **Meilhac** (1831-1897) et **Halévy** (1834-1908) donna à l'opérette ses lettres de noblesse, elle renoua avec le succès. ***Eugène Labiche*** vint compléter ce rajeunissement en renouvelant le genre du vaudeville – le public semblant d'ailleurs bouder cette forme, il finira même par ne plus parler de vaudeville, mais simplement de comédie. Se situant dans la tradition de Scribe, il créa une comédie vive qui tient autant du vaudeville, dont il tendit à faire disparaître les couplets, que de la comédie sérieuse.

De la comédie réaliste il reprend la **satire sociale**, stigmatisant la médiocrité de la bourgeoisie enrichie du Second Empire. La **satire morale** sous-tend bien entendu le propos, qui, conformiste, ne remet jamais en cause la société : l'égoïsme (*Moi*), l'adultère et ses différentes conséquences sur la famille comme sur les amis (*Le Chevalier des dames, Si jamais je te pince, Le plus heureux des trois, Le Prix Martin…*) sont parmi ses thèmes, où les valeurs de l'amour et de l'amitié apparaissent à travers des personnages sympathiques et généreux.

Ce réalisme bourgeois est trempé dans une **atmosphère de bouffonnerie gratuite héritée de la farce par le vaudeville**. Les procédés relèvent de ce dernier. L'invention comique est en effet fondée sur la coïncidence : quiproquos, parallélismes et oppositions, jeux de répétitions, accumulations et ruptures mécanisent les personnages en les figeant dans des attitudes burlesques qui permettent à Labiche de donner libre cours à son goût pour l'extraordinaire et l'extravagant. Dans un mouvement d'entrées et de sorties des personnages, agencées comme la gestuelle à la manière d'une chorégraphie, tout s'accélère et ouvre en effet

Eugène Labiche (1815-1888) auteur de plus de cent soixante-dix pièces, très souvent écrites avec des collaborateurs, il fut d'abord chroniqueur dramatique sous la monarchie de Juillet, puis collaborateur de vaudevillistes, avant de trouver sa propre manière à partir de 1850. Il réussit à donner à son vaudeville une forme reconnue et entra à l'Académie en 1880. Parmi ses nombreux succès, on peut citer : *Embrassons-nous, Folleville* (1850), *Le Voyage de M. Perrichon* (1860), *La Station Champbaudet* (1861), *Célimare le bien-aimé* (1863), *La Cagnotte* (1864), mais aussi *La Grammaire* ou *La Poudre aux yeux.*

les portes à la bouffonnerie, ainsi que le montrent les pièces-poursuites du type de *L'Hôtel du libre échange* (1874) ou *Un chapeau de paille d'Italie* (1851) qui présente l'épopée de Fadinard suivi de toute sa noce, le matin de son mariage, à la recherche d'un chapeau de paille, à travers Paris. Le langage, où se multiplient pataquès, impropriétés et autres énormités au milieu de lieux communs ironiques, participe de cette mécanique à la fois burlesque et réaliste.

Au centre de cette machine très concertée, le personnage principal apparaît malmené par un incident intervenu avant le lever de rideau au sein de la cellule familiale : pris dans un **mouvement irréversible**, constamment sur la défensive jusqu'à l'incohérence, il n'aura de cesse de retrouver la paix, la tranquillité, le sacro-saint ordre bourgeois.

Comme le montre Pierre Voltz,

> le genre Labiche est donc, mise au service du même objet que la comédie bourgeoise (décrire d'un point de vue moral un état de société), l'utilisation consciente, comme procédé de mise en relief comique, de tous les ressorts du faux-semblant que le genre soutenu dissimule sous les apparences du « naturel » : c'est la tradition de la « comédie comique » ou si l'on préfère, de la farce. C'est un antiréalisme volontaire, qui ne joue pas le jeu du théâtre sérieux. (« Le genre Labiche », *Europe, op. cit.*, pp. 74-75).

C'est surtout un renouvellement majeur de la veine comique qui se développera avec **Feydeau** (1862-1921) et **Courteline** (1861-1929).

2 DU DRAME NATURALISTE AU DRAME SYMBOLISTE

La fin du XIXe siècle, après avoir été romanesque avec le naturalisme, est essentiellement poétique. Le théâtre subit l'influence de ces esthétiques sans jamais être réellement indépendant ni créatif : la vocation universelle et le réalisme historique du drame hugolien servent de point de départ à l'adaptation théâtrale de l'observation naturaliste, tandis que la poésie symboliste y retrouve et prolonge sa veine lyrique.

Le naturalisme : un théâtre mort-né

Constatant le « retard du drame sur le roman », Émile Zola voulut étendre les ambitions romanesques du naturalisme au théâtre sous une forme qui, sans remettre en cause les dramaturgies précédentes, tendrait à leur redonner vie en les adaptant à son souci d'interprétation scientifique des comportements.

André Antoine (1858-1943) fut le premier régisseur à signer une mise en scène ; le premier aussi, il conçut la mise en scène comme une réflexion indépendante et évolutive. En 1887, il fonda un théâtre d'un genre nouveau, le « Théâtre-Libre », où dans une salle louée il était tout à la fois acteur, décorateur et directeur. Installé à partir de 1894 sur le boulevard de Strasbourg, il créa trois ans plus tard le « Théâtre Antoine ».

Le drame naturaliste reprend en effet l'ambition totalisante romantique et y ajoute celle proprement naturaliste : le réalisme le plus cru, qui y occupe de ce fait le premier plan, implique paradoxalement une distance avec le drame romantique. C'est pourquoi l'un et l'autre sont définis par opposition : Zola appelle « drame romantique toute pièce qui se moque de la vérité des faits et des personnages » (*Le Naturalisme au théâtre*, 1881).

Le **décor mimétique***, qui gênait Hugo, est en effet une nécessité, comme le montrent les pièces montées par ***Antoine***, poussé par le chef de file de l'école naturaliste à travailler sur la mise en scène.

Antoine réfléchit en effet sur le rapport entre la représentation théâtrale et la réalité : influencé par le développement des techniques photographiques, il cherche à obtenir une **coïncidence parfaite entre le réel et sa représentation**. S'appuyant sur la « dramaturgie du quatrième mur*» qui met en scène les personnages dans une situation supposant une action antérieure au premier lever de rideau, à son tour il cherche dans le **découpage en tableaux** l'image la plus complète de la réalité, pour retrouver la diversité de la forme romanesque. Enfin, il plonge le naturalisme dans l'Histoire en présentant des pièces historiques montées suivant un principe « archéologique », qui consiste à retrouver les modalités de représentation propres à l'époque évoquée par la pièce – quitte à remplacer « la fée électricité » par des chandelles !

Mais il **manque de textes naturalistes**. Aucun des auteurs de cette tendance ne lui fournit de succès : *Thérèse Raquin* (1873), *Les Héritiers Rabourdin* (1874) et *Le Bouton de Rose* (1878) de Zola, qui voudrait offrir sur scène une « tranche de vie », sont des fours ; *Le Candidat* de Flaubert ne réussit pas plus l'examen en 1874, tandis que les Goncourt échouent à l'Odéon en 1885, avec *Henriette Maréchal.* Antoine dépasse alors l'expérience zolienne, pour prolonger sa réflexion sur la mise en scène en puisant dans le répertoire des pièces réputées injouables.

Les difficultés étaient évidentes : comment mettre en scène un discours d'explication théorique du comportement ? Le théâtre a des caractéristiques qui ne sont pas celles du roman. L'hyperréalisme de la reproduction photographique n'est-elle pas la négation même de l'illusion théâtrale ?

Les débuts du symbolisme

Les conditions historiques, spirituelles, mais aussi littéraires sont à l'origine du mouvement symboliste, dont on situe traditionnellement la naissance à la féconde année 1886 – qui voit la parution des *Illuminations* et d'*Une Saison en enfer* de Rimbaud, mais aussi celle de deux manifestes symbolistes, le *Traité du Verbe* de René Ghil et le *Manifeste du symbolisme* de Moréas. Une nouvelle fois la notion d'individu vacille, dans l'atmosphère matérialiste qui imprègne la fin du siècle, et, devant les récentes théories de l'inconscient, le symbolisme tente de trouver des voies neuves, essentiellement poétiques, pour dire ces nouvelles incertitudes.

Et toute période de rupture appelle un renouvellement littéraire, ou du moins une remise en question des formes établies :

> Dans une société sans stabilité, sans unité, il ne peut se créer d'art stable, d'art définitif. De cette organisation sociale inachevée, qui exprime en même temps l'inquiétude des esprits, naît l'inexpliqué besoin d'individualité dont les manifestations littéraires présentes sont le reflet direct,

dira Mallarmé (*Enquête sur l'évolution littéraire*, J. Huret, cité par J. Robichez, *Le Symbolisme au théâtre*, L'Arche, 1957, p.16). « La littérature est l'expression de la société » en somme…, et le théâtre, la forme d'expression la plus prégnante.

Parallèlement, des influences étrangères offrent des perspectives novatrices. La scène française, après une longue résistance, finit par consacrer **Wagner** : ses opéras sont donnés entre 1891 et 1899, après les hommages rendus au maître de Bayreuth, dès 1885, dans la *Revue wagnérienne* fondée par Edouard Dujardin et un Anglais, Houston Stewart Chamberlain. La conception d'un art total, synthèse transcendant les genres traditionnels, y a été expliquée et inscrite dans la pensée symboliste. Au théâtre, l'inspiration nordique d'**Ibsen** et **Strindberg** commence à se manifester.

Le théâtre symboliste va d'abord s'affirmer paradoxalement **contre le théâtre :** contre la toute-puissance individualiste des « monstres sacrés », contre le théâtre du Boulevard, contre la pratique dramatique des naturalistes. **Première utopie** du théâtre moderne, il se présente comme un théâtre de l'idée et de l'idéal : « devant le théâtre puissant, théâtre libre, théâtre naturaliste, [un] Théâtre d'Art, théâtre idéaliste », dira **Paul Fort** (1872-1960), le « prince des poètes ». Deux possibilités dramaturgiques s'offrent aux symbolistes : d'une part, un idéalisme qui, à l'image des apparences, joint les idées à travers des symboles jouant sur tous les plans, sens, esprit et cœur, dans des représentations wagnériennes faisant appel à tous les arts ; d'autre part, un théâtre complètement métaphysique qui joue sur le mystère et les symboles pour révéler l'âme, à la manière de Maeterlinck. Le symbolisme de la fin du XIXe siècle ne choisit pas entre les deux manières.

En tout cas, il s'agit d'abord de repousser la pratique contemporaine, inadaptée et gênante. Ainsi il faut supprimer le théâtre, le remplacer par d'autres formes, comme le livre où aucune présence ne vient jouer le rôle d'intermédiaire entre la rêverie du lecteur et celle de l'auteur ; l'acteur, présence gênante, doit être effacé, dépersonnalisé comme le personnage lui-même pour n'être plus que symbole au service de l'idée, marionnette en quelque sorte :

> Quelle représentation ! s'exclame Mallarmé, le monde y tient ; un livre, dans notre main, s'il énonce quelque idée auguste, supplée à tous les théâtres, non par l'oubli qu'il en cause mais les rappelant impérieusement, au contraire. Le ciel métaphorique qui se propage à l'entour de la foudre du vers, artifice par excellence au point de simuler peu à peu et d'incarner les héros (juste dans ce qu'il faut apercevoir pour n'être pas gêné par leur présence, un trait) ; ce spirituellement et magnifiquement illuminé fond d'extase, c'est bien le pur de nous-mêmes par nous porté, toujours, prêt à jaillir à l'occasion qui dans l'existence ou hors de l'art fait toujours défaut (« Crayonné au théâtre », *Divagations*, 1897).

Position certes extrême, mais qui est à la base des expériences dramaturgiques d'Aurélien **Lugné-Poe** (1869-1940). Ancien acteur du Théâtre-Libre, celui-ci rejoignit le Théâtre d'Art de Paul Fort avant de créer en 1893 le **Théâtre de l'Œuvre**. Imposant une nouvelle diction monotone et la plus impersonnelle possible, remplaçant l'action par des récitatifs, figeant les acteurs dans l'immobilité ou la lenteur, jouant avec l'obscurité et les voiles, mêlant musique et peinture et faisant appel à tous les sens des spectateurs, il chercha à effacer la représentation théâtrale au profit d'une **poésie des sens devant conduire à l'aperception de l'idéal**. Ainsi la mise en scène du *Cantique des cantiques* de Roignard comportait-elle des jeux de couleurs dans les éclairages et l'envoi de parfums tout au long du spectacle. Debussy ou encore Ravel participèrent à la création de certaines œuvres. Lugné-Poe introduisit en France Ibsen et Strinberg.

Les auteurs favoris de Paul Fort et Lugné-Poe furent **Maurice Maeterlinck** (1862-1949) qui, avec *La Princesse Maleine* (1889) et surtout *Pelléas et Mélisande* (1892), offrit une dramaturgie de la suggestion, tant dans le langage que dans l'action, très simplifiée, ou dans les personnages soumis à de mystérieuses forces obscures ; et **Villiers de L'Isle-Adam** (1838-1889) dont l'*Axël* (1890), immense drame en quatre parties, réunit toutes les caractéristiques de l'idéalisme wagnérien : passé légendaire, atmosphère sacrée, préciosité du langage. Face aux personnages de ces pièces, le Cosmos a remplacé l'Histoire : la poésie symboliste retrouve l'inspiration romantique dans les interrogations sur la mort et la destinée. Avec *Ubu roi* (1896), **Alfred Jarry**, reprenant la veine grotesque, déconstruit les repères dramatiques de la manière la plus provocante possible.

La voie était ouverte, notamment à **Claudel**, double héritier du romantisme et du symbolisme…

Document commenté

Musset, *Lorenzaccio*, IV, 9

Une place ; il est nuit. — Entre Lorenzo

Lorenzo

Je lui dirai que c'est un motif de pudeur, et j'emporterai la lumière ; – cela se fait tous les jours ; – une nouvelle mariée, par exemple, cela exige cela de son mari pour entrer dans la chambre nuptiale, et Catherine passe pour très vertueuse. – Pauvre fille ! qui l'est sous le soleil, si elle ne l'est pas ? – Que ma mère mourût de tout cela, voilà ce qui pourrait arriver.

Ainsi donc, voilà qui est fait. Patience ! une heure est une heure, et l'horloge vient de sonner. Si vous y tenez cependant ! – Mais non, pourquoi ? – Emporte le flambeau si tu veux ; la première fois qu'une femme se donne, cela est tout simple. – Entrez donc, chauffez-vous donc un peu. – Oh ! mon Dieu, oui, pur caprice de jeune fille ; et quel motif de croire à ce meurtre ? – Cela pourra les étonner, même toi Philippe.

Te voilà, toi, face livide ? (*La lune paraît.*) Si les républicains étaient des hommes, quelle révolution demain dans la ville ! Mais Pierre est un ambitieux ; les Ruccellaï seuls valent quelque chose. – Ah ! les mots, les mots, les éternelles paroles ! S'il y a quelqu'un là-haut, il doit bien rire de nous tous ; cela est très comique, très comique, vraiment. – Ô bavardage humain ! ô grand tueur de corps morts ! grand défonceur de portes ouvertes ! Ô hommes sans bras !

Non ! non ! je n'emporterai pas la lumière. – J'irai droit au cœur ; il se verra tuer... Sang du Christ ! on se mettra demain aux fenêtres.

Pourvu qu'il n'ait pas imaginé quelque cuirasse nouvelle, quelque cotte de mailles ! Maudite invention ! Lutter avec Dieu et le diable, ce n'est rien ; mais lutter avec des bouts de ferraille croisés les uns sur les autres par la main sale d'un armurier ! – Je passerai le second pour entrer ; il posera son épée là, – ou là, – oui, sur le canapé. – Quant à l'affaire du baudrier à rouler autour de la garde, cela est aisé. S'il pouvait lui prendre la fantaisie de se coucher, voilà où serait le moyen. Couché, assis ou debout ? assis plutôt. Je commencerai par sortir ; Scoroncocolo est enfermé dans le cabinet. Alors nous venons, nous venons – je ne voudrais pas pourtant qu'il tournât le dos. J'irai à lui tout droit. Allons, la paix, la paix ! l'heure va venir. – Il faut que j'aille dans quelque cabaret ; je ne m'aperçois pas que je prends du froid, et je viderai un flacon. – Non ; je ne veux pas boire. Où diable vais-je donc ? les cabarets sont fermés.

Est-elle bonne fille ? – Oui, vraiment. – En chemise ? – Oh ! non, non, je ne le pense pas. – Pauvre Catherine ! Que ma mère mourût de tout cela, ce serait triste. – et quand je lui aurais dit mon projet, qu'aurais-je pu y faire ? au lieu de la consoler, cela lui aurait fait dire : Crime ! Crime ! jusqu'à son dernier soupir. Je ne sais pourquoi je marche, je tombe de lassitude. (*Il s'asseoit sur un banc.*)

Pauvre Philippe ! une fille belle comme le jour ! Une seule fois je me suis assis près d'elle sous le marronnier ; ces petites mains blanches, comme cela travaillait ! Que de journées j'ai passées, moi, assis sous les arbres ! ah ! quelle tranquillité ! quel horizon à Cafaggiuolo ! Jeannette était jolie, la petite fille du concierge, en faisant sécher sa lessive. Comme elle chassait les chèvres qui venaient marcher sur son linge étendu sur le gazon ! la chèvre blanche revenait toujours, avec ses grandes pattes menues. (*Une horloge sonne.*)

Ah ! ah ! il faut que j'aille là-bas. – Bonsoir, mignon ; eh ! trinque donc avec Giomo. – Bon vin ! Cela serait plaisant qu'il lui vînt à l'idée de me dire : Ta chambre est-elle retirée ? entendra-t-on quelque chose du voisinage ? Cela serait plaisant ; ah ! on y a pourvu. Oui, cela serait drôle qu'il lui vînt cette idée.

Je me trompe d'heure ; ce n'est que la demie. Quelle est donc cette lumière sous les portiques de l'église ? on taille, on remue des pierres. Il paraît que ces hommes sont courageux avec les pierres. Comme ils coupent ! comme ils enfoncent ! Ils font un crucifix ; avec quel courage ils le clouent ! Je voudrais voir que leur cadavre de marbre les prît tout d'un coup à la gorge.

Eh bien ! eh bien ! quoi donc ? j'ai des envies de danser qui sont incroyables. Je crois, si je me laissais aller, que je sauterais comme un moineau sur tous ces gros plâtras et sur toutes ces poutres. Eh, mignon ! eh, mignon ! mettez vos gants neufs, un plus bel habit que cela, tra la la ! faites-vous beau, la mariée est belle. Mais, je vous le dis à l'oreille, prenez garde à son petit couteau. (*Il sort en courant.*)

1 - PRÉSENTATION DU DOCUMENT

Bibliographie

J.-M. Thomasseau, *Alfred de Musset, Lorenzaccio* (PUF, 1986, « Études littéraires »).

Nature du texte

La dramaturgie de cette pièce est particulièrement intéressante : écrite par Musset pour la lecture, elle est maintenant considérée comme l'archétype du drame romantique et très souvent montée.

2 - ANALYSE DES ÉLÉMENTS CLEFS DU TEXTE

Il faut dégager :

– la modernité de ce monologue qui, utilisant toutes les ressources de la dramaturgie (gestuelle, variétés de regitres et de tons...), s'approche du monologue intérieur du roman moderne ;
– le romantisme du personnage qui, par l'action politique et le meurtre, tente de résoudre ses ambiguïtés et de retrouver une identité.

3 - MISE EN PLACE DU DOCUMENT

Dans l'économie de la pièce

« Triste comme la nuit » (V, 6), « rongé d'une tristesse auprès de laquelle la nuit la plus sombre est une lumière éblouissante » (III, 3), Lorenzo est un personnage de l'ombre : l'ambiguïté, qui le constitue, se dévoile au fil de la pièce dans les scènes nocturnes.

Ayant juré la mort d'un tyran, au prix même de la dépravation, il a progressivement perdu son identité à ourdir son plan contre Alexandre de Médicis, dont il est devenu l'âme damnée : condamné par sa famille, honni par la plupart de ses amis, moqué par ses ennemis, « [s]a vie entière est au bout de [s]a dague, et que la Providence retourne ou non la tête en [l]'entendant frapper, [il] jette[ra] la nature humaine à pile ou face sur la tombe d'Alexandre » (III, 3).

Dans l'économie de l'acte

La scène proposée constitue le quatrième monologue de l'acte – morceau de bravoure pour un acteur ! Il marque le point d'acmé de l'évolution du personnage. Le meurtre est décidé, préparé, la renaissance du personnage imminente : ce dernier monologue nocturne reprend en les exacerbant et en les teintant de folie, les images apparues dans les monologues précédents.

4 - EXPLICATION

a/ Un délire halluciné

1 ~ Dans un décor de cauchemar

Nuit baignée d'une (pleine ?) lune « blafarde » et rythmée par les coups d'une horloge, apparitions d'ombres fantomatiques, qui, pareilles à des damnés, s'affairent à « tailler », « remuer des pierres », « couper », « enfoncer » : tout semble mettre en place un monde infernal, où l'ombre de l'église et la présence d'un Christ figé dans la pierre suggèrent le blasphème, le cauchemar ou même le délire – comme si le décor était né de l'angoisse du personnage.

2 ~ Discontinuité du discours de Lorenzo

L'incohérence est constitutive du texte : le discours du personnage est systématiquement fragmenté (noter l'emploi des tirets) et fait alterner récit et dialogue.

Ces jeux de rupture soulignent le fait que le personnage semble perdre la maîtrise intellectuelle de sa pensée : ce monologue, véritable discours intérieur, ouvre sur le désespoir d'un personnage à la recherche de lui-même.

3 ~ Ton du délire

Une charge émotionnelle croissante, produite par la double modalité interrogative et exclamative, altère la pensée de Lorenzo. La simplification progressive de la syntaxe (phrases simples, coordination...) en témoigne.

Peu à peu, le discours n'est plus régi par le raisonnement, mais par le ressassement, comme le soulignent les répétititions sémantiques et formelles, mais aussi la structure du monologue. Celui-ci est en effet contruit sur la reprise du même schéma tout au long du texte (image de Catherine avec le duc, image de la pureté perdue – mère, enfance, passé –, meurtre, image dévalorisante des hommes).

La multiplication d'images formant oxymores (pureté/luxure, église/débauche, enfance/mort...) conduit le personnage à l'hallucination (« je voudrais voir que leur cadavre de marbre les prît tout d'un coup à la gorge ») et au dérèglement physique (chant, danse, course).

b/ La recherche d'une unité

1 ~ Mise en scène multiple de soi

Lorenzo se met en scène dans toute son ambiguïté (il est à la fois le duc et la mariée dans la chambre nuptiale, la victime et le bourreau), se démultiplie en se projetant sur différents plans temporels : un récit au passé évoque le personnage intègre, un récit au présent montre le bouffon d'Alexandre, débauché et traître, mal à l'aise dans un personnage qu'il maîtrise de plus en plus mal (« Allons, la paix, la paix ! », « Je ne sais pourquoi je marche...», « Eh bien ! eh bien ! quoi donc ? »), enfin un récit au futur mêlé de dialogues anticipés offre un personnage restauré par l'action meurtrière dont il est tout à la fois metteur en scène, auteur et acteur.

Les reprises, corrections et palinodies qui accompagnent ces récits soulignent sa faiblesse et le montrent cherchant une maîtrise de soi avant l'acte ultime.

2 ~ De la victime au bourreau

Tandis que l'humanité est présentée sous un double aspect dérisoire et impuissant (« hommes sans bras », figés dans l'attitude solennelle et définitive de la statue qu'ils s'épuisent à tailler dans l'anonymat), Lorenzo se place du côté des femmes, pauvres victimes mourant de tristesse et de honte, associées au Christ. Il annonce leur victoire dans une ultime hallucination : « Je voudrais voir que leur cadavre de marbre les prît tout d'un coup à la gorge », « la mariée est belle. Mais je vous le dis à l'oreille, prenez garde à son petit couteau ».

3 ~ Vers la reconstitution d'une cohérence du personnage

Le meurtre est un acte à la fois individuel, politique et philosophique, comme le montre le triple jeu de références à la famille de Lorenzo, aux républicains et à Dieu : il fait le lien entre l'idéal et la réalité, le passé idyllique et le présent débauché. Lorenzo doit y trouver une identité sexuelle, morale et politique : l'incohérence même du monologue annonce la future cohérence d'un personnage réconcilié avec lui-même. L'horloge en rythme l'angoissante approche.

5 - INTÉRÊT DU DOCUMENT

■ Le héros romantique : déchiré, il atteint la pureté par la débauche, le bien par le mal... ; dans le choc de l'union des contraires, il touche au sublime.

■ Esthétique tragique de Musset : c'est dans l'affrontement destructeur de l'idéal au réel que le personnage de Musset trouve l'accomplissement de son être.

■ Modernité de la dramaturgie de Musset : libérée des contraintes, elle crée un décor, qui est le bouleversant reflet du drame intérieur du personnage.

Documents proposés

Hugo, *Lucrèce Borgia*, III, 1 et 2

Acte III

Ivres morts

Une salle magnifique du palais Negroni. À droite, une porte bâtarde. Au fond, une grande et très large porte à deux battants. Au milieu, une table superbement servie à la mode du XVIe siècle. De petits pages noirs, vêtus de brocart d'or, circulent à l'entour.

Au moment où la toile se lève, il y a quatorze convives à table, Jeppo, Maffio, Ascanio, Oloferno, Apostolo, Gennaro et Gubetta, et sept jeunes femmes, jolies et très galamment parées. Tous boivent et mangent, ou rient à gorge déployée avec leurs voisines, excepté Gennaro qui paraît pensif et silencieux.

Scène I

[...]

Ascanio
– C'est quelque enterrement.

Jeppo
– Buvons à la santé de celui qu'on va enterrer.

Gubetta
– Savez-vous s'il y en a plusieurs ?

Jeppo
– Eh bien ! à la santé de tous !

Apostolo, *à Gubetta*
– Bravo ! — et continuons de notre côté notre invocation à saint Pierre.

Gubetta
– Parlez donc plus poliment. On dit : À monsieur saint Pierre, honorable huissier et guichetier patenté du paradis.

Il chante.
– Si les saints ont des trognes,
Ton ciel est aux ivrognes
Qui n'ont d'autres besognes
Que de boire aux chansons !

Tous
– Que de boire aux chansons !

Gubetta
– Si la mer de Cocagne
Qui baigne ta campagne
Est faite en vin d'Espagne,
Change-nous en poissons !

Tous, *en choquant leurs verres avec des éclats de rire.*
– Change-nous en poissons !

La grande porte du fond s'ouvre silencieusement dans toute sa largeur. On voit au-dehors une vaste salle tapissée en noir, éclairée de quelques flambeaux, avec une grande croix d'argent au fond. Une longue file de pénitents blancs et noirs dont on ne voit que les yeux par les trous de leurs cagoules, croix en tête et torche à la main, entre par la grande porte en chantant d'un accent sinistre et d'une voix haute :

– De profundis clamavi ad te, domine !

Puis ils viennent se ranger des deux côtés de la salle, et y restent immobiles comme des statues, pendant que les gentilshommes les regardent avec stupeur.

Maffio
– Qu'est-ce que cela veut dire ?

Jeppo, *s'efforçant de rire*
– C'est une plaisanterie. Je gage mon cheval contre un pourceau, et mon nom de Livetto contre le nom de Borgia, que ce sont nos charmantes comtesses qui se sont déguisées de cette façon pour nous éprouver, et que si nous levons une de ces cagoules au hasard, nous trouverons dessous la fraîche et malicieuse figure d'une jolie femme. — Voyez plutôt.

Il va soulever en riant un des capuchons, et il reste pétrifié en voyant dessous le visage livide dun moine qui demeure immobile, la torche à la main et les yeux baissés. Il laisse tomber le capuchon et recule.

– Ceci commence à devenir étrange !

Maffio
– Je ne sais pourquoi mon sang se fige dans mes veines.

Les pénitents, *chantant d'une voix éclatante.*
– Conquassabit capita in terra multorum !

Jeppo
– Quel piège affreux ! Nos épées ! nos épées ! Ah çà ! messieurs, nous sommes chez le démon ici.

Scène II

Les mêmes, dona Lucrezia

Dona Lucrezia, *paraissant tout à coup, vêtue de noir, au seuil de la porte.*
– Vous êtes chez moi !

Tous, *excepté Gennaro, qui observe tout dans un coin du théâtre où dona Lucrezia ne le voit pas.*
– Lucrèce Borgia !

Dona Lucrezia
– Il y a quelques jours, tous, les mêmes qui êtes ici, vous disiez ce nom avec triomphe. Vous le dites aujourd'hui avec épouvante. Oui, vous pouvez me regarder avec vos yeux fixes de terreur. C'est bien moi, messieurs. Je viens vous annoncer une nouvelle, c'est que vous êtes tous empoisonnés, messeigneurs, et qu'il n'y en a pas un de vous qui ait encore une heure à vivre. Ne bougez pas. La salle d'à côté est pleine de piques. À mon tour maintenant. À moi de parler haut et de vous écraser la tête du talon ! — Jeppo Liveretto, va rejoindre ton oncle Vitelli que j'ai fait poignarder dans le caves du Vatican ! Ascanio Petrucci, va retrouver ton cousin Pandolfo que j'ai assassiné pour lui voler sa ville ! Oloferno Vitellozzo, ton oncle t'attend, tu sais bien, Iago d'Appiani que j'ai empoisonné dans une fête ! Maffio Orsini, va parler de moi dans l'autre monde à ton frère de Gravina que j'ai fait étrangler dans son sommeil ! Apostolo Gazella, j'ai fait décapiter ton père Francisco Gazella, j'ai fait égorger ton cousin Alphonse d'Aragon, dis-tu ; va les rejoindre ! — Sur mon âme ! vous m'avez donné un bal à Venise, je vous rends un souper à Ferrare. Fête pour fête, messeigneurs ! [...] Messieurs, que ceux d'entre vous qui ont des âmes y avisent. Soyez tranquilles. Elles sont en bonnes mains. Ces dignes pères sont des moines réguliers de Saint-Sixte, auxquels notre Saint Père le pape a permis de m'assister dans des occasions comme celles-ci. Et si j'ai eu soin de vos âmes, j'ai eu soin aussi de votre corps.

Aux moines qui sont devant la porte du fond.

– Rangez-vous un peu, mes pères, que ces messieurs voient.

Les moines s'écartent et laissent voir cinq cercueils couverts chacun d'un drap noir rangés devant la porte.

– Le nombre y est. Il y en a bien cinq. — Ah ! jeunes gens ! vous arrachez les entrailles à une malheureuse femme, et vous croyez qu'elle ne se vengera pas ! Voici le tien, Jeppo. Maffio, voici le tien. Oloferno, Apostolo, Ascanio, voici les vôtres !

Gennaro, *qu'elle n'a pas vu jusqu'alors, faisant un pas.*
– Il en faut un sixième, madame !

Dona Lucrezia
– Ciel ! Gennaro !

[...]

Comprendre le document et ses centres d'intérêt

Cet extrait de *Lucrèce Borgia* offre un exemple de la dramaturgie hugolienne et de ce qu'elle doit au mélodrame en matière d'effets de scène. Il présente en outre une illustration de l'esthétique romantique à travers l'alliance du grotesque et du tragique entre autres.

Présenter le document

« Eh bien, qu'est-ce que c'est que *Lucrèce Borgia* ? s'interroge Hugo, dans la préface de sa pièce. Prenez la difformité morale la plus hideuse, la plus repoussante, la plus complète ; placez-la là où elle ressort le mieux, dans le cœur d'une femme, avec toutes les conditions de beauté physique et de grandeur royale, qui donnent de la saillie au crime ; et maintenant mêlez à toute cette difformité morale un sentiment pur, le plus pur que la femme puisse éprouver, le sentiment maternel ; dans votre monstre, mettez une mère ; et le monstre intéressera, et le monstre fera pleurer, et cette créature qui faisait peur fera pitié, et cette âme difforme deviendra presque belle à vos yeux. [L] a maternité purifiant la difformité morale, voilà *Lucrèce Borgia*. »

Lucrèce Borgia a eu autrefois un fils, Gennaro, qu'elle tente de rencontrer, déguisée, lors du caranaval de Venise. Mais l'entrevue est interrompue par l'arrivée des compagnons de celui-ci : la reconnaissant, ils l'injurient et l'humilient. Gennaro et ses compagnons sont envoyés quelque temps après à Ferrare où elle règne. Après avoir sauvé Gennaro de la colère de son mari qui le croit son amant, elle l'a conjuré de quitter la ville, mais il est présent à la fête macabre qu'avec l'aide de son âme damnée, Gubetta, elle a préparée à ceux qui l'ont humiliée.

Mettre en place le document : les enjeux

– mélange des genres dans le drame romantique ;
– faiblesse et grandeur d'un héros monstrueux ;
– rôle du décor.

Éléments d'analyse

■ Dramaturgie du suspens et du coup de théâtre :
   – un spectacle visuel ;
   – une charge émotionnelle ;
   – un double renversement de situation (effet tragique porté à son paroxysme).

■ Tragique et comique, grotesque et tragique.

Construire le plan

■ Une dramaturgie de mélodrame : dans ces deux scènes, tout est orchestré pour que la tension dramatique culmine. L'émotion est amplifiée jusqu'au paroxysme grâce à un certain nombre d'effets propres au mélodrame :
   – importance des jeux de scène (abondance des didascalies) : ampleur des décors, nombre de personnages ;
   – jeu d'oppositions manichéennes dans les décors comme dans les paroles ;
   – ressorts traditionnels du coup de théâtre (quiproquo, thèmes du masque, du traître, apparition subite).

■ « Et le monstre fera pleurer »
   – le souper de Ferrare, envers macabre d'un bal vénitien : amplification de l'émotion (du grotesque au tragique) parallèle à la découverte du décor ; thèmes du double inversé, du masque...
   – l'œuvre d'un « démon »: Lucrèce Borgia (fête paillarde/fête infernale) ;
   – dans le démon, la mère : présence silencieuse de Gennaro, rebondissement final (registre tragique).

Zola, *Le Naturalisme au théâtre*

« Certes, je ne puis me prononcer sur la forme que prendra le drame de demain ; c'est au génie qu'il faut laisser le soin de parler. Mais je me permettrai pourtant d'indiquer la voie dans laquelle j'estime que notre théâtre s'engagera.

Il s'agit d'abord de laisser là le drame romantique. Il serait désastreux de lui prendre ses procédés d'outrance, sa rhétorique, sa théorie de l'action quand même, aux dépens de l'analyse des caractères. Les plus beaux modèles du genre ne sont, comme on l'a dit, que des opéras à grand spectacle. Je crois donc qu'on doit remonter jusqu'à la tragédie, non pas, grand Dieu ! pour lui emprunter davantage sa rhétorique, son système de confidents, de déclamation, de récits interminables ; mais pour revenir à la simplicité de l'action et à l'unique étude psychologique et physiologique des personnages. Le cadre tragique ainsi entendu est excellent : un fait se déroulant dans sa réalité et soulevant chez les personnages des passions et des sentiments, dont l'analyse exacte serait le seul intérêt de la pièce. Et cela dans le milieu contemporain, avec le peuple qui nous entoure.

Si nous ne retournons pas au décor abstrait, c'est que nous ne le pouvons pas, tout bonnement. Il n'y a pas le moindre engouement dans notre fait. Le décor exact s'est imposé de lui-même, peu à peu, comme le costume exact. Ce n'est pas une affaire de mode, c'est une affaire d'évolution humaine et sociale. Nous ne pouvons pas plus revenir aux écriteaux de Shakespeare, que nous ne pouvons revivre au XVIe siècle. Cela nous est défendu. Sans doute des chefs-d'œuvre ont poussé dans cette convention du décor ; car ils étaient là comme dans leur sol naturel ; mais, ce sol n'est plus le nôtre, et je défie un auteur dramatique d'aujourd'hui de rien créer de vivant, s'il ne plante pas solidement son œuvre dans notre terre du XIXe siècle.

[...] Voyez combien le décor abstrait du XVIIe siècle répond à la littérature dramatique du temps. Le milieu ne compte pas encore. Il semble que le personnage marche en l'air, dégagé des objets extérieurs. Il n'influe pas sur eux, et il n'est pas déterminé par eux. Mais, ce qui est plus caractéristique, c'est que le personnage est alors un simple mécanisme cérébral ; le corps n'intervient pas, l'âme seule fonctionne, avec les idées, les sentiments, les passions. En un mot, le théâtre de l'époque emploie l'homme psychologique, il ignore l'homme physiologique. Dès lors, le milieu n'a plus de rôle à jouer, le décor devient inutile. Peu importe le lieu où l'action se passe, du moment qu'on refuse aux différents lieux toute influence sur les personnages. Ce sera une chambre, un vestibule, une forêt, un carrefour ; même un écriteau suffira. Le drame est uniquement dans l'homme, dans cet homme conventionnel qu'on a dépouillé de son corps, qui n'est plus un produit du sol, qui ne trempe plus dans l'air natal. Nous assistons au seul travail d'une machine intellectuelle, mise à part, fonctionnant dans l'abstraction.

Je ne discuterai point ici s'il est plus noble en littérature de rester dans cette abstraction de l'esprit ou de rendre au corps sa grande place, par amour de la vérité. Il s'agit pour le moment de constater de simples faits. Peu à peu, l'évolution scientifique s'est produite, et nous avons vu le personnage abstrait disparaître pour faire place à l'homme réel, avec son sang et ses muscles. Dès ce moment, le rôle des milieux est devenu de plus en plus important. Le mouvement qui s'est opéré dans les décors part de là, car les décors ne sont en somme que les milieux où naissent, vivent et meurent les personnages. »

Comprendre le document et ses centres d'intérêt

Cet extrait montre comment Zola justifie la place de l'esthétique naturaliste dans la dramaturgie contemporaine. Il souligne que c'est par le biais d'une réflexion sur le décor et la mise en scène que celle-ci peut évoluer.

Présenter le document

À travers une série d'articles parus à partir de 1876 dans *Le Bien public* et le *Voltaire* et réunis en deux volumes en 1881, Zola cherche à imposer l'adaptation de ses théories naturalistes au théâtre : comme *Les Rougon-Macquart* qui, sous la forme romanesque, « expliquent comment une famille, un petit groupe d'êtres, se comporte dans une société, en s'épanouissant pour donner naissance à dix, à vingt individus qui paraissent, au premier coup d'œil, profondément dissemblables, mais que l'analyse montre intimement liés les uns aux autres » (*La Fortune des Rougon*, préface, 1871). Le théâtre doit pouvoir mettre en scène « le drame vrai de la société moderne » grâce à la même analyse expérimentale et à l'étude anatomique de chaque être.

Mettre en place le document : les enjeux

■ La dramaturgie naturaliste : une voie médiane entre les outrances romantiques et le dépouillement classique : primauté accordée à l'« homme physiologique », au corps.

■ Le rapport entre le texte et l'acteur évolue donc considérablement : la représentation doit se concevoir comme un spectacle total où le mot et le corps sont également signifiants.

Éléments d'analyse

Définition d'une nouvelle dramaturgie :

- réaction contre les formes passées : théâtre et progrès ;
- une étude physiologique ;
- le décor, actant à part entière.

Construire le plan

■ Une dramaturgie progressiste :

- conception historique du théâtre ;
- refus de l'imitation et des dramaturgies figées dans un « système », une « rhétorique » qui leur sont propres.

■ « L'homme réel avec son sang et ses muscles »

- l'homme du théâtre zolien : les passions de la tragédie classique et leurs conséquences sur le corps, les actions ;
- importance du décor : refus du « spectacle » romantique (l'homme dans l'Histoire ne présente pas d'intérêt) ; refus du cadre abstrait de la tragédie ; un « milieu », une réalité concrète (le quotidien). Une pièce peut ainsi être « étude physiologique », c'est-à-dire étude du rôle du milieu sur l'homme.

DISSERTATION EXPLIQUÉE

Commentez cette définition du drame romantique proposée par Anne Ubersfeld (*Le Drame romantique*, p. 25). « Le schéma type du drame romantique raconte l'histoire du héros qui affronte le monde, tente de le dominer, et se brise contre ses lois (...). C'est par le héros que le drame rejoint la tragédie grecque, confrontation du héros et de la cité ; mais tandis que dans la tragédie grecque, c'est la cité qui l'emporte, ici c'est le héros qui est valorisé dans son échec même, par la force de son vouloir, par la qualité de son amour — en face d'un monde à qui est progressivement déniée toute valeur. »

ÉLABORATION DU DEVOIR

A - DÉFINIR LE SUJET

Ses termes

L'expression « schéma type » appelle une étude de ce qui pourrait apparaître comme la structure régulière du drame romantique définie à travers le parcours du héros – son « apprentissage » ?

Cette structure est fondée sur une opposition (prépositions « contre », « en face de » ; isotopie du combat) entre, d'une part, le héros caractérisé par deux sentiments, l'amour et la volonté, et d'autre part le monde, communauté politique et sociale (« lois », « cité » – à prendre dans son sens originel).

Son cadre chronologique

Il s'agit donc de définir la dramaturgie traditionnellement comprise entre la préface de *Cromwell* et *Les Burgraves*.

Cette étude doit s'appuyer sur des références à la tragédie grecque, dont Eschyle, Sophocle et Euripide sont les représentants : la comparaison des deux structures dramatiques permet de souligner le caractère révolutionnaire du drame romantique : à une structure semblable (« confrontation du héros et de la cité ») s'oppose cependant le type de dénouement (le héros grec est puni pour avoir menacé par orgueil et excès un ordre socio-politique voulu par les dieux : sa punition est légitimée).

B - CONSTRUIRE LE PLAN

Définir une problématique

Le sujet est fondé sur un paradoxe qu'il s'agit de mettre en valeur et de commenter : la réussite du héros romantique réside en quelque sorte dans son échec qui lui permet d'opposer aux fausses valeurs politiques et sociales une valeur individuelle, seule restauratrice d'ordre et d'intelligibilité. Ce n'est qu'en échouant socialement et politiquement qu'il peut être lui-même.

Points à étudier

- La société :
  - une entité négative et vide de sens : type de personnages ? décors ?...
  - quelles sont ses fausses valeurs et comment sont-elles mises en scène ?
  - quel type de combat le héros mène-t-il contre elle ?
- Le héros romantique :
  - un héros de l'échec, de la fragilité : un anti-héros ?
  - l'amour et la volonté comme valeurs absolues ?
  - quel type de tragique ? un nouveau type de mythe ?

RÉDACTION DU DEVOIR

INTRODUCTION

Par-delà son refus de la tragédie française des XVIIe et XVIIIe siècles, la dramaturgie romantique affirme sa volonté de revenir à la pureté essentielle de l'inspiration tragique : en réfléchissant sur les rapports entre l'homme et la société dans ce qu'ils ont de plus fondamental, les dramaturges du XIXe siècle retrouvent les sources d'inspiration antiques qu'ils adaptent à un monde contemporain chaotique.

1 - L'HOMME SANS NOM

a/ L'individualisme romantique

Le statut de l'individu au XIXe siècle est en pleine mutation : la révolution de 1789 a fait éclater la société où il n'a plus de repère moral ni de place prédéterminée comme sous l'Ancien Régime. Seule règne la loi économique. L'individu, qui se découvre sujet, doit (re)trouver une identité au sein d'un chaos politique et social.

b/ La solitude du héros romantique en est une illustration

Il est en effet sans existence sociale : bâtard entretenu mais non reconnu par sa famille (Antony), enfant trouvé devant rechercher ses origines (Hernani, Richard Darlington) ou les refusant (Chatterton, Lorenzaccio – qui y renonce pour mieux les retrouver après le crime). Le héros romantique est avant tout un être que la société fait sans nom.

c/ Mise en scène dysphorique de la société et de ses fondements

Présentée à travers des groupes égoïstes et superficiels (*Chatterton*, *Antony*) ou des personnages devenus monstrueux par l'exercice sans contrainte de leur pouvoir (chez Hugo ou Musset), la société dans laquelle évolue le héros romantique semble avoir perdu tout équilibre, toute valeur : course au pouvoir, mercantilisme et hypocrisie y sont les nouvelles lois qu'il semble ne pas parvenir à ébranler.

Alors que la tragédie grecque met en scène la lutte entre le héros et la société pour exalter l'ordre établi en montrant les ravages produits par les désordres des passions, le drame romantique refuse l'ordre établi et exalte ce qui le trouble.

2 - LA MISE EN CAUSE DE LA SOCIÉTÉ

a/ Combattre pour être

Il s'agit donc pour le héros de prendre une place qui lui a été refusée ou retirée : il entretient avec les autres une relation conflictuelle qui fait de lui un révolté, car c'est ailleurs que dans les cadres établis qu'il trouve ses valeurs.

Tandis que dans la tragédie grecque le héros, s'exposant à la colère divine, viole des lois justes, le héros romantique s'oppose à l'iniquité d'un monde dépourvu de fondements.

b/ Combat social

Sans identité, véritable marginal, le héros romantique lutte par tous les moyens (jusqu'aux moins recommandables chez Dumas) contre les préjugés sociaux et l'hostilité qui lui interdisent toute reconnaissance et toute possibilité d'exister : sa présence est un défi à une organisation sociale dont il dénonce l'incohérence.

c/ Combat politique

Le héros romantique oppose sa propre volonté au pouvoir, souvent mortifère (Hernani contre le roi Carlos, futur Charles Quint), et le méprise (*Cromwell*, *Chatterton*) pour mieux s'en emparer (*Richard Darlington*). Drame de l'ambition, le drame romantique est aussi une virulente remise en cause de la légitimité du pouvoir et donc de la société elle-même que son héros menace sans cesse.

3 - L'EXALTATION DE L'ÉNERGIE INDIVIDUELLE : LE « MOI » ROMANTIQUE ET LA PASSION

a/ Éloge de la passion

Tandis que la passion grecque est faute religieuse et morale, la passion romantique, qui est à la fois désir d'être soi et désir amoureux, porte le personnage vers le sublime et la vérité, quels que soient les désordres politiques et sociaux engendrés. Elle sauvegarde le héros dont la personnalité, toujours en danger, oscille sans cesse entre le bien et le mal.

b/ La volonté ou l'affirmation de soi

Le héros romantique est un personnage toujours en mouvement porté par un mouvement intérieur qui le pousse à dépasser ses propres limites pour être fidèle à lui-même malgré les entraves de la société. Le suicide est le plus souvent la dernière extrémité, face à la société que le héros domine de toute son intégrité (*Chatterton*, *Hernani*, *Lorenzaccio*...) : ultime affirmation de sa supériorité.

c/ L'amour et le sublime

Toujours vécu dans l'urgence, sous la pression menaçante de la société, l'amour est la deuxième passion qui porte le personnage vers sa vérité : face au mal et à la corruption ambiantes, il est porteur du beau et du bien. C'est de son impossibilité et de sa négation mêmes qu'il tire son essence : le sublime romantique est là tout entier.

CONCLUSION

Le drame romantique ou le désordre nécessaire : le sublime est suscité par une dramaturgie de l'échec qui rejoint l'essence même des plus grands mythes.

DISSERTATIONS PROPOSÉES

Commentez ces propos de Mallarmé dans *Divagations*. « J'imagine que la cause de s'assembler, dorénavant, en vue de fêtes inscrites au programme humain, ne sera pas le théâtre, borné ou incapable tout seul de répondre à de très subtils instincts, ni la musique du reste trop fuyante pour ne pas décevoir la foule ; mais à soi fondant ce que ces deux isolent de vague et de brutal, l'Ode dramatisée ou coupée savamment. »

Réflechir aux termes et intentions du sujet

Recherche d'un art total dans lequel le théâtre n'est pas présenté en tant que tel, mais utilisé comme outil au service d'un nouveau genre de spectacle, célébration des sens.`

Recenser les aspects à étudier

- raisons du refus du théâtre (limites textuelles et humaines) ;
- recherche d'une synthèse esthétique : alliance des ressources poétiques (l'« Ode »), musicales et dramaturgiques ;
- les « très subtils instincts ».

Définir les articulations possibles du plan

- les limites de la dramaturgie et les expériences symbolistes ;
- le symbolisme et l'expression du rêve ;
- la célébration des sens : rêve d'un art total.

Commentez cet extrait d'un dialogue rapporté dans la première *Lettre de Dupuis et Cotonet* et daté par Musset de 1833-1834. « Cotonet, vivement : — Qu'est-ce donc alors que le romantisme ? Est-ce l'emploi des mots crus ? Est-ce la haine des périphrases ? Est-ce l'usage de la musique au théâtre à l'entrée d'un personnage principal ? Mais on en a toujours agi ainsi dans les mélodrames, et nos pièces nouvelles ne sont pas autre chose. (...) Est-ce l'abus des noms historiques ? Est-ce la forme des costumes ? Est-ce le choix de certaines époques à la mode, comme la Fronde ou le règne de Charles IX ? Est-ce la manie du suicide ou l'héroïsme à la Byron ? (...) Est-ce de choquer le bon sens et la grammaire ? Est-ce quelque chose enfin, ou n'est-ce qu'un mot sonore et l'orgueil à vide qui se bat les flancs ? »

Réflechir aux termes et intentions du sujet

Les *Lettres de Dupuis et Cotonet* de Musset sont une chronique satirique, qui met en scène deux bourgeois de la Ferté-sous-Jouarre, proches parents des Bouvard et Pécuchet de Flaubert. La première lettre, datée de septembre 1836, les montre s'interrogeant fébrilement, de 1824 à 1834 environ, sur la nature du romantisme, dont l'évolution constante met dans un embarras constant leur esprit systématique.

À travers leur pathétique désespoir, l'extrait proposé souligne autant la richesse de l'inspiration romantique que le contexte conflictuel dans lequel il se développa.

Recenser les aspects à étudier

■ Contexte choisi par Musset : le drame romantique en 1833-1834.
■ Ironie de Musset.
■ Caractéristiques du drame romantique :
– les racines du drame romantique : le mélodrame ?
– la langue romantique ;
– les types de sujets ;
– la marginalité du héros romantique ;
– quel drame romantique Musset définit-il ici ?

Définir les articulations possibles du plan

– drame romantique, théories, pamphlets et bataille : une constante polémique ;
– révolution formelle et évolution esthétique ;
– le drame romantique selon Musset ou l'anti-conformisme.

8

L'ÉCLATEMENT DES FORMES THÉÂTRALES AU XXe SIÈCLE

Le théâtre européen s'est davantage transformé au XXe siècle qu'il ne l'avait fait depuis la Renaissance. Les changements se sont opérés tantôt grâce à des auteurs dramatiques, tantôt grâce aux metteurs en scène. Au théâtre, en effet, les influences ont toujours été réciproques entre l'écriture dramatique et les conditions de la représentation, qu'il s'agisse d'une innovation architecturale, d'une conception nouvelle des rapports acteurs-spectateurs ou de l'apparition de nouveaux modes de jeu.

Tous les arts au XXe siècle ont repensé le concept de *mimesis**. L'apparition de l'image photographique puis filmique, qui offre une copie fidèle du réel, a ruiné le rêve du réalisme dans les arts de l'espace, particulièrement en peinture et au théâtre. La scène n'est plus censée reproduire un fragment du monde réel. De ce fait, la nature de l'illusion théâtrale s'est profondément modifiée. En France, l'échec du théâtre naturaliste qui, dans les deux dernières décennies du XIXe siècle, est venu réitérer celui du drame bourgeois, a mis fin au *diktat* du réalisme illusionniste qui n'est plus, au XXe siècle, qu'une convention de jeu parmi d'autres. Dans toute l'Europe, le théâtre à l'italienne a connu une certaine désaffection. Dès le début du XXe siècle, on assiste au retour d'un type de scène beaucoup plus ancien, la scène ouverte, sur le modèle grec, médiéval ou élisabéthain. La scène à l'italienne, fermée, n'apparaît plus compatible avec le nouveau type d'illusion recherchée. Quant à la mise en scène, elle a été totalement bouleversée par l'introduction de techniques nouvelles, notamment l'électricité et les supports sonores. Dès le début du siècle, des metteurs en scène avant-gardistes, Gordon Craig en Angleterre, Appia en Suisse, Meyerhold en Russie, Reinhardt en Allemagne, Copeau en France, ont expérimenté des formes nouvelles. Abandonnant le décor construit et la toile peinte, ils ont stylisé l'espace scénique et introduit une proximité étroite dans les rapports acteurs-spectateurs. À partir des années trente, Antonin Artaud en France et Bertolt Brecht en Allemagne ont bousculé à leur tour, chacun à sa manière, tant les habitudes des acteurs que celles des spectateurs.

De leur côté, les auteurs dramatiques, par une série de remises en question, ont abandonné l'unité d'action et le réalisme illusionniste. Ils ne recherchent plus ni la vraisemblance de l'intrigue ni la cohérence du personnage. Sous l'influence de la psychanalyse et de la phénoménologie* qui dominent la pensée du XXe siècle, l'homme a découvert qu'il n'était qu'un tissu de contradictions. Il ne peut plus se reconnaître que dans des formes artistiques éclatées. Le concept d'unité est désormais périmé. La notion de genre (tragédie, comédie, drame) n'a plus cours, car chaque écrivain utilise la scène à sa fantaisie, sans se plier aux canons d'une forme préexistante. Aussi le terme de « pièce », utilisé approximativement à partir des années 1880, prévaut-il peu à peu sur les autres appellations.

Dès le début du siècle, le théâtre français sort de l'isolationnisme et s'ouvre aux influences étrangères, découvrant notamment les dramaturgies orientales, modèles de stylisation. Dans le premier tiers du siècle, plusieurs auteurs dramatiques, comme Jarry, Apollinaire, Vitrac et Claudel, rompent avec la tradition et créent une écriture nouvelle. Parallèlement et jusqu'à la Deuxième Guerre mondiale, un certain nombre d'auteurs apparaissent comme des conservateurs. C'est le cas du théâtre littéraire de Giraudoux, Anouilh, Montherlant, etc., du théâtre existentialiste, celui de Sartre et de Camus, et du théâtre poétique, celui de Salacrou, Cocteau, Ghelderode, Audiberti, même si ce dernier s'oriente timidement vers la *modernité**. C'est avec les années cinquante, particulièrement fécondes en matière de théâtre, que la grande avant-garde révolutionne la dramaturgie de fond en comble, grâce à Beckett, Ionesco, Adamov, Genet, Vauthier, etc. Ces écrivains sont aussitôt suivis par bon nombre d'auteurs dramatiques comme Pinget, Weingarten, Schehadé, Vian, Obaldia, Dubillard, Billetdoux... Ils sont remarquablement servis par des metteurs en scène de génie, comme Jean-Louis Barrault, Roger Blin, ou Jean-Marie Serreau. La cassure idéologique qui se révèle après 1968 est très sensible au théâtre. Le théâtre des années cinquante qui, sur le plan formel, a multiplié les audaces, est qualifié par certains, dans les années soixante-dix, de réactionnaire, sous prétexte qu'il refuse d'inféoder l'art à l'engagement politique. Ce phénomène coïncide avec l'hypertrophie du rôle du metteur en scène qui tend à s'imposer comme créateur. On assiste alors à un retour du théâtre engagé avec Césaire ou Gatti notamment, mais aussi à l'apparition d'un « nouveau réalisme » avec « ce théâtre du quotidien » qu'illustre Vinaver. Depuis les années quatre-vingt en revanche, les auteurs dramatiques de l'avant-garde sont considérés comme les grands classiques du théâtre français au XXe siècle. Leur apport, majeur, constitue un tournant essentiel dans l'histoire du théâtre depuis ses origines.

BIBLIOGRAPHIE GÉNÉRALE DU CHAPITRE

ABIRACHED, Robert, *La Crise du personnage dans le théâtre moderne,* Paris, Grasset, 1978.
ASLAN, Odette, *L'Acteur au XXᵉ siècle,* Paris, Seghers, 1974.
BABLET, Denis, *Esthétique générale du décor de théâtre, de 1870 à 1914,* C.N.R.S., 1965, Coll. Le Chœur des Muses ; *Le Lieu théâtral dans la société moderne,* C.N.R.S.,1966, Coll. Le Chœur des Muses (études réunies par D. Bablet et J. Jacquot).
BROOK, Peter, *L'Espace vide,* Le Seuil, 1977.
CORVIN, Michel, *Le Théâtre de recherche entre les deux guerres. Le Laboratoire art et action,* Lausanne, La Cité, L'Âge d'Homme, 1975, Coll. Théâtre années vingt, série « Études ».
DORT, Bernard, *Théâtre public,* Le Seuil, 1967 ; *Théâtre réel,* Le Seuil, 1971 ; *Théâtre en jeu,* Le Seuil, 1979.
HELBO, André, *Les Mots et les gestes. Essai sur le théâtre,* Lille, P.U.L., 1983 ; *Sémiologie de la représentation, théâtre, télévision, bande dessinée,* (sous la direction d'André Helbo), Bruxelles, 1975, Complexe.
HUBERT, Marie-Claude, *Langage et corps fantasmé dans le théâtre des années cinquante,* Corti, 1987.
JACQUOT, Jean, *Le Théâtre moderne,* t. I : *Hommes et tendances,* t. II : *Depuis la Deuxième Guerre mondiale,* Paris, C.N.R.S., 1965, 1967, Coll. Le Chœur des Muses.
SARRAZAC, Jean-Pierre, *Théâtres intimes,* Actes Sud, 1969, Coll. « Le temps du théâtre ».
SERREAU, Geneviève, *Histoire du nouveau théâtre,* GALLIMARD/Idées, 1966.

Signalons deux collectifs essentiels :
Dictionnaire encyclopédique du théâtre, sous la direction de Michel Corvin, Bordas, 1ʳᵉ éd,. 1991, 2ᵉ éd. augmentée, 1996.
Les Voies de la création théâtrale, C.N.R.S., Coll. Le Chœur des Muses, t. I : *1970 et suiv.*

Revues :
Cahiers Renaud-Barrault
Cahiers Théâtre-Louvain
L'Avant scène du théâtre
Revue d'histoire du théâtre
Théâtre/Public

Tableau chronologique

Événements politiques	Événements culturels et artistiques	Événements théâtraux
		1890 : Claudel, *Tête d'or*
	1895 : naissance du cinéma	
		1896 : Jarry, *Ubu roi*
		1897 : Appia, *La Mise en scène du drame wagnérien*
1905 : 1re révolution en Russie	1905 : exposition des Fauves à Paris	
	1906 : début du Cubisme	
		1913 : Copeau crée le Vieux-Colombier
1914-1918 : 1re Guerre mondiale		
	1916 : publication du *Cours de linguistique générale* de Saussure	
1917 : révolution d'Octobre en Russie		1917 : Apollinaire, *Les Mamelles de Tirésias* Cocteau, *Parade*
		1919 : Goll, *Mathusalem*
	1920 : *Manifestes Dada*	
	1922 : 1re traduction de Freud en français	
		1923 : Salacrou, *Le Casseur d'assiettes*
	1924 : *Manifeste du surréalisme*	
		1928 : fondation du Cartel Giraudoux, *Siegfried* Ghelderode, *Barrabas* Vitrac,*Victor*
		1932 : Anouilh, *L'Hermine*
1933 : Hitler élu chancelier		
1936-1939 : guerre civile en Espagne		
		1938 : Artaud, *Le Théâtre et son double*
1939-1945 : 2e Guerre mondiale		
	1942 : Camus, *Le Mythe de Sisyhe*	1942 : Montherlant, *La Reine morte*
	1943 : Sartre, *L'Être et le néant*	1943 : Sartre, *Les Mouches*
		1944 : Camus, *Le Malentendu*
		1946 : Genet, *Haute Surveillance* Audiberti, *Quoat-Quoat* Vilar crée le festival d'Avignon début de la décentralisation théâtrale
		1947 : Pichette, *Les Épiphanies* Vian, *L'Équarrissage pour tous*
1948 : indépendance d'Israël		1948 : Weingarten, *Akara* Adamov, *La Parodie*
1949 : naissance de la République populaire de Chine		1949 : Ionesco, *La Cantatrice chauve*
		1950 : Tardieu, *Monsieur Moi*
		1951 : Schéhadé, *Monsieur Bob'le* Vauthier, *Capitaine Bada* Pinget, *Entre Fantoine et Agapa*
		1953 : Beckett, *En Attendant Godot*
1954-1962 : guerre d'Algérie		

Événements politiques	Événements culturels et artistiques	Événements théâtraux
		1955 : Billetdoux, *À La Nuit la nuit* Duras, *Le Square* Camus, *Conférence sur l'avenir de la tragédie*
		1956 : Césaire, *Et Les Chiens se taisaient* Vinaver, *Aujourd'hui ou les Coréens*
		1957 : Gatti, *Le Poisson noir*
		1958 : Arrabal, *Pique-nique en campagne* Yacine, *Le Cadavre encerclé*
		1960 : Obaldia, *Génousie*
1961 : construction du mur de Berlin		1961 : Dubillard, *Naïves Hirondelles*
		1962 : Ionesco, *Notes et contre-notes*
	1963 : Robbe-Grillet, *Pour un nouveau roman*	
1964-1973 : guerre du Viet-Nam		1964 : Sarraute, *Le Silence*
	1966 : Lacan, *Écrits*	1966 : Genet, *Lettres à Blin*
1968 : mouvements de « mai » en France invasion de la Tchécoslovaquie par l'U.R.S.S.		
		1971 : Rezvani, *Capitaine Schelle, Capitaine Ecco* Novarina, *L'Atelier volant*
		1977 : Koltès, *La Nuit juste avant les forêts*
1979 : révolution islamique en Iran		1979 : Grumberg, *L'Atelier*
1980 : intervention soviétique en Afghanistan		
1980-1988 : guerre Irak-Iran		
		1986 : Minyana, *Chambres*
1989 : chute du mur de Berlin		

A

LES CONDITIONS DE LA REPRÉSENTATION

1 Les lieux de théâtre

Le théâtre à l'italienne, qui a été le modèle dominant dans toute l'Europe depuis la Renaissance, est contesté, dès la fin du XIXe siècle, par Wagner, puis par Antoine, directeur du Théâtre-Libre qui fut la scène des naturalistes*, parce qu'il ne permet pas à tous les spectateurs une bonne visibilité. Comme il inscrit dans son architecture cloisonnée les inégalités sociales, il est l'objet, au XIXe siècle, de critiques virulentes, particulièrement au lendemain de la Deuxième Guerre mondiale où naît, avec Jean Vilar, le créateur du festival d'Avignon, le rêve du Théâtre populaire*. Certains metteurs en scène, mus par un souci de démocratisation de la culture, en même temps que par le désir de redonner au théâtre sa dimension originelle de rituel, abandonnent, jusque dans les années soixante-dix, la salle à l'italienne, afin de rassembler les foules dans un lieu qui permette une rencontre authentique. C'est l'époque de gloire des grands festivals. Dans la Cartoucherie désaffectée de Vincennes où Ariane Mnouchkine a installé sa troupe, le spectacle se déroule en des lieux multiples. Le spectateur se trouve ainsi placé au cœur de l'action. D'autres metteurs en scène au contraire, comme Patrice Chéreau, conservent la scène à l'italienne, dans les années soixante-dix, pour en démultiplier les potentialités. Mettant à nu la machinerie, Chéreau, lorsqu'il monte les pièces historiques de Shakespeare, révèle l'envers de la scène à l'italienne. Il la démystifie, tout en célébrant la magie que ce type de scène est toujours susceptible d'engendrer.

La scène ouverte, visible, est à l'origine une scène de plein air. C'est la plus ancienne. Elle fut en usage dans la Grèce antique, puis au Moyen Âge et à l'époque élisabéthaine.

Comment expliquer cette désaffection dont souffre le théâtre à l'italienne* jusque dans les années quatre-vingt environ ? La séparation de la salle et de la scène ne convient plus lorsqu'on repense la nature de l'illusion théâtrale. Si les architectes, brisant le quatrième mur*, en reviennent à la ***scène ouverte*** au XXe siècle, c'est que la scène n'est plus censée ni représenter un monde magique ni refléter le monde réel. Il n'est plus nécessaire de cacher le fait que le décor est un décor. Bon nombre de metteurs en scène comme d'auteurs dramatiques affichent au contraire les conventions. Architectes et scénographes transforment le lieu théâtral, empruntant des traits à des modèles anciens (grec, élisabéthain, médiéval) ou orientaux. Presque toutes les solutions retenues tendent à unifier l'espace salle-scène, afin d'établir un contact direct acteurs/spectateurs. Tantôt l'acteur et le spectateur se font face, tantôt le public entoure l'aire de jeu, tantôt c'est la scène qui se déploie autour de lui. ***Gropius,*** en Allemagne trace même en 1924 les plans d'un « théâtre total ».

Gropius inscrit une scène circulaire dans une salle en forme de coquillage, elle-même entourée par une scène annulaire ; la scène et une partie des sièges peuvent pivoter, ce qui permet plusieurs combinaisons dans les rapports acteurs-spectateurs.

Rousseau, précurseur dans bien des domaines, condamnait déjà, dans sa *Lettre à d'Alembert,* en 1757, le lieu théâtral qui enferme les spectateurs « dans un antre obscur ». Il voulait lui substituer la fête qui rassemblerait, en plein air, les « peuples heureux ». Cette volonté néo-rousseauiste de sortir des salles de spectacle se manifeste en

Europe dès le début du siècle. Le lieu théâtral apparaît coupé de la société, racine qui lui donne vie. Reinhardt, metteur en scène allemand, joue, dès les années 1910, dans des cirques ou dans des halles d'exposition, afin de représenter la tragédie antique devant des milliers de spectateurs. Le phénomène s'intensifie dans la Russie postrévolutionnaire des années vingt grâce à Meyerhold. En France, Artaud condamne, dès les années trente, le lieu théâtral institutionnalisé. Le spectateur, dans de telles conditions, ne peut se sentir impliqué dans le drame. Le seul moyen, selon lui, de rendre au théâtre sa dimension cérémonielle, est d'aménager des hangars, des granges, sur le modèle de certaines églises ou de certains sanctuaires du Tibet. Après la guerre, surtout après 1960, des metteurs en scène, comme Julian Beck qui dirigeait le Living Theater aux États-Unis, porteront le théâtre dans la rue. D'autres, nostalgiques des fêtes religieuses, iront jusqu'à ritualiser le parcours du spectateur. Ce n'est qu'après avoir mis en question la notion même de lieu théâtral que l'on en revient, en cette fin de siècle, au théâtre à l'italienne comme à l'une des solutions possibles. Le théâtre oscille aujourd'hui entre deux types de modèles, le lieu non institutionnalisé et le théâtre fermé, « l'abri et l'édifice », selon les termes qu'affectionnait Antoine Vitez.

2 La scène moderne

À la différence du théâtre grec, médiéval ou élisabéthain, qui se joue à la lumière du jour, le théâtre européen, depuis la Renaissance, est tributaire de la lumière artificielle, contrainte dont il a exploité d'emblée les potentialités, prenant exemple sur les cérémonies religieuses qui ont utilisé, bien avant lui, les effets de lumière. Aussi l'introduction de l'électricité a-t-elle révolutionné la mise en scène et l'écriture dramatique au XXe siècle.

Lorsque l'électricité remplace le gaz, à partir de 1880 environ, les décorateurs se contentent d'abord de substituer un système à un autre, l'emplacement des sources lumineuses restant identiques. Bien vite, ils se rendent compte des potentialités infinies qu'offre cette technique nouvelle. Dès 1897, dans *La Mise en scène du drame wagnérien,* Adolphe Appia, conscient que la lumière rend définitivement caduque la conception illusionniste de la scène, jette les fondements de l'éclairage moderne. Si le **trompe-l'œil** pouvait faire illusion sur la scène du XIXe siècle, faiblement éclairée, le contraste entre l'objet peint et l'objet réel devient choquant lorsque s'accroît la puissance lumineuse.

La condamnation du trompe-l'œil. Jarry, qui s'intéresse de très près à la réalisation de son œuvre dramatique, bannit catégoriquement le trompe-l'œil de la scène moderne. « Nous ne reviendrons pas sur la question entendue une fois pour toutes de la stupidité du trompe-l'œil. Mentionnons que ledit trompe-l'œil fait illusion à celui qui voit grossièrement, c'est-à-dire, ne voit pas, et scandalise qui voit d'une façon intelligente et éligente la nature, lui en présentant la caricature par celui qui ne comprend pas. Zeuxis a trompé des bêtes brutes, dit-on, et Titien un aubergiste! »
« De l'inutilité du théâtre au théâtre », article paru dans *Le Mercure de France,* septembre 1896.

La lumière électrique, facilitant les changements de lieu instantanés ou la fragmentation de la scène, permet de modeler l'espace à loisir. L'influence du cinéma, auquel se réfèrent spontanément bien des auteurs dramatiques contemporains, est manifeste. Ainsi Marguerite Duras, à propos de *La Musica,* note-t-elle :

> La mise en scène devrait-être de caractère cinématographique. Éclairage violent des visages qui équivaudrait aux plans rapprochés et plongée de ces visages dans le noir, parfois. Le reste de la scène devrait être gagné par l'ombre à mesure que progressent les propos.

Sur la scène aujourd'hui, un changement de lieu s'opère soit brutalement par un noir, soit, de façon insensible, par une diminution de la lumière. Les auteurs dramatiques notent systématiquement la solution pour laquelle ils optent. Élément de discontinuité, la lumière est devenue un procédé rhétorique de composition qui joue le rôle inverse des liaisons de scène dans le théâtre classique, soit qu'elle souligne la rupture, soit qu'elle l'atténue. Ionesco, dans ses pièces où l'onirisme prédomine, *Piéton de l'air* par exemple, présente successivement un certain nombre de scènes, séparées par un jeu de lumière, qui n'ont pas de lien les unes avec les autres, mettant sur un même plan les actions réelles et les actions rêvées par ses personnages. Cette discontinuité des enchaînements crée une atmosphère d'étrangeté identique à celle du rêve qui juxtapose les images sans les relier. Metteurs en scène et auteurs dramatiques utilisent aussi la lumière pour isoler plusieurs zones sur la scène et représenter des actions simultanées, comme Adamov dans *Si L'Été revenait*. Les jeux de lumière ont également permis à certains auteurs de manipuler le temps. Jean Vauthier dans *Ton Nom dans le feu des nuées, Élisabeth,* Ionesco dans *Victimes du devoir,* Arthur Adamov dans *La Politique des restes* brisent ainsi la chronologie temporelle. La lumière leur permet de multiplier les retours en arrière, quasi irréalisables au théâtre antérieurement, sauf par l'introduction du merveilleux, comme dans *L'Illusion comique* de Corneille.

L'abandon au XXe siècle du décor construit a nécessité une réorganisation de la scène, librement modelée par des moyens divers, praticables, objets scéniques, etc. Aisément manipulables, ils permettent, outre des changements à vue quasi instantanés, une fragmentation du lieu scénique désormais discontinu. Gordon Craig, metteur en scène anglais qui a travaillé non seulement à Londres, mais aussi à Florence et à Moscou, a exercé une influence déterminante, tant sur la mise en scène contemporaine que sur l'écriture dramatique. Déplorant que l'imagination soit bridée par les contraintes matérielles de la scène, toujours trop exiguë, il cherche le moyen de créer « mille scènes en une ». Aussi imagine-t-il un sol scénique transformable, constitué d'un certain nombre de parties indépendantes, susceptibles, grâce à un dispositif, de s'élever ou de descendre. Le jeu des volumes permettrait, selon la combinatoire choisie, de créer les formes les plus diverses, escalier, plates-formes, lits ou sièges, épaisses murailles ou vastes espaces, etc. Bien des metteurs en scène après lui exploiteront la mobilité du plancher de scène, notamment Patrice Chéreau, dans *Hamlet,* en 1988. Craig souhaite également que la scène puisse se mouvoir dans toutes les directions. Il invente alors les *screens,* sortes de paravents constitués d'un certain nombre de panneaux articulés. Il lui suffit de changer l'orientation d'un panneau pour modifier aussitôt la configuration du lieu scénique. Jean Genet recourt à ce procédé avec une fécondité inégalée dans *Les Paravents* tant pour modeler l'espace scénique que pour différencier des groupes de personnages opposés par leur appartenance politico-sociale, pour séparer le monde des vivants de celui des morts. Outre leur fonction dramatique, les paravents, se couvrant de *graffiti* à mesure que la révolution progresse, ont également chez lui valeur narrative. Tant dans la mise en scène que dans l'écriture contemporaine, l'objet peut jouer le même rôle que le paravent. Son apparition ou sa disparition permettent de figurer un changement de lieu. Si la scène s'est vidée des éléments ornementaux qui l'encombraient, le petit nombre d'objets symboles qui la constituent aujourd'hui s'est chargé de significations multiples.

Le corps de l'acteur, spectacle mouvant, constitue le pivot autour duquel s'organise le décor depuis les recherches d'Appia, en Suisse, et celles de Meyerhold, en U.R.S.S., au Théâtre d'art de Moscou, au lendemain de la Révolution de 1917. Artaud, plus radical encore, souhaite que le décor soit réalisé uniquement par les personnages eux-mêmes, incarnés par des acteurs ou représentés par des mannequins gigantesques. Jarry souhaitait qu'*Ubu roi* fût représenté par des marionnettes plutôt que par des acteurs. Le rôle titre, Ubu, incarnant la bêtise au pouvoir, qui a perdu toute dimension humaine, doit avoir l'apparence, selon lui, d'un pantin de carnaval. De nombreux metteurs en scène, après eux, vont suivre cette voie ; c'est le cas notamment du théâtre américain Bread and Puppett, avec ses **marionnettes** géantes que dirige Peter Schumann, connu en Europe depuis les années soixante. Certains, comme Tadeusz Kantor (1915-1990) en Pologne, mêlent sur scène acteurs et mannequins, dans *La Classe morte* en 1975 par exemple. Peintre apparenté au dadaïsme et issu du constructivisme, il débarrasse l'objet scénique et le personnage de toute fonction réaliste. Se situant dans la lignée des expériences de Marcel Duchamp, Kantor ne conçoit le théâtre qu'en liaison étroite avec la totalité de l'art. Ce même désir de stylisation qui transparaît dans l'utilisation des marionnettes pousse auteurs dramatiques et metteurs en scène à utiliser des masques. Yvan Goll fait figure de précurseur dans *Mathusalem*, pièce surréaliste de 1920, où il veut saisir une vérité de l'être par l'abstraction du masque en carton pâte. Ionesco, trente ans plus tard, utilisera lui aussi les masques dans *Jacques ou la soumission*.

La sur-marionnette. Craig, très marqué par le texte de Heinrich von Kleist *Sur le théâtre de marionnettes*, qui date de 1810, propose comme modèle à l'acteur la marionnette, « descendante des antiques idoles de pierre des temples », afin qu'il vise ce degré d'impassibilité qui fera de lui une « sur-marionnette » : « Celle-ci, écrit Craig, ne rivalisera pas avec la vie, mais ira au-delà ; elle ne figurera pas le corps de chair et d'os, mais le corps en état d'extase, et tandis qu'émanera d'elle un esprit vivant, elle se revêtira d'une beauté de mort. Ce mot de mort vient naturellement sous la plume par rapprochement avec le mot de vie dont se réclament sans cesse les réalistes. »

De L'Art du théâtre.

C'est dans cette mouvance que se situe la mode du ***théâtre d'images*** venue de l'étranger, qui n'est pas sans incidence sur la transformation de la scénographie*, dans le dernier tiers du XXᵉ siècle. L'influence du Living Theater a été grande en France à partir des années soixante. Expulsés des États-Unis en raison de leur engagement politique, Julian Beck et Judith Molina créent leurs spectacles en France et en Italie. Ils font naître une série d'images archétypales fortes, du seul corps de l'acteur qui joue sans décor ni costume. En 1971, *Le Regard du sourd*, première pièce de Bob Wilson présentée en France, au festival de Nancy, est une révélation pour le public français. La pièce, dépourvue d'intrigue, se présente comme une série d'images oniriques, assorties de très peu de paroles. Elle suscite aussitôt l'admiration d'Aragon.

Théâtre d'images : théâtre de plasticien dans lequel l'émotion naît essentiellement d'un message visuel. La parole y est secondaire.

3 Copeau et le Cartel

Grâce aux progrès techniques qui ont bouleversé le théâtre européen, dès le début du XXᵉ siècle en France, des metteurs en scène traitent le théâtre de façon poétique, refusant le naturalisme*. Antoine, qui fonda le Théâtre-Libre en 1887, et Zola ont échoué dans leur désir commun de recréer la vie sur scène, car tenter de substituer la réalité à sa représentation, c'est nier la théâtralité*. Lugné-Poë, créant le théâtre de l'Œuvre en 1893 où sont jouées les pièces symbolistes, plus tard *Ubu roi* et les premières pièces de Claudel, a engagé la scène dans la voie de la stylisation. Fondant le Vieux-Colombier en 1913, Copeau (1874-1949), qui a travaillé à Florence avec Gordon Craig, crée la scène moderne. Sa compagnie, en raison de la guerre qui éclate l'année suivante, n'a qu'une existence éphémère, mais son influence est majeure sur toute la conception de la mise en scène du XXe siècle. Copeau est à la recherche d'un langage scénique nouveau, visuel, fondé sur la création de types modernes, comparables aux masques de la *Commedia dell'arte**.

Pendant l'entre-deux-guerres, en 1927, deux de ses élèves, Jouvet et Dullin, fondent le Cartel : Dullin s'inspire, comme Copeau, de la *Commedia dell'arte* mais également du théâtre japonais. Ils invitent Baty et Pitoëff à se joindre à eux. Ce dernier et sa femme Ludmilla, venant de Russie où ils ont été formés par Stanislavski, même s'ils ont rejeté ses principes, révèlent au public français de nombreux auteurs étrangers, notamment Tchekov, Strindberg, Schnitzler, Bernard Shaw, Pirandello. Quant à Baty, qui aime les mises en scène complexes, à la différence des trois autres épris de sobriété, il introduit les techniques expressionnistes sur la scène française. Pas plus que Copeau, le Cartel ne réalise ses vœux, faute de moyens financiers. Georges Pitoëff meurt en 1939, les trois autres au lendemain de la guerre, Dullin en 1949, Jouvet en 1951, Baty en 1952. Mais leur travail artistique survit, Dullin ayant formé ceux qui seront les metteurs en scène de l'après-guerre : Jean-Louis Barrault, Roger Blin, Jean Vilar, Alain Cuny... Le Cartel a créé une conception nouvelle du jeu, fait de procédés composites empruntés à des esthétiques très différentes, anciennes et étrangères et se trouve être à l'origine de la mise en scène contemporaine. Tous les metteurs en scène ensuite procéderont de même. Copeau et Dullin sont également les pionniers de la décentralisation : pendant le Front populaire en 1936, Dullin est chargé de présenter un projet afin que soient créés en province des centres dramatiques nationaux subventionnés. L'État commence à prendre conscience du rôle de mécène culturel qu'il doit jouer. Seule en effet, la Comédie-Française bénéficie alors de ses subventions. Le projet de Dullin se réalise à la Libération. Entre-temps, Copeau a écrit un manifeste, *Le Théâtre populaire* (1941), dont se réclament tous les tenants de la décentralisation qui commence effectivement en 1946 avec la création du premier ***centre dramatique national*** à Colmar. La création d'autres centres va suivre lentement, transformant la vie théâtrale française.

La direction du premier ***centre dramatique national*** est confiée à Louis Ducreux qui fait figure de pionnier. C'est lui qui fonde le premier théâtre de province, Le Rideau Gris, à Marseille, alors que Paris est zone occupée et que la plupart des artistes sont réfugiés en zone libre.

4 Deux grands théoriciens : Artaud et Brecht

Antonin Artaud et Bertolt Brecht, très marqués par la découverte des dramaturgies orientales, ont engagé le théâtre européen dans des voies qui sont encore les nôtres aujourd'hui. Leur apport est majeur tant dans la transformation de l'écriture scénique que de la mise en scène.

L'influence des théâtres orientaux – et particulièrement le drame sanscrit, le théâtre chinois, le **nô** japonais, le théâtre d'ombres javanais – sur la dramaturgie européenne au XXe siècle est immense, car ils offrent un spectacle complet où le chant, la musique et la danse occupent une place aussi importante que la déclamation. Ce rêve de « théâtre total » anime alors bon nombre de metteurs en scène et de chorégraphes européens, admiratifs face à ce spectacle qui ne cherche pas à créer d'illusion réaliste. La présence du récitant, qui commente le drame, rappelle constamment le caractère fictif des événements représentés et le jeu stylisé des acteurs souligne les conventions, d'autant que la symbolique des gestes, du maquillage, du costume est codifiée en un langage muet que la tradition a conservé. Grâce à cela, dès que le héros entre en scène, le spectateur possède à son sujet bien des renseignements qui n'auront pas à être exprimés par la parole. Cette extrême stylisation fait dire à Jean Genet :

> Ce qu'on m'a rapporté des fastes japonais, chinois ou balinais, et l'idée magnifiée peut-être qui s'obstine dans mon cerveau, me rend trop grossière la formule du théâtre occidental. On ne peut que rêver d'un art qui serait un en chevêtrement profond de symboles actifs, capables de parler au public un langage où rien ne serait dit, mais tout pressenti.

Le nô : apparu au Japon au XIVe siècle et créé par Zeami, il met toujours en scène deux personnages. Le « waki » (celui du coin) reste assis dans un coin de la scène pendant toute la représentation. Il joue à la fois un rôle de spectateur et de voyant car l'acteur masqué qui lui apparaît, le « shite », fantôme de divinité, de guerrier, de moine ou de noble dame, semble être le produit de ses visions. Il raconte au waki la légende du lieu, pour lui révéler ensuite, qu'il n'est autre que le spectre du héros qui hante cet endroit. Il disparaît pour revenir peu après, sous ses traits véritables, revêtu d'un majestueux costume et il évoque par une danse sa vie passée. Le chœur se fait l'écho de son récit et de ses lamentations. La scène à laquelle assiste le waki prend la forme d'une hallucination ou d'un rêve, ce qui souligne une des dimensions du théâtre, ses liens avec le phénomène de l'hallucination et du rêve. Ce récit d'une vie, qui constitue le temps fort du nô, a fasciné Brecht qui s'est inspiré d'un argument d'un nô de Zeami pour écrire deux de ses pièces didactiques, *Celui qui dit oui* et *Celui qui dit non.* Claudel et Montherlant ont témoigné tous deux beaucoup d'admiration pour l'extrême simplicité de ce genre dramatique qu'ils comparent à la tragédie grecque.

Antonin Artaud (1896-1948) expose ses théories dans ***Le Théâtre et son double.*** L'ouvrage, qui paraît en 1938, réunit ses écrits sur le théâtre depuis 1932. Il remet en cause les principes même du théâtre occidental et condamne le théâtre de textes, affirmant que « le langage théâtral pur », ce n'est pas la parole dialoguée, mais la mise en scène. Il veut inventer un langage spécifiquement théâtral, destiné aux sens et indépendant de la parole ; de ce langage créé par la musique, la danse, la pantomime naîtra un spectacle total. Les Balinais, qu'Artaud découvre à Paris, en 1931, lorsque, pour la première fois, une troupe balinaise se produit en Europe, représentent pour lui le « théâtre pur ». Il est notamment sensible, d'une part, au fait que l'auteur y est éliminé au profit du metteur en scène, promu au rang d'ordonnateur magique, d'autre part, au pouvoir expressif du ***geste*** que vont exploiter bon nombre de metteurs en scène et d'écrivains, comme Ionesco par exemple qui écrit dans *Notes et contre-notes* :

> Avec des chœurs parlés et un mime central, soliste, peut-être assisté de deux ou trois au plus, on arriverait, par des gestes exemplaires, quelques paroles et des mouvements purs, à exprimer le conflit pur, le drame pur, dans sa vérité essentielle, l'état existentiel même, son auto-déchirement et les déchirements perpétuels.

Ainsi, désireux de rompre avec le théâtre psychologique, Artaud est séduit par l'aspect métaphysique de ce théâtre, car les Orientaux n'ont pas perdu le sens de cette terreur mystérieuse qui est un des éléments les plus anciens du théâtre. Pour regagner sa violence constitutive, celui-ci doit se ressourcer en retrouvant les mythes primitifs ou les vieilles cosmogonies. Tel était déjà le vœu de Mallarmé, qu'il exprime dans *Crayonné au théâtre*, comme dans son article sur Wagner. Le théâtre, pour Artaud, est une cérémonie dans laquelle le spectateur joue le rôle essentiel de participant et non plus de simple témoin. Porter la cruauté au théâtre, c'est le seul moyen de lui redonner vie, de lui faire retrouver sa dimension métaphysique, par un biais nouveau, l'investigation de l'inconscient. Si les réalisations théâtrales d'Artaud n'ont laissé qu'une trace fugitive, ses théories ont joué un rôle capital dans l'évolution qu'a connue le théâtre mondial à partir de 1945. Certains lui ont emprunté sa conception du spectacle complet, d'autres sa **théorie de la cruauté**, d'autres encore son refus du théâtre de texte. Les théâtres d'improvisation, tels le Living Theater de Julian Beck, le Théâtre-Laboratoire à Wroclaw en Pologne de Jersy Grotowski, l'Odin Teatret d'Eugenio Barba en Norvège, et l'Open Theatre aux États-Unis de Joseph Chaikin, reconnaissent l'importance de leur dette envers Artaud.

« Le Théâtre et son double » : les textes qui y sont réunis témoignent de la longue expérience d'acteur et de metteur en scène qu'Artaud a acquise au théâtre Alfred Jarry. Il a fondé ce théâtre en 1920 avec Vitrac et Robert Aron, en hommage à celui qu'il considère comme son précurseur dans le théâtre de la cruauté.

Geste : Artaud admire le travail de mime d'Etienne Decroux et de Jean-Louis Barrault. Une de leurs grandes trouvailles dans les années trente est « la marche glissée ».

Le théâtre de la cruauté. Artaud s'explique, dans ses deux manifestes, en 1932, puis en 1933, sur sa théorie du « théâtre de la cruauté ». Il s'est longuement défendu de vouloir donner un sens vulgaire, granguignolesque, à la cruauté : « Avec cette manie de tout rabaisser qui nous appartient aujourd'hui à tous, "cruauté", quand j'ai prononcé ce mot, a tout de suite voulu dire "sang" pour tout le monde. Mais "théâtre de la cruauté" veut dire théâtre difficile et cruel d'abord pour moi-même. Et, sur le plan de la représentation, il ne s'agit pas de cette cruauté que nous pouvons exercer les uns contre les autres en nous dépeçant mutuellement les corps, en sciant nos anatomies personnelles, ou tels des empereurs assyriens, en nous adressant par la poste des sacs d'oreilles humaines, de nez ou de narines bien découpées, mais de celle, beaucoup plus terrible et nécessaire, que les choses peuvent exercer contre nous. Nous ne sommes pas libres. Et le ciel peut encore nous tomber sur la tête. Et le théâtre est fait pour nous apprendre d'abord cela. » (*En finir avec les chefs-d'œuvres*) Artaud demeure pourtant fasciné par les thèmes de la tragédie du sang, et il voit dans la représentation de ses excès un moyen d'atteindre l'intensité d'expression recherchée. Il rend hommage à Sénèque en qui il salue son prédécesseur en matière de cruauté. Il le considère comme le plus grand poète dramatique. Il oscillera toujours entre ces deux pôles de la cruauté, la cruauté granguignolesque, physique, sauvage, qui fait couler le sang, et la cruauté métaphysique qui blesse l'âme. Il a illustré ces deux aspects de la cruauté dans ses deux pantomimes, *La Pierre philosophale* et *Il n'y a plus de firmament.*

Les *Écrits sur le théâtre* rassemblent l'essentiel de l'œuvre théorique de **Brecht** qui fut à la fois auteur dramatique, metteur en scène et théoricien. Son théâtre n'est connu véritablement en France qu'en 1950, lorsque *L'Exception et la règle* est représenté aux Noctambules. Baty, vingt ans auparavant, en 1930, avait essayé sans succès, de faire connaître Brecht en montant L'*Opéra de quat' sous*. Mais le conflit politique, qui opposait alors la France et l'Allemagne, avait créé une barrière infranchissable entre les deux pays. En raison de son engagement politique, Brecht veut faire de la scène une tribune et il fustige le « théâtre aristotélicien », qu'il appelle aussi le « **théâtre d'illusion** », car il endort l'esprit critique. Afin de produire un phénomène de « distanciation » entre le public et le spectacle, qui désaliénera le spectateur en sollicitant sa réflexion, Brecht prône un « théâtre épique ». L'expression contient une contradiction, le drame et l'épopée étant deux genres distincts. Brecht le souligne pour montrer qu'en fait l'épopée a perdu de sa rigidité à partir du moment où le théâtre a pu incorporer des éléments narratifs grâce à l'audiovisuel. Ce théâtre aura une dimension épique, comme le chant des bardes ou des troubadours qui narraient les prouesses guerrières de lointains héros. Alors que le théâtre d'illusion tente de recréer un faux présent, le théâtre épique, strictement historique, rappelle au public qu'il n'assiste qu'à un exposé d'événements passés. L'abandon de l'illusion réaliste affranchit l'auteur dramatique d'un certain nombre de conventions, dans la scène d'exposition notamment, où les personnages se présentent parfois eux-mêmes au public ; leurs noms peuvent être projetés sur un écran ; un récitant, comme dans les théâtres orientaux, commente l'action, il décrit, à certains moments, les pensées et les mobiles des personnages. C'est là un procédé d'éloignement qui tend à sauvegarder la liberté de réflexion du spectateur. Parfois même, il peut anticiper et informer le public du dénouement. Le spectateur, débarrassé des inquiétudes qui concernent le devenir du héros, a alors l'esprit libre pour juger le déroulement de l'action. Les *songs* (chants) contribuent eux aussi à créer une distance entre le spectateur et le spectacle en faisant appel à la faculté de jugement du public, par la rupture qu'ils introduisent; versifiés et chantés, ils tranchent, sur le plan stylistique, par rapport au dialogue en prose, et interrompent l'action. Le *song* entretient ainsi un rapport contrasté avec la scène qui précède ou qui suit : dans *Mère Courage*, par exemple, le cynisme joyeux du *song* de la scène I est démenti par le premier échec de Courage qui perd son fils. Le décor, dans sa discontinuité, est également un élément de distanciation. Brecht prône l'utilisation de projections cinématographiques, et le metteur en scène peut faire apparaître, sur le fond de la scène, des documents, des pièces d'archives, des statistiques, ajouter ou retrancher, comme dans la technique des collages. Le cinéma peut être utilisé comme une superposition de tableaux et jouer le rôle d'un « chœur optique », car « il peut confirmer ce qui est présenté par l'action, ou réfuter, rappeler à la mémoire ou prophétiser. » Brecht assigne un rôle nouveau au spectateur qui ne doit plus être un consommateur passif « avalant » tout ce que lui propose la scène avec une attitude que Brecht qualifie de « culinaire », mais un observateur qui déchiffre un message politique ; sans sa participation active, la représentation est incomplète. L'acteur, qui se voit lui aussi attribuer un rôle différent, ne doit pas s'identifier à son personnage. Brecht sait que la salle et la scène entretiennent des relations comparables à celles de vases communicants et que l'émotion des comédiens gagne aussitôt le public. La première condition pour détruire l'illusion, c'est que l'acteur se distancie lui-même par rapport à son personnage ; alors seulement le spectateur pourra se distancier lui aussi.

Brecht condamne le théâtre d'illusion. En faisant croire à la réalité des événements représentés, le théâtre d'illusion exerce sur le spectateur qui s'identifie au personnage une fonction hypnotique, si bien que ses capacités de jugement sont mises en sourdine : « Ce qui nous apparaît du plus grand intérêt social, dit Brecht, c'est la fin qu'Aristote assigne à la tragédie : la *catharsis**, purgation du spectateur de la crainte et de la pitié par l'imitation d'actions suscitant la crainte et la pitié. Cette affirmation repose sur un acte psychologique très particulier : l'identification du spectateur aux personnages agissants que les comédiens imitent. Nous appelons aristotélicienne toute dramaturgie qui provoque cette identification, sans qu'il importe de savoir si elle l'obtient en faisant appel aux règles énoncées par Aristote. Au fil des siècles, cet acte psychologique très particulier, l'identification, s'est réalisé selon des manières très différentes. » (« Sur une dramaturgie non aristotélicienne ») C'est envers l'opéra que la critique de Brecht est la plus mordante, et en particulier envers le drame wagnérien, car l'illusion y est à son comble. *L'Opéra de quat' sous,* écrit en 1928, n'a pas seulement pour but de parodier l'opérette, c'est un essai tendant à analyser le concept d'opéra au cours d'une soirée théâtrale, pour présenter au spectateur l'image de ce qu'il vient chercher confusément au théâtre. Brecht veut lui faire découvrir que l'invraisemblance est la source principale de plaisir. Le dernier « finale à trois » où l'envoyé du roi sauve la situation en apportant l'ordre de grâce, n'est pas simplement une parodie de l'intervention du *deus ex machina*,* c'est surtout la dénonciation d'un art fondé sur l'invraisemblance.

Les différences sont immenses entre Artaud et Brecht. Le premier veut faire du théâtre un lieu hallucinatoire, rêvant d'annuler toute frontière entre le réel et sa représentation, alors que le deuxième ne cesse de rappeler leur irréductibilité. L'un préconise un théâtre d'improvisation, sans texte, tandis que les préférences de l'autre vont à la parabole et à la chronique, formes privilégiées permettant de véhiculer un message. Si l'influence d'Artaud est très grande dès 1945, il faut attendre en revanche 1955 pour que se fasse sentir en France celle de Brecht. C'est pourtant de leurs deux influences, souvent mêlées, qu'est né le théâtre contemporain.

5 Le théâtre et les arts de l'espace

Le théâtre est un art du temps comme la poésie et le roman, mais aussi un art de l'espace. Son évolution s'inscrit dans celle de la littérature et reflète également celle que connaissent les arts de l'espace, qu'ils présentent des images statiques comme la peinture et la sculpture ou dynamiques comme le cinéma et la danse.

Les arts plastiques

L'évolution des arts plastiques a eu une incidence sur la transformation du personnage dramatique. La vision que portent à la scène les écrivains, à partir des années cinquante, reflète celle qu'ont figurée peintres et sculpteurs dès le début du siècle. Les surréalistes ont systématisé les formes insolites et étranges : dès 1919, avec *Les Hommes dans la ville,* Léger peint des figures humaines qui ressemblent à des automates. À partir des années vingt, Picasso, Max Ernst, Masson, Miró, Tanguy, Dali... tordent et disloquent les corps. Picasso peint de nombreux visages où apparaissent simultanément la face et le profil. Il n'est pas rare que ces personnages, tels plus tard ceux de Ionesco, aient trois yeux et deux bouches, comme dans *Maïa à la poupée,* en 1938. Les infirmités du corps hantent les peintres surréalistes ; le thème de l'aveugle apparaît très tôt chez Picasso, dès son « époque bleue » dans des œuvres comme *La Célestine ou la femme à la taie,* en 1903. Victor Brauner représente lui aussi de nombreux personnages à l'œil blessé, comme le fera Beckett plus tard. Les toiles de Picasso peintes pendant la guerre d'Espagne, dont *Guernica* en 1937, montrent des personnages aux corps démembrés. Hans Bellmer en 1936, dans une sculpture d'objet, appelée *La Poupée,* présente un mannequin de petite fille sadiquement morcelée qui annonce les personnages féminins du *Grand Cérémonial* d'Arrabal. Le sculpteur Giacometti crée des corps squelettiques, déchiquetés, telle *La Femme égorgée* de 1931. La représentation de corps infirmes, malades ou morts, est plus centrale encore dans la peinture expressionniste. L'univers de Max Beckmann, avec des œuvres comme *La Maison des morts* ou *La Bouche* est d'une morbidité terrifiante. Le théâtre ressuscite timidement dans les années cinquante les formes apparues dans ces œuvres surréalistes et expressionnistes, trente ou quarante ans auparavant.

Le cinéma

L'influence du cinéma fut décisive également dans l'évolution du théâtre. Les grands comiques du cinéma muet ont révélé, au début du XXe siècle, que la mimique et le geste suffisent à créer un monde et permettent de communiquer un message. C'est un nouveau style de jeu que crée, dès 1916, Charlie Chaplin, qui a longuement pratiqué la pantomime. Son personnage, Charlot, est le symbole du vagabond, annonçant les clochards de Beckett et les épaves d'Adamov. Il est l'éternelle victime de la société et le défenseur des humbles. Le comique naît de l'inadaptation permanente du « petit homme », comme le surnommait Chaplin luimême, aux situations et de sa maladresse devant le monde des objets. Brecht, lorsqu'il définit le style épique des comédiens, souligne que le mode de jeu qu'il qualifie de « gestuel » doit beaucoup au cinéma muet, et particulièrement à Chaplin. « Étranger à la tradition théâtrale, Chaplin, l'ancien clown, avait élaboré une nouvelle forme de figuration des comportements humains », écrit-il.

Le jeu de Buster Keaton, acrobate de cirque dès l'enfance, repose sur un contraste entre la fixité du visage et l'extrême mobilité du corps. Il tourne ses courts métrages peu après Chaplin, dès 1918, puis viennent ses longs métrages, dont le célèbre *Mécano de la « Générale »* en 1926. Beckett, grand admirateur de Keaton, se souviendra de ce visage hiératique et apparemment dénué d'émotion, qu'il prête lui aussi à ses personnages. De sorte que la collaboration de Beckett et de Keaton, lors de *Film,* œuvre cinématographique muette de Beckett, réalisée en 1964 avec Keaton dans le rôle principal, a été très étroite. Les personnages créés par Chaplin et Keaton, dès leur création, apparaissent comme des modèles à imiter, si bien que certains auteurs dramatiques en font les héros de leur pièce. Yvan Goll, en 1920 écrit *La Chaplinade ou Charlot poète,* tandis que Lorca donne en

1928 *La Promenade* de Buster Keaton, fantaisie surréaliste qui fait partie de son *Teatro breve.*

Les ***Marx Brothers,*** qui ont débuté dans des numéros de music-hall, créent leur premier film à partir de 1930 avec la naissance du cinéma parlant. Vivant cette transition du muet au parlant, ils ont gardé des jeux de scène liés au cinéma muet ; les gestes, la mimique occupent dans leurs films une place aussi importante que la parole. Artaud, fasciné par le cinéma, lui qui, de 1920 à 1935 joue ausi bien dans des rôles de théâtre que de cinéma et qui est l'auteur de sept scénarios, ne tarit pas d'éloges à leur égard. Beckett, Ionesco et Adamov reconnaissent qu'ils se sont beaucoup inspirés de leur jeu. Ionesco souhaite ardemment que ses metteurs en scène prennent exemple sur leurs gestes et sur le rythme de leurs gags. « Au départ, écrit-il, dans *Notes et contre-notes,* je voyais pour *La Cantatrice chauve,* une mise en scène plus burlesque, plus violente, un peu dans le style des frères Marx, ce qui aurait permis une sorte d'éclatement. »

Le jeu sur les chapeaux dans *En Attendant Godot* vient d'un gag de *La Soupe aux canards* des ***Marx Brothers.***

Le comique créé par Stan Laurel et Oliver Hardy, à partir de 1927, est plus proche encore de celui du cirque. Il naît de la disproportion de leur taille, de leur étonnement pemanent, de leur inaptitude à analyser les situations inextricables dans lesquelles ils se précipitent. Le maigre et timide Laurel, le gros et vaniteux Hardy constituent un couple de clowns victime-bourreau qui préfigurent les couples beckettiens, et particulièrement Vladimir et Estragon, les deux héros de *En Attendant Godot.*

La danse

La danse, qui n'a pas besoin du support de la parole et qui a fait sienne les découvertes picturales dès leur apparition au début du XXe siècle, a précédé le théâtre dans ses audaces. De 1917 à 1935 environ, les chorégraphes tentent, parallèlement en France et en Allemagne, des expériences avant-gardistes qui se caractérisent par une géométrisation des formes et particulièrement du corps humain devenu signe pur. L'influence de la danse marque presque immédiatement la mise en scène, mais elle ne se fait sentir dans l'écriture dramatique qu'à partir des années cinquante, sur Ionesco, Tardieu, Weingarten, Adamov, Arrabal en particulier.

En 1917, Picasso créé, avec Satie et Cocteau, *Parade,* ballet où les personnages, dans leur irréalisme, préfigurent les êtres aux corps étranges de Ionesco. Oskar Schlemmer présente, en 1922, au Bauhaus, le « ballet d'objets » dans lequel il utilise des masques impersonnels et donne au corps humain une forme géométrique et une allure mécanique. Certains titres de ses mises en scène, en 1926, *La Danse des boîtes,* en 1927, *La Danse des bâtons,* sont révélateurs de l'objectif poursuivi. Afin d'accentuer la géométrisation de toutes les formes, la scène est conçue comme un cube tapissé de noir, doté d'écrans transparents et de miroirs métalliques qui permettent de jouer sur les effets d'optique. Le corps des acteurs-danseurs qui évoluent, vêtus de collants noirs, est traité comme un objet. Les expériences du ***Bauhaus*** annoncent la raideur d'automate des personnages des mimodrames de Beckett. Léger réalise en 1924 une œuvre comparable, le Ballet mécanique, en collaboration avec le cinéaste américain Dudley Murphy, film sans personnage qui apparaît comme une danse d'objets et d'accessoires de fête foraine déformés en permanence par des jeux de miroir. Cette géométrisation et cet irréalisme des formes a préparé la révolution dramaturgique qui s'est opérée sur la scène européenne en 1950. La chorégraphie a sensibilisé le public à un nouveau mode de jeu et, dès les années soixante, les échanges entre la chorégraphie et le théâtre deviennent fréquents. Certains auteurs dramatiques écrivent des arguments pour ballet : Genet écrit en 1948 ***'adame Miroir,*** Arrabal en 1964 *Striptease de la jalousie,* Ionesco en 1965 *Le Jeune Homme à marier.*

Le Bauhaus, « la maison du bâtir », est fondé à Weimar en 1917 par l'architecte Walter Gropius.

'adame Miroir est créé en 1948 au théâtre Marigny à Paris, par les ballets Roland Petit, avec une musique de Darius Milhaud et des décors de Paul Delvaux.

B

L'ÉCRITURE DRAMATIQUE

Des transformations majeures portant sur les trois aspects fondamentaux de la dramaturgie, action, personnage, espace scénique, apparaissent dans la première moitié du XXe siècle avec ces grands novateurs que sont Jarry, Apollinaire et Claudel. C'est parce qu'ils ont préparé le terrain qu'éclate, dans les années cinquante, une véritable révolution dramaturgique avec les auteurs de l'avant-garde comme Beckett, Ionesco, Adamov ou Genet, qui font table rase de la dramaturgie antérieure et créent un théâtre radicalement nouveau dans son irréalisme. Si leurs œuvres, à cause de leurs audaces, mettent du temps à s'imposer, elles sont devenues aujourd'hui des classiques joués dans le monde entier. Depuis les années soixante-dix, quelques auteurs apparaissent qui semblent faire machine arrière pour revenir à un certain classicisme.

1 Tradition et modernité dans la première moitié du siècle

Dans cette période coexistent plusieurs courants fort différents. Face aux premiers modernes, bon nombre d'auteurs dramatiques perpétuent la tradition, qu'il s'agisse des existentialistes comme Sartre ou Camus, ou des tenants d'un théâtre littéraire comme Giraudoux ou Montherlant, tandis qu'un troisième courant, poétique, oscille entre tradition et modernité, celui de Salacrou, Cocteau, Audiberti, Ghelderode...

Les premiers modernes

À la fin du XIXe siècle, les naturalistes, qui sont partis en guerre contre l'utilisation du beau langage et des nobles sentiments au théâtre, les symbolistes qui ont situé la vérité de l'univers théâtral dans l'onirisme, ont préparé la voie de la modernité que Jarry, iconoclaste, emprunte résolument le premier, suivi par les surréalistes et Claudel.

Ubu roi (1896) peut être considéré comme la première pièce d'avant-garde. **Jarry** (1873-1907), héritier de Lautréamont et de Rimbaud, ne cherche plus à plaire au public mais l'agresse, dans cette farce de potache, par la brutale truculence de son langage, émaillé d'une grossièreté néo-rabelaisienne. Les premiers mots tonitruants du père Ubu, « merdre... », provoquèrent un énorme scandale lors de la création. La célébrité du personnage de Ubu est pourtant immédiatement si grande, comme en témoigne l'apparition de l'adjectif « ubuesque », que Jarry donne de multiples suites à sa pièce. Il crée toute une geste d'Ubu, avec notamment *Ubu cocu, Ubu enchaîné, Ubu sur la butte*. Cet anti-héros, qui entre dans le répertoire pour ne plus en sortir, provoque chez le spectateur un rire tout à fait nouveau. Le poète Emile Verhaeren, qui assista à la création du personnage par l'acteur Gémier, témoigne de la réception du public en ces termes : « Le spectateur n'éprouve cependant ni détente ni euphorie ou simplement amusement : c'est d'un rire très particulier qu'il salue laideur, grossièreté, saleté, méchanceté, et jusqu'à cette apparence de ruse mélangée d'inconscience, de couardise et de force passive. » Cette pièce, inspirée de *Macbeth,* est parodie du drame historique et subvertit toutes les scènes traditionnelles. Elle procède directement de l'esthétique de la farce par son indifférence absolue à la profondeur des personnages et à la vraisemblance du décor. Cette transformation simultanée de l'espace scénique et du personnage bouleverse la nature de l'illusion théâtrale. Le théâtre ne cherche plus à reproduire la réalité, pas plus qu'il ne donne l'image d'un ailleurs de rêve. Il représente crûment la condition humaine de façon burlesque. Tout réalisme est banni de la scène par cette formule, devenue célèbre, que Jarry place en tête de *Ubu roi* : « L'action se passe en Pologne, c'est-à-dire nulle part. » Avec Jarry, l'espace scénique n'est plus mimétique comme chez les naturalistes, ni onirique comme chez les symbolistes, il est devenu emblématique.

Nourris de Freud, les surréalistes, privilégiant la « surréalité » où s'abolit l'opposition entre le rêve et le réel, donnent libre cours à leur imagination. *Le Manifeste du surréalisme* d'André Breton, qui date, dans sa première version, de 1924, dans la seconde, de 1930, débute par l'éloge de l'imagination, de la folie et du freudisme. Le surréalisme y est défini comme un

> automatisme psychique pur par lequel on se propose d'exprimer, soit verbalement, soit par écrit, soit de toute autre manière, le fontionnement réel de la pensée. Dictée de la pensée, en l'absence de tout contrôle exercé par la raison, en dehors de toute préoccupation esthétique ou morale. [...] Le surréalisme repose sur la croyance à la réalité supérieure de certaines formes d'association négligées jusqu'à lui, à la toute puissance du rêve, au jeu désintéressé de la pensée.

Très attentifs à leurs rêves, les surréalistes en notent les ***traces mnésiques*** dans leurs poèmes comme dans leurs fantaisies dramatiques. Aussi leur théâtre donne-t-il la première place à l'insolite. Ces auteurs créent une forme d'illusion nouvelle : au lieu d'imposer comme vrai ce qui est représenté, ils donnent au spectateur le sentiment que leur pièce n'est qu'un énorme canular. Ce théâtre, pas plus que celui de Jarry, ne repose sur l'adhésion du public ; apprécié seulement par un petit nombre d'initiés, il se heurta à l'incompréhension générale. Il fallut attendre le succès du théâtre des années cinquante pour qu'on le redécouvrît.

Trace mnésique : terme utilisé par Freud pour désigner la façon dont les événements s'inscrivent dans la mémoire.

Les Mamelles de Tirésias, d'**Apollinaire** (1880-1918) date de 1917. La pièce fut d'abord appelée « surnaturaliste » par Apollinaire, puis qualifiée de « surréaliste » parce qu'elle annonçait l'esprit nouveau, bien qu'elle fût écrite avant la naissance du surréalisme proprement dit. C'est d'ailleurs dans sa préface que le terme de surréalisme apparaît pour la première fois. Apollinaire y représente, sur un mode ludique, un phénomène de transexualisme, la métamorphose de Thérèse en homme. Dans ***Victor ou Les Enfants au pouvoir,*** 1928, parodie de drame bourgeois, Roger Vitrac (1899-1952) met en scène un enfant qui a la taille d'une grande personne, c'est-à-dire un personnage délibérément faux. Comme le drame expressionniste en Europe du Nord qui le précède de peu, le théâtre surréaliste reflète la problématique de ce début du XXe siècle, préoccupé par la découverte de l'inconscient. Il le fait de façon burlesque, à l'inverse du drame expressionniste, sombre dans ses tonalités.

Victor ou Les Enfants au pouvoir fut joué trois fois seulement au théâtre Alfred-Jarry, en 1928, car la pièce fut très mal accueillie. Il faut attendre 1962, pour qu'elle connaisse un certain succès.

Yvan Goll (1891-1950) lui aussi, dans sa préface à *Mathusalem,* qui date de 1920, se montre désireux de chasser toute logique de la dramaturgie. « La dramaturgie alogique, écrit-il, a pour but de tourner en ridicule nos lois de tous les jours, et de démasquer le mensonge profond de la logique mathématique ou même de la dialectique. En même temps, l'alogique servira à montrer les mille chatoiements d'un cerveau humain qui pense une chose et en dit une autre et qui saute d'une idée à une autre sans la moindre apparence de lien logique. » Yvan Goll prône cette « dramaturgie alogique » par exigence de vérité, par souci de rendre compte du cœur humain profondément divisé.

Apollinaire ou la fantaisie au théâtre. Le prologue des *Mamelles de Tirésias* est un véritable manifeste. Apollinaire y prône une dramaturgie nouvelle, caractérisée par l'abandon de l'unité d'action, la seule unité conservée par les romantiques. Partisan d'un drame hétérogène, à l'image de la vie qui ne se déroule jamais selon un ordre logique, il refuse que l'enchaînement des différentes parties de l'action soit régi selon le principe de causalité, hérité d'Aristote, « du vraisemblable et du nécessaire ». Il opte pour des lieux multiples et pour ce mélange des tons que les romantiques se fixaient comme objectif mais qu'ils n'ont pas réussi à réaliser.
« Mariant souvent sans lien apparent comme dans la vie / La musique la danse l'acrobatie la poésie la peinture / Les chœurs les actions et les décors multiples / Vous trouverez ici des actions / Qui s'ajoutent au drame principal et l'ornent / Les changements de ton du pathétique au burlesque / Et l'usage raisonnable des invraisemblances ».

Expressionnisme : ce sont des peintres qui créent ce terme car il s'agit d'un phénomène d'abord pictural, puis littéraire et cinématographique. La première œuvre expressionniste est *Le Cri* (1893) d'Edvard Munch, peintre norvégien.

Adamov écrivit un remarquable ouvrage sur le théâtre de Strindberg, dans lequel il reconnaît sa dette envers ce grand dramaturge qu'il admirait.

Le drame expressionniste se caractérise lui aussi par l'abandon de l'unité. Des auteurs dramatiques comme Strindberg, Wedekind, Swend Borberg, Herman Tierlinck, découvrent, chez des peintres ***expressionnistes*** comme Munch, Matisse ou Kandinsky, qui représentent sur un même tableau des objets vus de face ou de profil, la technique de la simultanéité. Pas plus que les surréalistes, ils ne recherchent l'unité dans la construction de la pièce. Ils visent à la multiplicité des points de vue. L'expressionnisme est resté longtemps méconnu en France pour des raisons politiques. *Mademoiselle Julie, Créanciers, Père,* de Strindberg, réprésentés à Paris en 1893 et en 1894, ne suscitent pratiquement pas d'écho, pas plus que *Le Songe,* en 1928, monté par Artaud. Il faut attendre, après la guerre, la mise en scène par Jean Vilar de *La Danse de mort* pour que l'expressionnisme soit reconnu par le public français. La France ne va le découvrir vraiment qu'à travers les pièces d'***Adamov,*** très influencé par la dramaturgie expressionniste. Surréalisme et expressionnisme ont débarrassé la dramaturgie européenne de la notion désormais périmée d'unité*, principe d'ordre incompatible avec le désir d'explorer l'inconscient qui caractérise ces deux mouvements artistiques.

L'œuvre de **Claudel** (1868-1955), quoiqu'empreinte de classicisme, pour la beauté de la langue et la noblesse des personnages, ouvre elle aussi une ère nouvelle. *Tête d'or* (1890), sa première pièce, affirme, dans son exubérance, « la comparution de l'homme nouveau ». Avec *Le Soulier de satin,* pièce écrite au Japon de 1921 à 1924, créée par Barrault dans la version pour la scène en 1943 avec une musique d'Honegger, Claudel rompt définitivement avec la construction dramaturgique française traditionnelle. Il divise sa pièce en « journées » où il brise la continuité temporelle. Il fragmente ses journées en scènes qui se déroulent à des moments différents et dans des lieux différents. L'action commence simultanément de plusieurs côtés à la fois, et les scènes peuvent être simultanées ou séparées par des distances de temps très grandes. Claudel écrit dans les didascalies*. inaugurales :

> La scène de ce drame est le monde et plus spécialement l'Espagne à la fin du XVIe siècle, à moins que ce ne soit que le commencement du XVIIe siècle. L'auteur s'est permis de comprimer les pays et les époques, de même qu'à la distance voulue plusieurs lignes de montagne séparées ne sont qu'un seul horizon.

Il y a chez Claudel un même traitement irréaliste de l'espace et du temps que dans le drame élisabéthain dont il se réclame.

> La forme du *Soulier de satin* est celle des drames de Calderón que j'ai toujours beaucoup admirés. Shakespeare, dans ses dernières pièces, employait un système d'actions conférentes qui se rapportaient l'une à l'autre, comme les mots établissent des rapports entre eux du seul fait de leur juxtaposition. Ces actions n'ont pas forcément entre elles d'enchaînement logique ou mécanique. C'est une trame composée d'un fil bleu, d'un fil rouge, d'un fil vert, qui sans cesse paraissent et disparaissent.

Sauf dans *L'Échange,* Claudel, fasciné, on vient de le voir, par le découpage de l'action dans le drame shakespearien, manifeste une indifférence totale à l'unité de temps et de lieu. Affichant dans toute son œuvre le même mépris que Jarry pour le réalisme, Claudel accentue les conventions théâtrales. Décor et jeu, selon lui, doivent souligner les artifices scéniques. Ainsi conseillait-il dans la préface du *Soulier de satin* une toile de fond unique avec quelques changements à vue.

> Dans le fond, la toile la plus négligemment barbouillée, ou aucune, suffit. Les machinistes feront les quelques aménagements nécessaires sous les yeux même du public pendant que l'action suit son cours. Au besoin, rien n'empêchera les artistes de donner un coup de main. Les acteurs de chaque scène apparaîtront avant que ceux de la scène précédente aient fini de parler et se livreront aussitôt entre eux à un petit travail préparatoire. Les indications de scène, quand on y pensera et que cela ne gênera pas le mouvement, seront ou bien affichées ou lues par le régisseur ou les acteurs eux-mêmes qui tireront de leur poche ou se passeront de l'un à l'autre les papiers nécessaires. S'ils se trompent, ça ne fait rien. Un bout de corde qui pend, une toile de fond mal tirée et laissant apparaître un mur blanc devant lequel passe et repasse le personnel sera du meilleur effet. Il faut que tout ait l'air provisoire, en marche, bâclé, incohérent, improvisé dans l'enthousiasme ! [...] L'ordre est le plaisir de la raison ; mais le désordre est le délice de l'imagination.

La trilogie claudélienne. Écrite de 1908 à 1916, la trilogie, *L'Otage, Le Pain dur, Le Père humilié,* marque un tournant dans l'œuvre dramatique de Claudel. Après avoir créé une série de drames, *Tête d'or* (1889), *La Ville* (1890), *La Jeune Fille Violaine* (1892), qui se font l'écho du bouleversement qu'a opéré en lui la conversion, puis *Partage de Midi* (1905), qui porte à la scène la passion amoureuse impossible, tout aussi fulgurante, il prend des distances avec lui-même. Ayant tué en lui le vieil homme et connu les affres exaltantes de la métamorphose, il se tourne vers le monde et interroge l'histoire. Le drame qui se joue à l'échelle cosmique est analogue au drame intérieur qu'il a vécu. Il lit, dans la période tourmentée et convulsive qui va de la Révolution au lendemain de la chute du second Empire, le passage d'un ordre ancien (la féodalité de l'Ancien Régime) incarné par Sygne et Georges de Coûfontaine à un ordre nouveau (le capitalisme qui s'instaure avec l'entrée dans l'aire industrielle et le colonialisme), représenté par Turelure, le fils de la servante, porté au pouvoir par la Révolution. Au drame métaphysique des premières pièces se substitue le drame historique. Ceci explique l'intrusion d'un certain réalisme qui tranche par rapport à la stylisation des œuvres antérieures. La trilogie est une grande fresque historique. Claudel s'est beaucoup documenté pour l'écrire. Les faits évoqués sont réels, même si Claudel, introduisant des anachronismes, prend des libertés avec l'histoire. « Le drame, écrit-il, a les mêmes licences que la légende et il fait en raccourci le même travail. » Comme chez Shakespeare dont il se réclame, l'histoire est chez lui magnifiquement poétisée.

Le drame historique claudélien est empreint de tragique ainsi qu'en témoignent les destinées individuelles des personnages mis en scène. Comme Eschyle, dont il traduit avec ferveur *L'Orestie,* Claudel écrit une trilogie pour mettre en œuvre, à travers trois générations, *le fatum* qui pèse inexorablement sur les êtres. C'est un legs redoutable que les parents transmettent parfois à leurs enfants, la tragédie antique l'a bien montré. « Comme les tragiques grecs, écrit Claudel, je crois en effet que les limites étroites d'une génération ne suffisent pas à incarner les intentions mystérieuses de la Moira (ou destin). Le crime de *L'Otage* est vengé par le parricide du *Pain dur.* Au dénouement du *Père humilié,* le mariage « monstrueux » de Sygne est justifié par le mariage mystique de Pensée, sa petite-fille. « Le sacrifice de Sygne, déclare Claudel, est arrivé à son ultime conclusion. »

Claudel donne libre cours à sa fantaisie dans ses deux farces, l'une mythologique, *Protée* (1913), où il ressuscite avec force irrévérence Ménélas et Hélène, l'autre lyrique, *L'Ours et la lune* (1917), où il représente le rêve d'un prisonnier de guerre français transporté dans la lune par des personnages totalement irréalistes.

Le conservatisme

À côté des grands novateurs, bon nombre d'auteurs dramatiques, jusque dans les années soixante, continuent la tradition. Le théâtre qu'on qualifie parfois de « littéraire » et le théâtre existentialiste demeurent résolument classiques. Représenté par Giraudoux, Montherlant et Anouilh, **le théâtre littéraire** jouit de la faveur du public dès les années trente.

Jean Giraudoux (1882-1944), dont l'œuvre a été remarquablement servie par Jouvet, a été très fécond surtout dans l'entre-deux-guerres. Dans son *Essai sur Racine,* dont il fait un sublime éloge, et dans *L'Impromptu de Paris,* il s'affirme comme le défenseur du théâtre littéraire. Il aspire au théâtre pur, en jouant librement avec les mots. Le normalien qu'il fut a gardé, certes, le goût du canular, mais la carrière diplomatique, l'empreinte du Quai d'Orsay, ont tempéré son irrévérence d'une élégance un peu surannée. La préciosité de son style, qui se situe dans la lignée de Marivaux, caractérise l'œuvre de cet homme qui fut d'abord romancier ; en 1928 en effet, il crée *Siegfried,* sa première pièce, adoptant pour la scène l'un de ses romans. Il oscille, dans le choix de ses thèmes, entre le merveilleux, comme dans *Amphitryon 38* (1929), *Intermezzo* (1933), *Ondine* (1939) et des sujets qui, même s'ils semblent empruntés à la mythologie antique, traitent de la plus brûlante actualité. Ainsi, *La Guerre de Troie n'aura pas lieu* (1935), pièce qui parodie la manière antique, traite de la menace d'un nouveau conflit armé avec l'Allemagne.

Henri de Montherlant (1896-1972), lui aussi romancier puis auteur dramatique, crée sa première pièce en 1942, *La Reine morte.* Les thèmes de prédilection dans lesquels il excelle sont essentiellement historiques et chrétiens, comme en témoigne *Le Maître de Santiago* (1947) et *Port-Royal* (1954). Son œuvre, qui emprunte une langue peut-être trop parfaite et trop écrite, oscille entre la sobriété de la tragédie racinienne, dont Montherlant se réclame explicitement, et le lyrisme du drame romantique. Pour cet écrivain qui n'hésitait pas à affirmer : « Voir n'est pas lire et seul le volume compte », le texte importe beaucoup plus que sa représentation.

Montherlant, le dernier des classiques. Montherlant, qui désire dans son théâtre fouiller les profondeurs secrètes de l'âme humaine, est partisan de la simplicité de l'action. Cette simplicité, il la trouve dans la tragédie grecque, chez Racine et dans le nô japonais, les trois formes de théâtre qu'il privilégie. L'intensité dramatique est plus forte, selon lui, quand l'action, purement intérieure, s'accomplit sans péripéties. C'est pourquoi, parmi ses propres pièces, c'est *Fils de personne,* œuvre écrite en même temps que *La Reine morte,* qu'il offre comme modèle. Il dit à son sujet dans la préface : « J'ai été charmé de fabriquer une pièce qui n'existât que par son action intérieure ; d'éprouver si elle se suffirait de ne comporter rien qui ne fût nécessaire à cette action ; de la faire simple et presque décharnée, analogue à ces corps d'athlète qu'un massage averti a décapés de tout ce qui n'est pas utile au but qu'ils se proposent, ou encore à ces dessins au trait, dans lesquels tout est donné par une seule ligne, vidée en quelques endroits (ici les entractes), que l'imagination du public doit remplir. »

Quant à **Jean Anouilh** (1910-1987), le plus jeune des trois, il se révèle au théâtre en 1932 avec *L'Hermine* et il écrira pour la scène jusque vers les années soixante-dix. Il a classé, selon la nature du dénouement, la quarantaine des pièces qu'il a écrites en « pièces roses, noires, brillantes, grinçantes, costumées ». Dans toutes, il dénonce la médiocrité de la vie, de sorte qu'on y trouve un personnage récurrent, celui d'une jeune fille pure qui évolue dans un monde corrompu, comme par exemple dans *Antigone* (1944). Sa dramaturgie se caractérise par un néobaroquisme qui se manifeste par un art de jouer de l'emboîtement d'une pièce dans l'autre (comme dans *La Répétition* ou *L'Amour puni,* 1950), son style, par un humour grinçant où se mêlent amertume et fantaisie. Quant à son dialogue, il apparaît comme dynamique, rapide et contrasté.

Cependant, ce théâtre littéraire, qui reçut du public de l'époque un accueil chaleureux, a beaucoup vieilli aujourd'hui, et seules quelques pièces sont encore jouées.

Le théâtre existentialiste est né du traumatisme créé par la montée du nazisme et par la Deuxième Guerre mondiale, qui amena un certain nombre d'écrivains à repenser totalement le concept de liberté tellement mis à mal. Camus, dans sa Conférence « Sur l'avenir de la tragédie », prononcée à Athènes en 1955, se demande si, dans cette tourmente d'après-guerre où personne ne se reconnaît plus en rien, la tragédie ne va pas renaître, elle qui est apparue par deux fois en des périodes de profondes fractures idéologiques, dans la Grèce antique et à l'âge classique. « Les grandes périodes de l'art tragique se placent, dans l'histoire, à des siècles charnières, à des moments où l'avenir est incertain et le présent dramatique », déclare Camus. Ces deux époques marquent une transition entre les formes anciennes de pensée cosmique, imprégnées par la notion du sacré, et d'autres formes naissantes, animées par le rationalisme.

Sartre (1905-1980) et Camus (1913-1960) donnent en effet leurs principales pièces avant ou pendant la Deuxième Guerre mondiale. Philosophes avant tout, ils font de la scène un lieu de polémique.

Jean-Paul Sartre théorisera sur la nécessité de l'engagement de l'art dans *Un Théâtre de situations* (1973). Ce théâtre à thèse, qui présente les drames liés aux désordres de la guerre, répond aux aspirations du public de l'époque. Il connaît alors un grand succès. Dans *Les Mouches,* pièce montée par Dullin en pleine guerre, Sartre utilise la mythologie antique pour stigmatiser l'univers de l'occupation. *Huis clos,* joué au Vieux-Colombier, en 1944, présente le monde comme une infernale prison et met en scène la théorie de l'acte comme fondateur de la liberté. C'est ensuite le problème de la torture que pose Sartre dans *Morts sans sépulture* (1946), du racisme dans *La Putain respectueuse* (1946), du rapport qu'entretiennent, au niveau politique, la fin et les moyens dans *Les Mains sales* (1948), de la liberté individuelle dans *Le Diable et le Bon Dieu* (1951), dans *Les Séquestrés d'Altona* (1959) et dans *Les Troyennes* (1965), des relations entre l'artiste et le pouvoir dans *Kean* (1953). Dans ses pièces, Sartre met toujours en scène le drame de l'homme « condamné à être libre », selon les termes qu'il emploie lui-même dans *L'Être et le néant.*

Sartre et le « théâtre de situations ». Voici comment Sartre définit sa conception du théâtre dans un article de 1947. « Ce que le théâtre peut montrer de plus émouvant est un caractère en train de se faire, le moment du choix, de la libre décision qui engage une morale et toute une vie. La situation est un appel ; elle nous cerne ; elle nous propose des solutions, à nous de décider. Et pour que la décision soit profondément humaine, pour qu'elle mette en jeu la totalité de l'homme, à chaque fois qu'il faut porter sur la scène des situations limites, c'est-à-dire qui présentent des alternatives dont la mort est l'un des termes. Ainsi, la liberté se découvre à son plus haut degré puisqu'elle accepte de se perdre pour pouvoir s'affirmer. Et comme il n'y a de théâtre que si l'on réalise l'unité de tous les spectateurs, il faut trouver des situations si générales qu'elles soient communes à tous. Plongez des hommes dans ces situations universelles et extrêmes qui ne leur laissent qu'un couple d'issues, faites qu'en choisissant l'issue ils se choisissent eux-mêmes : vous avez gagné, la pièce est bonne. Chaque époque saisit la condition humaine et les énigmes qui sont proposées à sa liberté à travers des situations particulières. »

Albert Camus, qui a déjà une longue expérience d'acteur, lorsqu'il commence à écrire pour le théâtre, crée *Le Malentendu* (1944) après la Libération. Cette pièce est la transposition scénique de son essai philosophique *Le Mythe de Sisyphe,* où il montre le désespoir de l'homme face à un monde absurde qu'il ne comprend pas et au sein duquel il se sent totalement étranger. En 1945, dans *Caligula,* drame néoromantique exubérant dans lequel s'exprime un nihilisme amer, il donne l'image d'une liberté poussée jusqu'à ses limites extrêmes, thème étroitement lié à celui de l'emprisonnement, auquel le public est alors particulièrement sensible. En 1947, dans *L'État de siège,* il porte à la scène son roman *La Peste,* qui avait connu un grand succès, mais la pièce n'obtient pas l'adhésion du public. C'est ensuite le triomphe des *Justes* en 1949 avec Maria Casarès. À partir de ce moment-là, Camus se consacre de plus en plus au théâtre, s'intéressant beaucoup à la mise en scène de ses propres pièces, adaptant lui-même des pièces étrangères qu'il met parfois en scène ou dans lesquelles il tient l'un des rôles principaux.

Le théâtre existentialiste est l'expression d'une philosophie, alors nouvelle, née du sentiment de l'absurdité du monde. Mais Sartre et Camus soutiennent que l'existence est absurde, tout en utilisant les outils de la vieille rhétorique, conservant un ordre rationnel qui échappe à l'absurde au sein du langage. À l'inverse, Ionesco, Beckett et Adamov, frappés eux aussi par l'incohérence du monde, vont formuler cette prise de conscience en des termes nouveaux, plaçant l'absurde au cœur même du langage.

Le théâtre poétique

Représenté par Salacrou, Cocteau, Ghelderode, Audiberti, il oscille entre classicisme et modernité. Même s'il reste prisonnier de la tradition, il est loin d'offrir une écriture conservatrice comme celle du théâtre existentialiste et du théâtre « littéraire ».

Armand Salacrou (1899-1989), qui a produit pendant la période surréaliste des pièces à l'atmosphère étrange, s'oriente, surtout à partir de la Deuxième Guerre mondiale, vers un théâtre historique, qui met en scène la violence (*Les Nuits de la colère,* 1946, *Dieu le savait,* 1950). Il crée parallèlement des comédies satiriques où il dénonce la morale bourgeoise (*Une Femme trop honnête,* 1956). Son œuvre apparaît comme une méditation constante sur le tragique de la condition humaine que masque à peine l'irruption régulière de l'humour. Cri de révolte contre le mal, elle témoigne du désarroi d'une génération qui a connu deux guerres mondiales.

Jean Cocteau (1889-1963), poète, romancier, auteur dramatique et cinéaste, se révèle au théâtre dès 1917 avec *Parade,* ballet avant-gardiste dont il écrit l'argument et qui est créé en collaboration avec Picasso, pour les décors et les costumes, et Erik Satie, pour la musique. Sa grande production théâtrale se situe dans l'entre-deux-guerres, époque où il adapte des mythes sous forme onirique : *Orphée* (1926), *La Machine infernale* (1933). Dans l'immédiat après-guerre, il ne donne que deux pièces : *L'Aigle à deux têtes* (1945), drame néohugolien où s'affrontent une reine et un anarchiste, puis *Bacchus* en 1952, pièce à succès qui défraie la chronique par son aspect blasphématoire. Plus tard, en 1962, il crée à Tokyo *L'Impromptu du Palais-Royal.* Sa ***pratique de la peinture*** a profondément marqué son écriture dramatique. Elle lui a permis de systématiser, sur le plan formel, la discontinuité dans l'agencement des scènes. Comme des touches de couleur sur sa toile, les scènes se juxtaposent souvent dans son théâtre sans être liées. Ce procédé confère à ses pièces leur caractère onirique.

La pratique du cinéma a également beaucoup influencé l'écriture dramatique de Cocteau.

> Sans que je m'en aperçoive, peindre a complètement changé ma méthode de travail d'écrivain. Au lieu d'écrire *Bacchus* du début, je m'acharne sur des scènes à droite et à gauche, comme si je devais couvrir une toile. Je les retouche et les recouvre sans cesse. Je procède donc par « valeurs » au lieu de procéder par « lignes ». Peu à peu l'ensemble prend forme et relief. La pièce, encore couchée, ajuste ses membres. Lorsqu'elle vivra, je la soignerai pour qu'elle se lève et marche toute seule.
>
> (*Le Passé défini I*, 1951-1952).

Cocteau participe activement aux mises en scène de ses pièces de théâtre et s'intéresse particulièrement aux masques, aux costumes et aux décors pour lesquels il fait preuve d'une imagination débordante.

Michel de Ghelderode (1898-1962), belge d'expression française, a écrit presque toute son œuvre de 1918 à 1937, notamment *Le Grand Macabre, Magie rouge, Fastes d'enfer,* mais il n'est découvert à Paris qu'en 1947. Très marqué par de vieux peintres flamands comme Breughel et Bosch, et par ses contemporains comme James Ensor à qui il emprunte ses figures de carnaval, il se situe dans la tradition du théâtre populaire flamand et écrit plusieurs pièces pour marionnettes. Les visages ricanants de ses personnages et leur abstraction perpétuent la tradition de la farce médiévale tout en annonçant cette nouvelle forme de farce que vont créer des dramaturges des années cinquante comme Beckett ou Ionesco, tandis que le lyrisme de personnages comme Faust, dans *La Mort du Docteur Faust,* témoigne d'une conception encore traditionnelle de l'utilisation du dialogue. Cette œuvre baroque est révélée en France grâce à de jeunes metteurs en scène, André Reybaz et Roger Planchon, qui sont fascinés par sa dimension métaphysique.

L'après-guerre révèle également **Jacques Audiberti** (1899-1965), fervent lecteur de Victor Hugo et des parnassiens, qui donne *Quoat-Quoat* en 1946, et, l'année suivante, *Le Mal court,* qui connaît un très grand succès. De 1946 à 1965, Audiberti, qui s'oriente peu à peu vers le théâtre de boulevard, surtout à partir de *L'Effet Glapion,* en 1959, écrit une quinzaine de pièces néoromantiques, de structure traditionnelle, où foisonnent des personnages manichéens et où coups de théâtre et péripéties multiples donnent à l'intrigue une place de premier plan. Lui-même en est bien conscient, lorsqu'il écrit : « Mon théâtre n'a rien de nouveau, rien de provoquant… Je n'ai jamais traité qu'un seul sujet, le conflit entre le bien et le mal, entre l'âme et la chair. » Ces pièces brillantes utilisent un langage jubilatoire qui apparaît comme une fête des mots. Le lyrisme débordant, l'exubérance baroque et la fantaisie démesurée semblent d'ailleurs être la caractéristique de tout ce théâtre poétique.

2 La révolution dramaturgique des années cinquante

Au lendemain de la Deuxième Guerre mondiale, de 1947 à 1953, se révèlent à Paris, dans les petits théâtres de la rive gauche, les auteurs dramatiques qui, sans éclat, vont révolutionner la scène européenne : Beckett (1906-1989), Ionesco (1909-1994), Adamov (1908-1970), Genet (1910-1986), Vauthier (1910-1992). Trois d'entre eux sont des étrangers qui écrivent en français : Beckett est irlandais, Ionesco roumain, Adamov russe arménien. C'est Jean Genet dont le public découvre le premier l'existence, grâce à la mise en scène des *Bonnes* par Louis Jouvet, en 1947, mais l'œuvre ne fait pas grand bruit. En décembre 1949, *La Cantatrice chauve* de Ionesco, pièce représentée aux Noctambules par Nicolas Bataille, surprend par son apparente incohérence, mais, considérée comme un canular, elle n'attire pas un grand public. Quelques mois après, Jean-Marie Serreau révèle Adamov, en montant, également aux Noctambules, *La Grande et la Petite Manœuvre,* spectacle qui ne passe pas la rampe non plus. En 1952, Reybaz crée *Capitaine Bada,* la première pièce de Jean Vauthier, qui ne suscite pas plus d'écho. C'est grâce à l'enthousiasme et à l'opiniâtreté des metteurs en scène que ces œuvres boudées par le public, tantôt choqué, tantôt indifférent, voient le jour. En janvier 1953, Blin met en scène *En Attendant Godot* de Beckett. Ce compagnon de Joyce n'est encore qu'un inconnu, quoiqu'il ait déjà écrit la majeure partie de son œuvre romanesque. La pièce jouit d'un succès quasi immédiat, et la célébrité rapide de Beckett attire l'attention du public français sur les autres auteurs dramatiques d'avant-garde. En juin 1959, le « Discours sur l'avant-garde » que prononce Ionesco pour l'inauguration des « Entretiens de Helsinki sur le théâtre d'avant-garde » consacre l'existence de ce nouveau théâtre dont la célébrité va très vite s'imposer à l'étranger. Vingt ans après la création des premières pièces, deux de ces dramaturges voient leur génie officiellement reconnu : en 1969, Beckett reçoit le prix Nobel, l'année suivante, Ionesco entre à l'Académie française.

On peut se demander pour quelles raisons l'importance de ce courant n'a pas été immédiatement perçue. À la différence du « nouveau roman » qui a son manifeste, dès 1963, avec *Pour un nouveau roman* de Robbe-Grillet, ce « nouveau théâtre » n'a ni chef de file ni théoricien. Beckett et Vauthier se retranchent derrière un mur de silence. Seul Ionesco livre bien des renseignements précieux sur sa conception de la dramaturgie dans *Notes et contre-notes.* Adamov, dans *L'Homme et l'enfant,* ouvrage autobiographique achevé en 1967, fournit lui aussi quelques indications sur la genèse de ses pièces. Quelques préfaces, malgré leur brièveté, nous renseignent également sur les orientations nouvelles de ces dramaturges, celle qu'Adamov écrit en 1955 pour le deuxième tome de son théâtre et celles que publie Genet sous le titre « Comment jouer *Les Bonnes* », « Comment jouer *Le Balcon* », « Comment jouer *Les Nègres* ».

Ces auteurs créent ainsi, dans les années cinquante, un théâtre hérité de Jarry, qui ne cherche plus à plaire au public mais qui, mettant l'être en question, engendre l'angoisse. Désireux de porter à la scène l'homme dans sa plus profonde aliénation, ils critiquent le théâtre de boulevard, divertissement superficiel.

> Le théâtre que quelques-uns d'entre nous ont fait depuis l'année 1950 se distingue radicalement du théâtre de boulevard, affirme Ionesco dans *Antidotes.* Il est même à l'opposé. Contrairement au théâtre de boulevard, qui est pour nous divertissement, malgré l'humour de certains d'entre nous, malgré nos ricanements, notre théâtre est un théâtre qui met en question la totalité du destin de l'homme, qui met en question notre condition existentielle.

Ces auteurs dramatiques refusent également de donner au théâtre une dimension didactique, comme l'écrit Ionesco dans *Notes et contre-notes* :

> Le théâtre ne peut être épique puisque il est dramatique. Pour moi, une pièce de théâtre ne consiste pas dans la description du déroulement de cette histoire : ce serait faire un roman ou du cinéma. Une pièce de théâtre est une construction constituée d'une série d'états de conscience, ou de situations, qui s'intensifient, se densifient, puis se nouent, soit pour se dénouer, soit pour finir dans un inextricable insoutenable.

La conception de ces auteurs dramatiques est très éloignée des théories brechtiennes et de celles du théâtre américain, où les thèses sociales prédominent, car l'aliénation qu'ils portent à la scène n'est pas d'ordre social. Ils condamnent également le réalisme, copie mensongère du réel, car l'imaginaire leur apparaît plus digne d'intérêt que la réalité. Attentifs à leurs propres songes, ils considèrent le rêve, cette « autre scène » dont parle Freud, comme un monde très proche de l'univers théâtral, car il est représentation spatiale, figuration visuelle des fantasmes. Aussi y trouvent-ils souvent une source d'inspiration féconde. Ainsi Ionesco déclare-t-il dans *Entre La Vie et le rêve* :

> Pour quelqu'un qui fait du théâtre, le rêve peut être considéré comme un événement essentiellement dramatique. Le rêve, c'est le drame même. En rêve, on est toujours en situation. Bref, je crois que le rêve est à la fois une pensée lucide, plus lucide qu'à l'état de veille, une pensée en images et qu'il est déjà du théâtre, qu'il est toujours un drame, puisqu'on y est toujours en situation.

Toutefois, s'ils portent des rêves à la scène, ces écrivains ne veulent pas donner à leurs pièces une atmosphère onirique, comme celle où baigne le théâtre symboliste. « Qu'on n'encombre pas le plateau d'un bric à brac de rêve sous le prétexte fallacieux qu'il s'agit d'un rêve, qu'il faut "faire du rêve" », note Romain Weingarten dans les didascalies inaugurales de *Alice dans les Jardins du Luxembourg*.

> Le rêve ne s'annonce pas avec une pancarte : Rêve. Ce qui caractérise le rêve est justement le fort sentiment de réalité qui s'en dégage, avec, seulement, au loin, en plus, la gêne assourdie que procure le « pas possible » devenu normal. Prendre les choses du dedans, c'est donner justement cette sensation de réalité du rêve et, pour le comédien, s'y introduire d'abord lui-même.

Ce triple refus de plaire, d'enseigner, d'imiter le réel conduit ces auteurs dramatiques à réduire l'action dramatique à une simple épure et à créer un ***personnage*** purement emblématique, sans équivalent dans la réalité. Aussi, tout ce qui est caractérisation traditionnelle du personnage est-il supprimé. Les personnages, souvent sans nom, sans passé, sans histoire, n'agissent pas ou très peu. L'espace devient également un lieu imaginaire qui n'a plus pour fonction de refléter le réel. Le temps a perdu sa cohérence ; les personnages sont impuissants à se situer dans le temps ; le temps spatialisé s'est dépouillé de toute signification pour les héros de Beckett, de Ionesco, d'Adamov, de Weingarten, marginaux qui ne disposent plus de repères ; le temps vécu est irrémédiablement perdu lui aussi pour ces amnésiques qui cherchent en vain à retrouver leurs souvenirs. L'ordre chronologique est également très souvent brisé, car l'utilisation des supports sonores, les voix *off* notamment, permet pour la première fois au théâtre de manipuler le temps. En outre, l'utilisation de la structure répétitive, qui symbolise la perte irrémédiable du temps vécu et qui équivaut à la négation de toute possibilité de progression temporelle, caractérise les œuvres de Beckett, Ionesco, Adamov, Boris Vian et Arrabal. Leurs héros, prisonniers d'un temps figé, ne peuvent que réitérer les mêmes gestes, dans une compulsion morbide à la ***répétition,*** dans cette régression qui est négation de vie et marche vers la mort. Le passé, bien qu'il leur échappe, est si aliénant qu'ils rejouent la même situation, à travers des variations, par lesquelles ils s'imaginent, dans une funeste illusion, échapper à leur destin.

Les personnages ne sont pas vraiment nommés. Ils sont désignés parfois par des noms communs ayant trait généralement à leur fonction (le Professeur, l'Élève, etc.), voire par de simples pronoms personnels (Elle, Lui), ou même par des lettres (F1, F2, pour désigner la première femme, la deuxième femme, etc.).

Le Professeur de *La Leçon* de Ionesco en est à son quarantième assassinat depuis le début de la journée.

On peut distinguer, dans cette grande avant-garde, deux orientations majeures : les auteurs dramatiques qui, à l'instar de Ionesco, d'Adamov et de Beckett, cassent le langage, et les grands lyriques comme Genet ou Vauthier.

Ionesco : une dramaturgie dépouillée. Ionesco définit ainsi, dans *Notes et contre-notes,* ses conceptions dramaturgiques : « Je voudrais pouvoir, quelquefois, pour ma part, dépouiller l'action théâtrale de tout ce quelle a de particulier ; son intrigue, les traits accidentels de ses personnages, leurs noms, leur appartenance sociale, leur cadre historique, les raisons apparentes du conflit dramatique, toutes justifications, toutes explications, toute la logique du conflit. Le conflit existerait, autrement il n'y aurait pas de théâtre, mais on n'en connaîtrait pas la raison. »

La mise en question du langage

Pour un certain nombre d'auteurs dramatiques, dans les années cinquante, le langage ne recèle qu'illogismes et contradictions. Loin d'être générateur de sens, il débouche sur le non-sens. Il est source de méprises et de quiproquos. Cette réflexion sur le langage se fait l'écho de la problématique, née au XXe siècle, à partir des années vingt. Les recherches de la logique mathématique sont venues montrer, avec les ***théories de Gödel,*** que tout système complexe, et en particulier la langue, engendre des contradictions indémontrables. Les logiciens modernes justifient l'existence des paradoxes et leur caractère d'« indémontrabilité », selon le propre terme de Gödel, par le fait que tout système assez riche pour se décrire lui-même engendre nécessairement ses propres contradictions. Les romanciers et les auteurs dramatiques des années cinquante, à leur suite, jouent des paradoxes, particulièrement du paradoxe du menteur, et de l'indémontrabilité de certains énoncés, pour faire apparaître la vanité du langage, impuissant à dépasser les contradictions. Freud, dont l'œuvre est familière à tous ces auteurs, a mis en évidence le caractère éternellement mensonger du langage, cercle vicieux où l'homme s'abuse lui-même. La linguistique, condamnant depuis ***Saussure*** le mentalisme, a débarrassé le langage des deux garants qui en assuraient la cohérence, la ***réalité extralinguistique*** et le modèle aristotélicien de la pensée logique. Le fonctionnement du système n'est possible que si mémoire individuelle et consensus social ne font pas défaut. Aussi, en créant des personnages amnésiques et marginaux, ces dramaturges présentent-ils des êtres qui ont perdu les clés du langage et qui ne se comprennent pas. Le bilinguisme d'écrivains comme Beckett, Ionesco et Adamov a renforcé ce sentiment d'étrangeté par rapport au langage, de division profonde de l'être. Le cas de Beckett est sans précédent dans l'histoire de la littérature. S'il a écrit ses premiers romans dans sa langue maternelle, en anglais, dès sa grande trilogie romanesque, c'est en français qu'il choisit d'écrire. Il donne également en français ses premières pièces, puis, à partir des années soixante, il oscille entre le français et l'anglais, créant dans l'une ou l'autre des deux langues et donnant quelque temps après une autre version de la même œuvre dans l'autre langue, nous laissant ainsi une œuvre en écho.

C'est parce que la fonction de communication du langage est mise en question dans ce théâtre qu'un langage dramatique nouveau est apparu, caractérisé par un procédé d'alternance entre de longs monologues, qui isolent le héros dans sa solitude, et des dialogues qui n'apparaissent plus tout à fait comme un jeu de demandes et de réponses, et où est privilégiée la ***fonction phatique*** du langage qui ne sert plus alors qu'à maintenir un dérisoire contact. Certaines tirades ne sont ni des monologues, car le personnage qui parle n'est pas seul sur scène, ni des dialogues, car il ne s'adresse pas à quelqu'un et car personne ne lui répond.

Les théories de Godël datent de 1930. La plus ancienne expression du paradoxe du menteur est attribuée au philosophe crétois, Epiménide au VIe siècle av. J.-C., sous la forme : « Tous les Crétois sont menteurs ». Si l'on suppose vrai l'énoncé, comme celui qui parle est crétois, on ne peut que conclure que l'énoncé est faux, ce qui conduit à une contradiction indépassable. Le paradoxe du menteur est au cœur de la réflexion des romanciers des années cinquante et soixante, Beckett et Robbe-Grillet notamment.

Le Cours de linguistique générale de Ferdinand de ***Saussure*** paraît, de manière posthume, en 1916.

Réalité extralinguistique : il s'agit de l'univers auquel chaque langue fait référence et qu'elle découpe à sa manière. Le référent, segment de réalité lié au signe linguistique, peut être un objet (être ou notion, ex. : ce livre-ci) ou une classe d'objets (êtres ou notions, ex. : livre).

Fonction phatique : une des six fonctions que Jakobson, dans ses *Essais de Linguistique générale* (1963), attribue au langage. Elle établit le contact entre deux interlocuteurs.

Littérature et psychanalyse. Avant Freud déjà, l'inconscient est l'objet d'études scientifiques importantes qui préparent la naissance de la psychanalyse et trouvent un écho dans la littérature dès la fin du XIXe siècle. Les travaux de Hartmann, dont *La Philosophie de l'inconscient,* en 1887, et ceux de Ribot, avec notamment *La Psychologie anglaise contemporaine,* en 1870, *Les Maladies de la mémoire,* en 1881, *Les Maladies de la volonté,* en 1883, *Les Maladies de la personnalité,* en 1885, ont dévoilé le polymorphisme de la personne, et montré que l'homme est agi par des forces obscures qu'il ne maîtrise pas. Les théories de Ribot, professeur à la Sorbonne en 1885, puis au Collège de France à partir de 1888, sont imédiatement connues du public par ses articles dans *La Revue philosophique* qu'il fonde en 1876 et qu'il dirige pendant douze ans.
Le freudisme domine la pensée du XXe siècle. Il faut attendre 1922 pour que paraisse en français la première traduction de Freud. Le numéro du *Disque vert* de juin 1924, consacré à « Freud et la psychanalyse » se fait l'écho de l'influence immédiate du freudisme sur les écrivains. L'article de Jacques Rivière « Sur une généralisation possible des thèses de Freud » y souligne le fait que les théories psychanalytiques, découvrant une vision différente de l'homme, permettent une nouvelle appréhension des textes littéraires. Les écrivains eux-mêmes reconnaissent l'influence du freudisme sur leur écriture.

Adamov et le faux dialogue. Éprouvant le sentiment que le système traditionnel des répliques est inadéquat, Adamov porte à la scène des personnages qui ne se comprennent pas. Il s'en explique dans *Ici et maintenant,* texte partiellement autobiographique écrit en 1964 : « Je trouvai vexant que moi, qui avais si bien démontré l'impossibilité de toute conversation, je fusse obligé d'écrire, tout comme un autre, de simples dialogues. J'eus alors recours à un stratagème, oui, ils parleront, chacun entendra ce que dira l'autre, mais l'autre ne dira pas ce qu'il aura à dire. [...] Je cherchais [...] des phrases clefs qui, apparemment, se rapporteraient à la vie quotidienne, mais au fond, signifieraient "tout autre chose" ».

C'est le cas de Lucky dans la fameuse tirade de *En attendant Godot.*

La première pièce de Ionesco, *La Cantatrice chauve,* fait date dans l'histoire du théâtre. C'est la première fois que le langage, au théâtre, est ainsi tourné en dérision. Afin de montrer que le langage ne peut assumer sa fonction essentielle, la communication, Ionesco, grand lecteur des surréalistes, y bafoue constamment le principe aristotélicien de ***non-contradiction.*** Après *La Cantatrice chauve,* Ionesco poursuit sa mise en question du langage dans *La Leçon* et dans *Jacques ou la soumission,* écrits en 1950. Dès *Les Chaises* en 1952, puis dans *Amédée* en 1953 et dans *Le Nouveau Locataire* en 1954, il médite également sur l'aliénation de l'être prisonnier de la matière qui prolifère selon un processus que rien ne peut arrêter. L'entrée en scène du personnage de Bérenger, en 1957, marque un tournant dans sa dramaturgie. Même s'il continue à démanteler le langage, il réintroduit un certain lyrisme, lié à l'expression grandissante de thèmes métaphysiques. Le problème du mal dans le monde est dès lors central chez lui. Les quatre pièces où apparaît Bérenger : *Rhinocéros* (1958), *Tueur sans gages* (1959), *Le Roi se meurt* et *Le Piéton de l'air* (1962), constituent une sorte de tétralogie, dans laquelle Ionesco donne à son héros une place de premier plan ; celui-ci reparaît d'ailleurs sous un autre nom dans *La Soif et la faim* (1964), pièce qui s'apparente à ce cycle. À partir de ce moment-là, l'œuvre, de plus en plus chargée de métaphysique, revêt une résonance autobiographique quasi affichée. Dans *Ce Formidable Bordel* où Ionesco porte à la scène *Le Solitaire,* le seul roman qu'il ait écrit, s'exprime sa quête du sacré et une recherche de la « Manifestation », au sens orthodoxe du terme. Dans ses deux dernières pièces, *L'Homme aux valises* (1975) et *Voyages chez les morts* (1980), Ionesco se penche ouvertement sur son passé : le théâtre de sa vie lui fournit personnages et lieux scéniques, et c'est le matériau de ses journaux intimes qu'il utilise ici. Il n'a cependant pas abandonné pour autant sa mise en question du langage, clôturant sa dernière pièce, *Voyages chez les morts,* par un long monologue où le langage est aussi malmené que dans *La Cantatrice chauve.*

Selon la logique aristotélicienne, deux propositions ***contradictoires*** ne peuvent être énoncées en même temps. Si j'affirme que A égale B, je ne peux pas en même temps affirmer que A est différent de B.

Ionesco, fasciné dès sa jeunesse par la peinture abstraite, se met à peindre à partir des années soixante-dix, espérant exprimer l'ineffable par le jeu des formes et des couleurs.

Dans le sillage de Ionesco, un certain nombre d'auteurs dramatiques mettent à mal le langage qu'ils utilisent, eux aussi, sous un mode burlesque ou onirique.

Romain Weingarten (né en 1926), poète et auteur dramatique très marqué également par le surréalisme, crée une œuvre dans laquelle la discordance des dialogues provoque toujours un étrange malaise. Sa première pièce, *Akara,* date de 1948. Ce sont ensuite *Les Nourrices* en 1961, *L'Été* en 1966, qui met en scène deux adolescents et deux chats (dont l'un était joué à la création par Weingarten lui-même), pièce qui bénéficia d'un grand succès. Ensuite, en 1970, *Alice dans les jardins du Luxembourg,* où une petite fille, après avoir tué sa mère, rencontre un œuf géant habité par un certain Dodu, avatar de figure paternelle. Le dialogue fonctionne entre les deux personnages à la manière d'un jeu absurde et cruel, tout comme dans *La Mort d'Auguste,* pièce écrite en 1982, puis remaniée plusieurs fois, dans laquelle les jeux du cirque ne parviennent pas à masquer la cruauté.

Robert Pinget (né en 1920), romancier et auteur dramatique très proche de Beckett, crée également, dans son théâtre de chambre, des personnages qui ne communiquent pas. Ainsi, dans *La Manivelle,* deux vieillards ressassent leurs souvenirs sans véritablement se rencontrer.

La figure de l'écrivain dans le théâtre de Pinget. C'est à travers le personnage de Mortin, écrivain frappé de névrose obsessionnelle, que Pinget exprime le plus profondément ses doutes sur la fiabilité du langage. Il nous en prévient explicitement à maintes reprises, comme par exemple dans *L'Hypothèse* (1961), pièce où le personnage de Mortin, qui apparaît pour la première fois dans son œuvre, confie : « J'inviterais ceux que ne rebutent ni les aléas de la pensée ni les difficultés du langage à ce qu'il faudrait bien appeler un jeu, sans le scrupule de les voir sous la direction que j'aurais assumée, je ne dirais pas douter mais y tendre, de l'efficacité possible de ce langage. » Figure emblématique du théâtre de Pinget, Mortin réapparaît plusieurs fois, dans *Autour de Mortin* (1965), pièce radiophonique, dans *Identité* (1971), dans *Paralchimie* (1973), enfin dans *Un Testament bizarre* et dans *Mortin pas mort* (1986). Pinget lui donne vie également dans deux de ses romans *Le Libera* et *Cette Voix.* Le personnage de l'écrivain, ou du journaliste, récurrent dans son œuvre, y est sans cesse mis à mal. Il le dote de noms différents : Mahu, Monsieur Levert, Clope, etc. Dans *Abel et Bela* (1971), les rôles-titres sont deux auteurs dramatiques ridicules, en mal d'inspiration. Considéré comme un raté par les personnages qui le côtoient, l'écrivain, dans toute l'œuvre de Pinget, est tourné en dérision. Sa fonction est inutile puisque, par le langage, il n'est pas en mesure de rendre compte du monde. On lui dénie même parfois, lorsqu'on l'accuse de plagiat, la paternité de ses œuvres. Il devient alors totalement inconsistant, ce que symbolise, dans *L'Hypothèse,* la scène du meurtre où Martin tire sur son image avant de brûler son manuscrit.

C'est encore le thème de l'incommunicabilité qui est au centre de l'œuvre de **Dubillard** (né en 1923), acteur et auteur dramatique. L'essentiel de sa production dramatique se situe entre 1960 et 1970. Dès sa première pièce, *Naïves Hirondelles* en 1961, il présente des personnages qui ne peuvent se rencontrer dans le langage et qui échangent platitudes et clichés. Dans *La Maison d'os,* en 1962, il porte à la scène le drame du moi, muré dans le silence.

L'art de **René de Obaldia** (né en 1919), poète et auteur dramatique, consiste à jouer avec le langage en virtuose, comme il le fait dès 1960 avec *Génousie,* sa première pièce, tout en mettant constamment en doute son efficacité. Dans *Monsieur Klebs et Rosalie,* l'héroïne est un robot qui profère des clichés, voire des absurdités, à partir du moment où elle se détraque.

Billetdoux (1927-1991) et **Boris Vian** (1920-1959) utilisent tous deux, comme Ionesco, le langage de façon à la fois insolite et onirique. Billetdoux, acteur, auteur dramatique et romancier, donne en 1955 sa première pièce, *À la nuit la nuit,* et en 1959 *Tchin-Tchin,* dont le schéma narratif, toujours identique, sera désormais utilisé. À la suite d'un traumatisme, les protagonistes se libèrent peu à peu des conventions dans lesquelles ils étaient englués. Il donnera notamment, en 1967, *Silence, l'arbre remue encore* et, en 1981, *Réveille-toi Philadelphie,* pièce allégorique à l'atmosphère fantastique où un personnage vieillit sous les yeux du spectateur.

Sarraute vint à la scène presque par hasard, après trente années de pratique exclusive de l'écriture narrative. C'est à la suite d'une commande pour la radio allemande qu'elle écrivit ses trois pièces radiophoniques. Elle passa ensuite au théâtre proprement dit.

Quant à Boris Vian, poète, romancier, auteur dramatique, c'est une œuvre burlesque et cruelle qu'il nous a laissée avec, en 1947, *L'Équarrissage pour tous* et, en 1959, *Les Bâtisseurs d'empire* ou le *Schmürz.*

Dans les pièces de ***Nathalie Sarraute***, qu'elles soient écrites pour la radio (*Le Silence* 1964, *Le Mensonge* 1967 et *Isma* en 1970) ou pour la scène (*C'est beau, Elle est là* en 1975, *Pour un oui ou pour un non* en 1982) les conversations, banales, ont un aspect pseudo-réaliste. Les personnages, de bons petits bourgeois, y échangent des lieux communs, non qu'ils n'aient rien à se dire ou qu'ils aient perdu la mémoire, comme ceux de Beckett, de Ionesco, de Duras ou de Pinget. La trivialité de leurs propos, ce que Sartre a appelé, dans la préface à *Portrait d'un inconnu,* roman de Sarraute, « le mur de l'inauthentique », est une carapace masquant une agressivité qu'il ne convient pas de laisser deviner. C'est le moyen pour chacun des personnages d'ériger des défenses.

La mise en scène du corps

Si l'on trouve chez Beckett et chez Adamov la même suspicion à l'égard du langage que chez Ionesco, ce qui caractérise en outre leurs deux œuvres, c'est l'hypertrophie de la représentation du corps. Le corps, chez eux, est thème dramatique. C'est là une révolution sans précédent dans l'histoire de la scène. Le corps, dans le théâtre antérieur, n'était qu'un médiateur, émetteur d'une voix, support d'un costume. Il est devenu le sujet même de la pièce. Le corps crie le malheur et exhibe ses souffrances ; hideux et repoussant, il apparaît comme une ordure. Dans cet acharnement dont ils font preuve à humilier le corps, à le mutiler, ces écrivains se présentent comme les héritiers du théâtre de la cruauté. Ils illustrent chacun une des deux formes de la cruauté qu'Artaud a conçues.

La représentation de corps brisés. Le théâtre européen, depuis les années cinquante, multiplie les représentations de corps brisés, comme si les visions de la guerre, qui ont offert au regard tant de corps déchiquetés, avaient brusquement suscité l'apparition de fantasmes de corps morcelés, que la peinture et la sculpture avaient représentés à travers les œuvres surréalistes et expressionnistes, mais qui n'avaient jamais été portés à la scène antérieurement. Certains dramaturges des années cinquante ont cruellement ressenti le choc de la Deuxième Guerre mondiale. Adamov fut emprisonné dans un camp à Argelès, Beckett obligé de se cacher à Roussillon pendant l'Occupation. Ionesco a vécu comme un cauchemar la montée du fascisme en Roumanie. Quant à Arrabal, il a connu, dans son enfance, le déchirement de la guerre d'Espagne, au sein même de sa famille, profondément divisée. Les images d'horreur de la guerre, bien présentes dans les esprits de ces auteurs, lorsqu'ils écrivent leurs premières pièces, resurgissent dans ces fantasmagories de corps brisés.

C'est une cruauté métaphysique qui s'exprime chez **Beckett.** Il met en scène un monde de vieillards, où les personnages, aveugles, boiteux ou paralysés, voire culs-de-jatte, sont parvenus au terme de leur vie. Le corps, moyen de chantage, est l'instrument d'une torture morale permanente, d'une cruauté métaphysique. Ces êtres sado-masochistes, que leurs infirmités unissent pour l'éternité, passent leur temps à se faire souffrir. Le corps vieilli, usé, malade est le lieu de l'aliénation à l'autre ; il porte avec ostentation les stigmates de sa dépendance ; tyran impitoyable, il torture l'âme. C'est notamment la première partie de l'œuvre de Samuel Beckett, de *En Attendant Godot* (1953) à *Oh Les Beaux Jours* (1960), qui est axée sur les misères du corps. Le corps muet est parfois même strictement montré sans que la parole vienne expliciter son message : c'est le cas dans les deux mimodrames *Acte sans paroles I* (1957) et *Acte sans paroles II* (1960). Après *Oh Les Beaux Jours,* pièce qui marque un tournant dans l'œuvre de Beckett, et surtout à partir de *Comédie,* l'écriture dramatique se transforme, sous l'influence de l'expérience romanesque. Dans la série de « dramaticules » qu'il crée alors, c'est à la voix et non au corps qu'il donne la première place. Il porte à la scène un personnage souvent seul, qui se raconte. Le monologue occupe alors de plus en plus de place. Beckett exploite systématiquement tous les cas de figure : tantôt il met en scène un ou plusieurs personnages qui parlent d'eux-mêmes à la première personne (*La Dernière Bande*, 1958, *Comédie,* 1963), tantôt un ou plusieurs personnages qui parlent à la troisième personne d'un absent ou d'un personnage présent qui demeure muet (*Solo,* 1980, *Impromptu d'Ohio,*

1982, *Fragment de théâtre II,* 1960), tantôt une voix *off* qui parvient à quelqu'un, s'adressant à lui ou parlant de quelqu'un d'autre (*Dis Joe,* 1965, pièce écrite pour la télévision, *Cette Fois, Berceuse,* 1981, *Pas moi*). Si dans le premier cas, il est évident, d'entrée de jeu, que le personnage parle de lui, dans le deuxième et le troisième cas, il semble parler de quelqu'un d'autre, mais peu à peu l'ambiguïté s'installe et le spectateur suspecte que c'est de lui-même dont il parle, par personnage interposé. L'œuvre théâtrale prend la forme d'une autobiographie qui ne peut s'avouer comme telle.

C'est une « cruauté de sang » qui baigne l'œuvre d'**Adamov** et de ses successeurs. Le corps, chez lui, est victime d'une double persécution, individuelle et sociale, toujours funeste pour le héros. Toutes ses premières pièces ont pour thème, outre l'incommunicabilité, la souffrance du corps. La menace de mort, les coups, viennent de l'autre, que ce soit de la femme aimée, de la sœur, des parents, en même temps que d'un pouvoir aveugle qui fait régner la terreur. Tel est le thème de *La Parodie* (1948), *Le Sens de la marche, La Grande et la Petite Manœuvre, Tous contre tous, L'Invasion, Les Retrouvailles* (1955). La première partie de l'œuvre, très marquée par Strindberg, présente bien des points communs avec les pièces de Beckett et de Ionesco. *Le Ping-Pong,* écrit en 1954, et *Paolo Paoli*, terminé en 1955, marquent un tournant dans l'œuvre d'Adamov. Le dramaturge, découvrant Brecht, se sépare de Ionesco et de Beckett, remettant en question sa propre conception de l'écriture. À l'engagement politique correspond une orientation nouvelle, volontairement partisane et didactique. Dans *Le Printemps 71,* Adamov s'inspire directement des *Jours de la Commune* de Brecht. Dans *La Politique des restes* (1959), l'influence de ce dernier se fait sentir aussi, puisque Adamov y met en scène un thème semblable à celui de *L'Exception et la règle* : la justice de classe. Après cette période d'engagement politique, Adamov, de plus en plus miné par sa névrose personnelle, se tourne à nouveau vers le monde mystérieux de la psyché. Il voudrait concilier ses deux modes d'écriture antérieurs. *M. Le Modéré,* écrit en 1967, semble marquer un retour à la dramaturgie de la première période, tout en reflétant les préoccupations politico-sociales d'Adamov. *Off Limits,* qui date de 1969, apparaît comme une série de ***happenings***, où les personnages expriment leurs fantasmes, et comme une condamnation des méfaits de la drogue aux États-Unis. Enfin, avec *Si L'Été revenait* en 1970, Adamov, grand lecteur de Tchekov, retrouve l'univers onirique du début de son œuvre, tout en faisant le procès de la société suédoise. Renouant, à la fin de sa vie, avec ses préoccupations premières, sans rien renier toutefois de son œuvre, il trouve un équilibre entre onirisme et engagement politique.

Happening : il s'agit d'une forme de spectacle, née aux États-Unis dans les années soixante, qui vise à faire surgir, d'une création collective partiellement improvisée, un événement pur. Le terme vient de l'anglais : *to happen* (arriver). Dans le happening, quelque chose arrive qui ne saurait être repété.

Outre leur œuvre dramatique, ***Rezvani*** et ***Arrabal*** ont également créé une œuvre picturale importante.

On retrouve chez ***Arrabal*** (né en 1932), écrivain espagnol d'expression française et chez ***Rezvani*** (né en 1928), Russe par sa mère, Perse par son père, la même cruauté de sang que chez Adamov. Rezvani, dans *Le Palais d'hiver,* en 1974, porte à la scène le personnage de Pierre le Grand, tyran immonde et cruel qui multiplie les tortures. Chez Arrabal, les personnages exercent leur sadisme sur le corps de leur partenaire : coups de fouet, femmes enchaînées (*Le Grand Cérémonial*), suppliciées, scènes de nécrophilie (*Oraison, Le Lai de Barabbas*), de cannibalisme (*L'Architecte et l'Empereur d'Assyrie*), tels sont ses thèmes de prédilection. Chez lui, la violence apparaît à la fois comme un exutoire fantasmatique et comme une volonté d'agresser le public. Cette œuvre, qui multiplie les situations perverses, entretient des rapports plus étroits avec les fantasmes qu'avec la biographie :

> On ne peut écrire la plupart du temps que ce qu'on ne peut vivre. Pas plus qu'on ne peut élaborer à partir d'expériences personnelles une création artistique. Je crois que le poète est un visionnaire, un mage. Si j'avais mené une vie pleine d'aventures, je

> n'écrirais pas. Le meilleur spectateur, le meilleur lecteur de mes pièces, c'est moi. C'est paradisiaque, démesuré. Mais s'il m'arrivait de vivre l'aventure d'une de mes pièces, je ne l'écrirais plus.

Ainsi, c'est une double interrogation sur le langage et sur l'image du corps que formule le théâtre des années cinquante, à travers ces personnages, étrangers au langage et meurtris dans leur corps. C'est une réflexion sur une forme d'aliénation jamais représentée antérieurement, qui cerne la psyché dans ses structures les plus archaïques. Les deux thèmes sont étroitement liés, puisqu'ils sont la transposition scénique des deux processus identificatoires structurant pour le moi, la constitution de l'image du corps représentant l'accès à ***l'imaginaire,*** tandis que l'acquisition du langage introduit le sujet dans l'ordre symbolique, comme l'a montré Jacques Lacan.

L'imaginaire se définit, selon Lacan, comme un rapport strictement narcissique du sujet à son moi. Le symbolique introduit le sujet dans un ordre qui lui préexiste, celui de la loi.

Les grands lyriques

D'autres auteurs dramatiques, qui appartiennent à cette génération, se caractérisent également par leur souci d'irréalisme mais, loin de disloquer le langage, ils en utilisent la poésie. Pichette et Schéhadé sont tous deux poètes avant d'être auteurs dramatiques. **Henri Pichette** (né en 1924) se révèle au public avec *Les Epiphanies,* en 1947, drame joué aux Noctambules, dans lequel la seule action est la vie et la mort d'un poète. Il écrira *Nucléa* en 1952, sur le thème des dangers de la guerre atomique, renouant avec une poésie classique, et redonnant vie à l'alexandrin. Mais la pièce étant un échec, Pichette se détournera du théâtre.

Georges Schéhadé (1910-1989), poète libanais d'expression française, écrit son œuvre dramatique de 1951 à 1965 : *Monsieur Bob'le* (1951), *La Soirée des proverbes* (1954), *Histoire de Vasco* (1956), *Le Voyage* (1961), *Les Violettes* (1961), *L'Emigré de Brisbane* (1965). Deux thèmes récurrents apparaissent dans cette œuvre, celui du voyage et celui de l'attente, liés à la soif de la pureté. La poésie néosurréaliste et l'onirisme qui fécondent les dialogues ont fasciné Jean-Louis Barrault qui a créé trois de ses pièces, et qui entretint avec lui des rapports privilégiés.

Deux œuvres baroques, celles de Genet et de Vauthier apparaissent comme des sommets du lyrisme. L'œuvre dramatique de **Genet** est écrite très vite, en deux périodes. Après ses cinq romans, partiellement rédigés en prison, il donne ses premières pièces. *Haute Surveillance* (pièce écrite en 1945 et jouée en 1949), et *Les Bonnes* (pièce jouée en 1947), deux tragédies modernes, offrent le spectacle d'une cérémonie où la quête de l'image du moi conduit les protagonistes au meurtre. Genet situe ses personnages dans deux groupes opprimés : les prisonniers et les domestiques. Cette quête, dans les pièces suivantes, s'élargit au groupe social dans son ensemble. La deuxième partie de l'œuvre dramatique est écrite de 1955 à 1957 ; avec *Le Balcon,* Genet porte à la scène toute une société et multiplie le nombre de personnages. Aussi abandonne-t-il l'espace clos pour créer une structure scénique éclatée, héritée des *screens* de Gordon Craig. *Les Nègres* (1959) et *Les Paravents* (1961), diptyque sur la colonisation, posent le problème de l'image au niveau politique. Grâce à un dispositif astucieux, Genet spatialise cette quête. L'esthétique de la discontinuité, créée par les paravents, le lui permet. Après *Les Paravents*, œuvre grandiose qui subsume tous ses écrits antérieurs, Genet cesse d'écrire pour le théâtre, s'engageant dans la lutte auprès des Black Panthers et des Palestiniens.

Deux pièces de ***Genet*** ont été créées après sa mort : *Elle* (écrite en même temps que *Le Balcon*) et *Splendid's* (écrite à la même époque que *Les Bonnes*).

Jean Vauthier écrit *Capitaine Bada,* sa première pièce, en 1949, puis, en 1956, *Le Personnage combattant,* en 1961, *Le Rêveur,* en 1966, *Badadesques.* Dans ces œuvres, un personnage récurrent apparaît, l'Artiste, épris d'absolu, de démesure, qui, « empêché », ne supporte pas le choc de la réalité. À partir des *Prodiges,* écrit en 1958, Vauthier crée une série de pièces sur le modèle des tragédies élisabéthaines de la vengeance, nées d'un travail de réécriture tout à fait original. À partir de *La Tragédie du vengeur* de Cyril Tourneur, il donne *Le Sang* en 1968, à partir de *Arden de Faversham,* pièce anonyme du XVIe siècle, *Ton Nom dans le feu des nuées, Élisabeth.* Cette œuvre, néoélisabéthaine, est magnifiquement servie par Marcel Maréchal qui s'en est fait le chantre et pour qui Vauthier écrivit ses dernières pièces.

3 La postmodernité

Le désir d'un théâtre engagé, dès les années soixante, se fait à nouveau sentir, tandis qu'un certain réalisme reprend ses droits. Théâtre ouvert, fondé en 1970 par Lucien Attoun, dans le cadre du festival d'Avignon, va révéler de nouveaux dramaturges. Dans des séances de lectures publiques, les jeunes auteurs viennent lire leurs manuscrits. L'expérience se développant, ils montent eux-mêmes, durant l'année, leurs pièces à Paris, au Jardin d'hiver.

Le théâtre politique

Gatti, Césaire, Yacine, Planchon, très marqués par Brecht, traitent, dans leurs pièces, des événements politiques contemporains. Le théâtre d'**Armand Gatti** (né en 1924) se fait l'écho de son expérience des camps de concentration (*L'Enfant rat*). Ce fils d'émigrés italiens prend partie avec virulence contre le fascisme (*La Passion du général Franco*), la bombe atomique (*La Cigogne*), la guerre du Vietnam (*V. comme Vietnam*). Ce théâtre évite l'écueil du didactisme grâce à une écriture où réel et imaginaire se confondent constamment, mais le foisonnement de son lyrisme confine parfois à la confusion.

Aimé Césaire (né 1913), poète martiniquais de langue française, est le chantre de la négritude, notamment dans son grand recueil poétique, *Cahier d'un retour au pays natal,* où il écrit par exemple :

> Comme il y a des hommes-hyènes et
> des hommes-panthères, je serais
> un homme-juif
> un homme-cafre
> un homme-hindou de Calcutta
> un homme-de Harlem qui ne vote pas
> l'homme-famine, l'homme-insulte, l'homme-torture.

Ce militant politique stigmatise la colonisation, dès sa première pièce, *Et Les Chiens se taisaient* (1956), qui est la réécriture du *Livre de Christophe Colomb* de Claudel, pièce de 1927. Tandis que Claudel glorifie en la personne de Christophe Colomb la victoire du christianisme, Césaire condamne en lui l'oppresseur. La même problématique se prolonge, sous un mode ample encore, dans *La Tragédie du roi Christophe* (1964), dans *Une Saison au Congo* (pièce sur l'assassinat de Lumumba, président du Zaïre), et dans *Une Tempête.*

Kateb Yacine (1929-1989) écrit en français un hymne à l'Algérie et à la révolution algérienne, dans des pièces comme *Le Cadavre encerclé* (1958), *Les Ancêtres redoublent de férocité* (1967). À partir de 1972, retournant en Algérie, il se consacre au théâtre en arabe dialectal. Ses dernières pièces, sans cesse remaniées au cours des représentations, ne sont pas publiées.

Tandis que Gatti, Césaire, Yacine, traitent dans leurs pièces des événements politiques contemporains, **Roger Planchon** (né en 1931) recourt, dans son œuvre dramatique, à l'histoire que, à l'instar de Brecht, il traite comme une chronique. Dans *Bleus, blancs, rouges* ou *les Libertins* (1967), il met en scène des provinciaux plongés dans la tourmente de la Révolution ; dans *Le Radeau de la Méduse* (1993), des jeunes gens dont les idéaux se sont effondrés à la suite de l'échec de Napoléon et du retour de la monarchie. Il peint le drame des guerres de religion, tant chez les catholiques que chez les protestants, dans *Le Vieil Hiver* et *Fragile Forêt* (1991). Dans chacune de ces pièces, de l'agencement des séquences du drame naît une analyse des événements passés qui amène le spectateur à méditer sur la condition humaine.

Le théâtre du quotidien

Après 1968, les auteurs dramatiques, inscrivent au cœur de leur œuvre, outre le politique, l'univers quotidien. C'est Planchon qui révèle **Vinaver** (né en 1927) au public, en 1956, avec *Aujourd'hui ou les Coréens*. L'argument de la pièce est la rencontre prosaïque d'un soldat français blessé appartenant aux forces de l'O.N.U. et d'une jeune Coréenne dans une Corée dévastée par la guerre. Les grands succès de Vinaver seront, en 1960, *Iphigénie hôtel,* pièce qui a pour toile de fond la guerre d'Algérie, et en 1980 *Les Travaux et les jours*. L'action de cette pièce se passe dans le local du service après-vente d'une fabrique de moulins à café où se trouvent le chef de service, un ouvrier et trois secrétaires qui répondent aux appels téléphoniques des clients tout en bavardant entre elles, ce qui donne au dialogue un aspect décousu.

Jean-Claude Grumberg (né en 1939) se situe dans sa mouvance. *L'Atelier,* pièce résolument naturaliste, créée à l'Odéon en 1979, représente la vie d'un petit atelier de confection entre 1945 et 1952.

La création collective

C'est dans la double mouvance du théâtre politique et du théâtre quotidien qu'apparaît la création collective. Le mouvement de contestation de mai 1968, libertaire dans ses idéaux, voudrait instaurer des relations nouvelles entre les individus, expérimentées par certains dans la vie en communauté et, en matière théâtrale, dans la création collective. Outre leur désir d'échapper au répertoire, jugé contraignant, ces artistes veulent trouver une liberté dans une œuvre qui soit le fruit de la voix collective et ne plus dissocier texte et jeu scénique. La notion de texte écrit tend alors à être remise en question. Cette création s'opère le plus souvent à partir d'une série d'improvisations sur le plateau, parfois aussi à partir de l'adaptation de textes narratifs. C'est de ce rêve que naît le Théâtre du Soleil, sous la direction d'**Ariane Mnouchkine.** Elle fonde la compagnie en 1964, à partir d'un groupe de théâtre estudiantin, sur le modèle du Berliner Ensemble de Brecht, c'est-à-dire en coopérative. Dès 1969, avec *Les Clowns,* elle crée ses propres œuvres dramatiques, chacun des acteurs participant tant à l'élaboration du texte qu'à la mise en scène. *1789*, créé en 1970, *1792* et *L'Âge d'or* représentent le triomphe de la création collective. Dans ce cycle de deux pièces sur la Révolution française, Ariane Mnouchkine veut mettre en scène le peuple, et dans *L'Âge d'or,* son équivalent contemporain, Abdallah, le travailleur immigré.

Un certain nombre de troupes travaillent sur ce modèle dans les années soixante-dix. Au théâtre de l'Aquarium, fondé par **Jacques Nichet,** tantôt les spectacles naissent de la transposition de textes narratifs, relus à la lumière de l'actualité politique (*Les Guerres pichrocolines* en 1967 est une adaptation de *Gargantua*), tantôt les pièces sont le fruit d'une véritable création collective, à partir d'enquêtes menées par les comédiens : ainsi, en 1976, *La Vieille Lune tient la jeune lune toute* *une nuit dans ses bras* est une pièce sur l'occupation des usines. L'Aquarium utilise le document afin d'arriver, par l'improvisation de l'acteur, à la transposition théâtrale. De la même façon, **Jacques Kraemer,** directeur du théâtre de Lorraine, écrit en 1970 *Splendeur et misère de Minette la bonne Lorraine,* sur le problème de l'épuisement des mines de fer en Lorraine, à partir d'un travail d'improvisation de toute la troupe. C'est ainsi que procède également à la même époque **Jérôme Savary,** qui dirige le Grand Magic Circus. Le spectacle intitulé *De Moïse à Mao* en 1973 est le fruit d'une création collective.

Depuis 1980

Les années quatre-vingt ont révélé **Bernard-Marie Koltès** (1948-1989). Ce grand admirateur de Shakespeare allie un hyperréalisme au lyrisme le plus débridé. C'est lui-même qui monte sa première pièce, *La Nuit juste avant les forêts,* en 1977. À partir de 1983, c'est **Patrice Chéreau** qui monte ses œuvres, avec notamment *Combat de nègre et de chiens, Quai ouest, Dans La Solitude des champs de coton, Le Retour au désert.* La dernière pièce de Koltès, *Roberto Zucco* ne sera créée qu'après sa mort, en 1990.

Ce qui caractérise cette dernière décennie, c'est le retour en force, inauguré par Beckett, du long monologue, notamment chez **Valère Novarina** (né en 1942), écrivain à la verve néorabelaisienne, et **Philippe Minyana** (né en 1946). *Le Discours aux animaux* (1987) de Novarina revêt la forme d'un récit à la première personne où le passé simple prédomine. Il adopte le découpage en séquences, à la manière des chapitres d'un roman, sans qu'apparaisse jamais trace de dialogue. Dans *Chambres* de Minyana, pièce écrite en 1986, sont juxtaposés six monologues, sans aucun point commun entre eux, autre que géographique. Les six personnages, qui se racontent, habitent, sans se connaître, une même ville, Sochaux. L'énonciation, ambiguë, prend l'aspect d'une sorte de monologue intérieur qui relève aussi de l'adresse au public. Minyana recherche « une verticalité de la parole qui va directement vers le public au lieu de circuler horizontalement d'un locuteur à l'autre ». Se considérant plus proches de l'acteur que de l'écrivain, Novarina et Minyana, comme un certain nombre d'auteurs dramatiques de leur génération, refusent de fixer le texte qu'ils veulent garder vivant. Aussi font-ils eux-mêmes parfois la mise en scène, afin de travailler sur le plateau au fil des répétitions. C'est bien souvent en fonction d'un acteur précis qu'ils écrivent leurs monologues ; à cet égard, la rencontre d'André Marcon et de Novarina s'est avérée particulièrement féconde. Minyana et Novarina attendent beaucoup de la performance de l'acteur, comme en témoigne ce passage de la *Lettre aux acteurs de l'atelier volant* (1989) de Novarina.

> Faut des acteurs d'intensité, pas des acteurs d'intention. Mettre son corps au travail. Et d'abord, matérialistement, renifler, mâcher, respirer le texte. C'est en partant des lettres, en buttant sur les consonnes, en soufflant les voyelles, en mâchant, en marchant ça très fort, qu'on trouve comment ça se respire et comment c'est rythmé. Semble même que c'est en se dépensant violemment dans le texte, en y perdant le souffle, qu'on trouve son rythme et sa respiration. Tuer, exténuer son corps premier pour trouver l'autre (autre corps, autre respiration, autre économie) qui doit jouer. Lecture profonde toujours plus basse plus proche du fond. Le texte devient pour l'acteur une nourrriture, un corps.

Que faut-il augurer de cette transformation du langage dramatique en cette fin de siècle ? S'agit-il là d'une orientation radicalement nouvelle ou simplement d'un épiphénomène passager ? Le recul du temps manque pour juger. Le XXIe siècle tranchera.

DOCUMENT COMMENTÉ

Extrait de « Rhinocéros » de Ionesco

Bérenger, *se regardant toujours dans la glace.* — Ce n'est tout de même pas si vilain que ça, un homme. Et pourtant, je ne suis pas parmi les plus beaux ! Crois-moi, Daisy ! *(Il se retourne.)* Daisy ! Daisy ! Où es-tu, Daisy ? Tu ne vas pas faire ça ! *(Il se précipite vers la porte.)* Daisy ! (*Arrivé sur le palier, il se penche sur la balustrade.*) Daisy ! remonte ! reviens, ma petite Daisy ! [...] *(Il renonce à l'appeler, fait un geste désespéré et rentre dans sa chambre.)* Evidemment. On ne s'entendait plus. Un ménage désuni. Ce n'était plus viable. Mais elle n'aurait pas dû me quitter sans s'expliquer. *(Il regarde partout.)* Elle ne m'a pas laissé un mot. Ça ne se fait pas. Je suis tout à fait seul maintenant. *(Il va fermer la porte à clé, soigneusement, mais avec colère.)* On ne m'aura pas, moi. *(Il ferme soigneusement les fenêtres.)* Vous ne m'aurez pas, moi. *(Il s'adresse à toutes les têtes de rhinocéros.)* Je ne vous suivrai pas, je ne vous comprends pas ! Je reste ce que je suis. Je suis un être humain. *(Il va s'asseoir dans le fauteuil.)* La situation est absolument intenable. [...] Personne ne peut m'aider à la retrouver, personne, car il n'y a plus personne. *(Nouveaux barrissements, courses éperdues, nuages de poussière.)* Je ne veux pas les entendre. Je vais mettre du coton dans les oreilles. *(Il se met du coton dans les oreilles et se parle à lui-même, dans la glace.)* Il n'y a pas d'autre solution que de les convaincre, les convaincre, de quoi ? [...] D'abord, pour les convaincre, il faut leur parler. Pour leur parler, il faut que j'apprenne leur langue. Ou qu'ils apprennent la mienne ? Mais quelle langue est-ce que je parle ? Quelle est ma langue ? Est-ce du français, ça ? Ce doit être du français ? Mais qu'est-ce que du français ? On peut appeler ça du français, si on veut, personne ne peut le contester, je suis seul à le parler. Qu'est-ce que je dis ? Est-ce que je me comprends, est-ce que je me comprends ? *(Il va vers le milieu de la chambre.)* Et si, comme me l'avait dit Daisy, si c'est eux qui ont raison ? *(Il retourne vers la glace.)* Un homme n'est pas laid, un homme n'est pas laid ! *(Il se regarde en passant la main sur sa figure.)* Quelle drôle de chose ! À quoi je ressemble alors ? À quoi ? *(Il se précipite vers un placard, en sort des photos, qu'il regarde.)* Des photos ! Qui sont-ils tous ces gens-là ? Papillon, ou Daisy plutôt ? Et celui-là, est-ce Botard ou Dudard, ou Jean ? ou moi, peut-être ! *(Il se précipite de nouveau vers le placard d'où il sort deux ou trois tableaux.)* Oui, je me reconnais ; c'est moi, c'est moi ! *(Il va raccrocher les tableaux sur le mur du fond, à côté des têtes des rhinocéros.)* C'est moi, c'est moi. *(Lorsqu'il accroche les tableaux, on s'aperçoit que ceux-ci représentent un vieillard, une grosse femme, un autre homme. La laideur de ces portraits contraste avec les têtes des rhinocéros qui sont devenues très belles. Bérenger s'écarte pour contempler les tableaux.)* Je ne suis pas beau, je ne suis pas beau. *(Il décroche les tableaux, les jette par terre avec fureur, il va vers la glace.)* Ce sont eux qui sont beaux. J'ai eu tort ! Oh ! comme je voudrais être comme eux. Je n'ai pas de corne, hélas ! Que c'est laid un front plat. Il m'en faudrait une ou deux, pour rehausser mes traits tombants. Ça viendra peut-être, et je n'aurai plus honte, je pourrai aller tous les retrouver. Mais ça ne pousse pas ! *(Il regarde les paumes de ses mains.)* Mes mains sont moites. Deviendront-elles rugueuses ? *(Il enlève son veston, défait sa chemise, contemple sa poitrine dans la glace.)* J'ai la peau flasque. [...] *(Il écoute les barrissements.)* Leurs chants ont du charme, un peu âpre, mais un charme certain ! Si je pouvais faire comme eux. *(Il essaie de les imiter.)* Ahh, Ahh, Brr ! Non, ça n'est pas ça ! Essayons encore, plus fort ! Ahh, Ahh, Brr ! non, non, ce n'est pas ça, que c'est faible, comme cela manque de vigueur ! Je n'arrive pas à barrir. [...] Comme j'ai mauvaise conscience, j'aurais dû les suivre à temps. Trop tard maintenant ! Hélas, je suis un monstre, je suis un monstre. Hélas, jamais je ne deviendrai rhinocéros, jamais, jamais ! Je ne peux plus changer. Je voudrais bien, je voudrais tellement, mais je ne peux pas. Je ne peux plus me voir. J'ai trop honte ! *(Il tourne le dos à la glace.)* Comme je suis laid ! Malheur à celui qui veut conserver son originalité ! *(Il a un brusque sursaut.)* Eh bien tant pis ! Je me défendrai contre tout le monde ! Ma carabine, ma carabine ! *(Il se retourne face au mur du fond où sont fixées les têtes des rhinocéros, tout en criant)* Contre tout le monde, je me défendrai, contre tout le monde, je me défendrai ! Je suis le dernier homme, je le resterai jusqu'au bout ! Je ne capitule pas !

1 - PRÉSENTATION DU DOCUMENT

Situer un texte de théâtre, c'est montrer à quel point de la dynamique théâtrale il s'inscrit.

Dans *Rhinocéros,* pièce de 1958, Ionesco dénonce, par le biais d'une sorte de parabole, la rapidité avec laquelle le totalitarisme politique peut gagner tout un peuple. Des rhinocéros, de plus en plus nombreux, saccagent une ville dans laquelle ils sèment la terreur, écrasant tout sur leur passage. Ionesco met en scène Bérenger, son personnage de prédilection, qui apparaît dans trois autres de ses pièces et dont il fait son porte-parole.

Le passage à étudier constitue la fin de la pièce. Tous les habitants de la ville se sont métamorphosés les uns après les autres en rhinocéros, les camarades de bureau de Bérenger, et même ses proches, notamment Jean, son ami intime. Dans le passage qui précède, Bérenger s'est disputé, au cours d'un différend concernant les rhinocéros, avec Daisy, sa fiancée, qui a pris parti en leur faveur, tandis que lui les a condamnés. Daisy, furieuse, vient de le quitter, pour aller rejoindre le camp des rhinocéros, sans qu'il s'en aperçoive. La situation est grave. Bérenger est désormais le seul être humain de la ville. Il est dangereusement menacé par les rhinocéros qui ont tout envahi et ne tarderont pas à donner l'assaut à sa chambre qu'ils encerclent. L'intensité dramatique est à son paroxysme. Le suspens* est grand. Que va-t-il arriver à Bérenger ? Comment va-t-il réagir ?

2 - ANALYSE

Le projet de lecture est essentiel dans un commentaire de texte, car c'est lui qui donne son unité au propos et permet d'ordonner l'analyse de détails.

L'angle d'attaque sera double ici :

- angoisse grandissante liée à la perte d'identité ;
- importance des didascalies* et du rapport du personnage à l'espace.

3 - MISE EN PLACE DU DOCUMENT

On peut distinguer quatre mouvements successifs dans ce texte. Dans ce monologue argumentatif, Bérenger tente d'abord de rappeler Daisy qui vient de partir, puis de se convaincre lui-même qu'il doit rester un homme. Enfin, de plus en plus persuadé de sa laideur, effrayé par sa différence face aux rhinocéros, il est tenté un moment de les rejoindre, mais dans un sursaut final, se raidit et décide de rester un homme.

4 - EXPLICATION

■ On montrera que le thème essentiel du passage est la perte d'identité qui s'opère lentement chez Bérenger et s'accompagne d'une angoisse grandissante. Seul de son espèce, il n'a plus de semblable en qui se reconnaître. Contemplant avec horreur son corps qui lui est devenu étranger, qu'il découvre hideux, il est épouvanté d'avoir perdu son identité en même temps que toute possibilité d'identification.

- sur le plan stylistique, dans l'étude de détails, il conviendra donc de relever toutes les notations qui concernent la notion de personne (notamment l'accumulation des pronoms personnels de la première personne, je, me, moi) ;
- sur le plan rhétorique, on montrera que la structure du monologue est constituée par une série d'oppositions laideur/beauté établies entre l'homme et le rhinocéros. Bérenger attribue de façon générique les qualificatifs de « vilain » (ou « laid ») et de « beau » à l'homme : « Ce n'est tout de même pas si vilain que ça un homme. Et pourtant je ne suis

pas parmi les plus beaux. [...] Un homme n'est pas laid. Un homme n'est pas laid », puis il se les attribue à lui-même : « Je ne suis pas beau, je ne suis pas beau. Ce sont eux qui sont beaux. » Et enfin : « Hélas, je suis un monstre, je suis un monstre [...]. Comme je suis laid ! » Bérenger passe ici de la négation de la laideur de l'homme à la négation de sa propre beauté puis à l'affirmation de sa laideur.

■ On soulignera également l'importance des didascalies* dans ce monologue qui est un des plus longs du répertoire. Ionesco, en homme de métier, sait que la déclamation du monologue est une performance pour l'acteur. Ce morceau de bravoure, s'il est long, doit être soutenu par un certain nombre de jeux de scène. Beaumarchais déjà prenait soin d'interrompre le long monologue de Figaro dans *Le Mariage de Figaro,* par une indication de jeu. Ionesco, qui multiplie les didascalies dans toute son œuvre, car l'espace est, chez lui, chargé de significations majeures, découpe ici, par la notation de jeux de scène, le monologue en une série de mouvements successifs. C'est le rapport du personnage à l'espace (les allées et venues de Bérenger dans sa chambre, son utilisation des objets (miroir, photos, tableaux) qui rythme le texte. Les étapes de l'évolution de Bérenger, la progression de son angoisse, se marquent en effet par ses déplacements. Le bruitage, indiqué par les didascalies, joue un rôle important, rendant perceptible la présence de plus en plus menaçante des rhinocéros. C'est ce qu'il conviendra d'analyser dans l'étude de détail.

■ Au début du monologue, Bérenger se regarde dans la glace. C'est pourquoi il ne s'est pas aperçu immédiatement du départ de Daisy. Il interroge fiévreusement son image dans le miroir. Dans un deuxième temps, désespéré que Daisy n'ait pas répondu à ses appels, il ferme toutes les issues de sa chambre, la porte, la fenêtre du fond par où apparaissent les rhinocéros, pour se protéger du danger. Affolé parce que les barrissements se rapprochent, il se ferme lui-même au monde extérieur en se mettant du coton dans les oreilles pour ne plus rien entendre. Dans un troisième temps, il retourne vers la glace, où il a peine à se reconnaître. Effrayé, il se détourne de la glace pour interroger d'autres images d'hommes. Il sort du placard toutes les photos de ses camarades de bureau, qu'il ne reconnaît pas, il contemple les tableaux sur lesquels sont peintes des têtes très laides dans lesquelles il croit se reconnaître. Le final est une véritable catastrophe, au sens aristotélicien du terme, c'est-à-dire un retournement de situation. Bérenger tourne le dos à la glace, ne voulant plus voir son image, pour affirmer : « Comme je suis laid ! » Il se retourne face au mur du fond pour affronter l'ennemi et clame, dans ses derniers mots, sa décision : « Je ne capitule pas ! » Le retournement de situation est visualisé par le jeu de scène.

■ Cette étude des didascalies montre que les déplacements de Bérenger sur l'espace scénique, sa chambre, s'effectuent en fonction de deux pôles opposés : la glace où il va interroger son image, la fenêtre et le mur du fond par où il aperçoit les rhinocéros. Son évolution sur le plateau, d'un pôle à l'autre, matérialise son évolution intérieure. En effet, la première fois qu'il se contemple dans la glace, Bérenger nie la laideur de l'homme (« ce n'est tout de même pas si vilain que ça un homme »), la deuxième fois, il nie sa propre beauté (« je ne suis pas beau »). La troisième fois qu'il va vers la glace, il se décide à lui tourner le dos et affirme sa laideur (« Comme je suis laid ! »). Texte et indications scéniques sont étroitement liés.

5 - INTÉRÊT DU DOCUMENT

Dans cette sorte de stade du miroir à rebours qui s'accomplit sous les yeux du spectateur, Bérenger est victime d'une lente « dénarcissisation ». Quoique perdant successivement tous ses repères identificatoires, il parvient toutefois à résister. Ionesco traduit dans ce monologue le drame de son personnage grâce à une savante construction. Des liens étroits unissent, tout au long du monologue, la structure rhétorique du texte, destiné à être déclamé par le comédien, et la structure spatiale introduite par les didascalies qui inscrivent les potentialités de la mise en scène.

Documents proposés

Retour au jeu de la *commedia dell'arte*

Ariane Mnouchkine, *L'Âge d'or*, la Cartoucherie.

Comprendre le document et ses centres d'intérêt

Bon nombre de metteurs en scène aujourd'hui ressuscitent des modes de jeu ancien, celui de la *commedia dell'arte* notamment.

Présenter le document

Ici, dans *L'Âge d'or,* spectacle créé à la Cartoucherie, Ariane Mnouchkine saisit le type du travailleur immigré à travers le personnage d'Abdallah.

Mettre en place le document

– le port du demi-masque qui fige les traits, oblige l'acteur à exprimer dans son corps ce qu'il signifierait par la mobilité des traits du visage ;
– cette utilisation des masques permet de recréer un théâtre populaire en représentant des types sociaux.

Construire le plan

– quelle est l'influence exercée sur l'écriture dramatique contemporaine par ce retour au jeu de la *commedia dell'arte,* notamment dans le rapport dialogue-didascalies ?
– on cherchera dans les textes et les mises en scène contemporaines des exemples de nouveaux types sociaux apparus au XXe siècle.

Modernité de la scène élisabéthaine

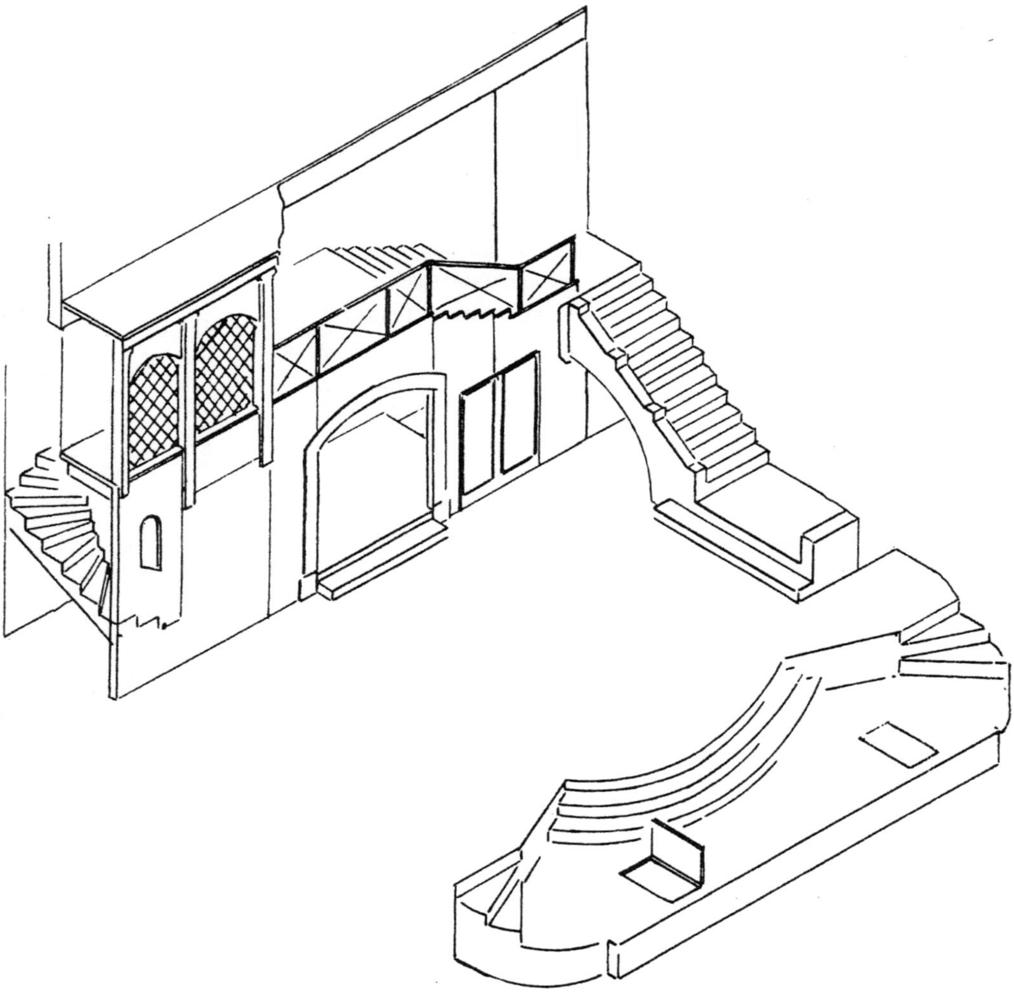

Dispositif scénique de Jacques Copeau.

Comprendre le document et ses centres d'intérêt

Au fond de la scène, une partie, tantôt fermée, tantôt découverte, comme l'*inner stage* (scène d'intérieur) élisabéthaine, se prête aux scènes privées. La verticalité de l'espace peut être utilisée grâce à l'escalier latéral qui permet d'accéder au balcon, qui rappelle l'*upper stage* (scène haute).

Présenter le document

Copeau, lorsqu'il conçoit le dispositif scénique du Vieux-Colombier s'inspire du modèle élisabéthain. Il crée une scène, vaste, où plusieurs aires peuvent être momentanément différenciées, par des moyens divers (lumière, objets, etc.).

Mettre en place le document

Copeau inaugure ainsi un nouveau type de jeu qui peut se déployer sur divers plans et qui exige de l'acteur une extrême mobilité. L'acteur, s'il vient à l'avant-scène, entretient alors un rapport de proximité avec le public. Nombreux sont les metteurs en scène après lui qui useront d'un tel type d'escalier. Vilar, lorsqu'il fait de la cour d'honneur du palais des Papes sa scène de prédilection, joue lui aussi de la verticalité de la scène, grâce aux fenêtres qui ouvrent la façade du palais, utilisée comme mur de fond pour la scène. Quant à Peter Brook, il aménagera les Bouffes du Nord, théâtre à l'italienne désaffecté, en une sorte de scène élisabéthaine qui avance très loin au milieu du parterre. Il joue sur tous les degrés de verticalité grâce à des trappes qui ouvrent dans le plancher de scène et à des sortes d'échelles sur les murs. Dans *La Tempête* de Shakespeare, par exemple, par un système de trappes, il fait sortir de terre Caliban, personnage chthonien, et il fait apparaître en hauteur Ariel, génie aérien.

Construire le plan

- on se demandera à quelles catégories de langage dramatique cette scène est particulièrement propice ;
- comparer les potentialités qu'offre ce dispositif avec d'autres lieux scéniques modernes (en ce qui concerne notamment les entrées et les sorties, la mobilité du jeu, le contact avec le public).

Importance de l'objet scénique

Eugène Ionesco, *Les Chaises,* Studio des Champs-Élysées, 1956, Tsilla Chelton, Jacques Mauclair.

Comprendre le document et ses centres d'intérêt

Dans cette mise en scène des *Chaises* de Ionesco par Jacques Mauclair, au Studio des Champs-Élysées (1956), on remarque que le plateau est entièrement encombré par les chaises.

Présenter le document

L'objet, dans le théâtre du XXe siècle, a remplacé le décor construit. Chargé de symbole, il caractérise le personnage et constitue un élément de jeu essentiel.

Mettre en place le document

Dans *Les Chaises,* un vieux couple, en plein délire, a échafaudé une comédie funeste. Les deux vieillards s'imaginent qu'ils reçoivent une foule d'invités à qui le Vieux, avant de mourir, doit délivrer son message. Les chaises, apportées chaque fois qu'un nouveau personnage est censé arriver, matérialisent les invités. La scène fonctionne comme un vaste échiquier, sur lequel le Vieux et la Vieille les installent.

Construire le plan

– quelle est la fonction des chaises pour les deux personnages, d'une part, et pour le spectateur, d'autre part ?
– on s'interrogera sur l'orientation des chaises par rapport au spectateur.

Décor et personnage

Samuel Beckett, *Oh Les Beaux Jours*, Odéon, 1963, Madeleine Renaud.

Comprendre le document et ses centres d'intérêt

L'espace scénique, totalement irréaliste dans le théâtre de Beckett (mamelon, poubelle ou jarre qui emprisonne le héros), est un prolongement du corps.

Présenter le document

Winnie, l'héroïne de *Oh Les Beaux Jours,* dont le rôle a été créé en France par Madeleine Renaud, (mise en scène de Roger Blin, à l'Odéon, 1963) est enterrée dans un mamelon qui la serre comme un étau, jusqu'à la taille au premier acte, jusqu'au cou au deuxième acte.

Mettre en place le document

Le personnage dramatique, chez Beckett, est à la fois prisonnier de son corps et de l'espace scénique. Le décor joue un rôle essentiel dans la dramaturgie beckettienne où il symbolise l'aliénation du héros.

Construire le plan

- on relèvera dans le texte de Beckett toutes les allusions à l'espace scénique en distinguant celles qui apparaissent dans le dialogue et celles qui sont notées dans les didascalies* ;
- on se demandera de quelle nature est, pour l'héroïne, le lien entre la perception de l'espace et celle de son corps.

DISSERTATION EXPLIQUÉE

Vous commenterez, en vous appuyant sur des exemples précis, ces propos de Bernard Dort : « Le statut de la représentation théâtrale est, par essence, contradictoire. Sur la scène, rien ne va de soi : les acteurs sont bien là, en personne, mais ce qu'ils disent et font ne vient pas d'eux et est, parfois, franchement anachronique... Certes, on peut tenir tout cela pour naturel. Et confondre le théâtre et la vie. Ce fut la tentation de la dramaturgie bourgeoise qui culmina (et par là même se dénonça) dans la fiction du "quatrième mur". Or, un tel spectacle m'indiffère. Je sais trop que ce vrai-là est faux, que ce naturel n'est qu'une image de confection. Et je m'en sens exclu. À l'inverse – c'est plus fréquent aujourd'hui – on avoue la scène pour un lieu de théâtre. Un espace de fantaisie. Là, tout peut arriver : les métamorphoses les plus incongrues, les tours de passe-passe les plus surprenants... Et le théâtre s'y soûle de lui-même. Cela me laisse de glace. Cette surenchère dans le théâtral ne me coupe pas moins de la représentation que le quatrième mur fictif. Le "faux" m'ennuie tout autant que le "vrai". C'est seulement leur confrontation, leurs échanges mutuels qui me donnent accès au spectacle. » (*La Représentation émancipée*, 1988).

ÉLABORATION DU DEVOIR

A - DÉFINIR LE SUJET

Ses termes

La définition des termes du sujet est un temps important de la réflexion préliminaire qui permet l'élaboration de la problématique.

■ Le premier mot sur lequel il convient de s'interroger est le **nom de l'auteur** de la citation proposée. Cela donne des pistes et permet souvent d'éviter des contresens. Ici l'auteur est Bernard Dort, théoricien de l'esthétique théâtrale (notamment dans *Théâtre public,* en 1967, *Théâtre réel,* 1971, *Théâtre en jeu,* 1979). Cet homme, passionné par le théâtre de la seconde moitié du XXe siècle qu'il a vu naître, a contribué, par ses écrits critiques, à faire découvrir, à partir des années soixante, bon nombre d'auteurs dramatiques (notamment Brecht, Adamov, Beckett, Genet), ainsi que des metteurs en scène novateurs (comme Planchon et Chéreau). Le point de vue sur le théâtre de cet homme attentif à toutes les audaces ne saurait donc être celui d'un conservateur. Les critiques qu'il formule ne sont pas à entendre comme une condamnation de la scène contemporaine, mais de ses excès.

■ Le terme clef du sujet est celui de **représentation.** Le théâtre est un art de l'éphémère. Le texte, semblable à une partition, n'existe que dans l'espace et dans le temps de la représentation. L'écart est irréductible entre le texte, riche de potentialités multiples, et la mise en scène qui réalise un certain nombre de ces potentialités (la meilleure étant celle qui en néglige le moins).
D'un point de vue méthodologique, il ne faut pas confondre ce qui concerne le texte et ce qui a trait à la mise en scène. C'est au texte que Bernard Dort fait allusion par les termes de « dramaturgie bourgeoise », la dramaturgie désignant les règles de composition d'une pièce de théâtre. C'est de la représentation dont il parle lorsqu'il emploie des termes comme « ces tours de passe-passe les plus surprenants ».

■ Qui Bernard Dort désigne-t-il à plusieurs reprises par « on » (« on peut tenir tout cela pour naturel », « on avoue la scène pour un pur lieu de fantaisie ») ? C'est à la fois l'auteur et le metteur en scène qui sont visés à travers cet indéfini. Si Dort emploie le pronom neutre, c'est parce que le metteur en scène est un maître d'œuvre invisible qui, tel le montreur de marionnettes, actionne un mécanisme sans jamais apparaître lui-même. Par ses partis pris, il infléchit la réalisation de la pièce dans tel ou tel sens, révélant au spectateur – ou lui infligeant – une lecture nouvelle. Il est souvent difficile pour le spectateur, pendant le temps du spectacle du moins, de discerner la part d'interprétation du metteur en scène de la parole de l'auteur. C'est pourquoi le message qu'il déchiffre provient d'une source indéfinie, que Dort désigne ici par l'emploi du « on ».

Les théories

Les théories concernant la dramaturgie ou l'esthétique de la scène à prendre en compte dans l'argumentation.

■ La « dramaturgie bourgeoise » : sous cette appellation, Bernard Dort désigne le drame bourgeois et le théâtre naturaliste qui reprend, en effet, un siècle plus tard, les objectifs du drame bourgeois que le drame romantique avait abandonnés. Il y a une remarquable continuité de Diderot à Zola dans la recherche du réalisme illusionniste. Ces deux dramaturgies sont liées à un type de scène, la scène à l'italienne* : fermée par le cadre de scène. Le cube de la scène à l'italienne reproduit tel quel un fragment du réel regardé par le spectateur comme par le trou d'une serrure. Les pièces du drame bourgeois et du théâtre naturaliste sont conçues pour être jouées sur une scène à l'italienne, parce que des écrivains comme Diderot, Louis Sébastien Mercier... et plus tard Zola, éprouvent le besoin de faire passer la scène pour le monde réel. Le type d'illusion qu'ils veulent susciter est impossible à réaliser sur une scène ouverte.

■ Le « quatrième mur* » : on sait que cette expression, inventée par Diderot désigne le mur fictif qui est supposé séparer la scène de la salle, rendant l'illusion maximale, afin que le spectateur adhère parfaitement à la fiction qui lui est montrée.

■ À quel autre type de dramaturgie et d'esthétique de la scène Bernard Dort se réfère-t-il ? Sa formulation est plus vague. Il ne distingue pas explicitement, comme il le fait précédemment, une dramaturgie (la dramaturgie bourgeoise) et une esthétique scénique (le « quatrième mur »). Il suggère simplement que l'irréalisme est le fait de notre époque, tant de la dramaturgie que de la mise en scène. L'irréalisme est effectivement caractéristique des auteurs du XXe siècle depuis Jarry. Quant aux metteurs en scène, ils ont renoncé, depuis le début du siècle, à tout traitement réaliste de la scène, abandonnant le décor construit et n'utilisant que quelques objets emblématiques pour suggérer le lieu.

B - CONSTRUIRE LE PLAN

■ Bernard Dort, qui adopte un point de vue de spectateur, définit le statut de la représentation théâtrale comme contradictoire. Il parle, ailleurs, des « oxymores*» de la scène. Que faut-il entendre par là ? Tout sur scène est à la fois vrai et factice. Les acteurs, incarnant les personnages conçus par l'auteur, sont des représentants. Pas plus que l'auteur dramatique qui délègue la parole à ses personnages, ils ne s'expriment en leur nom propre, quoique parlant toujours à la première personne. Ils sont présents, car bien vivants sur scène, et absents car ils s'effacent derrière des êtres de fiction. Acteurs et personnages ne sauraient être confondus, même si nous ne percevons l'existence du second que par l'intermédiaire du premier.

■ Le caractère de l'action est entaché de la même incertitude. Jouée, elle se donne pour vraie. Des événements qui appartiennent à un passé révolu, parfois lointain, sont représentés comme s'ils se déroulaient *hic et nunc*. L'action est souvent truffée d'anachronismes. Le contexte sociopolitique dans lequel se meuvent les personnages n'est pas le nôtre, leurs mœurs, leur langage ne sont pas ceux de notre époque. Il en est de même du décor et des objets qui, au théâtre, sont des signes. Ils sont là, à la place d'autre chose. Ainsi tout est truqué au théâtre où s'opère la rencontre d'un lieu réel, concret, la scène, et d'espaces mentaux, d'acteurs vivants et de personnages imaginaires. Cette coexistence du faux et du vrai constitue, selon Bernard Dort, « l'essence » même du statut de la représentation théâtrale.

■ C'est pourquoi les théoriciens ont toujours réfléchi sur les conditions de la vraisemblance externe*, celle qui concerne les conditions de la représentation, à savoir le lieu et le temps. Prôner les unités de lieu et de temps, comme le font les théoriciens du théâtre classique, c'est désirer que le lieu et le temps de la représentation coïncident avec le lieu et le temps de la fiction, car alors, le spectateur peut partiellement oublier que l'action n'est pas vraie, mais jouée. Tout écart entre le temps fictionnel et le temps du spectateur, comme tout changement de lieu, viennent rappeler le jeu.

■ Selon les époques, auteurs dramatiques et metteurs en scène ont privilégié l'un ou l'autre des deux pôles vrai/faux. Pour illustrer sa démonstration, Dort choisit à dessein deux attitudes extrêmes, celle du drame bourgeois et du théâtre naturaliste qui veulent donner la scène pour vraie, celle de certains auteurs et metteurs en scène contemporains qui en montrent la facticité. Il les condamne l'une et l'autre, car elles sont, selon lui, incapables de susciter le plaisir théâtral. Il convient donc d'analyser l'effet produit sur le public par chacun de ces deux partis pris, de mettre en évidence leurs défauts majeurs, et de se demander quel type de solution est susceptible de captiver le spectateur.

RÉDACTION DU DEVOIR

INTRODUCTION

■ Situer Bernard Dort en quelques mots et montrer qu'il se place du point de vue du spectateur.

■ Définir le terme de « représentation » afin de distinguer nettement d'emblée deux registres, le texte et sa mise en scène.

■ Poser la problématique : à quoi tient le plaisir du spectateur ? Le théâtre européen, depuis la Renaissance, est un théâtre d'illusion. Art de la *mimesis,* il tente de refléter le réel, avec plus ou moins de fidélité selon les époques, selon les auteurs, selon les metteurs en scène. Il convient donc de souligner la présence simultanée du vrai et du faux dans toute représentation et de montrer que deux voies s'offrent à l'auteur dramatique comme au metteur en scène, mettre (plus ou moins) l'accent sur le vrai ou sur le faux.

■ Annoncer le plan :

- que se passe-t-il pour le spectateur lorsque la scène se donne pour vraie ? plaisir ? ennui ?
- que se passe-t-il pour le spectateur lorsque les conventions sont affichées ? plaisir ? ennui ?
- la solution est-elle dans un compromis entre ces deux attitudes ?

1 - LA SCÈNE EST DONNÉE POUR VRAIE

Le désir de recréer la vie sur scène est tel, à certaines époques, qu'auteurs et metteurs en scène veulent réduire l'écart entre le réel et sa représentation. C'est avec le drame bourgeois puis avec le théâtre naturaliste que culmine ce désir de réalisme illusionniste. Quels sont les procédés utilisés par ces deux dramaturgies ? Quels sont les types de personnages et de lieux scéniques que conçoivent ces écrivains ? Comment le public reçoit-il le spectacle ?

a/ Personnages et décor

Faisant pénétrer le spectateur dans l'intimité d'une famille bourgeoise, le drame saisit les personnages dans leur réalisme. Aussi Diderot demande-t-il aux auteurs de « peindre les conditions » (les professions). Pour la première fois au théâtre, les personnages ont une biographie. Ils parlent le langage de la vie, car le drame se veut une école du naturel. Le décor précise le statut social des personnages. Avec l'apparition du drame bourgeois, les indications scéniques occupent une place importante, car les auteurs dramatiques, de peur d'être trahis, se mettent à les noter. Ils se font costumiers et machinistes. Le rôle du décorateur devient prépondérant. Zola et Antoine au Théâtre-Libre accentuent encore, par rapport au drame bourgeois, le traitement réaliste.

b/ Réception du public

Ce théâtre, en son temps, ne remporta pas l'adhésion du public, ennuyé par le spectacle qui n'offrait qu'une pâle copie du réel. Beaumarchais se montre chagriné du demi-échec de *La Mère coupable,* drame qui clôt sa trilogie, alors que ses deux premières comédies, drôles et alertes, *Le Barbier de Séville* et *Le Mariage de Figaro,* rencontrèrent un accueil triomphal. Zola est profondément déçu lui aussi par l'échec du théâtre naturaliste.

c/ Incompatibilité des exigences réalistes et de la scène

Voulant substituer la réalité à sa représentation, le drame bourgeois et le drame naturaliste ont refusé toute stylisation. Leur échec, auprès du public, a affranchi définitivement le théâtre du réalisme, qui ne peut résister à l'épreuve de la scène où sont utilisés des éléments réels, l'acteur, le décor. Car, dans une perspective réaliste, ces matériaux réels perdent leur fonction de représentants. Si le roman excelle dans le réalisme, c'est qu'il est purement fictif, qu'il est un monde de mots qui n'existent que dans l'imaginaire du lecteur, et que, pas un seul instant, il n'a besoin de supports réels pour exister.

2 - LA FACTICITÉ DE LA SCÈNE EST SOULIGNÉE

Notre époque ne croit plus au réalisme, c'est là un phénomène qui concerne tous les arts. L'introduction de la photo et du cinéma a transformé la sensibilité des spectateurs qui ne recherchent plus au théâtre une pseudo-réalité que l'image, photographique ou filmique, est beaucoup plus à même de donner. Depuis l'échec du théâtre naturaliste, loin de vouloir présenter la scène comme le reflet du réel, le théâtre se plaît à souligner les conventions. Deux buts fort différents président à une telle attitude : explorer le monde du rêve, faire de la scène une tribune.

a/ L'onirisme

Bon nombre d'auteurs dramatiques au XXe siècle veulent explorer les zones les plus secrètes de la psyché. Ils sont à l'origine d'une écriture nouvelle, transformant le personnage et l'espace scénique.

Le traitement du personnage et du décor

Des auteurs comme Jarry, Apollinaire ou Vitrac, et plus tard, Beckett, Ionesco, Weingarten portent à la scène des personnages sans équivalent dans la réalité. L'espace scénique où ils évoluent n'est pas censé refléter un lieu réel, il est devenu emblématique.

La réception du public

Ces pièces fascinent aujourd'hui le public (même si elles ne trouvèrent pas immédiatement un accueil favorable), car elles explorent le monde étrange de la psyché. L'irréalisme, qui est ici un degré suprême du sens parce qu'il révèle un aspect caché de l'âme humaine, crée une jouissance chez le spectateur. Toutefois, comme le montre Bernard Dort, l'écueil qui guette ce type de théâtre, c'est d'être un jeu gratuit qui, s'il ne révèle pas une vérité, engendre l'ennui.

b/ Le théâtre épique

Brecht veut détruire l'illusion, pour faire réfléchir le spectateur, comme Aristophane lorsqu'il introduisit la parabase*. Aussi crée-t-il une écriture nouvelle, soulignant en permanence les conventions du théâtre.

- Le traitement du personnage et du décor : le personnage et l'espace scénique ne sont pas représentés comme vrais, mais comme des produits de la fiction.

■ Le public est invité à participer activement à la représentation, en réfléchissant sur la fable qui lui est proposée. Il trouve, dans le spectacle, un grand plaisir intellectuel.

■ Le danger qui guette ce type de spectacle, comme le souligne Dort, c'est le didactisme. Le théâtre, s'il devient leçon de morale, est ennuyeux. C'est surtout dans les mises en scène, pendant les années soixante-dix environ, que le brechtisme a donné lieu à des spectacles pesants.

3 - LA SCÈNE : REFLET DE LA VERITÉ

Peu importe que les choses sur scène soient présentées comme réelles ou comme fausses pourvu qu'elles reflètent une vérité.

a/ « L'illusion parfaite » n'est qu'un mythe

Seul le petit enfant, dupé par le spectacle, peut croire momentanément à sa véracité et éprouver « l'illusion parfaite » dont parle Stendhal dans *Racine et Shakespeare.* Il cite l'anecdote du soldat, qui, au théâtre de Baltimore, au cours d'une représentation d'*Othello,* tira un coup de fusil sur l'acteur qui, jouant le rôle-titre, allait étrangler Desdémone. « Il ne sera jamais dit, s'écria le soldat, qu'en ma présence un maudit nègre aura tué une femme blanche. » Le spectateur – mis à part le jeune enfant ou le naïf – n'éprouve jamais cette « illusion parfaite », mais une illusion imparfaite. Aussi est-il inutile que les choses sur scène soient présentées comme réelles. Le spectateur assiste à la représentation comme si les événements représentés se déroulaient vraiment devant lui, mais il sait bien que ce n'est là qu'une convention de jeu. « Et il arrive quelque chose sur la scène comme si c'était vrai », fait dire Claudel à Lechy, le personnage de l'actrice dans *L'Échange.*

b/ La dramaturgie classique

La réussite de la dramaturgie classique réside dans le fait que la scène ne se donne jamais ni pour vraie ni pour fausse.

■ La vraisemblance. Tout le débat du classicisme sur la vraisemblance interne (vraisemblance fictionnelle) permet de dépasser l'opposition vrai-faux. Peu importe que ce qui advient sur scène soit vrai pourvu que ce soit crédible. Il est significatif que si la vraisemblance interne et la vraisemblance externe (celle qui concerne les modalités de la représentation) risquent d'entrer en conflit, Corneille privilégie celle de l'action.

■ La stylisation classique. La dramaturgie classique est un art de la stylisation, tant dans le registre tragique, où le sublime grandit le réel, que dans le registre comique où la caricature est un procédé de grossissement du réel.

CONCLUSION

Le spectateur ne cherche pas le spectacle brut de la vie sur la scène, ce qui ne saurait que l'ennuyer. Il n'a pas envie non plus de contempler un univers trop éloigné du sien, car alors il ne se sentirait pas concerné. Il a besoin de se reconnaître sur scène et d'y contempler le spectacle du monde. Le plaisir du spectacle réside dans une dialectique subtile du vrai et du faux. Il naît lorsque l'espace du théâtre fonctionne comme un lieu mythique, comme une métaphore du monde. Ce « miroir de concentration » dont parle Hugo dans la préface de *Cromwell,* dans sa stylisation, doit arracher les spectateurs aux contingences de leur vie quotidienne pour leur donner une vision intemporelle et exemplaire de l'humaine condition. C'est alors seulement que le miracle se produit.

DISSERTATIONS PROPOSÉES

Que pensez-vous de ce jugement de Genet sur le théâtre ? « Sans pouvoir dire au juste ce qu'est le théâtre, je sais ce que je lui refuse d'être : la description de gestes quotidiens vus de l'extérieur : je vais au théâtre afin de me voir, sur la scène (restitué en un seul personnage ou à l'aide d'un personnage multiple et sous forme de conte) tel que je ne saurais – ou n'oserais – me voir ou me rêver, et tel pourtant que je me sais être. Les comédiens ont donc pour fonction d'endosser des gestes et des accoutrements qui leur permettront de me montrer à moi-même, et de me montrer nu, dans la solitude et son allégresse. » (« Comment jouer *Les Bonnes* »).

Réfléchir aux termes et aux intentions du sujet

- insistance de Genet sur le primat de la fonction scopique pour le spectateur (« me voir », « me montrer à moi-même », etc.) ;
- quelle est la partie du « moi » dont parle Genet ? ce n'est ni le *surmoi* (rarement représenté au théâtre, sauf sous forme de statue ou de spectre), ni le ça (non représentable), mais l'image spéculaire* ;
- les limites du point de vue de Genet : le théâtre offre certes au spectateur, comme le dit Genet, un plaisir narcissique, créé par les phénomènes identificatoires mais aussi le plaisir de communier au sein d'un groupe social, dans la contemplation du spectacle du monde. Le théâtre, fait social, est un art politique.

Recenser les aspects à étudier

- les moyens dont disposent l'auteur et les comédiens pour susciter l'identification du spectateur au personnage ;
- le lien entre identification et *catharsis** en ce qui concerne la tragédie ;
- les formes de théâtre où l'identification est refusée : farce médiévale, théâtre épique.

Définir les articulations possibles du plan

- le refus du réalisme qui n'est pas source de plaisir pour le spectateur ;
- le besoin narcissique du spectateur de s'identifier au personnage ;
- mais aussi le besoin de communier, au sein d'un groupe, face au spectacle du monde.

Eugène Ionesco écrit, dans *Notes et contre-notes* : « Qu'y a-t-il donc à reprocher aux auteurs dramatiques, aux pièces de théâtre ? Leurs ficelles, disais-je, c'est-à-dire leurs procédés trop évidents. Le théâtre peut paraître un genre littéraire inférieur, un genre mineur. Il fait toujours un peu gros. C'est un art à effet, sans doute. Il ne peut s'en dispenser et c'est ce qu'on lui reproche. Les effets ne peuvent être que gros. On a l'impression que les choses s'y alourdissent. Les nuances des textes de littérature s'éclipsent. Un théâtre de subtilités littéraires s'épuise vite. Les demi-teintes s'obscurcissent ou disparaissent dans une clarté trop grande. Pas de pénombre, pas de raffinement possible. Les démonstrations, les pièces à thèse sont grossières, tout y est approximatif. Le théâtre n'est pas le langage des idées. Quand il veut se faire le véhicule des idéologies, il ne peut être que leur vulgarisateur. Il les simplifie dangereusement. Il les rend primaires, les rabaisse. Il devient "naïf", mais dans le mauvais sens. Tout théâtre d'idéologie risque de n'être que théâtre de patronage. Quelle serait, non pas son utilité, mais sa fonction propre, si

le théâtre était condamné à faire double emploi avec la philosophie, ou la théologie, ou la pédagogie ? Un théâtre psychologique est insuffisamment psychologique. Mieux vaut lire un traité de psychologie. Un théâtre idéologique est insuffisamment philosophique. Au lieu d'aller voir l'illustration dramatique de telle ou telle politique, je préfère lire mon quotidien habituel ou écouter parler les candidats de mon parti. » Vous analyserez et discuterez ces réflexions en vous fondant sur des exemples précis.

Réfléchir aux termes et aux intentions du sujet

- les moyens dont dispose l'auteur dramatique pour véhiculer une idée, pour caractériser ses personnages ;
- le didactisme est-il viable sur une scène de théâtre ? (Cf. Sartre...) ;
- que se passe-t-il dans le théâtre psychologique (ex. Giraudoux, Montherlant), lorsque le personnage s'explique longuement ?

Recenser les aspects à étudier

- les contraintes de la scène : l'auteur dramatique manque d'espace, de temps, et il ne peut parler en son nom ;
- la place du théâtre dans la théorie des genres (Cf. Platon, *Les Lois* ; Aristote, *La Poétique* ; Hugo, *Préface de Cromwell*) ;
- la hiérarchie des sous-genres (tragédie, comédie, farce, drame, etc.) au sein du genre dramatique.

Définir les articulations possibles du plan

- le théâtre, genre mineur par rapport au roman, car l'auteur dramatique, limité par l'exiguïté de la scène, ne peut rien expliciter ;
- faiblesse particulièrement grande du théâtre à thèse et du théâtre psychologique ;
- la force du théâtre naît paradoxalement des contraintes de la scène qui exigent une stylisation extrême.

INDEX/LEXIQUE

Le présent index a pour but de permettre au lecteur un repérage rapide de certains termes importants, dont quelques uns sont brièvement définis. Il permet aussi des rapprochements entre des données complémentaires. On consultera aussi le sommaire pour trouver rapidement dans certains chapitres les indications qui y figurent naturellement.

A

B

C

D

E

F

G

H

I

J

K

L

M

N

O

P

ANN McINTOSH

Une liaison pour le Dr Kennedy

Traduction française de
MARIEKE MERAND-SURTEL

BLANCHE

HARLEQUIN

Collection : Blanche

Titre original :
HOW TO HEAL THE SURGEON'S HEART

HARPERCOLLINS FRANCE
83-85, boulevard Vincent-Auriol, 75646 PARIS CEDEX 13
Service Lectrices — Tél. : 01 45 82 47 47 - www.harlequin.fr
ISBN 978-2-2804-7195-4 — ISSN 0223-5056

Composé et édité par HarperCollins France.
Imprimé en mai 2022 par CPI Black Print (Barcelone)
en utilisant 100% d'électricité renouvelable.
Dépôt légal : juin 2022.

FSC
www.fsc.org
MIXTE
Papier issu de sources responsables
FSC® C159065

Pour limiter l'empreinte environnementale de ses livres, HarperCollins France s'engage à n'utiliser que du papier fabriqué à partir de bois provenant de forêts gérées durablement et de manière responsable.

U

V

W

Y

Z

Dans la collection

GRAND AMPHI

LETTRES

LE ROMAN

sous la direction de

C. Becker,

C. Becker,

D. Boutet,

F. Dugast,

S. Guellouz,

D. Masseau,

D. Ménager

Réf. 801 6001

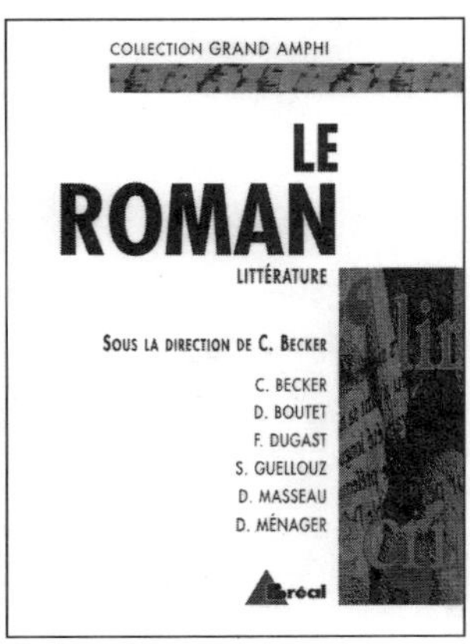

Les auteurs ont cherché à restituer l'extraordinaire diversité de la production romanesque, son ampleur, son évolution du XIIe siècle à nos jours. Ainsi, les étudiants pourront trouver maints sujets d'études encore non traités ou très partiellement défrichés.

Les auteurs ont également tenté de dégager des points communs d'un siècle à l'autre, d'un auteur à l'autre, en insistant sur l'importance qu'a eue telle ou telle œuvre en son temps et pour les générations à venir. Ils se sont efforcés de remettre les textes en situation, dans leur époque, dans les courants littéraires, tout en insistant sur les techniques narratives utilisées et les thèmes traités.

Un choix d'extraits de romans ou de réflexions critiques sur un courant ou sur le genre lui-même illustre ces différents aspects. Deux index des thèmes et des formes de techniques narratives s'ajoutent aux habituels index des auteurs et des œuvres. Ces outils originaux permettront des parcours transversaux de tous ordres.

Sommaire

Le Moyen Âge • Le XVIe siècle • Le XVIIe siècle • Le XVIIIe siècle • Le XIXe siècle • Le XXe siècle.

Imprimé en France par I.M.E. - 25110 Baume-les-Dames
Dépôt légal : août 1996 - N° d'impression : 10935